平井勝利教授退官記念

中国学・日本語学論文集

記念論文集編集委員会 編

白帝社

平井勝利教授近影

平井勝利教授　年譜

(この年譜は平井先生ご自身にお書きいただいたものです)

【年譜】

昭和15年9月13日	京都府熊野郡海部村字友重にて、父清（26歳）、母ちえ子（27歳）の長男として出生
昭和22年4月	海部村立海部小学校入学
昭和28年3月	同校卒業
昭和28年4月	熊野郡立高龍中学校入学
昭和31年3月	同校卒業
昭和31年4月	京都府立久美浜高等学校入学
昭和32年7月5日	母ちえ子、死去（享年43歳）
昭和35年3月	同校卒業
昭和37年4月	大阪外国語大学中国語学科入学
昭和38年7月2日	父清、死去（享年48歳）
昭和41年3月	同大学同学科卒業
昭和41年4月	大阪外国語大学中国語学科専攻科入学
昭和43年3月	同大学同専攻科修了
昭和43年4月	大阪経済大学、立命館大学にて中国語非常勤講師
昭和46年4月	大分大学経済学部助手
昭和47年4月	大分大学経済学部専任講師
昭和50年4月	大分大学経済学部助教授 中国語学会理事
昭和51年10月	名古屋大学語学センター中国語部門助教授
昭和52年4月	名古屋大学文学部中国文学専攻 現代中国語講読担当
昭和53年4月	岡山大学文学部中国文学科 現代中国語学担当（集中講義）
昭和54年4月	名古屋大学総合言語センター応用言語科学系応用

	言語科学部門助教授
	名古屋大学大学院文学研究科中国文学専攻
	特殊講義「中国語学の諸問題」担当
昭和 55 年 8 月	在中国日本語教師研修センター（在北京）副主任
	—昭和 57 年 3 月まで
昭和 57 年 4 月	岡山大学文学部中国文学科
	現代中国語学担当（集中講義）
	—平成 2 年まで
	名古屋大学大学院文学研究科中国文学専攻
	特殊講義「中国語学の諸問題」担当
	—平成 10 年まで
昭和 60 年 8 月	名古屋大学総合言語センター教授
昭和 62 年 4 月	名古屋大学総合言語センター将来計画委員長
昭和 63 年 4 月	高校中国語教育研究会成立、副会長
	（会長は恩師伊地智善継先生）
昭和 64 年 4 月	名古屋大学大学院文学研究科独立専攻
	日本言語文化専攻応用言語学講座兼担教授
	NHK ラジオ中国語講座担当
平成元年 4 月	愛知国体愛称・合言葉部会長
	—平成 6 年まで
平成元年 10 月	名古屋大学総合言語センターを基盤とする大学院独立研究科設置のため、升本センター長、神谷事務長とともに、将来計画委員長として文部省折衝を開始。都合 4 回の折衝の結果、平成 2 年 2 月 14 日に文部省からゴーサインを得るも、2 日後に全学の環太平洋研究センター構想が国際開発研究科構想に変更することとなり、概算要求を断念せざるを得なくなる。
平成 2 年 4 月	名古屋大学言語文化部応用言語科学系教授
	研究科設置の文部省折衝の最終段階で、「文部省としてはセンターに大学院研究科はなじまない」との文部省の判断を受け、組織名を変更。

	言語文化部経理整備委員長
平成 4 年 4 月	名古屋大学言語文化部教育計画委員長
平成 6 年 4 月	名古屋大学言語文化部将来計画委員長
平成 8 年 4 月	名古屋大学言語文化部長
	名古屋大学評議員
平成 8 年 10 月	大学入試センター中国語部会部会長(第一委員会)
平成 10 年 4 月	名古屋大学大学院国際言語文化研究科長
	―平成 16 年 3 月 31 日まで
	名古屋大学評議員
平成 10 年 4 月	日本中国語学会常任理事
	―平成 16 年 3 月まで (3 期 6 年)
平成 13 年	北海道大学言語文化部外部評価委員長
平成 13 年 9 月 5 日	次男敦史、死去 (享年 32 歳)
平成 13 年 10 月	大学入試センター中国語部会部会長(第二委員会)
平成 14 年 3 月	中国語教育学会成立、理事
平成 14 年 4 月	名古屋大学教養教育院長
	―平成 16 年 3 月 31 日まで
平成 15 年 4 月	名古屋大学大学院国際言語文化研究科教授、研究科の整備・重点化による組織替え
平成 15 年	愛知県立大学外部評価委員
平成 16 年 3 月	名古屋大学定年退職
平成 16 年 4 月	名古屋大学名誉教授

平井勝利教授　著書・論文目録

【著書】
1. 総合中国語入門　東方書店　1972年　共著
2. 東方中国語講座第一巻総合基礎編　東方書店　1974年　共著
3. 中国語の発音と表現　金星堂　1978年　単著
4. Zhongguohua　采華書林　1982年　単著
5. Hanyukeben　白帝社　1985年　単著
6. 中国語初級コース　白帝社　1985年　単著
7. 中国語中級コース　白帝社　1985年　単著
8. Daxue Hanyu I　崑崙書房　1987年　監修
9. Daxue Hanyu II　崑崙書房　1987年　監修
10. Step up Chinese　同学社　1989年　単著
11. ようこそ、中国語の世界へ！　白帝社　1991年　監修
12. Campus Zhongguohua　海越出版社　1992年　単著
13. Japanese　中国語話者のための日本語　初級編　愛知国際学院　1995年　監修
14. Japanese　日本語　基礎編　愛知国際学院　1995年　監修
15. Japanese　日本語　中級編　愛知国際学院　1995年　監修
16. Japanese　日本語　高級編　愛知国際学院　1995年　監修
17. 中国語21　好文出版　2000年　共著
18. Campus Zhongguohua［改訂版］　崑崙書房　2000年　監修

【論文】
1. 北京語における児化韻母の音価について　－特に声調との関係から－　中国語学　196号　1969年
2. 北京語の軽声音節における音声変化の実験音声学的分析　中国語学　197号　1970年
3. Sound Spectrograph分析による中国語の声調について　学院評論　1971年
4. 第三声の調値動態　中国語教育第1号　1971年

5. Sound Spectrograph 分析による軽声の調形と調高　大分大学経済論集　第23巻第4号　1971年
6. 中国語音声学上の二・三の問題とその若干の考察　大分大学経済論集　第24巻第1号　1972年
7. 有気音の摩擦化について　大分大学経済論集　第24巻第2・3・4合併号　1972年
8. 中国語の文イントネーションに関する一試論　－趙元任, 那須清教授の所説にふれて－　大分大学経済論集　第26巻第1号　1974年
9. 中国語における発音上のいくつかの問題について　中国と中国語　第3号　1976年
10. 中国語音声の諸相とその原理　JIAOXUE　第5号　1978年
11. 日本語音節考　－日中対照音声その（一）－　日本語と中国語の対照研究　第5号（大阪外国語大学中国語研究室内日中語対照研究会）　1981年
12. 日本語"らしさ"を教えるために　言語生活　356号　1981年
13. 中国語の単語ストレスアクセント試論　伊地智善継・辻本春彦両教授退官記念　中国語学・文学論集（東方書店）　1983年
14. 日本語との対照による中国語ピッチ考　金田一春彦博士古希記念論文集　第二巻　言語学編（三省堂）　1984年
15. 日本語の所謂「結果の副詞」及び「様態の副詞」とそれに対応する中国語の表現形式　言語文化論集　第12巻第1号（名古屋大学総合言語センター）　1990年　共著
16. 中国語の所謂連動式表現と否定の焦点　言語文化論集　第13巻第1号（名古屋大学言語文化部）　1991年　共著
17. 「在・トコロ＋V」と「手段・デ＋V」表現の考察　言語文化論集　第14巻第1号（名古屋大学言語文化部）　1992年　共著
18. 日中両言語におけるトコロ表現の使用条件　言語文化論集　第14巻第2号（名古屋大学言語文化部）　1993年　共著
19. 現代中国語の'オ'の使用意図　ことばの科学　第6号（名古屋大学言語文化部）1993年（1994年）　共著
20. 「被」と「让」を用いた受動表現の考察　四日市大学論集　第6巻第1号　1993年　共著
21. 中国語の「在・トコロ＋V」と日本語の「非トコロ・ニVする」表現の考

察（一）　言語文化論集　第15巻第1号（名古屋大学言語文化部）　1993年　共著
22. 中国語の「在・トコロ＋Ｖ」と日本語の「非トコロ・ニＶする」表現の考察（二）　言語文化論集　第15巻第2号（名古屋大学言語文化部）　1994年　共著
23. 現代中国語における「使」，「让」，「叫」を用いた使役表現の考察　四日市大学論集　第6巻第2号　1994年　共著
24. 現代中国語の所謂使役表現に用いられる'让'及び'给'の使い分け　四日市大学論集　第7巻第1号　1994年　共著
25. "身につけ動詞"とトコロをめぐる表現の考察　言語文化論集　第16巻第1号（名古屋大学言語文化部）　1994年　共著
26. 現代中国語における可能補語の意味的特徴と下位範疇　ことばの科学　第7号（名古屋大学言語文化部）　1994年（1995年）　共著
27. 身体部分表現の日中対照　言語文化論集　第16巻第2号（名古屋大学言語文化部）　1995年　共著
28. 現代中国語の持続相，進行相を表す'Ｖ着〜'と'在Ｖ〜'の使い分け　四日市大学論集　第7巻第2号　1995年　共著
29. 現代中国語の動補形式'ＶＲ'と'Ｖ得Ｒ'の使い分け　四日市大学論集　第8巻第1号　1995年　共著
30. 所謂存在表現に見られる動作性　言語文化論集　第17巻第1号（名古屋大学言語文化部）　1995年　共著
31. "开始"と"〜起来"の使い分け　ことばの科学　第8号（名古屋大学言語文化部）　1995年　共著
32. 移動動作の場所を示す"从"と補語をうける"ヲ"の日中対照　言語文化論集　第17巻第2号（名古屋大学言語文化部）　1996年　共著
33. 動作の結果としての存在を表わす表現　言語文化論集　第18巻第1号（名古屋大学言語文化部）　1996年　共著
34. 現代中国語の"動＋（了）个＋形"表現に用いられる"个"の談話上における機能　四日市大学論集　第9巻第2号　1997年　共著
35. 「在・トコロ＋Ｖ」表現のアスペクト性　言語文化論集　第18巻第2号（名古屋大学言語文化部）　1997年　共著
36. 「在・トコロ」が表わす進行アスペクトの諸相　言語文化論集　第19巻第

1号（名古屋大学言語文化部）　1997年　共著
37. 「在V」と「V着」の使い分け　言語文化論集　第19巻第2号（名古屋大学言語文化部）　1998年　共著
38. 中国語の「V到」とそれに対応する日本語の表現　言語文化論集　第20巻第2号（名古屋大学言語文化部・国際言語文化研究科）　1999年　共著
39. 「－过」の意味的連続性　言語文化論集　第21巻第1号（名古屋大学言語文化部・国際言語文化研究科）　1999年　共著
40. 現代中国語の両唇音における両唇の合わせ強度　言語文化論集　第22巻第1号（名古屋大学言語文化部・国際言語文化研究科）　2000年　共著
41. 軽声音節試論　ことばの科学　第14号（名古屋大学言語文化部）　2001年　共著

目　次

年譜 ………………………………………………………………… i

著書・論文目録 …………………………………………………… iv

【中国学】

浅谈《长江还在奔腾》中中共领导人形象塑造 …… 伊井健一郎　3

『紅楼夢』に見られる笑いについての一考察 ……… 今井敬子　12

汉语"是…的"句中的名词判断句因素 ……… 王　亜　新　30

〈NP₁ 的 NP₂〉と数量詞の現れる位置 ……………… 勝川裕子　50
　　—"张三的一张照片"と"一张张三的照片"—

"快～了"と"快要～了"の表す意味とその発話意図
　……………………………………………………… 加納　光　66

「カヌー」という言葉 ……………………………… 黄　當時　90
　　—日中の古文献はそれをどう表記したか—

『普通話異讀詞審音表』の審音背景 ……………… 黄　名時　113
　　—北京語の異読の実勢—

水和女性的民俗学 …………………………………… 櫻井龍彦　140
　　—以稻作的水利灌溉为中心—

名詞句"一个人"の連用修飾機能判別の試み …… 佐藤富士雄　156

个人电脑和互联网所引起的研究方式的变化 ……… 杉村博文　178
　　—一个将不再是梦想的梦想—

現代中国語における補語"上"の状態義 ………… 高瀬利恵子 188
　—命題態度を表す「語気補語」—

"向"再考 ……………………………………………… 高橋弥守彦 204
　—A Re-interpretation of "xiang"—

19世紀〜20世紀広東語資料に見られる遠称指示詞表記の変遷
　………………………………………………………… 竹越美奈子 217

"我也真高兴"の非文性をめぐって …………………… 武田みゆき 229

旧正月の飾り絵から為政者の新芸術へ ………… 辻(川瀬)千春 243
　—近代年画の出現を契機とするプロパガンダにおける年画の展開—

茅盾（沈雁冰）と『西洋文学通論』について …… 中井政喜 264

日本統治期台湾文学 ……………………………………… 中島利郎 286
　—台湾の「大衆文学」について—

「見」に後置される「-到」について ……………………… 成戸浩嗣 299

"怕"类词的句法功能及其扩展机制 ………………… 古　川　裕 322

现代汉语方位成分的语法地位 ………………………… 方　经　民 338
　On Grammatical Positions of Locative terms in Mandarin Chinese

中国語の移動動詞について ……………………………… 丸尾　誠 357
　—日本語・英語との比較という観点から—

『集韻』義注の信頼性について …………………………… 水谷　誠 373

コンピュータ・インターネット・機械翻訳 ……… 村上公一 389
　—中国語CALLの現状と展望—

現代中国語"把"構文の修辞学的分析 ………… 村松恵子 402

「例示」を表す動詞重畳について ……………………… 依藤醇 426

【日本語学】

物語文の時制 …………………………………… 稲葉みどり 441
　―中国語話者による日本語の口頭作話の分析―

利益・恩恵の意味を表す「お～する」に関する一考察
　―授与補助動詞「～て差し上げる」との関連について―
　…………………………………………………… 王　　　怡 459

寅太郎の複合名詞生成 ………………………… 奥津敬一郎 472
　―いわゆる和語・漢語・外来語―

連体詞「おおきな」「ちいさな」の意味用法 ……… 許　　夏　玲 492
　―形容詞「おおきい」「ちいさい」との比較を通して―

価値判断のモダリティ形式「ベキダ」と認識系モダリティ形式との
承接に関する記述的研究 ………………………… 周　　　英 505

「彼女が待ってる新宿（　）、恋する切符 5,100 円」
　―格助詞「に」と「へ」のイメージ― ……… 杉　村　　泰 524

文の主題と談話の主題 ………………………… 砂川有里子 543

有対自動詞可能文のシンタクスと意味 …………… 張　　　威 555
　―結果可能表現の論理とメカニズムをめざして―

中国語「単語」を知っていることは日本語漢字語の発音学習に
役立つか？ …………… 松下達彦・Marcus Taft・玉岡賀津雄 578

司法通訳の正確性 ……………………………… 水野かほる 591
　―司法通訳人に対するグループ・インタビュー調査から―

古往来における時の表現 ……………………… 三宅ちぐさ 615
　―『高山寺本古往来』の場合―

能動文「XがYをVする」と直接受身文の対応
　　―中国語話者に対する日本語教育の視点から―
　　……………………………………………………… 村松由起子　645

「パソコンで、21世紀の日本語を。」………………… 李　欣　怡　662
　　―格助詞で終わる広告ヘッドラインから連想される後続述語をめぐって―

中古の日記,随筆における文補語標識「こと」の使用について
　　……………………………………………………… 渡邊ゆかり　681

关于日语和汉语中的文字和文字列 …………………… 玉　村　文　郎　702

あとがき ………………………………………………………　707

執筆者紹介 ……………………………………………………　709

• 中国学 •

中国卷

浅谈《长江还在奔腾》中中共领导人形象塑造

伊井　健一郎

1.《长江还在奔腾》的梗概

著名老作家周而复的长篇系列小说《长城万里图》第二卷《长江还在奔腾》，描写了自 1937 年 12 月南京陷落至武汉失守的十个月期间所经历的重大历史事件。既写出了在日本帝国主义入侵的民族危亡的时刻，国共两党第二次合作，团结抗战，国民党军队在主战场上台儿庄告捷、徐州失守、田家镇要塞保卫战、武汉大会战的准备及弃守，官兵英勇抗战的光辉事迹；也写出了八路军在华北敌后机动灵活配合主战场夜袭明阳机场，晋察冀抗日根据地对平汉、平绥、正太铁路三次破袭出击，牵制敌人。八路军打退日寇八面围攻，田村伏击、乱岭截击、大龙华袭击和温塘阻击等英勇战斗。建立抗日政权及群众抗日救国团体，组织人民自卫队武装，展开平原游击战争；也写了国难当头，蒋介石一面公开抗战，一面暗中进行与日苟合的活动，并处心积虑地对为抗战尽力的地方势力下毒手，对坚决抗日的共产党千方百计地推行溶共政策，妄图消灭共产党而达到一党专政的目的；也写出了汪精卫在公开投敌之前蠢蠢欲动的心声与行动。这些错综复杂的矛盾斗争，借助真实的历史人物一一展现出来。

在上百万法西斯军队长驱直入，半壁河山沦为敌手的关键时刻，谁来挽救民族危亡，谁为危难的航船扬帆掌舵？抗日战争是中国近百年史上的一场惊心动魄的全民族反法西斯侵略的战争，是中华民族进行的规模最大，最艰苦卓绝，付出最惨重的代价，牺牲千百万英雄儿女的血肉之躯，克服最长期困难才赢得胜利的一场战争。当长江上闯入了太阳旗的军舰，华中重镇交通枢纽、战略要地武汉陷入八方包围的时候，是继上海、南京、徐州伤亡惨重的会战之后，倾其所有的精锐军队与强敌再次正面会战呢？还是避开锋芒，保存有生力量，准备反攻，与敌人展开长期较量，直至把敌人赶出国土？是共产党为了挽救民族危亡的大义，不咎蒋介石十年内战中的五次围剿，长征路上对红军的围追堵截的既往，尽释抗战初期以 30 万大军包围陕甘宁边区的前嫌，放弃党派利益，主动与国民党合作，提出只有坚持抗日民族统一战线，

坚持全民抗战,坚持持久战的方针,才能克敌制胜,是共产党在国家民族生死存亡的关头,英明决策,力挽狂澜,为中国之命运导航。(请看以下:25、26、33、41、42、51、52、53、65、66 等章节。)

2. 中共三位卓越的领导人

2.1. 英明的决策人,导航的舵手毛泽东

作为纪事性政治历史小说,必然是在典型的历史环境中塑造典型人物。在特定的历史事件中展现人物的品格心性、智慧才干、思想境界,六韬三略,从而折射历史的进程。《长江还在奔腾》中蒋介石作为一国首脑、主战场上的三军统帅,那刚愎自用、独断专行、挑拨离间,心狠手毒,善阴阳两面行事,在强敌面前不能指挥若定,因军事才能见拙,时有贻误战机而遭惨败等等诸多方面的本质性格,都作了详尽细微的描绘,而具有坚定的共产主义信仰,用马克思主义思想武装头脑的共产党领袖毛泽东,则是肩负全中国人民彻底翻身解放,建立新中国的重任,长年来在北伐战争、土地革命、反围剿与抗日战争中经受了锻炼,积累了宝贵的斗争经验和一整套的军事思想,对各个历史时期的战局了如指掌。大敌当前,从容自若。1935 年 12 月发表了《反对日本帝国主义的策略》,38 年 5 月发表了《论持久战》批驳了"亡国论"与"速胜论",分析了持久战的三个阶段,提出"兵民是胜利之本"的战略思想。但是,如此重要的决策人物毛泽东,在小说中并没有正面出场。作家周而复采用了画龙点睛、惜墨如金的手笔,只在武汉会战的决策正确与否的问题上,以毛泽东的一份复电、一封送给蒋介石的亲笔信,烘托出这位伟大的军事家、思想家的雄才大略、高瞻远瞩、运筹帷幄,决胜千里。一举扭转了中国濒临灭亡的历史进程。两个典型、两种手法,在对比映衬中收到了奇妙的效果。

党中央的复电来了,还派人送来一封毛泽东的亲笔信。电报的第一句就指明:"保卫武汉重在发动民众。"这就是毛泽东首要强调的"兵民是胜利之本","全民抗战"的指导思想。

其次,中央电报上说:"军事则重在袭击敌人之侧后,迟滞敌进,争取时间,务须避免不利的决战,至事实上不可守时,不惜断然弃之。"

这是持久战阶段重要的战略战术。"战争的目的是保存自己,消灭敌人。这是一切战争行动的根据,因而,一切技术、战术、战役、战略原则及行为都离不开战争的目的。"这是毛泽东在抗日战争全过程中的指导思想。故而机动灵活的战略战术正是为了达到消灭敌人、保存自己,而就决战来说,首先

是不打不利的决战,决战前指挥员要真正做到"知己知彼",其次是在无可避免的情况下(也仅仅是在这种情况下)只好勇敢地放弃,情况到了这个时候,丝毫也不应留恋。这是以土地换时间的正确政策。是为了保持有生力量,准备将来的反攻。由此可见党中央、毛泽东对武汉会战的态度是十分明确的。

第三,中央说:"日前许多军队的战斗力远不如前,若再损失过大,将增加各将领对蒋之不满,投降派与割据派起即乘之,有影响蒋的地位及继续抗战之虞。"

"在抗战过程中,巩固蒋之地位,坚持抗战,坚决打击投降派,这是我们的总方针。而军队力量之保存,是执行此方针之基础。"

武汉会战关系到国家大事、民族前途,对蒋介石本人的地位和实力都有影响。党中央、毛泽东即时提出了总方针。它不仅是武汉会战问题的总方针,就是在今后抗战中,也要贯彻执行这个总方针。有了它,象是茫茫大海中有了指南针,可以朝着正确的方向航行了。

再通过蒋介石读了毛泽东的信的三个表情,看两个典型人物本质性格的明显差异:

"十五个月之抗战,愈挫愈奋,再接再厉,虽顽寇尚未戢其凶锋,然胜利之始基,业已奠定,前途之光明,希望无穷。"在信中毛泽东以宽厚的胸襟热情赞扬抗战初期国民党军队许多爱国将士驰骋疆场,舍身忘死,英勇奋战,扬民族之威严,挫骄兵之锐气。而蒋介石则以"微笑"接受了对自己领导的伟大民族战争的赞扬。这正是他刚愎自用,居功自许的性格表现。

"……其任务在于团结全民,巩固与扩大抗日阵线,坚持持久战争动员新生力量,克服困难,准备反攻。"

国共两党合作,形成广泛的全民抗战的统一战线,其目的就是共同领导全国人民战胜入侵者,保卫自己。为此,毛泽东在各个时期都明确具体任务,尤其在进入最困难的持久战阶段更强调了这一点。蒋介石心中表示"同意"。

"同人认为此时期中之统一团结,比任何时期为重要。""此时此际,国共两党,休戚与共,亦即长期战争与长期团结之重要关节。"

读到此处,蒋介石感到"惊异",接着产生了为什么"团结"这么重要的疑问,进而猜疑毛泽东得到了什么"情报"。"惊异"的实质正是蒋介石没有用长期团结,支持长期战争的思想准备,只有"攘外必先安内"的一贯主张,只有一面抗战,一面"溶共",一面削弱积极抗战的地方势力的政策和手段。毛泽东是蒋介石十年久战而不胜的对手,调动百万大军也没能把当年的红军

消灭掉，而今又领导着八路军、新四军、晋察冀抗日根据地，在险恶的条件下，不断粉碎日寇残酷的封锁和"扫荡"，坚持抗敌斗争，大量消灭敌人的精锐力量，有力地配合了正面战场。两种不同的政治思想，不同的军事路线的优劣何等明显。蒋介石怎么会理解"国共两党长期团结、支持长期战争，才能赢得战争的最后胜利的"的重要性呢！

至此，党中央的复电和毛泽东的一封信，已充分表明了中国共产党是抗日战争中当之无愧的中流砥柱，毛泽东正是长期抗战艰难航程中当之无愧的掌舵人。

2.2. 政治斗争最前线卓越的指挥官周恩来

1920年周恩来到欧洲勤工俭学。21年开始坚定地信仰马克思主义。22年在巴黎建立了旅欧少年共产党（次年改为中国共产主义青年旅欧总支部）。24年为了挽救中国，受命回国，担任黄埔军官学校政治部主任。27年8月1日领导南昌起义。29年兼任中共中央军事部长。31年任中共中央军事委员会书记。34年参加两万五千里长征。35年出席了具有历史意义的遵义会议，彻底清算了王明的"左"倾机会主义路线，确立了以毛泽东为中心的新的党中央正确的领导机构。遵义会议挽救了红军与革命，挽救了党。在军事上形成了毛泽东，周恩来，王稼祥三人军事领导小组最高统帅部。36年12月西安事变时，周恩来等出面要求蒋介石同意停止内战共同抗日。西安事变的和平解决，给国共两党从内战到和平，从分裂对峙到共同抗日，打开了道路，成为时局的转折点。37年代表中国共产党在西安、杭州、庐山、南京等地同国民党谈判，为建立抗日民族统一战线做出卓越的贡献。

周恩来一生钦佩毛泽东的军事才能，赞同他的战略思想。在国共合作共同抗日期间，作为中国共产党在政治斗争前线的最高指挥官，周恩来亲自率领中共长江局，动员群众，开展抗日民族统一战线工作，团结爱国民主人士，争取中间力量。坚持抗战、反对投降、坚持团结、反对分裂、坚持进步、反对倒退。在错综复杂的斗争中，睿智明哲，才思敏捷，思想深邃，目光锐利的周恩来坚决执行党中央的政策，纵横捭阖，擎天驾海，毫不留情地戳穿蒋介石的溶共阴谋。坦荡机智地说服蒋介石改变武汉大会战错误的决策，充分显示出中国共产党在抗日战争中的旗帜与核心作用。

请看《长江还在奔腾》中在许多重大问题上，周恩来代表中共中央同蒋介石展开了针锋相对、面对面的斗争。

A. 周恩来就各党派联盟问题三次揭穿蒋介石的溶共政策。

"蒋先生是不是要所有党派都参加国民党?""各党派参加贵党以后,他们原来的组织还存不存在呢?""各党派原有的政治纲领怎么实现呢?"

这一连串的问题既揭穿了蒋介石的内心秘密,也点破了他的如意算盘。

"抗战建国纲领是国民党一个党的纲领,不能算做各党派的共同纲领,更不是共产党的纲领,共产党有自己的政治纲领。""这个纲领我党和各党派还没有看到……怎么可以强加给共产党和各党派呢?"

"我党不仅有最低纲领,还有最高纲领。国民党欢迎中共党员参加,可以考虑研究。但是有一点必须明确,我们进到国民党里面去,仍要保持我们共产党的独立组织,象大革命时期第一次国共合作一样。"

"你的主张和我党所提的各党派联盟是背道而驰的。""各党派都参加国民党,不允许各党派有独立的组织,那么,各党派联盟也就不存在了……这是溶化政策,我党不能接受。"

在这个重大的原则问题上,周恩来寸步不让,斩钉截铁地把溶共政策顶了回去,谈判的第一回合,以一针见血地戳穿蒋介石的诡计告终。

第二回合是周恩来代表共产党就各党派联盟问题,提出两个方案:一个是共产党员以个人名义加入国民党;还有一个是党外合作的形式。草拟共同纲领大家共同遵守。而蒋介石要利用第二次国共合作团结抗战时机,把共产党溶化,劝诱共产党放弃实现遥远的最高纲领,仍要共产党全体加入国民党。

周恩来立即作了有力的回击:"将来要实现的事,不等于不能实现。我们共产党人坚信共产主义这个人类最崇高的理想一定可以在中国和全世界实现,我们将为之奋斗终身。没有革命的理想,就不可能有革命的行动。我党坚决不同意全体党员参加贵党。"这是"我代表中共中央发表意见。"

"我党同意成立各党派联盟,但不同意溶化各党派。不管实行哪种形式的各党派联盟,我们共产党都要保持独立的组织。""如果要解散共产党,那就不存在国共两党的合作团结了。"所谓新党"即是国民党一党专政的继续,谈不到国共合作。""我可以报告中央,但我个人看,这方法是行不通的。"

蒋介石不管怎样乔装打扮,也没有逃脱过周恩来深邃睿智的眼光。

第三个回合,周恩来义正词严尖锐批驳了蒋介石提出的"所有党派都解散,重新组织新党"的新花招儿。

"这是贵党从前提过的口号:一个政党,一个主义,一个领袖。过去没

能行得通，现在形势发生了变化，国共合作了，各党派团结抗战了，怎么能够再提这个口号？我党已经表示反对你们的溶共政策，你们的政策不得人心，绝大多数党派不会同意的，实际上是行不通的。"

"我们共产党人承认'三民主义为抗日民族统一战线的政治基础'，也承认'三民主义为中国今日之必需'，本党愿为其彻底实现而奋斗……但是这种新时期的革命的三民主义，是联俄、联共、扶助工农三大政策的三民主义。"

"既然遵从孙中山先生联共教诲，为什么要实行溶共政策呢？"

至此，蒋介石的溶共政策被驳得体无完肤。

B. 政治斗争最前线卓越的指挥官周恩来夙兴夜寐，日理万机：

（1）在蒋介石的溶共政策碰到坚强阻力，十分沮丧的时候，周恩来又提出了改革政治机构问题："改革政治机构问题，请贵党考虑。目前一党专政的政治机构不能适应全民抗战的局面。"

（2）周恩来在担任军事委员会政治部副部长以后，直言不讳地提出了"中央军政治工作薄弱和腐败"应该把旧式军队改造为新式军队。"据我们知道，现在贵党军队和人民之间，军官和士兵之间，关系十分恶劣，团结方面颇成问题。这个问题不解决，战争胜利就难于说起。""中央军迫切需要加强政治工作。"

（3）周恩来通过电话直接向蒋介石争取共产党在国民党地区的合法地位。

为庆祝台儿庄胜利的游行，党政军民的机关团体、各党派各界知名人士，都接到了通知，最后才通知了《新华日报》和八路军驻武汉办事处。周恩来提出要中共湖北省委书记董必武同志代表中共参加游行。

"各党派都有代表参加，为什么不请共产党代表参加？""国共两党发表宣言和声明，团结抗日快一年了，为什么中共还没有合法地位？""中共既然有合法地位，应该由中共湖北省委代表中共才对。共产党和其他党派一样派代表参加是完全应该的。"

这强有力的质问和指责，使蒋介石理屈词穷，无可辩驳。

（4）关于八路军扩编问题，周恩来与蒋介石短兵相接。

"八路军在华北敌后广大地区开展游击战，收复许多失地，民主抗日根据地日益扩大；现有三个师的兵力已不足以应付新的形势，朱德总司令提出来，要求将三个师扩大为三个军，这个问题并不复杂，希望今天能够定下来。"

"八路军一向主张精兵政策，所以打了许多胜仗，包括象平型关那样的辉煌战绩。八路军抗战最坚决，作战最勇敢，可以说最听从国家抗战大计，敌

后群众要求参加部队打鬼子,我们不应该拒绝。八路军应该扩充,而不应该受到歧视。……中央军许多部队补充了,也扩充了,为什么累立战功的八路军要求扩充,就这么困难呢?"

(5)周恩来关爱进步人士与爱国将领,与敢说敢做的冯玉祥促膝谈心,共谈国事,同感蒋介石一向歧视地方部队,八路军也受到了不平等的待遇;到医院看望不满蒋介石一意孤行,而对组织新党感兴趣的李济深,鼓励他去改变国民党的现状;探望住院手术的李宗仁,同感部队加强政治工作的重要,耐心解释,"中国抗战主要应该靠自己的力量。""我们并不拒绝外援,但不能完全依靠外援"的道理,"现在的问题主要是要坚持抗战到底,反对中途议和妥协。有人对议和并不死心,还在积极活动,这是十分危险的,须要引起我们的注意。"

在白色恐怖包围中,周恩来语重心长地嘱咐道:"你们几位身负重任,希望你们发挥重要作用。"

C. 民族危亡的关头,周恩来代表党中央说服蒋介石改变武汉会战的错误决策。

"我认为蒋介石的指导方针是错误的。今后要持久战,以大力开展敌后游击战争为主,消耗敌人的有生力量,保存和发展我们的力量,准备反攻。""现在应该避免正面大规模作战,无论如何不能进行武汉会战!"

"这是关系国家民族命运的大事。""现在还没到和敌人大决战的时机。"

"我们施行的是持久战略,有必要在武汉和敌人会战吗?""在武汉会战,我军一定能打击敌人,迟滞敌人的行动吗?""根据目前敌我军事力量对比悬殊来看,能进行四个月的会战吗?"

这三个问题的回答都是否定的。蒋介石只是主观的幻想的胜利,没有研究敌人方面的情况和各种可能。没有吸取上海、南京、江阴、江宁要塞失守的惨痛教训。错误地估计了张鼓峰事件日苏交战一定会不断扩大事态的形势。因此,武汉会战的决策是错误的。

"如果一定要在武汉大会战,肯定要遭受很大损失。高级将领们对军委会一定有意见。""对蒋先生威信不利,对将来反攻也不利。""这是关系国家民族前途的大事,也关系蒋先生的威信,我相信蒋先生一定会慎重考虑的。"

D.《告别武汉!》周恩来正用毛笔在稿纸上写《新华日报》社论:"中日战争的形势,正如毛泽东同志所说:须经过持久战的三个阶段,才能争取到最后胜利……抗战既是长期,我们决不畏惧困难,但必须认识困难,才

能克服困难。"

"我认为应该把目前武汉的形势告诉群众""既要群众了解目前形势的严重，又要避免引起不必要的惊慌。"要阐述持久战的光辉思想，提高广大群众的抗战积极性，增强抗战胜利的信心。"即使武汉不保，我们也还有可能继续长期抗战……""人是最重要的，任何时候也不能忘记群众，要关心群众，特别是老弱妇孺，要解决他们的问题，和他们一道同甘共苦！"

周恩来今天穿了一身黄布军装，武装带上没有挂任何武器，军帽帽檐下面仿佛闪烁着两颗星星，时不时向马路两边的群众深情地望去，恨不能把武汉三镇的群众带着一同撤退。他在敞蓬小汽车中霍的站了起来，高高举起胳膊，大声呼喊口号：

坚持抗战到底！坚持团结！坚持抗日民族统一战线！我们一定能够打败日本帝国主义！最后胜利属于我们！……

周恩来听到群众坚强的声音，激动得几乎要流出热泪了。他竭力噙着泪水，用洪亮的声音呼喊：武汉是我们的！最后胜利属于我们！

《长江还在奔腾》成功地塑造了国共合作抗战期间，中国共产党在政治斗争前线最杰出的指挥官。

2.3. 人民军队的总司令朱德

第二战区副司令长官兼十八集团军总司令朱德得到通知，按时到了汉口，受到周恩来的热烈欢迎。这两位十六年前在柏林认识的老战友紧紧拥抱在一起，朱德见到他的入党介绍人，激动得几乎说不出话来了。

这位领导八一南昌起义，建立苏维埃政权，扩大革命武装力量，同年率领起义军上井冈山，与毛泽东部会师，成立了中国工农红军。这位戎马一生的革命军人，为人民军队的建设发展，为革命根据地的建设和扩大，作出了卓越的贡献。他性格憨厚爽朗又风趣，张开厚厚的嘴唇说："怪不得这次通知我来参加（国防最高会议）哩！原来是毛主席这封信起了作用，找共产党的将领一道商量了。"

"什么武汉大会战，不是白白牺牲自己的有生力量么！上海那个仗，就不应该集中那么多部队去打，兵力都展不开，下了撤退令又要官兵返回阵地去死守，真是乱弹琴！""打杖不是儿戏，一个命令下错了，不知要牺牲多少官兵的生命哩！"

针对持久战以开展敌后游击战为主，国民党部队不会打游击战，也害怕

发动群众的缺点，周恩来让朱德在会上向蒋介石建议，在南岳创办军事训练班，替他培养干部。朱德很赞成。

对于这样一位久经沙场、身经百战的最高司令官，老作家周而复并没有着意去描写他的军事思想、战略战术，而是写了一位与人民血肉相连、休戚相关的革命军人的典型。写了他深为《放下你的鞭子》的剧情感动；写了他看到那些标语反映了武汉和全国人民心声，字里行间透露出的悲壮和激昂慷慨的情绪所受到的感染；写他情不自禁地和大家一起唱《义勇军进行曲》；写了他为前线捐款……甚至忘记了自己是来刻图章。

他在这里看到中华民族的旺盛精神，中华民族的脊梁！中华民族的力量和希望！

面对刻字老人，他说话态度和蔼，是将军而不威风凛凛，他的选择木质图章的俭朴，他付了钱才收下图章的纪律性，不正是自然而然地显现了八路军总司令的风采么！

3. 举足轻重的智囊与多谋善战的将军及唯一的女性（国民参政会）参政员……（中略）

（1）博闻强记的马克思主义者秦邦宪（2）足智多谋的八路军参谋长叶剑英（3）多谋善战的晋察冀军区司令员聂荣臻（4）党的创造人之一董必武（5）与周恩来的邓颖超

在《长江还在奔腾》的结尾，中国共产党卓越的领导人无比英勇的司令员和将军正带领着全国军民日日夜夜酣战在抗日的烽火之中。长江还在奔腾，向着远大灿烂的前程。

[参考文献]
赵文敏《周而复研究文集》2002.5. 文化艺术出版社
郎汶衣《老当益壮 写春秋——周而复的创作历程》《人民日报》2003.7.8. 以下（略）

〈附记〉在本文写作过程中，山西大学董静如教授帮助审阅了全文，提出了许多宝贵的意见。在此谨表衷心感谢。（2003 年 9 月 29 日 姬路独协大学）

『紅楼夢』に見られる笑いについての一考察

今井　敬子

0. はじめに

　『紅楼夢』には多くの笑い[1]が見られる。大きな流れとしては悲劇へと向かって進行する物語であるが，その過程として展開される各回においては，多数の人物の入り組んだ人間関係と日常生活が描写され，登場人物の複雑で屈折した心理・感情に裏打ちされた会話は，しばしば笑いを伴うものとして表されている。しかし，それらの多数の笑いは，なぜそこで笑うのか，その笑いは何を伝えているのかがわかりにくい箇所が少なくない。それは，一般に笑いというものが多様な意味をもつこと[2]，その多様性に対応する細やかな言語表現が必ずしも発達していないことによるのであろう。『紅楼夢』においては，上位語の「笑」が圧倒的に多く用いられて，多様な笑いを表しているのである[3]。

　小論では，『紅楼夢』に見られる笑いを，登場人物のせりふ（以下，発話と呼ぶ）に随伴する笑いと，登場人物の発話に代替する笑いとに二分して検証し，登場人物間の会話に見られる笑いの機能について一考察を試みる。あわせて，物語というジャンル内に見られる会話であることを考え合わせ，物語の進行・展開との関わりについても考えてみたい。

1. 笑いの言語形式と考察の範囲

　『紅楼夢』に見られる笑いを表す言語形式は，次のふたつに大別される。ひとつには，"道"，"問"，"命"など発話を表す動詞（或いは発話を伴う行為を表す動詞）と結びついて，"笑道"，"笑問"，"笑命"，"笑問道"，"笑着叫道"などの形式をとり，登場人物のせりふの直前に置かれて，登場人物が笑いながらせりふを言っていることが表されるタイプである。なかでも"笑道"が頻用されているが，小論では，このタイプの笑いを発話に随伴する笑いと呼ぶことにする。もうひとつは，動詞"笑"が補語や他の動詞，機能語或いは修飾語等と結びついて述語動詞（或いはその構成要素）として

用いられるものである。小論では，このなかで，[発話―応答]を単位とした発話連鎖の中に置かれ，先行する発話に対して言葉による応答ではなく，笑いによる応答が見られるものを取り上げる。すなわち，[発話―笑い]というペアにおける笑いであるが，このタイプを発話に代替する笑いと呼ぶことにする。

なお，小論ではテキストとして『紅楼夢』上・下巻（人民文学出版社，第二版，1996 年）の前八十回を用いている。

2. 発話に随伴する笑いとメタコミュニケーション

ベイトソン（1972）は，人間の言葉によるコミュニケーションには，その抽象レベルとしてメタコミュニケーションのレベルがあり（同書 259），言葉によるコミュニケーションにはメタコミュニケーション的メッセージが必ず伴うとする。メタコミュニケーション的メッセージは，発話によるメッセージの類別―「ラベル」付け（たとえば，まじめな話，うそ，比喩，等）をするもので，それは，ある発話に「これは冗談だけど」とコメントを付け加えるなど言葉によって行われることもあるが，ほとんどの場合，声の抑揚、顔の表情、身振り、文脈等の非言語的要素が，メタコミュニケーション的メッセージのシグナルとしての機能を担うと述べている（同書 290）。

深谷・田中（1996）は，発話には，発話対象、発話内容といった発話そのものに関わる意味づけに対して，発話態度、行為意図、表情といった発話者の意味づけに関わる要素があるとしている。発話態度は，事柄をいかに語るか（たとえば誠実に語る，皮肉、嘘、冗談として語る等）ということであり，たとえば，嘘を言って（発話態度）相手をだます（行為意図）という関係が見られる。これに表情（声の調子、顔の表情、動作等のあらゆる非言語要素）が加わり，他者との発話はこれらの要素が分かちがたく融合した状態で意味づけられ，表情の把握は「相手の気分や情調の知識的認知にとどまらず，発話態度や行為意図までを意味づけることでもある」（同書 102）とする。

ベイトソン（1972）によるメタコミュニケーション的メッセージの概念と，深谷・田中（1996）による発話態度及び行為意図の概念とは互いに似通った概念であると理解できるが，両者の議論は，発話に随伴する非言

的要素が，発話のメタコミュニケーション的メッセージ（或いは発話態度・行為意図）を表すシグナルとして機能すると述べている点で共通している。

一方，橋本（1994）では，笑いのコミュニケーション的機能が分類されているが，発話に随伴する笑いについては，たとえば「皮肉における笑いは反語性を明示する」，「威嚇や憎悪における笑いは，自分の側の優位性を誇示する」機能をもつといった分析がある。ここでは，笑い自体は「反語性」，「優位性の誇示」を示し，発話のメタコミュニケーション的メッセージである「皮肉」「威嚇・憎悪」に対しては，その直接的なシグナルとはなっていない，という分析であると理解される。

「反語性」，「優位性」等，笑いにおける諸々の意味機能の追求は小論の目的ではない。小論では，笑いが発話のメタコミュニケーション的メッセージといかに関係しているかということに焦点を絞って考察を進めたい。

笑いが，発話のメタコミュニケーション的メッセージと関係するとき，発話における言葉の字義どおりのメッセージとは別のところに，メタコミュニケーション的メッセージがある場合に，笑いはその機能が活性化するのではないかと考えられる。そこで，そのような性質をもつ発話として，冗談、皮肉、嘘（偽装）などのメタコミュニケーション的メッセージが認められる発話を選び，それらの発話に笑いが随伴している例を取り上げて，以下に検討していきたい。

2.1. 冗談・皮肉と笑い

冗談を言う者が，その発話を冗談として成立させるためには，その発話が言葉の字義どおりに相手に理解されないことが必要である。冗談を言う者は必ずしも笑って言うとは限らないと思われるが，「話し手と聞き手がともに，発話が冗談であると承知しているためには，話し手が笑いながら言って聞き手も笑う」（谷 1987-96）ことからすると，自分の発話が冗談であることを示すために，笑いというシグナルが発せられていると理解できるし，冗談が冗談として成立するためには相手が笑わなければならない。しかし，シグナルとしての笑いを伴って発話しても，次の例のように，相手に冗談であることが伝わらないこともある。

(1) 鸳鸯……抽系子，掏出两个笔锭如意的锞子来给他瞧，又笑道："荷包拿去、这个留下给我罢。"刘姥姥已喜出望外、早又念了几千

声佛，听鸳鸯如此说，便说道："姑娘只管留下罢。"鸳鸯见他信以为真，仍与他装上、笑道："哄你玩呢、我有好些呢。留着年下给小孩子们罢。"（42回566頁）〔鴛鴦は……（巾着の）ひもを解いて，〈笔锭如意〉（必定如意）の意に象った小粒金を二粒取り出して劉ばあさんに見せると，笑いながら「巾着はお持ち帰りください，こちら（小粒金）は私に残してくださいね。」と言いました。劉ばあさんは（たくさんの贈り物をもらい）思いもかけぬ喜びで，早くも何千回も念仏を繰り返していたので，鴛鴦がこう言うのを聞くと「お姉さん，どうぞお取りください。」と答えました。鴛鴦は劉ばあさんが本気にしたので，もとどおり包んでやって，笑いながら「からかったのよ，私はたくさん持っていますから。年末までとっておいて子どもさんにあげたらいいわ。」と言うのでした。〕

　鴛鴦は笑いながら冗談を言って，劉ばあさんをからかったつもりであった。ここで鴛鴦の発話に随伴する笑いは，その発話が冗談であることを示すシグナルとして機能するはずの笑いであったと理解できよう。ところが，劉ばあさんは鴛鴦の発話を字義どおりに受け取り，まじめに返答している。そこで，冗談が通じなかったことを知った鴛鴦は，先行する自分の発話が冗談・からかいであったことを，"哄你玩呢。"という発話によって表示しているが，この発話は，先行する発話のメタコミュニケーション的メッセージにほかならない。この二番目の発話にも笑いが随伴しているが，この笑いは，"哄你玩呢。"という発話をいわば補助しながら，その発話と同様に，先行する発話が冗談であることを示すメタコミュニケーション的メッセージのシグナルとしてはたらいているのではないだろうか。

　皮肉を言う者も，ことばの字義的意味とは別のメッセージを伝えようとする。皮肉が皮肉として成立するためには，皮肉であることを相手に知らしめなければならない。皮肉は必ず何らかのシグナルを伴う（橋本1989-77）とする論と，シグナルを伴わないでも皮肉は皮肉として理解できる（深谷・田中1996-249）という論がともに見られるが，相手に皮肉であることをわからせる必要がある以上，随伴する笑いは，発話が字義どおりではないことを示すシグナルであると理解してよいのではないか。

皮肉による発話は，誉めているようで実は貶しているなど，「表面上ポジティヴな内容のものが圧倒的に多い」(深谷・田中 1996-256)が，次の例では，表面上ポジティヴな内容で，かつその内容が事実を表しているが，その発話は，実は皮肉であるような例である。

(2) 可巧黛玉丫头雪雁走来与黛玉送小手炉，黛玉因含笑问他："谁叫你送来的？难为他费心,那里就冷死了我！"雪雁道："紫鹃姐姐怕姑娘冷，使我送来的。"黛玉一面接了，抱在怀中，笑道："也亏你倒听他的话。我平日和你说的，全当耳边风;怎么他说了你就依，比圣旨还快些！"宝玉听这话，知是黛玉借此奚落他，也无回复之词，只嘻嘻的笑两阵罢了。宝钗素知黛玉是如此惯了的，也不去睬他。(8回 123頁)〔ちょうどそこへ黛玉の小女中の雪雁が，手あぶりを届けに来ました。黛玉はそこで笑いを含んで問いかけるには「誰に言われて届けに来たの？たいそう気を使ってくれるのはありがたいけれど，まさか私が凍死したりはしないわよ。」雪雁が答えました。「紫鵑姉さんが，お嬢様がお寒いのではと言ってお届けするようにとのことですので。」黛玉は（手あぶりを）受け取って懐に入れ，笑いながら「おまえもあの人の言うことをよくお聞きだねえ。私がふだんおまえに何か言ってもまったく聞き流しているのに，どうしてあの人が言うとすぐにいいなりになるのかしら。天子さまの仰せだってこんなに早くはお聞きできないだろうにね！」と言いました。宝玉はこれを聞いて，黛玉がこれにかこつけ自分を皮肉っていることがわかりましたが，返すことばもなくただにこにこしていました。宝釵は黛玉がこんなふうなのに慣れっこになっていますので，これまた取り合おうとしません。〕

黛玉による最初の発話の中の"难为他费心"は，表面上は，雪雁に手あぶりを持たせて寄越した者を評価しねぎらっているように見えるが，真意はそうでないことが，直後の発話"那里就冷死了我！"からも明らかである。また，黛玉による二番目の発話では，雪雁が紫鵑の言いつけをよく聞くことは事実であっても，それを評価しほめているわけではない。引用箇所に先行する文脈では，冷酒を所望する宝玉を宝釵が諭すと，宝玉は宝釵の言に従うという場面が表されている。訪ねてきた黛玉は，宝玉と宝釵の

やりとりをしばらく何も言わずに聞いていたが，そこへ雪雁が手あぶりを届けにやってきたその機会を捉えて，宝玉を皮肉る発話をしたのである。すなわち，黛玉の発話の中の"也亏你倒听他的话"および"我平日和你说的，全当耳边风，怎么他说了你就依"は，三箇所に"你"が見られるが，これらはすべて，字義どおりには雪雁を指示しているが，実際には宝玉を暗に指示し，また，同文中の二箇所に見られる"他"は，字義どおりには紫鵑を指示しているが，実際には宝釵を暗に指示している。すなわち，紫鵑と雪雁にかこつけて，宝釵の言うことに従った宝玉を皮肉っているのである。また，発話の相手（聞き手）は，表面上は雪雁であるが，発話が皮肉であることを知らしむる相手として黛玉が望むのは，皮肉の対象となっている宝玉そして宝釵であろう。

『紅楼夢』の登場人物の中では，林黛玉が皮肉の第一人者であると言えようが，上の例のように，笑いを伴って発話される皮肉が非常に多く見られる。これは，発話が字義通りでないことを相手に知らせるべく，なにかのシグナルが必要であろうこと，発話に随伴する笑いがその役割を果たしているのであろうことと理解できる。

2.2. 脅しと笑い

脅しもまた，言葉の字義どおりのメッセージとは別に話者の真の意図があるといえる。脅しが「表す行為が表される行為と違っている」（ベイトソン1972-263）というのは，たとえば「殺すぞ」という発話が脅しで言われた場合は，その真の意図は「殺す」ことではなく「脅す」ことであるからであろう。すなわち，発話の中で表された行為は，これから遂行しうることを警告しているだけである。しかし，遂行しうることであると相手に知らしめなければ脅しの効力はない。したがって，脅しとしての発話は，字義通りではないという面と，字義通りになりうるという面との両面があると理解できる。次の例では，脅しの応酬が笑いを伴って表されている。

(3) 平儿会意，忙拽在袖内，便走至这边房内来，拿出头发来，向贾琏笑道："这是什么？"贾琏看见着了忙，抢上来要夺。平儿便跑，被贾琏一把揪住，按在炕上，辦手要夺。口内笑道："小蹄子，你不趁早拿出来，我把你膀子撅折了。"平儿笑道："你就是没良心的。我好意瞞着他来问，你倒赌狠！你只赌狠，等他回来告诉他，看你怎

么着."贾琏听说,忙陪笑央求道:"好人,赏我罢,我再不赌狠了."(21回287頁)〔平児は意を得たとばかり,急いで(髪の毛を)袖の中に放り入れ,こちらの部屋へやって来て髪の毛を取り出すと,賈璉に向かって笑いながら「これはなんですの。」と言いますと,賈璉は見るなり突進して引ったくろうとしました。平児はすぐに逃げましたが,賈璉につかまりオンドルの上に押さえつけられました。賈璉は手をこじ開けて奪おうとし,口の中で笑って「こいつめ,はやく出さないと,腕をへし折るぞ。」平児は笑って「ひどい人ですこと。私は好意であちら(賈璉の妻の熙鳳)に隠してあなたにお聞きしているのに,なんと腕ずくで!腕ずくで来るなら,あちらがお帰りになったら言いつけますよ,あなたがどんな顔なさるか見ものですわ。」賈璉はこれを聞くとあわててへつらい笑いをして「いい子だから,俺によこせよ,もう手荒なことはしないから。」と頼み込みました。〕

　証拠(女の毛髪)を握った平児の発話"这是什么?"は,質問の形式をとってはいるが,字義どおりの質問ではない。平児は手に持っているものが賈璉の弱点を握った証拠品であることを,十分承知した上で,脅しとしてみかけ上の質問をしている。この発話が脅しとして成立するためには,単なる質問ではなく脅しであることを相手に伝えなければならない。とすると,この発話に随伴する笑いは,字義どおりの質問とは別のところに発話の意図があることを,相手に知らせるシグナルとして機能していると理解できよう。

　これに続く賈璉の発話"你不趁早拿出来,我你膀子撅折了。",および平児の発話"你只赌狠,等他回来我告诉他。"は,ともに発話の前件においてある条件を提示し,その条件下で起こり得る行為を後件において示すことによって,脅しを表す発話となっている。これらの発話にはいずれも笑いが随伴しているが,これらの笑いは,言葉で表されている行為(腕をへし折る,言いつける)が,単なる言葉ではないこと,すなわち,実行される可能性のある行為であることを示すためのシグナルとして機能していると言えるのではないか。表された行為について実行の可能性があるからこそ,発話が脅しとしての効力をもつからである。

　すなわち,脅しというメタコミュニケーション的メッセージをもつ発話

が，笑いを随伴する場合，その笑いは，発話が字義通りのメッセージを伝えようとしているのではないこと（上例では：ただの質問ではないこと，及び，ただの脅しではないこと）を相手に知らせるために，シグナルとして機能していると考えられる。

2.3. 偽装と笑い

発話の内容が嘘であるときは，嘘であることを相手に知られてはならない。発話した内容を真実らしくみせかけるために，何もシグナルを出さないのが，「嘘つきは（笑うのでなく）素知らぬふりをする」（谷 1987-129）ということである。一方，嘘をつくときに笑いというシグナルを出している次のような例もある。

(4) 宝釵在外面听见这话，心中吃惊……（中略）……犹未想完，只听"咯吱"一声，宝釵便故意放重脚步，<u>笑着叫道</u>："颦儿，我看你往那里藏！"一面说，一面故意往前赶。那亭内的红玉坠儿刚一推窗，只听宝釵如此说着往前赶，两个人都唬怔了。宝釵反向他二人<u>笑道</u>："你们把林姑娘藏在那里了？"坠儿道："何曾见林姑娘了。"（27 回 363 頁）〔宝釵は亭の外でこの話を聞いて驚き，……（どうしたものかと）まだ考えが決まらないうちに，ガタと音がしたので，わざと足音をたてて，笑いながら「ひそめちゃん，そこに隠れてるのを見たわよ。」といいながら前に駆け出ました。亭の中にいる紅玉と墜児は，窓を押し開けたとたん宝釵がこう言って駆け出してきたので，驚きました。宝釵は逆手に出てふたりに笑いかけ「林のお嬢様をどこに隠したの？」とたずねますと，墜児は「林のお嬢様をお見かけなぞしませんでしたが。」と言いました。〕

宝釵は滴翠亭のそばを通りかかると，亭の中からの（紅玉と墜児の）なにやら秘密めかした話声を聞きつけてしまい，しかも，立ち聞きされないよう格子を開け放して外の様子が中からうかがい知れるようにしようという会話も聞くに及んで，ぬすみ聞きをした自分がみつかるのではないかと恐れ，何も知らぬふりをして逆にふたりの前に出ていくという行動を取る。宝釵は黛玉を探していたわけではない（黛玉の住まいを訪ねようとして途中で考えを変えて引き返す途中であった）ので，その発話内容はでたらめ

であり，その場に偶然来合わせたこと，しかも立ち聞きなどしていなかったと相手に信じさせるための状況を，もっともらしく設えるために，遊びの中で逃げ隠れした黛玉を探してたった今ここに来て，黛玉の隠れ場をつきとめたかのような演技をしているのである。嘘は，ただ本当ではないことを言うというだけでなく，「多くの場合，虚構の中に空想されたものごとの伝達にも携わっている」（ベイトソン 1972-264）。宝釵の最初の発話は，その場にはいないことがわかっている遊びの相手として，虚構の中に空想された黛玉に向けられているようにみせかけている。

　宝釵の二番目の発話は，眼前にいる紅玉と墜児に向けられている。嘘が露呈しないためには，相手の紅玉と墜児には，発話を字義通りの意味に受け取らせなければならない。発話が嘘であることが相手に知られてはならない。となると，なぜ笑いが発話に随伴するのか。この笑いは，虚構である遊びをいかにも真実らしく設えるために，遊びにふさわしい要素である快活な笑いを作ってみせたということではないだろうか。すなわち，ここでは笑いは，それが随伴する発話のメタコミュニケーション的メッセージのシグナルとしては機能していないと理解できる。

　冗談や皮肉のように，発話のメタコミュニケーション的メッセージを相手に知らせることによって，発話の効力が生じるのとは逆に，嘘の発話は，それが嘘であることを相手に知らせないことによって効力を発揮する。したがって，発話に随伴する笑いは，互いに反した作用をもつことになるのであろう。

　次の例は，失態を演じたあとで笑いながら弁解をすることによって，失態を取り繕っている例である。一般に，弁解の内容は必ずしも嘘であるとは限らないと考えられるが，次の例では，その場かぎりの嘘をもって弁解をしている。

　　(5) 宝玉听见史湘云有这件东西，自已便将那麒麟忙拿起来揣在怀里。一面心里又想到怕人看见他听见史湘云有了，他就留这件，因此手里揣着，却拿眼睛瞧人。只见众人都倒不大理论，惟有林黛玉瞅着他点头儿，似有赞叹之意。宝玉不觉心理没好意思起来，又掏了出来，向黛玉<u>笑</u>道："这个东西倒好顽，我替你留着，到了家穿上你带。"（29 回 399 頁）〔宝玉は史湘雲がそれと同じもの（麒麟の首

飾り)を持っていると聞くと,すぐさまその麒麟を取り上げて懐に入れました。史湘雲が持っているから欲しくなって取ったのだろうと人に思われはしないかと,手の中につかみながら,まわりの人の様子を横目でうかがったところ,誰も問題にしていない様子ですが,ただ黛玉だけが宝玉を見つめてうなずき,結構なことねと言わんばかりです。宝玉はきまり悪くなり,(懐に入れた麒麟を)また取り出して,黛玉に向かって笑いかけ,「これはとてもおもしろいから,あなたのためにと取り除けておいたんです。家に帰ったらあなたが提げたらいいですよ。」と言いました。〕

　宝玉の通霊玉を見せたお礼にと,張道士から贈られた多数の玉器や佩玉を,皆でながめて品評しているうちに,その中の金無垢の麒麟と似た物を湘雲が所有していることに話題が及ぶ。宝玉はそこで,ふとその麒麟をとりあげ懐に入れたのだが,この自分の行動の裏にある心理を,その場の誰かが見抜きはせぬかと,まわりの人々の様子に目をやったのである。宝玉への贈り物であるし,子どもの宝玉がそのひとつを懐に入れようが,無邪気な行為として誰も頓着しない。ただ,黛玉だけが,宝玉の行動の裏にある心理を見すかしたかのように頷いてみせる。宝玉はうろたえ,自分にそのような行動をとらせた心理を否定するため,別のもっともらしい理由をたてて,「あなたのために取り除けておいたのだ」と言い繕ったのである。

　発話が弁解のためになされるとき,弁解だとは悟られずに,字義通りに理解されることが発話者の望むところであろう。したがって,弁解としての発話に笑いが随伴するときは,その笑いは,発話が実は弁解であることを,相手に知らせるためには機能しないと考えられる。

　例文には,発話とそれに随伴する笑いだけではなく,その発話をもたらした発話者自身の行動(麒麟を欲しくなり,つい懐に入れてしまったこと)が,発話に先行して見られる。発話が弁解であることを相手に知らせたくないことからすると,発話に随伴する笑いは,その発話と直接に結びついてはいないだろう。その発話をもたらした行動(＝失態)について,この行動をとらせた真意は,(発話の相手である)あなたの推測どおりではない,この発話の通りなのだと言いたいのであり,随伴する笑いは,発話とその発話をもたらした原因としての行為(失態)の間の差異を知らせるためのシグナルとして機能しているのではないだろうか[4]。

先の例 (1) 〜 (3) では，発話の字義通りのメッセージとそのメタコミュニケーション的メッセージとの間の差異を知らせるために，笑いがシグナルとして機能していると考えられたが，例 (4)，(5) では，発話の字義通りのメッセージと他の要素との間の差異が，笑いがシグナルとして機能する原因となっている。この違いは，前者のように，発話のメタコミュニケーション的メッセージを相手に知らせることによって発話が効力をもつ場合と，後者のように，知らせると発話の効力が失われる場合との違いに起因していると考えられる。

自然言語による会話の場合とは違って、物語における登場人物の間の会話は，声の抑揚、口調、顔の表情など，多くの非言語要素が観察不可能である。その中で，発話に随伴する非言語要素として笑いが記述されているときには，その笑いは何らかの機能を積極的にもつ標識として用いられていると理解してよいのではないだろうか。

また，物語における登場人物の間の会話は，語りの中に埋め込まれた会話であることから，物語の読者は，会話の外側に広がる語りの中からも，登場人物の発話のメタコミュニケーション的メッセージを知るための手がかりを得られる点が，物語における特徴であるといえる。たとえば，例 (2) および例 (5) では，発話者（宝玉）の心理や感情が地の文で述べられているし (例 (2) 宝玉听这话，知是黛玉借此奚落他。例 (5) 宝玉不觉心理没好意思起来) 例 (4) では発話者（宝釵）の行動が故意によるものであることが，地の文で述べられる（"宝钗便故意放重脚步，宝钗～故意往前赶）などを挙げることができる。

3. 発話に代替する笑いと会話の進行機能

自然言語による会話では，質問と答え，祝辞と謝辞，謝罪と許容，挨拶と挨拶などのように，隣接する発話と発話がペアをなして（隣接ペア）会話が進行することはよく知られている。先行する発話を第一ペア，後続する発話を第二ペアと呼ぶと，たとえば要請に対する承諾のように，第一ペアの発話者の期待に沿った内容をもち，会話を円滑に進ませる〔優先的第二ペア〕と，要請に対する拒絶のように，会話の円滑な進行を阻害する〔非優先的第二ペア〕とが見られる。また，たとえば質問に対して言葉で答えるのでなく，頷いたり，あるいは首を振ったりして応答することがあるよ

うに，発話に替わって身振り語が隣接ペアの構成要素となることができる。隣接ペアにおいては，笑いは「冗談を主な第一ペアとする，優先的な第二ペア」（水川 1993-82）であると言え，笑いは第二ペアにはなるが，第一ペアにはなりにくいのは，「笑いというものが後続する発話に対してではなく，先行する発話に対して対応するもの」（水川 1993-83）だからである。

『紅楼夢』においても，〔冗談―笑い〕というペアの例は多く見られる。一方，先行する発話が，おかしみをもたらすものではない場合で，それに対する応答も，おかしみによるのではない笑いによって示されている例も少なくない。以下にそうした例を見ていきたい。

3.1. 応答としての笑い

たとえば，第一ペアが誘いを表す発話で，第二ペアが笑いであるような〔誘い―笑い〕のペアの場合，この笑いが受諾を意味する場合も，断りを意味する場合もありうるだろう。すなわち，笑いは，優先的第二ペアと非優先的第二ペアのどちらにもなりうるが，非優先的第二ペアとなった場合は，笑いの後で，会話が停頓したり中断したりするなど，会話の進行がなんらかのかたちで妨げられるという現象が見られる。

次の例は，宝玉が塾に入る日，黛玉へのいとまごいの挨拶がまだであることに気がつき，あわてて黛玉を訪ねたくだりである。宝玉があいさつがてらおしゃべりをしてついに立ち去ろうというときに，黛玉は以下のように問いかけ，宝玉はそれに対して言葉ではなく，笑いで応じている。

(6) 劳叨了半日，方撤身去了。黛玉忙又叫住问道："你怎么不去辞辞你宝姐姐呢？"宝玉笑而不答，一径同秦钟上学去了。原来这贾家之义学……（9回 132頁）〔しばらくおしゃべりをして，（宝玉は）振り切るように立ち去ろうとしました。黛玉があわてて呼びとめてたずねました。「あなたの宝お姉さま（宝釵）のところへはなぜご挨拶に伺わないの。」宝玉は笑って答えず，秦鐘と連れ立ってまっすぐ塾へ向かいました。もともとこの賈家の義塾は……〕

上の例文中には，黛玉と宝玉による〔質問―笑い〕のペアが見られる。宝玉の笑いがどんなメッセージを発しているのか，テキストでは直接に述べられてはいないが[5]，その笑いは言葉による応答によって置き換えられるところに特徴があり，第二ペアとなる笑いは，発話に代替するものと

して機能する。ここでの笑いは明白なメッセージを伝えることなく，あいまいな応答となっているため，適切な第二ペアにはなりえず，そのまま会話が順調に進行するという展開にはならない。すなわち，宝玉が笑ってその場を去ることによって，会話は一方的に終結する。テキストではここで段落がかわって，宝玉が通う塾の成り立ちや性格について述べられた後，宝玉および彼とともに学ぶ秦鐘とに焦点が移っていく。

　次の例では，宝釵の弁明に対して，李紈と尤氏が笑いによって応答している。宝釵は，盗難事件の園内捜索があった翌日に李紈のもとを訪れる。母親の病気を理由に，それまで住んでいた大観園を突然出ていくと言い出し，李紈に納得，了解してもらうために，詳細な事情説明をするが，引用部分はその発話の直後に続く文である。

　　(7) 李纨听说，只看着尤氏笑。尤氏也只看着李纨笑。一时尤氏盥沐已毕，大家吃面茶。李纨因笑道：“既这样，且打发人去请姨娘的安，问是何病。……你好歹住一两天还进来，别叫我落不是。”（75回1041頁）〔李紈は（宝釵の話を）聞いて，尤氏を見て笑うばかり，尤氏も李紈を見て笑うばかりでした。しばらくして尤氏が洗面を終えると，みんなで面茶をいただきました。李紈はそこで笑いながら言うには「そういうことなら，ひとまず人を遣って叔母様のお見舞いに上がらせ，ご容態をうかがってこさせましょう。……いずれにしても，一両日お泊りの後は，園にお戻りくださいね。そうでないと，私がとやかく言われますので。」〕

　例文中には，宝釵と李紈・尤氏による〔弁明―笑い〕というペアが見られるが，弁明に対しては，納得，了解，同意などが適切な応答であることから，これらが優先的第二ペアとなりうると考えられる。李紈・尤氏の笑いがどんなメッセージを発しているのか，テキストには直接の記述はないが，笑いのしばらく後に再開された会話の中で，李紈の消極的，否定的な発言が見られることからも，積極的な納得，了解を示していないことが見て取れる[6]。

　ここでの笑いも，そのために会話は一旦中断し，しばしの時間をおいてから再開している。すなわち，宝釵が訪ねてきた時に尤氏は洗面・化粧を始めたところであったが，宝釵の突然の訪問で洗面を中断され，その後，洗面を終え面茶を飲んでから，先ほどの話題にたちもどって会話が再開する

のである。テキストでは、会話の再開箇所の直前で改行がなされている。

　第一ペアがおかしみを誘う発話でない場合で、第二ペアにおかしみからくる笑いがくる場合も、次の例のように、適切なペアとはならない。
　　(8)　凤姐……又向红玉笑道: "你明儿伏侍我去罢。我认为你作女儿，我一调理，你就出息了。" 红玉听了，<u>扑哧一声</u>。凤姐道: "你怎么笑？……（27回366頁）〔鳳姐は……また紅玉に向かって笑いながら言いました。「おまえ、あしたから私のところで仕事をなさい、娘にしてあげるよ。私がちょっとしつければ出世ができるからね。」紅玉はこれを聞いて、クスッと笑いました。鳳姐が言うには「おまえ、なぜ笑うのさ……。」〕

　ここでは、鳳姐と紅玉による〔誘い―笑い〕というペアが見られるが、紅玉はおかしくて笑っている。紅玉の笑いに先行し、鳳姐は、紅玉の働きぶりが気にいって自分の下へ来ないかと誘いかけているのだが、これに対する適切な第二ペアは承諾、謝辞などであろうから、おかしみによる笑いは適切ではない。対話はここで停頓し、鳳姐は、紅玉の笑いを不審に思って笑った理由を尋ねている。笑うという行為が起こったことへの問いかけである。この後、紅玉がなぜ笑ったのかを説明して、会話は軌道を回復している。

　(6)，(7)，(8) のように、笑い（おかしみによるもの、よらないもののいずれも）が不適切な第二ペアとなる時、会話は停頓したり、一方的に終了したり、軌道が逸れたりする。物語の中では、それは、(6)，(7) に見られるように、場面の切り替え、時間の移行などがあわせて起こっているのが見られる。

3.2.　オチ付けの笑い

　〔冗談―笑い〕のおかしみによるペアの中には、会話の終了や話題の転換をひき起こすものがある。会話連続の最後尾に置かれるオチとしての笑いがこれで、会話の場にいるメンバーによる共同の笑いである。『紅楼夢』においても、その場のメンバーによる一斉の笑いが発生すると、それが常にオチとなるというわけではないが、話題転換や会話の終了をもたらす一要素として、オチの笑いがししばしば見られる。

次の例では，鳳姐と賈母のやりとりの応酬が続いたあと，最後の冗談がオチとなり，その場に居合わせたみんなの笑いによって，それまでの話題が終結し，会話が終わっている[7]。

(9) 凤姐儿忙笑道："…（中略）……只怕我明儿还胜老祖宗一倍呢！我活一千岁后，等老祖宗归了西，我才死呢。"贾母笑道："众人都死了，单剩下咱们两个老妖精，有什么意思。"说的众人都笑了。宝玉因记挂着晴雯袭人等事，便先回园里来，到房中，药香满屋，一人不见……（52回703頁）〔鳳姐はすかさず笑って「…（中略）……もしかしたら，私もいつかは，おばあ様の倍くらい（賢い人）になれるかもしれません。私，一千歳になるまで生きて，おばあ様が西方浄土へお渡りになるのを待ってから，死ぬことにいたしましょう。」と言うので，賈母は笑って「みんなが死んでしまって，わたしたち二人の老いたお化けが残っても，なんの楽しみがあるものかね。」と言うと，みんなが笑いました。宝玉は晴雯や襲人のことが気にかかり，先に園内に帰ってきました。部屋に入ると，薬のにおいが部屋にあふれる中，誰も姿がみえず……〕

上の例では，オチの笑いによって話題が終結するだけでなく，場面の転換が見られる。すなわち，笑いの場にいた人物のひとりの宝玉に焦点が移り，以後は彼の行動を追って，舞台は彼の戻った部屋に移っていく。テキストでは，宝玉に焦点が移ったところから新たな段落に入っている。

上例に限らず，『紅楼夢』という物語の中では，オチの笑いは，話題の転換や会話の終結に伴って，場面，焦点人物，時間，などの転換や移行が見られる。オチの笑いによってその回が終了したり，その回の終了のきっかけをつくるような場合もある[8]。こうした物語の展開と関係するところに，物語の中の会話におけるオチの笑いの特性があるといえる。

次の例では，笑いがオチ付けの機能を果たしているように見えるが，最終的には，オチとしての機能が遂行されなかったことがわかる。

(10) 凤姐笑道："这个孩子扮活像一个人，你们再看不出来。"宝钗心里也知道，便只一笑不肯说。宝玉也猜着了，亦不敢说。史湘云接着笑道："倒像林妹妹的模样儿。"宝玉听了，忙把湘云瞅了一眼，使个眼色，使个眼色。众人却都听了这话，留神细看，都笑起来了，说

果然不错。一时散了。晚間，湘云更衣时，……（22回295頁）〔鳳姐が笑いながら「この子の扮装は誰かさんに生き写しね，みなさん，おわかりになりません？」と言いました。宝釵はわかりましたが，笑うだけで口に出そうとしません。宝玉も誰かわかりましたが，敢えて言おうとはしません。そこへ史湘雲が笑って「まあなんと，林のお嬢ちゃま（黛玉）にそっくり。」と言ったので，宝玉は慌てて湘雲を見やって目配せしました。みんなはそれを聞くと，つくづく見てどっと笑い出し，なるほど本当ねと言いました。やがて散会しました。その晩，湘雲は着替えの時に……〕

　史湘雲の屈託ない発言が一同の笑いをもたらし，その笑いがオチとなっていることは，ここで話題が終結し，一同が散会していることや，ここでテキストでは段落換えし，焦点人物、時間、場所の転換（湘雲、晩、湘雲の部屋）が見られることによって明らかである。しかし，実際には，引用部分からも推察できるように，その場にいた宝玉と宝釵は笑っていないであろう。そして，話題の人物である黛玉もまた，笑っていないと考えられる。新たな段落において，湘雲は自分の発言が黛玉を侮辱することになったことを悟って，荷物をまとめて出ていこうとするし，さらに少し後に続く文脈においては，黛玉が笑いものにされたと怒っている場面があり，結局この笑いは，最終的にはオチ付けの機能を果たしたとは，必ずしも言えないことがわかる。そのことを示唆するのが，実際には笑わない・笑えない人物がいたということである。

4. おわりに

　『紅楼夢』に見られる笑いの多様な意味機能の中で，小論では，発話に随伴する笑いと，発話のメタコミュニケーション的メッセージとの関係に焦点を置いて考察した。その結果，冗談、皮肉、脅しのように，発話のメタコミュニケーション的メッセージを相手に知らせることを話者が意図する場合は，これらの発話に随伴する笑いが，メタコミュニケーション的メッセージを示すシグナルとして機能していると考えられ，一方，嘘・偽装のように，発話のメタコミュニケーション的メッセージを相手に悟られないことを話者が意図する場合は，発話に随伴する笑いは，発話のメタコミュニケーション的メッセージとは別の要素と関係するなど，別の機能が

生じていることを具体例によって示した。また，発話に代替する笑いについては，応答の機能をもつ笑いが会話の進行を妨げる場合，及び，オチの笑いが場面・焦点人物などの転換をもたらす現象について検証した。

　小論は，笑いという非言語要素が，物語における登場人物間の会話の中で果たす役割のごく一端を示し得たに過ぎない。継続的研究を今後の課題としたい。

注
1) 以下，小論で「笑い」という場合，特に区別する必要が認められないときは「微笑」をもその中に含む。
2) たとえば，笑いはおかしみの感情や快活な気分が表にあらわれたものであるが，人の笑いにはおかしみ（滑稽感）に触発される笑いと，おかしみとは直接関係なく，人と人との関係からもたらされる社交的な笑いがあり（野村1994），おかしみによらない笑いには，深刻な事態などマイナス価値をもつ状況において，マイナス度を無化する笑いもある（梅原1983）などの指摘がある。
3) 銭1977-310では，『紅楼夢』において"笑道"の形式によって表されている笑いの例を挙げ，いかなる笑いか具体性に欠けると指摘している。
4) このような笑いについて，発話する自己と，それを笑う真の自己とが並存する状態であるとし，「仮install的二重自己性」（谷1987-118~128），「仮人称発話」（橋本1989-85~92）と称した考察が見られる。
5) 第8回において，黛玉が宝玉・宝釵にあてつけを言う場面があり（引用箇所の2日前の出来事），引用例での宝玉の笑いの背景をなすできごとであると考えられる。
6) 嫌疑を避けるため先んじて園を出る宝釵に対するふたりの笑いを，伊藤漱平訳（『紅楼夢』第8巻，平凡社ライブラリー，訳注451）は，「利口な人よと笑ったのである」と解釈し，松枝茂夫訳（岩波文庫『紅楼夢』第8巻，訳注365）は宝釵の「明哲保身を笑った」とあり，いずれも宝釵に対する好意的・肯定的な笑いとは解釈していない。
7) 『紅楼夢』の中でのオチの笑いが多用される典型的場面は，一同の前で鳳姐と賈母の冗談の応酬が続いた結果，最後の笑いがオチとなるようなものである。鳳姐は，常に賈母を笑わせ，鳳姐の冗談を聞こうと皆が集まるというほどの人物であり，対話・議論の中では鳳姐が他の主要人物に比して登場頻度が最多であるという調査結果が示されている（孫1997-145,196,174）。
8) たとえば，オチの笑いがある回の末尾に置かれて，オチがその回の終結をもたらすかっこうになっているタイプだけを挙げてみても，いくつかのバリエーションが見られる。すなわち，オチの笑いがその回の末尾に置かれ，次の回で

はそのまま話しが続行（65回末尾）する場合は，回が変わるという転換が見られ，オチの発生が新たな人物の登場を導き，そこでその回は終結するが，次回でその人物の登場を受けて新たな場面・出来事が展開する（46回末尾），オチの笑いをもたらした人物が笑いとともにその場から退場し，その回は終結し，次回で同一人物が再度登場する（20回末尾）などである。

[参考文献]

ベイトソン，G（Gregory Bateson）1972. *Steps to an Echology of Mind*,（邦訳：佐藤良明 2000.『精神の生態学』新思索社）

橋本良明 1989.『背理のコミュニケーション』勁草書房

―― 1994.「笑いのコミュニケーション」『言語』Vol.23　No.12　大修館　p.42-p.48

深谷昌弘・田中茂範 1996.『コトバの＜意味づけ論＞―日常言語の生の営み』紀伊国屋書店

水川善文 1993.「自然言語におけるトピック転換と笑い」『ソシオロゴス』17号　東京大学社会学研究科　p.79-p.91

野村雅一 1994.『ボディランゲージを読む――身ぶり空間の文化』平凡社

钱冠连 1997.《汉语文化语用学》清华大学出版社

孙爱玲 1997.《红楼梦对话研究》北京大学出版社

谷泰 1987.「会話における笑い――その表出機能の追及」『社会的相互行為の研究』京都大学人文科学研究所　p.49-p.146

梅原猛 1983.「笑いの構造」『梅原猛著作集Ⅰ』集英社　p.207-p.334

汉语"是…的"句中的名词判断句因素

王 亚新

1. 名词判断句和"是…的"句的区分

关于汉语的"是…的（一）"句[1]已经有过很多论述。本文在参考朱德熙（1961，1978）、杉村博文（1982，1999）、李訥·安珊笛·張伯江（1998）、小野秀树（2001）、木村英树（2002，2003）、井上优（2002）、史有为（2003）等论述的基础上，通过与名词判断句的比较来对这类句子的特征再做一些探讨。

我们从下表可以看出名词判断句和"是…的"句的界限有时并不十分清楚。

使用名词形式	使用"VP的"形式	
1. 类　别 青蛙是两栖动物。 　　（归属·逻辑论述） 小李是我们公司的。 　　（分类）	青蛙是在水里长大的。 小李是负责宣传的。	→这只青蛙是在水里抓的。 →小李是去年进公司的。 →小李是去年进的公司。 →小李是上个月来的。
2. 性　状 书是新的。（恒常） 小李是晚会的主持人。 　　（临时）	书是用汉语写的。 书是路上看的。 书是路上买的。 小李是主持晚会的。	→小李是用汉语写的书。 →书是明天路上看的。 →我是路上看的书。 →这是路上买的书。 →我是路上买的书。 →是我路上买的书。 →小李是一个人主持的晚会。
3. 指　称 他就是今天的主持人。 　　（等同） 今天的主持人是小李。 　　（指定）	小李就是今天主持会的。 今天主持会的是小李。 小李主持的什么会？	→今天是小李主持的会。 —小李主持的联欢会。

上表中，划线部分是通常所说的"是…的（一）"句，但从与其邻近的句子看，它们之间有时很难区分，例如对以下各例的辨认就可能因人而不同。

（1）a. 小李是去年进公司的。
　　　b. 书是用汉语写的。
　　　c. 书是路上看的。
　　　d. 小李主持的联欢会。

根据以往的分析，"是…的"句一般要具有以下几个特征。

1）针对某个已然行为进行的"承指"说明。
2）说明对象通常为特定的个别对象或一次性行为。
3）不表示事物的恒久属性。
4）说明方式不同于一般性陈述，多为针对某个焦点的确认或说明。
5）句子表层有时出现"我是在西单买的书"这种非逻辑性表层结构。

但是，即便满足了上述条件，我们对有些句子是否为"是…的"句的判断有时还是有困难的，其原因之一是有些句子实际上很难同名词判断句严格区分开来。

2. "是…的"句的类型

2.1.

朱德熙（1978）将带"的"字结构的判断句分成了以下五种类型。

S_1: M + 是 + DJ 的（小王是昨天来的）
S_2: DJ 的 + 是 M（昨天来的是小王）
S_3: 是 + M + DJ 的（是我请小王来的）
S_4: 是 + DJ 的 + M（是我开的门）
S_5: （DJ 的）$_1$ + 是 + （DJ 的）$_2$（他拿的是人家挑剩下的）

朱德熙认为这五种句式是相互关联且具有平行变换关系的句式，并认为它们在结构和语义上都基本保持了名词判断句的句式特征。但朱德熙对于 S_1 中的 M 是主格还是宾格这一点是忽略不计的，因此下述例（2）的 a 和 b 都可能属于 S_1。

（2）a. 小王是昨天来的。（主格）→　昨天来的是小王。（S_2）
　　　b. 小王是我请来的。（宾格）→　我请来的是小王。

不过，当 S_1 的 M 为宾格(受事)时，与 S_3 或 S_4 之间可以形成一种平行互换关系。如：

（3）小王是我请来的。（S₁）　　→　　是我请来小王的。（S₃）
　　　　　　　　　　　　　　　　→　　是我请来的小王。（S₄）

但是 S₁ 的 M 为主格（施事）时，则缺少这种变换关系。因此，我们认为 M 是主格（施事）还是宾格（受事）会影响到与其它句式之间的变换关系。根据这种差异，我们将带"的"字结构的句式整理为以下几种：

　　A. 主格说明句（S₁）：小王是昨天来的。
　→　B. 主格指定句（S₂）：昨天来的是小王。（名词判断句）
　　C. 宾格说明句（S₁）：小王是我请来的。
　→　变换句式（主格确认）（S₃）：是我请小王来的。
　→　变换句式（主格确认）（S₄）：是我请来的小王。
　　D. 宾格指定句：我请来的是小王。（名词判断句）
　→　变换句式（宾格确认）：我是请来的小王。

上述划分主要是从语义角度上进行的，所以得到的既有带"的"字结构的名词判断句也有"是…的"句。从这一点上看，我们可以认为"是…的"实际上是一种源于名词判断句，并保留着名词判断句的某些语义及句法特征的衍生句式。

2.2.

我们注意到上述由C类宾格说明句变换而成的主格确认句与时间确认句在语义及变换关系上具有类似的特征。如：

　　（4）a. 是我请小王来的。（S₃）　（=小王是我请来的。（S₁））
　　　　 b. 是昨天请小王来的。　　（=小王是昨天请来的。）
　　　　 c. 我是昨天请小王来的。　（=小王是我昨天请来的。）

b 由 a 对主体的确认转为对时间的确认，它同 a 一样也可以变换为 S₁。b 的说明焦点是"昨天"，"我"由于不是说明焦点而缺省，但由于"我"是动词"请"的一个"向"，因此按照汉语的句法特点，这个"向"是可以补入的。按照汉语语序，"我"应当放到"昨天"之前，但由于提示焦点的需要，"是"应当放在"我"之后。这样，在句式规则和语用意图的双重作用下形成了例（4）c 这种句式。

同样，S₄ 同样也具有这种特征。如：

　　（5）　a. 是我请的小王。（S₄）　（=小王是我请的。（S₁））
　　　　　 b. 是昨天请的小王　　　（=小王是昨天请的。）

c. 我是昨天请的小王。　（=小王是我昨天请的。）

例（4）（5）c 补入"我"同例（4）（5）b 中补入"昨天"一样，都是汉语句法规则所允许的。虽然"我"的补入使句子在表层形成一种非逻辑性结构，但这种受语用意图影响而改变结构的做法正是汉语的一个特点。我们从名词判断句、主谓谓语句等句式中都可以看到类似的现象。因此，可以认为例（4）（5）的 c 分别是从例（4）（5）a、b 的基础上衍生出来的句式。在 a、b、c 各句中，"小王"始终是说明对象（语用话题），"是"始终表示说明焦点。而作为句子表层的主语"我"在 a 中表现为提示焦点，在 c 句中则表现为行为的主体及话题的范围。

由于"小王"是实际上的说明对象，因此在实际对话中也可能出现下述句式。

（6）a. 小王，是我请（他）来的。（主格确认）
　　　b. 小王，我是昨天请（他）来的。（时间确认）
　　　c. 小王，我是打电话请（他）来的。（方式确认）

这类句式在语义上同例（4）（5）a、b 所表示的语义关系是一致的。它说明"是…的"句通常有一个说明对象（语用话题），在宾格说明句中这个说明对象表现为行为的客体，并以受定语修饰的名词形式出现。

2.3.

我们认为"是…的"句中的"VP + N 的"和"VP + 的 N"是两个并存的句式。"VP+N 的"是源于表示主体说明的 S_1，而 S_4 则源于"他是我昨天请的小王"这种含有定中短语的判断句式。如：

（7）a. 小王是昨天来的。（S_1）
　　→ b. 小王是昨天来（学校）的。
（8）a. 他是我昨天请来的小王。（判断句）
　　→ b. 是我昨天请来的小王。
　　→ c. 我是昨天请来的小王。

例（7）b 的"学校"作为"来"的一个"向"插入到动词前形成了"VP+N 的"。例（8）a 中的"小王"本身是一个受"VP 的"修饰的名词成分，b 是以行为主体为提示焦点而形成的句子，c 是由于焦点转移而形成的句子。例（8）的 a、b、c 中，"小王"始终作为被说明的对象而处于受定语修饰的位置上，这正好符合定语结构中，当 N 为已知成分时，VP 通常为说明焦点这一

语义特征。

　　在表示宾格说明的"是…的"句中，当 N 为未知成分时一般只使用"VP + N 的"。当"N"为已知成分时，"VP + N 的"或"VP 的 N"都有可能成立，但"VP + N 的"仍有可能保留着表示主体类别的语义取向（小野秀树 2001:p151），只有当语境或 N 自身的语义消除了这种可能性才能获得与"VP 的 N"相同的语义关系。然而在"VP 的 N"这一结构中，N 必须是已知成分句子才能成立[2]。如：

　　　　（9）a. 你是去哪儿的？（N= 未知）
　　　　　　　—我是去上海的？（主体类别）(= ??我是去的上海。)
　　　　　　b. 你是哪年上大学的？（N= 已知）
　　　　　　　—我是 78 年上大学的。(= ?我是 78 年上的大学。)
　　　　　　c. 你是在哪儿碰上他的？（N= 已知）
　　　　　　　—我是在西单碰上他的。(= 我是在西单碰上的他。)

a 的 N 处于未知状态，因此 a 通常只表示主体类别。这类句子通常不能换为表示宾格说明的"VP 的 N"。b 的 N 为已知，因此既可以表示行为说明，也可以表示主体类别说明，但当句子结构改为"VP 的 N"时，只能表示个别行为说明。c 由于使用的动词通常不表示主体类别，因此这个句子只能用于个别行为说明。这时的"VP + N 的"和"VP 的 N"的语义趋向一致。

　　由于"VP + N 的"和"VP + 的 N"本身具有不同的语义取向，因此它们应当是源于不同结构的产物。由于受这两种不同结构的基底语义及结构上的影响，即使在相同条件下，有时也会出现不同的句式选择。如：

　　　　（10）a. 我是在西单买到书的。
　　　　　　　b. 我是在西单买到的书。
　　　　（11）a. 我是在地图上找到延安这个地方的。
　　　　　　　b.?我是在地图上找到的延安这个地方。
　　　　（12）a. 我是在等车的时候看见小李买东西的。
　　　　　　　b.??我是在等车的时候看见的小李买东西。

例（10）的"买到书的"和"买到的书"基本可以替换使用，但 a 似乎比 b 用得更多一些[3]。例（11）的"延安这个地方"是一个比较长的名词短语，这种短语受"VP 的"这种定语修饰的用法比较少，因此 a 比 b 来得更自然一些。例（12）的"小李买东西"是一个主谓短语，这类短语通常不接受定语修饰，因此一般也不能用于 b 句。

在"是…的"句中,"VP 的 N"处于强势显然跟这类句中的动词多为光杆动词,N 为单独名词这一结构有关。同时,也跟 N 一般为已知成分,句子多数是针对这个已知的 N 而展开的说明这一语义特征有关。

2.4.

"是…的"句去掉"是"以后,在句子表层上有时会出现类同结构。朱德熙(1961)曾指出"我买的票"可以代表四种不同的语义关系。如:

(13)a. 这是什么?
　　　—这是我买的票。(=这是我买的票。)
　　b. 谁买的票?
　　　—我买的票。(=是我买的票。)
　　c. 你什么时候买的票?
　　　—我昨天买的票。(=我是昨天买的票。)
　　d. 你买的什么?
　　　—我买的票。(=我买的是票。或:我是买的票。)

通过插入"是"才能区分出它们的不同语义关系。其中 d 是一种表示宾格指定的句式,它可以构成下述两种句式。

(14)a. 我(昨天)买的是票。
　　b. 我(昨天)是买的票。

(14)a 是名词判断句中的指定句,b 是"是…的"句。b 的"是"一定要紧靠动词,而不能放到时间,场所等其它成分前面。这类句式要表示的意思是说话人事先可能知道对方买了某个东西,但不知道它是什么。小野秀树(2001)曾就下述例(15)提出一个问题,认为作为回答,b 比 c 来得更自然一些。

(15)a. 我昨天买东西去了。
　　— b. 买了什么?
　　— c.?买的什么?
　　— d. 跟谁去的?
(16)a. 我昨天买了好多东西。
　　— b. 买了什么?
　　— c. 买的什么?
　　— d. 在哪儿买的?

例（15）a 的说话人陈述了自己昨天的一个行为"去买东西"，他没有特意提及行为客体。因此听话人一般也不直接就该客体进行针对性询问，所以 c 有些不自然。但针对行为方式的 d 是能讲的。例（16）a 中，说话人提示了"很多东西"，引起听说人对客体的注意，这样 c 和 d 都是能讲的。不过，它们的语义取向显然不同，"在哪儿买的"针对的是行为本身，属于宾格说明句，"买的什么"针对的是行为客体，属于宾格指定句。

宾格指定句是一个经常出现的句式。如：

（17）a. 那时，她跟姐姐一起去补习班，<u>学的钢琴</u>。
　　　b. 我听见她唱歌了，<u>好像唱的青海民歌</u>。
　　　c. 我在西单看见小李买东西了，<u>买的什么</u>不知道。

这类句子在缺少"是"的情况下有时会与宾格说明句混同起来。但实际上这两者之间是有明显差别的。前面提到过，宾格说明句中的 N 应当是已知的，它不能接受疑问词。而宾格指定句的 N 可以是已知，也可以是未知，所以它接受疑问词。上述 c 能够成立的原因也正在于此。

2.5.

主格说明句和名词判断句之间有时也很难区分。如：

（18）a. 他是去上海的。
　　→ b. 他是去年去上海的。
　　→ c. 他是去年去的上海。

（19）a. 我以前是学汉语的。
　　→ b. 我以前是在北大学汉语的。
　　→ c. 我以前是在北大学的汉语。

（20）a. 她是明天走的。
　　→ b. 她是明天出发去上海的。
　　→ c. ??她是明天出发去的上海。

例（18）a 有可能是一个名词判断句，b 是否是"是…的"句则要看语境，因为"去上海的"仍有可能是对"他"的一种类别说明。c 从结构上排除了主格类别的语义，但句子实际上已经变成宾格说明句，这时的"去上海"应当是一个已知成分。（19）a 和 b 表示了一种性质说明，尽管反映的是过去的行为，但仍可能是名词判断句。这里的 N "汉语"可以是未知成分。（19）c 同（18）c 一样变成了宾格说明句，在语义上已经发生了改变。（20）a 和 b 是表

示类别的名词判断句。由于是非已然,它不能构成 c 句式。

通过以上对宾格说明句、宾格指定句和主格说明句的比较可以看出,语义和结构都是决定"是…的"句的必要条件。"是…的"句之所以更多地使用"VP 的 N"格式显然同"是…的"句多用于宾格说明有关。宾格说明句为了保证语义上的确定性而采用的"VP 的 N"这种格式反映出了"VP(说明焦点)的 N(已知对象)"这种语义特征。而这种语义特征同一般的定语结构所具有的语义取向是一致的。

2.6.

由于"是…的"句中的"VP 的 N"与同类结构的名词性短语同形,因此,它们之间有时很难区分,需要有语境的支持才行。如:

(21) a. 书是我路上看的。

→ b. 是我在路上看的书。

→ c. 我是路上看的书。

(22) a. 书是学校发的。

→ b. 是学校发的书。

→ c. 学校是昨天发的书

上面两个句子是以宾格(施事)成分为话题的说明句。(21)a 有可能"是…的"句,也有可能是名词判断句。b 在没有语境支持下,通常解释为名词判断句。只有在特定语境之下才会称为"是…的"句。(22)a 和 b 虽然都是已然行为,但作为"书"的一般性质说明时有可能是名词判断句。上面两个句子只有在 c 这种格式下使它变为一次性行为说明时,才有可能成为"是…的"句。因此,仅凭形态有时无法判断是否为"是…的"句。但无论是否为"是…的"句,上述句子都有一个共同特征,即在"VP 的 N"这一结构中,"书"始终是已知成分,是作为被说明对象出现的,而 VP 则是承担说明的成分。当句子需要从 VP 中提取某个焦点进行说明时,可以利用"是"的移位。不过,这种移位的前提条件是 V(行为)本身应当是已知成分。这种结构对于就已然行为进行焦点说明的"是…的"句来说恰好是一个合理的选择。

综上所述,我们认为"是…的"句是语义、结构和语境三种条件结合下的一种产物。它在结构上利用了"VP 的 N"这种对客体进行说明的名词性定语结构,在语义上表现出一种对行为或行为客体的成因说明。由于这种说明被约束在定语结构中,与名词判断句同构,因此在判断时需要有语境的支持。

2.7.

由于"是…的"可以反映不同的语义关系，因此它不应该是一个单一句式，应该在类型上有所区分。这里，我们把它们整理成以下三种类型：

Ⅰ．主格说明：小王是昨天来的。
　　　　→ 小王是昨天来的学校。（受"VP的N"影响形成的句式）
Ⅱ．宾格说明：小王是我请的。
　　　　→ 是我请的小王。（主格确认）
　　　　→ 我是昨天请的小王。（时间确认）
　　　　→ 我是打电话请的小王。（方式确认）
　　　　………
Ⅲ．宾格指定：我（昨天）是请的小王。

此外，在语义关系上与上述"是…的"句对应的还有名词判断句。

Ⅳ．主格指定：昨天来的是小王。
Ⅴ．宾格指定：我请的是小王。

其中，作为"是…的"句的Ⅰ、Ⅱ两种句式存在着相互交叉以及相互衍变的可能性，但作为基本类型，它们之间应该有所区分。"是…的"句出现不同类型并不是偶然的现象，我们在名词判断句中可以找到与其对应的句式。

3. "是…的"句的结构特征

由于"是…的"句是源于名词判断句的一种衍生句式，因此它虽然在句子表层上显现出与名词判断句不同的结构，但在很多地方仍然继承了名词判断句的某些特征。

3.1.

其中一个重要特征是作为"是…的"句一般要有一个被说明对象。这个对象在宾格说明句中往往表现为"VP的N"中的N。这个N无论位于句末还是移到句首，句子的语义关系一般不会改变。如：

（23）a. 小李是去年买的车。
　　　　→车是小李去年买的。　　（→车，小李是去年买的。）
　　　b. 小李是在西单买的车。
　　　　→车是小李在西单买的。　　（→车，小李是在西单买的。）
　　　c. 我是在地图上找到延安这个地方的。

→延安这个地方是我在地图上找到的。
   d. 我是坐出租车去的（　　）。
   →（　　）是我坐出租车去的。

其中的 d 看起来似乎缺少动作客体，但可以补足，如在（　　）中加上"西单"后，句子仍然可以成立。

这里提到的说明对象多数是可以用于指称的名词性成分。例如"结婚"是一个缺少固定形态的行为，同样，"住院"的"院"也不同于一般词汇意义上的"医院"。例如，

（24）a. 他们去年结的婚。
    →（结）婚（他们）是去年结的。
   b. 他上周住的院。
    →（住）院（他）是上周住的。
   c. 我是在等车的时候看见小李买东西的。
    →小李买东西是（我）在等车的时候看见的。

等句中，"婚"、"院"和"小李买东西"都是可以成为位于句首的指称成分。它们在语义上类似"结婚还是要结的""住院还是要住的"等句中的句首指称成分。当对行为的指称被特定在某个名词性成分上，该成分便获得了对行为的指称功能。

"是…的"句需要有一个指称对象显然同使用"VP 的 N"这一格式有关，也同"是…的"句源于名词判断句有关。它为我们解答为什么有些时候不能使用"是…的"句提供了一个结构上的依据。

在宾格说明句中，由于 N 是作为一个受定语修饰、被背景化的已知成分，因此它不同于一般的宾语成分，任何非已知成分，如不定称名词、不具指代作用的数量词以及疑问词等都不能出现在这个位置上。

（25）a. ?小李是去年买的一辆车。
    →小李是去年买的那辆车。
   b. ?小李是在西单买的两本。
    →小李是在西单买的那两本。
   c. ?小李是在西单买的什么？
    →小李在西单是买的什么？（客体指定句）

从这个意义上说，我们在这类句式所反映的语义关系这一点上，同意朱德熙（1978）提出的"主语后置"这种看法。但是，我们同时认为它只局限

于宾格说明句这种句式，而不适用于所有"是…的"句。同时，这种"后置"只反映在语义关系上，并不意味着在结构上也可以进行简单的互换。由于"是"的移位使"是…的"句已经改变了名词判断句的原有句式结构，所以并不是所有句子都可以简单地还原为名词判断句的。

宾格说明句具有"VP + N 的"或"VP 的 N"这种定语式结构。这两种结构注定了它的说明是通过对行为的说明来体现出来的，反过来说，对行为的任何说明也间接地导致了对客体（有时也包括主体）的说明。因此多数情况下，"是…的"句实质上是一个对行为进行直接说明，对主体或客体进行间接说明的句式。

3.2.

由于"是…的"句的"VP+ 的 N"或"VP 的 N"是一种定语结构，因此在句法上就要受到定语结构的句法及语义约束。什么样的成分可以进入"是…的"句，同这个成分能否进入定语结构具有一致性。

在"是…的"句中，作为确认焦点出现最多的是主体、时间、场所、方式、工具等名词性成分或介词结构，但也并不绝对排斥副词性成分。如：

(26) a.?小李（是）高高兴兴地买的车。

b.小李（是）偷偷地买的车。

a 的"高高兴兴"一般不能出现在"是…的"句中，但这并不意味着不能使用副词，如 b"偷偷地"是成立的。从语义上看，其成立与否似乎与这个副词性成分对整个行为(事件)或行为对象的说明是否有意义有关。"高高兴兴"说明的是行为的实施过程，它对整个行为（事件）或行为对象的影响力是模胡的。但"偷偷地"可能对整个行为或行为对象是有影响力的（如买车的事或买的车是保密的等）。另外，从结构上看，同这个副词性成分是否能进入定语结构也有很大关系，跟"高高兴兴地"相比，"偷偷地"进入定语结构的可能性要大得多。

除了副词以外，某些表示行为方式的动词短语也可以进入"是…的"句。如：

(27) a. 这段路，她是<u>提心吊胆</u>走过来的。(= 危险的路段)

做定语：提心吊胆走过来的这段路有 5 公里。

b.小李是<u>吃过饭</u>来的。(= 小李现在不饿)

做定语：吃过饭来的人就再别吃了。

　　　　c. 我是挑便宜的买的。（＝买的东西很便宜）
　　　　　做定语：挑便宜买的东西一般质量都不好。
　　　　d. 他是因为肺炎住的院。（＝住院的原因）
　　　　　做定语：?因为肺炎住的医院是离他家很近。

　　由于"是…的"句是利用了名词判断句式来表示动作行为的，因此出现了被逐渐特化的倾向，很多与行为有关的成分都可以进入这个句式。虽然究竟什么成分可以进入这类句子仍有待考证，但就多数例子看，这个成分在结构上应当能同动词一起形成一个定中结构，否则，这个成分就很难进入"是…的"句。如：

　　　（28）　?你怎么到这儿来的？→你怎么到这儿来了？

例（28）只能表示方式，而不能表示原因。这是因为"怎么"的质疑一般只针对行为动机，而不涉及行为结果。同时在句式上只有"怎么…了"和"怎么不／没……"格式，没有做定语的用法，因此也就不能出现在"是…的"句中。其它词语也会出现类似现象。如：

　　　（29）a. 你是第一次来东京的吗？（主格说明）
　　　　　　→第一次来东京的是你吗？
　　　　　b. 你第一次（是）来的东京吗？（宾格指定）
　　　　　　—第一次（是）来的大阪，第二次（是）来的东京。
　　　　　c. ??你（是）第一次来的东京吗？（宾格说明）
　　　　　　→??东京，我是第一次来的（那个地方）

a 作为主格分类的判断句是能讲的，它的对立句式是主格指定句。b 作为宾格指定句也是能讲的，它的答句也反映出这一点。但作为宾格说明句的 c 是否能讲很微妙。它的成立与否取决于"第一次来的东京"这个"VP 的 N"所表示的语义究竟是什么。

　　因此，我们认为"是…的"句中的"VP 的"是被约束在一个定语结构中的成分，有别于一般动词句。之所以要强调定语结构是因为仅仅指出"是…的"句是对某个已然行为的区别性说明这一点，仍然不能解释有些句子成立或不成立的原因。副词性成分以及原因、方式等显然不是制约"是…的"句的绝对因素。同时，我们也看到凡适用于"是…的"句中"VP 的 N"结构上的种种说明基本也同样适用于同构的定语结构。因此，我们把"是…的"句中的"VP 的 N"直接看成一个定中短语会使"是…的"句的结构说明变得更简单一些。

3.3.

说"VP 的 N"是一个定语结构,并不是说"是…的"句从头到尾是一个定语结构,它仅限于"是"后面的部分。而"是…的"句的语义及结构上的切分点正好在这个"是"的位置上,"是"作为切分点,应该是一个必要成分。

小野秀树(2001)和木村英树(2002)认为这类句子可以没有"是"是基于对下述句子的分析。

(30) a. ?你是在王府井买的什么?(→你在王府井是买的什么?)
　　　b. 你都买的什么?(→你买的都是什么?)

这两个句子都是前面提到的宾格指定句。a 不能成立的原因不在于有"是",而是由于"是"没有放在语义切分点上。这个切分点不在"在王府井"之前,应该在动词"买"之前或之后。b 不能放入"是"是因为它是一个紧缩句,它的构成可能受到了"你都买什么了"这类动词句的影响。不过,"都"的语义指向仍然是针对"什么"的,因此,如果放到基础句式中,它应该是"你买的都是(些)什么"。我们也可以把它看做由于"是"的脱落,使副词"都"转移到动词"买"之前的一种格式。这种格式只限于疑问句,并且没有其它副词可替换,因此不能说是"是…的"的典型句式。

我们从例(13)可以看到,表层上同构的句子在没有"是"的情况下可以分析为四种不同的语义关系,如果要区分它们,就只能使用"是"。"是…句"不同于存现句,它是一个频繁使用否定形式的句式,如果不承认"是"是必要成分,就只能将"不是…的"看成是另一种句式,这显然不符合汉语的语感。"是…的"句是源于名词判断句的一个句式变体,它在句中需要有一个语义切分点。这个切分点是区分话题和焦点的标记。缺少这个切分点就无法区分这种语义差异,也就无法将"是…的"句从普通名词判断句中分化出来。

4. "是…句"句的语义特征

杉村博文(1999)提出的"承前性"指出了"是…的"句所需的语境条件。而"是…的"句中的宾格说明句的 N 可以提升到句首也正是基于这个语义条件。杉村博文(1999)同时指出,在这种承前的语义条件下,"是…的"句的"V 的 N"是通过"承指"从"V 了 O"那里获得已然义的。这一分析很有价值,但不够全面。

我们认为"VP + 的 N"这一结构本身虽然不是天然表示已然的,但它具有表示已然的倾向性。这种倾向性是在多种因素制约下形成的。杨凯荣

(1997) 和小野秀树 (2001) 分别对 "V 的 N" 表示已然的原因做出过说明，其主要观点可以归纳如下几点：

    1) 无标的 "VP 的 N" 已然倾向性强，有标的 "VP 的 N" 有可能表示未然。

    2) "VP 的 N" 中，当 N 为行为客体时已然倾向性强，当 N 为行为主体时已然倾向性弱。

    3) "VP 的 N" 表示个体或特指行为时已然倾向性强，表示统指或一般行为时已然倾向性弱。

    4) "VP 的 N" 表示行为的作用结果时已然倾向性强，表示非作用结果时已然倾向性弱。

    5) "VP 的 N" 的 VP 为结果动词（或结果补语）时已然倾向性强，非结果动词时已然倾向性弱。

我们看到上述 2)、3) 和 4) 的有关论述同本文开头提到的 "是…的" 句的判断标准在很多地方是一致的，或者说实际上是互为表里的关系。我们可以认为 "是…的" 句是从自身的 "VP 的 N" 结构里获得了表示已然的可能性，或者说当它不表示已然时，我们就把这类句子从 "是…的" 句中剔除出去。而 "承指" 则为这种剔除筛选提供了一个语境上的条件。

4.1.

我们认为 "承指" 不是 "是…的" 句的独有现象，包括普通名词判断句在内的许多句式都具有承前说明的语义特征。在实际例子中，我们看到很多句子有表示承前的用法。而且其中很多针对已然行为的说明并不使用 "是…的"，而使用 "是"。如：

    (31) a. 有个人在汽车旁东瞧西望，<u>是在看看还有什么东西可以拿走</u>。看了一阵后才一个一个爬到拖拉机上，于是拖拉机开动了。这时我看到那个司机也跳到拖拉机上去了，他在车斗里坐下来后还在朝我哈哈大笑。（余华：十八岁出门远行）

    b. 洪德章当时还不甘心长期与这号人为伍，掀开被子往外推她。她 "喏喏" 地吐不出声，只是用食指不断指着她的心，这手势是<u>告诉洪德章她铁了心要跟他</u>。（从维熙：牵骆驼的人）

    c. 我赶紧给他点火，他将烟叼在嘴上吸了几口后，又把头塞了

进去。于是我心安理得了，他只要接过我的烟，他就得让我坐他的车。我就绕着汽车转悠起来，转悠是为了侦察箩筐的内容。（余华：十八岁出门远行）

a 和 b 是对"东瞧西望"和"用食指指着她的心"这一行为的说明，可以使用"是…"，但不能使用"是…的"。

承前说明有多种形式，其中对动作本身的解说或动作状态的陈述由于不属于焦点说明，通常不能使用"是…的"句。"是…的"使用的条件之一是，它需要把先行句中的某个成分作为被说明对象，并使这个说明对象与说明焦点共现于句中才能构成"是…的"句。如上面的 c 句如改为"我是为了侦察箩筐的内容而转悠的"便有可能成为"是…的"句。

我们看到"承指"是多数带"是"的句式所共有的现象，除已然行为外，非已然行为也可以有"承指"的用法。

(32) a. 我去了一趟上海，是坐飞机去的。
　　　b. 我要去一趟上海，是坐飞机去。
(33) a. 他上了 4 年大学，听说是学的历史。
　　　b. 他今年九月上大学，听说是学历史。
(34) a. 他上周做了一次手术，是张大夫做的。
　　　b. 他下周要做一次手术，是张大夫做。
(35) a. 是谁把信寄走的？—— 是小李寄的。
　　　b. 是谁要寄信？—— 是小李要寄。
(36) a. 我找到了一篇论文，是朱德熙 78 年写的。
　　　b. 我在找一篇论文，是朱德熙 78 年写的。
(37) a. 小李去了一趟上海，是领导让他去的。
　　　b. 小李明天要去上海，是领导让他去的。

使用"是…"来表示承前是在汉语中可以普遍看到的现象。无论针对已然行为或非已然行为，都可以通过承指的方式来进行说明，其说明对象一般为"既定行为"，但不一定是已然行为。从上述各例可以看出，对于已然行为一般使用"是…的"，对于非已然行为一般使用"是…"。不过，由于"是"可以省略，因此表示非已然的"是…"在句法制约上比"是…的"更自由一些，没有构成一个像"是…的"句那样相对固定的句式。

我们看到例 (36) b 和 (37) b 对非已然行为也使用了"是…的"句。仅从这一点来看，也可以说"承指"不完全是"是…的"句表示已然的惟一因

素。我们认为"是…的"句同其它表示承前说明的句式一样都是一种判断句式，"是…的"句用于已然行为同"VP 的 N"结构本身的语义特征有关。

4.2.
　　"VP 的 N"这个结构可以表示多种语义关系。其中表示属性（性质、用途、处置方式等）和表示成因（形成原因、形成过程等、形成因素）具有不同的语义取向，一般地说表示属性的非已然倾向性强，表示成因的已然倾向性强。如：
　　（38）a. 吃的药（用途或方式）
　　　　　→ b. 他饭后吃的药。（用途、方式或结果）
　　（39）a. 熬的药（方式或结果）
　　　　　→ b. 他用砂锅熬的药。（结果）
例（38）a 的用途或方式反映了一种对"药"的性质说明，所以，即使 b 仍然具有非已然的倾向性。（39）a 可能是非已然的，但 b 只能解释为已然。这两例是通过词义和结构来区分的，在实际语言中，语境也能成为区分的条件。如：
　　（40）a.（这是谁的药？）—（是）我吃的。（用途）
　　　　　b.（药怎么少了？）—（是）我吃的。（结果）
　　（41）a.（买这么多书干什么？）—（是）我路上看的。（用途）
　　　　　b.（你怎么知道的？）—我（是）路上看的。（结果）
例（40）和（41）的 a 是名词判断句，而例（40）和（41）的 b 是"是…的"句。由于它们在句子表层上同构，所以只有借助语境才能区分[4]。
　　我们认为"VP 的 N"是在"VP（一次性行为的成因或形成因素＋行为）的 N（已知行为客体）"这一语义结构中获得的已然义。但对于 VP 是否是一次性行为成因的判断仍然离不开语境。因此，可以说"是…的"句之所以表示已然应该是在结构、语义和语境的三重作用下形成的。

4.3.
　　"是…的"句用于承指说明决定了它是针对某一个主题进行的说明。这同"VP 的 N"是一个名词性结构，作为它的初始句式需要有一个主题或指称对象有关。能否成为"是…的"句的说明对象取决于这个对象能够抽象为一个名词性成分或被指称代词所指称。我们在前面的例子中看到"结婚／住院／

买东西／小李在买东西"作为一个事件是可指称的。相反，一个纯动作或行为的中间过程则很难成为"是…的"句的说明对象。例如"跑／走／吃"作为具体动作很难抽象化，但是作为"逃跑／离开／吃东西"的意思时有可能表示一个事件从而可以被指称。如：

（42）a. 他拼命地跑。→?他是什么时候（跟谁一起）跑的。
　　　　b. 他跑了。→他是怎么（什么时候／跟谁一起）跑的。
（43）a. 他走了走。→?他是怎么（什么时候／跟谁一起）走的
　　　　b. 他走了。→他是怎么（什么时候／跟谁一起）走的
（44）a. 他吃了一口。→?他是怎么（什么时候／跟谁一起）吃的。
　　　　b. 他吃了一个面包。→他是怎么（什么时候／跟谁一起）吃的。

除了行为以外，一个实在的事物也可以成为"是…的"句的说明对象。如：

（45）a.（面前出现了一个人）他从哪儿来的？
　　　　b.（地上有一个钱包）谁丢的钱包？
　　　　c.（看到玻璃碎了）这是谁干的？

我们注意到对事物的说明比对事件的说明更接近于名词判断句的原有形式，这或许是因为对事件的说明涉及到与行为有关的各个方面，因此在句式上会出现更大的变化。

"是…的"句需要有一个说明对象这一点跟名词判断句需要有说明对象的句式特征是吻合的。因此，"是…的"句中出现的承前性显然同名词判断句的表述心理有关。

表示承前说明时，使用名词判断句或准判断句（如分裂句等）是一个在各语言中可以普遍看到的现象。在汉语中，对已然和未然的承前说明出现不同的句式选择是为了区分语义的需要，并在结构上得到一个合理的句式分布。

4.4.

"是…的"句通常用于对某个已然事物的说明，因此有人将"的"作为体标记来处理。不过，要让"的"成为体的标记，首先要对"的"和"了"在体范畴上的差异做出足够的说明，而这恐怕是很困难的。实际上，这类句子之所以要使用"是…的"句恰恰是要摆脱体的约束，将某个事物摆放在一个不受时体约束的非描写性平面上来进行说明，而能够实现这种意图的句式天然是名词判断句。

也有人认为"的"是一个语气助词，对于"是…的（二）"句来说，这种

说法似乎能讲得通，但对于"是…的（一）"句来说则很难接受。因为把连接 VP 和 N 之间的结构成分看做语气词从句法角度是说不过去的，也很难在其它语言中找到类似的例子。

我们赞同这种观点，即认为"的"是朱德熙指出的"的₃"，它与前面的成分一起构成一个名词性成分，并保持了定中结构的基本语义特征。同时，我们也同意史有为（2003）的看法，认为"是…的"句所反映出的是一个句式结构所具有的功能，而不单单是"的"的功能。

5. 结语

"是…的"句是一个源于名词判断句的衍生句式，在语义和结构方面仍然保持了名词判断句的许多特征。它同名词判断句的不同之处在于它是通过名词句的形式来反映行为与其它有关因素间的联系，因此在结构上表现出与名词判断句不同的某些特征。但"是…的"句与动词句相比具有更多的不同之处，把它解释为动词句＋"的"的句式会有更多的困难。由于"是…的"句最突出的句式语义特征是表示说话人对某一焦点的提示说明。而这种说明不是感官直接感受到的，是说话人根据事物的内在联系进行的逻辑性判断，因此它自然摆脱了时体范畴的约束。这些都是名词判断句中可以看到的特征。

"是…的"句与普通判断句的不同之处在于，它是在特定语用意图下被特化的一类句式。由于对焦点提示的需要而改变了句子表层的结构。但这种受语用意图影响而改变句子结构的现象，我们在汉语中还可以看到很多。同时，由于它是在特定语用意图影响下形成的句式，因此对语境就具有更多的依赖性。

从结构上看，"是…的"句使用"的"是为了使句中的某个名词性成分成为说明焦点，并保持一种判断句的句式形态，因为如果仅仅是提示焦点的话，不用"的"也可以达到目的。另外，在"是…的"句中，"是"是一个必要成分，它在语境支持下有时可以省略，但作为说明焦点或语义切分点的标记，它仍然是必要的。由于"是"是一个单句内部的构成成分，因此，它很少越过单句范围与其它句子发生句法上的联系。如果发生联系时，它的句首通常也可以补上一个指称对象或类似语用话题的成分。

以上，通过与名词判断句的比较，对"是…的"句进行了一些分析。我们的目的不是要将"是…的"句简单地划入到名词判断句中，而是通过指出"是…的"句中的名词判断句因素来加深对这类句子的认识。同时，我们也看

到使用类似"是…的"这种判断句式来表示与行为有关的说明的做法不是汉语独特的现象,我们在很多语言中都可以观察到类似的句式。

注
1) 一般语法书将"是…的"句分为两类,分别称为"是…的(一)"和"是…的(二)"。本文所涉及的主要是"是…的(一)"。为行文方便起见,以下不再加注。
2) "是…的"句里有"你吃的什么?"这种N为未知成分的句子,对于这类句子,我们认为它属于宾格指定句,同这里说的宾格说明句是有区别的。
3) 这里使用的动词均为动补结构,如果使用光杆动词的话,"VP的N"出现的几率似乎更高一些。除结构上的原因以外,是否还有其它因素有待今后的研究。
4) 当然,例(40)(41)的a和例(40)(41)的b之间在语义上是有差异的。前者反映了事物的一般属性,后者反映了成因或结果,这种区别常常是在特定的语境中也可以区分的。

[参考文献]
朱　德熙 1961.〈说"的"〉《中国语文》12月号　商务印书馆
――― 1978.〈"的"字结构和判断句〉《中国语文》第1、2期　商务印书馆
杉村博文 1982.「"是…的" ― 中国語の「のだ」の文」『講座日本語学・12』明治書院
――― 1999.〈"的字结构"、承指和分类〉《汉语现状与历史的研究》中国社会科学出版社
高橋太郎 1984.「名詞述語文における主語と述語の意味的関係」『日本語学』12月号　明治書院
沈　家煊 1995.〈"有界"与"无界"〉《中国语文》1995年第5期　商务印书馆
楊　凱荣 1997.「「V的N」における已然と非已然」『大河内康憲教授退官 記念・中国語学論文集』東方書店
王　亜新 1997.「日本語の「のだ」と中国語の「"是…(的)"」について」『東洋大学紀要・教養課程編』第39号　東洋大学
――― 1998.〈"のだ"的语气特征和陈述语气〉《日语教学与研究》第3期　北京经济贸易大学
李　訥・安珊笛・張伯江 1998.〈从话语角度论证语气词"的"〉《中国语文》第2期　商务印书馆
小野秀樹 2001.「"的"の「モノ化」機能―「照応」と"是…的"をめぐって」『現代中国語研究』第3期　朋友書店
木村英樹 2002.「"的"の機能拡張 ― 事物限定から動作限定へ」『現代中国語研究』第4期　朋友書店
――― 2003.〈"的"字句的句式语义及"的"字的功能扩展〉《中国语文》2003年

第 4 期　商务印书馆

井上　優 2002.「「のだ」の文と"的"構文」(口頭発表) 日本中国語学会第 52 回大会　2003 年 10 月・金沢大学

史　有为 2003.〈"AV 的 O": 格式、成分与程序——关于"哪儿上车的／哪儿上的车"的反思〉(口头发表)〔日中対照言语学会第 5 次大会〕2003 年 6 月・大東文化大学

〈NP₁的NP₂〉と数量詞の現れる位置

— "张三的一张照片"と"一张张三的照片" —

勝川　裕子

0. はじめに

　周知のように、以下の例は①「張三が所有する写真」、②「張三が撮影した写真」、③「張三が写っている写真」の三通りの解釈が可能な多義フレーズである。

　（1）　张三的照片　　　　　　　　　［張三の写真］

　現代中国語の〈名詞句₁＋的＋名詞句₂〉（以下、名詞句を NP と略記する）は、統語的には中心語 NP₂ と（広義の）定語 NP₁ からなる複合名詞句であるが、NP₁ と NP₂ の間には実に様々な意味関係が存在する。それ故、このような〈NP₁ 的 NP₂〉の多義性（ambiguity）は、従来、コンテクストとの関連から語用論のレベルで取り上げられ、分析されてきた。「張三が所有する写真」、「張三が撮影した写真」、「張三が写っている写真」を"张三的照片"という同じ形式で表現し、統語的に区別しない以上、文脈の中で"张三"と"照片"がどのような意味関係にあるかを探ることに重点が置かれてきたのである。

　一方で、世界の言語の中には、「張三が所有する写真」と「張三が写っている写真」を形態的、統語的に区別する言語も存在し[1]、これまでNP₁・NP₂ 間における可譲渡・不可譲渡性（alienability / inalienability）の観点から考察されてきた。

　現代中国語では「張三の（所有する）写真」と「張三の（写っている）写真」を統語的に表出し得ないのであろうか。"张三的照片"は、あくまでもコンテクストの中でのみ意味規定される表現形式なのであろうか。本稿では、〈NP₁ 的 NP₂〉に数量詞というリトマス紙を加え、当該フレーズにおける NP₁ と NP₂ の意味関係が、数量詞の現れる位置によってどのように変化し、フレーズ全体がどのような意味特徴を有するかについて、統語的、意

味的側面から明らかにしていく。

1. 〈NP₁ 的 NP₂〉の多義性

〈NP₁ 的 NP₂〉における NP₁ と NP₂ の間には実に様々な意味関係が存在するが、総じて言えば、NP₁ の主たる文法的意味は NP₂ を限定もしくは描写することにある[2]。例 (2) の "王五"、例 (3) の "人类" はそれぞれ "父亲"、"历史" を限定しているのに対し、例 (4) の "纸"、例 (5) の "塑料" はそれぞれ "袋子"、"杯子" の属性を描写しており[3]、ここに多義的解釈の余地はない。

(2) 王五的父亲　　　　　　[王五の父親]
(3) 人类的历史　　　　　　[人類の歴史]
(4) 纸（的）袋子　　　　　[紙の袋]
(5) 塑料（的）杯子　　　　[プラスチックのコップ]

これに対し、以下の例はどうであろうか。いま、仮に NP₁ を "张三" で統一し、後続する NP₂ との意味関係を考えてみよう。

(6) 张三的书　　　　　　　[張三の本]
(7) 张三的铅笔　　　　　　[張三の鉛筆]
(8) 张三的电话　　　　　　[張三の電話]

例 (6) は①「張三が所有する本」、②「張三が書いた本」、③「張三のことが書かれている本」の三通りの解釈が可能である[4]。例 (7) は、一見「張三が所有する鉛筆」という解釈しか成立しないかのようにみえるが、コンテクストによっては「張三が削った鉛筆」や、「『張三』という商品名の鉛筆」という解釈の成り立つ可能性もある。例 (8) に至っては、「張三が所有する電話（機）」に加え、「張三が製造した電話（機）」、「張三からの電話」（例："昨天我接了张三的电话。" [昨日張三から電話があった]）、「張三への電話」（例：(電話を受けて) "张三的电话！" [張三にお電話です！]）…等々、文脈次第で多様な解釈が成り立つ。このように語用論のレベルで〈NP₁ 的 NP₂〉の意味特徴を考えるとき、当該フレーズは "张三" と "书／铅笔／电话" のように、NP₁ と NP₂ が何らかの意味関係を持ってさえいれば比較的自由に成立する表現形式であるといえる。換言すれば、上に挙げた〈NP₁ 的 NP₂〉のような多義表現は、文脈の中で初めて NP₁ と NP₂ の意味関係が厳密に確定されるのである。例 (9)(10)(11) も同様に多義フレーズである。

(9)　齐白石的画　　　［斉白石が所有する絵画／斉白石が描いた絵画］
　　(10)　法官的父亲　　　［裁判官の父親／裁判官である父親］
　　(11)　熊猫的杯子　　　［パンダが所有するコップ／パンダ柄のコップ］
例(10)(11)をそれぞれ例(2)(5)と比較すれば明らかであるように、NP₁が領属先にも属性にもなり得る場合に〈NP₁的NP₂〉に多義の生じることがわかる[5]。
　　(12)　青年的眼睛像警察的眼睛一样炯炯有神。
　　　　　［青年の目は警察の目のように鋭かった］
　また例(12)において、"青年的眼睛"、"警察的眼睛"は共に"眼睛"をNP₂にもつ〈NP₁的NP₂〉であるが、NP₁とNP₂の意味関係はそれぞれ異なる。"青年的眼睛"は特定の実在物が想定される「青年」とその身体の一部である「目」という領属表現であるのに対し、"警察的眼睛"は所謂「素人の目ではないプロの鋭い目つき」という「目」に対する属性表現である。我々は、統語上何ら相違ない二つの名詞句において、NP₁とNP₂の意味関係を誤解することなく規定できるのである[6]。

2. 〈NP₁的NP₂〉と数量詞

　ここまでの考察をまとめる。〈NP₁的NP₂〉はNP₁が領属先にも属性にもなり得る場合、多義的解釈が可能となるが、通常、コンテクストの中で誤解なく読み取られる。従って、特別な文脈が設定されない限り、例(13)の"你的书"は「君が所有する本」であり、例(14)の"鲁迅的书"は「鲁迅が書いた本」と解釈される。
　　(13)　你的书，可以借给我吗？　　　［君の本、僕に貸してくれる？］
　　(14)　鲁迅的书，可以借给我吗？　　［鲁迅の本、僕に貸してくれる？］
例(13)は領属表現、例(14)は属性表現であるが、両者はNP₁とNP₂の意味関係の相違が統語的に明示されるわけでもなく、あくまでも文脈の中で意味規定されている。
　次に、例(13)と例(14)の意味を重ねた例、即ち「君のこの鲁迅の本、僕に貸してくれる？」を表現したものが例(15)であるが、"*鲁迅的这本你的书"とはならないことが注目される。
　　(15)　你（的）这本鲁迅的书，可以借给我吗？
　　　　　［君のこの鲁迅の本、僕に貸してくれる？］

現代中国語では、数量を表す語句（数量詞、指数量詞）が多項定語フレーズにおいて特定の位置——時間、空間及び所有者に代表される限定性定語の末尾、中心語の属性など描写性定語の前——に置かれることは既にその指摘がある[7]。これを概括すると以下のようになる。

多項定語フレーズの語順：
　　　限定性定語＋ 数量詞 ＋描写性定語＋中心語

例（15）を部分的に取り上げてみよう。指数量詞"这本"を軸に、「君の（この）本」は本の領属先を"你"で限定するため"你的这本书"となる。一方、「魯迅の（この）本」において、"鲁迅"は本の領属先ではなく、本に対する属性であるため"这本鲁迅的书"の語順になる[8]。

さらに以下の例文を語順に注意して読み比べてみる。
(16) 江华仰起头来望<u>林道静那张热情、兴奋的脸</u>，不禁稍稍感到了惊异。《青春之歌》〔江華は顔を上げ、林道静のその熱意ある興奮した顔を見ると、いささかの驚きを感じずにはいられなかった〕
(17) 她长得非常漂亮，人们说她有<u>一张大明星的脸</u>。
　　　〔彼女はとても美しく、大スターの（ような）顔だと人々は言う〕

例（16）の"林道静"は中心語"脸"の領属先であり、"脸"の所有者として限定性定語の位置に置かれている。このとき、"*那张林道静的热情、兴奋的脸"とすることはできない。一方、例（17）の"大明星"は"脸"の所有者ではなく、所謂「大スターが備えているであろう美しく端正な顔立ち」といった"脸"の属性を描写しており、実在する特定の人物を指すものではない。同様に、例（18）の"儿子"は"烟"の所有者であるのに対し、例（19）の"美术家"は"作品"の所有者ではなく、「画家が描くような美しい作品」という"作品"の属性として描かれている。例（16）（17）、例（18）（19）をそれぞれ比較すると、領属と属性の対立がきれいに語順に反映されていることが分かる。

(18) 马林生从兜里摸烟，掏出刚才没收的<u>儿子的那包烟</u>。《我是你爸爸》〔馬林生はポケット中を探り、今しがた没収した息子のタバコを取り出した〕
(19) 左右的深红色的大墙，在日光下射出紫的光线，和绿阴接成一片藕

荷色的阴影，好像一张美术家的作品。《看上去很美》[左右の深紅の大壁は、太陽の光のもと紫色の光線を放ち、木陰と繋がり赤みがかった薄紫色の陰影となり、まるで（一枚の）画家の作品のようであった]

このように〈NP₁ 的 NP₂〉に（指）数量詞が付加される場合、その現れる位置によって、NP₁ と NP₂ の意味関係——即ち領属関係か属性関係か——が統語的にも表出される。例（12）を再度例に挙げて言うならば、領属表現 "青年的眼睛" と属性表現 "警察的眼睛" は、〈NP₁ 的 NP₂〉の形式では何ら統語上の相違が見られなかったが、数量詞が加わることによって、以下のように統語的にも明確に区別されるようになる。

(12')　青年的那双眼睛像一双警察的眼睛一样炯炯有神。[9]
　　　[青年のその目は（一対の）警察の目のように鋭かった]

3. 領属／属性表現における NP₁ の意味素性

〈NP₁ 的 NP₂〉に（指）数量詞が付加される場合、その現れる位置によって、NP₁ と NP₂ の意味関係が統語的にも表出されることが明らかとなった。本章では、少し視点を変え、領属／属性表現における NP₁ の意味素性とフレーズ全体の意味特徴について考察を進めていく。

まず、例（20）（21）（22）の領属表現を見てみよう。NP₁ はすべて実在する特定（specific）の存在であることが分かる。

(20)　安东尼狡猾地眨了眨他那双蓝眼睛，提醒王起明说：……《北京人在纽约》[アントニーはずる賢そうに彼のその青い眼を瞬かせ、王起明に指摘して言った。…]
(21)　陈大娘那张布满皱纹并且还有几颗白麻子的脸涨红了。《青春之歌》[陳おばさんのそのしわくちゃであばたが点々とある顔が紅潮した]
(22)　"据你儿子的一个女同学，姓夏的小姑娘反映，这伙人平时就老欺负他，在他上学的时候截他，据说还抢过他东西和钱也打过他。"《我是你爸爸》[君の息子の同級生で夏という女の子が言うには、そいつはしょっちゅう彼をいじめて、登校するのを邪魔したり、金品を奪ったり、殴ったりもするんだそうだ]

例（20）の "他"、例（21）の "陈大娘" は発話者が文脈の中で特定できる実在物であり、それぞれ "眼睛"、"脸" の所有者としてその領属先を限定

しており、フレーズ全体としても定（definite）の事物として扱われている。一方、例（22）の"你儿子的一个女同学"は（聞き手配慮の結果）、フレーズ全体としては不定のものとして導入されているが、NP_1の"你儿子"に関して言えば、やはり特定の人物であり、"一个女同学"との関係を限定している。このような領属表現においてNP_1が不特定であることはなく、"*某个人的一个女同学"[*ある人の同級生の女の子]のように表現されることはない。そもそも、（指）数量詞に先行する位置にある限定性定語の文法的意味とは、中心語に対し、いつ・どこで・何が・誰が…というように限定し、他と区別することであるから、不特定の事物によって限定することは考えられない。従って、領属表現におけるNP_1は［+特定］の実在物でなければならないという意味素性を導くことができる。領属表現においてNP_1が特定性の高い固有名詞や人称代名詞であることが多く、且つ数量詞が"这/那"のような指示代詞を伴う傾向にあるのもこのためである。

では、属性表現におけるNP_1は如何なる意味素性を有しているのであろうか。

例（23）では、発話者がNP_1"孩子"に対し特定の実在物を想定していないことが分かる。つまり、NP_1"孩子"は,NP_2"小椅子"の属性——即ち「子供用の小さな椅子」を表しており、特定の子供の小さな椅子ではない。同様に、例（24）のNP_1"中年人"もNP_2"脸"に対する属性描写であり、実在する中年男性を指すものではない。

(23) 老李乐呵呵地坐在<u>一张孩子的小椅子</u>上，吹开漂在水面的茶叶末儿，痛饮一口。《看上去很美》[老李は嬉しそうに（一脚の）子供用の小さな椅子に座り、浮かんでいるお茶葉を吹くと、グイッと一口飲んだ]

(24) 这人似乎感到背后有人，回过头来，那是<u>一张消瘦苍白的中年人的脸</u>。（杉村 1991）[その男は背後に人の気配を感じ、振り返った。それは（一枚の）肉が薄く青白い中年男の顔であった]

フレーズ全体としては、例（23）（24）とも文脈において初めて提示された初出の事物であり、不定の存在である。ここで仮に、NP_1を以下のように数量詞の外側に出すと即座に［+特定］になり、NP_2"小椅子/脸"に対する所有者として限定的な読みに傾く。このことは例（23）（23'）、例（24）（24'）をそれぞれ比較すれば明らかである。

(23') ?老李乐呵呵地坐在孩子的一张小椅子上，吹开漂在水面的茶叶末儿，痛饮一口。［老李は嬉しそうに（その）子供の小さな椅子に座り、浮かんでいるお茶葉を吹くと、グイッと一口飲んだ］

(24') ?这人乎感到背后有人，回过头来，那是中年人的一张消瘦苍白的脸。［その男は背後に人の気配を感じ、振り返った。それは（その）中年男の肉が薄く青白い顔であった］

さらにNP₁が［－特定］である例文を見てみよう。例（25）では「子供が学校から家に帰って直面する顔」がどのようなもの（属性）であるかを"数落自已的父母的"［自分に対して一つ一つ指摘して責める両親の］と描写しており、後続する"唠叨的／训斥的／打骂的／催促作业的"によって"脸"の属性をさらに具体的に畳み掛けるように描写している。

(25) 请设想一下，一个孩子经过一天的学校生活，回到家里，面对的是一张数落自已的父母的脸，一张唠叨的脸，一张训斥的脸，一张打骂的脸，一张催促作业的脸，他的心理会怎样？《家庭教育新区》［想像してみてください。子供は一日の学校を終え家に帰ると、ぶつぶつ文句を言う両親の顔に直面するのです。くどくどと叱り、殴り罵り、宿題をやれと急かす顔です。彼の気持ちはどんなものでしょう？］

一方，以下に挙げる例（26）（27）のNP₁は［＋特定］である。

(26) 开始，哼哼的佳佳，哭喊妈妈的佳佳，还在她脑子里转。后来，一双双病人的眼睛取代了佳佳的位置，直到把所有的病人都看完了，陆文婧才急急忙忙地赶到托儿所去。《人到中年》［プンプン怒っている佳佳、泣いて母親を呼ぶ佳佳の姿が、はじめ彼女の頭の中でぐるぐると回った。そのうち、一対一対の患者の眼が佳佳に取って代わり、すべての患者を診察し終えると、陸文婧はやっと急いで託児所に向かった］

(27) 前几天，打扫卫生的时候在床底下发现了多年前收到的一封男朋友的信。［先日、掃除をしている時、ベッドの下から何年も前に受け取った（一通の）彼氏からの手紙が見つかった］

例（26）は、託児所に子供を迎えに行く時間になっても仕事（診察）が終わらず、仕事と子供との間で激しく揺れ動く陸文婧の心の葛藤を描きたくだりである。NP₁"病人"は陸文婧の目の前に次々とやって来る患者であり、

コンテクストの中で特定することができる実在物であることが分かる。一見"眼睛"の所有者のように見える"病人的"も、ここでは「どのような眼」であるかを描く属性として数量詞に後置している。また、例（27）のNP₁"男朋友"も特定実在物であり、「彼氏が（発話者に）書き送った手紙」のように"信"の属性（誰が書いた手紙であるかという側面）を描写している。

例（26）（27）のようにコンテクストの中で［＋特定］だと分かるNP₁もあれば、例（28）（29）のように本来特定性の高い固有名詞によってNP₂の属性を描写するNP₁もある。例（28）の"托尔斯泰"は「写真の写り主」という"照片"の属性を、例（29）の"池莉"は"新作"に対する「作者」という属性をそれぞれ描写している。

(28) 墙壁上一边挂着一张白胡子的托尔斯泰的照片，一边是林道静和余永泽两人合照的八寸半身照像。《青春之歌》[壁の一方には（一枚の）白髭のトルストイの写真が、もう一方には林道静と余永澤二人の八寸半身写真が掛けてあった]

(29) 2003年年初, 中国青年出版社推出了一本池莉的新作《有了快感你就喊》。（新华社武汉 2003 年 5 月 4 日电）[2003年年初、中国青年出版社は（一冊の）池莉の新作《有了快感你就喊》を出版した]

このように、領属表現におけるNP₁は必ず［＋特定］の実在物でなければならず、もっぱらNP₂の領属先を指示限定する役割を担っている。一方、属性表現におけるNP₁は［±特定］であり、実在物の有無を問わない。属性表現におけるNP₁の意味役割とは、文脈の中で初めて提示されたNP₂が具体的にどのようなものであるか、その属性を描写することであり、それにより、NP₂はコンテクストの中で個別化されるのである[10]。例（27）（28）（29）が、初めてその存在や出現・消失を提示する存現文であることは注目に値する。

4. 属性の限定機能化

ここで本稿の出発点に話しを戻す。本稿の出発点は、現代中国語で「張三の（所有する）写真」と「張三の（写っている）写真」を表現するとき、NP₁"張三"とNP₂"照片"の意味関係の相違を統語的に明示するか否か、という疑問であった。これまでの考察に沿って考えると、"張三的照片"に

数量詞を加えた場合、「張三が所有する写真」は「張三」が「写真」の領属先を限定しているので"张三的一张照片"となり、一方、「張三が写っている写真」では「張三が写っている」ことが「写真」の属性であると解釈され、"一张张三的照片"となるはずである。"一张小白兔的照片"［（一枚の）うさぎの写真］と同じ解釈である。

　しからば、以下の例（30）はどう解釈すべきであろうか。"表哥的"が数量詞より前に置かれているが、これは"信"に対する所有者ではなく、やはり属性（手紙の送り主）として読まなくてはならない。

（30）　在临放暑假的时候，她接到过表哥的一封信，信里说放暑假的时候他们不离开学校。《青春之歌》［夏休みに入る時、彼女はいとこの兄さんから手紙を受け取った。手紙には夏休み彼らは学校を離れないとあった］

また、NP₁ が同じ"齐白石"でありながら、例（31）と例（32）ではその現れる位置が異なる。NP₁"齐白石"は NP₂"画"の作者であり、属性である。

（31）　北京美术馆展出了一幅齐白石的画。
　　　　［北京美術館は（一枚の）斉白石の絵画を展示した］
（32）　我终于找到了遗失多年的齐白石的这幅画。
　　　　［私はついにこの幻の斉白石の絵画を見つけ出した］

例（30）の"表哥的"や例（32）の"齐白石的"は、それぞれ"信"、"画"の属性を描写しており、統語的には（指）数量詞の後ろに置かれるべき成分である。しかし、このような属性前置の例は実際に言語現象として現れており、しかも属性後置型と比較してみると、この二つの表現形式は常に互換性が認められるわけではない。そこで、両表現形式がどのような表現意図のもとに使用されるのかについて見てみることにする。

　まず、NP₁ に着目する。再掲の例（25）と例（33）の NP₁ は"父母"であるが、それぞれ意味素性が異なる。例（25）の"父母"は［－特定］であり、ただ"脸"の属性を描く成分にすぎない。従って、限定定語の位置に引き上げ属性前置型とすることはできず、例（25'）は不自然となる。一方、例（33）の"父母"は［＋特定］の実在する「（彼の）両親」であり、これを限定性定語の位置に引き上げることにより、ただの「手紙の送り主」という属性から「唯一彼が受け取った手紙が他でもなく両親からのものであった」ことを際立たせることに一役買っている。換言すれば、［＋特定］

の属性が他との相対的関係において限定的に働くときに、限定性定語の位置に引き上げられるのである。例（33）から、"惟一"が特にその限定機能を高めていることが分かる。

(25)　请设想一下，一个孩子经过一天的学校生活，回到家里，面对的是一张数落自己的父母的脸，一张唠叨的脸，一张训斥的脸，一张打骂的脸，一张催促作业的脸，他的心理会怎样？《家庭教育新区》

(25')　?请设想一下，一个孩子经过一天的学校生活，回到家里，面对的是数落自己的父母的一张脸，……

(33)　他说，他一直在等着我给他写信。六年来，除了在第一年里还曾收到过惟一父母的一封信，到此以后就再也没有收到过第二封信了。《玻璃心的日子》[彼はずっと私からの手紙を待っていたと言う。六年来、最初の一年目に唯一両親から（一通の）手紙を受け取って以来、二通目を受け取ることはなかったと言う。]

次に、両表現形式がコンテクストの中でどのように使用されているかについて考察してみる。例（34）は池莉が新作《怀念声名狼籍的日子》を発表する過程について述べたパラグラフであるが、"池莉"をNP₁にもつ属性後置型の①文と属性前置型の②文が含まれている。

(34)　由《收获》文学杂志社、云南人民出版社等单位共同策划出版了一套"金收获"丛书，①其中有一本池莉的新作《怀念声名狼籍的日子》。写知青的作品已经太多，作为一个知名作家，今天开始写知青题材似乎有点风险，那么池莉自己到底是怎么想的？②池莉这部"知青小说"与她以往的风格是否不同？（搜狐新闻 2001 年 4 月 6 日）[《收穫》文学雑誌社や雲南人民出版社などが共同で企画出版した《金収穫》叢書の中に、（一冊の）池莉の新作《怀念声名狼籍的日子》がある。文革期の知識青年を描いた作品は多く、名高い作家として、今この題材を扱うのはいささか危険であるが、池莉自身はどう考えているのであろうか。池莉のこの「知青小説」と彼女のこれまでのスタイルは異なるのであろうか。]

①文は所謂存現文であり、池莉の新作が初めて文脈の中で提示されている。このとき、NP₁"池莉"の意味役割は、文脈の中で初めて提示されたNP₂"新作"が具体的にどのようなものであるか、誰の新作であるのかといった属性を描写することであり、それにより、NP₂がコンテクストの中で個別化、

特定化されている。一方、②文では①文で"新作"の属性として言及された NP₁ "池莉" を限定性定語の位置に引き上げることにより、数多ある「知青小説」の中でもそれが"池莉"による作品であることを取り立て、際立たせている。①文では NP₂ "新作" に対する属性描写であった NP₁ "池莉" が、②文ではその属性によって他と区別できる限定機能を有することとなるのである。

　さらに表現例を見ていく。

(35) 可能是出于出版印刷者的疏忽马虎吧，本册《小铃儿》以外的各篇文章在目录中都可查到，唯独老舍的这篇小说，有正文而"本期目录"中却没印上。（光明日报 2003 年 3 月 20 日）［おそらく出版社のミスであろうが、この《小铃儿》以外の著作は全て目次で見つかるのに、ただ老舎のこの小説だけが、本文はあるのに「本号目次」には印刷されていないのだ］

(36) 当下的中国小说在写人物对话上有一种流行的倾向，那就是不用引号。刘震云不是这样。他的这部小说中的对话，从形式上讲，很规范，冒号、引号一个不少。（释刘震云新作《一腔废话》）［最近の中国小説では人物対話を書く上で流行っている一つの傾向がある、それは引用符号を使わないことである。劉震雲は違う。彼のこの小説中の対話は、形式上とても規範的で、コロンもクォーテーション・マークも一つも漏れていない］

例 (35) では小説《小铃儿》の作者が老舎であることはすでにコンテクストの中で提示されている。その上で、NP₁ "老舎" に焦点を当て、限定性定語の位置に引き上げることにより、単に NP₂ "小説" に対する「作家」という特性を述べるのではなく、「他の著作は目次に載っているのに、ただ老舎のこの小説だけが」と他著作との対比において捉えなおし、限定している。ここでも"唯独"によってさらに NP₁ "老舎" の対比限定機能が際立っていることが分かる。例 (36) も同様に、"他的这部小说中的对话" の背景には「現在の中国小説の傾向」との対比が暗示されている。NP₁ が単に NP₂ を個別化する属性描写に留まらず、その属性が他者との相対関係において限定的に働く場合に、このような属性前置型が選択されるのである。従って、「現在の中国小説」との対比において、NP₁ "他（刘震云）" の描く意味を際立たせ、前景 (foreground) 化しようとする表現意図がありながら、NP₁

を数量詞の後ろに置き、ただの属性描写に逆戻りさせるような例（36'）は不自然な表現となるのである[11]。

(36')　?刘震云不是这样。这部他的小说中的对话，从形式上讲，很规范，冒号、引号一个不少。

最後に、例文（37）（38）を比較してみよう。

絶望し自殺をほのめかす息子の手紙に対し、遠方に住む文盲の母親が何とか阻止しようと、代筆を頼み、切手も貼らずに投函してしまう。本来ならば切手が貼られていない葉書は無効だが、葉書の内容が緊急を要するだけに、郵便職員は便宜をはかり、様々な人の手を経て、四日後の真夜中に息子に届けられるシーンである。

(37)　8点的时候，那张贺卡和一些邮件被准时送到了远去的火车上，……他是在4天之后的深夜收到母亲的这张贺卡的。《母亲的贺卡》［八時にその葉書は他の郵便物と定刻通り遠方行きの列車に載せられた…彼が母親からのその葉書を受け取ったのは四日後の深夜だった］

(38)　没事的时候，他常常默默凝视着那张母亲的贺卡，那张没有邮票的贺卡，他的眼里常常会涌满泪水。《母亲的贺卡》［暇な時、彼はいつも黙ってその母親からの、その切手のない葉書をじっと見つめ、眼には涙があふれるのだった］

例（37）（38）において、NP_1 "母亲" は NP_2 "贺卡" に対する「送り主」という属性をそれぞれ描写しているが、その現れる位置が異なる。例（37）では "母亲的" に限定性を持たせ、葉書の送り主が母親であることに際立ちが与えられているのに対し、例（38）は "那张母亲的贺卡，那张没有邮票的贺卡"［その母親からの葉書、その切手のない葉書］のように、"母亲的" と "没有邮票的" を並列し、"排比" の手法を用いて NP_2 "贺卡" の特性を描写している。

このように見てくると、属性後置型と属性前置型では、使用段階、表現意図ともに異なることが分かる。まず、コンテクストの中で初出の事物 NP_2 に対し、それが具体的にどのようなものであるか、どのような属性を有するかを NP_1 が描写する場合、属性後置型で表現される。この場合、NP_1 は［±特定］であり実在物の有無を問わない。一方、コンテクストにおいて既に言及された NP_2 に対し、［+特定］の NP_1 が単に NP_2 を個別化

する属性描写に留まらず、その属性が他者との相対関係において対比限定的に機能する場合に、属性前置型が選択されるのである。

5. おわりに

以上、本稿では〈NP₁ 的 NP₂〉における NP₁ と NP₂ の意味関係について、数量詞の現れる位置の相違という観点から考察した。

考察の結果は以下の通りである。

① 〈NP₁ 的 NP₂〉は、NP₁ が領属先にも属性にもなり得る場合、多義的解釈が可能となるが、(指) 数量詞が付加される場合、その現れる位置によって NP₁ と NP₂ の意味関係が統語的にも表出される。つまり、NP₁ が数量詞に前置する場合、NP₂ の領属先を限定し、一方、NP₁ が数量詞に後置する場合、NP₂ の属性を描写する。

②領属表現と属性表現とではNP₁の意味素性も異なる。領属表現ではNP₁は必ず［＋特定］で実在物を要求するのに対し、属性表現における NP₁ は［±特定］で実在物の有無を問わない。

③しかし、実際の言語資料を見ていくと、NP₁ が NP₂ の属性を描写しているにもかかわらず、(指) 数量詞に前置している例が豊富に見つかる。このような言語現象は、NP₁ が［＋特定］の実在物である場合に限り (指) 数量詞に前置する。そして NP₁ が (指) 数量詞に前置した場合、単に NP₂ を個別化する属性描写に留まらず、その属性が他者との相対関係において対比限定的に働くという点で、属性を限定機能化させた現象であると言うことができる。

注

1) 例えば、フィジー語 (Fijian) で「私の頭」と言うとき、「私 (の身体部分として) の頭」は接尾辞 "-qu" を用い、"ulu-qu" (head-my) で表現されるのに対し、「私 (に食物として与えられた) の頭」は代名詞 "kequ" を用い、"kequ ulu" (my head) で表現されるという。また、コアサティ語 (Koasati) で「私の写真」というとき、「私が所有している写真」は am- 系列の "st-am-ahó:ba" で表現されるのに対し、「私が写っている写真」は ca- 系列の "st-ca-ahó:ba" で表現されるように、形態レベルにおいて可譲渡・不可譲渡の区別が表出されるという。

2) 朱徳熙1956、劉月華等1983参照。これを受けて、袁毓林1995は、あらゆる名

詞性定語（本稿のNP₁）は領属性定語と属性定語に大別できると指摘している。沈阳2001は領属性定語を広義と狭義に分類し、①"墙上的画"［壁の絵］や、②"今天的报纸"［今日の新聞］、③"两个学生中的一个"［二人の学生のうちの一人］を狭義の領属フレーズに分類している。また、一般に属性表現とみなされる"苹果酱"［りんごジャム］や本稿では属性表現として扱う"王朔的书"［王朔の（書いた）本］なども領属フレーズに含めている。一方、陆俭明1998は【NP₂＋VP＋的＋是＋NP₁】が成立するときNP₁とNP₂の間に領属関係が成立する（e.g."张三的老伴"⇒"老伴死了的是张三"）と定義しており、従って、上述の①②を領属フレーズとはみなさず、③も排除している。

3) 属性表現は一般に"的"を介さずNP₁とNP₂が直接結合する。"孩子的脾气"［子供の性格］（領属表現）と"孩子脾气"［子供っぽい性格］（属性表現）のような対立が好例である。

4) 日本語の［張三の本］も三通りの解釈が可能な多義表現である。〈NP₁のNP₂〉も中国語と同様、NP₁とNP₂が何らかの意味関係を持ってさえいれば比較的自由に成立する表現形式である。また、英語では以下に挙げるように［張三の本］に対応する表現が二通り存在するが、イ）は「張三のことが書かれている本」の意味しかもたないのに対し、ロ）は中国語、日本語と同様、やはり三通りの意味をもち多義的である。詳しくは、西山1993を参照。

　　　　イ）the book of *Zhangsan*
　　　　ロ）*Zhangsan's book*

5) 特別な文脈が設定されない場合、例（9）"齐白石的画"や"王朔的小说"におけるNP₁とNP₂は通常、「作者」と「作品」という属性の読みが優先されるであろう。また、例（11）"熊猫的杯子"は、童話の中などで［パンダちゃんの（所有する）コップ］のように領属表現と解釈される可能性もある。以下は、朱德熙1980が二歳半の女の子彤彤との会話の中で実際に起こった誤解として挙げている例である。

　　　　朱　：这是小白兔的书吧？　　　［これはうさぎさんの本でしょ？］
　　　　彤彤：不是小白兔的书，是彤彤的书。
　　　　　　［うさぎさんの本じゃないよ、彤彤の本だよ］

6) 人間のこのような能力に対し、スティーブン・ピンカー2000は次のように述べている。「…人間は文法的に正しくても場違いな選択肢に惑わされず妥当な文構造だけに目をつける。どうしてそんなことができるのだろうか。答えは二通り考えられる。第一は、私たちの脳もコンピューターのように、いずれ捨てられるツリー（IC構造）の断片を何十も抱え込んでおり、妥当でないものは意識に上がるまえに消えているという解釈である。第二は、人間はコンピューターと違って分岐点ごとにいわば賭けをするという解釈である。もっともありそうなツリー構造を選び、駄目だとわかるまでそれ一本で押していく。コン

ピューター科学者は第一の解釈を『横幅優先検索』、第二の解釈を『深度優先検索』と呼ぶ。」

7) 描写性定語には様々なものが挙げられるが、大小・色彩・形状といった外的属性と材質・機能といった内的属性とに大別することができ、内的属性の方がより中心語に近い位置に置かれる。より本質的な属性が中心語に近接し、外見的な属性、数量、時間・空間・所有者のような限定性定語の順に中心語から離れた位置に置かれる。

    他的那件大号黑色羊皮 外套
    (偶然的) ⇔ (本質的)
    ［彼のそのLサイズの黒の羊皮のジャケット］

多項定語の語順に関しては、刘月华等1983に詳細な記述が見える。

8) "这本鲁迅的书" が成立する傍ら、"鲁迅的这本书"［鲁迅の（書いた）この本］も成立する。両表現形式の使用分布とそれぞれの意味特徴については第4章で詳述する。

9) 「青年のその目は（一対の）警察の目のように鋭かった」を学生（中級学習者）に中国語作文してもらったところ、回答の大多数が "? 青年的那双眼睛像警察的一双眼睛一样炯炯有神." であった。「警察の目」を領属表現と捉えたために起こるエラーであると考えられる。

10) 一般に、時間詞や場所詞などは限定性定語としての機能が強いが、NP_2に対する属性として描写される場合、やはり数量詞の後ろに置かれる。

    我错买了一本上个月的《青年文摘》
    ［私は間違えて先月号の《青年文摘》を買ってしまった］
    一个乡下的土气男孩进城就变成了时髦小伙。
    ［（一人の）田舎のダサい男の子が、上京してすっかりお洒落になってしまった］

11) 状態形容詞と数量詞の語順に関しても、同様の現象が見られることが古川1994、原1997で指摘されている。状態形容詞（Z）が名詞（M）を修飾する場合、Zの意味機能はMに対して属性描写することにあるため、数量詞（SL）に後置する "SL＋Z＋M" 型が一般的（無標）語順である。しかし一方で、ZがSLの前に置かれる "Z＋SL＋M" 型もやはり存在する。古川1994はこのような "Z＋SL＋M" 型の語用論的特徴を「ねじれ」にあると述べている。「ねじれ」とは、文の展開がZと相反する予想外の事態に結びつく状態を指し、"Z＋SL＋M" 型は以下に挙げるような逆説的なネジれた文展開を表現するために専ら使われる形式であると指摘している。

    厚厚的一本书，半个小时就看完了。（古川1994）
    ［分厚い本一冊を（たったの）半時間で読み終えた］
    cf) 桌子上有一本厚厚的书。（古川1994）

[机の上に分厚い本が一冊ある。]

これを本稿の視点に即して言えば、Z "厚厚的" を限定性定語の位置に引き上げることにより、単に M "书"（本稿の NP₂）を具体化する属性描写に留まらず、その属性 Z によって M を「(他でもなくこんなに) 分厚い本一冊を半時間で」のように対比限定的に捉えていることが読み取れる。

[参考文献]

陈平 1987.〈释汉语中与名词性成分相关的四组概念〉《中国语文》第 2 期
古川裕 1994.「状態形容詞を含む名詞句の特性——"厚厚的一本书" と "一本厚厚的书" ——」『中国語』9 月号 内山書店
原由起子 1997.「〈一个什么样的人〉と〈什么样一个人〉」『大河内康憲教授退官記念 中国語学論文集』東方書店
橋本萬太郎 1977.「中国語の叙述修飾語と制限修飾語」『中国語』 3 月号 大修館書店
木村英樹 1983.「指示と方位——「他那本书」の構造と意味をめぐって——」『伊地智善継・辻本春彦両教授退官記念 中国語学・文学論集』 東方書店
刘月华等 1983.《实用现代汉语语法》外语教学与研究出版社
陆俭明 1982.〈关于定语易位的问题〉《中国语文》第 2 期
陆俭明 1988.〈现代汉语中数量词的作用〉《中国语文丛书 语法研究和探索(四)》商务印书馆
中川正之 1987.「描写と限定」『中国語』 8 月号 大修館書店
西山佑司 1993.「「NP₁ の NP₂」と "NP₁ of NP₂"」『日本語学』10 月号 明治書院
スティーブン・ピンカー著／椋田直子訳 2000 『言語を生みだす本能（上・下）』日本放送出版協会
沈阳・何元建・顾阳 2001.《生成语法理论与汉语语法研究》黑龙江教育出版社
杉村博文 1990.「中国語と日本語の名詞連接表現比較」『大阪外国語大学論集』第 4 号
杉村博文 1991.「医者の目」『中国語学習 Q&A101』大修館書店
袁毓林 1995.〈谓词隐含及其句法后果〉《中国语文》第 4 期
朱德熙 1956.〈现代汉语形容词研究〉《语言研究》第 1 期
朱德熙 1980.〈汉语句法中的歧义现象〉《中国语文》第 2 期

"快~了"と"快要~了"の表す意味とその発話意図

加納　光

0. はじめに

現代中国語のいわゆる「将然相[1]」を表す表現形式は、次の表現例 (1)～(4) で示したように "要~了"、"快~了"、"就要~了"、"快要~了" により表される。

(1)　他**要**回来**了**。《八百词》
(2)　孩子**快**下学**了**。《虚词典》
(3)　他们**就要**走**了**。《類義語》
(4)　天**快要**亮**了**。《虚词典》

これらの表現は、先行研究において「将然相」あるいは「近い未来を表す」などと記述され、現在出版されている多くの文法書やテキストが初級段階で学習する文法項目として取り上げている現代中国語の常用表現の一つである。

しかしながら、文法書やテキストを含めた先行研究におけるこれらに関する記述は極めて大雑把であり、各形式の意味機能の相違や話し手の発話意図などについての詳細な記述はほとんどみられない。

本稿は、かような実情を踏まえ、いわゆる「将然相」を表すとされる表現形式の中から、"快~了" と "快要~了" の二つを取り上げ、両者の表す意味の相違と発話意図を明らかにしようとするものである。

1. 先行研究の概観

はじめに、「将然相」を表す表現形式が先行研究においてどのように記述されているのかを概観しておく。

(I)　『实用现代汉语语法』（144 頁、外国教学与研究出版社）
　　　快、就、将这三个词都是表示 "未来" 的时间副词。"快"、"就" 表示最近的将来。"快"、"就"、"将" 经常和 "要" 连用，组成 "快

要"、"就要"、"将要"。"将"和"将要"多见于书面语。口语里多用"快（快要）"、"就（就要）"，而且用"快要"或"就要"时表示时间更为紧迫。用这些副词时，句末常用语助词"了"。常见的格式有"快…了"、"快要…了"、"就要…了"。

(II) 『基礎中国語　下』（21頁、東方書店）
"要…了"这个结构表示一个动作或情况很快就要发生。也可以说"快要…了""就要…了"。

(III) 『汉语初级教程Ⅱ』（118頁、北京大学出版社）
表示一个动作（或一种情况）很快就要发生时，就用"要…了"这个结构，把谓语放在中间。"要"的前面还可以用"就"、"快"或"就快"来加强迫感。但有时间词作状语时，不能用"快要"或"就快要"而只能用"就要"作状语。

(IV) 『中国語虚詞類義語用例辞典』（373・547～548頁、白帝社）
副詞『快』：『まもなく／すぐに』の意味で、文中では状況語となる。ある動作、あるいはそれに準じるものが、時間をそれほど要せずに実現したり行われたりする場合に用いる。"快…了"の構文を作る。この用法では"就／快"は同じように使えるが、"就"の方が時間的緊迫感がでる。

副詞『要』：『もうすぐ～だろう／まもなく～です』『じきに～になる』の意味で、動作や現象がまもなく行われたり現れたりすることを表す。この用法ではよく文末に"了"が用いられる。この用法では"要"の前に"快／就"を用いて時間面の緊迫感を出すことができる。

(V) 『現代汉语八百词』（305・521頁、商务印书店）
副词"快"：表示时间上接近；很快就要出现某种情况。一般在句末用'了'。"要"："就要"；前面可以加'快、就'，句末常加'了'。

(VI) 『現代汉语虚词用法小词典』（107・185頁、上海辞书出版社）
副词"快"；有"就要"、"将要"的意思、表示在短时间里就会出现某种情况或者达到某种程度。末了一般用语气助词"了"。"快要"和"快"意思一样；用"快要"，语气比较和缓些。副词"要"；有"就要"、"快要"的意思，表示情况即将发生。

このように、いずれの先行研究においても「将然相」を表す表現形式に関する記述は各表現形式の相違よりもむしろそれらの類似性・共通性が強調され、その結果、4種類すべての形式において「ある動作や状況などが、時間をそれほど要せずに実現または出現することを表し、通常文末には"了"を伴う」という共通の説明がなされ、重要と思われるそれぞれの相違点に関する詳細な記述はほとんどみられない。

初級の学習者がかような記述をもとに、4種類の表現形式の相違を明確に理解し、それらを適切に使い分けるのは非常に困難である。学習者がこれらの表現形式を自由に使いこなすためには、まず各形式の相違点が十分に解説され、そのうえでそれらが話し手の如何なる発話意図にもとづくものなのかが明確に示されなければならない。

それでは、以下各表現形式の具体的な考察に入る。

2."快～了"形式

2.1. 先行研究の記述

「将然相」を表す表現のうち、次の（5）～（8）は"快～了"形式、（9）～（12）は"快要～了"形式の表現例である。

(5) 孩子**快**下学**了**，我得赶紧做饭。《虚词典》
（子供がまもなく戻ってくるので、いそいで食事の支度をしなければなりません）

(6) **快**满**了**，别再倒了。《虚词典》
（もう［お酒でお猪口が］いっぱいになるから、これ以上［お酒を］注がないで）

(7) **快**十点**了**，我该回家了。《why》
（まもなく10時になるので、わたしは帰宅しなければなりません）

(8) **快**春节**了**，得彻底扫除一下。《類義語》
（まもなく春節なので、しっかりと掃除をしなければなりません）

(9) 还有十分钟，飞机**快要**降落**了**。《類義語》
（後10分で飛行機は着陸します）

(10) 天**快要**亮**了**，你该动身了。《虚词典》
（もうすぐ夜が明けるから、出発しなければなりません）

(11) **快要**到十二点**了**，睡吧。《一步す》

(まもなく 12 時だから、寝たら)
(12) **快要**到春节**了**，车站上的人特别多。《虚词典》
　　(まもなく春節なので、駅はたいへんな人出です)
「将然相」を表す "快~了" と "快要~了" 形式に関する先行研究の記述は、概ね前掲の (IV)「述語が数量詞以外であれば <u>"快要~了" の構文を使ってもよい。</u>」『中国語虚詞類義語用例辞典』(378 頁) や、(IV) '"快要" 和 "快" 的意思一样；用 "快要"，语气比较和缓些。'『现代汉语虚词用法小词典』(185 頁) にみられるようなものであり、"快~了" と "快要~了" 形式の表す意味の相違や、あるいは発話意図に関する詳細な記述はみられない。この他の先行研究における記述も同様である。

2.2. "快 数量詞 了" 形式の表す意味 (1)
「将然相」を表すとされる "快~了" と "快要~了" 形式は、述語の違いにより (a) "快 動詞（句）了"、(b) "快 形容詞（句）了"、(c) "快 数量詞 了"、(d) "快 名詞（時間／季節）了" の 4 類に分けられる。このうち、述語に 数量詞 をとる (c) の表現形式については、前掲の (IV)「"快要~了" の構文は一般には数詞の前には使えない」『中国語虚詞類義語用例辞典』(378 頁) や '"快要" 同副词 "快"，但数量短语前通常只用 "快"，不用 "快要"'『现代汉语八百词』(305 頁) にみられるように、"快~了" が最も規範的な表現形式であるとされる。ここでは、多くの先行研究において "快~了" 形式の使用がより軌範的とされる "快 数量詞 了" を取り上げ、それが如何なる意味を表す表現であるのかを考察する。
次の表現例 (7)、(13)、(14) をみてみよう。
　(7) **快**十点**了**，我该回家了。
　(13) **快**三十**了**，你该成家了！《類義語》
　　(まもなく 30 なのだから、もう結婚しなくちゃ。)
　(14) 他走了**快**一年**了**，还没有来过信。《類義語》
　　(彼が出かけてまもなく 1 年になるが、まだ手紙をよこしたことがない)
上記の表現例には、述語に (7) "十点"、(13) "三十"、(14) "一年" などの 数量詞 が使用されている。これらの 数量詞 は「時刻」、「年齢」、「年月」といったいずれも時との関わりを有するものである。我々が「時」を

言語化する場合、不連続な点の集合として表現する方法と、二つの異なる時点の間の期間として表現する方法の二通りの表現方法が考えられる。前者は「時点」表現として年・月・日・曜日などを表し、後者は「時量」表現として年数・月数・日数などを表すものである。上記の表現例ではそれぞれ"十点"は「時点」、"三十"・"一年"は「時量」を表すことになる。上記の表現例(7)、(13)、(14)で数量詞により表される「『時刻』の発生、『年齢』への到達、『時間量』の経過」というコトガラは連綿として留まることのない時の流れの中で、人の意志とは関わりなく必然的に発生するコトガラである。

「将然相」を「あるコトガラがまもなく発生するという発話時点（もしくは基準時点）における話し手の判断を表す」と仮に定義すると、これらの表現例にみられる"快数量詞了"は「任意の『時点』あるいは『年齢』への到達、『年月（時間量）』の経過など必然的に発生するコトガラについて、その発生（時点）が間近に迫っているという発話時点（基準時点）における話し手の判断を表す」ということができる。このことを(7)、(13)、(14)の表現例で確かめると、(7)では自然時間の流れのなかで必然的に発生する「10時」という時刻＝時点が、また(13)では必然的に発生する「30歳」という聞き手の年齢（に達する時点）が、そして(14)では月日の経過とともに必然的に到来する、彼が出かけてから「1年（時間量）」を迎えるその時点が、間近に迫っているという発話時点における話し手の判断を表すということになる。

2.3. "快数量詞了"形式の表す意味（2）

このように"快数量詞了"形式は「必然的に発生するコトガラについて、その発生（時点）が間近に迫っているという発話時点における話し手の判断を表す」ものである。ここで言うコトガラとは、時の経過とともに必然的に発生する「時刻」、「年齢」、「歳月」の到来や経過である。この「必然的」という言葉が全てを物語るように、"快数量詞了"形式が表すコトガラは、100％確実に発生するものであり、話し手にもそのように認識されるものである。

ところで、"快数量詞了"形式の数量詞が表すのは上述した時に関わる時間表現ばかりではない。

次の表現例（15）、（16）をみてみよう。

(15) 储蓄**快**二百万日元**了**，可以买小汽车了。
　　　（もうすぐ貯蓄が2百万になるので、自家用車を買うことができるようになります）

(16) 不能再搁了，**快**三斤二两**了**。《虚词典》
　　　（これ以上は無理ですよ、もう［目方が］3斤2両にまでなろうとしていますから）

これらの 数量詞 は時間表現ではなく、それぞれ（15）は "二百万日元（金額）"、（16）は "三斤二两（重量）" を表すものである。時の推移とともに必然的に発生するコトガラについて、その発生（時点）が間近に迫っていることを述べる表現例（7）、（13）、（14）では「時刻」、「年齢」、「年月」が 数量詞 により表されていた。一方、ある事態が次第に変化しながら何らかの状態・帰結に達することを、いわば必然的（確実）に発生するコトガラとして捉え、その発生（時点）が間近に迫っていることを述べるのが（15）の「貯蓄額」と（16）「（物の）重量」である。ここで示される「貯蓄額」や「重量」は単なる金額や目方を指すものではない。例えば表現例（15）は、貯蓄により絶えず増え続けてきた貯蓄金額が「2百万」に近づいた今、この先も続けられる貯蓄により「2百万円」という貯蓄額への達成・帰結は必至であると話し手は認識しており、そのうえで必然的（確実）に発生するコトガラとして表されたのが "二百万日元" である。また（16）は、計量により増え続けてきたあるものの目方がすでに「3斤」を超過した今、この先も続けられる行為（計量）により「3斤2両」の目方への到達・帰結は必至であると話し手は確信しており、そのうえで必然的（確実）に発生するコトガラとして表されたのが "三斤二两" である。このように、ある事態が次第に変化しながら何らかの状態・帰結に達することを確信し、そのうえで話し手により必然的（確実）に発生するコトガラとして表される 数量詞 も「時刻」、「年齢」、「年月日」、「時間量」といった時間表現と同様に "快 数量詞 了" によって表される。

以上の考察内容を図式化してまとめると次のようになる。

(図1)

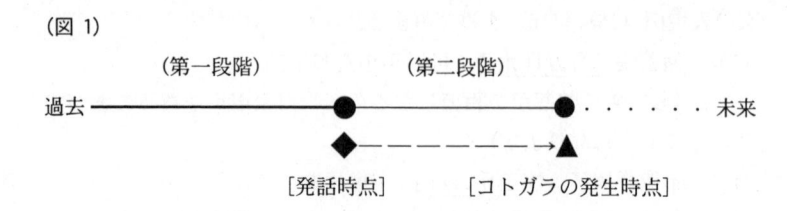

```
             (第一段階)        (第二段階)
過去 ――――――――●――――――――●・・・・・・ 未来
                    ◆――――――→▲
                 [発話時点]    [コトガラの発生時点]
```

　ここで仮に"快 数量詞 了"形式が表すコトガラの発生までのプロセスを、第一段階(発話時点[◆]までの段階[―で示す])と第二段階(発話時点からコトガラの発生時点[▲]までの段階[―で示す])で表すと、"快 数量詞 了"は時の経過とともに必然的(確実)に発生すると話し手が捉えるコトガラについて、それがまもなく発生する最終局面(第二段階)に入ったという話し手の状況判断を表すものである。換言すればこれは、時間の経過とともに必然的に発生するコトガラの発生(=帰結時点への到達)が間近に迫ったという発話時点における話し手の状況判断を表すものであるということである。そして、さらに重要な点は、この形式で述べられる必然的(確実)に発生するコトガラは、その(任意の)発生=帰結時点(▲)が話し手によりイメージされる時間軸の上にはっきりと想定されるものであるということである。これにより、今(発話時点)とコトガラの発生時点とが直結され、今とその任意の時点までの時間的な距離(時間量)を刻々と縮めながら、コトガラの発生(時点)が将に迫りつつある今の時間的な切迫感を強く表出する。これが"快 数量詞 了"形式の表す意味なのである。

2.4. その他の"快～了"形式

　2.2.～2.3.では述語に 数量詞 が用いられた"快 数量詞 了"形式の意味機能について考察した。"快～了"形式は前述のとおり 数量詞 を述語にとる他に、(a)"快 動詞(句) 了"、(b)"快 形容詞(句) 了"、(d)"快 名詞(時間／季節) 了"などの表現がある。ここでは、2.2.～2.3.の考察をもとに、この(a)、(b)、(d)の表現が表す意味について考えてみることにする。
　次の表現例(5)、(6)、(8)、(17)、(18)、(19)をみてみよう。

　(5)　孩子**快**下学**了**，我得赶紧做饭。
　(6)　**快**满**了**，别再倒了。

(8)　**快**春节**了**，得彻底扫除一下。
(17)　我和小俊**快**结婚**了**。―几时结？―八月十五。《虚例释》
　　　（私と俊はまもなく結婚します。―いつ？―8月15日。）
(18)　到了十月底，天气就**快**冷**了**。《八百词》
　　　（10月の末になると、ぼつぼつ寒くなりだす）
(19)　**快**国庆**啦**，大家都忙着准备文艺节目呢。《八百词》
　　　（もうじき国慶節だ、皆は演しものの準備に大わらわだ）

　これらの表現例のうち、(5)と(17)は述語に動詞（句）、(6)と(18)は形容詞（句）、(8)と(19)は名詞（時間／季節）が用いられたものである。これらが表す意味は、2.2.~2.3.で考察した"快数量詞了"と同様の解釈が可能となる。即ち「必然的（確実）に発生するコトガラについて、そのコトガラの発生＝帰結（時点）が間近に迫っているという発話時点（基準時点）における話し手の判断を表す」ということである。

　例えば、動詞（句）で表される表現例(5)と(17)では、(5)の"下学（子どもが下校する）"が表すコトガラは、毎日の子供の下校時間が習慣的に決まっており、帰宅時間も話し手は経験的に承知しているような情況での発話である。また(17)の"结婚（[私と俊が]結婚する）"が表すコトガラも、結婚期日"八月十五"が言語化されていることからもわかるようにその発生は確実で、いずれも話し手の予測や推測ではなく、確実に発生すると確信するコトガラの発生＝帰結（時点）が間近に迫ったという発話時点における話し手の判断を表しているのである。また表現例(6)と(18)の形容詞（句）でも、(6)の"满（[お酒がお猪口に]いっぱい［の状態］になる）"が表すコトガラは、話し手の眼前でお猪口にお酒が注がれ今将にいっぱいになろうとしている状況での発話である。さらに(18)の"冷（[季節が秋から冬に向かい]寒く［ーい状態に］なる）"が表すコトガラも、自然現象として必然的に発生する秋から冬への季節の変化について、話し手は例年10月末には気温が下り寒くなり始めることを経験的に知得しており、やはりこれらも話し手の推測ではなく、確実に発生すると確信するコトガラの発生＝帰結（時点）が間近に迫ったという発話時点での話し手の判断を表しているのである。さらに表現例(8)と(19)の名詞（時間／季節）では、"春节（春節）"、"国庆节（国慶節）"が表すのは、祝日となる「春節」と「国慶節」の両期日＝時点の到来であり、言うまでもなくこれら

は"快[数量詞]了"と同様に、必然的（確実）に発生する「春節」や「国慶節」の期日（＝時点）へ到達するというコトガラの発生＝帰結（時点）が間近に迫っているという発話時点における話し手の判断を表すものである。なお、この(8)と(19)は[名詞（時間／季節）]が期日＝時点を表すという点で先の(7)、(13)、(14)に極めて近い表現であるといえる。

　このようにみてくると、話し手が"快～了"により、あるコトガラの発生＝帰結（時点）が間近に迫ったという判断を述べる場合、そのコトガラは必然的（確実）に発生するものであり、コトガラの発生に対する話し手の判断は疑う余地のない極めて客観的な判断ということがいえる。このように必然的（確実）に発生するコトガラについて、その発生＝帰結（時点）が間近に迫ったという発話時点における判断を表明する時、話し手はそれを"快～了"形式を用いて表すのである。

3. "要～了"形式の表す意味

(20)　　A：那我就走了。
　　？B：别着急，他**要**回来**了**。
(20')　 A：那我就走了。
　　　 B：别着急，他**快要**回来**了**。
(20")　 A：那我就走了。
　　　 B：别着急，他**快**回来**了**。
　　　 （A：「それではおいとまします。」）
　　　 （B：「あわてないで、彼はもうすぐ帰って来ますから。」）
(21)　？北京**要**到**了**。已经能看见车站了。
(21')　 北京**快要**到**了**。已经能看见车站了。
(21")　 北京**快**到**了**。已经能看见车站了。
　　　 （まもなく北京です。駅が見えてきました。）
　　　 （？…許容度の低い表現）

　上記の表現例の(20)、(21)は"要～了"、(20')、(21')は"快要～了"、(20")、(21")は"快～了"の形式が用いられた表現である。このうち(20)と(21)はインフォーマントによれば許容されない表現であるという。それは次のような理由による。例えば(20')と(20")の「A："那我就走了。"B："别着急，他**快要／快**回来**了**。"」は、彼を尋ねて来たAが彼の不在を知

り"那我就走了。"「これで帰ります」といって帰ろうとすると、Bが"别着急，他**快要／快**回来**了**。"「彼はすぐに戻りますから、あわてて帰らないで下さい」とAを引き止めようとする会話である。ここでBはAを引き止めるだけの「彼がすぐに帰宅することを知り得る何らかの根拠」を有していると考えられる。即ちBは彼がすぐに戻るという確信を持ったうえで、Aに対し「今しばらく待ってください」と言っているのである。ところが(20)の「B："他要回来了"」の表現では、Aを引き止めておく短時間のうちに彼が帰って来る可能性は極めて低く、立ち去ろうとするAを引き止めておくだけの説得力に欠け、このことがインフォーマントが(20)を許容しない要因になっている。これに対し(20')と(20")の「B："他**快要／快**回来**了**。"」は「彼が戻ってくる」というコトガラの発生の迅速さが"快"によって表出され、Aに対し「彼はすぐに戻るからあわてないで（もう少し待って）ほしい」という説得力のあるより適切な表現になるのである。また、(21')と(21")の「"北京**快要／快**到**了**。已经能看见车站了。"」は、北京行きの列車がまもなく北京駅に到着するという情況での発話である。「北京駅がすでに見えてきた」という発話からわかるとおり、北京駅への到着が間近であることを自ら確認し「もうすぐ北京駅に着きます」と述べているのである。ところが(21)の"北京要到了"の表現では、北京駅を視野に入れることができるほど北京には接近しておらず、北京駅への到着にはまだ暫く時間がかかるというニュアンスが強く、"已经能看见车站了"の表現とはマッチしない。それに対し(21')と(21")の"北京**快要／快**到**了**"は、北京駅が視野に入り北京駅へまもなく到着することを確信したうえで「もうすぐ北京に到着する」と述べるものであり、コトガラの発生が間近に迫りつつあるその切迫感が"快"によってより適切に表出された表現となる。以上が(20)と(21)をインフォーマントが許容しない理由である。

　これらの考察からわかることは、「将然相」を表す"要～了"は"快～了"に比べ発話時点からコトガラの発生に至る時間的な距離（＝時間量）が長く、コトガラが発生する時間的な切迫感もかなり弱い表現であるということである。

　この"要～了"の"要"が有する意味については、杉村[2] 1994（52頁）では「趨勢・情勢としてそのようになる」と述べられている。そしてさらに森[3] 1998（108頁）は、杉村が言うこの「趨勢」に説明を加え「"要"が

表す可能性、即ち『趨勢』とは、必ずそうなるものとして、ことがらの成就に向けて現に事態が動きつつある、少なくとも話者がそうとらえていること」と述べて、下記の例を挙げている。

　　(22)　天阴了，**要**雨下**了**。（曇ってきたから、雨になるだろう）

　森はこの表現例(22)について、「話し手がコトガラの発生を確信しうるほどの条件（曇ってきた）を根拠に、もうすぐ雨になりそうだという判断を下す表現である」と述べている。

　"要"をこのように捉えるならば、"要～了"は次のように言うことができる。即ち、"要～了"は"快～了"と同様に、話し手が客観的な根拠をもとにその発生を確信するコトガラについて、その発生が間近に迫っていることを表すものである。しかしながら、発話時点でコトガラが発生する「可能性」は非常に高いと判断するものの、推測の域は越えておらず、コトガラが100%確実に発生する絶対的な確信は得られていない。そのため、コトガラの発生時点を時間軸の上に想定することができず、コトガラが<u>やがて</u>発生するという判然としない未来におけるコトガラの発生を推量する表現となる。このためコトガラが発生する時間的な切迫感も必然的に弱くなり、コトガラの発生までに一定の時間量を必要とする表現となる。先行研究においてたびたび指摘される"快～了"との時間的な切迫感の相違をここに見出すことができる。

　このことは、さらに下記の(23)と(24)を比較することによって、明確にすることができる。（＊…規範的でない表現）

　　(23)＊明天**快**下雨**了**。（明日は雨になりそうだ）
　　(24)　明天**要**下雨**了**。

　表現例(24)が許容され(23)が許容されない理由は次の通りである。発話時点の状況から判断して確実に発生すると判断されるコトガラ"下雨"について、その発生＝帰結（時点）がいよいよ間近に迫ったことを述べる(23)の"**快**下雨**了**"は、例えば、天候が徐々に悪化して雨が降り出す状態に達する過程そのものに重点が置かれた表現である。つまり、発話時点の今が正に事態が帰結に達するその最終段階を迎えた切迫した状況にあることを述べるものであり、コトガラの発生＝帰結（時点）を"明天"とすることと矛盾する。なお、表現例(9')＊"还有十分钟，飞机**快**降落**了**。"が許容されないのもこれと同様の理由が考えられる。これに対し、はっきり

"快～了"と"快要～了"の表す意味とその発話意図　77

としたコトガラの発生時点が想定されず判然としない未来におけるコトガラの発生を述べる（24）"要下雨了"は、発話時点からコトガラの発生に至る時間的な距離（＝時間量）がかなり長く意識され、判然としない未来のなかに"明天"という時点も包含される。そのうえ、この表現はあくまでコトガラ"下雨"の発生の「可能性」を推測するものであり、"明天"により示される任意の未来時点において、コトガラ"下雨"が発生する「可能性」についても排斥するものではないからである。
　次に、"快～了"が成立し、"要～了"が成立しない表現例を比較してみる。

（25）　快十点了。（まもなく10時だ）
（26）＊要十点了。

　上記の表現例（25）と（26）において（26）が許容されないのは、（25）の"快～了"はここで示される"十点"という任意のコトガラの発生時刻＝時点を時間軸の上に想定できるのに対し、（26）の判然としない未来のコトガラの発生を述べる"要～了"では"十点"のような任意のコトガラの発生時刻＝時点を時間軸の上に想定することはできない。従って、（25）は成立するが（26）は成立しないのである。"要～了"により表されるコトガラは、その発生時点が"快～了"のように話し手のイメージする時間軸の上にはっきりと想定されるものではなく、あくまでも判然としないある未来時点で発生するであろうと話し手が予測するコトガラなのである。このことを図で示したのが下記の図2である。このように考えると、"要～了"は、コトガラの発生に対し、その発生時点ははっきりしないものの、しかし確実に発生する状況に事態は向かいつつあるという、発話時点における話し手の主観的な予測・推測を表す表現形式であるということがいえる。

（図2）

```
                    ["要～了"の表すコトガラの発生時間帯]
        "要～了"◆――――――――――――――――→
過去―――――――●―――――●―――――――――――▶ 未来
        "快～了"◆―――→▲
                    ["快～了"の表す任意のコトガラの発生時点]
```

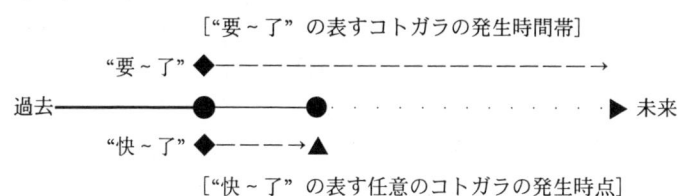

4. "快～了"形式と"快要～了"形式

ここまでの考察により、"快～了"と"要～了"の表す意味の相違が明らかになった。ここでは、前章までの考察をもとに、さらに"快～了"と"快要～了"の表す意味の相違について考えることにする。

4.1. "快～了"形式と"快要～了"形式の表す意味の相違

2. で示した表現例 (5) ～ (14) のうち、(7)、(8)、(9)、(13)、(14) 以外の表現例は、"快～了"形式の (5)、(6) は"快要～了"形式の (5')、(6')へ、"快要～了"形式の (10)、(11)、(12) は"快～了"形式の (10')、(11')、(12') への互換が可能である。前掲の『现代汉语虚词用法小词典』を始め多くの先行研究にみられる'"快要"和"快"意思一样'の記述はかような現実を鑑みてのことと思われる。

(5) 孩子快下学了 → (5') 孩子快要下学了, 我得赶紧做饭。
(6) 快满了 → (6') 快要满了, 别再倒了。
(7) 快十点了 → (7') ＊快要十点了, 我该回家了。
(8) 快春节了 → (8') ？快要春节了, 得彻底扫除一下。
(9) 飞机快要降落了 → (9') ＊还有十分钟, 飞机快降落了。
(10) 天快要亮了 → (10') 天快亮了, 你该动身了。
(11) 快要到十二点了 → (11') 快到十二点了, 睡吧。
(12) 快要到春节了 → (12') 快到春节了, 车站上的人特别多。
(13) 快三十了 → (13') ＊快要三十了, 你该成家了！
(14) 他走了快一年了 → (14') ＊他走了快要一年了, 还没有来过信。

"快要～了"形式への互換が許容されない（規範的でない）表現例 (7)、(13)、(14) は、『现代汉语八百词』で言及される 数量詞 を述語にとる"快数量詞了"の表現である。ではなぜ"快要数量詞了"形式が許容されないのであろうか。また"快要～了"への互換が可能であると述べた表現のうち (8') については実はインフォーマントによっては許容しにくい表現であるという。これらの点も含め、以下で"快～了"と"快要～了"の互換が可能な場合とそうでない場合について、その理由を探りながら、"快～了"と"快要～了"の表す意味の相違について考察する。

まず"快～了"と"快要～了"の互換が可能な (5')、(6')、(10')、(11')、

(12')からみていくことにする。これらの表現例は問題なく両者の互換が可能である。ただし当然のことながら、"快～了"が表す意味と"快要～了"の表す意味とが等価であるということでは決してない。"快～了"がコトガラの任意の発生時点を時間軸の上に想定して、コトガラが間近に発生する時間的な切迫感を強く表明するのに対し、"快要～了"は、判然としない未来のコトガラの発生を推量する"要～了"の働きにより、"快～了"の本来の機能が抑制され、未来のコトガラの発生を予想・推量する表現として機能することになる。しかしながら、"快～了"によりコトガラが発生する時点に至る時間的な切迫感は一定度表出され、"要～了"に比べコトガラの発生に至る時間的な距離はかなり短く感じられる。但し、"快～了"と比較すると時間的な切迫感はいくぶん弱まり、その結果語気が和らぐ。前掲の『現代汉语虚词用法小词典』(185頁)の'"快要"和"快"意思一样; 用"快要", 语气比较缓些.'はこの点を指摘したものと思われる。

　ところで、述語に数量詞や名詞（時間／季節）をとる(11')、(12')の表現について、インフォーマントは、この"快到数量詞／名詞（時間／季節）了"が規範的な表現であり、"快数量詞／名詞（時間／季節）了"は口語的な表現であるという。インフォーマントが口語的であるとする"快数量詞／名詞（時間／季節）了"が許容されるのは、先の表現例(7)、(13)～(16)にみられるような数量詞／名詞（時間／季節）が表す時の経過とともに必然的（確実）に発生するコトガラ（任意の「時刻」、「年齢」、「年月日」、「時間量」への到達や経過あるいは任意の「金額」、「分量」などへの到達）は、"到"や"过"を用いてコトガラの発生時点への到達や経過を言明しなくても、数量詞／名詞（時間／季節）など、それだけでコトガラの必然的な発生を汲み取ることができるからである。

　では次に、表現例(8')をみることにする。

　(8')？**快要**春节了，得彻底扫除一下。

　インフォーマントが(8')を許容しないのは(7')、(13')、(14')と同じ理由が考えられる。この(8')は(7')、(13')、(14')と同様に、数量詞／名詞（時間／季節）を述語にとるものである。数量詞／名詞（時間／季節）が表すコトガラは、前述のとおり必然的（確実）に発生すると話し手が認識するものであり、これらの表現は話し手が想定する任意のコトガラの発生時点を具体的な「時点」で示し、その時点と発話時点とを直結させ、そ

の発生時点への到達が間近に迫ったことを表すものである。ところが (8')
で使用されている形式は、"快~了"ではなく"快要~了"である。"快要~
了"は前述のとおり、"要~了"の働きにより"快~了"の基本的な機能が
抑制され、未来のコトガラの発生を予測・推量する表現として機能するも
のである。このような機能を表す"快要~了"は、判然としない未来の一
時点でのコトガラの発生を表す"要~了"と同様に、はっきりと時間軸の
上に任意のコトガラの発生時点を想定することができず、具体的なコトガ
ラの発生時点を示す 数量詞 / 名詞（時間／季節） との共起は論理的に矛
盾をきたすことになる。(8')をインフォーマントが許容しないのはこのた
めである。『現代汉语八百词』において"快要 数量詞 / 名詞（時間／季節）
了"より"快 数量詞 / 名詞（時間／季節）了"を規範的な表現として
いるのはこのような理由による。

　しかし、(8')のこの矛盾は動詞"到"を付加することにより解決される。
即ち"快要到~了"として 数量詞 / 名詞（時間／季節）が示す時点に至
るという表現に改めることで、"快~了"形式と同質の任意のコトガラの
発生＝帰結時点（数量詞 / 名詞（時間／季節）が表す具体的なコトガラ
の発生時点）を時間軸の上に想定可能な表現へ変換させるのである。この
ようにして表された表現が"快要到 数量詞 / 名詞（時間／季節）了"で
あり、(11)、(12)が正にそれである。

　以上、"快~了"と"快要~了"の相互にみられる互換性の可否を検証す
ることによって、両表現の表す意味の相違について考察した。

　ここで、上記の内容をまとめておく。

　"快~了"形式は、下記の表現例 (24) のように文脈がはっきりしていれ
ば述語を省略して"快了"のように表現することが可能である。

　　(24)　A：开会开完了吗？　　（「会議は終わりましたか。」）
　　　　　B：**快了**　　　　　　（「もうすぐです。」）《一歩す》

即ち、確実に発生するコトガラを述べる"快~了"形式は、表現例 (24)
のようにAがコトガラの内容＝「会議が終わる」をすでに知っている場合
は、述語を省略して"快了"という極めて簡潔な表現で、コトガラの発生
(時点)が間近いことを表すことができる。この表現例から明らかなよう
に、"快~了"形式は、話し手が確実に発生すると確信するコトガラについ
て、その発生時点にもうまもなく到達しようとしている、正に発話時点の

今がそうした切迫した状況にあるという話し手の状況判断を表明するものである。これに対し、"快要～了"形式は、"要～了"の働きにより"快～了"の機能が抑制され、その結果、コトガラの発生までの時間的な切迫感が弱められ、いくぶん語気が和らげられる。これにより、語気の和らかいニュアンスを帯びた未来におけるコトガラの発生を予測・推量する表現となる。これが"快要～了"形式なのである。

　ここで、本稿で取り上げた"快～了"、"要～了"、"快要～了"の各形式について、それぞれのコトガラの発生までの切迫の度合いと、コトガラの発生に対する話し手の確信の度合いを「高・低」のスケールを用いて図式化すると下記の図3のようになる。

(図3)

　　　　　　　＜コトガラの発生までの切迫度＞
　　　＜発話時点での話し手のコトガラの発生に対する確信度＞
　　　　　　"要～了"　＜　"快要～了"　＜　"快～了"
(低い)　←――――――――――――――――――→　(高い)

5. "快／快要～了"の発話意図

　以上、"快～了"形式と"快要～了"形式の表す意味の違いについて考察を進めてきた。この両形式について、ここで少し視点を変えて、言語生活のなかでこれらの表現が使用される際、如何なる意図にもとづいて発話されるのかという発話意図の観点から考察してみることにしたい。これらの表現を発話意図という観点から眺めてみると、「あるコトガラが近い未来に発生する」という単なる未来の出来事を述べることに発話の主眼があるのではないことがわかる。以下で、このことを"快～了"の表現形式をもとに検証していくことにする。

5.1. "快|数量詞|了"の発話意図

　まず初めに"快～了"の表現形式が発話されるまでの一連のプロセスを表現例 (5)～(8)、(13)、(14)、(17)～(19) を用いて示すと、およそ次の①→②→③→④ ("快～了"の使用) のようになる。
　①『将来において必然的（確実）に発生するあるコトガラに関する情報

を得る（発話時点以前に話し手が有する旧情報）』

 (5) "一会儿孩子下学回来"（もうすぐ子供が学校から帰ってくる）

 (6) "正在别人给我倒酒"（人に今お酒をしてもらっている）

 (7) "十点客人要来"（10時に来客がある）

 (8) "年底应该打扫"（年末には大掃除をしなければならない）

 (13) "他的年龄接近通常所说的结婚适龄期三十岁"（彼の年齢は結婚適齢期といわれる30歳に近い）

 (14) "他走了近一年可没有来过信"（彼が出かけて1年近く経つのにまだ手紙がこない）

 (17) "我和小俊八月十五要结婚"（私と俊は8月15日に結婚する）

 (18) "每年过了十月底, 天气开始冷起来"（毎年10月末を過ぎると、気候は寒くなる）

 (19) "国庆大家都应该表演一个文艺节目"（国慶節には、みんな発表会で演技をしなければならない）

↓

②『コトガラの発生を確信する客観的な条件が整ったことを根拠に、コトガラの発生が間近に迫ったと判断する（発話時点に話し手が得た客観的な新情報）』

 (5) "下学时间已经到了"（すでに下校時刻になった）

 (6) "酒杯里的酒已倒满了三分之二"
   （お猪口がお酒で半分以上満たされた）

 (7) "现在九点五十多了"（時刻が9時50分を過ぎた）

 (8) "离春节只有一个星期了"（春節まであと1週間になった）

 (13) "他已经二十九岁了"（彼は既に29歳になった）

 (14) "他走后再过几天就有一年"（あと数日で彼がでかけて1年になる）

 (17) "今天七月二十号了"（今日は7月20日だ）

 (18) "季节已到了十月中旬了"（季節がすでに10月中旬になった）

 (19) "离国庆只有两个星期了" （国慶節まであと2週間になった）

↓

③『①＋②の情報をもとに、話し手が発話時点において何らかの状況判断を下す』

 (5) "我得赶紧做饭"（急いで食事の支度をしなければなりません）

"快～了"と"快要～了"の表す意味とその発話意図　83

  (6)　"别再倒了"（これ以上注がないで）
  (7)　"我得回家了"（家に帰らなければならない）
  (8)　"得除彻底扫一下"（しっかりと掃除をしなければなりません）
  (13)　"该成家了"（結婚すべきだ）
  (14)　"应该来信"（手紙を寄越すべきだ）
  (17)　"希望你也来参加婚礼"（あなたもぜひ結婚式に参加してほしい）
  (18)　"不要着凉了"（カゼを引かないように）
  (19)　"大家都忙着准备文艺节目呢"（みんな発表会の準備に大忙しです）
↓
 ④『聞き手に、コトガラの発生が間近であることを"快～了"形式により告げ、続いて③で下した判断の具体的な内容を表明する』
  (5)　"孩子**快**下学**了**"（子供がまもなく学校から戻ってきます）
  (6)　"**快**满**了**"（もういっぱいになります）
  (7)　"**快**十点**了**"（まもなく 10 時になる）
  (8)　"**快**春节**了**"（まもなく春節になる）
  (13)　"**快**三十**了**"（まもなく 30 になる）
  (14)　"他走了**快**一年**了**"（彼が出かけてまもなく 1 年になる）
  (17)　"我和小俊**快**结婚**了**"（私と俊はまもなく結婚します）
  (18)　"天气**快**冷**了**"（まもなく気候が寒くなります）
  (19)　"**快**国庆啦"（まもなく国慶節になる）
 "快～了"が発話されるまでのプロセスはおよそ上記のように表すことができる。
 発話に至る一連のプロセスをこのように捉えると、"快～了"形式が発話される④の段階において、話し手には下記のような状況認識が存在していると考えることができる。
  (5)　（Ⅰ）因为<u>一会儿孩子下学回来</u>,（Ⅱ）所以我得赶紧做饭。
    （子供がもうすぐ戻ってくるので、いそいで食事の支度をしなければなりません）
  (6)　（Ⅰ）因为<u>酒杯里的酒倒得已不少，再倒会漾出来</u>,
    （Ⅱ）所以<u>别再倒了</u>。
    （もうお猪口のお酒はいっぱいで、これ以上注ぐとお酒がこぼれ

るから、もうこれ以上注がないで)

(7) (Ⅰ) 因为十点客人要来, (Ⅱ) 所以我得回家.
(10 時に来客があるので、家に帰らなければならない)

(8) (Ⅰ) 因为离春节只有一个星期, (Ⅱ) 所以得彻底扫除一下.
(春節まであと 1 週間になったので、しっかりと掃除をしなければなりません)

(13) (Ⅰ) 因为三十岁是该结婚的年龄, (Ⅱ) 所以你该成家.
(30 という年齢は結婚適齢期だから、君は結婚すべきだ)

(14) (Ⅰ) 因为他走了近一年还没有来过信, (Ⅱ) 所以应该来信.
(彼が出かけて 1 年近く経つのに、まだ手紙がこない)

(17) (Ⅰ) 因为我和小俊八月十五要结婚,
(Ⅱ) 所以希望你也来参加婚礼.
(私と俊は 8 月 15 日に結婚するので、あなたにも婚礼に参加してほしい)

(18) (Ⅰ) 因为过几天就到开始冷起来的十月底, (Ⅱ) 所以不要着凉了.
(例年寒くなり始める 10 月末になるから、カゼを引かないように)

(19) (Ⅰ) 因为离国庆只有两个星期,
(Ⅱ) 所以大家都忙着准备文艺节目呢.
(国慶節まであと 2 週間になったので、みんな発表会の準備に大忙しです)

以上の内容をまとめると、"快～了"の発話に至る話し手のプロセスは次の 3 段階に整理することができる。

(第 1 段階)：あるコトガラの発生を確信する客観的な条件の存在を根拠にしてコトガラの発生が間近に迫ったと認識した話し手が、それをもとに、コトガラが発生する前にあるアクション(心理活動も含まれる)あるいはある事態の速やかな発生が必要であるというような一定の状況判断を下す。そしてこれは表現例 (14)、(18) のように、それを暗示する何らかの「理由」が言語化され現れることが多い。

(第 2 段階)：一定の状況判断を下した話し手は、まず聞き手に対してコトガラの発生が間近であることを"快～了"を用いて表明する。

(第3段階):そして、その後で発話時点において話し手が下した具体的な状況判断を表明する。

　ここで問題となるのは、"快～了"が話し手のどのような意図にもとづいて発話されるのかということである。あらためて言うまでもなく、話し手はコトガラが間近に発生することを述べる際に"快～了"を使用する。前述したように"快～了"は、留まることのない時の流れのなかで必然的に発生するコトガラに対し、それらが発生する任意の時点（時量の満了時点も含む）を提示し、時々刻々とコトガラの発生＝帰結時点が間近に迫りつつある今の切迫感を強く表出する表現である。この点においては、"快～了"は正に「将然相」を表す表現として捉えることができる。

　しかし一方で、コトガラの発生が間近であることを確信し、それをもとにその発生の前に何らかのアクションあるいは何らかの事態の速やかな実現が必要であるという、一定の状況判断をするに至った話し手は、そのことを聞き手に対して表明する。その際、まず間近に迫ったコトガラの発生の緊迫感を前述のとおり"快～了"によって聞き手に知らせ、そのうえで話し手の状況判断を表明するという発話手法をとる。即ち、"快～了"でコトガラの間近な発生を聞き手に告げ、そのうえで「（あるコトガラの発生が間近に迫っている）だからある行為や事態の発生が必要である／しかし未だにある行為や事態が発生していない」などといった話し手の状況判断を聞き手に表明するのである。"快～了"の発話意図はまさにこの点にある。換言すれば、上述した"快～了"が発話されるプロセスの④の段階に存在する状況認識を話し手が表明する際、二つのコトガラの（Ⅰ）を「前件」、（Ⅱ）を「後件」として一定の関係で結びつけ、全体を一つの事態（関連する事件）として述べる、その「前件（Ⅰ）」に用いられるのが"快～了"形式だということである。そしてそれは、言わば、テーマとしての「後件」に対する理由や根拠を説明・解説するものとして機能するのである。このように考えると、（Ⅰ）と（Ⅱ）は、あたかも「理由・帰結」＝"因为～，所以～"の関係、あるいは「逆説」＝"…，但是～"のような一定の意味関係で、話し手により主観的に結びつけられたものであるということができる。

　以上まとめると、"快～了"の発話意図は、（Ⅰ）「現在あるコトガラが間近に発生する状況にある（前件）」→（Ⅱ）「（Ⅰ）をもとに下される一定の判断（後件）」という話し手の発話時点における状況認識の表明にある。そ

して、さらに指摘すべき点は、"快～了"形式は、「後件（Ⅱ）」に対する理由や根拠を説明・解説すると同時に、テーマとしての「後件（Ⅱ）」が引き続き発話されることを聞き手に示唆する働きを担う表現であるということである[4]。

以上の考察から明らかなように、"快～了"形式は、あるコトガラの間近な発生を表すという単なる未来の出来事を述べることに発話の主眼があるのではない。

5.2. "快要～了"の発話意図

5.1. において"快～了"の発話意図について考察した。ここでは前章の考察をもとに"快要～了"の表現意図について、表現例（9）、（10）、（12）を用いて考察する。

初めに"快 数量詞 了"形式同様、"快要～了"の表現形式が発話されるまでの一連のプロセスを示すと、次のようになる。

① 『発話時点以前に話し手が有する旧情報』
 (9) "飞机过一会儿要降落"（飛行機はまもなく着陸する）
 (10) "天亮了,你该动身"（夜が明けたら君は出かけなければならない）
 (12) "每年一接近春节,车站里人就多了起来"（春節が近づくと駅の人出は多くなる）
↓
② 『発話時点に話し手が得た客観的な新情報』
 (9) "离飞机降落,还有十分钟了"（飛行機の着陸まであと10分になった）
 (10) "接近日出的时间了"（日の出の時間に近づいた）
 (12) "离春节只有两个星期了"（春節まであと2週間となった）
↓
③ 『①+②の情報をもとに、話し手が発話時点において何らかの状況判断を下す』
 (9) "应该系好安全带" （安全ベルトを締めなければならない）
 (10) "你该动身了" （出発しなければならない）
 (12) "车站上的人特别多" （駅は大変な人出である）
↓

④『聞き手に、コトガラの発生が間近であることを"快要~了"形式により告げ、続いて聞き手に対し③で認識をした具体的な内容を表明する』

(9) "飞机快要降落了"（飛行機はまもなく着陸する）
(10) "天快要亮了"（まもなく夜が明ける）
(12) "快要到春节了"（春節がまもなく近づいた）

"快要~了"が発話されるまでのプロセスはおよそ上記のように表すことができる。

発話に至る一連のプロセスをこのように捉えると、"快要~了"形式が発話される④の段階において、話し手には下記のような状況認識が存在していると考えることができる。

(9) （Ⅰ）因为再过十分钟就飞机降落，（Ⅱ）所以应该系好安全带。
　　（飛行機はあと10分で着陸するので、安全ベルトを締めなければならない）
(10) （Ⅰ）因为天过一会儿就亮了，（Ⅱ）所以你该动身。
　　（日の出の時間に近づいたから、君は出発しなければならない）
(12) （Ⅰ）因为离春节只有两个星期，（Ⅱ）所以车站上人特别多。
　　（春節まで2週間となったので駅は大変な人出だ）

このようにみてくると、"快要~了"の発話意図は"快~了"と同様の解釈が可能となる。しかしながら、両者は次の点において相違がみられる。即ち、間近に迫ったコトガラの発生を前提に述べられる"快~了"は、時間的な切迫感が強く意識されるために、「（Ⅰ）だから直ちにあるアクションをおこさなければならない」などというように（Ⅰ）と（Ⅱ）の意味的な繋がりがより強く意識される。これに対して、時間的な切迫感の弱い"快要~了"は、（Ⅰ）と（Ⅱ）の意味的な繋がりが"快~了"に比べ弱く意識されるということである。

6. まとめ

本稿では「将然相」を表すとされる"快~了"、"快要~了"形式の表す意味の相違とその発話意図について考察した。その結果、両者は「あるコトガラが近い未来に発生する」といった同一の意味を表す表現ではないことがわかった。さらに、発話意図という観点から両者を考察した結果、こ

れらは、単なる未来におけるコトガラの発生を述べることにその主眼があるのではないことが明らかになった。"快～了"、"快要～了"は、発話時点における話し手の状況認識を表明する際に、(Ⅱ)「後件」に対する理由や根拠を説明したり、感想や意見を述べるものとして(Ⅰ)「前件」に用いられる表現であり、それはまた、テーマとしての(Ⅱ)が引き続き発話されることを聞き手に示唆する働きを担うものなのである。

注
1) 相原茂他1996.『whyにこたえるはじめての中国語文法書』同学社225頁。本稿もこれにならい「将然相」と呼ぶ。
2) 杉村博文1994.『中国語教室』。大修書店。
3) 森宏子1998.「比較文に現れる"要"について」,『中国語学245』, 98-108頁。日本中国語学会。
4) A:"开会怎么样了?"　(「会議(の状況)はどうなりましたか?」)
   B:快开完了.　　　　(「もうすぐ終わります。」)
   　　この表現例は、会議の進行状況を尋ねるAに、Bが「もうすぐ終わります」と答える会話である。ここでのBの発話はAに対する答えであり、そのうえ発話は言い切りの表現となっている。このような表現では、例えばBには「会議が終わってから特定の人物との面会を希望する」など何らかのAの行為が予見されているものと考えることでき、Bに存在する「(Ⅰ)会議はもうすぐ終わるから(前件・理由)、(Ⅱ)終わり次第その人を呼ぶ／終わり次第Aに連絡する(後件・帰結)」という状況認識の(Ⅱ)に関する情報は、事前にAに伝えられているような状況が考えられる。Aに"快开完了"「もうすぐ終わります」と答えるBには、「会議が終わり次第(Ⅱ)の行為にとりかかろうという意思の存在が想定でき、Aもそれは事前に承知している。このような表現についても、発話者Bには(Ⅰ)「あるコトガラの発生が間近に迫っている(理由)」→(Ⅱ)「あるアクションを起こす・ある事態が発生することが必要である／望ましい(帰結)」などという状況認識が存在している。発話者Bはすでにも承知している(Ⅱ)の実現が間近であるということを"快～了"を用いてAに喚起するのである。この表現例にも、共通した発話意図を読みとることができる。

[参考文献]
吕叔湘1980.『现代汉语八百词』商务印书馆
刘月华1983.『实用现代汉语语法』商外语教学与研究出版
北京・商務印書館編1983.『基礎中国語下』東方書店

邓懿主编 1987.『汉语初级教程』北京大学出版社
高橋弥守彦他 1995.『中国語虚詞類義語用例辞典』白帝社
王自强 1984.『现代汉语虚词用法小词典』上海辞书出版社

[用例出典]
《虚词典》=侯学超 1998.『现代汉语虚词词典』
《類義語》=高橋弥守彦他 1995.『中国語虚詞類義語用例辞典』白帝社
《虚词释》=北京大学中文系 1955・1957 语言班编 1982.『现代汉语虚词例释』
《八百词》=吕叔湘 1980.『现代汉语八百词』商务印书馆
《why》=相原茂 他 1996.『why にこたえるはじめての中国語文法書』同学社
《一歩す》=荒川清秀 2003.『一歩すすんだ中国語文法』大修館書店
※《　》の付加されていない表現例は筆者の作例であり、すべてインフォーマント・チェックを経ている。

「カヌー」という言葉

―日中の古文献はそれをどう表記したか―

黄　當時

0. カヌーとは

「カヌー（canoe）」は、「軽量・小形の手漕ぎ舟の総称。丸木をくりぬいたり、骨組を作って獣皮や樹皮を張ったりして造る。競技用のものもある。カノー」と説明されている[1]。そして、英語の語源は、アラワク語（南米北東部に住む Arawakan 系インディオの言語）が、スペイン語の「canoa」となり、さらにフランス語を経由して、英語になったとされている[2]。

ところが、日本の古文献に「カヌー」が登場するのではないか、という興味深い説がある。

1. 茂在寅男氏の説

茂在寅男氏は、航海学が専門で、有史以前から人間は驚くほどの広範囲にわたって航海や漂流によって移動していた、と考えている。その研究は日本語の語彙にも及び、『記紀』の物語が成立した頃は、ある種の高速船を「カヌー」または「カノー」と呼んでいたので、その当て字として「枯野」（『古事記』）、「枯野、軽野」（『日本書紀』）が使われたのではないかと推論している。現在の「カヌー」という言葉は、コロンブスの航海以後、カリブ海の原住民から伝えられたものであり、そのアラワク語が元で、その語源をたどると北太平洋環流に関係してくる、と言う[3]。

茂在氏の説は、それ以上の知見が出てこなければ、面白い考えだ、で終わってしまうものである。私は、何もできなかったが、「枯野」、「軽野」と「狩野」の読みを、次のようにまとめてみた（母音が異なる個所はハイフンで示し、ら行音はLで表記する）。

「からの / かるの / かりの」→「KAL-NO」。

「かの / かのー / かのう」→「KANO」。

そして、この二タイプの言葉は二種類の船が存在したことを示しているのではないか、と漠然と考えていた[4]。

　ここで特筆すべきは、茂在氏の広い視野に裏打ちされた着想である。それがあってはじめて、「カヌー」という言葉が日本の古文献にあることが指摘できたのである。茂在氏が「枯野」、「軽野」、「狩野」等を大雑把に「カヌー」の一語に括ったことは、後に続く者が手直しすればよい小さな欠点でしかなかった。

2. 井上夢間氏の説

　茂在氏は、記紀の中に古代ポリネシア語が多く混じっている、と述べるが[5]、それ以上の手掛かりはなく、世に、「枯野」船について書かれたものもあるが、特に見るものがない。

　私は、今年（2003年）の一月にはじめて、自分の推測を裏付ける説があることを知った。井上夢間氏は、「枯野」等の言葉とカヌーとの関係について、基本的で重要なことがらを簡潔に次のように説明している[6]。

　　私も大筋としては同じ考えですが、茂在氏がいささか乱暴にこれらの語を一括して同一語とされているのに対し、私はこれらはそれぞれ異なった語で、ポリネシア語の中のハワイ語によって解釈が可能であると考えています。
　　カヌーは、一般的にはハワイ語で「ワア、WAA」と呼ばれます（ハワイ語よりも古い時期に原ポリネシア語から分かれて変化したとされるサモア語では「ヴア、VA'A」、ハワイ語よりも新しい時期に原ポリネシア語から分かれたが、その後変化が停止したと考えられるマオリ語では「ワカ、WAKA」）。しかし、カヌーをその種類によって区別する場合には、それぞれ呼び方が異なります。
　　ハワイ語で、一つのアウトリガーをもったカヌーを「カウカヒ、KAUKAHI」と呼び、双胴のカタマラン型のカヌーを「カウルア、KAULUA」（マオリ語では、タウルア、TAURUA）と呼びます。ハワイ語の「カヒ、KAHI」は「一つ」の意味、「ルア、LUA」は「二つ」の意味、「カウ、KAU」は「そこに在る、組み込まれている、停泊している」といった意味で、マオリ語のこれに相当する「タウ、TAU」の

語には、「キチンとしている、美しい、恋人」といった意味が含まれていることからしますと、この語には「しっかりと作られた・可愛いやつ」といった語感があるのかも知れません。

　これらのことからしますと、『古事記』等に出てくる「からの」または「からぬ」、「かるの」は、ハワイ語の
「カウ・ラ・ヌイ」
　　KAU-LA-NUI (kau = to place, to set, rest = canoe; la = sail; nui = large)、「大きな・帆をもつ・カヌー」
「カウルア・ヌイ」
　　KAULUA-NUI (kaulua = double canoe; nui = large)、「大きな・双胴のカヌー」
の意味と解することができます。

　また、「かのう」は、ハワイ語の
「カウ・ヌイ」
　　KAU-NUI (kau = to place, to set, rest = canoe; nui = large)、「大きな・カヌー」
の意味と解することができます。

　以上のように、記紀に出てくる言葉で日本語では合理的に解釈できない言葉が、ポリネシア語によって合理的に、実に正確に解釈することができるのです。

こうして、井上氏の説明で、私のかねてからの推測が裏付けられた。

ところで、井上氏の言う「カウ・ラ・ヌイ」、「カウルア・ヌイ」や「カウ・ヌイ」は、全て大型のものである。

日本には、小型のものもあったはずである。修飾語のない「KAU」もあったはずである。ただ、人間は、目立つ事物を取り上げる傾向があるので、小さな事物は記録に残りにくく、問題になりにくい。

3. 中国語の中のカヌー

中国語には、カヌーという発音を反映するような単語は、見当たらない。英漢辞典で canoe を引けば、独木舟、小划子、小游艇、皮舟が出てくるくらいである[7]。

3.1. 古文献に見るカヌー

『周易』(巻第八、繋辞下) に、「刳木爲舟, 剡木爲楫, 舟楫之利, 以濟不通」とある。木を刳りぬいて舟を作るとあるので、出来あがった舟は、今日で言うところの「カヌー」である。これは、中国の文字記録に残る最古の「カヌー」であろう。ただ、残念なことに、「舟」という字が使われているために、「カヌー」に相当する物があったことはわかっても、「カヌー」という言葉があった、とは言うことができない。

『蜀中廣記』(巻 36) に、「金沙江一名納夷、…。夷人鑿木爲槽以渡此水」とある。こちらも、木を鑿って「カヌー」を作ったものである。「槽」の字が示す通り、船の形状が特殊であったと考えられるが、「槽」は、形状を説明するだけでなく、船の名前としても使われていたことであろう。今日、苗族の船にもそのような特徴がある。

次の例は、大樹を「槽」の形に刳りぬいて「舟」としたものである。3、40 人を乗せることができる、かなり大型のカヌーである。

《鎮遠州志》説 "清江苗人于五二十五日作龍舟戲, 形制詭異, 以大樹挖槽爲舟, 兩樹并合而成。舟極長, 約四、五丈, 可載三、四十人, 皆站立劃槳, 險極。是日男女極其粉飾"。[8]

3.2. 辞書の中のカヌー

辞書を見ると、「舸」を、大船、小船あるいは一般の船、という。それ以上のことは説明がないが、読音から見て、「KAU」であろう。

舸 [gě] ①大船。《方言》第九:"南楚、江、湘, 凡船大者謂之舸。" 南朝梁陸倕《石闕銘》:"弘舸連舳, 巨檻接艫。"②小船或一般的船。《三国志・吴志・周瑜傳》:"又豫備走舸, 各繫大船後。"唐韓愈《李君墓志銘》:"余自袁州還京師, 襄陽乘舸邀我於蕭州。"[9]

『方言』を引用した注釈には、一般に大きい船は舸という、とあるが、舸についての知識が既に失われていたことを示していよう。

艔の説明は、船、とあるだけだが、これも読音から見て、「KAU」の可能性があろう。

舸［jū］船。清黄宗羲《錢忠介公傳》："當是時，以海水爲金湯，以舟楫爲宮殿，公每日繋河舸於駕舟之次，票擬章奏即於其中。"10)

「舸」の読音は、それが「KAU」であることを示唆するが、大小様々な船を指すこと、言い換えれば、大小不問という説明があるため、カヌーにはどのような大きさのものがあるのかをここで確認しておきたい。

　　2そうの丸木舟を並べてつなぎ、甲板をつけた双胴船 catamaran ship（カタマラン船）…は19世紀までポリネシアとメラネシアの一部で使用されていた。小型のものは外洋での漁労用や他島への航海用であるが、ポリネシアの全長20～30mのものは、戦艦や王の即位式のさいの御座船として使われた。この規模のカヌーになると20ｔの積載量があり、多くの人間や家畜のほか多量の食料運搬が可能で、古代ポリネシア人の民族移動に使われたと推定されている 11)。

　大型のカヌーは、20～30メートルあり、積載量が20トン、という。カヌーには、小型のものもあれば、驚くほど大型のものもあることがわかる。こう見てくると、辞書で、舸は大船である、舸は小船である、と全く矛盾する説明がなされている理由も理解できる。舸が「KAU」であることは、ほぼ確実である。
　双胴船を指す漢字には、その読音に「カヌー」や「KAU」とのつながりがあることを示すものはないが、次のようなものがある。

　　航［háng］①兩船相并而成的方舟。《淮南子・氾論訓》："古者大川名谷，衝絶道路，不通往来也，乃爲窬木方版，以爲舟航。"高誘注："舟相連爲航也。"12)
　　舫［fǎng］①并連起来的船只。《戦国策・楚策一》："舫船載卒，一舫載五十人。"鮑彪注："舫，併船也。"13)
　　䑱［háng］①方舟。《南斉書・王融傳》："行逢大䑱開，喧湫不得進。"按，《集韻・平唐》："䑱，《説文》：'方舟也。'亦作䑱。"14)

　一隻に兵士を五十名乗せるものは、かなり大型である。

私達は、カヌーを極めて小型の舟と想像しがちだが、以上のことからわかるように、歴史的にカヌーを考える時には、この考えを改める必要がある。

4. 日本語の中のカヌー

4.1.『万葉集』

寺川真知夫氏が『万葉集』の一部のフネについて、次のように簡潔にまとめているので、それに従って問題を考えてみたい。

> 『万葉集』の巻二十に伊豆手夫禰（四三三六）、伊豆手乃船（四四六〇）と二例伊豆国産の船が詠まれており、奈良時代中期には大阪湾に回航され、使用されていたことが知られる。その船は伊豆手船すなわち伊豆風の船と呼ばれているから、熊野船（巻十二、三一七二）、真熊野之船（巻六、九四四）、真熊野之小船（巻六、一〇三三）、安之我良乎夫禰（巻十四、三三六七）などと同じく、何らかの外見上の特徴を有する船であったに違いない。この四三六六の歌では「防人の堀江こぎつる伊豆手夫禰」とあるから、これを防人の輸送と解し得るなら、その特徴は大量輸送の可能な大型船ではなかったかと思われる[15]。

以下、順を追って検討して見ることにしよう。(四三三六) と (四四六〇) の歌は、次の通りである。

巻第二十（四三三六）
防人の　堀江漕ぎ出る　伊豆手船　梶取る間なく　恋は繁けむ[16]
巻第二十（四四六〇）
堀江漕ぐ　伊豆手の舟の　梶つくめ　音しば立ちぬ　水脈速みかも[17]

外来語を取り入れる場合、大きく分けて音訳と意訳の二つの方法がある。中国語では、どちらも漢字で表記することになるが、音訳してみたもののわかりにくいかもしれない、と考えられる場合、さらに類名を加えてわかりやすくすることがある。特に、音節数が少ないものは、よりわかりやすく安定したものにするために、この方法で処理することが多い。

例えば、beer や card という単語は、「啤」や「卡」という訳で、一応、事足りており、特に単語の一部であれば問題はない（例：扎啤、（ジョッキに入れた）生ビール；信用卡、クレジットカード）。ところが、「啤」や「卡」だけで一つの独立した単語となると、やはりわかりにくさは否めない。そこで、類名の「酒」や「片」を加えて、「啤酒」や「卡片」とするのである。

現在の中国語に見られるこのような手法が、古代の日本語で既に用いられている。「手」や「手乃」という訳で、一応、事足りているが、今一つわかりにくいので、「夫祢」や「舟」という類名を加えて、「手夫祢」や「手乃舟」としたのである。

歌人が見たものは、どちらも、「手乃」と呼ばれる船である。表記の違いは、（四四六〇）では、「手乃」をそのまま使うことができたが、（四三三六）では、音節数の制約を受けて、やむなく一文字省略せざるをえなかった、ということから生じている。そして、歌人は、一文字省略するに当たって、前の「手」を略して後の「乃」を残したのではなく、後の「乃」を略して前の「手」を残したのである。

もちろん、逆に、（四三三六）で「手」と詠まれた船を、（四四六〇）では二音節で表記するために、「手」に「乃」を後置して「手乃」とした、と見なしても一向に差し支えない。

いずれの見方をするにせよ、意味は取れなくとも、修飾語を後に置くという通常の和語には見られない構造であることは、見て取れる。なお、「手」を「て」と訓んでいるが、意味も知らずに訓みを一つ当てただけであって、歌人は、元々、「た」と詠んでいたはずである。この訓み誤りは、「手」や「手乃」が一体何であるのかがわからなくなってしまったことに起因している。

次は、（三一七二）、（九四四）、（一〇三三）の歌である。

巻第十二（三一七二）
浦廻漕ぐ 熊野船着き めづらしく かけて偲はぬ 月も日もなし [18]
　巻第六（九四四）
島隠り 我が漕ぎ来れば ともしかも 大和へ上る ま熊野の船 [19]
　巻第六（一〇三三）
御食つ国 志摩の海人ならし ま熊野の 小船に乗りて 沖辺漕ぐ見ゆ [20]

(一〇三三) は、「ま熊野の小船」という一語にはなっていないが、(三一七二) の「熊野船」や (九四四) の「ま熊野の船」とともに、同じタイプのものを指している、と考えられる。つまり、(一〇三三) の「小船」は、「小」という情報を明示しており、(九四四) と (三一七二) の「船」は、音節数の関係で「小」を略してはいるが、(一〇三三) の「小船」と同じもの、と理解してよい。

　最後は、(三三六七) の歌である。

　巻第十四 (三三六七)
　百つ島　足柄小舟　あるき多み　目こそ離るらめ　心は思へど[21]

　外来語を音訳で取り入れる際に、音節数が少なくわかりにくいと、「外来語＋類名」という処理がなされやすいことは、上に述べた通りであるが、これらの単語も同じ手法で書き記されている。「小」や「乎」と訳して、一応、事足りているが、今一つわかりにくいので、「船」や「夫祢 (舟)」という類名を加えて、「小船」や「乎夫祢 (小舟)」としたのである。

　「乎／小」を「を」と訓むのは、後人の訓み誤りで、歌人は、「こ」と詠んでいたはずである。熊野の「小・船」と足柄の「乎・夫祢 (小・舟)」は、ともに「こ・ふね」と訓むべきものである。

　後人は、万葉人がたまたま使った「乎／小」がたまたま「を」と読めるために、接頭語か形容詞と誤解したが、この訓み誤りは、船の名称を含め、全ての知識が失われてしまったことに原因がある[22]。

　漢字がわかる者は、字形の示唆する意味からなかなか自由になれない。この問題もそうだが、漢字が表音のために用いられていることを見抜かねばならないケースでも、字形で解け (た気分になれ) れば、思考がそこで停止してしまうのである。

　『万葉集』が成立した頃になると、この「こ・ふね」は、小型のものが多くなったために、「小」という字を当てても、違和感がなかった可能性はある。しかしながら、歌人は、「小」を表音のために用いたのであり、その字形が示す意味には特に配慮しなかったであろう。

　(三三六七) の原文のように、「乎舟」と表記されていれば、字面から舟の大きさを連想することはない。ところが、「小舟」と表記されていると、

当て字に過ぎないということがわかっているうちはよいが、そのことが忘れられた頃に、人々が、字形に引かれて、単に「サイズが小さい船」と取ってしまっても無理はない。語感の極めて鋭い一部の人が腑に落ちないと思うことがあっても、漢字の絶大な表意力の前に、「小」と書いてあるから小さいと考えるしかない、と不審の思いを喪失してしまうのである。

それでは、「手」、「手乃」と「乎／小」は、いずれもフネを意味する音訳の外来語ということになるが、一体どのような言葉に由来するのであろうか。

「手」とは、「TAU」であり、「手乃」は、「TAU-NUI」である。そして、「乎」と「小」が、「KAU」であることは紛れもない。上に引用した井上夢間氏の説明を思い出して頂きたい。

大型のカヌーと言いたければ、確かに、「手乃（TAU-NUI）」が正確な表現である。しかし、実際には、(四三三六)の「手（TAU）」が(四四六〇)の「手乃（TAU-NUI）」と同じ大型船を指すように、大きいことを明言する場合を除き、「手（TAU）」だけでカヌー一般を指したはずである。それは、今日、カヌーが大小を問わずに使えるのと同じような状況である。このことは、「乎／小（KAU）」についても同様であった、と考えられる。

言語現象として、伊豆では「手（TAU）」が使われ、熊野や足柄では「乎／小（KAU）」が使われていることは、注目に値する。それは、伊豆にはカヌーを「手（TAU）」と呼ぶ人々が、そして、熊野や足柄にはカヌーを「乎／小（KAU）」と呼ぶ人々がいたということを示しているからである。

以上の通り、中国のみならず、日本の文献にも「KAU」が残っているのである。

これで、古代の日本には、修飾語「NUI」を付す大型のもの（KAULUA-NUI、TAU-NUI）と、「NUI」を付さず、大型のものから小型のものまで幅広く使用できるもの（KAU、TAU）との両者が揃うこととなった。

日本の古典で、これまで、単なる小さい舟である、と見なされてきた「小・船」には、「KAU」である可能性を持つものがある。特に、『万葉集』の言葉が早くも平安時代には難解であったことを考えると、『万葉集』以前の文献に言う「小・船」にはその可能性があることを常に考えるべきである。中国語であれば、「舸」や「舼」と小船とでは、表記が違うが、日本語の場合、「コ」＋「舟」の小舟と「小さい舟」の小舟とは、表記が同じである。峻別

の作業は、極めて難しいが、ゼロではないことだけは、確かである。
　私は、以前、「枯野」、「軽野」、「狩野」に、それぞれ、「からの」、「かるの」、「かりの」の読みを当てながら、恣意的に、「狩野」だけに「かの（う）」の読みを当てて、「枯野」と「軽野」には何も当てなかったことがあった[23]。ここで改めて、probabilityはさておき、恣意性を排除してpossibilityを追求すれば、次のようになる。
　「枯野」、「軽野」、「狩野」の読みは、二つのタイプにまとめられる（ら行音はLで表記し、母音が異なる個所はハイフンで示す。「野」には、「の」、「ぬ」の両音を考える）。
「からの /- ぬ、かれの /- ぬ、かるの /- ぬ、かりの /- ぬ」
　　→「KAL-NO/-NU」。
「この /- ぬ、けいの /- ぬ、かの（う）/- ぬ（う）」
　　→「K-NO/-NU」。
　上のタイプが「カウ・ラ・ヌイ」、「カウルア・ヌイ」であり、下のタイプが「カウ・ヌイ」である。そして、「カウ・ラ・ヌイ」と「カウルア・ヌイ」の総称が「カウ・ヌイ」である、という関係にある。
　『記紀』は、「カウ・ラ・ヌイ / カウルア・ヌイ」を「枯野 / 軽野」で書き記しているが、世の中では、もはやそのような呼び方が使われることはなく、せいぜい、総称の「カウ・ヌイ」が使われていたのではないだろうか。そして、実情に合わせて、「枯野」を「この / こぬ」と読みかえたり、そのような読みを反映する表記が新たにできたことであろう[24]。

4.2.　『記紀』の例

　海幸彦・山幸彦の話の中に、山幸彦が釣針をなくして海岸で泣いていた時に、シホツチの神が来て、ある船を造り、ワタツミの宮に行かせる場面がある。
　この船は、『古事記』（上巻）では、「无間勝間之小船」[25]、「無間勝間之小船」[26]であるが、『日本書紀』では、「無目籠」（神代下、第十段、正文）[27]、「無目堅間」（神代下、第十段、一書第一）[28]である。考察の便宜上、これらをとりあえず「無目籠之小船」という形にまとめても差し支えなかろう。
　「無目籠之小船」は、人々を長く悩ましてやまぬ問題である。この言葉は、一般に、次のように説明されている。

竹で固く編んだ、すきまのない小舟[29]。
隙間のない竹の籠(かご)[30]。
隙間なく竹を編んだ小さな籠(かご)の船[31]。
密に編んだ隙間のない籠(かご)[32]。

籠は、籠である。竹籠にどう手を加えたところで、大海へ乗り出すには貧弱すぎる。とりわけ、大事な任務を持って遠くへ出かける時に乗るようなものではなかろう。

茂在氏は、次のように述べる[33]。

　カタマランを、元の響きを残して日本語に訳せといったら、「カタマ小舟」と訳すのは無理な話であろうか。私は「堅間小舟」は文字に意味があるのではなくて、発音に対する当て字が使われたのだと解釈する。…もっともカタマランとはタミール語である。カタとは「結ぶ」マランとは「木」で、筏のことも双胴船のこともカタマランと呼んでいたのには数千年の歴史がある。

茂在氏が、「籠(かたま)」をカタマランの音訳であると看破したことは、画期的であった。ただ、「無目」を、水密な、と解釈しているのは、従来の解釈と五十歩百歩である。水密でない船は、水上の乗り物としては不適当である。『記紀』は、どの船にも求められている必須条件にわざわざ言及しているわけではない。この「無目」は、文字通り、「目がない」という意味なのである。

中国語では、龍の装飾があるものを、龍と言うことがある[34]。龍舟節／龍船節で使用する船には龍の装飾が施され、今日、一般には、龍舟／龍船と言うが、単に龍と言っても差し支えない。例えば、唐の薛逢の詩「観競渡」に、「鼓聲三下紅旗開，兩龍躍出浮水來」とあるが、この龍は、龍舟のことである[35]。

苗族の文化では、船は龍に同じ、と考えられている。

このような、船を龍と同一視する考え方は、例えば、舟山（杭州湾）地区にも見られる。船の舳先は、船頭と言い、龍舟／龍船の場合には龍頭という言い方があるが、普通の船でも龍頭と言うことがある。舟山（杭州湾）

地区では、長期にわたり、丸木舟形式の漁船の舳先（船頭、龍頭）の両側には船眼（船の眼、マタノタタラ）の装飾がなく、漁民はそれを「無眼龍頭」と呼んでいた[36]。狭い解釈をすれば、船眼の装飾がない舳先、であるが、広く解釈するなら、舳先に船眼の装飾がない船、と取ってもよかろう。

舟山（杭州湾）地区の漁民は、漢族の文化を受け入れ、表面上は漢族に分類されるようになっても、なお、船を龍と見なす祖先の文化をその記憶に留めてきたのである。

舟山（杭州湾）地区の漁民が使う「無眼龍頭」。これが、「無目籠」が船眼の装飾がない船であることを教えてくれている。

『記紀』の物語が成立した頃の日本にも、船を龍と見なす人々がいたのではないか。少なくとも、『記紀』の作者は、船眼の装飾がない船を「無目龍」と呼ぶ文化があることを知っていた、と考えられる。

『記紀』の作者は、なぜ、無目龍を無目籠と表記したのであろうか。

龍は、動物であり、しかも想像上のものである。「無目龍」という表記をそのまま採用すると、人間が龍を作ることになり（作無目龍）、不適当と考えられたのであろう。龍を一部に残すにしても、舟偏に龍の字があり、それを使えば、舟であることとも合致する。しかるに、「艟」を使わずに、「籠」の字を使ったのは、なぜであろうか。

一本の丸太を刳りぬいて造られるカヌーは、現在、アフリカ、インド、東南アジア、ニューギニア、南アメリカなどで、主に河川交通や漁労に大きな位置を占めているが、船を安定させるために、舷側に竹をつけたりする[37]。また、沖縄の「サバニ船（細身の漁船）」は、しけの来ることが予想されると、孟宗竹を船の両舷に棚状に何本もしばり付けて出航する[38]。

こう見てくると、「籠」の字には、船材に竹を使っているという意味が込められている、と考えられる[39]。『記紀』の作者が竹冠の字を選んだ意図は、ここにあるのではないか。

「無目籠之小船」は、新しい事物である「無目籠」に、よく知られている「小船」を後置して意味説明を補足する形式を取っている。

茂在氏は、上に引用した通り、カタマランは「カタマ小舟」と訳せる、と言う。全体像の捕捉という点で問題はないが、正確ではない。この着想で訳すなら、カタマランは、「カタマ船（勝間船／堅間船／籠船）」となるからである。

先に、外来語を取り入れる場合、大きく分けて音訳と意訳の二つの方法があり、音訳では、さらに類名を加えてわかりやすくすることがある、と述べた。そして、beer や card は「啤酒」や「卡片」である、と例示した。泡があるとか、小さいとかいう要素を類名に持たせることはないので、いくら泡があったり、小さかったりしても、「啤酒」や「卡片」が、「啤泡酒」や「卡小片」となることはない。「之」を介していることからもわかるように、「無目籠之小船」の「小船」は、類名ではないのである。
　シホツチの神は、第三者がその小ささに言及せねばならないほど、明らかに形状が小さい船をわざわざ作って山幸彦に提供したわけではない。この「小船」が、決して、小さい船という単純な意味で使われているのではないことは、もうおわかりであろう。「小船」は、ここでは、「コと呼ばれる船」のことであり、既に検討した通りである。

　さて、「無目籠之小船」は、考察の便宜のために創作した仮の言葉である。以上のように、おおよそのことがわかったので、ここで、この一語にまとめる前の、個々の表記の出入りも検討しておきたい。
　『古事記』には「之小船」が付され、『日本書紀』にはそれがない。この表記の差は、『記紀』の作者の、この船に対する理解度の差を反映している。「无間勝間／無間勝間」の意味を知っている者には、「之小船」という情報は、必要がない。簡単に言えば、カタマランが何であるのかを知っているのかどうか、ということである。
　外来語は、元の表記をそのまま採用しない限り、新たな表記をする際に揺れが生じやすい。日本語を例に取ると、通信手段の発達した今日でさえ、全国的にレポートやリポートの揺れがある。関西でヘレと言う肉は、関東ではヒレと言うことが多いと聞く。また、一部のレストランでは、フィレとも言っている。
　『記紀』における「勝間」と「堅間」の揺れは、元の表記をそのまま採用しなかった（あるいはできなかった）ために生じている。『記紀』がそうしなかった（あるいはできなかった）のは、その単語が漢字以外の文字で表記されていたか、文字表記そのものがなかったか、のどちらかである。先に、「小船」が何であるのかを見たが、「乎」と「小」の揺れも、同じ理由によるものである。

「無目」には、「无間／無間」と「無目」のバリエーションがあるが、いずれも、動賓（VO）構造である。この構造は、この表現が、音声を表記したものではなく、意味を表記していることを示している。言い換えれば、「マナシ」という音声ではなく、「マなし」という意味を表記しているのである。

残るは、「間」と「目」の揺れであるが、表記に違いはあるものの、伝達しようとする情報には違いがない。「間」と「目」は、ともに「目／眼」のことである。『古事記』の作者が同一情報（マという音声）を同一文字（間）で書き記した手法ほど単純明快なものはないが、後人は、同一文字（間）が同一情報（マという音声）を伝えていることを見て取ることもできなかった。

答は、既に書いたので、お気付きかも知れない。それを指摘する前に、贅言ではあるが、極めて重要なので、「小船」の解釈で述べたことを再述しておきたい。

漢字がわかる者は、字形の示唆する意味からなかなか自由になれない。この問題もそうだが、漢字が表音のために用いられていることを見抜かねばならないケースでも、字形で解け（た気分になれ）れば、思考がそこで停止してしまうのである。

先に、船には船眼（船の眼、マタノタタラ）の装飾を施さないものがある、と述べた。『古事記』は、「マタノタタラ」という情報を「間」と書き記し、『日本書紀』は、「船の眼」という情報を「目」と書き記したのである[40]。

以上を踏まえて解釈すれば、「無目籠之小船（カタマ　コ）」の意味は、次のようになろう。

「舳先に船眼（マタノタタラ）の装飾のないカタマランという船で、ある文化圏では無目龍と呼ばれ、船材に竹を使っているが、和語では、早期の外来語のコと組み合わせて、通常、コ・フネと呼んでいるものと同類の船」である[41]。

こうして、「無目籠之小船（カタマ　コ）」というやや長めの単語の意味がようやくわかったが、よくぞ、これだけの情報を織り込んだものである。『記紀』の作者の淵博な知識の結晶であるが、後の人々には、それと同じ程度の広い知

識がないために、書かれたことを理解することすら難しい。このような単語を相手に日本語一視点で立ち向かう方が、気の毒である。

日本語の中に「コ」が早くに根付き、「船眼のないカタマラン」が後から来たことがわかったが、この一語が示す全体像には圧倒される。四方のことを、東西南北とも言うが、この一語には、東のポリネシア文化に加えて、南方のタミール語圏の文化[42]と西の中国江南の文化までもが織り込まれている。倭国の人々が途方もなく広い地域の人々と交流があったことには、改めて驚かざるをえない。

現在、日本でよく聞く言葉に国際化というものがあるが、この「無目籠之小船」という単語を見ていると、古代の日本人は国の際など考えたこともないのではないか、と思えてくる。

なお、この例では、「籠」と書いて「かたま」と読ませたが、同じように、「羅摩」と書いて「かがみ」と読ませる船がある。「天の羅摩の船」である。これについては、茂在氏が言及しているので[43]、関心のある方は、それをご覧頂きたい。

5. 再び中国の文献へ

『万葉集』では、「手」と「乎／小」が揃っているため、見落とす可能性が低いが、一般に、「TAU」のことは忘れがちである。中国の文献に当たる際も、同じことである。先に、中国には「KAU」があると述べたが、実は、そこで「TAU」を見落としている。中国にも「TAU」があるのではないか。もう一度、中国の文献にあたり、「TAU」があるのかどうかを見る必要がある。

5.1.「舠」
辞書には、次のような親字があり、字義と用例を載せる。

舠 [dāo] ①小船。南朝梁刘勰《文心雕龍・夸飾》："是以言峻則嵩高極天，論狹則河不容舠。"唐李白《鳴皋歌送岑徵君》："洪河淩競不可以徑度，冰龍鱗兮難容舠。"宋陸游《思歸引》："錦城小憩不淹遲，即是輕舠下峽時。"清魏源《聖武記》卷八："朝廷議堅壁清野之計，下令遷

沿海三十里于界内，不許商舟漁舟一舠下海。"44)

舠 [diāo] 吳船。《广韵・平蕭》："舠，吳船。"清姚鼐《哭陳東浦方伯》詩："江月今弦魄，吳騶挙過舠。"45)

鯛 [diāo] 同"舠"。《初学記》卷二五引北魏張揖《埤蒼》："鯛，吳舩也，音彫。"46)

艓 [dié] 一種小船。《宋書・沈攸之傳》："輕艓一萬，截其津要。"《隋書・来護兒傳》："素令護兒率領數百輕艓徑登江岸，直掩其營，破之。"宋王安石《游土山示蔡天启秘校》詩："誰謂秦淮廣，正可藏一艓。"47)

舙 [tà] 大船。南朝梁元帝《吳趨行》："蓮花逐牀返，何時乘舙帰！"《陳書・樊毅傳》："猛手擒紀父子三人，斬於舙中，盡收其船艦器械。"《隋書・食貨志》："又造龍舟鳳舙，黄龍赤艦，楼船篾舫。"48)

艚 [tà] ①兩船相并。唐慧琳《一切経音義》卷九九："艚……《考聲》：兩船併也。"②大船。《資治通鑑・隋煬帝大業元年》："又有漾彩、朱鳥、蒼螭、白虎、玄武、飛羽、青鳬、陵波、五楼、道場、玄壇、板艚、黄篾等數千艘。"胡三省注："大船曰艚。"清毛奇齢《主客辞一・擬爲司賓答問辞》："爾乃九旗南指，方江厲淮，板艚、黄篾非龍艘材。"49)

大きい、小さい、呉の船である、などとしか注釈されていないが、恐らく「TAU」のことを指している。艚には、例の如く、「二船をつないだもの」「大船」という簡単な説明しかないものの、大型のカタマランであることが見て取れる。胡三省は、"大船曰艚。"と注するが、では小船は何と言うのか、と聞きたくなるような注である。要するに、艚は大きい、としかわからないのである。

今日では、舠、舩、鯛、艓、舙、艚と言ったところで、何のことか、わからない。舟偏があるから船だろう、と推測できるだけである。辞書でさえも、船の大小を言う程度で、それ以上のことは教えてくれない。それは、日本語でも、同じことである。「手」単独はもちろんのこと、「手船」と言ったところで、中国語同様、船の字が後についているから何かの船だろうとしかわからない。

先に、日本にも「TAU」と「KAU」の両者があることを見たが、中国も同じ状況であることがわかった。日本語の「手」一字に対して、中国語では「舠」以下六字であり、多い、という印象を持つ。中国語の中で比べる

なら、「KAU」系が二字で、「TAU」系が六字である。中国には、カヌーのことを、「KAU」という人達よりも、「TAU」という人達の方がずっと多かった可能性を示していよう。

5.2. 「舠䑦」
辞書に、次のような単語がある。

【舠䑦】 亦作"䑦䑦"、"䑦艛"。古代吳地的一種大船。《三国志・吳志・呂蒙傳》："蒙至尋陽，盡伏其精兵䑦䑦中。"《太平御覽》卷七七一引作"舠䑦"。晋楊泉《物理論》："夫工匠經涉河海，爲舠䑦以浮大川。"元王逢《无題》詩之三："白衣䑦䑦渡吳兵，赤羽旌旗奪趙營。"明楊慎《祭玉壘王舜卿文》："聯䑦艛於潞水，竭唪嚌而相印。"50)

舠の字には、この二字熟語しかない。そして、下に来る字が、䑦であれば、gōulù と読み、艛であれば、gōulóu と読む。辞書には、例によって、この船が古代の呉の大型船であること以外に、くわしい説明はないが、用例を見ると、様々な場面で使われたようである。「KAULUA」であることは見て取れよう。また、舠単独で「KAU」として使われていた可能性もあるのではないか。

明代の用例も、一つ挙げておく。

《明史・賀逢聖傳》："逢聖載家人以其舠䑦，出墩子，鑿其舭艦，皆溺。"51)

こうして、中国に、「TAU」と「KAULUA」があったことがわかった。
日本では、枯野は既に死語であり、広辞苑等の国語辞典にも出て来ない。中国でも、事情は同じである。舠䑦 (gōulù) や 䑦艛 (gōulóu) は、死語である。大型の辞書が、南方の大型船、と教えてくれる程度なのである。
中国に「KAULUA」があるなら、日本にもあるはずである。むしろ、ない方が不思議なくらいだ。日本では、船そのものではないが、地名にはっきりと「KAULUA」の痕跡が残されている。
例えば、賀露（かろ）港（現鳥取港）は、古くから栄えた港であり、「か

ろ」または「かる」と呼ばれていたが、多数の「KAULUA」が利用した港であろう。名称の揺れも、漢字表記ではない（あるいは文字表記のない）外来語であることを示唆している。

　この例のように、「枯野」や「軽野」の転訛と説明したくなるような地名であっても、これまであまり手が出せなかったものがある。こうして、「KAULUA」が見つかったことで、「野」がないことに遠慮して、わざわざ無理のある解釈を試みる必要は、もはやない。

　今日の日本語では、カウルアよりもカタマランの方がずっと通じやすい。しかし、両者が残した痕跡を比べると、日本にはカウルアしかなかったような印象を受ける。先に、「無目籠之小船」の構造が、その頃の日本語における「カウ」の定着度、言い換えれば、日本におけるポリネシア文化の浸透度の高さを示していることを見たが、その状況は、その後の日本においても変わることはなかったようである。

6. おわりに

　日本語とハワイ語、さらに中国語の視点を持って、試行錯誤しながら、カヌーという言葉が古代の日本や中国の文献にどのように登場するのかを見てきた。

　日本語の「枯野/軽野」が「KAU-LA-NUI/KAULUA-NUI」を表記したものであり、「狩野」が「KAU-NUI」を表記したものであることは、既に発表されていることである。この研究で、さらに「KAU/TAU」と「TAU-NUI」、そして「KAULUA」を表記したものが発見されたことで、古代の日本には様々なカヌーが揃っていたことがわかった。

　これまで、文字表記に引かれて、単に小さい船と見なしてきた船の一部は、「コ」と呼ばれた「KAU」であったろう。そして、これまで、「枯野」との関係を漠然と感じつつも、はっきりしたことが言えずに、別の解釈をしてきた地名にも、「KAULUA」で解けるものがあろう。

　中国語では、舸、艒が「KAU」を表記し、舠や艚、艚等が「TAU」を表記したものであろう。また、舠艉や艥艛は「KAULUA」を表記したものであろう。

　これほどの広範囲にわたって共通の語彙が観察されることは、注目に値する。私達は、古代人の海上移動の技術や能力が私達の想像をはるかに超

えるものであったことを常に頭の片隅に入れておかねばなるまい。日中の古典を読み解くのに船舶や航海の知識が役に立つという認識は、やがて常識となるのではないか。

注
1) 新村出編 1998.p.538。
2) 小学館ランダムハウス英和大辞典第二版編集委員会編 1973.p.407。
3) 茂在寅男 1984。
4) 黃當時 2003。
5) 茂在寅男 1984.p.32。
   「枯野」等の解釈に外来語という観点を試みたのは、茂在氏が初めてであろう。
6) http://leiland.com/outrigger/column.shtml?kodai.html。
   井上氏は、ここでは慎重に、kau = to place, to set, rest = canoe と説明しているが、自身のＨＰ（http://www.iris.dti.ne.jp/~muken/）では、kau = canoe としている。Mary Kawena Pukui & Samuel H. Elbert 1986.p.135、p.137 には、「kaukahi. Canoe with a single outrigger float」、「kaulua. Double canoe」の例があるので、kau を canoe と理解するのに問題はない。修飾語がなくとも、「KAU」だけで使われていたであろう。
7) 呉健主編 2001.p.74。
   小論では立ち入らないが、独木舟については、茂在寅男 1984. p.4-p.6 参照。
8) http://travel.gz163.cn/detail/2002-04-22/detail9.htm。
9) 羅竹風主編 1992.p.6。
10) 羅竹風主編 1992.p.10。
11) 『世界大百科事典』5、1988.p.515、解説：須藤健一。
12) 羅竹風主編 1992.p.5。
13) 羅竹風主編 1992.p.6。
14) 羅竹風主編 1992.p.9。
15) 寺川真知夫 1980.p.141-p.142。
16) 小島憲之他校注 1996.p.390 は、次のような頭注を付している。
    伊豆手船―伊豆地方で建造された船をいうか。四四六〇の「伊豆手の舟」との異同は不明。『令集解』（営繕令・古記）に船艇の代表に『播磨国風土記』逸文に見える伝説的丸木舟の名「速鳥」と並べて「難波伊豆之類」とも見える。
    寺川真知夫 1980.p.142 は、引用の通り、大型船か、と推測する。
    なお、ルビは、読み方を示すために振るものである。「手」の字に「て」のルビを振ることは、この本を手にする者には不必要であり、他の個所同様、略しても良かったのではないか。わざわざそう振るからには、そのように読ませよ

うという意図があるだろうが、「手向ける」や「手折る」の「た」に読む可能性は検討されたのであろうか。
原文：佐吉母利能　保理江己芸豆流　伊豆手夫祢　加治登流間奈久　恋波思気家牟。右、九日大伴宿祢家持作之。(小島憲之他校注 1996.p.390)

17) 伊豆手の舟→四三三六 (伊豆手船)。歌の趣から推して、伊豆手船よりも小型かと思われる。(小島憲之他校注 1996.p.437 頭注)
原文：保利江己具　伊豆手乃舟乃　可治都久米　於等之婆多知奴　美乎波也美可母。(小島憲之他校注 1996.p.437)
窮余の策であろうが、歌の趣では、正確に解けない。表記に限って言えば、「手乃」は「手」よりも大きい(後述)。「手」の字に「て」のルビを振ることについては、注16) 参照。

18) 小島憲之他校注 1995b.p.369 は、次のような頭注を付している。
浦廻漕ぐ―津々浦々を漕ぎ巡る、の意で、熊野船の特性を述べた修飾語。
熊野船着き―熊野船は熊野地方産の原木で製した船。その構造や機能に特色があった上に、その沿岸住民も航海技術に長じていたことで、当時、既に有名であったのであろう。巻第六の山部赤人の歌 (九四四) にも「大和へ上るま熊野の船」が詠まれている。
原文：浦廻榜　熊野舟附　目頬志久　懸不思　月毛日毛無。(同上)
青木生子他校注 1980.p.390 は、次のような頭注を付している。
熊野舟つき　「熊野舟」は良材を産する紀伊の熊野地方の舟で、特異な形状であったらしい。「つき」は形状の意で、目つき・顔つきの「つき」と同じものか。上二句は序。「めづらしく」を起す。

19) 小島憲之他校注 1995a. p.121- p.122 は、次のような頭注を付している。
島隠り―この島隠ルは風待ちなどのために島陰に停泊すること。
ま熊野の船―マは接頭語。熊野は、熊野船 (三一七二) としてその構造・機能に特色がある船を産し、沿岸住民も航海技術が卓越していたことで、当時既に有名であった。
原文：嶋隠　吾榜来者　乏毳　倭辺去　真熊野之船。(同上 p.121)

20) ま熊野の小船→九四四 (ま熊野の船)。
原文：御食国　志麻乃海部有之　真熊野之　小船尓乗而　奥部榜所見。
(以上、小島憲之他校注 1995a.p.162)
なお、「小」の字に「を」のルビをわざわざ振るからには、そのように読ませようという意図があるものと思うが、「小石」や「小島」のように「こ」に読む可能性は、検討されたのであろうか。

21) 足柄小舟―足柄山で造った舟。「足柄山に船木伐り」(三九一) ともあった。逸文『相模国風土記』に、足柄山の杉材で造った舟は足が軽い、とある。
原文：母毛豆思麻　安之我良乎夫祢　安流吉於保美　目許曾可流良米　己許呂

波毛倍杼。(以上、小島憲之他校注 1995b.p.464)
「小」の字に「を」のルビを振ることについては、注20) 参照。

22)「小船」が正しく理解されていないことを知るには、「小船」とはどのような船なのか、つまり、その具体的な大きさや乗員数等を考えるとよい。注17) で、歌の趣では正確に解けない、とは書いたが、歌や文章の趣がわかる人には、字面は「小船」だが実際には「小」さくなかろう、と感じられることがあるのではないか。
同じ訓み誤りでも「手(て)」は、意味が取れないので、要検討という意識が残りやすく、訂正のチャンスが大きいのに対して、「乎/小(を)」は、誤解ではあるが、意味が取れたと思ってしまうため、再検討されるチャンスはほとんどない。

23) 黃當時 2003。

24) 日本の地名にもその痕跡がある。一例として、巨濃郡(このぐん、鳥取県)が挙げられる。「KAU-NUI」との深いつながりで名付けられたものであろう。「TAU-NUI」も見落とせない。田浦(たのうら、長崎県福江市)がそうであろう。

25) マナシは「目無し」、カツマは竹籠で、カタマ・カタミともいう。固く編んですきまのない竹籠の意。神代紀には「無目籠(まなしかたま)」とある。西村真次は「无間勝間の小船」をベトナムの籃船と比較して、竹製の目を椰子油と牛の糞をこねた塗料でふさいだ船であるとし、また松本信広は竹製の目を漆で填隙した船と解している。(荻原浅男他校注 1973.p.138)

26)「無間勝間」は、編んだ竹と竹との間が堅く締まって、隙間がない籠をいう。それを船として用いたのであり、船の形に作ったのではない。これを、潮路に乗せるのであり、漕いで行くわけではない。『書紀』にはこれを海に沈めるとあり、『記』とは異なっている点、注意される。(山口佳紀他校注 1997.p.126) 西宮一民1979.p.98には、原文や現代語訳はないが、以下のような注釈がある。「間なし」は隙間がない。「勝間」は「堅箕(かたみ)」で固く編んだ竹籠。隼人は竹細工を得意とした。竹は呪力ある植物で、この容器に籠っている間に異郷で新生するという龍宮女房譚と同型の説話である。

27) 隙間のない籠。「籠」はコとも訓むが、古訓のカタマによる。これは一書第一(一六三ページ)の「無目堅間(まなしかたま)を以ちて浮木(うけ)に為(つく)り」について、「所謂堅間は、是今の竹籠(たけのこ)なり」とみえ、カタマは竹籠(たけのこ)の意である。また「笒箐、加太美(かたみ)、小籠也」(和名抄)は、魚を入れるびくのような。記に「無間(まな)勝間(かつま)の小船」とあり、カツマの語形もある(小島憲之他校注 1994.p.156頭注)。

28)「以無目堅間為浮木」(小島憲之他校注 1994.p.162)。
カタマは竹製の籠。カタマは「堅編(かたあ)ま」の意かという。カツマ・カタミとも。(小島憲之他校注 1994.p.163)

29) 荻原浅男他校注 1973.p.138 の現代語訳。
30) 山口佳紀他校注 1997.p.127 の現代語訳。
31) 三浦佑之 2002.p.109 の現代語訳。以下の脚注も見える。
  原文には「无間勝間の小船」とあり、カツマ(カタマとも)は竹籠の意だが、ここは、目のない(マナシ＝目無し)竹籠であり、海中に潜ることのできる潜水艦のような船をイメージしているのだろう。海底にあるワタツミの宮に行くための船である。昔話「浦島太郎」のように亀の背に乗って海底の龍宮城へ行ったら溺れてしまうはずだ。
32) 小島憲之他校注 1994.p.157 と p.163 の現代語訳。p.163 には、「無目籠」を指して、「目のつまった籠」という注釈も見える(頭注 12)。
33) 茂在寅男 1984.p.3-p.4。
34) 飾以龍形的。如：龍勺；龍旗。亦借指飾以龍形之物。(羅竹風主編 1993.p.1459)
35) 羅竹風主編 1993.p.1459。
36) 長江口外東海杭州湾一帯, 是中華古国最早出現海上漁船的海域之一。現今概念上的嵊泗漁場, 正是処于這片江海交匯豊饒大海域的最佳区位上。…据考古, 上古時期的呉越風俗由海洋伝播至嵊泗列島。由此推断, 最早出現在杭州湾外長江入海口之嵊泗海域上的, 当是独木漁舟。且無論是従長江口, 還是銭塘江口, 至嵊泗諸島之間, 沿途皆有島嶼山嶴和天然港湾可供先民漁船"站潮"避風或補給, 作逓進式航行直至到達豊饒的嵊泗漁島。在相当長一个時期内, 這種独木舟式的漁船之船頭両側没有船眼装飾, 因此漁民唤之為"无眼龍頭"。
 (http://www.ds.zj.cninfo.net/haiyangwenhua/muyuren/gongjuyanbian/003.htm)
 なお、"站潮"は、注 19) 参照。
37) 『世界大百科事典』5、1988.p.514、解説：須藤健一。
38) 茂在寅男 1984.p.53。
39) 『日本書紀』(神代下、第十段、一書第一)には、竹を取って大目麁籠を作った、とある(小島憲之他校注 1994.p.163)。
40) 「目」は、音義融合とも取れる。現代中国語の例：引得 (yǐndé)、インデックス。
41) 無目籠之小船に、竹がどの程度用いられたかは、わからない。台湾の竹筏(てっぱい)は、今日見ることができるものであり、竹製のカタマラン(原義)で、船眼がなく、外洋航海にも耐える。アティリオ・クカーリ、エンツォ・アンジェルッチ『船の歴史事典』p.13 (原書房、1985)参照。
42) カタマランという言葉は、古代から使用範囲が広いが、小論では、茂在氏の説くところに従う。
43) 茂在寅男 1984.p.10-p.13。
44) 羅竹風主編 1992.p.2。
45) 羅竹風主編 1992.p.9。
46) 羅竹風主編 1992.p.10。

47）羅竹風主編 1992.p.10。
48）羅竹風主編 1992.p.10。
49）羅竹風主編 1992.p.11。
50）羅竹風主編 1992.p.8。
51）羅竹風主編 1992.p.7。

[参考文献]
〈日文〉
青木生子他校注 1980．『萬葉集・三（新潮日本古典集成）』新潮社
荻原浅男他校注 1973．『古事記　上代歌謡（日本古典文学全集1）』小学館
黄當時 2003．「「枯野」「軽野」や「狩野」という名の船」『東方』267号　東方書店
小島憲之他校注 1994．『新編 日本古典文学全集 2　日本書紀①』小学館
────── 1995a．『新編 日本古典文学全集 7　萬葉集②』小学館
────── 1995b．『新編 日本古典文学全集 8　萬葉集③』小学館
────── 1996．『新編 日本古典文学全集 9　萬葉集④』小学館
小学館ランダムハウス英和大辞典第二版編集委員会編 1973．『小学館ランダムハウス英和大辞典』小学館
新村出編 1998．『広辞苑』（第五版）岩波書店
『世界大百科事典』5　1988．平凡社
寺川真知夫 1980．「『仁徳記』の枯野伝承の形成」土橋寛先生古稀記念論文集刊行会編『日本古代論集』笠間書院
西宮一民 1979．『古事記（新潮日本古典集成）』新潮社
三浦佑之 2002．『口語訳　古事記［完全版］』文藝春秋
茂在寅男 1984．『歴史を運んだ船──神話・伝説の実証』東海大学出版会
山口佳紀他校注 1997．『新編 日本古典文学全集 1　古事記』小学館
〈その他〉
羅竹風主編 1992．『漢語大詞典』（第九巻）漢語大詞典出版社
────── 1993．『漢語大詞典』（第十二巻）漢語大詞典出版社
Mary Kawena Pukui & Samuel H. Elbert 1986．Hawaiian Dictionary, University of Hawaii Press
呉健主編 2001．『英漢漢英辞典』上海交通大学出版社

『普通話異讀詞審音表』の審音背景

―北京語の異読の実勢―

黄　名時

0. はじめに

　改革開放が加速する頃の1987年に筆者は北京の書店で『普通話異讀詞審音表』を手にし、その改訂内容に驚くとともに、なるほどと頷きつつも違和感を覚えた。驚いたのはこれまで正音であったものが旧読となって'誤読'になるものがあり、頷いたのは改訂が北京の口語音を重視したものであったからである。また違和感を覚えたのは、北京の実勢音から離れた修訂が見られるためであった。「審音表」の審訂結果に疑問が残ることから、筆者は審音の基準や異読の実態がどういうものであるのか、それを全般的系統的に辿りたいと考え、100人近くの北京人を対象に一定資料に基づく異読音の聞き取り調査を行った。その結果、単語別の異読の状況と問題点を認識できたが、審音事情の釈然としない異読語も多々あり、審音の背景が明白でないことを強く感じた。そのような折、'普通話審音委員会'の副主任を務めた徐世榮氏[1])から肉筆の「普通話異讀詞三次審音總表初稿 修訂稿（第一次草稿）」（以下、「手稿」という）を提供された。1997年にはこの「手稿」を大幅に加筆して増補した『普通話異讀詞審音表釋例』（以下『釋例』という）が刊行されたが、これによって審音の事情や背景の多くを知ることができる。本稿では筆者の異読調査の結果と、「審音表」および徐氏の「手稿」『釋例』などを参照しつつ、異読の審音背景とその問題の所在を考察する。

1. 異読の発生

　凡そ30年前から筆者は共通語の発音の'揺れ'、即ち標準音と北京口語音との間の'ずれ'に関心を抱いてきたが、この発音の異同が異読もしくは異読の発生源の一つになる。共通語には異読現象が多々見られる。ここ

でいう異読とは、ある一語において意味が同じで習慣上複数の異なる読み方が存在するケースであり、それは語中の一文字（語素）に異なる読み方が存在している状況をいう。異読は古来より併存しているものもあれば後に地方音から分化したものもあり、いずれが正音であるのか規定しがたい。それは既に勢力を形成した異なる読み方であって、極少数の明白な誤読や地方音はこれに含まれない。異読が生まれた要因は多岐にわたるが、凡そ十種にまとめられる[2]。

①習慣的誤読：多くの人の誤読が習慣となり、それが社会的に是認されたもの。'塑料'の'塑'の sù を suò と誤読。これはその声符'朔'を shuò と読むことから誤ったもの。'機械'の'械'の xiè を jiè と誤読。これは'戒'を jiè と読むため。

②近代における変化：音韻変化の通則には合致しないが、定着し一般化したもの。'廣播'の'播'は bō と読むべきだが、旧読では bò と読まれた。

③文白の異読：'賜教'の'賜'の cì（白話音）と sì（文言音）、'血'の xiě（白話音）と xuè（文言音）等、二者に使い分けられる。

④地方音の影響：声母、韻母または声調が地方音によってやや異なるもの。'疏忽'の'疏'は、shū とも sū とも読まれる。'橙黄'の'橙'は chéng と読むが、'橙子'の'橙'は chén と読まれることがある。'複雑'の'複'は fù と fǔ と二つの読み方がある。

⑤北京の特殊音：'蝴蝶'（húdié）は、hùtiěr とも、hùdiěr とも読まれる。

⑥多義多音：一般に意味の異同が判断できないために誤読するもの。'畜'の場合、名詞用法の'家畜'の'畜'（chù）と、動詞用法の'畜牧'の'畜'（xù）が区別できず、混同して読む。

⑦古義の別音：'横財'の'横'は hèng と読み、「意外な、尋常でない」の意に用いられる。'横'でよく用いられる音は'縦横'の'横'（héng）である。

⑧語構成の異読：異なる語のなかで読み方が変わるもの。語の性質も同じで読み方だけが異なる。'杉'では'杉木、杉篙'の'杉'（shā）の読み方と、'杉樹、紅杉'の'杉'（shān）の読み方の二通りがある。

⑨特定の読み方：'迫撃炮'の'迫'（pǎi）など。

⑩又音の異読：意味の違いもなく、文白の別もなく、長年にわたって二

音が併存してきたもの。'誰'のshuíとshéiの如く、二音が併存している。

2. 異読と規範

2.1. 国音の審議

清朝末にはすでに国語統一についての問題提起があったが、民国時代に入り'国音'の普及には漢字の読み方から着手することが取り決められた。1913年開催の各省代表が出席した'読音統一会'では、代表者80人余によって投票方式で6500余の文字について国定の読み方、即ち'国音'が表決された。いわゆる'老国音'である。1921年刊行の『國音字典』はこの'国音'に基づいて編纂されているが、これは特定の具体的語音系統を標準としたものではなく、'非南非北'の人工的規定であった。このため、北京語音を標準音とすべきことが提唱され、1923年に'國音字典増修委員会'が設立されて北京音系が採用された。いわゆる'新国音'である。1932年に教育部から'新国音'を標準音に採用した『國音常用字彙』が出版され、また1937年には'標準国音'を編纂の趣旨の一つに掲げた『國語辞典』が刊行されている。

新中国建国後は、1956年に北京語音を掲載した『同音字典』が刊行された。その前年の1955年には新たに共通語常用語の語音を審議裁定する目的で'普通話審音委員会'が設立され、「普通話常用詞正音詞彙」の編纂を行うことが決定されている。この審音委員会は10数名の言語・文字方面の専門家からなり、1957－1962年の間に3度に分けて『普通話異讀詞審音表初稿』（正編・續編・第三編）を発表した。1963年にこれらを集成した『普通話異讀詞三次審音總表初稿』（以下『初稿』という）が単行本で刊行されている。『初稿』は共通語の字音規範化の最初の成果であり、約1000字、2000語を審訂して規範的読み方を定めた'異読規定集'である。

その後30年近くの試行の中で、『初稿』の遺漏と不備が次々に発見されたため、1982年より新たに『初稿』をベースに、増補・削除、変更、補充などの改訂審議が行われた。この第二次委員会では多数の委員の交替があったが、三年間の審議・検討を経て「修訂稿」が編纂作業の結果として出され、1985年12月に『普通話異讀詞審音表』（以下『修訂』という）の名称で正式に公布された。これ以後、共通語の異読語の読み方は『修訂』に準拠することとなっている。

2.2. 異読の審音原則

『修訂』は異読の審音について、共通語音の発展の法則に合致することを原則とし、一般人の共通語学習の便を計ることを着眼点として、定着した現実音を認める方針を取っている。また、『初稿』で審定した音についての変更は、極力慎重にしている。

『修訂』と『初稿』の審音原則は同一であり、主に次の5点を含む。

①北京音系に基づいて音を決定し、地方音を捨てて広範に通用している音を採用する。およそ北京語音の発展の法則に合わず、北方語の中でも通用していないものはこれを取らない。一般的変化発展の通則に則り音を定める。

②語を対象とし、原則として一つの読み方を取る。単音節語と多音節語で読み方が異なる場合は、それぞれを残す。

③いくつかの語を選び審訂して例示し、その他の語は類推する。

④軽声の語については、軽声字自体に異読があるもののみ審音する。

⑤古代の清音入声字については、異読がなければ北京音を採用し、異読のある場合は陰平調を取る。

『修訂』は、主に以上の方針を原則として審訂を行ったが、対象となるものは共通語のなかで異読のある語、および異読が'語素'となっている字のみである。多義多音字については、そのなかの異読のある語のみを審音し、異読のないものには言及していない。

3. 異読の分析と調査

3.1. 『修訂』の改訂

『修訂』では検索の便を考えたのか、配列について『初稿』の語彙順を廃し、文字（語素）順に変更している。『初稿』には異読字約1080字、異読語約1800語（地名・人名を除く）が掲載されていたが、『修訂』に収録されたのは計847字の異読字である。このうち「統読字」と審訂されたのは586字であり、69%を占める。ここには、一字多読を大幅に削減した審音結果が見て取れる。文白二読を残したものは僅か31字のみであり、全体の3.7%である。破読字などが約27%を占める。また、具体的異読語についてはいくつかの語を例示するにとどめ、その他は類推することとし、大きく簡略化された。『修訂』では新たに16語の異読語を追加しているが、一

方で『初稿』掲載の異読語も一部削除されている。削除されたのは「統読」と統合にかかわる多数の語例のほか、今日異読がなくなった語（隊伍、理会、只当など）、稀にしか使わない語（俵分、仔密など）、方言音（歸裏包堆、告送、咱、忒など）、常用されない文語（芻蕘、氍氀など）、審音の対象でない軽声字（麻刀、正經、容易など）、変音現象のある語（胡裏八塗、毛毛騰騰など）、重複の多い語（例えば'色'には 23 もの語例が上げられていた）などである。

　『修訂』は、『初稿』の審訂した音の改訂は極力慎重にしたというものの、かなりの変更が見られる。『修訂』と『初稿』を比べると、そこには 60 字以上もの新たな改正があり、波及する語彙は多数に及ぶ。改訂の主な特色としては、①分読を止め、非実用の文言音を廃して、口語音一音に統合した。'厠、橙、呆、闔、從、妨、框、盟、澎、繞、往、唯、萎、尋、鑿、筑'等々、多数の異読字が「統読」とされた。②意味による読み分けを明確にし、三音の多読を二音に統廃合したものに、'骨、擂、作'がある。③従来の規範音を文言音とし、別に口語音を加えて文白二読としたものに、'蕁（蕁麻疹）、熟'などがある。④従来の破読字について、これを文白二読に単純に読み分けたものに'色'や'苔'などがある。⑤正音と又音の地位を入れ替えたものに'誰'がある。'誰'は『初稿正編』では shéi は採用されず、shuí が唯一の正音であった。『初稿第三編』では shéi を又音と規定した。『修訂』では逆に shéi を正音とし、shuí を又音に格下げしている。⑥口語の異読音を採用したものに、'曝（曝光）、呆（呆板）、葛（諸葛）、秘（便秘）'などがある。⑦ 1957 年の『初稿正編』の規範音を再度採用したものに、'績、蹟、哞'などがある。⑧北京特有の地方音を廃し標準音に統合したものとして'歸裏包堆'の'堆（zuī）'などがある。⑨『新華字典』や『現代漢語詞典』の不一致など、辞書間の音の揺れを統一したものに、'猶、汲、拎、螫、霰'などがある。

　上述の如く 60 余字にも及ぶ新たな修訂は、肯定できる改訂もあれば、腑に落ちない改音もある。各異読語について、何を根拠にして「統読」とし、また何の基準で「多読」と審訂したのかが不明である。多読字について単純に文白二読に分けているものもあり、各々の語がいずれに入るのか明示されておらず、曖昧な規範である。全体に範例が極めて限られており、不親切な粗い規定になっている。疑問がいくつも残るこのような改訂結果に

対し、異読語の審音の背景を探るために筆者はかつて一つの客観的調査を行った。

3.2. 異読の実地調査

規範音を定めた『初稿』が公表されて30年近くが経過したあとも依然として異読の現象が多々見られ、また『修訂』の改訂にも不合理な状況が存在することから、筆者は共通語音と北京語音の異同を把握して問題の所在と今後の動向を探るべく、北京で数次の聞き取り調査を実施した。即ち'北京普通話'における俗音や'誤読'などの異読の実態と、さらに異読と正音とはいかほど離れているのか等を明らかにするために、口語の常用語彙を用いた読音調査を行ったものである。その集計結果を基に作成したものが筆者の「北京語常用異読語彙表」[3]である。これまで実勢の異読音の全貌を反映した資料はなく、例えば、魏公1972.『容易讀錯的字』、徐世榮1987.『漢字正音』、呂永修1990.『現代漢語異讀詞詞典』、王秉愚1999.『漢字的正字與正音』等々は、いずれも異読語（音）を部分的、断片的に取り上げているに過ぎない。異読調査に当っては徐氏から、この種の異読音の全般調査は見聞したことがないこと[4]、各異読の状況については、通常、実感や経験に基づいて判断している、とのコメントを受けた。

「北京語常用異読語彙表」を作成する当って、筆者は3段階に分けて聞き取り調査を実施した。その概要は次のとおりである。

調査の対象とした被験者は、北京の都心部に居住する20代～50代の新・老北京人（男女）であり、3度とも筆者が直接その発音を聞き取り、語彙表にチェックして記録した。調査した被験者数および異読語彙数は以下のとおりである。

①基礎調査：1989年、被験者9名、『修訂』新改訂の61語を使用

この分析結果からは、難読語を除く改訂語の80～90%を北京語音で発音していることが明らかになった。『修訂』は、文言音を廃して北京人慣用の口語音を大幅に採用したものであることが窺われる。

②一次調査：1990年、被験者26名、『初稿』の異読語1800余を使用

この聞き取り結果から、難解語、文語、書き言葉、非常用語などを調査して削除し、異読現象が見られる口語の常用語約850語のみを抽出して「語彙表」を作成した。

③二次調査：1991年、被験者59名、上記の常用異読語約850語を使用 調査の成果として「北京語常用異読語彙表」を作成し、ここに異読字407字、異読語837語を収録した。

「北京語常用異読語彙表」に載る各発音の使用比率は、「70%以上～100%」「60～70%」「40～50%」「20～30%」「数%～10%」の5ランクに分けて表示してある。この集計データの異読使用率から、どの異読語が規範化に沿ったものであるかないかが如実に捉えられる。即ち、異読使用率の高低によって共通語標準音の定着状況が読み取れる。異読率が「100%」のものは北京語音が全く標準音を圧倒している語彙であり、同「70%以上」のものは北京語音の極めて根強い語彙であり、同「60～70%」のものは北京語音が優勢を占めている語彙であると言える。このほか例えば、北京語音50%と標準音50%の実勢が拮抗した語彙のほか、「40%：60%」、「30%：70%」、「40%：30%：30%」等々の種々の異読状況が判明した。

共通語語彙のなかには未だその標準音が北京人の間で全く定着していない常用語がある。調査データに表れた100%に近い北京語音の異読は、その存在を如実に示している。例えば'矩形'の'矩'は規範音jǔではその意を伝達できず、jùのみが実勢音として用いられる。ほかにも'虹'はhóng、'穴位'の'穴'はxuè、'大都'の'都'はdōu、'嫉妒'の'嫉'はjì、等々、これらは調査結果で見るかぎり北京の異読音が殆ど唯一の現実音になっている。上述の如く、これはその異読が完全に標準音を圧倒しているものであり、40語近くを収録した。このように分布比率から北京異読音の占める実勢が明らかになるとともに、『修訂』に人為的とも思える改訂が見られることも判明した。例えば'脊、摸、掖、勝、指'などは、もともと二音以上の多読であったものを一音に統合しているが、実勢と合致せず無理があり、完全な定着は難しいと感じられるものである。

以上の如く異読調査を実施し、それに基づいて各異読の分布状況を整理して問題の所在を明らかにした。北京人の単語別の異読状況が判明し、一定の成果を得たが、審音結果に対するいくつかの疑念は残ったままであった。当時、筆者は機会あって、'普通話審音委員会'の副主任を務めた徐氏から、審音過程における意見の対立などの複雑な事情や、審音結果になお問題が残ること等の説明を聞き、さらに氏の「手稿」を拝受した。審音の際に使われたこの「手稿」には各種の異読音とその来歴が詳しく記載され

ていて、それぞれの審音の必要性や背景を理解するのに役立つものである。

その後、この「手稿」をもとにして新たに補充、整備された『釋例』が1997年に公刊されたが、著者も述べるように、これは「審音表」の不足を補い、利用者の疑問に答えようとしたものである。この『釋例』にしたがって、筆者が関心を抱いてきた異読語の審音背景や異読の審訂状況について一つの整理をしておこう。

4．異読語の審音背景

『釋例』は、『修訂』の補正を目的として徐氏が自らの「手稿」を大幅に増補したものである。『修訂』のなかの追加・削除・変更・併合・補充・改正などの細かな個所を指摘し、各々の異読語について解釈と補足を加えている。いくつも異読があるなかで、いかに語義や語の性質に基づいて音を審定するのかその方法を説明し、単語だけで裏付けのない特定の語音についても一つ一つ解説している。即ち、語音の取捨選択の基準や理由について述べるとともに、いくつもの異読音を上げている。その根拠は古くは主に中古音の『廣韻』・『集韻』に遡り、下っては『國音字典』『國音常用字彙』などの'国音'に基づき、その影響を指摘している。この『釋例』の説明を参照することによって、『修訂』に対する種々の疑問点が解かれる。

各異読語の審音の様子、事情、背景を窺うために、そのなかの解釈と説明をここに一部紹介する。但し、ここに記述するものは筆者の調査した北京語彙のうちの、原則として高頻度（占有率70%以上～100%）の異読現象がみられる語のみとする。筆者の調査で異読現象が70%以上と示されたものは、異読字407字のうちの112字であり、その異読に関連する語彙は約200語にのぼる。本稿では紙幅の都合により、この112字のうち『修訂』に「統読」と記された49字に絞り、さらにそのなかの前半29字のみを本稿に収載する。後半20字の異読字（滂、剖、戚、潜、趣、授、娠、室、雖、髄、梧、析、穴、沿、誼、憎、召、知、脂、指）については別稿に収録する。また破読字に関する多数の異読音や、『初稿』にはあるが『修訂』からは削除された'主意、正經'などの語も別に扱うこととする。

以下の各異読語では、先に筆者の調査データの異読使用状況をパーセンテージで示し、後に『初稿』『修訂』の審音結果と、「手稿」『釋例』の審訂説明、および筆者の意見を付す。

爆 bào ｜ 爆竹（90% 以上 pào、10% 以下 bào）

『初稿』で '爆竹' の '竹' を審音しているが、『修訂』はそれには触れず '爆' の字音を審訂して bào の「統読」とした。これは '爆竹' が時に pàochong（'炮銃' を '爆竹' に転用したもの）と呼ばれ、時に '炮' とも書かれるためである。花火の '花炮'、'鞭炮' の '炮' は '爆' が誤ってなまったもので、'槍炮' の '炮' ではない。'爆' を「統読」に審訂したのは、借用によるこの種の '変読' を排除しようとしたからである。'爆竹' は口語では時に bàozhang、bàochong、pàozhang（'爆仗'、'爆銃'、'炮仗' とも書く）とも読まれる。

筆者の '爆竹' に関する異読調査では pàozhu、pàozhang、pàozheng の三種を採取したが、pàozheng は pàozhang が弱化したものと考えられる。

鄙 bǐ ｜ 卑鄙（80%bì、20%bǐ）

『初稿』では '鄙人'、'鄙俗' の二語を審音して '鄙' の字音を bǐ と定め、『修訂』は '鄙 bǐ' の「統読」とした。多くの人が bì と読むが、これは '敝' と混同しており、文書でも '鄙人' を '敝人' と書く。謙遜で '鄙人' と自称するのは正しいが、これは粗野で教養のない人の意で、'敝人' ── 廃物の人、と自称することはできない。

庇 bì ｜ 包庇・庇護（80%pì、20%bì）

『初稿』では '包庇' の一語を審音し、'庇' は bì と読むべきものとした。多くの人が pì と読むためである。『修訂』で「統読」としたのは他に '庇護、庇蔭、庇短' などの語があるからである。

壁 bì ｜ 影壁（90% 以上 bei、10% 以下 bì）

『初稿』では '影壁'、'隔壁' の二語を審音して '壁' の字音を bì とした。『修訂』はこれに則り「統読」とした。'影壁' の '壁' は俗に 'bei' の軽声の読み方があるためである。しかし、この 'bei' の音は取らない。'隔壁' は北京口語音では jièbìr となり、'隔' の音が変化する。'壁' の児化と変調は北京特有の方言音であるが、ほかに北京方言の '貼墻靠壁兒' の '壁' もこの類である。'貼壁兒'（壁によるの意で、例えば '貼壁兒站着'）の '壁' は方言音で bēir となる。しかし、これらの方言音や異読はいずれ

も採用しない。

蝙 biān ｜ 蝙蝠（90% 以上 biǎn、10% 以下 biān）
　『初稿』では'蝙蝠'の一語を審音して'蝙'の音を biān と定め、『修訂』はこれに従い「統読」とした。'蝙蝠'は俗に biǎnfú と言うからである。しかし'蝙'の文字はもともと'蝙蝠'の一語に用いられるのみで、「統読」という注記は不必要であろう。化石の'蝙蝠石'や、植物の'蝙蝠葛'も'蝙蝠'を用いた語であり、異読はない。
　徐氏の見解では異読とするほどのものではないということであろうか。

埠 bù ｜ 商埠・外埠（80% 以上 fù、10% 以下 bù、10% 以下 fù）
　『初稿』では'埠頭、商埠、外埠、蚌埠'の四語の'埠'の字を審音して bù と定め、さらに'埠頭'の項で'商埠、外埠'の'埠'も bù と読み、fù の音は取らないと注記している。『修訂』はこれに則り「統読」とした。

嘈 cáo ｜ 嘈雜（80% 以上 cāo、10% 以下 cáo、10% 以下 zāo）
　『初稿』では'嘈雜'の一語を審音して'嘈'の音を cáo と定め、『修訂』はこれに則り「統読」とした。一般に'糟'の意味を連想して zāo と誤読されているためである。

搽 chá ｜ 搽粉（70% 以上 cā、20% 以上 chá、10% 以下 cá）
　『初稿』では'搽粉'の一語について審議し'搽'の音を chá と定め、『修訂』はこれに則り「統読」とした。（或いは'擦'の動作の連想からくる誤読かも知れないが）異読音の cá があるために審音が行われた。'搽粉'以外に「統読」に含まれるものは比較的多く、大抵は単独で用いられるもので、それには'搽油、搽藥、搽臙脂、搽上点兒雪花膏'などがある。

懲 chéng ｜ 懲罰・懲戒（90% 以上 chěng、10% 以下 chéng）
　『初稿』では'懲戒、懲罰'の二語について審音し'懲'の音を chéng と定めたが、これは旧字典および北京人の口語で上声の chěng の異読があるからである。『修訂』は「統読」とした。「統読」の対象となる語彙は多数に及ぶ。

档 dàng ｜存档（90％以上 dǎng、10％以下 dàng）
　『初稿』では'档案'の一語を審音し'档'の音を dàng と定め、『修訂』はこれに則り「統読」とした。この文字は多くの人が上声の dǎng と誤読するためである。（或いは'挡'の字形に近いために誤るのかも知れないが）誤読する者が多く、審音の必要があった。「統読」となる語は多く、'歸档、査档、調档、高档商品、档次'などがある。
　上記のうち筆者の異読調査では、'档案・高档・档次'の三語についてはいずれも「70％dǎng、30％dàng」の異読分布になっている。

訂 dìng ｜装訂・訂正（90％以上 dīng、10％以下 dìng）
　『初稿』では'装訂'の一語を審音し'訂'の音を dìng と定め、『修訂』はこれに則り「統読」とした。'装訂'の'訂'は'釘'と連想されて陰平調の異読が生まれた。書類を一冊に合わせることも'訂'という。例えば'釘書機'などのように針で穴を開けるので、直接'釘'の字を用いることもある。但し'装訂'の'訂'は陰平調には読まないため、『修訂』で音を正した。

法 fǎ ｜法兒（70％以上 fǎ、20％以上 fá、10％以下 fà）、
　　　法子（90％以上 fǎ、10％以下 fà）
　『初稿』では'法子、法兒、法律、法国、司法'の五語について審議し'法'の音を上声の fǎ と定め、さらに'法律'の項で、'法'については一律上声に読む、と注記した。30年代の『國音常用字彙』では'法'の字には陰、陽、上、去のすべての声調がある。繁雑で不必要な多読は一般人には支持されないため、審音で fǎ の一音に統合することが決定された。字音がいくつにも変音したり、また地方音であって共通語標準音になじまない音は、これを取らない。

汾 fén ｜汾酒（80％fēn、20％fén）
　『初稿』では'汾酒'の一語（地名の審音では'汾陽'（山西）を審定した）を審議し'汾'の音を陽平調の fén と定めた。『修訂』はこれに則り「統読」とした（『修訂』は地名について審音せず）。'汾'の字は fén の一音しかないのに、大方の発音は fēn や fěn が習慣になっている。京劇に『汾河

湾』があるが、北京人の間では読み方が分かれる。このために審議し、音を正した。

縛 fù｜束縛（80%fú、20%fù）

『初稿』では'縛'の字および'束縛'の一語を審音し、'縛'の音を fù と定めた。『修訂』はこれに則り「統読」とした。この文字には旧来から異読があり、30年代の『國音常用字彙』では fú、40年代の『國語辞典』では fò と fú の二音があった。異読が分かれている上に、さらに古代の入声音を現代音に派入させる際の声調の問題がある。派入にズレがあるほか、字形と声調も'傅、賻'などの去声の字と同じであるため、去声に読むのが優勢になっている。

但し、筆者の'束縛'の実勢調査では、fú が 80% と圧倒的な異読比率になっている。

岡 gāng｜山岡・高岡（90%以上 gǎng、10%以下 gāng）

『初稿』では'山岡、高岡'の二語を審音し'岡'の音を gāng と定め、『修訂』はこれに則り「統読」とした。'岡'の字は元来 gāng の一音のみであった。後に'崗'の字体が作られ、古い辞書・字典ではいずれも'崗'を俗字としている。'崗'の字は'岡'の上に更に'山'を加えた文字であり、実のところ重複している。しかし俗字の'崗'は字形に'山'があり、'岡'のように'山'が内に隠れたものより明確であるため、'崗'のほうが常用されることとなった。また、音が上声の gǎng に次第に変化した。1921年当時の、教育部公布の『國音字典』には'崗'の文字があるが、そこでは'岡'の俗字とし、同音の gāng を当てている。1932年に至ると、『國音常用字彙』は『國音字典』を修訂し、当時の教育部によって公布された。ここでは'岡'（正）と'崗'（俗）の二文字を収録して gǎng の音を加えている。但し、それは又読みであって字義について論じていない。40年代の『國語辞典』になって'崗位'の語義が追加されるに及んで二つに分類された。現在、地名について、二音のいずれを取るかで審音が待たれるものがある。

犷 guǎng｜粗犷（80%kuàng、20%guǎng）

『初稿』は'粗犷'を審議して guǎng と定め、『修訂』はこれに則り「統

読」とした。古代では'古猛切（gǒng）'の音がある。中古音には'居往切（guǎng）'がある。'犷'の字は今日では'粗野'の意に使われ、'粗犷、犷悍'などの語に用いられている。字音にguǎngが採用されたが、今日よくkuàngと誤読されている。異読が多々あるために審訂が行われた。

嫉 jí ｜ 嫉妒（100%jì）
　『初稿』は'嫉妒'を審議して'嫉'をjíと定め、『修訂』はこれに則り「統読」とした。中古音の'嫉'には去、入の二音がある。『廣韻』では'疾二切（jì）'とし、『楚辞』注には'秦悉切（jí）'とある。音韻変化の規則からすると陽平調とすべきである。去声のjìは'忌妒'の語と混同されるし、'嫉妒'と'忌妒'は今日すでに語義の別はなく、ただ辞書のみが二項目にわけているだけで、釈義も同じである。'嫉'には去、入の二音があるため、審音では入声から転化したjíの音を定めた。'嫉'の音について、jíを取りjìを捨てたのは'嫉妒'と'忌妒'の二語が同音となるのを避けたためである。

脊 jǐ ｜ 脊背（90%以上jí、10%以下jǐ）、脊梁（100%jǐ）
　『初稿』は'脊梁、脊髄'および'背脊'の三語を審議して'脊梁'をjǐと定め、'背脊、脊髄'をjíとした（俗音では去声のjìがある）。『修訂』はこれを改め、jǐの「統読」にした。意味の区別のない多読は民間には受け入れられにくいからである。派入にバラつきがあるのは、これが古代の清入声字であるためである。審音の原則は、異読の中に陰平調がなければ'比較的通用している読み方を採用すること'であり、審音では上声のjǐを採用した。'脊梁、脊髄'については、特定の俗読みのjíやjìに基づく必要はない。
　なお、'脊髄'に関する筆者の異読調査では、70%近くが「jǐsuí」、30%近くが「jísuí」、10%以下が「jīsuí」という実勢比率になっている。

浹 jiā ｜ 汗流浹背（90%以上jiá、10%以下jiā）
　『初稿』は'汗流浹背'を審議して'浹'をjiāと定め、『修訂』はこれに則り「統読」とした。'浹'には旧来から陽平調のjiáがあるためである（『國音常用字彙』参照）。この字は清入声であり、『國音字典』にはziēの音が

見られるが、これは'接'と同じ音である。今日の音としては陰平調のjiā に派入させるのがよい（共通語に尖音はなく、凡そz、c、sと韻母とを綴り合わせる場合いずれも団音のj、q、xに変わる。このため音をjiāと定めた）。

趼 jiǎn ｜ 趼子（100%jiǎng）

『初稿』は'趼子'（'繭子'とも書く）の一語を審議して'jiǎnziと読む'と注記した。『修訂』はこれに則り「統読」とした。'趼子'とは、労働によってできる（手足の）たこのことで、北京人は俗にjiǎngziとよび、時に'膙子'とも書く。普通の名称では'老繭、繭子'があるが、'趼子'とも書く。'趼'と'膙'とは同義であり、音が若干異なるだけである。

較 jiào ｜ 計較（100%jiǎo）

『初稿』は'較量'を審議して'較'をjiào（去声）と定め、さらに'比較'の'較'もjiàoと読むとした。『修訂』はこれに則り「統読」とした。統合される語は多数に及ぶ。過去には国音に上声jiǎoの異読がある（『國音常用字彙』は上声を'又読'としている）。このために音を定めた。また、古代には'角'の借用字として用いられたため'較'に上声の異読がある。『廣韻』には'古孝切（jiào）'があり、今日'比較'の意で'較'に去声を採用したのはこれによる。

筆者の異読調査データでは上記のほかに、「比較（副詞）・較大（70%jiǎo、30%jiào）、較量（70%jiào、30%jiǎo）」がある。

莖 jīng ｜ 莖（90%以上jìng、10%以下jīng）

『初稿』は'莖'を審議して音を陰平調のjīngと定め、『修訂』はこれに則り「統読」とした。この字は俗に上声のjǐngや去声のjìngの誤読がある。『廣韻』'耕韻'に'戸耕切（xíng）'とある。過去において『國音字典』はこれに従いxíngと読んだが、『國音常用字彙』ではjīngの音が採用されている。これらの異読があるため、審音を行った。「統読」は'莖'の字を用いた各々の語を包括する。

痙 jìng ｜ 痙攣（90%以上jīng、10%以下jìng）

『初稿』は'痙攣'を審議して'痙'の音をjīngと定め、『修訂』はこれに則り「統読」とした。'痙'に陰平jīngの誤読があるために審音が行われた。共通語では'痙攣'の一語だけが用いられる。'痙'は『廣韻』など古くは濁上声に読まれたが、濁上声が現代音になれば去声に派入させるべきである。

劣 liè ｜ 惡劣・拙劣・劣勢（80%lüè、20%liè）
　『初稿』は'劣'の字を審議しその音をlièと定め、且つ'惡劣'を見よ、と注記し、'惡劣'の'劣'もlièの音に定めた。『修訂』はこれに則り「統読」とした。'劣'は『國音字典』ではlüèに読んでいるが、これは『廣韻』の入声'薛韻'：'劣，力輟切（lüè、'撮口'に属す）'の記載によったものである。近代では'烈'と同音の齐歯音に読む習慣であったが、しかし少数ながらlüèと読む者もあり、『國音常用字彙』において初めてlièを採用した。その後、『新華字典』がこれに従っている。

趔 liè ｜ 趔趄（80%liè、20%liè）
　『初稿』は'趔趄'の一語を審議して'趔'の音をlièと定め、『修訂』はこれに則り「統読」とした。'趔趄'とは、足もとがふらつき、よろけて倒れそうになる様を言う。『國語辞典』は'趔趄'の項でlièjūと注音している。『初稿』では、これをlièqieと定め、'趄'を軽声とした。

欗 lú ｜ 棕欗（90%以上 lǔ、10%以下 lú）
　『初稿』は'棕欗'の一語を審議して'欗'の音をlúと定めた。この字は俗に上声のlǔの異読があるため、音を正した。『修訂』はこれに則り「統読」とした。その音符を表す'閭'もlúと読むべきもので、lǔとは読まない。上声の誤りは、或いは'閭'が'呂'からくることによって生じたものであろう。これは知識人がその字体による思い違いから生まれた異読である。

攣 luán ｜ 拘攣兒（100%jūliur）
　『初稿』は'痙攣'と'拘攣'の二語を審議して'攣'の音をluánと定め、かつては'拘攣'の一語を審音してjūlianと読むとしたと説明してい

る。『修訂』は luán の音に則り「統読」に改訂し、注は付していない。この字は中古音など旧読では lüán、liàn (lian) 等の異読があった。『國音字典』などにはこれら'斉歯'、'撮口'の読み方があるが、今の審音で'合口'の luán と定められた。

酩 mǐng ｜ 酩酊（90% 以上 míngdīng、10% 以下 mǐngdǐng）

『初稿』は'酩酊'の一語を審議して'酩'の音を上声の mǐng と定め、『修訂』はこれに則り「統読」とした。現代語では'酩'にかかわる語は'酩酊'の一語のみである。'酩酊'は北京人は習慣的に míngdīng と読む。『國音常用字彙』は陽平調の míng を'又読'としている。この異読があるため、審音で míng は取らないとした。

摸 mō ｜ 摸棱兩可（80%mó、20%mō）

『初稿』は'摸'の文字を審議して音を mō と定め、『修訂』はこの字を「統読」とした。'摸'は中古音では平、入の二読がある。『廣韻』には平声の'莫胡切 (mú)'と入声の慕各切 (mō) があるが、音韻変化の規則からすれば現代音の去声 mò に派入される。『廣韻』では'摸'は'莫、漠、寞'などの字と同じ反切であり、'莫'などは今日いずれも去声の mò に読む。'摸'が陰平調になったのは特例と言える。'摸'は今日の北方方言に māo の音があり、やはり陰平調である。この字は今日'摸棱'の一語に用いられ'模棱'（例えば'模棱兩可'）と同じく陽平調 mó にも読まれる（旧版『現代漢語辞典』および旧版『新華字典』参照）。これらの多読・異読があるため、審音が行われた。

以上、29 の異読字について、筆者の異読調査データと併せて「手稿」『釋例』の説明・解釈の一端を紹介した。ここには、各々の異読とその来歴、審音の基準、審音の必要性、審音の背景など、審音委員会の審訂事情の一斑が現れており、個々の異読（語）の問題の所在がみえてくる。ここからは、各々の異読語に対して、主として古音の変化規則と北京語音に基づいて審議し、複数の異読のなかから語音を審定している様子が浮かんでくる。また、意味の区別のない多読を廃して「統読」にした情況もうかがえる。『釋例』ではほかにも、古音自体は審音の対象ではないことにも触れている。

筆者は徐氏から「手稿」の提供を受けた当初、その説明や見解を読み、目から鱗が落ちる思いであった。その後さらにこの『釋例』によって、『初稿』と『修訂』に載せられた異読（音）に対するいくつもの疑問が解かれた。だが一方で、筆者の異読調査データと比較すると、『釋例』には未言及の異読音が存在し、また『釋例』の異読の説明が調査した実勢と一致しないものも見られるなど、個別の問題点も新たに浮上した。

　『釋例』はその行間でも、審音委員会が個々の異読審議で、音韻変化の通則を取るか実勢を取るかをめぐって激論を展開したことに触れている。また『修訂』には慎重さに欠けた審訂結果が見られるが、徐氏は『釋例』のなかでその『修訂』の不備にも言及している。

5.「審音表」の遺漏

5.1.『修訂』の不備

　筆者は『修訂』の改訂内容について基本的に肯定しながらも、一部の異読審訂や簡略にすぎる体裁に対しては疑問を感じてきた。『修訂』からは『初稿』掲載の異読に関する多くの情報が削除されている。『初稿』は異読字に対して1800余にのぼる異読語を上げていたが、しかし『修訂』では異読字847字の70％近くが「統読字」とされたため、異読語の掲載は「多読字」に関するものに限られ、文白二読にいたっては極めて略式化された。また『初稿』には種々の異読音、北京俗音、旧読などが記載されていたが、『修訂』では一切載せられていない。

　『修訂』の公布から十数年の後に出された『釋例』は、この間に発見された新たな問題点や『修訂』の不備を指摘しており、いくつかについてその見解を述べている。ここからも審音の方針や『修訂』の遺漏・不備の問題点など、参考に値する事柄を窺うことができる。その見解の要旨を記しておこう。

　①何が異読で、音の取捨の根拠はどこにあるのかについて『修訂』には説明がない。『初稿』では一部の語に「某音は取らず」の注記があったが、『修訂』ではこれらはすべて削除され、異読の審音事情が明らかでなくなった。

　②多数の異読字について「統読」と注記しているが、なかには一つにまとめ過ぎているものがある。いくつかの異読字についてはその文言音を残

し、古詩文の朗読などに用いるべきである。文言音を今日の口語音に統合して不適切な結果となった例に、'啞然失笑'（思わず吹き出す）の'啞 yǎ'がある。『初稿』ではこの音を yǎ と定めたが、但し、'旧読 è'と注記していた。旧読とは、これを取らないと決定したものではない（『初稿』では「取らず」と注記したものが極めて多く、旧読とは区別される）。この'啞然'は、è rán と読んではじめて「思わず声が出る」の意になる。『修訂』で旧読を削除したことは考慮に失したもので、改訂は二つの音を併記すべきであった。即ち二項に分け、yǎ の項に'暗啞、嘶啞、啞巴、啞鈴'等の例を列記し、è の項には'啞然失笑'の例を記載するほうが周到であった。

また、'勝'の字についても去声 shèng の「統読」としたが、平声の shēng と読むべき有機化合物（ペプチド）の'勝'に配慮がされなかったため、化学教師や学者の困惑を招いた。「統読」という審音決定は、より細心・周到に行うべきであった。

③異読を審訂し語例をいくつか上げてあるが、全てを列挙しているわけではない。掲載されていない単語をどう読むのかは、字義と単語や語素の性質によって推測できるだけである。しかし一般の人が誤りなく判断できるとは限らない。

④ただ一つの語について音を定めたものがあるが、明確な説明がない。例えば'蝦 há'について'蝦蟆'の例を上げてあるが、なかには'魚蝦'の読み方も há であるのかと考える人もいる。『修訂』は冒頭の'説明'で異読のある語のみを審音したというが、個々の語について体例の原則が全て理解できるとはかぎらない。

⑤少数のいくつかの字音について、『初稿』に基づいて定めているものの、時として誤解が生じる。例えば、『初稿』で'大黄'の'黄'を huáng と定めたが、『修訂』はこれに則り「統読」とし、語中では一律 huáng と読むこととした。しかし'黄'は実質、異読がなく、真意を憶測しがたい（或いは軽声の読み方があることから審音し、軽声とは読まないことを示した可能性もある）。『修訂』が'黄'を'huáng（統読）'と審訂したことは的はずれではなかったか。

『修訂』の審音原則には、「軽声については軽声字自体に異読があるもののみ審音する」とあり、『釋例』の指摘は妥当であると考えられる。

以上の『釋例』の見解にもみられるように、現在の『修訂』の体裁では

疑問点がいくつもあり、共通語音の規範・標準を明示するものとしては問題を残した審音修訂であったと言える。

5.2. 「審音表」未収録の異読

前述の如く、'普通話審音委員会'が設立された目的は、異読を審議して「普通話常用詞正音詞彙」を編纂することであり、その結果として出されたのが『初稿』と『修訂』であった。また『修訂』の冒頭'説明'によれば、審訂したのは異読のある語と、異読が'語素'になっている字のみで、異読のない音・義については触れていない、ということであった。その上で『修訂』は、『初稿』に収録されているが'現在は異読がなくなった'語などを削除するとともに、新たにいくつかの異読字(語)を追加している。この『修訂』によると、共通語の常用語では現段階では掲載されたもののみが異読のあるものと考えられているようである。

しかしながら、現実に他にも異読語(音)があり、『初稿』や『修訂』で取り上げられなかった、いわば放置された常用語も少なくない。辞典類のなかには、旧読・又読・俗読・変読・誤読などと記された他の異読音も見られ、またニュース・アナウンサーやテレビ・キャスター等の発音にも種々の異読が現れている。日常観察される異読に至っては枚挙に暇がない。

「審音表」掲載以外の常用語で、例えば'因為'の'為'(wèiとwéi)などの、よく混同して誤読する破読字の大量の異読や、北京特有の異読などは全て置くとしても、ほかにも種々の異読が上げられる。以下に異読のある字を列挙しそれぞれの正音と俗音を示すが、語例は省略する。

蓓 (bèi と péi)、甭 (béng と bíng)、殯 (bìn と bīn)、償 (cháng と shǎng)、促 (cù と cǔ)、嘀 (dí と dī)、符 (fú と fǔ)、腹 (fù と fǔ)、附 (fù と fǔ)、阜 (fù と fǔ)、瑰 (guī と guì)、好 (hǎo と háo)、畸 (jī と qí)、即 (jí と jì)、鯽 (jì と jǐ)、經 (jing・jīng と jǐng・jìng)、頸 (jǐng と jìng)、灸 (jiǔ と jiū)、橘 (jú と jié)、脾 (pí と pǐ)、瞥 (piē と piě)、券 (quàn と juàn)、仍 (réng と rēng)、矢 (shǐ と shī)、束 (shù と sù)、肅 (sù と sū)、啼 (tí と tì)、剔 (tī と tì)、膝 (xī と qī)、屑 (xiè と xiāo)、頤 (yí と yì)、喻 (yù と yú)、苑 (yuàn と yuán)、在 (zài と zǎi)、浙 (zhè と zhé)、貯 (zhù と chǔ)、纂 (zuǎn と zuàn)、等々。例としてこのように、異読の存在する字が多数ある。

ここに『初稿』と『修訂』で審音の対象とならなかったために、その異読の問題が大きな課題として今に残された例を一つ取り上げよう。

常用語である'朝鮮、朝鮮族、鮮族'の'鮮'は、辞書掲載の正音 xiān が長年にわたって定着せず、実勢の俗音 xiǎn が正音を一貫して圧倒してきた異読字である。'朝鮮'の語音についてはアナウンサーをはじめ現実には Cháoxiǎn という発音が殆ど唯一の現有音であり、口語として Cháoxiān という発音は存在しない。'朝鮮族'や'朝鮮'の'鮮'は語中や語尾にあるため、これを軽声(xian)に読むことにより'鮮(xiān)'の声調の問題を回避できても、'鮮'が語頭にくる'鮮族(xiānzú)、鮮語(xiānyǔ)'では、この問題を避けて通れない。そこで'鮮'の発音がクローズアップされてくる。

前述の如く過去には'国音'と呼ばれる国の審定した国語標準音があった。1947年の『國語辞典』などには'朝鮮'の語は収録されていないが、1956年の『同音字典』では、'【陰平】xiān'の項の一つ'鮮㊀'のなかに「❼'朝鮮'的'鮮'」と記載されている。また、審音作業のさなかの1957年に出版された『新華字典』(冒頭凡例に、異読について二つの「初稿」に基づいて改正したとある)は、見出し文字の一つとして'朝鮮 Cháoxiān'という一語を特に立てて、「❶朝鮮族,我国少数民族名,詳見附表。❷国名,全称'朝鮮民主主義人民共和国',在我国東面,1948年成立。」と記載している。その後の歴代の『新華字典』を見ると、1971年修訂重排本では'朝 cháo'の項の末尾に「《朝鮮》(-xiān) 1. 朝鮮族：a. 我国少数民族名,参看附表。b. 朝鮮民主主義人民共和国的主要民族。2. 国名,全称'朝鮮民主主義人民共和国',在我国東面。」と記述している。ここにも'朝鮮'の'鮮'は xiān に読むことが特記されている。しかし、1979年修訂重排本、1987年重排本、1990年重排本および1992年重排本では、'朝 cháo'の末尾に、「【朝鮮】朝鮮族,我国少数民族名,参看附表。」とのみ記し、その他の事項とともに特記していた'(-xiān)'の注記をも削除した。つづく1998年修訂本と2000年新版では'朝 cháo'の末尾に「[朝鮮族] 1. 我国少数民族,参看附表。2. 朝鮮和韓国的主要民族。」と記載し、一部の説明内容を変更してはいるが、語音の注記はない。以上の経緯をみると、『新華字典』は'朝鮮'について、実勢音 Cháoxiǎn と矛盾する'Cháoxiān'や'(-xiān)'の発音注記を削除して記載しないことにより、異読の難題を

回避しようとした跡が十分に窺われる。また、『現代漢語詞典』1978 年 1 版と 1983 年 2 版は、'cháo' の項で「【朝鮮族】Cháoxiānzú❶ 我国少数民族之一，主要分布在吉林，黒龍江和遼寧。❷朝鮮民主主義人民共和国的民族。」という語音表記と説明事項を掲載してきた。

　『新華字典』は発音についても準拠すべきものとして、これまで3億冊以上が出版された影響力の極めて大きい字典である。一方の『現代漢語詞典』は権威のある辞典として通用してきた。これらの規範的辞書の存在にもかかわらず、'朝鮮' の '鮮' についてはその実勢音 xiǎn の異読が長年にわたって民間で定着し、全国的に一般化している。これゆえ、『新華字典』の '朝鮮 Cháoxiān' や『現代漢語詞典』の '朝鮮族 Cháoxiānzú' の語音表記にもかかわらず、中国出版の辞書などには三声の xiǎn が採用されている例がいくつも見られる。例えば、1984. 中国標準出版社『現代漢語詞表』、1986.『語音文字規範化手冊』、1988.『多音字讀音手冊』では、'朝鮮' をいずれも Cháoxiǎn としている。また 1990.『現代漢語常用字字典』は '鮮 xiān' の項で特に「'朝鮮' 的 '鮮' 讀 'xiǎn'。」と注記し、1995.『普通話異讀詞彙編』は冒頭 '説明' で「普通話審音委員会の審訂した異読（語）のみ収録した」とした上で、「鮮 ② xiǎn 朝鮮族」を掲載している。

　審音委員会は '朝鮮' の '鮮' について、その異読の存在をいかに考えたのであろうか。『初稿』および『修訂』にはこれを審音した形跡はない。『初稿』は異読語として '屢見不鮮、数見不鮮' の二つを掲載し、『修訂』は異読字 '鮮 xiān' を取り上げ、その語例として同じ '屢見不鮮、数見不鮮' を載せるのみで、その他の異読は現段階では認めていない模様である。

　しかし、審音委員会の異読審議に先行する形で、『現代漢語詞典』は1996年修訂本・2002年増補本においてその '朝鮮族' の '鮮' の読み方を改音し、三声の xiǎn を採用した。ここにおいて '朝鮮' の語音を Cháoxiǎn とすることが権威ある辞書のなかで出現するに至った。『現代漢語詞典』は冒頭の '音注' 説明で、「異読のある語について、普通話審音委員会がすでに審議決定したものは通常、審音委員会の修訂による」としている。修訂のない異読はその限りではないということであろう。規範性と実用性を特色に掲げる『現代漢語詞典』は '朝鮮' の異読について、これ以上放置できず、結論として実勢音を採用したものと考えられる。『現代漢語詞典』は規範の確立を旨とする影響力のある辞書である。このため、例えば2000.『精

選日漢漢日詞典』（新版）はその'前言'で、ピンイン表記は「審音表」と『現代漢語詞典』に基づいて修訂したとし、旧版（1994年第1版）の'朝鮮族Cháoxiānzú'を廃して、'朝鮮族Cháoxiǎnzú'を掲載している。近年、日本出版の辞典でも『現代漢語詞典』の改音にともなってのことと思われるが、2001.『クラウン中日辞典』は'【朝鮮族】Cháoxiǎnzú'を載せ、2002.『白水社中国語辞典』も【朝鮮】【朝鮮族】の二語の'鮮'をxiǎnとして、いずれも'朝鮮'の'鮮'について積極的にxiǎnを採用した。1999.『デイリーコンサイス中日日中辞典』も'朝鮮Cháoxiǎn'を収録している。2000.『アクセス中日辞典』と2002.相原茂『中国語学習辞典』は付録に国名の'朝鮮'や'朝鮮民主主義人民共和国'を収録し、三声のxiǎnを採用している。また1992.小学館『中日辞典』は'Cháoxiān【朝鮮】'と'Cháoxiānzú【朝鮮族】'を掲載して「Cháoxiǎnと発音することもある」と注記するにとどまっていたが、2003年の第2版ではいずれも三声のxiǎnに改音した（同『日中辞典』も1987年第1版の'朝鮮Cháoxiān'を2002年第2版で'朝鮮Cháoxiǎn'に変更）。だが『講談社中日辞典』は、夙に1998年の第1版で'【朝鮮】Cháoxiǎn'や'【朝鮮族】Cháoxiǎnzú'を掲載して三声のxiǎnを採用していたが、2002年第2版では逆にこれらをいずれも一声のxiānに改音し直している（付録の少数民族一覧表はCháoxiǎnzúを残し、改訂漏れ）。

　上述の如く'朝鮮、朝鮮族、鮮族'は常用語であるにもかかわらずこれまで「審音表」ではその異読を認めていない。過去の'国音'の規範制定から現在の「審音表」公布に至る間の経緯をみると、'朝鮮族'の'鮮'の正音をxiǎnとすることは現時点で問題があり、俗読みの'誤読'になる可能性が高く、この異読の問題が依然として未決着であることに変わりはない。'普通話審音委員会'の審議決定を経ていない異読音は『現代漢語詞典』といえども現段階では安易に従うべきではなかろう。

　辞書記載の発音の相違や改訂にみられるように、'朝鮮'の'鮮'の音をめぐっては長年、伝統の規範音（xiān）を取るか、現実の実勢音（xiǎn）を取るかの間で揺れ動いてきた。両者の不一致が厳然とあるにもかかわらず、「審音表」では異読として取り上げられることがなかったため、表面的には放置されたようにも見える。だが、その背景には通則と実勢のいずれを採用するかで論議があり、審音委員10数名の意見が二つに分かれ、暫定的に「審音表」の記載を見合わせたことも考えられよう。その結果、『新華字典』

や 1998.『現代漢語規範字典』などの平声 xiān に読む系統と、『現代漢語詞典』やその他の辞書などの上声 xiǎn とする系統の両者が現在併存し、正音の混乱をもたらしている。固有名詞ではあるが、少数民族名の'朝鮮族'の異読について審音委員会が早い段階で審議し、『初稿』などにその結論を明確に公表していれば、今日の事態には至らなかったものと思われる。『初稿』は'法国、秘魯、濟南、華縣、諸葛'等々、国名・地名・人名計 192 語を審訂しているが、『修訂』は新たに地名等については審音していない。

『釋例』は'鮮'の項の中で'朝鮮族'に言及し、次のような説明を与えている。「'朝鮮族（今日ではよく'鮮族'と略称する）、朝鮮民主々義人民共和国'はいずれも平声の xiān と読むべきである。今日、多くは習慣的に'朝鮮'の'鮮'を上声 xiǎn に読むが、これは取るべきではない。『史記・朝鮮列伝』の司馬貞『索隠』によると、'按朝音潮, 直驕反, 鮮音仙, 以有汕水故名也.'とある。'朝鮮国'と'朝鮮族'は古より今に至るまで我が国と密接な関係がある。司馬貞が音声を表記し'鮮'を'仙'と読んだのは、それが当時の発音であったからである。今日、xiān と平声に読むのにはこのような根拠がある。'朝鮮族'の'鮮'を xiān と読むことはもともと『現代漢語詞典』(1978 年版)にすでに記載されていた。1996 年の再度の修訂でこの'鮮'の字の個所を改訂して音を xiǎn と表記したのは、多くの人の慣用読みに従ったものである。」

6. おわりに

審音委員会は『修訂』において、①『初稿』の改音あるいは統一、②審音対象の語の追加、③『初稿』の一部の語彙の削除、という三つの改訂作業を行った。計 847 字もの異読音について審議し、そのうちの 586 字を「統読」と定めたが、これは字音規範化の明確な第一歩であると考えられる。しかしながら、「統読」と「多読」の間の審音にはバラつきがあり、『修訂』を見る限り、首尾一貫した審音原則があるようには思われない。特に文白二読の簡略方式は異読語によっては曖昧な規範であり、語彙のなかにはいずれに帰属するのか不明となるものが多数残る。また『修訂』には'猹、汲、螫、霰'など、新たに異読語を加え審訂を行った跡が見られるが、前述の如く未だ取り上げられていない異読字も多々ある。

従来、ニュース・アナウンサーやテレビ・キャスター、映画・演劇俳優

などには、その影響範囲の大きさから、共通語規範音による模範的発音が強く求められてきた。だが現実には個別の語彙について共通して慣用音を使用している現象もよくみられる。アナウンサーの一貫した恒常的な異読音は、すでに定着し流通している発音であると考えられ、現時点では俗読みの'誤読'であっても将来それが公認されて正音になる可能性は十分にある。『修訂』の改訂により、音の正俗の地位が逆転した異読字（語）も少なくない。今後、異読のある語について、アナウンサー等が徹底して規範音を取り入れ自己の慣用音を修正していくのか、それとも審音委員会が異読を重んじてそれを認めることになるのか、各々の異読の行方が注目されよう。音韻変化の通則と実勢のいずれを取るか、今後もその間で揺れ動くことになろうが、多くは現実を重視した改訂案が採用されるものと思われる。定着した現実音を認める姿勢は、『修訂』の審音方針の一つでもあった。

　またすでに審音を経て『修訂』に収められた異読語であっても、今後その見直しを迫られるケースもありうる。例えば、前述した有機化合物ペプチドの'勝'は、『修訂』のなかで配慮に欠けた審音改訂の一つであった。『修訂』の改定により'勝'の字は現在「統読」になっている。1957.『新華字典』にはペプチドの'勝'を載せていないが、1971・1979年の修訂本では特に一項目を立て、「勝㊁shēng 一種有機化合物,（中略）。」としている。その後は1985年の『修訂』の「統読」にともない、1987・1990・1992年本では'勝 shēng'の項を削除し、これを'勝 shèng'のなかに統合して「❼（旧読 shēng）一種有機化合物,（中略）。」と記載するようになった（1987年本p.437には未訂正の遺漏がある）。ところが1998年の修訂本以降は1970年代旧版の体裁をそのまま復活させ、'勝㊁shēng'を独立させた。一方、『現代漢語詞典』は冒頭で、異読については「審音表」に従ったと説明しているものの、『修訂』の一方的な'勝'の「統読」の改訂に対し、その改音には従わずに一貫してshēngを掲載してきた。『現代漢語詞典』は不合理と考えられる審訂については「審音表」といえどもそれには従わないという姿勢を強く打ち出している。以上の規範性が高い二大辞書の動向から推して、ペプチドの'勝'の音は将来の改訂で陰平調の shēng になる可能性が極めて高い。このように『修訂』には慎重を欠いた改訂があり遺漏が見られるが、不備のある審訂結果については、今後再改訂が行われ、旧音の復活や異読音の新規採用などが必ずあるものと思われる。

「審音表」に遺漏が散見されることから、審音過程において意見の相違が相当あったものと解釈される。第二次審音委員会では多数の委員の交替があった。また、徐氏自身も『初稿』と『修訂』の両者の異読審議に携わった審音の第一人者であったにもかかわらず、『修訂』の個別の不備を指摘した個所で'「統読」の注記は不必要である''「統読」の審訂は的はずれではなかったか''「統読」の決定はより慎重にすべきであった'などと叙述している。或いは、異読語の審音作業が当初より委員10数名の分担によって行われたことも考えられよう。

審音委員会の審音基準は何であるのか、どの程度の異読を「審音表」に載せているのかといった事柄は最初に明白にされなければならない。前者については『釋例』が異読の取捨選択の根拠や基準など個々の異読語の審音背景について説明しており、一定の解答が示されたと言える。だが、後者については異読の取り方に出入りがあり、問題が残る。異読の程度については現在のところ全面的な統計データはなく、僅かに異読の分布状況を調査した筆者の「北京語常用異読語彙表」があるだけで、各異読の程度判断は各人の印象や経験に基づいているのが現状である。審音対象の異読語について、『釋例』には筆者の採取したいくつもの異読音が取り上げられておらず、異読の有無の判断は人によって異なっている。また「審音表」以外にも多数の異読字が存在している。

言葉は生きものであるため揺れをはらみつつ変化し、今後も新たな異読が発生していく。これからも息の長い審音作業が続くものと予見される。

また、これまで審音裁定に当って、多くの語が北京の異読音と深くかかわっていたことも忘れてはならない。『修訂』の改音の大多数は北京の口語音を重視したものであり、異読語の多くについて今後も北京の実勢音が採用され、それが正音として定着していくであろうと筆者は予測している。そのなかで、筆者の調査した使用比率の高い異読音は、今後の改訂の有力候補になるものと思われる。

(癸未 中秋節)

注
＊　本稿の引用文献は簡体字のものが多いが、原則として繁体字に統一した。
1)　氏は1950年代の『普通話異讀詞審音表』の「初稿」および1980年代の同「修

訂稿」の審訂に携わった北京出身者である。かつて中国大辞典編纂処に務め、『國語辞典』・『同音字典』の編纂にも携わった。後に北京師範大学、中央普通話研究班などの教授、普通話審音委員会の副主任、国家語文工作委員会研究員を歴任している。著述は50余あり、主著に『普通話語音知識』『普通話正音手冊』『北京土語詞典』『普通話異讀詞審音表釋例』等がある。

2) 徐世榮 1997.『普通話異讀詞審音表釋例』語文出版社など参照。
3) 黄名時 1992.「北京音と"普通話"標準音－北京語常用異読語彙の調査研究－」『名古屋学院大学外国語学部論集』1992. 第3巻第2号
4) 胡明揚 1987.『北京話初探』(商務印書館)と 2003.『胡明揚語言学論文集』(商務印書館)には「北京話社会調査（1981）」の一文が収録されている。これは新・老北京人100人を対象にいくつかの特定の語についてその使用情況と発音状況を調査したもので、社会的要素が北京語に影響を与え、とりわけ家庭の言語環境が北京語の特殊語音の使用や語彙選択に影響を与えていると結論づけている。異読については、'論、把、比、您、去'の特定の語のみを調査している。

[参考文献]

陳彭年 1976.『校正宋本廣韻』藝文印書館
讀音統一会 1921.『國音字典』商務印書館
教育部国語統一籌備委員会 1932.『國音常用字彙』商務印書館
中国大辞典編纂處 1991.『漢語詞典』（『國語辞典』1947年版、簡本）商務印書館
中国大辞典編纂處 1956.『同音字典』商務印書館（1985.『中国語同音字典』白帝社、覆刻版）
普通話審音委員会 1963.『普通話異讀詞三次審音總表初稿』文字改革出版社
普通話審音委員会 1987.『普通話異讀詞審音表』文字改革出版社
徐世榮 1997.『普通話異讀詞審音表釋例』語文出版社
黄當時 1992.「『普通話異讀詞三次審音總表初稿』と『普通話異讀詞審音表』審音の異同」文学部論集第77号　佛教大学学会
1957・1971・1979・1987・1990・1992・1998・2000.『新華字典』商務印書館
中国社会科学院語言研究所 1978・1983・1996・2002.『現代漢語詞典』商務印書館
黄當時 1998.「『新華字典』と『現代漢語詞典』における漢字音の出入りについて」
　文学部論集第82号　佛教大学学会
徐世榮 1980.『普通話語音知識』文字改革出版社
楊潤陸 2000.『現代漢字学通論』長城出版社
魏公 1972.『容易讀錯的字』北京人民出版社
徐世榮 1987.『漢字正音』安徽教育出版社
呂永修、頼興華 1990.『現代漢語異讀詞詞典』兵器工業出版社

王秉愚 1999.『漢字的正字與正音』語文出版社
劉源 1984.『現代漢語詞表』中国標準出版社
上海師範大学教務處 1986.『語音文字規範化手冊』学林出版社
蔡偉、汪良 1988.『多音字讀音手冊』北京出版社
亞白 1990.『現代漢語常用字字典』知識出版社
王新民、侯玉茹 1995.『普通話異読詞彙編』語文出版社
呂叔湘 1998.『現代漢語規範字典』語文出版社
姜晩成、王郁良 2000.『精選日漢漢日詞典』商務印書館
(本稿は 2002 年度、名古屋学院大学研究奨励金による研究成果の一部である。)

水和女性的民俗学

―以稻作的水利灌溉为中心―

櫻井　龍彦

1. 从安曇野的地图来看

在切入正题之前，先看一张地图（图1）。可以看到地图上有很多细细的线条密密地穿行着，那么，这些线条代表着什么呢？

当我看到这张地图所显示的景观时，被深深地震撼了。于是，对稻作先民 ― 我们日本人的祖先，不得不肃然起敬。这种深深的感动和敬畏的心情，也就是我从事民俗学的原动力。在这篇文章中，我想谈谈与之有关的内容，并针对稻作生产中水利灌溉的民俗学问题进行思考。

这张地图不用说是来自于空中拍摄的照片。这是长野县安曇野地方的地形图。

这些好像印刻在大地的无数条细线，其实是用于灌溉的水渠，所以水渠穿行的周围就是水田地带。在图的左侧，也就是西侧，有南北走向的山脉，在右侧，也就是东侧，有南北流向的河川（犀川）。以等高线来看，左侧（西）比较高，向右（东）逐渐降低。

从山谷流向平原的乌川，长期泛滥无常，泛滥的同时也顺流带来了上流的肥沃土壤。这些土壤就在平原地带像扇状那样展开而逐渐形成了扇状地。图1反映了为了灌溉这片扇状地使之成为水田，向水和土挑战几百年的日本人的形象。

稻作生产是从制作农田开始的。认为只要有土地和人力就可以做成农田，这样的想法是片面的。那么对于稻作生产来说什么才是最重要的呢？那就是水！所以被称为"水田"。自古以来，为了确保水的供应，农民们不知付出了多大的努力。稻作生产还有一个重要的条件，就是太阳。可是，对于太阳人们无能为力，只能按照自然的法则运作。虽然水也是被自然条件所制约，但运用人的力量多少是能够得到确保的。

但是并不是说有了水就可以进行稻作生产了，还必须要有水利灌溉的设

施。如果没有确保水、调节水、引水、排水的技术和设施，水田稻作生产是不能成立的。

下面参照着地图对安昙野的水系进行说明。先看图 2。这是图 1 中的因乌川而形成的扇状地的扩大图。像安昙野那样的地形，从历史的角度来看，稻作生产应该是从哪里开始的呢？东侧的犀川附近，可以容易地确保水源，也许会认为是从这里开始的。但是，这是错误的想法。大河大川存在洪水的威

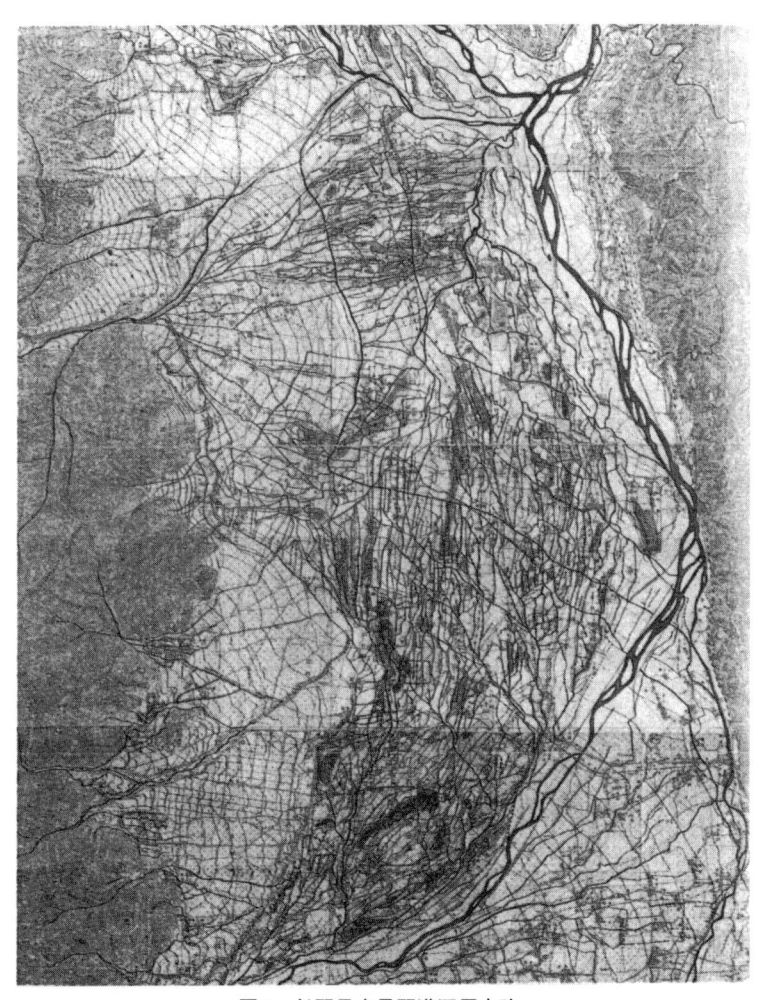

图 1 长野县安昙野灌溉用水路

胁，在治水技术尚不成熟的古代，为了避开危险，在河川的附近是不能住人的。这样，就会选择有一定高度的比较安全的山麓地带，在那儿形成村落制作水田。山麓地带有溪流、泉水和湿地，虽然水量不多，但能够确保在干旱时具有一定量的供水能力。

像安曇野这样的扇状地，最初形成村落的是靠近扇顶部的地方。这块区域在制作水田时，水渠只要沿着河川的流向开凿就可以。这只是单纯地利用

图2 乌川扇状地灌溉用水路

高度差让水流动而已，并不需要高度的技术。在图1可以看到，在扇状地的上方，水渠从西向东流，最后形成了树枝状的水渠。但是，因为水源只是小溪和湿地的水，水量很少，所以不能制作更多的水田。这一带的水渠呈稀稀疏疏的树枝状，从时代上来说，是中世（13-14世纪左右）以前开发出的区域。

随着时代的推移，人口增加了。人们为了确保粮食理所当然地要考虑扩大水田规模。于是，到了近世（17-19世纪左右），横切扇状地的又长又宽的横断型水渠就被建成了。三条水路是大约15公里左右长的大型水渠，它们纵向地，也就是南北向地穿流在这个地带。取水口是在东侧的低地上流动的像犀川那样的大河，三条水路从建筑年代来说，是从东到西的逐渐为近。也就是说，水渠是从扇状地的低处向高处渐渐开凿上去的。

水渠的流向是从南到北。由于横断水渠的建成，使得任何地方都可以从水渠引水。随着灌溉范围的增大，整个扇状地的水田化建设就成为可能。从南北的横断水渠向东分出很多小水渠，简直就像遍布到末梢的网状毛细血管，从中我们可以明白地解读出水渠营造的意图。

只有这样的横断型水渠，才能够确切地反映日本近世的水田开发的面貌。这也就是我在文章的开头说过的，当看到这张地形图时被深深感动的原因。为之感动的不只是对简单地从低处向高处引水的灌溉技术进步的一种感触。从水系的状况我们可以知道土地开发的历史，这个历史过程反映了人类对待生活的坚定意志。我所为之感动的正是人类以克服困难的坚强意志进行土地开垦的情景。这样的意志一个一个地被这些细细的线条表现得淋漓尽致。

就像安曇野的例子那样，这样的意志在大规模灌溉水渠的建设中，决不仅仅是个人意志的反映，而是超越个人的集团意志的凝聚。这些意志体现着为了构筑"生活"这个人类的基本营生，在统一的组织下所运行的计划、秩序、权力。水渠并不是简单的生产活动的场所，也是人们相互间结成社会关系的活动场所。通过水和土的媒介，构建了人与人的关系，而这就是形成作为地缘共同体的村落的基础。理解日本的农村社会，固然有很多途径，我认为从水利灌溉这一视点来认识也是至关重要的。

从今天展现在我们眼前的水田风景，可以知道我们的祖先过去的生活轨迹。这个风景叙说着烙刻在土地上的层层历史，它跨越世代形成了今天人们的生活结构。所以，当我们缅怀这样的伟业时，不禁充满了敬佩和感激之情。

2. 围绕灌溉用水的民间传承—"女堰"

通过安昙野的地图，我们可以围绕灌溉水利问题的民俗学研究的可能性进行很多思考。比如说，我们可以设定一些民俗学的课题：从水田开发的历史看村落的形成，围绕水利惯行的村落秩序的形成，在水利技术中所反映的人的环境认识，有关筑堤建坝等治水的民间传承，更深一步的还有求雨、水神等有关水的信仰和礼仪等等。

在这里我先介绍一下有关灌溉水渠建筑的奇特的民间传承，从中引出稻作和女性、水和女性的关系并展开讨论。在日本有女人测量和设计灌溉水渠的传说。这样的水渠被称为"女堰"、"女掘"等。

安昙野属于长野县，邻接于长野县的群马县有一座高达1,800米的赤城山，它的南麓延伸着一片肥沃的扇状地。为了灌溉这一片耕地，在12世纪开凿了长达14公里的延绵不断的横断水渠。这么大规模的水渠，现在已成为一条废沟不再被使用。根据考古学的调查，可能是当时因为开凿工程设计上的错误，没有完工就被放弃在那里。这个中世纪的遗迹，当地人把它叫做"女掘"。

那么，为什么叫"女掘"呢？因为在那里有该水渠是"从前由于战争，在男人出征沙场期间，由女人挖掘的"、或者"女人用发簪挖掘的"等传承（能登健，峰岸纯夫编 1989:131）。因为"女掘"的称呼初次出现在文献上是在江户时代的后期（18世纪），所以可以说那时已存在这样的传说了（能登健，峰岸纯夫编 1989:106）。

被叫做"女掘"的水渠，其实并不是只有这一个地方，从关东到中部的山区一带的各个地方都可以见得到。在长野县的上田市称为"童女堰"、"孃堰"（童女、孃都发音为"おうな"）的堤坝流传着这样的传说：

> 这个堰堤是一个女人设计的，在完工以后，领主把这个女人杀死了。这以后，每到淅淅沥沥地下雨的夜晚，就能看到她的亡灵拿着提灯，提灯的灯光沿着水路闪亮着。

（小諸市誌編纂委員会 1984:149，石崎直義他 1986:130）

同在长野县的小诸市菱野地区也流传着相似的传承。传说是这样的：

> 从前，现在的地名叫宇坪入（うつぼいり）的土地被开垦出来了，因为没有水陷入了困境。虽然在那儿建了堰堤，但水还是没有流出来。在菱野有一个叫阿坪（おつぼ）的女人，这个女人登上了在堰堤上流

的一块大石头上,一边一心一意地祈念出水,一边在大石头上左右两脚交替高举用力踩踏。这样,不可思议的事发生了,从大石头下喷涌出水来。于是,那一片土地得到了灌溉。

这以后,过了几年,因为土地开垦面积的不断扩大,出现了水量不足的问题。后世的人又建造了另外的堰堤,叫阿坪的女人打开的堰堤就不再被使用了。人们忘不了阿坪的功绩,把新的堰堤称为"女堰"。但是,这却没有让阿坪的亡灵高兴。当地,每年的4月26、27日都要进行堰堤的清扫,这天夜晚,阿坪的魂灵就会点亮提灯,在自己的旧的堰堤那里来回巡视。那提灯的光亮在很远就能看到。(小諸市誌編纂委員会 1984:150所引《北佐久郡口碑传说集》,石崎直義他 1986:130)

从以上灌溉用水渠的建造和女性相关联的传承中,大致可以引发出两个问题,我想对此进行一些探讨。第一个问题是,在开垦和土木工事中,如果不借用女人的力量就不能成功、或者以女人的死为代价才能成功。在这里,女人的力量可以换言之为一种灵力和巫力,女人的死也可换言之为人身牺牲。还有一个问题是,女人左右两脚交替高举用力踩踏可以流出水来。左右两脚交替高举用力踩踏是相扑的动作。在这里,就针对女性和相扑、水这三者之间的关系进行研讨。

3. 女人的灵力

首先是第一个问题。和群马县相邻的茨城县也有"女堰",在那里有这样的传承:

农民们为了灌溉田地,准备在樱川建堰堤,从那里把水引出来。但是,无论工事怎样反复进行,堰总是被水冲走。农民们再也想不出办法了。这时,一个巫女刚好经过此地,农民们就请她占卜。由于巫女的占卜结果是"没有女人做牺牲者,这个堰就不能完工",所以农民们就说"那么,你就成为这个牺牲者好了",于是就强硬地抓住了巫女,把她活埋了。不可思议的是,正在流的水就这样被止住了。从此以后,人们就把这个堰叫做"女堰"了。(荒木博之他编 1986:244)

茨城县的其他地方还有相似的传说。在那里,有一个旅行中的僧人出现在村子里。

他说"堰很快就被水冲走的原因是沼泽深处栖息着的蛇。为了镇住它要让年轻姑娘成为牺牲者,作为蛇的供品献出去就行了"。于是,村

里长者的独生女"小公主(おさなごひめ)"自告奋勇要做堰的牺牲者。村民们就把这个堰叫做"小公主堰(おさなご堰)"。(荒木博之他编1986:242～3)

以上的两个例子,反映了当时(因为是传说所以不能确定时代)建造灌溉水渠遇到很大困难的状况,但是,相似的传说并不只限于灌溉水渠。在日本各地都留下了蓄水池、堤坝、桥、住宅等等一些艰难工事中,当怎么也无法完工的时候,让女人成为牺牲者就可以竣工的传承。在富山县,竟然有在建了就塌的堤坝上,把村里的女人活埋才完工的"女堤"的存在(中山太郎1941: 191 所引 18 世纪的《越中旧事记》)。

这些传说的关键,在于出现僧侣和巫女这样的宗教职能者这一点上。在以近代科学技术也不能完成土木工事的时代,以自然的威慑为对手的工事,和以自然界的魂灵的存在为对手的事情是相同的。像土木工事那样的自然改造,由于侵犯了在自然界中生存着的神的领域,就会惹起神的愤怒。这样,为了顺利地完成工事,就有必要镇抚神以取得许可。在传说中,尽此职责的是僧侣和巫女。

至于灌溉,是把水这样的自然当做对手,所以,这个神灵肯定就是水神了。在"小公主堰"的传说中,建成的堰堤很快倒塌,是因为在沼泽深处栖息着蛇的缘故。不用说蛇是水神的象征。没有得到许可,就从水神栖息的水源引水的人类的开发行为,水神对此当然要进行报复。为了化解神的愤怒,只能向神供奉牺牲。水神可能是男性,所以年轻姑娘就作为牺牲者以慰藉水神的灵威。当然,这些都是传说上的事情。从过去的历史资料中,并没有寻找到实际上有过以活人献祭的事实。上田市的"童女堰",在借用女人的力量完工后,领主把那个女人杀死了的内容,可以说是堰堤的完工必须牺牲女人的传承的一种变形。

这样的传说,表明了有侍奉水神的巫女存在。可以认为巫女奉祀神并和水边的祭祀相关联是以和神结婚或者对神牺牲的形式来表现的。在"女堰"的事例中,有巫女的出现,正是对这个推测的一个证明。能够发挥侍奉于神的女人的灵力和巫力的最终方式是死的行为。村落由于水渠、堤坝和桥的工事不能完成而落入困窘,把村落从危机中解救出来的一个女性的行为,用象征性的表达来说,就是由一个人的死而使地域共同体的全体得到再生的行为。而且,也因再生给村落带来了富饶和幸福。死和再生也就是死和富饶。我认为在这个转换过程中,有女性的力量介入于其中,这从民俗学的角度来看是

很重要的。

4. 女人、相扑以及水

水和女性所具有的密切关系,从求雨的礼仪中已很明朗。这和第二个问题即相扑和女人的关系是联系在一起的。据菱野的"女堰"传说,虽然建成了灌溉用水渠,却不知为什么没有水流出来,于是叫阿坪的女人,就在堰的上流的一块大石头上左右两脚交替用力踩踏。这样从石头下就涌出了水。但是在传说中,对于为什么女人用双脚踩踏就会涌出水来的问题,却一点也没有说明。

左右两脚交替用力踩踏的举动是相扑的一个重要动作。用力踩踏大地使其震动,以唤醒大地的灵性,可能具有激活这个灵力的巫术性意义。在这样的场合,比起男人来女人被看成是拥有巫力的强者。理由之一,是因为女人能生孩子,产出东西,是生产性的存在。

日本自古以来就相信在女相扑中有巫术性力量的存在。特别是在干旱的时候,作为一种求雨的方法,直到现在还实行。比如说,在东北地区,有"女人摔交就要下雨"的说法,久旱不雨的时候,女人们就在神社集中起来进行相扑运动。据说越是卑劣下流的行为举止就越有效果(福田アジオ他编1999: 296)。性的姿态让人联想到男女的交合,是和生产和富饶联系在一起的。

至此,可以明白阿坪为什么要用双脚踩踏大石头了。用双脚踩踏这样的动作,是要给地灵增加巫力,以唤醒大地之水。虽然和求雨不同,不是从天上来的降雨,而是地下之水的喷涌,但在雨水和地下水都是水这一点上是相同的。

水的确保都是为了进行稻作的栽培。在这里,相扑-土-女人-水-稻作这样一个一个的要素,都彼此相关的连在了一起。

虽然不是相扑,另有一个例子显示了女人和水、稻作、富饶之间的关系。让我们来看一看传说,是13世纪中叶的《古今著闻集》(卷10)中出现的大力士女人的故事。

> 有一个女人拥有很多农田,因为和村民们争水,村民们就设计让水进不了女人的田里。于是,那女人就拿着一块六七尺(大约2米)左右的大石头,来到了为使水只流入自己的田,不让水流到别的村民的田里,用大石头堵住了取水口。陷入困境的村民想搬动那块石头,但

因为很重，即使用了一百人也搬不动。最终，村民只好向女人表示道歉求她把石头拿走。

女人的灵力、巫力是眼睛看不到的力量，在这个传说里，把这种力量以能够举起大石头的体力的形式明白地表现了出来。从一定意义上说，相扑也是大力士的运动，如果不是大力士就做不了。所以可以说，眼睛看不到的灵力、巫力就是借用了相扑这样的行为动作以进行具体的表现。

从各地传承的大力士女人的故事可以知道，大力士的女人并不是具有高大身体的人，而是身体小巧非常普通的女人。可是在一定的状态下，却能够发挥异常的力量。一定的状态，就是像由于干旱引起水不足那样的事态。这对村落共同体来说是关系到生死存亡的危机状态。在这样的时候，拥有对神灵产生作用的巫力的是女人。只有女人的巫力才能够挽救危机。最终的结果，是给村落带来了富饶。

介入自然界的神灵和俗世界的人类之间，承担把两个世界连接起来，并使之交流作用的，是像巫女那样的从事民间宗教的女人。开垦、开凿因为是改造自然的行为，当这样人类向自然进行侵犯的时候，请求自然神的允许是必要的。于是，巫女介入其中充当和神进行交涉的角色。具体就是对神进行祭祀，那时候，可能神会提出赔偿的要求。这样，巫女就以死为代价慰藉神灵，同时，也是为了村落共同体的存续作出了贡献。在形成以被杀的女人、人身献祭的女人、被供奉于水神的女人为中心思想的传说的背景中，存在着这样的信仰观念。以死为契机得到再生和富饶，在稻作农耕社会里是普遍看到的民俗现象。针对这个问题我们从水和女人的视角进行了探讨。

5. 余话

最后，想对上面没有能够谈及的两个问题进行讨论。在长野县上田市的"童女堰"以及同县小诸市菱野的"女堰"的传承中，建造了堰堤的女人的亡灵，夜里拿着提灯在水渠出现进行巡视，其中提到过在很远就能看到那些灯光。这似乎给人一种奇妙和恐怖的感觉，但在这些民间传承中却常会隐含有一个主题思想，当这个主题被发现后，就可以明白很多有趣的事实，丰富传说研究的内容。

拿着提灯在晚上巡回的传说，是以近世也就是江户时代的水渠开凿时所使用的技术上的内容为题材。当时，堰堤和储水池等土木工事的测量，很多是在夜间利用光亮进行的。据说测量土地的高低时，有时候使用松明灯和

提灯，有时候点上线香把它固定在一定长度的竹竿上，让打小工的人拿着，在远处了望这些光亮来决定土地的高低（上田·小县誌刊行会 1960: 528）。阿坪的亡灵拿着提灯这灯光可以从远处看到的情节，正好是对测量状态的一种描述。

不知道这样的测量技术的人越来越多，随着时代的变迁像这样的传统技术也渐渐遗忘了，于是就作为神秘的事件被装饰，构成了故事的新的要素。换句话说，在传说等民间故事中，今天已被遗忘的民俗以变形的主题在传承着，挖掘那些被隐藏起来的民俗，就成为民俗学研究的课题。

第二个问题，想针对与水神和女性结婚的民俗相关的、日本以外的相似例子进行考察。在伊朗高原开凿了叫做"カナート"的横穴式的暗渠，通过暗渠的地下水滋润着沙漠的绿洲。图 3 是"カナート"的断面图和平面图。还有图 4 是北非·阿尔及利亚的照片。

据说"カナート"的数量有 3 万或 4 万之多，规模也是多种多样的，标准的有长达 5 到 10 公里的。为了开凿横穴，每 30 到 50 米的间隔就要挖掘一个竖穴。"カナート"的灌溉技术是从伊朗向各地传播开来的。西亚、阿拉伯斯半岛、北非、西班牙、阿富汗、巴基斯坦、中亚以及新疆维吾尔地区（吐鲁番、哈蜜）等都有存在。在撒哈拉沙漠叫"フォガラ"，阿富汗和巴基斯坦叫"カレーズ"，新疆叫"坎儿井"。图 5 是吐鲁番的"坎儿井"的分布图。

在日本以三重县和歧阜县为中心，也分布着有竖穴以及横穴构造的同样的地下水灌溉沟渠，叫做"マンボ"。图 6 是"マンボ"的断面图，图 7 是出水口的照片。左上角有祭祀水神的祠。另外，为了感谢"マンボ"的恩惠，还举行"マンボ祭祀"，也有进行相扑的。在这里，水和相扑的关系也可以得到确认（小堀巌编 1988: 159）。

另外，在韩国也有同样的暗渠，被叫做"万能洑（マンヌンボ）"。"マンボ"的来源，有来自于朝鲜语的"マンヌンボ"的说法和来自于具有矿山坑道意思的"マボ"的说法。如果"マンボ"和"マンヌンボ"有关系的话，那么可以考虑这样的假设，即：伊朗高原的"カナート"灌溉技术，是从吐鲁番进入朝鲜半岛，而后传到日本的。但是对这个假设进行实证颇有点困难。

在"カナート"中存在着很有趣的民俗，这就是"カナート"和人类的女性结婚的民俗。传说"カナート"如果没有妻子水就会枯竭起来，村民们就选择一个女人让她和"カナート"结婚。被选中的女人是寡妇，她要在夏天和冬天的时候，至少一个月一次光身在"カナート"的水中横卧。这样做

的话，水量就会增大。婚姻的手续也和普通的结婚一样，要写好契约书，也要举行订婚宴和结婚式。

这个习惯在 19 世纪的文献上已有记载，即使在现在好像还在继续实行。可以说是一种求水的仪式。作为报酬要给被选中的女人一些小麦等物品，以保障其最低限度的生活需要。

把"カナート"的水看成是男性，为了让他满足就要奉送给他人类的女性。在这样的场合，说牺牲似乎有点言重，但对于水神要有女人来奉仕这一点上，和日本的事例是很相似的。都是和灌溉水渠设施有关联的习俗，而且在挽救村落共同体水不足的危机这一点上也是相同的。裸体进入水中，显然是和"カナート"进行性的交涉，是生产、丰穰的象征性行为，最终的结果是，增加了水量解决了水不足的问题。在干旱求水时的裸体，也和女相扑的裸体有共同之处。

只是在日本奉献给水神的都必须是年轻姑娘，伊朗是寡妇，就不能说她是姑娘了。好像还有 70 岁的老婆婆充当对象的例子。作为报酬让其生活得到一定的保障，也许反映了对寡妇老年生活的一种社会福利性质（冈崎正孝 1988：2～6）。

现在我所关心的是新疆的"坎儿井"。如果也存在着和伊朗同样的和"坎儿井"结婚的民俗，那肯定是具有深远的意义的。

（在翻译时，承蒙陈志勤女士大力协助，谨致谢意！）

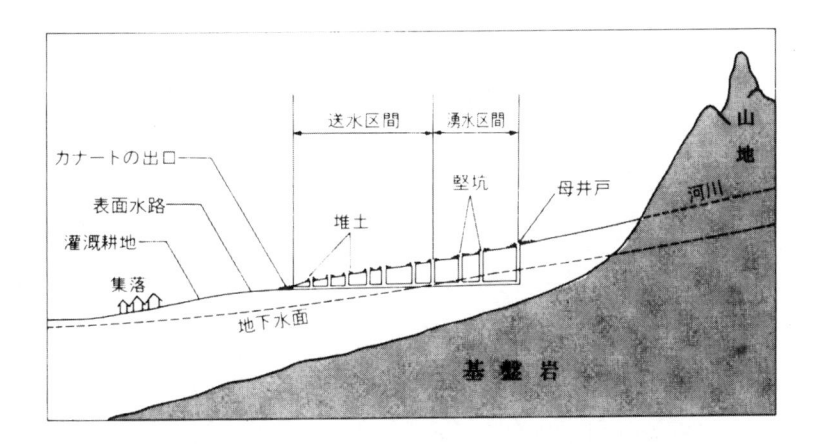

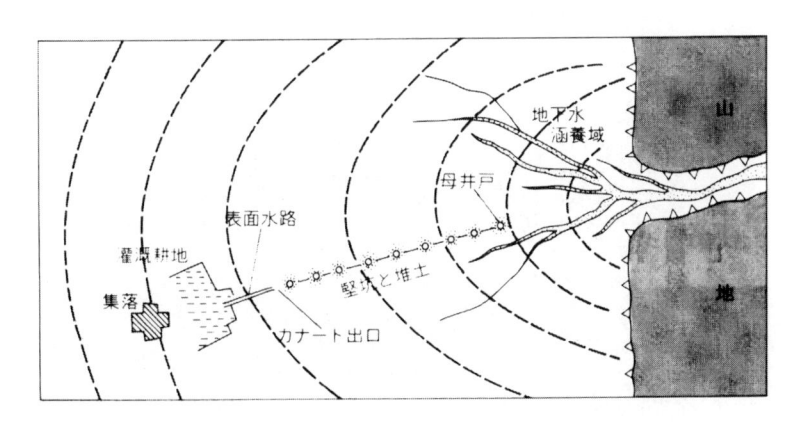

图3 カナート断面図（上），平面図（下）

图4 北非·阿尔及利亚的カナート

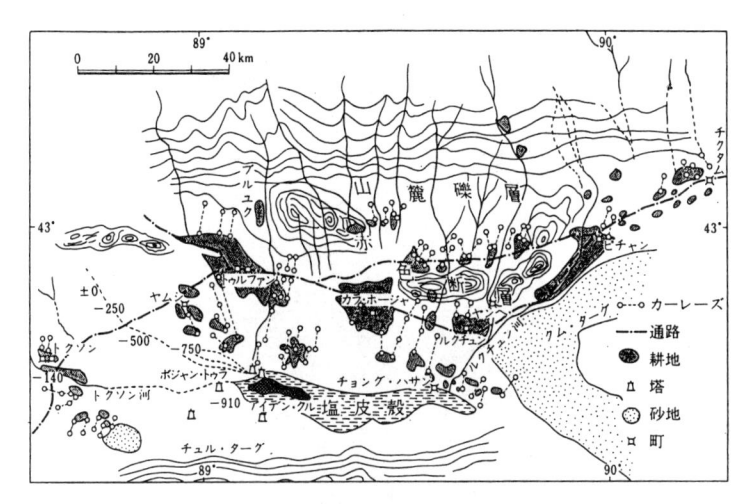

图5 吐鲁番的坎儿井 分布图

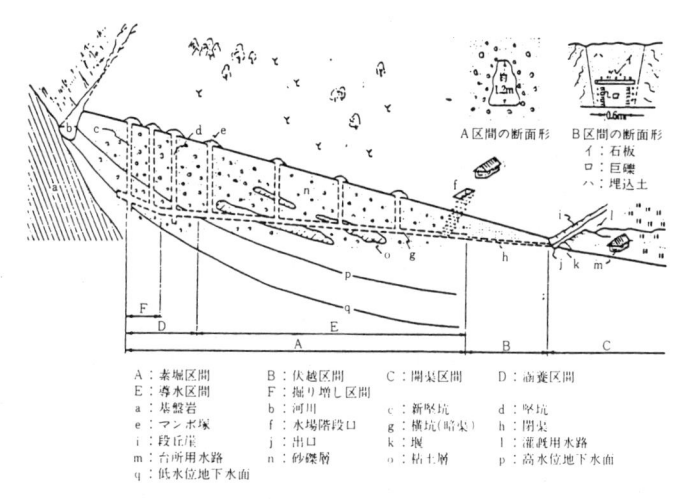

图6 マンボ 断面図

図7　マンボ出水口，水神祠

[引用・参考文献]
嶋崎昌 1977.『隋唐時代の東トゥルキスタン研究』東京大学出版会
福田アジオ他編 1999.『日本民俗大辞典』上　吉川弘文館
岡崎正孝 1988.『カナート　イランの地下水路』论创社
荒木博之他編 1986.『日本传说大系』第4巻: 北关东编　みずうみ书房
能登健，峰岸纯夫編 1989.『よみがえる中世5　浅間火山灰と中世の東国』平凡社
上田・小县志刊行会 1960.『上田・小县志』第2巻：历史篇下
矢岛文夫編 1985.『民族の世界史11：アフロアジアの民族と文化』山川出版社
石崎直义他 1986.『中部地方の水と木の民俗』明玄书房
小堀严編 1988.『マンボ－日本のカナート』三重县乡土资料刊行会
小穴喜一 1987.『土と水から历史を探る』信毎书籍出版センター
小诸市志编纂委员会 1984.『小诸市史』历史篇（2）
中山太郎 1941.『历史と民俗』三笠书房

[图版出所]

1. 小穴喜一 1987: 附图
2. 小穴喜一 1987: 45、图14
3. 矢岛文夫编 1985: 458、图5
4. 小堀严编 1988: 卷首照片1
5. 嶋崎昌 1977: 345、图1
6. 小堀严编 1988:10、卷首插图C
7. 小堀严编 1988:158、照片1

名詞句"一个人"の連用修飾機能判別の試み

佐藤　富士雄

0. はじめに

　中国語において、文の主語、動詞の目的語、名詞の修飾語となることを主な文法機能とする名詞、名詞句（体詞並びに体詞性の連語）の中に、本来副詞や述詞性の語句（形容詞、動詞、"地"フレーズなど）が担当する、動詞に対する連用修飾語にもなり得るものが一部に存在することは、よく知られた事実である。例えば時間語、場所語、数量連語などがそうである。

　ところで、動作主の主語にも動作対象の目的語にもなり得るという点で、もっとも名詞性の顕著な数量名連語"一个人 yí ge rén"（ひとり；ひとりの人間）にも連用修飾語としての用法があることは、比較的多くの人々によって気づかれながら、従来正面から論じられることが少なかった問題の一つである。

　しばらく前のことになるが、筆者は1980年代前半に、ある出版社から、中国の現代作家刘心武の中編小説2編に発音と注釈を施した中級講読用のテキストを出版したことがある。その中の1編《我爱每一片绿叶》に次のような一節があって、はっとさせられたことをいまでもよく憶えている。

　　　记得我们是同一年分配到松竹街中学来的，当时学校总务处有规定，我们单身教师一律两个人住一间宿舍，可是魏锦星一到学校便向领导提出要求："我要一个人住，房间可以比他们小一半。"

最後の魏锦星のせりふは、誰が読んでも「私はひとりで住みたいのです、部屋はあの人達の半分の広さで構いませんから。」となるだろう。またその前の部分も、「当時学校の総務部には決まりがあって、われわれ独身教員は一律にふたりで一つの部屋に住むことになっていた」と読むのが自然であろう[1]。

　20年後の今日、本稿でこの問題を取り上げる主な目的は、典型的な名詞句"一个人"が文中で用いられた場合に、主語、目的語、兼語、連体修飾語となる以外に、動作、行為動詞の前に置かれて、その方式「ひとりで（～

する)」を表す連用修飾語となる機能を有することを、十分な数の客観的な用例を示して確認するとともに、中国語に対して母語話者並の語感を持たないわれわれ外国人学習者が、"一个人＋動詞句"の組み立てを持つ個々の用例に接したとき、その内部構造が［連用修飾語＋述語動詞］、［主語＋述語動詞］のいずれであるのかを知るための、客観的な判定法を設計し、提案するところにある。

1. "一个人"の連用修飾機能に関する佐藤2002の考察

1.1.

名詞句"一个人"の連用修飾機能を論じた先行研究は、筆者の知る限りにおいてまだ存在しない。筆者自身が行ったごく初歩的な考察である佐藤2002[2]は、文中における"一个人"の機能として、名詞句本来の主語、賓語、連体修飾語（"一个人的"の形で）となる機能のほかに、述語的要素や連用修飾語となる機能を認めることができるとした。

いま、用例をより適当なものに差し替えて、上記の各機能の具体例を示すと、まず前者の典型的な例としては、次のようなものがある。

例 a. 女孩儿妈却知道,一个人一辈子只会真正爱一个人, 也只会叫一个人真正爱着。王安忆110《小城之恋》「ひとりの人間は（主語）一生の中にたったひとりの人間しか（目的語）本当に愛することはなく、またたったひとりの人間にしか（前置詞の目的語）本当に愛されはしないのだ」

また、後者の典型的な例としては、次のようなものがある。

例 b. 杨宵顿了一下,说邢友亮不是一个人, 还有几个朋友, 她以为其中有我呢。万方12《明明白白》「シン・ヨウリアンはひとりぼっちではない、まだ何人か女友達がいる」

例 c. "她还是一个人吗？""大概吧, 没听说又结婚。"万方83《明明白白》「彼女はまだひとりなのか？おそらくね、また結婚したとは聞いていないから。」

例 d. 老二家在南京, 她总是先送走老大, 再送走老三, 然后一个人关了宿舍的门窗回家。王安忆469《小城之恋》「次女の家は南京にあるので、彼女はいつもまず姉を先に送り出し、それから妹を送り出し、その後ひとりで寮の戸締まりをして家に帰るの

だった。」

　後者の例のうち、例b、例cでは、"一个人"が名詞句本来の「ひとりの人間」という意味から、やや述語性を帯びた「ひとりでいる人間、ひとりでいる状態」の意味に転じて、"是"と共に述部を形成している。この状態を表す用法が、動作の方式を表す「ひとりで（～する）」という連用修飾語の用法につながっていると考えられる。

　また、例dの"一个人"が後続の動詞句"关了宿舍的门窗回家"の動作主体である、という解釈は成り立たない。「ひとりの人間が寮の戸締まりをして家に帰った」と解釈した場合、この人物は文の前半に現れている人物"她"、"老二"（この二つは同一人物を指している）とは異なる人物でなければならないが、文意および前後の文脈から考えて、他の人物の存在は想定できない。この文の時間的構造は、唯一の動作主である"她"の一連の動作を、"先…"（まず…し）、"再…"（それから…し）、"然后…"（その後…した）と時間を追って叙述しているのであり、"然后…"の後で突然"她"以外の人物が入り込む余地はないのである。

　だが、"一个人"が動詞句の前に用いられた例文中で、例dのように連用修飾語であることが明確な例は多くない。例えば、次の例eの"一个人"が後続の動詞句に対する主語（動作主）なのか、それとも連用修飾語（方式）なのか、即座に判断することは難しい。（本稿の判定結果は3.2.1で紹介した。）

　　例e.　他<u>一个人</u>占着东间，是一大间；大儿子夫妻还有孩子住西间，是一小间。「彼<u>ひとり</u>が東の間を占領していて／彼は<u>ひとりで</u>東の間を占領していて」　浩然360《嫁不出去的傻丫头》

1.2.　佐藤2002が立てた判定基準

　はじめに挙げた佐藤2002は、現代中国の著名な小説家の中から、時代順に浩然、刘心武、王安忆、陆文夫、铁凝の5人を選び、それぞれ1冊の作品集、合計195万字から抜き出した［(人の名詞句N)＋"一个人"＋動詞句VP］の組み立てを持つ例文105個の中から、機械的にその一部を除外した73個の用例を対象に、内部構造の決定に関与すると見られる要素をすべて拾い出した。

　それらの要素とは、次の8項目である。

① 発音時のポーズが"一个人"の前に置かれるか、後に置かれるか：
　前に置かれれば["一个人"＋VP]は一つの動詞句で、その内部は連用修飾構造と判断される。
② 文意から判断して、"一个人"と後続の動詞句の間が連用修飾関係、主述関係のいずれと考えられるか：
③ 人の名詞句Nと"一个人"とが同一人物を指すか否か：
　同一人物を指していれば、連用修飾構造「Nがひとりで〜する」または主述構造「Nひとりが〜する」を保障し、N以外の「ひとりの人間が〜する」の関係を排除する。
④ 動詞句VPが動作、行為を表すか否か：
　動作、行為を表していれば、「Nひとりは何だ、どうである」など判断、描写の主述文を排除する。
⑤ [N＋"一个人"＋VP]の前に他動詞、使役動詞または前置詞が置かれていないか：
　置かれていなければ連用修飾構造の可能性があり、置かれていれば他の構造（主述構造、兼語構造、前置詞句付き動詞句など）の可能性がある。
⑥ ["一个人"＋VP]の前に副詞性の語句（範囲、程度以外の副詞、接続詞、時間語、前置詞句等）が置かれているか否か：
　置かれていれば、連用修飾構造「Nがどのように／いつ／どこで＋ひとりで〜する」の成立を保障する。
⑦ VPが同一人物Nの行う複数の動作、行為の一つであるか否か：
　複数動作の一つであれば、「Nが＋ひとりでVP₁し、VP₂した」の関係（連用修飾関係）が成立する。
⑧ ["一个人"＋VP]が人物Nだけの動作、行為を叙述しているか否か：
　Nだけの動作、行為を叙述していれば、「（複数の人物のなかの）「Nひとりが〜した」の関係（主述関係）の成立が不可能となる。

以上8項目中の①と⑥は、中国の学者刘宁生が、同じ名詞性の成分である人称代詞"自己"（自分）の連用修飾機能を証明しようとした論文刘宁生1986[3]において、主要な判定基準として立てたもので、"一个人"の連用修飾機能の判定にも効果が期待されるため、加えたものである。

要素⑦は、同じく刘宁生の立てた基準：「人の名詞句Nの後に複数の"自

己＋VP"が現れているか否か：現れていれば"自己"は連用修飾語である。"にヒントを得たものであるが、"一个人"の場合、Nの後に複数の"一个人＋VP"が現れる用例は皆無に等しく、比較的多く見受けられるのは"N＋一个人"の後に複数のVPが用いられたケースである、という実態に合わせて基準を緩和したものである。

要素②は、「語感」そのもので客観的基準ではないが、意味を無視しては内部構造の判定は不可能であるため、インフォーマント調査の項目として加えたものである。

残る③、④、⑤、⑧の4要素は、今回筆者が新たに基準として立てたもので、その有効性については、以下の考察の中で明らかになると考える。

基準①②（以後上記の各要素を基準①～⑧と呼び変えることにする）に関しては、第一次の考察で取り上げた73個の用例を対象に、3名のインフォーマントの協力を得て調査を行った[4]。その結果を、③～⑧の各基準をもとに筆者が行った仮の判定結果と対照してみたところ、基準①（ポーズの位置）は52％の一致率で、"一个人"の連用修飾機能の判定に特に有効とは認められなかった。このことは、文中でポーズの置かれる位置は文法構造のみによって決まるものではない、という一般的なルールの表れと解釈できるだろう。

基準②についてのインフォーマントの判定結果と、筆者の仮の判定結果との一致率は82％で、かなり高い比率になったが、期待したほど高くはなかった。その原因としては、まず筆者の仮判定の精度がまだ十分に高くなかったこと、調査に当たってインフォーマントに提示した資料が、小説の全文ではなく、用例を含む前後の狭い範囲を抜き出したものであったこと、などが考えられる。

基準③④⑤と⑦⑧は次の表1に見られるように、筆者の仮の判定結果との一致率が75～91％という比較的高い数値を示し、有効性が確認された。だが、単独で内部構造を判定するだけの力は持たないことも、同時に明らかになった。

一方、刘宁生の基準を援用した基準⑥は、きわめて優れた判定能力を持っていて、"一个人＋VP"の前に範囲副詞以外の副詞、並びに副詞性の語句（ほとんどの助動詞、接続詞、時間語・場所語、前置詞句）がありさえすれば、内部構造は修飾構造と判定されるという点で、筆者の仮の判定

結果とよく一致した。惜しむらくは、この基準を適用できる例文が全体の24％にすぎず、大半の例文に対しては⑥以外の基準を適用して判定するしかないという点である。

1.3. 佐藤2002の立てた各基準の判定能力

頭書の73個の用例に対し、上記の各基準を単独で適用して得られた判定結果と、全体を総合して筆者が仮に下した判定結果との一致率を求めたのが、次に掲げる表1である。（2002年6月口頭発表[5]資料の表5を改訂）

一致率の算出に当たって、基準①、②では、3名のインフォーマントの判断が3対0、3対1（1名が両方の可能性を指摘した場合）、2対0（1名が判定不能とした場合）となった場合に結論が出たものとして1例と数え、それ以外の比率になった場合は両方の可能性があるものとして0.5例と数えた。他の基準では、インフォーマントの判定が連用、主述両構造の可能性があるとされた場合、0.5例と数えた。

表1　各基準単独の判定結果と筆者の仮判定との一致率（用例73個）

基準	基準の内容	仮判定との一致率
①	休止の位置が"一个人"の前か後か　差≧2	25.5例÷49例＝52％
②	"一个人VP"の意味（修飾／主述）　差≧2	44.5例÷54例＝82％
③	"一个人"とNが同一指示か	54.5例÷73例＝75％
④	VPが動作・行為動詞か	55.5例÷73例＝76％
⑤	"N一个人VP"の非客語性	54.5例÷73例＝75％
⑥	"一个人VP"の前に副詞性の語句があるか	17例÷17例＝100％
⑦	VPが複数動作の一つか	24.5例÷27例＝91％
⑧	VPの動作主がNだけか	31例÷37例＝84％

結果の紹介が先になったが、ここで各用例に対しインフォーマントが基準①、②に対して示した判断と、筆者が基準③〜⑧を順に適用して得た反応に基づいて内部構造を判定した過程を、二三例を挙げて示しておこう。（各基準の後の［＋］、［−］はそれぞれ連用修飾構造、それ以外の構造（主に主述構造）を指向することを表す。）

　　例03．"那就好"他｜一个人站在空寂寂的院子里，却不知为何叹了一口气。王安忆27《阁楼》
　　　　①休止の位置：前対後＝3：0［＋］、②意味：連用修飾構造対主述構造＝3：1［＋］、③"一个人"とNが同一指示か否か：［＋］、④VPの

動作動詞性［＋］、⑤"(N)一个人VP"の非客語性［＋］、⑥"一个人"の前に副詞、助動詞、接続詞、前置詞句等があるか［ ］、⑦VPが複数動作の一つか［＋］、⑧人物がNだけか［＋］：→筆者の仮判定結果は「連用修飾語性［＋］」となり、対応する訳文は「彼はひとりでがらんとした中庭に立ち、」となる。

例01. 他讲得起劲，放手让阿大一个人｜照料那只炉子，水已经干了，煤球的余温焐着锅底，快了。王安忆13《阁楼》

①休止の位置：前対後＝0：3［－］、②意味：修対主＝2：1［±］、③Nと同一指示［＋］、④動作性［＋］、⑤非客語性［－］、⑥前に副詞等［ ］、⑦複数動作か［－］、⑧人物Nだけか［－］：→［筆者の判定］連用修飾語性［－］訳：彼は話しに熱が入ってきたので、思い切ってアターひとりにそのストーブの番をさせた」

例65. 蔡大哥陪着我们聊了一会儿，就一个人｜到王府井溜弯去了……。刘心武473《立体交叉桥》

①休止の位置：前対後＝0：3［－］、②意味：修対主＝3：0［＋］、③Nと同一指示［＋］、④動作性［＋］、⑤非客語性［＋］、⑥前に副詞等［＋］、⑦複数動作か［＋］、⑧人物Nだけか［＋］：→［筆者の判定］連用修飾語性［＋］訳：ツアイの兄貴は私たちに付き合ってしばらく世間話をすると、ひとりでワンフウチンへ散歩に出かけた。

佐藤2002は、以上のような手続きを踏んで各用例中の"一个人VP"の内部構造が連用修飾構造であるか否かを判定した。

2. 判定基準の改善

前節で見たとおり、佐藤2002の考察を通じて、"一个人VP"の内部構造判定に、基準③～⑧がそれぞれ有効であることが明らかとなった。

ところで佐藤2002における考察は、頭書の5人の作家の作品から抜き出した73個の用例を対象としたものであった。本稿では、より精度の高い考察を行うために、作業の方法を質と量の両面から次のように改めている。

まず、考察の対象となる用例を、統計的に意味を持つ100個以上確保するために、機械的に対象から除外していた32個の用例を元に戻して計105個とした上で、その中から以下のような連用修飾機能とは関連のうすい、純然たる主語や述語としての用例14個を対象から除外し、総計91個とした。

○ 她把检验员从头上看到脚下，说也奇怪，从检验员身上，她竟弄懂了一个人该怎样对待荣誉。陆文夫697《荣誉》「ひとりの人間がどう～すべきかを」

○ 我还要替他补充：一个人在努力为祖国的繁荣富强而工作的前提下，能不能保留一点个人的东西，比方说，能不能有一点个人的秘密？刘心武35《我爱每一片绿叶》「ひとりの人間が～するという前提の下で」

次いで、筆者が2002年6月の口頭発表で取り上げた张洁、万方の作品中の用例15個を対象に加え、さらに蒋子龙の作品中の用例37個を加えて、対象資料277万9千字、用例総数143個とした。これ以降の記述はすべて、この143個の用例を対象としたものである。

さらに、佐藤2002で基準①、②に関するインフォーマント調査に協力していただいた3名の母語話者のひとりであるC氏に、再度143個の全用例について少し角度を変えて、この構造中の"一个人"が後続の動作の「方式」を表すものか、「主体」を表すものかを、語感に基づいて厳密に判断してくれるよう依頼し、得た回答を筆者の判定結果に対置することで、本稿の考察の客観性の確保を試みた。続いて、本稿が行った基準の改善について述べよう。

2.1. 基準⑥[−]を新設する

刘宁生が体詞性の代詞"自己"の連用修飾機能を証明するために立てた基準⑥が、同じ体詞性の連語である"一个人"の連用修飾機能を判定する基準としても極めて有効であることは、すでに見た通りである。だが基準⑥には、適用できる用例が多くないという難点があった。今回の調査対象である143個の用例中でも、基準⑥を適用できるのは34例（23.8％）に過ぎない。この比率を高める方法はあるのか。そこで注目されるのが、基準⑥がその標識から排除した「程度副詞と一部の範囲副詞」が"一个人 VP"の前に用いられたケースを、この基準の中に取り込むことである。ただし、程度副詞はこの構造の前には現れないため、範囲副詞だけを標識とする。

これまでの考察では、"一个人 VP"の前に範囲副詞を除く副詞、助動詞、接続詞等が用いられた場合を基準⑥[＋]、これらの語が一切用いられない場合を基準⑥[　]と表記してきたが、ここで基準⑥[　]を再定義し、「"一个人 VP"の前に一部の範囲副詞（＝数量副詞）が用いられた場合」を基準

⑥［−］と表記することにすると、6例が新基準⑥［−］の適用対象に入ってくる。その中の5例は、基準③④⑤が［＋＋＋］あるいは［＋＋−］であるが、基準⑦⑧は［　］あるいは［−−］で、"N一个人VP"の直前に名詞句の範囲（数量）を限定する副詞"就、就是、光"が存在するため、構造全体は主述構造「Nひとりだけが VPする」と判断される。

119. 小艾，我问你话呐，怎么<u>就你一个人</u>干活，别的人呢？蒋子龙112《招风耳，招风耳》「どうして<u>君ひとりだけが</u>働いているんだ」

124. 曾淮还是那副笑模悠悠的样子，说："小伙子，在这个世界上不光<u>你一个人</u>存着一肚子肝火。"蒋子龙151《开拓者》「この世の中で<u>君ひとりだけが</u>むかっ腹を立てているわけではない」

残る1例では、基準⑥以外の二組の基準、すなわち基準③④⑤と⑦⑧が、おのおの［＋＋＋］と［＋＋］になる。

39. 老李的男人很期待地看着老王的男人，希望他说服老王。不料老王的男人并不坚持，<u>就自己一个人</u>走了。王安忆511《弟兄们》

後に述べるように、これら二組の基準がすべて［＋］となった用例は、すべて連用修飾構造と判定されているため、例39も連用修飾構造の可能性が高い。この解釈に従って該当個所を訳すと、「案に相違してワンさんの夫は頑張ろうともせず、<u>自分ひとりだけで</u>帰って行ってしまった。」となる。一方、主述構造と解釈して訳すと、「ワンさんの夫は（略）<u>自分ひとりだけが</u>帰って行ってしまった。」となる。訳文の比較からは、連用修飾構造と解釈するのが妥当と判断される。また、前回得ていた3名のインフォーマントの判定も、連用修飾構造で一致している。

以上の結果から、新基準⑥［−］は、基準③④⑤が［＋＋＋］、⑦⑧が［＋＋］である場合は、それらの基準に対して劣勢で、連用修飾構造の判定を覆す力を持たないが、基準③④⑤が［＋＋−］であったり、［＋＋＋］であっても基準⑦⑧が［＋］を含まない場合は、それらに対して優勢で、主述構造と判定する力を持つ、と考えられる。この結果新基準⑥［−］は、基準⑥［＋］には及ばないものの、それに準じた有力な判定基準として扱える見通しが立ったことになる。

既存の基準⑥［＋］の上に新基準⑥「−」が加わった結果、基準⑥全体の適用可能用例は6個増加して143個中の40個となり、その比率も23.8％から28.0％に上昇して、さらに適用範囲の広い有力な基準となった。

2.2. 基準⑥' を新設する

　基準⑥に関してはもう一つ、佐藤 2002 が検討しなかった問題が存在する。それは、基準⑥がもっぱら"一个人VP"の前の位置に注目するのに対し、"一个人"の後、VP の前の位置にも、同じく副詞性の語句が用いられた用例がかなり多数（42個）存在し、その位置づけが定まっていないことである。この位置に現れる副詞性の語句には、次のようなものがある。

　　副詞　　：不（否定）、也（同一性）、又（併存）、就（数量）、正（時間）、
　　　　　　　还（時間）、将要（時間）；胡乱（状態）、悄悄（状態）
　　副詞句　：〜地 de（16 例）
　　助動詞　：可以（可能）、能（可能）、不能（可能）
　　前置詞句：在…（場所）、对…（対象）、把…（対象）

　このうち、"一个人VP"の内部構造の判定に関与するのは、状態副詞を除く否定、同一性、併存、数量、時間等の副詞と助動詞である。
　いま、陆俭明・马真著《现代汉语虚词散论》1999.11、侯学超编《现代汉语虚词词典》1998.5、北京大学中文系 1955、1957 级语言班编《现代汉语虚词例释》1982.9 等の記述を熟読すると、これらの語が名詞句と動詞句の間に用いられた場合、両者の間に主題と述題の関係を含む主語と述語の関係が成り立つことがわかる。すなわち、これらの語は主述関係の標識となり得るのである。したがって、"一个人"と VP の間にこれらの語が用いられた場合、"一个人"とこれらの語を含む VP との間には、主述関係が成り立っていると考えられる。次の例文のペアを見られたい。

　　40. 回到桌子前，再次招呼她们吃饭，甚至还向老王说：这时候<u>她丈夫正一个人孤零零地在吃饭</u>吧。王安忆 515《弟兄们》
　　97. 有天晚上高闯没回来，也没来电话，<u>我一个人正看电视</u>就听有人敲门，开门一看是邢友亮，（略）万方 121《明明白白》

　例 40 では、時間副詞"正"が N と"一个人VP"との間に用いられ、例 97 では"N 一个人"と VP の間に用いられている。前者はすでに観察した基準⑥［＋］の例であり、後者はここで初めて観察する語序の例である。
　2 種類の語序はそれぞれ、「N が＋<u>ちょうどひとりで</u> VP している」の関係（"一个人"と VP は方式と動作の関係＝連用修飾関係）と「N ひとりが＋<u>ちょうど</u> VP している」の関係（"N 一个人"と VP は動作主と動作の関係＝主述関係）を代表している、と考えてよいだろう。

同様に次の例57と例115では、助動詞の否定形"不能"の置かれた位置により、「ダアタアはもうじき三十になるというのに、いつまでも<u>ひとりで暮らすわけにもいかない</u>」(連用修飾関係)と、「これは支部会議で決めたことだから、<u>あんたひとりではひっくり返すことはできない</u>。」(前提と結論→主題述題関係)と理解される。

57. 不管是那吃蛋卷冰激淋的也好, 打洋红色尼龙伞的也好, 谁嫁给大塔, 我都为大塔高兴, 因为算一算我也明白, <u>大塔都快三十岁了</u>, 也<u>不能</u>总是<u>一个人</u>过呀！刘心武 168《大塔》

115. 这是支部会上定的, <u>你一个人不能</u>推翻。发！蒋子龙 75《一个工厂秘书的日记》

数量の副詞"就"がこの二つの位置に用いられた例72と例105では、前者は「<u>あんたひとりだけ</u>が家にいたのか？」(動作主と動作の関係)を、後者は「おまえは<u>ひとりで</u>二つも独占しているのだから」(方式と行為の関係)を表すと考えられる。

72. 老有四周看看, 坐上炕沿说: "<u>就你一个人</u>在家?"乔说: "嗯。"铁凝 273《棉花垛》

105. 你现在的罪行是双重的。右派分子加坏分子. 地、富、反、坏、右, <u>你一个人就</u>占了两项。张洁 216《祖母绿》

だが、同じく前後二つの位置に用いられても、場所の前置詞句"在…"の場合は状況が異なり、位置の違いが内部構造の違いを反映しないようである。

例えば次の例33では、"在…VP"の前に置かれた"一个人"は動作の方式を表していて、動作主体を表さないと考えられる。これは主として"一个人在…VP"が同一の動作主"她"が行う複数の動作の一つであること、すなわち基準⑧が［＋］であることによるが、同時に前置詞句"在…"の前に置かれた"一个人"が、必ずしも動作主を表さないためでもあると考えられる。

33. <u>她</u>这样一想便格外地忙碌起来。天不亮, 爬到凤凰山上写生, <u>一个人在</u>荆棘丛里钻来钻去, 将衣服和皮肉都划破了, 才筋疲力尽地下山。王安忆 469《弟兄们》「彼女は(略)<u>ひとりで</u>イバラの藪の中を漕ぎまわって」

したがって、次の例32も「彼女が＋ひとりで…がらんとしたデッサン室

でデッサンをしている」こと（方式＋場所＋動作の関係＝連用修飾関係）を表している、と理解するのが適当と考えられる。

32. 她一个人在空荡荡的素描室里画着素描，四周全是没有生气的惨白的石膏像。王安忆 469《弟兄们》

一方次の例 52 では、"一个人 VP" が "在…VP" の後ろに置かれているため、その内部が連用修飾関係「私はトンタンでひとりでニワトリを一羽買って」であることに、議論の余地はない。

52. "我在东单一个人买了一只鸡，喝了半斤酒。我把剩下的半只鸡送给一个上访的妇女了，她牵着个小丫头。"刘心武 45《这里有黄金》

以上、副詞性の語句が "一个人" の前後二つの位置に置かれた例文のペアを観察したが、これらの語句が "一个人" の後に置かれた用例だけが発見されているケースもある。

○ 同一性の副詞 "也" の例：

14. 这时候，在另外的地方，他们时常会面的杂草上，他一个人也在哀哀地哭。王安忆 232《小城之恋》「彼ひとりもまた悲しげに泣いている」

○ 可能の助動詞 "可以" の例：

104. 据说疯子的力气极大，打起架来，一个人可以抵上好几个。张洁 149《七巧板》「ひとりがいく人もを相手にできる」

○ 否定の副詞 "不" の例：

133. 有什么现眼的，刚才又不是我一个人不上前，有那么多人围着看热闹，敢救火的不就是他们两个吗？蒋子龙 312《赤橙黄绿青蓝紫》「さっきだって俺ひとりが進み出ようとしなかったわけではなくて」

ここまでの観察の結果をまとめると、時間の副詞 "正、还"、数量の副詞 "就"、同一性の副詞 "也"、否定の副詞 "不"、可能の助動詞 "能、可以" 等が "一个人" の後に置かれた場合、"一个人" とこれらの語を含む動詞句 "VP" との間には、主述関係が成り立っていると考えられる。

ところで、"一个人" の後、VP の前という位置は、はじめにも述べた通り基準⑥と対立する位置である。そこで新たに、"一个人" の後、VP の前にこれらの主述構造を指向する副詞や助動詞が現れた場合を基準⑥'［−］、その他の副詞性の語句が現れた場合を基準⑥'［＋］、副詞性の語句が一切

現れない場合を⑥'［　］と表記することにすると、新基準⑥'［－］は、以下の各ケースにおける"一个人VP"の内部構造の判定に、重要な役割を果たすことになる。

　A．基準③④⑤が［＋＋＋］で基準⑥が［　］の場合：6個（表2：F,G）
　B．基準③④⑤が［－］を含む場合：44個（表2：K～Q）
　新基準⑥［－］ならびに⑥'［－］、［＋］を導入した結果の詳細については、次の第3章で触れることにする。

3. 主要基準と補助的基準の組み合せによる全用例の分析

　判定基準の見直しが終わった。この章では、主要な二組の基準⑥および③④⑤と、補助的な基準⑥'および⑦⑧を組み合わせることにより、本稿で取り上げた"N一个人VP"の143個の用例の大部分に対して、その内部構造の判定が可能であることを検証しよう。

3.1. 基準⑥から分析を始める場合：40個
3.1.1. 基準⑥が［＋］となる場合

　基準⑥が［＋］となる用例は34個存在し、基準③④⑤もすべて［＋］になる。したがって、その先の分析は補助的基準の⑥'と⑦⑧を用いることになる。

　基準⑥が［＋］であれば、基準⑥'は［＋］または［　］のいずれかになる。

　基準⑥'が［＋］となる28個の用例は、すべて連用修飾構造と判定される。

　　21．李小琴白天黑夜地在屋里哭。哭得姓杨的学生不敢回屋，睡到一个要好的姊妹家里去了。她便一个人在屋里啼哭。王安忆359《岗上的世纪》

　基準⑥'が［　］となる6個の用例では、基準⑦⑧は［＋］または［　］になり、［－］になる例は見つかっていない。したがって、基準③④⑤［＋＋＋］と相まって、いずれも連用修飾構造と判定される。

　　29．老二家在南京，她总是先送走老大，再送走老二，然后一个人关了宿舍的门窗回家。王安忆469《弟兄们》⑦⑧：［＋＋］（既出）
　　50．当时学校总务处有规定，我们单身教师一律两个人住一间宿舍，可

は魏錦星一到学校便向领导提出要求: "我要一个人住，房间可以比他们小一半."刘心武22《我爱每一片绿叶》⑦⑧：[　]（既出）

以上をまとめると、基準⑥が［＋］となる用例では、"一个人 VP"の内部構造はすべて連用修飾構造と判定される。インフォーマントの判定結果も、すべて［方式＋動作］となっている。（表2：A）

3.1.2. 基準⑥が［−］となる場合

基準⑥が［−］となる用例は6個あるが、基準③④⑤がすべて［＋］になるため、群内部の分析には補助的基準⑥'と⑦⑧を用いることになる。

基準⑥［−］と基準⑥'［−］が同時に成り立つ用例は1個あって、両基準とも主述構造を指向する。（表2：B）

133. 有什么现眼的，刚才又不是就我一个人不上前，有那么多人围着看热闹，敢救火的不就是他们两个吗？蒋子龙312《赤橙黄绿青蓝紫》（既出）

基準⑥が［−］で基準⑦⑧が［−］または［　］となる用例は4個あって、両基準の指す方向は一致し、主述構造と判定される。（表2：C）

117. 我比你明白得还多，现在的事是走一步算一步，孩子不哭娘不哄，车到山前必有路。别以为就是你一个人关心工厂的命运，别人都是白吃饭！蒋子龙98《拜年》

124. 小伙子，在这个世界上不光你一个人存着一肚子肝火。有人所以不发作，是因为他的智慧足能熄灭怒火。蒋子龙151《开拓者》（既出）

基準⑥が［−］で基準⑦⑧が［＋］となる用例は1個あり、後者が前者に対して優勢で、内部構造は連用修飾構造と判定される。（表2：D）

39. 老李的男人很期待地看着老王的男人，希望他能说服老王。不料老王的男人并不坚持，就自己一个人走了。王安忆511《弟兄们》（既出）

以上の結果をまとめると、基準⑥が［−］となる用例では基準⑥'は［＋］とはならず、基準⑦⑧が［＋］となった場合に連用修飾構造の可能性がある以外、基本的に主述構造と判定される。しかし、インフォーマントの判定では、例124、133に主述構造の可能性を認めるほかは、連用修飾構造となった。（表2：B、C、D右端の（　）内を参照）

3.2. 基準③④⑤から分析を始める場合

3.2.1. 基準③④⑤が［＋＋＋］となる場合

基準③④⑤がすべて［＋］となる用例は、全部で99個存在する。そのうち、基準⑥が［＋］または［−］となる用例40個については前節で判定の手続きを述べたので、ここでは基準⑥を適用できない残りの59個について観察する。

基準③④⑤がすべて［＋］で、基準⑥が［ ］、基準⑥'が［＋］となる用例は10個存在し、内部構造はいずれも連用修飾構造と判定される。インフォーマントの判定結果も同様である。（表2：E）

32. 她想：这世界上至少还有一个她能够孤独地坚守。<u>她一个人在空荡荡的素描室里画着素描</u>，四周全是没有生气的惨白的石膏像。王安忆 469《弟兄们》（既出）

76. 天黑了，<u>杨青</u>提了马扎，<u>一个人急急地往村东走</u>。铁凝 361《麦秸垛》

113. 我猜度<u>像他那样的人</u>，是不会等到职工们都上班来再走的。一定是趁着群众还没有上班，<u>一个人悄悄离开工厂</u>。蒋子龙 54《一个工厂秘书的日记》

基準③④⑤がすべて［＋］で、基準⑥が［ ］、基準⑥'が［−］となる用例は6個存在する。基準⑥'［−］は基準③④⑤［＋＋＋］に対しやや優勢と見られ、5個が主述構造と判定される。インフォーマントの判定は、「どちらかというと動作主体」が2個、「どちらかというと動作の方式」が3個で、すべて主述構造の可能性を認めている。（表2：F）

101. 我告诉她邢友亮<u>一个人</u>还住在他们的"家"里，她半天不出声，从口袋里摸出一个精致的钥匙链，取下那套房子的钥匙。万方 225《明明白白》

142. 即便<u>你一个人</u>不同意，按党的组织原则还有个少数服从多数嘛！蒋子龙 485《阴差阳错》

残る1個は、"一个人"の後が数量を表す副詞で、連用修飾構造と判定される。（表2：G）

105. 你现在的罪行是双重的。右派分子加坏分子。地、富、反、坏、右，<u>你一个人</u>就占了两项。张洁 216《祖母绿》（既出）

基準③④⑤がすべて［＋］で、基準⑥、基準⑥'がともに［ ］である

用例は 43 個存在する。そのうちで、基準⑦⑧が［＋］または［　］となる 38 個は連用修飾構造と判定される（表 2 : H）。

 87. 褚大一直跟大儿子全家住在老宅院的两间石头屋子里。<u>他一个人</u>占着东间，是一大间；大儿子夫妻还有孩子住西间，是一小间。浩然 360《老人和树》（1.1. 例 e として既出）

基準⑦⑧が［－－］となる 2 個は、連用修飾、主述いずれの構造とも理解できる。（表 2 : I）

 135. 刘思佳，我写了一份对油库领导的起诉书，你看一看，如果同意就签个名，算咱们两个救火者连名指控他们。如果你不同意，那只好<u>我一个人</u>干了。蒋子龙 322《赤橙黄绿青蓝紫》

基準⑦⑧のいずれか一つだけが［－］となる残りの 3 個は、連用修飾構造と判断される。（表 2 : J）

 126. 散会后又争吵了好半天。等到人们气呼呼地都走了，<u>我一个人</u>坐在大礼堂里想这件事。蒋子龙 180《开拓者》

以上の結果をまとめると、基準③④⑤がすべて［＋］で、基準⑥、⑥'がともに［　］である用例は、基準⑦⑧が［－－］となる場合に主述構造の可能性があるのを除いて、基本的にすべて連用修飾構造と判定される。

なお、インフォーマントの判定も、43 個の用例をすべて「動作の方式」とした。（表 2 : H, I, J）

3.2.2. 基準③④⑤が［＋＋＋］とならない場合

基準③④⑤のうち、一つ以上が［－］となる用例は全部で 44 個存在し、［－］の現れ方には［－＋－］、［－＋＋］、［＋－＋］、［＋＋－］の 4 パターンがある。

パターン［－＋－］と［－＋＋］では基準③が［－］、すなわち人物 N が文中に現れないか、現れていても"一个人"と同一人物を指さない。したがって連用修飾関係「N がひとりで VP する」が成り立つのは、N と"一个人"が文脈から同一人物と判断される場合に限られる。両パターンの例文は全部で 12 個あり、上記の理由から例 34 に連用修飾構造の可能性が認められるほかは、すべて主述構造と判断される。基準⑥'［－］の 2 例もこの中にある。（表 2 : K, L, M）

 34. 她想，本来这么一针一针的漫无目的地织是多么愉快，<u>好比一个人</u>

心情坦畅地散步。王安忆 479《弟兄们》

48. 章波的面前展开了一个新的天地，他像是<u>一个人</u>将要去远方旅行，内心充满了激动和新奇的喜悦。陆文夫 706《平原的颂歌》

95. <u>一个人</u>走到他们面前，给他们拿来新烤好的羊肉，另外几个人围在邢友亮身边，（略）万方 40《明明白白》

パターン［＋－＋］の4個の例文は基準④が［－］、すなわちVPが動作・行為を表さない動詞句である。したがって、もともと連用修飾構造「Nがひとりで VP する」とは無縁なはずであり、本稿の考察の結果でも基準⑥'がすべて［－］となり、連用修飾構造ではないと判定された。(表2：N)

パターン［＋＋－］は基準⑤が［－］、すなわち"N 一个人 VP"の前に動詞が置かれていて、構造全体がその目的語の位置にある。用例は28個で、補助的基準⑥'が［－］となる例は見つかっていない。前の動詞とこの構造との関係は一様ではなく、動詞と主述目的語（目的語節）の関係、使役動詞と兼語構造の関係、前置詞とその目的語と述語動詞の関係などさまざまである。やっかいなのは、それらのどの関係と捉えても、"N 一个人 VP"の組み立ては、「N ひとりが VP する」とも「N がひとりで VP する」とも解釈できてしまうことである。

この難問を解く鍵の一つは、文中に人物Nを他の人物と対比または区別して取り立てる副詞（"只，就，全，单独"）、名詞句（"一家，全家，全家的人"）、代詞（"大家"）等が存在するか否かにある。それらの語句が出現する以下のような例（14個）は、基本的に主述構造「N ひとりが VP する」と理解することができる。

10. 她的俊俏，她的骚情，全是他一个人的，<u>只</u><u>供</u><u>他一个人</u>享用。王安忆 118《荒山之恋》

37. 让<u>他一个人</u>养活<u>一家三口</u>，她不忍，实际上也做不到。王安忆 506《弟兄们》

53. 从此<u>全家</u>就靠妈妈<u>一个人</u>在纸盒厂当工人挣钱养活，爸爸天天背上鱼篓去钓鱼，有时我也跟着他去，（略）刘心武 46《这里有黄金》

81. 他老妈半个身子，他媳妇得带孩子，搞家务，基本上<u>只有</u><u>他一个人</u>在队里劳动。浩然 135《能人楚世杰》

また、これらの語句は現れなくても、例53と同じ動詞と同じ組み立ての目的語句からなる例56も、主述構造と考えてよいだろう。以上15例に対

するインフォーマントの判定は、「どちらかというと動作の主体」1個、「どちらかというと動作の方式」6個、「動作の方式」8個となっていて、筆者の判定との「ずれ」がもっとも大きな用例群となっている。(表2：O)

一方、前の動詞の性質と文意から、次のような例（4個）は連用修飾構造と理解される。また、インフォーマントの判定も「動作の方式」で一致している。(表2：Q)

69. 妈与何咪儿商量这件事，何咪儿要妈一个人去，她说她要看家。铁凝134《何咪儿寻爱记》

102. 当梁倩还没有出嫁以前，她常看见父亲一个人坐在廊子下的藤椅上，自己跟自己下棋。张洁28《方舟》

上の二つのグループに属さない残りの9個は、連用修飾、主述両構造の可能性があると判断されるが、インフォーマントの判定はすべて「動作の方式」となっている。(表2：P)

01. 他讲得起劲，放手让阿大一个人照料那只炉子，(略)王安忆13《阁楼》「アタアにひとりで／アタアひとりに＋ストーブの番をさせた」

129. 你们上班拿工资，业余时间干小买卖，这不是一个人吃两面吗？蒋子龙240《赤橙黄绿青蓝紫》「これではひとりで／ひとりが二股をかけているんじゃないか」

ところで、パターン［＋＋−］の28個の例文の中には、動詞"让"が組み立てる兼語文が9個含まれている。筆者の判定では、主述構造「Nひとりに VP させる」が4例、主述構造とも連用修飾構造とも解釈できるものが5例となったのに対し、インフォーマントの判定では、9例すべてが「動作の方式：Nにひとりで VP させる」となった。この解釈の違いがどこから生じたのかについては、今回は時間的制約から解明に至らなかった。今後の課題としたい。

また、本稿が試みた"N 一个人 VP"の内部構造判定の精度は、佐藤2002に比して大幅に向上したと考えるが、上述のごとく基準③④⑤が［＋＋−］となるグループでインフォーマントの判定との不一致が見られるなど、まだ完全に満足できる水準には達していない。今後も懸案の解決と判定精度の向上に取り組みたいと考える。

以上で143個の用例の判定がすべて終わった。最後に、全用例に対する

判定の手続きを図表の形に整理して本稿のまとめとしたい。

3.3. まとめ
表2　内部構造判定の手続きと判定結果
　（[＋]、[±]、[－]はそれぞれ[連用修飾構造]、[連用修飾または主述構造]、[主述構造]を表す。）

※右端の（　）内はインフォーマントの判定結果。

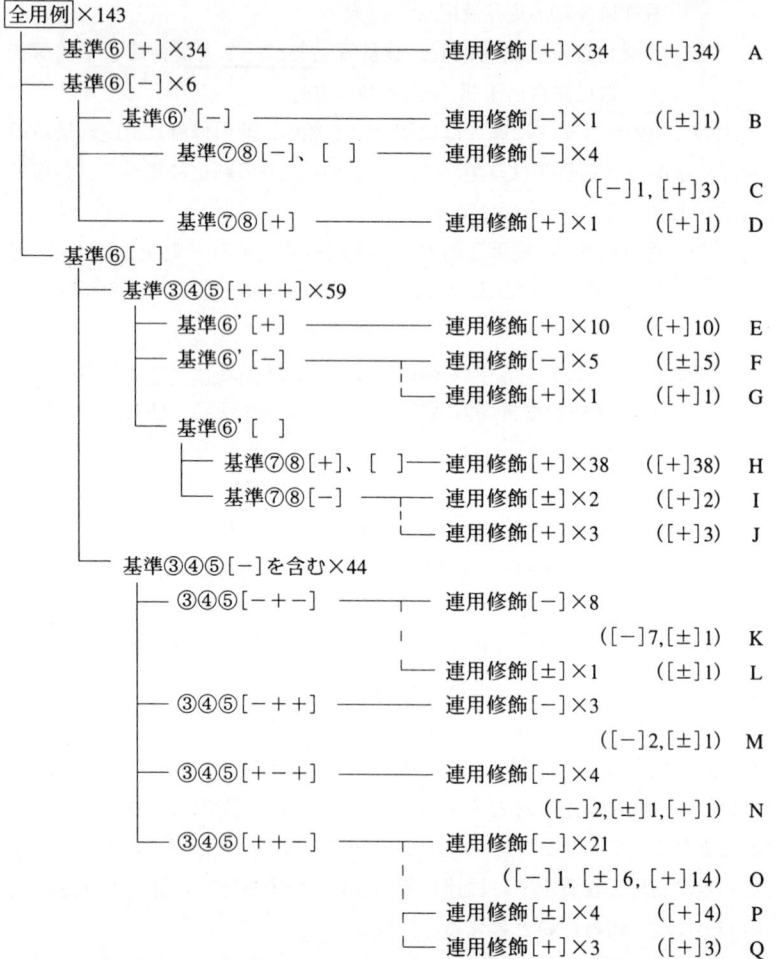

```
|全用例|×143
├─ 基準⑥[＋]×34 ──────────── 連用修飾[＋]×34　　（[＋]34）　A
├─ 基準⑥[－]×6
│    ├─ 基準⑥'[－] ────────── 連用修飾[－]×1　　　（[±]1）　B
│    ├─ 基準⑦⑧[－]、[　] ── 連用修飾[－]×4
│    │                                          （[－]1,[＋]3）　C
│    └─ 基準⑦⑧[＋] ────────── 連用修飾[＋]×1　　　（[＋]1）　D
└─ 基準⑥[　]
     ├─ 基準③④⑤[＋＋＋]×59
     │    ├─ 基準⑥'[＋] ──────── 連用修飾[＋]×10　（[＋]10）　E
     │    ├─ 基準⑥'[－] ──────┬ 連用修飾[－]×5　　（[±]5）　F
     │    │                          └ 連用修飾[＋]×1　　（[＋]1）　G
     │    └─ 基準⑥'[　]
     │         ├─ 基準⑦⑧[＋]、[　]── 連用修飾[＋]×38　（[＋]38）　H
     │         └─ 基準⑦⑧[－] ──┬ 連用修飾[±]×2　　（[＋]2）　I
     │                              └ 連用修飾[＋]×3　　（[＋]3）　J
     └─ 基準③④⑤[－]を含む×44
          ├─ ③④⑤[－＋－] ──────┬ 連用修飾[－]×8
          │                              │                （[－]7,[±]1）　K
          │                              └ 連用修飾[±]×1　（[±]1）　L
          ├─ ③④⑤[－＋＋] ────── 連用修飾[－]×3
          │                                              （[－]2,[±]1）　M
          ├─ ③④⑤[＋－＋] ────── 連用修飾[－]×4
          │                                       （[－]2,[±]1,[＋]1）　N
          └─ ③④⑤[＋＋－] ────── 連用修飾[－]×21
                                         │        （[－]1,[±]6,[＋]14）　O
                                         ├ 連用修飾[±]×4　　（[＋]4）　P
                                         └ 連用修飾[＋]×3　　（[＋]3）　Q
```

表 2 の各タイプの例

　　　　　　　　　　　　　※右端の（　）内は筆者とインフォーマントの判定結果

A：128 潘景川关死门，独自一个人思虑着行动计划，电话铃突然响了。蒋（＋／＋）
B：133 有什么现眼的，刚才又不是就我一个人不上前，有那么多人围着看热闹，敢救火的不就是他们两个吗？蒋（－／±）
C：119 小艾，我问你话呐，怎么就你一个人干活，别的人呢？蒋（－／＋）
　：124 小伙子，在这个世界上不光你一个人存着一肚子肝火。蒋（－／－）
D：039 不料老王的男人并不坚持，就自己一个人走了。王（＋／＋）
E：077 电影散场了，杨青提了马扎，一个人急急地往回走。铁（＋／＋）
F：097 有天晚上高闯没回来，也没来电话，我一个人正看电视就听有人敲门，开门一看是邢友亮。万（－／±）
G：105 地、富、反、坏、右，你一个人就占了两项。张（＋／＋）
H：031 她常常提早一周或两周来到学校，一个人住着，望了那两个空了的床铺，心想着：王（＋／＋）
I：135 如果你不同意，那只好我一个人干了。蒋（±／＋）
J：112 今年的任务肯定能完成，你完全可以回局交令。我一个人留下来，风波不平我不走。蒋（＋／＋）
K：092 他情绪高涨，完全忘记了我的存在，直到一个人起身去上厕所，才转头对我说：万（－／－）
　：041 大众菜，大众菜，一菜一汤五毛钱，足够一个人吃得饱饱的。陆（－／±）
L：034 她想，本来这么一针一针的漫无目地织是多么愉快，好比一个人心情坦畅地散步。王（±／±）
M：127 小王，我看你们家也得跟外国人一样，一个人买一台电视机，谁爱看什么就看什么。蒋（－／－）
　：139 即使到水库中间割苇子太费劲，一个人一天也割得了一千斤吧？蒋（－／±）
N：107 而且一个人对一场运动又怎么能施使报复呢？蒋（－／－）
　：115 这是支部会上定的，你一个人不能推翻。蒋（－／±）
　：114 过去他和王厂长两个人还对付不了一个骆明，现在他一个人又怎么能对付得了金厂长和骆明两个人！蒋（－／＋）

O：141 你想让全所的工作因你一个人外出而停顿下来吗？蒋（－／±）
　：044 吃过晚饭以后全家的人都早早地睡，让姚大荒一个人坐在书桌前。陆（－／＋）
P：070 那么，该忍的就让你一个人忍下去吧，（略）铁（±／＋）
Q：069 妈与何咪儿商量这件事，何咪儿要妈一个人去，她说她要看家。铁（＋／＋）
　：099 我有意去得晚一点，李乃青已经到了，是她一个人来的，她丈夫没来。万（＋／＋）

注

1) "一个人"と同じ組み立ての"两个人"や"三个人"にも、連用修飾語としての用法が存在する可能性があることは、この例からも十分推測されるが、用例数が"一个人"に比べてはるかに少なく、連用修飾用法の比率はさらに低いため、統計的な処理に耐えられないと判断し、本稿の考察の対象から除外した。本稿が"一个人"を対象に設計した判別法は、それらの連用修飾機能の判別にも基本的に有効であると考える。
2) 佐藤富士雄 2002.「名詞句"一个人"の連用修飾用法」『中央大学論集』第 23 号 17～41
3) 刘宁生 1986.「"自己"的性质及其相关结构」『语言研究集刊』第一辑　江苏教育出版社 91~105
4) 佐藤 2002 におけるインフォーマント調査の協力者は以下の三氏である。
   柴森氏（男性、青島市出身。北京語言学院、北京大学卒。日中学院講師、中央大学非常勤講師。氏には本稿における全用例の判定にも再度全面的協力を仰いだ。）
   陈爱玲氏（女性、天津市出身。南開大学卒。中央大学非常勤講師)、
   祝振媛氏（女性、北京市出身。北京大学卒。中央大学非常勤講師）。
   煩雑な調査に応じ、貴重な情報を提供してくださった三氏に再度深く感謝したい。
5) 「名詞句"一个人"の連用修飾用法判別の試み」2002 年 6 月、日中比較言語学研究会大会、大東文化大学。内容は佐藤 2002 の判定結果の概要、新たな用例に基づく判定結果の検証、基準⑥'新設の必要性と効果など。

［参考文献］
俞士汶等 1998.『现代汉语语法信息词典』清华大学出版社

[用例出典]

浩然 1985.『嫁不出去的傻丫头』人民文学出版社 41 万 6 千字。
刘心武 1986.『立体交叉桥』人民文学出版社 35 万 9 千字。
王安忆 1996.『小城之恋』作家出版社 39 万 6 千字。
陆文夫 1997.『美食家』上海文艺出版社 49 万 8 千字。
铁凝 1998.『午后悬崖』百花文艺出版社 28 万 7 千字。
张洁 1986.『张洁集』海峡文艺出版社 25 万 4 千字。
万方 2000.『明明白白』作家出版社 19 万字。
蒋子龙 1986.『蒋子龙创作精选集』时代文艺出版社 41 万 4 千字。

个人电脑和互联网所引起的研究方式的变化*

——一个将不再是梦想的梦想—

杉村　博文

0. 引言

如今，我们的书房和研究室最主要的设备是个人电脑，这样说并不是言过其实。由于文献数字化的发展[1]，书架成了无用的摆设，个人电脑却成了研究者必备的工具。举一个例子。字、词典尚未数字化的时候，它们不仅占据了我们很多空间，而且占去了我们很多时间。在这点上，汉语的字、词典尤为突出。用汉语的字、词典查字找词一直是学习研究汉语的外国人的沉重负担。仅仅为了找到一个字、一个词，我们到底花费过多少时间，打断过多少次思路呢？1997年的一项调查指出：日本大学生不愿意看中文书很大的一个原因就是看中文书查字找词太费时间，不像别的语种那样拿词典按照拼音一查就可以查到。日本大学生普遍地认为，看中文书需要把很多时间都花在查字上（还不是查"词"！），夺走了他们读书的乐趣[2]。现在，这种情况已经一去不复返了。"手写输入""鼠标取词"（或曰"随点随译"）等技术大大节省了我们查字、词典的时间，查汉语的字、词典，现在已经跟别的语言一样快了，甚至更快了。

自从个人电脑诞生以来，这个蕴藏着无限可能性的工具，在任何领域里都给我们的工作方式带来了奇迹般的变化，而个人电脑最富魅力的地方，应该举出通过互联网和无限的信息空间相连接这一点。本文准备从研究汉语语法的外国学者这一角度，用虚实相交的手法来描绘与互联网相连接的个人电脑所引起的和将会引起的研究方式的变化。研究有各种不同的情况和方式，本文以文科研究中最常见的研究方式，即个人撰写学术论文为例，介绍电脑在外国学者撰写汉语语法论文的各个阶段所发挥的作用。

---

* 本文是提交"语文现代化与汉语拼音方案国际学术研讨会"（2001年12月1-2日，北京）的论文，是在杉村博文1998的基础上写成的。

1. 研究题目的发现到决定

1.0.

撰写研究论文首要决定研究题目，这是一项说起来简单，做起来却非常棘手的工作。在这个阶段，电脑尚不起作用。除非我们的专业是对语言进行工学处理（例如机器翻译）或统计处理，电脑就不会给我们提供与语法相关的研究题目。众所周知，电脑是一个受人操作的装置，不能主动地给你来个"无中生有"。

1.1.

假设在看小说时碰到如下两个句子，对注视的对象和"一眼"的词序产生了兴趣。

〔1〕 冯静如看了陆霞楼一眼。
〔2〕 冯静如看了一眼墙上的钟。

感兴趣是不错，但是如果注视对象和"一眼"的词序这一语法现象已有定论，很遗憾，这就不能成为研究题目。只有尚未解决的问题才能成为研究题目[3]。判断一个题目是否尚未解决，要从调查是否有过研究以及研究的深度开始。在这一阶段，电脑就能发挥很大的作用。因为检索所需项目是电脑高速和高精度的检索能力最能发挥价值的工作。于是，首先进入数据库《世界各种语言的语法》，查询是否有相关的研究成果。这个数据库以世界规模输入了世界各种语言的语法研究论著，可以通过互联网检索。有关汉语语法的资料，可以在《世界各种语言的语法》的次数据库《汉语语法》中检索。

1.2.

查找前人的研究成果，发现没有人做过有关注视对象和"一眼"词序的研究，自己想要进行的研究自然就要成为一个开拓性的工作，研究题目也就找到了。检索结果如下。

…………

> 20 方梅1993，宾语与动量词的词序问题，中国语文，1993年第1期，pp.54-64；收入张伯江、方梅著《汉语功能语法研究》，江西教育出版社，1996年。
> 作者 E-mail, ****@****.***.cn

24 伊藤さとみ 1997，動量詞と目的詞の語順を支配する法則，中国語学，Vol.244, pp.23-31

作者 E-mail，****@****.***.jp

这样一来做开拓性研究是不可能了，但放弃这个题目还为时过早。已经有人做过，并不意味着问题已经得到了圆满的解决。我们可以从中下载最新的资料进行阅读[4]。幸运的是，最新资料24是发表在《中国语学》上的论文。《中国语学》是日本中国语学会的会刊，刊载论文需要经过审稿委员和编辑委员的审查、讨论才能决定，因此可以认为所录用的论文是在前人成果的基础上写成的。如果在读了资料24之后还觉得需要进一步研究，这时候已经距离发现研究题目只一步之遥了。

1.3.

对于评价前人的成果，电脑所能帮助我们的就很有限，只是在了解前人的成果是否满足了"观察现象全面"的条件这一点上，电脑极为有用。好的研究应该做到"观察现象全面，解释现象首尾一致，归纳规律有概括性"。于是，进入数据库《汉语语法研究语料库》，查找是否能挖掘出前人没有注意到的语言现象。《汉语语法研究语料库》收录了从先秦到当代的大量可靠的文本资料，现代汉语语法研究的语料，用其次语料库《现代汉语语法研究语料库》进行检索。《汉语语法研究语料库》的建成，使某种表达格式A论文认为"有／多"、B论文认为"无／少"的情况成为历史。还有，在过去我们在语法论著里经常看到"初步"两个字，如"根据'初步的'考察"、"至此我们可以得出'初步的'结论"等等。这个在过去只有修辞意义的定语，随着《汉语语法研究语料库》的建成，也就被赋予了具体的含义。

1.4.

检索例句的结果，了解到前人已经全面地讨论过与注视对象和"一眼"的词序有关的语言事实，那么就不能从语言事实的挖掘这一角度进行研究，要把看问题的角度转向前人对该现象的解释和说明上面。不过，利用语料库的所谓的"全面观察"总是存在着一个无法克服的问题，就是，即使我们毫无遗漏地收集了实际语料中所有的例句，那也不能说这些例句已经涵盖了所有可能的表达形式。换言之，"全面观察"总有可能漏掉一些通过类推或规则运

算可以预测有可能存在的表达形式[5]。举一个简单的例子。我们在现实生活中注视的对象既有人也有物。在人的情况下，用人称代词来代表注视对象的例句不胜枚举，但有意思的是，在物的情况下，却找不到用人称代词来代表注视对象的例句，如〔4b〕。

〔3〕 a. 冯静如看了陆霞楼一眼。 → b. 冯静如看了她一眼。
〔4〕 a. 冯静如看了一眼墙上的钟。 → b. 冯静如看了它一眼。

在检索到的结果中发现这样的"无"，进而考虑"无"的意义，是属于"人脑"的工作，电脑与此无缘。为什么不能发现"看了它一眼"呢？"看了它一眼"在语法上不成立，这是难以想象的。答案也许能够从把视线再次投向已经收进视野中的物体这样一种行为的动机上得到（即把问题归结为语义问题）[6]，但这个问题已经超出了本文讨论的范围。

让我们的话题再回到研究题目的发现上来。从注视对象和"一眼"的词序开始调查，结果意外地发现了找不到（或者很难找到）用代词"它"来回指注视对象的用例这样一个现象。如果对这个问题感兴趣，可以再次进入上面介绍的数据库，从调查有关"它"的研究着手[7]。

1.5.

我们在上面使用了"例句不胜枚举""不能发现例句"等字眼。如果不利用电脑，做出这样的判断需要很大的功夫，从而问题的发现和确认就会大大推迟。试想一下，一个外国学者只靠手工作业毫无遗漏地调查 5 本 400 页的长篇小说，到底需要多长时间？利用电脑，几秒钟就能完成调查，可以说是一瞬间。对某个表达形式的有无或使用环境产生疑问或想法时，如果利用电脑，按几个键就能瞬间做完检索和验证，并能同时完成例句的收集和记录。在现在看来，这可能是电脑对语法研究能够做出的最大的贡献了。

1.6.

如果在充分了解前人成果之后觉得还有进一步探讨的余地，我们就算成功地找到了一个研究题目。在对前人的解释或说明产生疑问的时候，我们需要对自己的疑问是否合理做出判断。在这样高水平的知识层次上，电脑本身是毫无用武之地的，我们只能靠"人脑"做出正确的判断。这时，最好的办法是直接向文章作者请教。由于电子邮件的广泛使用，现在我们可以很容易地直接向作者请教了。这在正确地理解前人的成果上具有重大的意义。因为

我们通常很少能够完全写尽自己所想的东西，即使能够完全写尽，我们也不能期望读者能够准确无误地理解自己的想法和思路。由于互联网的建立，提问者和答问者在网上的质疑和答疑成为优秀研究成果的情况日益增多。

2. 想法的确认、规则的检验证明、咨询和批评者

2.0.

到了论文的核心部分，即用一定的方法来分析例句、解释现象、归纳出规律的阶段，电脑的高速检索能力就会发挥很大的威力。我们继续以注视对象和"一眼"的词序为例。例如，在例句中看到下面例〔5〕时，我们就会想到：如果注视对象由带有"上""里"等方位词的体词性成分构成（如"书架上""玻璃门里"），汉语句法会怎么处理它？

〔5〕 田平往门口我这边看了一眼。

在日语中，"hitome mita（看了一眼）"带宾语时，无论是典型的注视对象（比如"人"）还是不太典型的注视对象（比如"处所"）都要一视同仁，用后附助词"o"（a marker for accusative）来引导放在述语前面。比如：

〔6〕 a. 田平-wa　　watashi-o　　hitome　　mita.
　　　　　 田平-wa　　我-o　　　　一眼　　　看了
　　　b. 田平-wa　　iriguchi-no-watashi-no-hoo-o　hitome　mita.
　　　　　 田平-wa　　门口-的-我-的-方面-o　　　　一眼　　看了

在汉语中，是不是也可以把像"书架上""玻璃门里"这种处所成分作为宾语直接放在动词后面呢？带着这种推测来检查收集到的例句，我们就会发现带有"上""里"等方位词的注视对象几乎都在"朝""往"等指示方向的介词的引导下，放在动词的前面。据机器翻译专家介绍，机器翻译非常需要这种从对比语言学的角度挖掘出来的描写性的语言规则[8]。请比较下列例句。

〔7〕 a. 我朝李老师的书架上看了一眼。
　　　b. ⁇我看了李老师的书架上一眼。
　　　c. ⁇我看了一眼李老师的书架上。

〔8〕 a. 我朝玻璃门里看了一眼。
　　　b. ⁇我看了玻璃门里一眼。
　　　c. ⁇我看了一眼玻璃门里。

对写作过程中产生的各种想法进行确认时、以及对最终得到的规律进行验证时，电脑都会把它高速检索的威力发挥得淋漓尽致。

2.1

再举一个例子。有一篇讨论"是……的"句的论文认为：像"他是在巴黎学的画儿"这种句式的主语通过转喻（metonymy）与"的"后的名词构成同一关系；"是"后的部分是通常的"定语+中心语"结构。也就是说，"他是在巴黎学的画儿"与"他的画儿是在巴黎学的画儿"相等；"他"转喻成了"他的画儿"；"他的画儿"和"巴黎学的画儿"是同一类型的"定语+中心语"结构[9]。文章作者觉得前人的分析有问题，提出了新的切入点，这一点是值得肯定和鼓励的。但作者忘记了验证其切入点是否正确的手续。如果稍微认真收集例句，即使不那么费功夫，也应该能发现用转喻的方法无法处理的例句。例如，下面例〔9〕〔10〕中的主语"你""他"能转喻成什么？"是"后的部分能理解为"定中"结构吗？

〔9〕 你是在家里呼的我吧？

〔10〕你的中学老师是谁？你的大学老师是谁？他们怎么教的你？也太不负责任了！

"是……的"句中的"的"还经常插入到"离合词"中去（如"我们俩是一块儿参的军"、"不知父亲怎么与柳梅竹告的别，反正……"）。在这种情况下，"是"后的部分还能分析成"定中"结构吗？

在所有的工作都要靠手工进行的时候，外国学者根据大量的语料来验证自己的结论是否正确是非常困难的，但现在这项工作瞬间就能完成。在这样一个时代，仍不经过充分的检验就提出自己的看法，理应要受到"研究方法上存在着严重缺陷"的批评。

2.2.

在撰写语法论文的时候，外国学者经常被一种如履薄冰或盲人摸象的感觉所困扰。因为他们经常要在对例句成立与否和不同表达的细微差别上得不到充分知识的情况下撰写论文。比如，我们能不能把下面例〔11a〕和〔11b〕合在一起造出〔11c〕呢？似乎不能。

〔11〕a. 我给我母亲买了一幅画儿。

b. 我买了他一幅画儿。

c. ??我给我母亲买了他一幅画儿。

语料里也找不到〔11c〕这种"终点（我母亲）"和"起点（他）"共现的例句。但外国学者缺乏以下结论的语感。再比如，根据我们的研究，"为什

么"问"理由"时难以出现在"是……的"句中，下面两个例子可疑：

〔12〕a. 你为什么得的神经病？（王朔：痴人）

　　　b. 你们为什么离婚的？（群众出版社：重案Ⅵ组）

这两例是病句呢，还是因为具有某种特殊的语义效果而成立的呢，还是完全自然的用法呢？遇到这种问题时，互联网就会帮助我们。如果通过电子邮件来询问中国社会科学院语言研究所开设的"语言咨询中心"，最迟在一周内也能得到可靠的答复。

另外，一项好的研究需要中间阶段的优秀评论员，而互联网大大扩展了评论员的范围。现在不少论文都有一个附记对国内外学者在写作过程中的帮助表示感谢，比如："本文写作过程中得到多位师友的帮助，特别是＊＊＊（国内学者）、＊＊＊（国外学者）、＊＊＊（国外学者）等先生提供给作者很好的意见，谨此致谢。文中错谬由作者个人负责。"而这些意见大都是通过电子邮件传达给作者的。

3. 研究成果的发表形式

3.1.

得出结论，整理好论文总体构思之后，就要把它写成"超文本"发表。也许有人没听惯"超文本"，但只要想起在小学家长参加听课的日子，值日老师经过精心的准备，通过口头说明、板书和教学用具来上课的情景，要把它在电脑显示屏上实现，我们就会知道怎么回事了。具体例子就是在互联网上做得很好的网页。过去的论文也是由正文和注解（和图表）组成，并不一定都是一条直线展开的。"超文本"充实了多种媒体的注解和参考资料，进一步接近了人类大脑复杂的联想综合性思维模式。过去的做法是把复杂的整体内容从大到小或从小到大、分层次地进行整理，线性地进行表述的，这种做法自从信息媒体从"铅字和纸张"变为"数字信号和电脑显示屏"以来，就从科学领域里消失了踪影。

3.2.

文科论文的表达，比起理科论文来更为复杂，因此多用母语写作，这就造成了各国学者共享国外学者研究成果的严重障碍。1994年，袁毓林先生曾向中国汉语语法学界发出过真诚、迫切的呼吁：

　　事实上，在赵（元任）先生的著作之后，汉语语法研究取得了长足的

进展，对许多问题有了新的认识。……但是，因为绝大多数关于汉语语法的优秀论文和著作都是用汉语写作的，所以欧美语言学家大都无法利用。因此，我们应该在深入研究汉语的同时，不断地向西方语言学界介绍汉语研究的最新成果，为世界语言学的发展作出一个语言大国应有的贡献。(《关于认知语言学的理论思考》，《中国社会科学》1994年第1期)

现在，由于翻译软件的发展，把用母语撰写的论文翻译成外语发表、或者是把用外语撰写的论文翻译成母语来阅读，都变得相当容易。这对以日语这一小语种为母语的研究者来说是一个非常大的福音，把自己的研究成果介绍到国外时，语言所造成的障碍消除了。翻译软件从软件方面辅助了互联网，在不同语言之间的信息交流上起着至关重要的作用[10]。

4. 结语——将不再是梦想

本文所讲的研究方式在现阶段还是虚实相交的，而且虚的方面大得多。《中国语学》上刊载的论文不能下载阅读，文中所举的各种数据库和社会科学院语言研究所的语言咨询中心，现阶段也尚不存在。机器翻译的质量更是令人不能满意，今后较长一段时间仍然只能靠我们自己来翻译。但是，我们确实已经进入了这样一个时代——本文所描写的情况不成为现实才叫怪的时代。这将是一个随时都能够跨越时间和空间进行合作（不是竞争！）的时代，应该把合作作为主要研究方式的时代。

注

1) 请参看下列网页：
   《康熙字典》，http://www-wa0.personal-media.co.jp/ck/pictures/ckkouki.gif
   《広辞苑》，http://www-wa0.personal-media.co.jp/ck/pictures/ckkojien.gif
   《納西文》，http:// www-wa0.personal-media.co.jp/ck/pictures/cktp.gif
2) 详见平口裕美 1997。
3) 仅限文科研究而言，由于科学地定出研究成果的评估标准极其困难，因此判断一个题目究竟是否已经有了圆满的答案，实际上是一件非常困难的事情。试想一下，如果有十位学者将下列6篇讨论"的"字和"的"字结构的文章找来看了，将会出现一个什么样的局面？
   朱德熙 1961.《说"的"》，《中国语文》1961年第12期。
   朱德熙 1978.《"的"字结构和判断句》，《中国语文》1978年第1期、第2期。
   袁毓林 1995.《谓词隐含及其句法后果——"的"字结构的称代规则和"的"

的句法、语义功能》,《中国语文》第4期。

郭　锐 1999.《"的"字的作用》,《面向新世纪挑战的现代汉语语法研究》,陆俭明主编,山东教育出版社。

沈家煊 1999.《转指和转喻》,《当代语言学》1999年第1期。

石毓智 2000.《助词"的"的语法功能的同一性》,《语法的认知语义基础》第三章,江西教育出版社。

4） 如果数据库中最后输入的研究是几年以前的,而以后再没有输入同样题目的研究成果,这就意味着关于该题目的研究已经告一段落,研究者之间形成了一定的共识。

5） 这个问题一方面跟转换生成语法所谓的"语言的创造性"相关,一方面跟人类"认知能力的创造性"相关。

6） "V(了)它一眼"的例子,现在笔者手头只有如下二例,都有一些"拟人"的意思。

（1）小牛犊病倒了,敏敏连看都不看它一眼,照样揪住花花的长乳,狠狠地挤来挤去。（肖亦农：河边碎事）

（2）栅栏那边,一辆高高的旅游车,屁股上喷着黑烟,正一点一点地往栅栏边儿上倒车,这王八蛋跟一台推土机似的,像是恨不得要把横在前面的栅栏、方凳、老哥俩通通拱到一边儿去。

它到底还是在离栅栏几尺远的地方停下来了。

崔老爷子瞪了它一眼,心中闪过了一阵疑惑。（陈建功：耍叉）

7） 通过和外语的比较,我们可以发现"它"有很多有意思的现象。譬如谷村博明 1995 指出,以英语为母语的人翻译下面英文句子的时候,很可能用"它"来翻译"it",但在汉语中最好用"他"。

The next day, some goatherds found his body and brought it to his cottage.

第二天,几个牧羊人发现他的尸体,把它/他抬回了他的小屋。

下面举一个笔者在小说里发现的例子：

（1）他的尸体被草汁染绿,沾满了草叶花屑。我们把他放在那个大墓坑里,发现尸体的长度与墓坑的长度不差分毫。我暗暗钦佩桑塔老爹。（路遥：白罂粟）

谷村还指出,汉语用人称代词回指动物/事物时要用"它",但动物/事物一旦开始"说话"就可以用"他/她"来回指了。"会说话"是动物/事物变成人的最重要的一个条件。

8） 详见童振东 2000。

9） 参看牧野美奈子 1996。

10） 目前看来还要等很长时间才能用上高精度的翻译软件。下面的例子是用市面上销售的"金山快译 2002（专业版）"翻译的。

【英译汉】Linguistics is not the only discipline where the frame notion has been applied with quite impressive results. A second important field of research has been artificial intelligence, i.e. the discipline that studies the ability of computers to behave like human beings.‖ 语言学不是架框概念有用　相当给人深刻印象的结果被应用的唯一纪律。调查的一个第二次的重要栏位有是人造智能，也就是学习计算机的能力举止相似的自然人的纪律。

【汉译英】事实上，在赵先生的著作之后，汉语语法研究取得了长足的进展，对许多问题有了新的认识。……但是，因为绝大多数关于汉语语法的优秀论文和著作都是用汉语写作的，所以欧美语言学家大都无法利用。因此，我们应该在深入研究汉语的同时，不断地向西方语言学界介绍汉语研究的最新成果，为世界语言学的发展作出一个语言大国应有的贡献。‖In fact, in the 著 of the Chao Sir after making, the Chinese language phrasing studied to obtain the substantial progressed, and cognition many problem had newly. …… But, because the outstanding thesis concerning Chinese language phrasing of great majority make with 著 to all compose with Chinese language of, therefore the Euro-American linguist can't mostly make use of. Therefore, we should at deep into the research Chinese language of at the same time, constantly face west the square language educational circles to introduce the last word of the Chinese language research, and make to out the big country of a language for development of linguistics world should contribution that have.

[参考文献]

吕叔湘1979.《给一位青年同志的信》《中国语文通讯》1979年第6期

広中平主編1995.《心とコンピュータ》ジャストシステム

谷村博明1995.《代名詞"它"の用法とその表現範囲》大阪外国语大学本科毕业论文

牧野美奈子1996.《"是……的"意味と形》《人文学報》273号，東京都立大学人文学部

平口裕美1997.《中国語中級講読に関する諸問題と中級講読教材の開発》大阪外国语大学本科毕业论文

董振东2000.《中国机器翻译的世纪回顾》《中国计算机世界》2000年第1期

杉村博文1998.《中国語学とコンピュータ——デジタル文房具がもたらす研究スタイルの変化》《しにか》1998年5月号　p.77-p.83　大修館書店

杉村博文2000.《小説講読と異文化コミュニケーション》収入《多文化共存時代の言語教育》大阪外国語大学

現代中国語における補語"上"の状態義

―命題態度を表す「語気補語」―

高瀬　利恵子

0. はじめに

　方向補語は、動詞または形容詞に後置され、前項成分に空間的な移動の意味を補足する基本（方向）義を表す以外に、結果補語として完成や実現を表す。また"起来"や"过"のように、始動や完成を表すアスペクト成分としても機能する場合がある。

　吕1994は、補語の"来／去"類（来または去が構成する複合方向補語を含む）のみを方向補語とし、結果性を示す"上"は結果補語とした。確かに"跑上山顶"[山頂に駆け上る]は上方向の移動と同時に結果をも表す。しかし、"正在跑上山"[今山を駆け上っている]や"在跑上楼梯"[階段を駆け登っている]は到達点ではなく経過点を目的語に取る。従って"上"が、必ずしも結果性を有しているとは限らず、文中の他の共起成分に規定されていると言える[1]。

　刘1998は、"上"を含めた28の方向補語（11の単純方向補語と17の複合方向補語）を挙げているが、本稿も、単独動詞としての基本義から移動義を包含する補語"上"を、方向補語とする立場をとる。

　刘1998は、方向補語"上"の意味を、方向義・結果義・状態義に分類し、この状態義をさらに①新状態の発生と②継続とに下位区分した[2]。また、房1990は、方向補語、結果補語の「虚化」傾向を認め、「強い虚化傾向を持つ」"来／去"類をアスペクト助詞のカテゴリーに移行させ、「弱い虚化傾向を持つ」"上"を含むその他の補語を、そのまま補語の範疇に留めた[3]。その上で"上"を方向補語と虚化（補語）に分類し、虚化（補語）の意味を①新状態への移行、②目的・数量の達成、③閉鎖、④添加の4類に分けた。房の虚化（補語）①は、刘の状態義に相当し、房の虚化（補語）②③④は刘の結果義に相当する。名称は異なるが、両者は類似した捉え方を

している。
　これを踏まえて久保 2000 は、「虚化補語」というタームを設定し、その意味を①開始・継続、②実現、③完了、④（対象消去を伴う）完了、⑤目的達成とした。久保の分類は個別の意味よりもアスペクト性を重視したものである。
　本稿は、これら先行研究を踏まえ、統語論・語用論の側面から、状態義を表す補語"上"の成立条件を考察する。"上"の意味は、前項成分の意味特性に規定されて、多義性を有するが、本稿は、その多義性ではなく、統語構造の中での意味機能を明らかにするものである。

1. 状態義"上"の統語的特徴

1.1. "上"の前項成分

　"上"が状態義を表す場合に共起する前項成分は以下の如くである。第 1 グループは、行為性の乏しい状態動詞で、"我爱上他了""他哆嗦上了"等の文を構成する。第 2 グループは、"难过""热"等の主観性形容詞である。"白・短"等の客観性形容詞とは共起しない。第 3 グループは、"唱・笑"等の動作・行為動詞である。第 1・第 2 が静的であるのに対し、第 3 グループは動的であり、それぞれ文が成立するための条件は異なる。
　まず、動作・行為動詞の中でも 2 者間で起こる行為については、以下のとおり、不定文脈において無条件に文が成立する[4]。
　　1) 他们俩聊上了。［彼ら 2 人は喋り出した。］[5]
　　2) 他们俩吵上了。［彼ら 2 人は口げんかをし出した。］
　　3) 那两个国家打上了。［あの 2 ヶ国は戦争を始めた。］
　さらに動作・行為が長期的な時間的スパンを有することも文が成立するための条件の一つである。動詞"抽""喝"は、短期的な眼前の行為も表すが、表現例 4) 5) の場合は、長期にわたる属性・状態を表している。
　　4) 他从小就抽上烟了。［彼は小さい頃からタバコを吸い出した。］
　　5) 山上的人喝上了干净的水了。［山上の人々はきれいな水を飲めるようになった。］
また、前項が動作・行為動詞である"上"は、1 人称・2 人称では用いられず、次の表現例 6) 7) のように、動作主が 3 人称であるか、或いは無情物を主題にした構文で用いられる場合が多い。

6) 她们抽上烟了。［彼女たちはたばこを吸い出した。］

7) 菜煮上了。［おかずは煮えている。］

動作・行為主を、1人称・2人称とすると、次のように非文となる。

8) ＊我们抽上烟了。

9) ＊你煮上了。

状態動詞の場合は、"我爱上了"のように、1人称・2人称が成立する。

以上から、状態義"上"の意味指向は「動作・行為」になく、「状態」にあることが窺える。例えば、日本語の動詞「起きる」も、「彼らが笑う」という行為を、「笑いが起きる」という状態としてとらえている[6]。状態義"上"も同様に、前項成分が表す動作・行為を、状態としてとらえる意味機能を担っている。

1.2. 始動相

刘1998は、状態義の意味として、「新状態の発生」を挙げている。しかし、新状態の発生は"开始V""V起来"等によっても表すことができる。平井／宋1995は、"开始V"と"V起来"の分析を行い、"V起来"は、動的コトガラの開始に到るプロセスを認知していない、或いは認知していても開始時点に焦点があるとの知見を示している。

10) 突然吵起来了。［突然口げんかをし出した。］

11) ？突然吵上了。

表現例2)"他们俩吵上了。"は成立するが、表現例11)の如く開始時点に焦点のある副詞"突然"とは共起せず、"上"は、開始時点に焦点の無いことがわかる。

しかし、次の表現例を見ると、動作の進行中における別の動作の発生を表す"着"の重ね型とは共起する。それは"V起来"とは逆に、開始時点には焦点は無く、発生の背景に焦点があるからである。

12) 说着说着哭起来了。［話しながら泣き出した。］

13) 说着说着哭上了。［話しながら泣き出した。］

同様に、表現例14)が成立するのは、発生の背景に焦点があるからである。

14) 他怎么又哭上了？［彼はどうしてまた泣き出したのか。］

表現例11)"？突然吵上了。"も"怎么"が文中に共起することにより、話し手の焦点が、開始時点ではなく、発生の背景に移行するため、文が成立す

ることとなる。
　11') 怎么突然吵上了？［どうして突然けんかをし出したのか。］
また"为什么"ではなく"怎么"という反語的な疑問詞と共起することから、話し手は背景に対して、全く不明なのではなく、一定の予測を持っていることが窺える。
　さらに、"V起来"と"V上"を用いた文中の共起成分を比べると、前者は、"高高兴兴地"のような修飾語と共起する場合が多いのに対し、後者は、修飾語との共起は極めて少ない。これは"V起来"が発生後の状態に焦点があることの証左である。また"V上"は、"又、先、已经、接着、跟着"等の副詞、接続詞に導かれる場合が多い。これは、発生後の状態には焦点がなく、発生の背景に焦点があることの裏づけである。

1.3. 継続相

　刘1998は、さらに状態義の意味として、「継続」を挙げている。以下、"V着"と"V上"を比較してみる。
　15) 正在聊着呢。［今まさに喋っている。］
　16) *正在聊上（了）。
　15) 16) を見ると、"V着"が、発話時点での継続を表す副詞"正在"と共起するのに対して、16) の"V上"は非文となる。高橋1990は、継続相は「内側から過程（運動過程または結果過程）を持続の途中（始発よりあと、終了よりまえ）にあるものとしてとらえる」と指摘しているが、"V上"は、このような継続相（持続の途中）は表し得ない。ところが、次の表現例のとおり、"V着"は以前からの状態が依然として継続していることを示す副詞"还"と共起するが、"V上"は共起しない。
　17) 他们还聊着呢。［彼らはまだ喋っている。］
　18) *他们还聊上呢。
このことから、補語"上"は、既に発生存在している状態の持続、継続は表し得ないことがわかる。
　次に時量を表す表現例を見てみよう。
　　19) *聊着一会儿。
　　20) 聊上一会儿。［しばらく喋っている。］
上の表現例のとおり、"V上"は時量を表すフレーズと共起するが、始めと

終わりを含まない"V着"は、時量詞と共起しない。時量によって、そのコトガラの終結点が限定される完成相を表すことになるためである。高橋1990は、この完成相を「外側から運動（動作または変化）をがばっとつかまえる」と述べている。即ち、一つのコトガラの時間的局面を表すのではなく、ひとまとまりの単位として捉えるのである。状態義"上"は時間的流れと局面を持ったコトガラを、ひとまとまりの単位でとらえる意味機能を有していると言うことができよう。

また1.1.で、客観性形容詞ではなく主観性形容詞が、補語"上"の前項成分を担うと述べた。これに対して、"V起来"は客観性形容詞—とりわけ"多、大"等の連続的変化を内包する形容詞と結びつきやすい。さらに、"织起来"のように結果指向の動作・行為動詞を前項成分とする場合、開始から途中、さらに完成までの様々な局面をとらえることができる。つまり、"V着"は、時間的流れを内包した不変の状態をとらえ、"V起来"は、時間的流れを内包した変化・進展の状態をとらえている。

それに対して、"V上"は、始動・継続という時間軸上の局面を表すのではなく、時間的流れを内包せず、ひとまとまりの単位でとらえられるコトガラ（状態）が発生存在していることを表す。

1.4. 完成相

ここでは、同様にひとまとまりの単位としてコトガラをとらえる"了"と比較する。次の表現例を見ると、21)は、発話時点にその状態は存在せず、22)はその状態が存在している。

21) 他已经学了。［彼はすでに勉強した。］
22) 他已经学上了。［彼はすでに勉強している。］

しかし、前項成分が形容詞である次の表現例の場合は、両者とも、「悲しい」という状態が存在している。

23) 他难过了。［彼は悲しくなった。］
24) 他难过上了。［彼は悲しい想いでいる。］

刘1998は、状態義を表す補語"上"と助詞"了"に本質的な違いはないとしているが[7]、前節で見てきたとおり、背景に対する話し手の予測が、状態義"上"の成立条件であるという点に、二者の違いをみることができる。

2.「命題態度」

前節までの統語的特徴の分析から、状態義"上"の意味機能は、以下のようにまとめることができる。

① コトガラを状態としてとらえる。
② 開始時点・開始後の状態に焦点はなく、発生の背景に焦点があり、話し手はコトガラに対して一定の予測を有している。
③ 時間的流れを内包せず、時間的局面をとらえず、ひとまとまりの単位としてコトガラの存在をとらえる。

本稿では、この「話し手のコトガラに対する予測」を「命題」と呼び、「命題」に対する話し手の何らかの感情・態度を「命題態度」と称し、状態義"上"は、「命題態度」を表す「語気補語」として機能しているととらえる[8]。

先行研究において、「命題態度」に関わる話し手の主観的関与については、ほとんど言及されておらず、個別的な指摘があるのみである。たとえば、呂1980や大橋2001は、到達感を表すニュアンスがあると述べている[9]。また、刘1998は、"V起来"が、主観的関与が皆無であるのに対し、"V上"は感情的色彩が濃く、否定的感情が表されているとして、次の2例を挙げている[10]。

25) 想到这里,看着手里捏着的馒头,一种青春美好的热情冲击着她,她又低低地唱了起来。[ここまで思い出して、手に握ったマントーを見つめていると、青春時代の美しい情熱がこみあげてきて、彼女は声をころして歌い出した。]

26) 三仙姑愁住了。睡了半天。晚饭以后,说是神上了身,打两个哈欠就唱起来.[霊能者は沈み込んで、しばらく寝ていた。夕飯後、霊が体に入ったと言って、あくびを二つしたと思ったら、歌い出した。]

刘1998の指摘のとおり、25)の"起来"を"上"に置きかえることはできない。

1.3.で述べたとおり、"V起来"は、開始と開始後に焦点をあてた変化進展の状況をとらえるため、25) 26) は成立する。それに対して、"V上"は、背景に対して、話し手が予測を立てている。26) の、「沈み込んで寝ていた」

という前件から、話し手は「歌うはずがない」という「命題」を立てたと考えられる。従って、"V 上"が成立する。これが「命題態度」である。この「命題態度」は、刘 1998 が指摘しているように否定的感情とは限らない。次の表現例を見てみよう。

27) 不过, 即便天天吃挂面也影响不了刘欢唱歌, 吃完挂面一抹嘴, 他抱着吉他又唱上了。至今校友们还记得他这位"走廊歌星"。[しかし、たとえ毎日うどんだけの食事でも劉歓さんの歌には影響などしなかった。うどんを食べ終わると口をふき、彼はギターを抱えて歌い出した。今でも同窓生はこの「廊下の歌手」を覚えている。]

この表現例では、同級生が期待している中で「廊下のスター」が歌を歌い出したという肯定的感情が表れている。このように、「命題態度」は、否定的感情に限定されず、予測に基づいた状態の発生と存在に対する話し手の何らかの感情を表しているのである。

呂 1980 や大橋 2001 らが言及した「到達感」も、刘 1998 の言う「否定的感情」と一見相反するようにみえるが、いずれも「命題態度」によって説明することができる。コトガラの程度に対して、話し手は「命題」をたて、その「命題」に対する「命題態度」を状態義"上"で表すのである。このことについては、3.3.1. で、詳細に論述する。

3. 語用論から見る"上"の「命題態度」

言い替えると、補語"上"が「命題態度」を有していることによって、行為性と時間的視点が排除され、コトガラが状態として取りたてられることになると言うことができる。本節では、話し手のコトガラに対する予測、即ち「命題」を 3 類に分け、それぞれどのような「命題態度」を有しているのかについて見ていく[11]。第 1 は「時間命題」、第 2 は「内容命題」、第 3 は「程度命題」である。

3.1. 時間命題

表現例 11) のとおり、突然という開始時点を表す副詞と"上"は共起しにくいが、"先""已经"など既に発生したことを表す副詞とは共起する。

28) 先看上了。[先に読んでいる。]
29) 已经看上了。[もう読んでいる。]

次の表現例を見てみよう。

　30)"饺子下锅了没有？先把饺子下锅了再朗诵嘛。"米雪的父亲说。"已经煮上了，怎么，害怕我朗诵得比你好？"米雪的母亲开始朗诵了。[「餃子を鍋に入れたか。入れてから詠えよ。」と米雪の父は言った。「もうゆでてるよ。どうしたの。私の歌のほうが上手だったらって恐れをなしたの。」米雪の母は詠いはじめた。]

　表現例 30) は、「ゆでる状態が始まっている」という「状態の発生と存在」を表しているが、コトガラの始動或は継続を時間的にとらえているのではない。妻は「詠いたい」のだが、夫は先に「ゆでる」ことを要求し、しかもまだ「ゆでていないだろう」と夫が予測し、暗に夫の望んでいる状況にあることを、妻が"煮上"で表明している。相手の期待する時間より前に「とっくにゆでてある」という「命題態度」を表している。

　31) 事情还没有办成，这么早就高兴上了。[そのことはまだ実現したわけではないのに、こんなに早くから喜んでいる。]

31) は、話し手が「それができてから喜ぶ」という状態発生の時間に予測を立てている。この時間的順序に対する命題に反して、早くから喜んでしまっているという「命題態度」を表している。

　このように"上"は、話し手が、客観的時間軸上ではなく、心理的時間軸上で、コトガラの発生に対する命題をたて、その命題に対するプラス・マイナスの態度を表している。

3.2. 内容命題
3.2.1. 普遍と個別

　話し手がコトガラの内容について、それが起こり得ることかどうかという「命題」を有している場合に、"上"によって「命題態度」が表される。

　32) 甲：给忘了！她坐那接着织毛衣。我就在那趴了一个多钟头。[甲：忘れられてる！彼女はそこに座ってセーターを編みつづけていた。私は1時間以上もうつぶせだ。]

　　　乙：好嘛！[乙：なんと！]

　　　甲：我趴那就纳闷了："什么准备工作，这么长时间啊？"时间长了，我回头一看，嘿嘿，织上毛衣啦！[甲：おれは腹ばいになった

まま、どうも腑に落ちない。「何が仕事の準備だ、こんなに長時間?」あまりに長いから、頭を上げて見てみたら、おいおい、セーターを編んでるじゃないか！]

32) は、漫才のせりふである。病院であまりに長く待たされた患者が、見てみると、医者はセーターを編んでいるという非常識な行動を描写している。「医者は診察時にセーターを編むわけがない」という常識的な判断＝「命題」があり、しかも医者の行動に不信感を抱いて注意を向けている矢先に、その「命題」に反したコトガラが発生した。この意外性が、度を越しているが故に、漫才の笑いのネタとなるのである。

33) 她从工厂停薪留职，专心照顾孩子。孩子的左手佝偻着怎么也打不开，卢尔慧找来了最便宜的网兜，在床头、在推车边上，凡是孩子伸手能够着的地方，都挂上网兜，孩子拉呀拉，拉坏了 23 个网兜，小手终于逐渐打开了。<u>半瘫的左腿让孩子无法站起来，卢尔慧又学上了按摩，这一按就是十年，孩子终于站起来了，</u>基本能像常人一样走路了。[下線部訳：左足の動かない子供は立ち上がることができず、（母親の）卢尔慧はマッサージをも習い始めた。マッサージを始めてあっという間に十年が経ち、子供はついに立ちあがった。]

33) は、"停薪留职，专心照顾孩子"[休職して、子供の看護に専念する]とあるように、話し手には、「母親はもう十分やっている」という命題が立てられている。それにもかかわらず「さらにマッサージを習う」というコトガラの発生に対し、肯定的で称賛の態度が示されている。

このように、「内容命題」には、普遍的、一般的、常識的な場合と個別の場合があり、"上"はそれに対するプラス・マイナスの態度を表すことができる。

3.2.2. 長期的スパンのコトガラー"V上"と"V起来"

1.1. で述べたように、"V上"は、長期的な時間的スパンを有するコトガラの発生を表す。

34) 形势的好转，具体反映到了老百姓的生活中。虽说人们并未因此大鱼大肉，但已很决绝地跟菜皮稀粥道别，家家户户的饭菜锅里，都煮上了纯净的乾饭。[状況の好転は一般市民の生活に具体的に反映されている。魚も肉も山ほどという状況ではまだないが、野菜の皮だら

けのおかゆとは完全に決別し、家々のお釜には、真っ白でふっくらしたごはんが炊かれている。]

34)は、農村の環境が良好な方向に変化していることが表現されている。その当時「一般庶民は魚や肉のおかずはなく、白い米のほとんど入っていないようなお粥を食べている」という一般的な状況がある。その「命題」に反して発生した「ふっくらしたごはんを炊く」という状態に対するプラスの態度が表明されている。また、この表現例において"V 上"は、変化・進展を客観的に捉える"V 起来"に置き換えることができる。この場合、文の内容から、プラスの感情が表出されているのは当然のことであり、両者の置き換えによって意味の差異は生じない。

35) 农村大嫂迷电脑，点点鼠标，敲敲键盘，三四十位农村大嫂学上了电脑，一改人们对农村大嫂终日围着灶台转的传统印象。[下線部訳：農村の年輩の婦人達が、パソコンに熱中している。マウスを動かしたり、キーをたたいたり、3,40 名の農村婦人がパソコンを習い出した。]

35)は、農村の年輩の女性がパソコンを習うようになったことについて述べている。「農村の年輩の婦人はパソコンは使わないだろう」という（その当時・その場所での）一般的な常識＝「命題」とは異なる「年輩の農村の婦人がパソコンを習う」というコトガラの発生に対する、「命題態度」を表している。この場合、「良かったことに〜できるようになった」という肯定的解釈と「そんな状況ではないのに…」「ふさわしくないのに…」という否定的解釈の、二つの相反する解釈が成り立つ。しかし、この表現例の "V 上" を "V 起来" に置きかえると、"起来" は客観的事実を述べるだけで、プラス・マイナスの態度は表明されない。2 章で言及した、刘 1998 の指摘する "V 上" と "V 起来" の差異はこのような場合に表れる。

3.2.3. "V 上" と "V 着"
次の表現例を見てみよう。

36) 我们在公园里只呆了 1 个小时，到停车场的时候我发现车钥匙没了，接着我看到我停车的位置上已经停上了别人的车。[私達は公園で 1 時間ほど時間をつぶし、駐車場に戻った時、車のキーがない事に気付いた。そして、車を停めてあった場所になんと別の車が駐車して

37) 可是大门口的门卫说了，非本单位的车，免进，请上旁边大道上停车去。过来一看，已经停着不少车了。[しかし正門の守衛は、関係者以外の車は入れないので、表の道に停めるようにと言った。行ってみるとすでにかなりの車が駐車していた。]

36)の"V上"は、「駐車場に自分の車があるべきだ」という「命題」に反して、「別の車が停まっている」というコトガラが発生し、話し手の「こんなことが起こり得るわけがない」という「命題態度」が表明された表現になっている。37)の「道路に車が停まっている」というコトガラに対しては、話し手はその背景に何らの焦点も注意も向けておらず、何の予測も立てていないため、持続相の"V着"を用いて、客観的に状況を述べている。36)の"V上"を"V着"に置き換えることはできるが、その場合は話し手の主観的態度は表明されない。

3.3. 程度命題

あるコトガラに対する達成の度合い、或いはその量的程度について、話し手の立てる「命題」とそれに対する「命題態度」を見ていく。

3.3.1. 達成感

38) 只有这时，才能暂时忘记中国的家。在国外过的第一个春节，他们虽然也吃上了饺子，但还是聚在一起大哭了一场。[この時だけは、しばし中国の家族のことを忘れることができた。海外で過ごす初めてのお正月に、彼らは餃子を食べることもできたが、みんなが集まると、やはり大泣きしてしまった。]

38)は、中国の正月の伝統料理である餃子は、みんなが食べたいと希望しているが、海外ではなかなか食べれないものである。その「命題」に反して、餃子を食べるという願望が達成された話し手の主観が「命題態度」として表されている。これは、2章で述べた、呂1980や高橋2001らが言及した「到達感」に相当する。

3.3.2. 量的充足感

さらに補語"上"は、時量や回数など、コトガラに関わる量的事象に対

する「命題態度」を表す。

39) 很多东西你在学校里学上一年，也不一定及得上在拍戏现场学到的多。［学校で1年間多くのことを学んでも、撮影現場で学ぶことより多いとは限らない。］

40) "在这个时代人们只看两种人棗英雄或者小丑，前者有寄托，后者可嘲笑，而我天生就是小丑。"（1993）这话说得不够诚恳，因为后来人们开始明白，<u>小丑可以让人笑上两三次，但绝不可能让人笑上十年。</u>这也成了周星驰在1999年自编自导自演《喜剧之王》的原因。［下線部訳：三枚目は人を2・3回笑わすことはできるが、何十年も笑わすことは絶対にできない。］

39)と40)の補語"上"は、それぞれ「1年学ぶ」「2，3回笑わす」「10年笑わす」という量的程度について、程度の不足、或は充足の「命題態度」を表している。

　最後に、"V上"形式の"上"がモダリティ成分であり、この補語"上"を、本稿で語気補語とした根拠を補強するために、"笑上两声"と"笑两声"を比較する。まず、"笑上两声"の表現例を見てみると、次のとおり、41)と42)は、"应该""要"等と共起して、目標基準となる「程度命題」が示されている。また、43)と44)は、"只是""只能"と共起して、限界基準となる「程度命題」を表している。

41) 我也应该配合地笑上两声，不管这笑声是多么的心力交瘁。［私もみんなに合わせてちょっとでも笑わなくてはいけなかった。笑い声がどんなに疲れていようとも。］

42) 可我还没有决定是否要虚假地笑上两声以迎合气氛的需要，…［しかしうそでもいいからちょっとでも笑って雰囲気をこわさないようにすべきか、私はまだ決めかねていた…］

43) 不多言不多语的坐着，只是偶尔呵呵地笑上两声。［言葉少なに座ったまま、ただ時々ちょっと笑うだけだった。］

44) 我还是只能清清朗郎地笑上两声。［私はやはりさわやかにちょっと笑うことしかできなかった。］

　41)～44)に対して次の表現例は、客観的行為を述べているだけで、話者の「命題態度」は全く表明されていない。

45) 她总是一副赖皮的样子"呵呵"笑两声,过后还是照样。[彼女はごねたように「フフッ」と少し笑い、その後は、いつものとおりだった。]

46) "这狗是谁的?真有趣啊,呵呵,呵呵。"他尴尬地笑两声。[「この犬は誰の?ほんとにおもしろい。ふっふっ。」彼はばつが悪そうに少し笑った。]

47) 女儿乖乖地趴着,脑袋偶尔动一动,或咯咯地笑两声。[女の赤ん坊はおとなしくうつぶせをして、頭を時々動かしたり、ふふっと笑ったりしている。]

48) "你看我们有可能吗?"我不说话,呵呵地笑两声。[「私達できると思う?」私は何も言わず、ふっふっと少し笑った。]

4. まとめ

本稿で明らかにした状態義"上"の意味機能は以下のとおりである。
① コトガラを状態として捉える。
② 開始時点・開始後の状態に焦点はなく、発生の背景に焦点がある。話し手はコトガラに一定の予測=「命題」を立て、それに対する話し手の感情・態度を「命題態度」として表す。「命題態度」は、コトガラの時間、内容、程度について現れる。
③ 時間的流れを内包せず、時間的局面を捉えず、ひとまとまりの単位としてコトガラの存在をとらえる。

"V起来""V""V了"の形式とは異なり、状態の発生を表す"V上"形式の補語"上"の意味機能を規定しているのは、この「命題態度」であり、この補語(状態義)"上"は「語気補語」として機能している。

また、上述の意味機能を有するが故に、次のような統語的制約が課せられることとなる。
① 「命題態度」が文脈に表れていること。
② 前項動詞が「状態」を表すものであること。
③ 前項動詞が「状態」よりも「行為」指向である場合には、主題が3人称、或は無生物であるか、コトガラが長期的な時間的スパンを有し、当該文が「状態」を表すこと。

注
1) 黄（高瀬）2002は、場所賓語を取る場合の補語"－上"を方位詞付加の有無や"从～到～"との比較等から、終結性に焦点がないと指摘した。
2) 刘月华1998、p25、「趋向补语的状态意义是比结果意义更为虚化的意义。它表示动作或状态在时间上的展开、延伸、与空间无关。状态意义可以分为两类：一类是表示进入新状态、一类表示已进行的动作或已存续的状态继续。」
3) 房玉清1990、p251「结果补语和趋向补语中有一部分已失去原来的词汇意义，只表示引申意义或某种语法意义，而且这些词的结合面较宽，粘附性很强，有的已失去原声调而变为轻声，这种现象我们称之为"虚化"。在现代汉语中，有些作结果补语和趋向补语的动词出现了程度不同的虚化倾向，其中虚化程度高的，我们作助词处理，将在动态范畴中讨论；其中虚化程度低的，仍作补语处理。」
4) 菊地1990は、文の成立条件について、特定の文脈に置かずに、文の字面だけで漠然と可否を判定する場合の「許容度」を「不定文脈での許容度」、特定の具体的な文脈に置いた場合の「許容度」を「定文脈での許容度」と呼び、「不定文脈での許容度」は、「使える文脈の想定しやすさ」に比例するとした。
5) 本稿の表現例の日本語訳はすべて筆者によるもので、補語"上"の訳を「…し出す」「…するようになる」「…している」等、様々な訳出をしている。参考までに自然な訳をしているだけで、厳密な意味の区別を持たせていない。
6) 日本語の「起きる」の意味について、『日本語基本動詞用法辞典』に、次のような記述がみえる。
　　（1）横になっている人や物がまっすぐ立つ。
　　（2）眠っていた人や動物が眼を覚ます、または眠らないでいる。
　　（3）ある物事やコトガラ、発作、感情などが生じる。
(1)の「起きる」という上方向への動きから、(3)のコトガラが「起きる」という意味が派生している。「起きる」と共起する「コトガラ」とは「問題」「事件」「けんか」「笑い」などであり、施主は認知されず、「彼に問題が起きた」のように、範囲限定機能を有する助詞「に」によって導かれ、副次的役割を担っているにすぎない。このようにコトガラを行為としてではなく状態としてとらえている。
7) 刘月华1998、p31「"了"的状态意义与"起来"等的状态意义十分接近。可以说本质上是相同的。只是"了"的状态意义没有方向性，而"起来""上""开"表示由静态，负向向动态，正向变化，…」
8) 「命題態度」を表す意味機能を有する補語に対して、恩師平井勝利教授が「語気補語」というタームを設定してくださった。この場を借りて恩師に感謝の意を表します。
9) 吕1980は、結果義として"社员们都住上了新房子"（社員はみな新しい住宅に住めるようになった）という例文を挙げ、一定の目的・基準に達する意味を併

せ持つとしている。また、数量詞を伴う場合は、一定の数量への到達を表し、"V 上"がなくても意味に変化は無いとしているが、そこに挙げられている 5 つの例文は、全て本稿3.3.2 の「量的充足感」を表すものに相当する。

大橋2001は、①低から高への移動、②目標への接近或は到達、③状態変化、④一定の数量への達成という4分類をし、③と④について"V 上"が「到達感」を表すニュアンスがあるとしているが、それ以上の論及はしていない。

10) 刘1998、p105 「"上"有较明显的感情色彩，表达说话人对新出现的动作或状态持不以为然的态度，即认为该动作或状态是不值得肯定或不受欢迎的，…"起来"是中性的，不带明显的感情色彩。」

11) 本稿が考察対象とする補語"上"の状態義については、刘1998等の指摘のとおり口語性が強く、インフォーマントの許容度に顕著な揺れが認められる。本稿では、その揺れも「命題態度」に起因すると考える。注4で述べた「許容度」＝「使える文脈の想定のしやすさ」は、まさにこの「命題態度」の想定のしやすさによる。

[参考文献]

房玉清 1990.『实用汉语语法』北京语言文化大学出版社

菊地康人 1990.「【X の Y が Z】に対応する【X は Y が Z】文の成立条件—あわせて、＜許容度＞の明確化」『文法と意味の間』くろしお出版　p.105-p.132

高橋太郎 1990.「テンス・アスペクト・ヴォイス」『日本語と日本語教育 12』明治書院　p.47-p.70

吕文华 1994.『对外汉语教学语法探索』语文出版社

平井勝利／宋協毅 1995.「"开始"と"～起来"の使い分け」『ことばの科学』名古屋大学言語文化部言語文化研究委員会　p.5-p.12

刘月华主编 1998.『趋向补语通释』北京语言文化大学出版社

久保修三 2000.「虚化補語」『荒屋勧教授古希記念中国語論集』白帝社　p.323-p.337

大橋志華 2001.「動補構造「動詞＋"上"」に対応する日本語表現について」『日中言語対照研究論集』第 3 号　白帝社　p.81-p.98

黄（高瀬）利恵子 2002.「現代中国語における"V＋上＋L"構文－"上"の終結性をめぐって」『多元文化』第 2 号　名古屋大学国際言語文化研究科　p.107-p.117

孟琮等 2000.『汉语动词用法词典』商务印书馆

小泉保ほか 1989.『日本語基本動詞用法辞典』大修館書店

[用例出典]

27) www.gmdaily.com.cn/0_shsb/2000/10/20001031/GB/10%5E1513%5E0%5ESH4-3118.htm

30) www.china-window.com.cn/Zhongshan_w/ zsnews/gb/27384.html
31) mm.beelink.com.cn/book/noVel/sntz/04.htm
32) www.kpworld.com/xiangsheng/xiaoyouhui/ xyhyd.jsp?articleid=9613
33) www.5eat.com/entertainment/girl/leisure/ld6.htm
34) www.5eat.com/entertainment/girl/leisure/ld6.htm
35) www.china-window.com.cn/Zhongshan_w/ zsnews/gb/27384.html
36) finance.sina.com.cn/x/20011109/127482.html
37) life.szptt.net.cn/2003-04-28/nw2003042800036.shtml
38) www.bjyouth.com.cn/Bjqnzz/20010910/GB/320%5ERC04.htm
39) www.kaoyan.com/comment.asp?documentid=2562
40) www.hrb.hl.cninfo.net/moVie/xgcl/zxc.htm
41) www.kpworld.com/xb/news/pn52587.html
42) www.3320.net:8000/book/944/79.htm
43) wenxue.lycos.com.cn/yc/books/563/56251/1/2.html
44) music.hdt.net.cn/peiyue.php3?py1
45) www.daynews.com.cn/mag6/20030912/ca74242.htm
46) www.trzj.org/legend/creatiVe/crystal/05.htm
47) www.china-woman.com/gb/2002/11/20/zgfnb/wlhzzk/17.htm
48) life.fan8.com/data/20030114/4294549822.html

"向"再考
—A Re-interpretation of "xiang"—

高橋　弥守彦

0. 内容提要

本文以"向"的词汇意义、语言事实以及"向 + 名"的语意为出发点，讨论分析了"向"的词性、词义及用法问题。以往的研究把"向"分为动词和介词，介词"向"之后也可附加动态助词"着，了"。为此，动词和介词之后均可附加"着"。但是一般来说，动态助词"着，了"只能附加于动词之后，在语法构造上表示动作全过程的继续和实现状态。为此，本文以下述三点为中心分析并讨论"向"的词性、词义及用法问题：

　ⅰ. "向"是否具有动作性（运动）意义。
　ⅱ. "向"后面能否附加动态助词"着，了"。
　ⅲ. "向 + 名"所表之意。即，"向"为动词时，可表面对、瞄准和移动之意；"向"为介词时，可表对象和出处标志之意。

キーワード：　出来事　対面　照準　移動

1. はじめに

『八』(『中国語用例辞典』原名《现代汉语八百词》、以下の書名には略称を用いる) によれば、"向"には次のような動詞と介詞との用法がある。

(1) 这个房间向阳（『八』p.373）
　　この部屋は南向きだ（同上）

(2) 水向低处流（『八』p.373）
　　水は低いほうへ流れる（同上）

(3) 从胜利走向胜利（『八』p.374）
　　勝利から勝利へと進む（同上）

(4) 你们需要什么，向我们要好了（『八』p.374）

必要なものがあれば、私たちに要求してください（同上）

『八』によれば、"向"は例（1）が動詞であり、他はいずれも介詞である。高橋（2001a,b）では先行研究と資料の分析により、次のように"向"を動詞・介詞・副詞の3類に分けている。

(5) 谢屋是个几千人的大村，面<u>向</u>平原，北靠山丘。(8-3-93)
    謝屋は、数千人の人が住む大きな村で、平野に面し、後ろに丘をひかえています (8-3-92)
(6) 天亮时，胖嫂又奔<u>向</u>第十家铺子。(4-9-99)
    明るくなってから、彼女は、なおも10軒目の店めざして出かけて行った。（同上）
(7) 他<u>向</u>我借了一辆车。(『李』p.241)
    彼は私から車を一台借りました。(『李』p.242)
(8) 他对医道<u>向</u>有研究（『高」』p.531)
    彼は昔から医学に詳しい。（同上）

高橋（2001a,b）によれば、"向"は例（5）と（6）が動詞、例（7）が介詞、例（8）が副詞である。これらはいずれも"向"の典型的な各用法である。例（5）と（6）の"向"はいずれも動詞だが、用いられている位置が異なることにより、本稿では前者を述語動詞、後者を補語動詞と言う。

拙論「"向"＋客語の"向"の用法について」では、"向"を上記のように分類してある。これらの典型的な用法であれば、品詞分類に問題は起こらないが、位置的に見れば、例（7）と同じ次の例文中の"向"を介詞とみなすか動詞とみなすかにより文構造が異なってくる。

(9) 不料，她又<u>向</u>着王力问："王力听清了吗？"(3-1-95)
    なのに、また王力に聞くなんて。「王力、わかりましたか？」（同上）
(10) 他说他听懂了，并<u>向</u>阳台上走去。(8-8-93)
    彼は、わかった、と言い、ベランダに出て行った。（同上）

高橋（2001a）では形式的に見れば、文内部における位置の同じ例（7）（9）（10）の"向"を述語動詞とするか介詞とするかの基準が曖昧であったため、両者の整理が不十分であった。本発表では文中に使われている"向"の言語事実と意味から次の三点を明らかにする。

i. 述語動詞と介詞の分類基準

ii. 出来事の表す意味
　iii. "向"の用いられる品詞別各構造

2. 述語動詞と介詞の分類基準

　先行研究による動詞か介詞かの"向"の分類基準は"向"の各用法と各構造における位置である。次のような表にまとめることができる。この分類基準の理解を助けるために、[表1]の後に代表的な例文を挙げる。

［表1］動詞と介詞を区分する"向"の分類基準

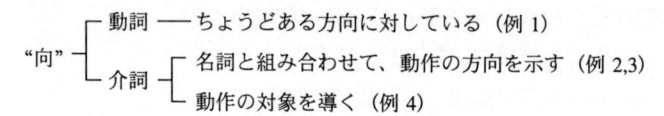

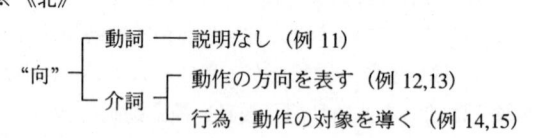

※『八』

"向" ─┬─ 動詞 ── ちょうどある方向に対している（例1）
　　　└─ 介詞 ┬─ 名詞と組み合わせて、動作の方向を示す（例2,3）
　　　　　　　└─ 動作の対象を導く（例4）

※《北》

"向" ─┬─ 動詞 ── 説明なし（例11）
　　　└─ 介詞 ┬─ 動作の方向を表す（例12,13）
　　　　　　　└─ 行為・動作の対象を導く（例14,15）

※《侯》

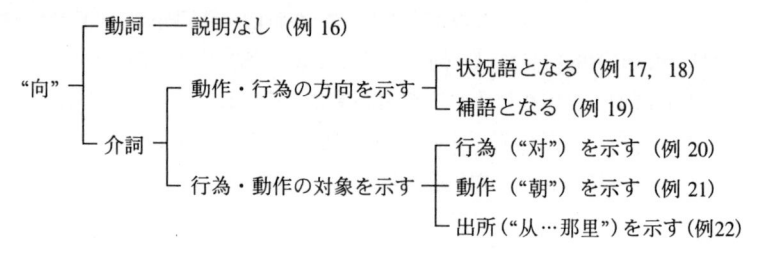

"向" ─┬─ 動詞 ── 説明なし（例16）
　　　└─ 介詞 ┬─ 動作・行為の方向を示す ┬─ 状況語となる（例17, 18）
　　　　　　　│   └─ 補語となる（例19）
　　　　　　　└─ 行為・動作の対象を示す ┬─ 行為（"対"）を示す（例20）
　　　　　　　　　　　　　　　　　　　　├─ 動作（"朝"）を示す（例21）
　　　　　　　　　　　　　　　　　　　　└─ 出所（"从…那里"）を示す（例22）

(11)　你说我向着她，我就向着她！（《北》p.444）
　　　僕が彼女の味方と君が思っているように、僕は確かに彼女の味方だ。（筆者訳）
(12)　向前进！向前进！战士的责任重，妇女的冤仇深。（《北》p.443）
　　　前進！前進！戦士の責任は重く、女性の恨みは深い。（筆者訳）
(13)　党指向哪里，我们就走到哪里。（《北》p.443）

党の指し示す所へ私達は行きます。（筆者訳）
(14) 周惠英向黄瑞仁摆手，叫她快进信用社。（《北》p.444）
周惠英は黄瑞仁に手で合図をして、彼に信用社に速く入らせようとした。（筆者訳）
(15) 没有书的同志可以向图书馆借阅。（《北》p.444）
本のない人は図書館から借りて読むことができます。（筆者訳）
(16) 面向大家（《侯》p.598）
顔がみんなの方を向いている（筆者訳）
(17) 向前看（《侯》p.597）
前を見なさい（筆者訳）
(18) 向东走（《侯》p.597）
東の方へ行く（筆者訳）
(19) 小船划向对岸（《侯》p.598）
小船は対岸に向かっている（筆者訳）
(20) 向你们致敬（《侯》p.598）
みなさんに敬意を表します（筆者訳）
(21) 向亲人哭诉（《侯》p.598）
身内に泣いて訴える（筆者訳）
(22) 向一个亲戚借了一万元（《侯》p.598）
親戚の人から一万元借りた（筆者訳）

『八』では"向"を動詞とするか介詞とするかの用法が説明されているが、《北》と《侯》では例文が挙げられているものの、何を動詞とするかの説明がなされていない。それに対して、介詞の説明はこの3冊の専門書とも動作・行為の方向と対象を表すと明解であり、例文も相当数挙げられている。問題は、これらの分類基準による分類では、介詞とする用法の中に動態助詞"着，了"が用いられるところである[1]。言うまでもなく、動態助詞"着，了"は運動を表す単語またはそれに準じる単語の後ろに用いられ、機能的に運動の一側面を表すが、介詞には運動義がないので、その後ろには用いられない。

先行研究の中で介詞と言われている"向"の後ろに"着，了"が用いられている例文を挙げて分析してみよう。

(23) 向着西南飞去（『八』p.373）

　　　　　西南に向かって飛んで行く（同上）
(24)　向着前面大声叫喊（『八』p.373）
　　　　　前に向かって大声で叫ぶ（同上）
(25)　目光转向了我（『八』p.374）
　　　　　視線が私の方に向いた（同上）

　先行研究では例 (23) (24) (25) の"向"をいずれも介詞としている。しかし、"向"には本来「むかう、むく」の意味がある。『簡』では「"向"は目あての方へ、正面に向くなり、…」（p.306）と説明し、『吉』では「空気の流れる方向の意から、ある方向に向く意に用いる」（p.176）という説明がある。これらの説明の"向"には動き（運動）があるので動詞である。

　古漢語には動詞としての意味があり、現代漢語には運動を表す動詞としての意味がないのであろうか。もう一度、介詞と言われている"向"に運動義があるかないかを調べて見る必要があるようである。"向"は例 (23) (24) がいずれも「向かって」と訳され、例 (25) が「向いた」と訳されている。「"向"＋客語」には例 (23) が「西南の方向に向かう」という動作主体の移動義があり、例 (24) には「前方に向く」という動作主体の表す照準義があり、例 (25) にも「私の方に向いた」という照準義がある。"向"の表すこれらの意味から"向"には運動義があると言える。運動義があるのであれば、介詞ではなく、動詞である。運動義を表す動詞であれば、その後に動態助詞"着，了"を用いることができる。では、"向"には移動と照準を表す意味のほかに、どのような運動義があるのであろうか。先行研究の例文から見てみよう。例 (1) や次の文が移動と照準を表す以外の"向"の用法である。

(26)　屋门向西（『荒』p.702）
　　　　　部屋のドアが西に向いている。（同上）

　例 (26) の"向西"は「西に向いている」と訳されている。"向"は対面を表す「向いている」の意味なので動詞である[2]。例 (1) の"向"も同様の意味である。このほかに、基本的には文構造が例 (9) (23) (24) と同じであるにもかかわらず、"向"の後ろに"着"を用いることのできない例 (7) や次の例 (27) のような例文がある。例 (9) と例 (27) の文は、文中に用いられている動詞"问"も同じなので、この 2 例を比較してみよう。

(27)　他向我问了两个问题。（『李』p.242）

彼は私にふたつ質問をしました。（同上）

例（9）の "向" の後ろには動態助詞 "着" を用いることができるが、同じ構造であるにもかかわらず、例（27）の "向" の後ろには "着" を用いることができない。これが "向" を動詞とするか介詞とするかの難しい所である。さいわい、先行研究の中にはすでに例（9）と例（27）の "向" の後ろになぜ "着" を用いることができるか否かのヒントがある。たとえば、『八』（p.41）には次のような説明がある。

　　人を指す名詞と組み合わせるとき、"朝" は身のこなしや姿勢などの具体的な動作を表す動詞についてのみ用いられる。抽象動詞には用いない。以下の例はいずれも "朝" を用いない。

（28）　向人民负责
　　　　人民に対して責任を負う
（29）　向群众学习
　　　　大衆に学ぶ
（30）　向老师借了一本书[3]
　　　　先生から本を一冊借りた

例（27）（28）（29）（30）には、いずれも動詞としての、"向" の表す具体的な対面・照準・移動の運動義がない。例（27）（28）の "向" は主体の行う出来事（"向我问了两个问题" "向人民负责"）の対象（"我" "人民"）を表す標識であり、例（29）（30）の "向" は主体の獲得を表す出来事（"向群众学习" "向老师借了一本书"）の出所（"群众" "老师"）を表す標識である。これらの "向" には具体的な運動義を表す「向いている、向く、向かう」の意味がなく、"向" は単に主体の行う出来事の対象と出所とを表す標識であり、文法的な意味「〜に、〜から」しか表していないので介詞である。即ち、動詞の "向" は具体的な場面性を表す運動義があるのに対して、介詞の "向" は概括的なまとまり性のある出来事を表すのに用いられ、具体的な場面性を表す運動義がなく、文法的な意味しか表さない。

次に例（3）や（25）の「動詞＋ "向" ＋名詞」の補語動詞 "向" がどのような意味を表す出来事の中に用いられるのかを検討してみよう。例（3）の "走向胜利" 「勝利へと進む」や例（6）の "奔向第十家铺子" 「10軒目

の店めざして出かけて行った」の"向"は「動詞＋"向"」によって主体の方向を表しているので、"向"は移動義を表していると言える。例（25）の"转向了我"「私の方に向いた」の"向"は「動詞＋"向"」で客体に対する主体の照準を表しているので、"向"は照準義を表していると言える。

本構造の中で"向"が移動義と照準義を表すほか、どのような意味を表すのであろうか、先行研究の例文の中から見てみよう。

(31) 小路通向果园（『八』p.373）
　　　この路地は果樹園に続いている（同上）

例（31）の"通向果园"は客体"果园"に対する主体"小路"の方向でもなく照準でもない。"小路"が"果园"まで続いているという到達を表しているので、"向"は到達義「むかって／達している」を表すと言える。到達義を表す本構造の"向"は先行研究の中で、もう1例しかなかった[4]。

分析の結果、"向"を用いる以上の例は、次の表のようにまとめることができる。

［表2］"向"の品詞分類と用法

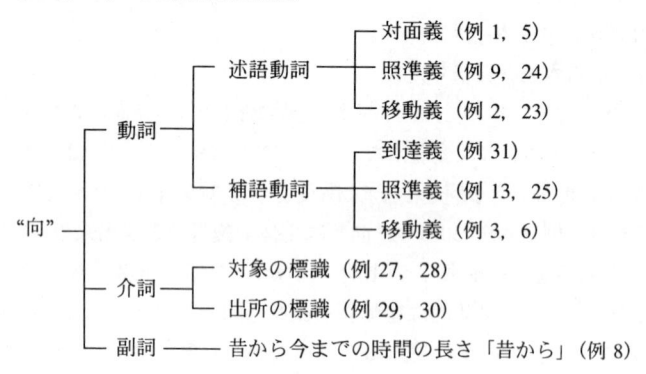

```
                    ┌─ 述語動詞 ─┬─ 対面義（例1, 5）
                    │            ├─ 照準義（例9, 24）
          ┌─ 動詞 ──┤            └─ 移動義（例2, 23）
          │         │
          │         └─ 補語動詞 ─┬─ 到達義（例31）
"向" ─────┤                      ├─ 照準義（例13, 25）
          │                      └─ 移動義（例3, 6）
          │
          ├─ 介詞 ──┬─ 対象の標識（例27, 28）
          │         └─ 出所の標識（例29, 30）
          │
          └─ 副詞 ──── 昔から今までの時間の長さ「昔から」（例8）
```

3. "向"の用いられる品詞別各構造

前節で筆者は"向"の語彙的な意味と文法的なふるまい、および主体と出来事の表す意味関係から、"向"を動詞と介詞と副詞の3類に分けている。副詞"向"は動詞の前に用いられ、品詞分類における問題は起こらないので、ここでは取り上げない。本節では、「"向"＋客語」の作る構造が

同じなので、品詞分類の難しい動詞と介詞としての"向"をとりあげ、それらがどのような構造に用いられているのかを分析する。

(32) 我们全家住了二十多年的筒子房，只有一间，又是<u>向</u>阴面，终年不见阳光。(3-2-98)
わたしたち一家は、長屋式の家に20年以上も住んでいた。一部屋だけ、それも北向きなので、一年中日はあたらない。(同上)

(33) 这间屋子坐北<u>向</u>南。(作例)
この部屋は南向きだ。(筆者訳)

(34) 警察笑着摇摇头，突然跳起身，"嘣"地关门，也<u>向</u>球场跑去。(8-4-93)
やれやれと笑っていた巡査も飛び上がって「バン」とドアを閉め、スタンドの方へ走って行った。(同上)

(35) 她和那男人从花市上回来经过那幢楼时，她扬头<u>向</u>阳台上望去，那盆夜来香还在哩！(8-8-93)
花市からの帰り、彼女と男はもとの家の前を通った。ベランダを見上げると、宵待草の鉢がまだ置いてあった！(8-8-92)

(36) 散场了，人们像潮水般地涌<u>向</u>大道、小路。(5-9-85)
映画は終わった。人の流れは潮のように大通りや小路のほうに向かっていく。(同上)

(37) 他抬头望<u>向</u>挂钟，时针向着十一点转去，转动的针又化成舞池里流动的人……(4-12-103)
彼女は頭をもたげて柱時計を見た。針は11時に近づくところだ。その動く針が、ホールにうごめく人のように見える……(同上)

(38) 他把手伸<u>向</u>高个子的青年去。(『李』p.238)
彼は手を長身の青年に差し伸べました。(同上)

(39) 她甚至忘了她也曾有过这种可<u>向</u>任何人夸耀的自豪。(3-9-96)
そのくせ今の彼女は、自分にも昔、同じように人に自慢できるものがあったことなど忘れているのだ。(同上)

(40) 爸爸得像我一样，伸手<u>向</u>妈妈讨钱。(12-8-98)
ボクと同じように母からお金をもらいます。(同上)

"向"は例 (32) から (35) までが述語動詞、例 (36) から (38) までが補語動詞、例 (39) (40) が介詞として使われている例である。"向"の使

われているこれらの構造は、次表のように整理することができる。

[表 3] "向"を動詞と介詞として用いる各構造
  i. 述語動詞
    1) "向"＋名 （例 32）
    2) 動＋名＋"向"＋名 （例 33）
    3) "向"＋名＋動（＋名） （例 34）
    4) 動＋名＋"向"＋名＋動 （例 35）
  ii. 補語動詞
    1) 動＋"向"＋名 （例 36）
    2) 動＋名＋動＋"向"＋名 （例 37）
    3) 動＋"向"＋名＋動 （例 38）
  iii. 介詞
    1) "向"＋名＋動 （例 39）
    2) 動＋名＋"向"＋名＋動＋名 （例 40）

　動詞"向"は例（32）が一般文型、例（33）（34）（35）が特殊文型に用いられている。例（33）は"向"が連述文のうちの後の出来事、(34) は前の出来事、(35) はまん中の出来事の中に用いられている。このうち、出来事における主体と客体との関係は例（32）（33）が対面、例（34）が移動、例（35）が照準を表している。補語動詞"向"は例（36）が一般文型、例（37）（38）が特殊文型に用いられている。このうち、出来事における主体と客体との関係は例（36）が方向、例(37)が照準を表している。例（38）は"把"字文なのでやや特殊であり、客体"手"の、もう一つの客体"高个子的青年"への方向を表している。介詞"向"は例（39）の"向任何人夸耀"で一つの出来事を表し、"向"は対象"任何人"を表す標識であり、例（40）は二つの出来事"伸手""向妈妈讨钱"のうちの後の出来事の中に用いられ、"向"は"钱"の出所"妈妈"を表す標識としての役割を果たしている。これらの"向"はいずれも[表 2]の中の"向"の用法に該当する。

4. おわりに

　本稿では"向"の表す語彙的な意味と文法的なふるまい、および出来事

の表す意味関係から、"向"を動詞・介詞・副詞の3類に分けている。分析の結果は［表2］に示すとおりである。場合によって、構造が同じため品詞分類の難しい動詞と介詞としての"向"を主な分析の対象（例9，27）としている。連語の構造と品詞分類との関係は［表3］に示すとおりである。

述語動詞としての"向"には「むいている」「むく」「むかう」の意味があり、文法的なふるまいとしては、運動に継続義があれば"向"に動態助詞"着"を用いることができ、実現義があれば動態助詞"了"を用いることができる。「"向"＋名詞」の表す出来事は一般的には客体に対する主体の対面（例1，5）・照準（例9，24）・方向（例2，23）を表す。ごくまれに客体に対するもう一つの客体の方向を表す（例38）。一般的に言えば、"向"を用いる出来事が対面を表す場合、"向"の基本義は「むいている」、照準を表す場合は「むく」、方向を表す場合は「むかう」の意味である。

補語動詞としての"向"には「むかっている」「むく」「むかう」の意味があり、文法的なふるまいとしては、運動に実現義があれば「動詞＋"向"」の"向"に動態助詞"了"を用いることができる。「動詞＋"向"＋名詞」の表す出来事は、一般的には客体に対する主体の到達（例31）・照準（例13，25）・方向（例3，6）を表す。一般的に言えば、出来事が到達を表す場合、"向"の基本義は「むかっている」、照準を表す場合は「むく」、方向を表す場合は「むかう」である。

介詞としての"向"は具体的な運動義としての意味がなく、"向"を用いる出来事の中で、対象と出所を表す客体の標識としての役割しか果たしていない。そのため、具体的な運動義はなく、文法的な意味「〜に」（対象の標識：例27，28）と「〜から／に」（出所の標識：例29，30）しか表さない。

注

1) 『八』は例（23）（24）の用法に対して「"向"の後ろに"着"を付けることができるが、単音節の方位詞と組み合わせるときには付けることはできない」（p.373）という説明があり、例（25）の用法に対して「"向"の後ろに"了"を付けられる」という説明がある。《北》も例（23）（24）の用法に対して、'以上両类"向"有时可以说成"向着".'（p.444）と説明している。《侯》は"向着"を介詞とし、例（23）（24）の用法に対して、'跟"向"的第一种用法相

同，但 "向着…" 只能作状语。必须跟多音节的词语。"向" 加 "着" 可使句子书面化；'（p.600）と説明している。『八』《北》《侯》はいずれも例 (23) (24) の用法であれば、"向" の後ろに "着" を用いることができると説明し、『八』はさらに例 (25) の用法に対して、"向" の後ろに "了" を用いることができると説明している。言語事実も『八』の説明のとおりである。

2) 「Ｓ＋"向"＋Ｏ」構造で文が終止する場合、『八』《北》《侯》はいずれも "向" を動詞としている。「ＳＶＯ」構造で文が終止する場合、筆者の分析によれば、"向" を用いる出来事は対面と照準を表す。例 (1) (5) は出来事が対面を表す例文である。次の例文は出来事が照準を表している。

葵花总是向着太阳。（『高₁』p.531）
ひまわりはいつも太陽に向かっている。（同上）

3) 例 (30) は出来事が主体の獲得義を表し、"向" がその出所を表す標識となっている。例 (30) の介詞 "向" を "朝" で代替できるか否かについて、『李』では、『八』と同様の説を唱え代替できないとしているが、『大』と〈西〉とは『八』と異なる説を唱え代替できるとし、それぞれ次のような例文を挙げている。

※『李』(p.242)
　　他向我借了一辆车。　　　＊他朝我借了一辆车
　　　　　　　　　　　　　　＊他对我借了一辆车
※『大』(p.47)
　　我朝他借了两本小说。
※〈西〉(p.98)
　　我想朝他借一本书。→　　我想向他借一本书。
　　　　　　　　　　　　　＊我想往他借一本书。

筆者の収集した例文によれば、出来事が主体の獲得義を表し、"向" がその出所を表す標識となっている介詞としての用法は、"朝" を用いている実例の中にはなかったが、研究発表をした時に、中国人の専門家から "朝" にはこの用法があるという指摘があった。その後、中国人から聞き取り調査を行ったが、北京を中心とした北方地域には、"朝" のこの用法が会話文の中にはあるが（『大』〈西〉）、それ以外の地域と地の文の中にはないので、まだ一般的な用法とは言い難いようである（『八』『李』）。この言語現象は "朝" が介詞として用いられる傾向にあることを示していると言えるが、この傾向についてはさらにこれからの "朝" の用法を観察していかなければならないであろう。

4) 王自強（1998）にも到達義を表す次の例（p.228）が挙げられている。

这条小路通向海边。
この小道は海岸に続いている。（筆者訳）

[主要参考文献と略称]

荒屋　勧主編1995.『中国語常用動詞例解辞典』日外アソシェーツ株式会社『荒』
大内田三郎 2000.『基礎からよくわかる中国語文法参考書』駿河台出版社『大』
王自强 1998.《现代汉语虚词词典》上海辞书出版社　《王》
郭春貴 2001.『誤用から学ぶ中国語』白帝社『郭』
簡野道明 1955.『増補字源』角川書店　『簡』
曲阜师范大学本书编写组编著 1992.《现代汉语常用虚词词典》 浙江教育出版社
　《曲》
金　昌吉 1996.《汉语介词和介词短语》南开大学出版社　《金》
侯　学超编 1998.《现代汉语虚词词典》北京大学出版社　《侯》
吴 为章 1993.《动词的"向"札记》《中国语文》1993 年第 3 期《吴》
高橋弥守彦・姜林森・金満生・朱春躍 1995.『中国語虚詞類義語用例辞典』
　白帝社『高1』
高橋弥守彦 2001a.「"向"＋客語の"向"の用法について」『語学教育研究論叢』
　第 18 号　大東文化大学語学教育研究所「高2」
高橋弥守彦 2001b.「"向"＋客語における"向"の日本語訳」『日中言語対照研
　究論集』第 3 号　日中言語対照研究会「高3」
高橋弥守彦 2002a.「"朝"＋客語の"朝"の用法について」『日中言語対照研究
　論集』第 4 号　日中言語対照研究会「高4」
高橋弥守彦 2002b.「"朝"＋客語の"朝"の日本語訳」『桜文論叢』第 5 号日
　本大学法学部「高5」
高橋弥守彦 2003.「"向"再考」　中国語教育学会第 1 回大会発表資料 2003.3.27
　日本大学文理学部百周年記念館 2 階　国際会議場「高6」
西槙光正 1999.〈介词"朝、向、往"语法分析比较研究〉『語学研究』第 92 号
　拓殖大学言語文化研究所〈西〉
傅雨贤・周小兵・李炜・范干良・江志如 1997.《现代汉语介词研究》中山大学
　出版社　《傅》
北京大学中文系 1955~1957 级语言班编 1982.《现代汉语虚词例释》商务印书馆
　《北》
方　福仁 1982.〈谈"去"和"向"的"在"义〉《中国语文》1982 年 第 2 期
　《方》
孟　庆海 1983.〈介词短语"向＋名"〉《汉语学习》1983 年第 6 期　延边大学出
　版社〈孟〉
吉田賢抗編 1984.『新釈漢和辞典』新訂版　明治書院　『吉』
李臨定著／宮田一郎訳 1993.『中国語文法概論』　光生館『李』
呂叔湘主編／牛島徳次監訳・菱沼透訳 1992.『中国語用例辞典』東方書店『八』
刘月华主编 1998.《趋向补语通释》北京语言文化大学出版社　《刘》

[資料と例文]

1) 水仙（1984）水上勉著，柯森耀译注，上海译文出版社，1984. 10
2) 菜穂子（1984）堀辰雄著，吴大有译注，上海译文出版社，1984. 12
3) ショートショート（1988）程枫等著，人民中国杂志社，1988. 1～12
4) ショートショート（1989）李玲等著，人民中国杂志社，1989. 1～12
5) ショートショート（1990）李敬寅等著，人民中国杂志社，1990. 1～12
6) ショートショート（1991）杨华敏等著，人民中国杂志社，1991. 1～12
7) ショートショート（1993）赵冬等著，人民中国杂志社，1993. 1～12
8) ショートショート（1994）凌鼎年等著，人民中国杂志社，1994. 1～12
9) ショートショート（1995）航鹰等著，人民中国杂志社，1995. 1～12
10) ショートショート（1996）关继尧等著，人民中国杂志社，1996. 1～12
11) ショートショート（1997）林如求等著，人民中国杂志社，1997. 1～12
12) 中国語学講読シリーズ①～⑥（1991），刘家林等著，柯森耀译，外文出版社
13) 中国当代优秀童话选上・下(1991)，柯玉生编，新雷出版社，1991. 11
14) 文芸副刊・中国語の環第40号～48号，敖友余等著，竹島毅等整理，1997. 6～1999. 6
15) 中日対訳コーナー・北京週報，2000. 1. 4～2000. 12. 12

※ 例文の末尾に（8-3-93）と記してあれば、上記資料8の3月号の93頁の意。上記に挙げた資料以外の引用例であれば、やはり例文の末尾の括弧の中に資料名の略称と頁数が挙げてある。出典の記していない例文は、筆者が作例し、大東文化大学非常勤講師の王学群・趙昕・鄭曙光3先生が手を加えて下さったものである。論文作成にあたっては中原裕貴先生に大変お世話になった。ここに記し、4先生に感謝の意を表す。また、中日対訳研究会月例会で発表した際には多くの先生方から貴重な意見を頂いた。併せて感謝の意を表す。

19世紀～20世紀広東語資料に見られる遠称指示詞表記の変遷

竹越　美奈子

0. はじめに

　広東語の遠称指示詞"嗰"（陰上）の来源に関して、Chao（1947a：34）は音韻論的観点から類別詞"個"（陰去）の上昇変音[1]であることを指摘し[2]、張恵英（1990）は広東語の統語的特徴（類別詞が単独で名詞を修飾する）を根拠に"個"が類別詞と指示詞の二機能を兼ねていると主張している[3]。

　小稿の目的は、19世紀から20世紀前半に発行された広東語資料[4]における遠称指示詞の漢字表記と声調表記の変遷をたどり、"個"（陰去）の表記がどのような条件のもとでいつから陰上に変化したのかを跡付けることである。加えて、実際の発音の変化を想定し、そのように変化した理由についても現時点で考えられる仮説を提示したい。使用した資料は以下の通りである。原則として発行年順とした[5]。

〈表1〉資料一覧

No.	著者（発行年）	タイプ	発行地	備考
1	Morrison(1828)	Dictionary	Macao	
2	Bridgman(1839)	Chrestomathy	Macao	
3	Bridgman(1841)	Chrestomathy	Macao	Bridgman(1839)の増補版
4	Williams(1842)	Textbook	Macao	
5	Devan(1847)	Vocabulary	Hong Kong	
6	Bonney(1854)	Vocabulary	Canton	
7	Devan(1858)	Vocabulary	Hong Kong	Devan(1847)の増補版
8	Lobscheid(1864)	Grammar	Hong Kong	
9	Dennys(1874)	Grammar	Hong Kong	
10	Ball(1887)[②]	Grammar	Hong Kong	初版 Ball(1882)

11	Ball (1902a)[③]	Grammar	Hong Kong	(未見)
12	Stedman & Lee (1888)	Textbook	New York	
13	Fulton (1888)	Sentences	Shanghai	
14	Kerr (1889)[⑦]	Sentences	Canton	初版年不明
15	Ball (1894)	Reader	Hong Kong	
16	Ball (1902b)[②]	Sentences	Hong Kong	初版Ball (1888) (未見)
17	Ball (1904)[③]	Sentences	Hong Kong	
18	Ball (1912)[④]	Sentences	Hong Kong	
19	Eitel (1910)[②]	Dictionary	Hong Kong	初版Eitel (1877) (未見)
20	Jones (1912)	Textbook	London	
21	Chao (1947a)	Textbook	Cambridge (MA)	
22	Chao (1947b)	Textbook	Cambridge (MA)	Chao (1947a) の漢字版

　次章より〈表 1〉の資料順に、遠称指示詞の表記を後続の類別詞との関係、すなわち、後続の類別詞が"個"である場合とそれ以外の場合に分けて、使用される漢字と声調表記を記述する。その理由は、"個"が指示詞と類別詞の二機能を負担する場合に最も不都合なのは、類別詞が"個"("個個")のときであり、発音の変化はこの場合からはじまったと考えるのが妥当だからである。同じ語が連続して用いられてしかも異なった文法機能をもつというのは不自然であるし、さらに「類別詞＋類別詞」("個個"「すべての」の意）と同音異議語になる。

1.

〈表2〉 Morrison（1828）- Bridgman（1841）の表記

類別詞	"個"						"個"以外			
漢字	嗰		個		その他		嗰		個	
声調	陰上	陰去	陰上	陰去	陰上	陰去	陰上	陰去	陰上	陰去
Morrison（1828）[i]			17						54	
Bridgman（1839）				7						82
Bridgman（1841）				7						84

[i] 声調表記なし．

　この段階では後続の類別詞が"個"であっても、"個"以外であっても共に漢字は"個"、声調表記は陰去（Morrison1828は声調の表記なし）で統一されている。"個（陰去）"が指示詞と類別詞の両方の機能を負担していたと考えられる。

2.

〈表3〉 Williams（1842）- Bonney（1854）の表記

類別詞	"個"						"個"以外			
漢字	嗰		個		その他		嗰		個	
声調	陰上	陰去	陰上	陰去	陰上	陰去	陰上	陰去	陰上	陰去
Williams（1842）				6[ii]		2[iii]				33[iv]
Devan（1847）[i]				9						15
Bonney（1854）[i]				13		8[v]				128

[i] 声調表記なし．　[ii] 声調表記のない例1例をふくむ．　[iii] 箇個（1例），个个（1例）．　[iv] 声調表記のない例10例をふくむ．　[v] 個箇（8例）．

　類別詞が"個"の場合に、指示詞と類別詞で異なる漢字表記を用いる例が見られる。（"箇個" Williams1842：1例と"個箇" Bonney1854：8例）異なった漢字表記をすることによって文法機能が異なることを表そうとしているのではないか。声調表記は陰去で統一されている。（Devan1847, Bonney1854は声調の表記なし）

3.

〈表 4〉Devan (1858) の表記

類別詞	"個"						"個" 以外			
漢字	嗰		個		その他		嗰		個	
声調	陰上	陰去	陰上	陰去	陰上	陰去	陰上	陰去	陰上	陰去
Devan (1858)				8						29

Williams (1856：167) に「個個 (陰去＋陰去)：every の意味の個個 (陰去＋陰去) と区別するために、しばしば (陰上＋陰去) と発音される」と記載されていることから、類別詞が"個"の場合、「類別詞＋類別詞」と区別するために指示詞を陰上で読むことが多かったことがわかる。逆に言えばその他の類別詞の場合は陰去で読んでいたと考えられる。Devan (1858) では類別詞"個"の場合、"個"以外の場合ともに指示詞を陰去で表記しているが、"個"の場合、実際には陰上で読んでいたという可能性もある。

4.

〈表 5〉Lobscheid (1864) の表記

類別詞	"個"						"個" 以外			
漢字	嗰		個		その他		嗰		個	
声調	陰上	陰去	陰上	陰去	陰上	陰去	陰上	陰去	陰上	陰去
Lobscheid (1864)			5		1[i]					36[ii]

i) 个個 (1例). ii) 个 (1例), 箇 (9例) をふくむ.

類別詞が"個"の場合には陰上、"個"以外では陰去というように、表記がはっきりと分かれている。類別詞が"個"の場合にのみ陰上で読むことが定着したことの反映と考えられる。

5.

〈表 6〉Dennys（1874）- Stedman & Lee（1888）の表記

類別詞	"個"						"個"以外			
漢字	嗰		個		その他		嗰		個	
声調	陰上	陰去	陰上	陰去	陰上	陰去	陰上	陰去	陰上	陰去
Dennys（1874）[i]	145				15[ii]		255			123[iii]
Ball（1887）[②]	13						19[iv]	2	8	47
Ball（1902a）[③]	13						15[iv]	2	10	49
Stedman&Lee（1888）										[v]

i) 全編を通じて声調表記は初出時のみ．　　ii) 個个（12 例），个個（3 例）．これらの語には声調表記なし．　　iii) このほかに、个（21 例）（声調表記なし）がある．　　iv) 上昇変音を示す＊で声調表記された 1 例をふくむ．　　v) 箇（9 例）がある．

　Dennys（1874）ではじめて漢字"嗰"が出現している。同書では、類別詞が"個"の場合には原則として"嗰・陰上"（160 例中 145 例：約 90％）で、"個"以外の時では 378 例中 255 例（約 67％）が"嗰・陰上"、123 例（約 33％）が"個・陰去"である。

　Ball（1887）では、類別詞が"個"のときには 13 例すべてが"嗰・陰上"で、"個"以外のときには 76 例中 19 例（25％）が"嗰・陰上"、2 例（3％）が"嗰・陰去"、47 例（62％）が"個・陰去"、8 例（10％）が"個・陰上"である。すなわち、おおむね"嗰・陰上"か"個・陰去"のどちらかであるが、類別詞が"個"以外のときにこの原則からはずれるものが散見する。

　Stedman&Lee（1888）では、類別詞が"個"の例はなく、"個"以外のときには"箇・陰去"で表記されている。

〈表7〉Fulton (1888) - Eitel (1910) の表記

類別詞	"個"						"個"以外			
漢字	嗰		個		その他		嗰		個	
声調	陰上	陰去	陰上	陰去	陰上	陰去	陰上	陰去	陰上	陰去
Fulton (1888)	2						9[i]			54
Kerr (1889)⑦			10	2					2	57[ii]
Ball (1894)	3		1						4	134[iii]
Ball (1902b)②	14						9	2	1	194[iv]
Ball (1904)③	17						10	2	1	199[iv]
Ball (1912)④	17						11	2	1	198[iv]
Eitel (1910)②			9				21[v]		30[vi]	

i) このほかに陰平 (1例).　ii) このほかに上陰入 (1例)、陽去 (1例).　ii) このほかに陰平 (4例).　iv) このほかに陰平 (1例)、陽去 (1例).　v) 个 (1例) をふくむ.　vi) 箇 (2例),个 (6例) をふくむ.

Fulton (1888) では、類別詞が"個"のときには 2 例すべてが"嗰・陰上"で、"個"以外のときは 63 例中 54 例 (約 86%) が"個・陰去"、9 例 (約 14%) が"嗰・陰上"である。

Kerr (1889) では漢字"嗰"が使われていない[6]。類別詞が"個"のときには 12 例中 10 例 (約 83%) が陰上、2 例 (約 17%) が陰去で、"個"以外のときは 59 例中 57 例 (約 97%) が陰去、2 例 (約 3%) が陰上である。Ball (1894) では、類別詞が"個"のときには 4 例中 3 例が"嗰・陰上"で 1 例が"個・陰上"、"個"以外のときには 138 例中 134 例 (97%) が"個・陰去"で 4 例 (約 3%) が"個・陰上"である。

Ball (1902b,1904,1912) では、類別詞が"個"のときにはすべて"嗰・陰上"で"個"以外のときには"個・陰去"が圧倒的に多い。(それぞれ、206 例中 194 例:約 94%、212 例中 199 例:約 94%、212 例中 198 例:約 93%)

Eitel (1910) では漢字"嗰"を使っていないが、これは同書が字典であることによる。声調表記は、類別詞が"個"のときには 9 例すべてが陰上、"個"以外では 51 例中 30 例 (約 59%) が陰去、21 例 (約 41%) が陰上となっている。

以上〈表6〉〈表7〉をまとめると、類別詞が"個"の場合はおおむね"嗰・陰上"で、類別詞が"個"以外のときは多くが"個・陰去"となっている。

すなわち、類別詞が"個"のときには、指示詞を陰上で読むことが定着したが、"個"以外の類別詞のときの指示詞は、従来どおり陰去で読まれたり、類別詞"個"の場合にならって陰上で読まれたりするという不安定な時期であった。言い換えれば、すべての場合の指示詞が陰上になるまでの移行期でもある[7]。

6.

〈表 8〉Jones (1912) - Chao (1947a,b)

類別詞	"個"						"個"以外			
漢字	嗰		個		その他		嗰		個	
声調	陰上	陰去	陰上	陰去	陰上	陰去	陰上	陰去	陰上	陰去
Jones (1912)	11[1]						24[1]	1[2]		4[2]
Chao (1947a, b)	13						79			

1) 音符による発音表記　2) 記号による発音表記

　類別詞に関わらず、「"嗰"陰上」にほぼ落ち着いている。Jones (1912) の声調表記には音符によるものと発音記号によるものがあるが、同書中の陰上 24 例の表記はすべて音符によるもので、陰去 5 例はすべて発音記号によるものである。したがって、「規範的な発音は陰去である」との認識をもちながらも実際にはすべて陰上で読んでいた可能性がある。
　Chao (1947a, b) では前述の通り、指示詞"嗰"は類別詞"個"の上昇変音であると記した上で陰上の声調記号を用いている。

7. 小結

　以上、19 世紀から 20 世紀前半の広東語文献における遠称指示詞の表記は、はじめ「"個"陰去」であったものが、まず類別詞が"個"の場合のみ陰上になって、"嗰"という漢字が用いられ、やがて"個"以外の類別詞の場合に拡張し、最終的にすべての表記が「"嗰"陰上」になったという過程が跡付けられた。
　すなわち、変音は一斉におこったのではなく、「類別詞"個"＋類別詞"個"（陰去＋陰去）：すべての」と区別するという意味弁別上の必要性

(Williams1856：167）から、まず類別詞"個"を伴う場合に生じたのである[8]。

小稿では Chao（1947a）、張惠英（1990）が指摘するように、指示詞の陰去から陰上への変化を「変音（上昇変音）」と考える。この変化は個別の語に起こり特定の意味を伴う形態論的な性質のもの（Chao1947a：34,Whitaker1955,1956,張慧英・白宛如 1958, 遠藤 1987 参照）である。広東語の変音には多くの用法があるが、"個"に変音が生じた理由には、一つの音が指示詞と類別詞という常用の二つの機能を負うという過重負担を回避しようという本質的な動機が考えられる。これは、声調の違いが文法機能の違いを表す手段となっているとも言える。[9]

8. おわりに

このように指示詞の変音は、「一音二機能」という意味上のあいまい性を回避するため、すなわち意味弁別上の必要性から、類別詞が"個"の場合に生じたが、同じ指示詞であるのに他の類別詞の場合には声調が違うという「一機能二音」は不安定であることから、やがてすべての指示詞が「"嗰"陰上」となり、「"個"陰去」である類別詞と音・機能（さらに漢字も）ともに分担する現在の形となったと考えられる。

以上は現時点で考えられる仮説であるが、この仮説を裏付けるためには 1）粤語の他の方言における状況、2）広東語内の他の類似する現象について考察する必要があり、これについては稿を改めて論じたい。

注

1) 陰上と上昇変音の調値については諸説があるが、小稿では当面の議論に関わる19世紀から20世紀前半における陰去からの上昇変音と陰上の調値を同じと考える。その理由は、Ball（1887）（1902a）において漢字"嗰"の発音表記として陰上と上昇変音が同等に扱われていること（〈表6〉の注 iv を参照）、Chao（1947a）に「陰上の調値は［35］、上昇変音の調値は［25］であるが、陰去からの変音は［35］と読む人もいる」という記述があること、Whitaker（1956:193）に、変音は元の声調の末尾に［5］をつけたもので、陰去の変音は［335］であるという観察があることによる。なお、張慧英・白宛如（1958）, Hashimoto（1972）は陰上と上昇変音の調値を共に［35］とし、包睿舜（1997）は Chao（1947a）の時代には陰上［35］、上昇変音［25］であったが、現在は合流して

共に［25］となったと考えている。
2) 原文は以下の通り。（漢字表記は饒秉才等1981に倣った）
　　　陰上の語には変音は起こらない。それは恐らくこの声調［35］と変音［25］の調値が似ているためであろう。実際、陰上の語の多くは他の声調の語からの変音によってできたものである。たとえば、"嗰"［35］'that'は実際には汎用類別詞"個"の変音であるし、"噉"［35］'so'（in this manner）は"噉"［33］'so'（to this extent）の変音なのである。
3) 同論文の根拠は以下の通りである：1. "個"を指示詞として用いる例は　書面語にはよくある；2. 呉語では"個"に由来する語が指示詞として用いられる；3. 粤語と呉語の類別詞には単独で名詞の前に置かれて指示詞の機能をもつという特徴がある。
4) 資料の収集にあたっては香坂（1952）、Takashima and Yue（2000）を参考にした。
5) 発行年順になっていないものは以下の通りである：1. Ball（1902a）は初版を同じくするBall（1887）の直後に配した；2. Ball（1904）（1912）はそれぞれ初版を同じくするBall（1902b）の直後に配した。なお、重版は上付き1/4角丸数字で示した。
6) 同書の初版年は不明であるが、"嗰"を使っていないことから、"嗰"がはじめて使われたDennys（1874）より古い可能性が高い。
7) この移行期の変遷をたどるために、やや系統が違うと考えられるStedman&Lee（1888）を除くDennys（1874）〜Eitel（1910）について、"個"以外の類別詞の場合の類別詞の声調と指示詞の声調の関係について詳しく見てみると〈表9〉のようになり、陰去から陰上への移行に関して、特定の声調の類別詞と組み合わさったものから順に陰上へ移行していったというような傾向は見らず、後続類別詞の声調と指示詞の声調の間に相関関係は見出しにくい。要するに指示詞の声調が陰上で読まれたり、陰去で読まれたりという不安定な時期であったと考えられる。換言すれば、陰上であっても陰去であっても文法機能は同じ（指示詞）であると認識されていたのであろう。

〈表 9〉Dennys（1874）- Eitel（1910）の類別詞の声調と指示詞の声調

	初版年	指示詞の声調	後続する類別詞の声調と調値[i]									計
			陰平 53 55	陰上 35	陰去 33	上陰入 55	下陰入 33	陽平 21	陽上 23	陽去 22	陽入 22	
Dennys(1874)		同左										
		陰上	139	10	44	7	22	6	2	25	0	255
		陰去	72	11	9	1	15	6	2	7	0	123
Ball(1887)[②]	1882	陰上	10	0	2	0	5	5	0	5	0	27
		陰去	20	1	6	0	3	4	0	15	0	49
Ball(1902a)[③]		陰上	10	0	2	0	5	4	0	4	0	25
		陰去	20	1	6	0	3	5	0	16	0	51
Fulton(1888)		同左 陰上	1	0	1	2	2	1	0	2	0	9
		陰去	17	1	9	2	7	4	0	14	0	54
Kerr(1889)[⑦]		不明 陰上	2	0	0	0	0	0	0	0	0	2
		陰去	26	3	4	5	8	2	0	9	0	57
Ball(1894)		同左 陰上	1	0	0	0	0	0	1	2	0	4
		陰去	42	6	24	2	8	24	0	22	6	134
Ball(1902b)[②]	1888	陰上	1	0	3	0	0	3	1	2	0	10
		陰去	109	6	20	4	7	22	4	23	1	196
Ball(1904)[③]		陰上	3	0	3	0	0	2	1	2	0	11
		陰去	113	6	20	5	7	22	4	23	1	201
Ball(1912)[④]		陰上	3	0	3	0	0	2	2	2	0	12
		陰去	113	6	20	5	7	22	4	22	1	200
Eitel(1910)[②]	1877	陰上	2	5	6	0	2	1	0	5	0	21
		陰去	20	3	2	1	1	2	9	1	0	30

i）各声調の調値は、袁家驊等（1980:181）によった。

8）それにより、さらに「陰去＋陰去」という同じ音の反復を避けるころができるという利点も生まれる。

9）これと同様に、声調の区別によって文法機能の違いを表している例に"噉"［35］と"咁"［33］がある。Chao（1947：34），张惠英（1990：142）参照。

[参考文献]

〈英文〉

Chao, Yuen Ren. 1947a. *Cantonese Primer*. Cambridge, MA:Harvard University Press.

Hashimoto, Oi-Kan Yue. 1972. *Phonology of Cantonese*. London: Cambridge University Press.

Takashima, K. and Yue, A.O. 2000. Evidence of Possible Dialect Mixture in Oracle-Bone Inscriptions. *In Memory of Professor Li fang-Kuei* 1-52.

Whitaker, K.P.K. 1955. A Study of the Modified Tones in Spoken Cantonese. *Asia Major vol.v.*9-36.

───. 1956. A Study of the Modified Tones in Spoken CantoneseⅡ. *Asia Major vol.vi.*184-207.

Williams, S. Wells. 1856. *A Tonic Dictionary of the Chinese Language in the Canton Dialect*. Canton: Office of the Chinese Repository.

〈中文〉

包睿舜（Bauer,R）1997. 重新考虑广州和香港粤语阴上调值和高升变调调值《第五届国际粤方言研讨会论文集》12-18. 广州：暨南大学出版社

饶秉才等 1981.《廣州話方言詞典》香港：商務印書館

袁家骅等 1989.《汉语方言概要》文字改革出版社

张慧英・白宛如 1958. 广州音和北京音的比较《方言和普通话丛刊》vol.1:8-101. 北京中华书局

张惠英 1990. 广州方言词考释,《方言》2:135-143

〈日文〉

遠藤光暁 1987.「粤語変音の起源」『論集』vol.28 p.197-p.208.

香坂順一 1952.「廣東語の研究──モリソンから趙元任へ──」『人文研究』Vol.3.No.3　p.35-p.63.

［使用資料］

Ball, J. Dyer. 1887. *Cantonese Made Easy*（2nd ed.）. Hong Kong: Kelly and Walsh, Ltd.

───. 1894. *Readings in Cantonese Colloquia*. Hong Kong: Kelly and Walsh, Ltd.

───. 1902a. *Cantonese Made Easy*（3rd ed.）. Hong Kong: Kelly and Walsh, Ltd.

───. 1902b. *How to Speak Cantonese*（2nd ed.）. Hong Kong: Kelly and Walsh, Ltd.

───. 1904. *How to Speak Cantonese*（3rd ed.）. Hong Kong: Kelly and Walsh, Ltd.

───. 1912. *How to Speak Cantonese*（4th ed.）. Hong Kong: Kelly and Walsh, Ltd.

Bonney, Samuel W. 1854. *A Vocabulary with Colloquial Phrases of the Canton Dialect*. Canton: Office of the Chinese Repository.

Bridgman, E.C. 1839. *Chinese Chrestomathy in the Canton Dialect*.Macao: S.Wells Williams.

───. 1941. *Chinese Chrestomathy in the Canton Dialect*.Macao（enl.ed.）: S.Wells Williams.

Chao, Yuen Ren. 1947a. *Cantonese Primer*. Cambridge, MA:Harvard University Press.

——. 1947b. *Character text for Cantonese Primer*. Cambridge, MA:Harvard University Press.

Dennys, N.B. 1874. *A Handbook of the Canton Vernacular of the Chinese Language*. Hong Kong: China Mail Office.

Devan, T.T. 1847. *The Beginner's First Book in the Chinese Language （Canton Vernacular）*. Hong Kong: China Mail Office.

——. 1858. *The Beginner's First Book in the Chinese Language （Canton Vernacular）* （enl. Ed.）. Hong Kong: China Mail Office.

Eitel,E.John. 1910. *A Chinese-English Dictionary in the Cantonese Dialect* （2nd ed.）. Hong Kong: Kelly and Walsh Ltd.

Fulton, A.A. 1888. *Progressive and Idiomatic Sentences in Cantonese Colloquial*. Shanghai:American Presbyterian Mission Press.

Jones, Daniel, and Kwing-Tong, Woo. 1912. *A cantonese Phonetic Reader*. London: University of London Press. （魚返善雄訳『廣東語の發音』1942 年、東京：文求堂）

Kerr, J.G. 1889. *Select Phrases in the Canton Dialect* （7th ed.）. Hong Kong: Kelly and Walsh Ltd.

Lobscheid, W. 1864. *Grammar of the Chinese Language* （2 vols.）. Hong Kong: Office of the Daily Press.

Morrison, Robert. 1828. *A Vocabulary of the Canton Dialect*. Macao: G.J.Steyn and Brother.

Stedman, T.L. and Lee, K.P. 1888. *A Chinese and English Phrase Book in the Canton Dialect*. New York:William R. Jenkins.

Williams, S. Wells. 1842. *Easy Lessons in Chinese*. Macao:Office of the Chinese Repository.

"*我也真高兴"の非文性をめぐって

武田　みゆき

0. はじめに

初対面の場での発話"认识你，我真高兴."に対する応答として、"* 我也真高兴."ということはできない[1]。この場合"我也很高兴."と応答するのが自然である。"我也真高兴."は何故に成立しないのであろうか。

本稿では、"也"と"真"の機能からみた両者の相互関係を中心に、"也"そのものが表現する効果、そして中国語という言語が文脈依存か状況依存[2]か、当該表現が絶対評価レベルか相対評価レベルかなど語用論にも言及し、この"我也真高兴"について論じる。なお、便宜上この問題文を「S＋也＋真＋VP」と表し、適宜一部を取り出し「也＋真＋VP」「真＋VP」などと表す。

1. "也"と"真"の相互関係

ここではまず、"真"の機能から「真＋VP」の主体の制限を示し、"也"のスコープによって「真＋VP」の主体が不適切になる場合があることを述べる。

1.1. "真"

程度副詞"真"についての従来の先行研究は、使用されるときの形式に表れる現象をまとめたものであったが、楊達（1991）は情報のなわ張り理論を導入して、「"真"は文に表されている情報が話し手のなわばり内にないと使えない」とし、現象に内在する規則に言及した。いま、これを援用するならば、「"我"が"高兴"である」という情報は、自分自身の感情であることから話し手のなわ張り内にあると考えられ、"真"は問題なく使用でき、"我也真高兴"が成立することとなる。また楊達（1994）は発話者のモダリティ（言表態度）の観点からも考察を試み、"很"との比較で「"很"は客観的モダリティを表現し、"真"は主観的モダリティを表現している」

としているが、自分の感情の表明である"我也真高兴"は、これにも違反するものではない。

木村（1984）も「"真高兴！"〔まあうれしい！〕と感嘆する主体は常に話者＝"我"以外の誰でもない筈（木村1984：34）」という理由で"*她真高兴！"を不成立としているが、主体が"我"である"我也真高兴"はこの制約も受けない。

また"真"の替わりに"很"を用いた"我也很高兴"や、"也"を省いた"我真高兴"は何ら問題なく成立することから、"真～"で表現される情報が、"真"の機能のみによるのではなく、"也"との関わりの中で何らかの制約を受けることが推測される。従って、本稿では"也"と"真"の関わりを中心にみていく。

1.2. "也"

ここでは、"也"の機能についてみていく。"也"の機能は、先行研究[3]によっておおよそ以下のA~Eのようにまとめられる。

A. 類似したものをあわせのべる
"他看了，我也看了。"
〔彼はみた、私もみた。〕

B. 類似したものの存在を暗示する
"昨天你也去割麦子了？"
〔昨日君も麦の刈り入れにいったの？〕

C. 不定称の代名詞につき全面否定と全面肯定する
"谁也不说话。"
〔誰も話をしない。〕

D. 極端なものを例示し、他も同じであることを示す[4]
"连星期天也不休息。"
〔日曜でも休まない。〕

E. 婉曲を表す
"你也不是外人，我都告诉你呢。"
〔あなたも外部の人ではないし、あらいざらいお話しましょう。〕

これらを一言でいえば、「類同である二項（以上）の事態の並立添加を表す」ということができる[5]。

例えばAについては、"他看了"という事態に"我看了"という事態が累加されており、類同の並立添加のプロトタイプといえる。これには、表面上は類同ではないが、話者の意識の中でのある条件上類同とみなされているものも含まれる。

(1) 你今天吃了那么多黄酒，你一定醉了。我也很累，我要回去睡觉了。
《雾雨电》巴金
〔あなたは今日あんなにたくさん黄酒をのんだのだから酔いがまわってるにちがいない。私も疲れた。戻って寝なくては。〕

(1)では"要回去睡觉"という条件のもとでは、"你醉"と"我累"は類同とみなされている。

Bについては、Aのように前提事態を明示してはいないが"你"以外の誰かが"去割麦子"であることの存在を暗示し、その「誰か」の事態との並立添加であり、Aに準ずるものである。

Cの"谁也不说话"は、"老张不说话，老李不说话，…"などを前提としていると考えると、同様に類同の並立添加である。

Dでもやはり"星期一不休息，星期二不休息，…"を前提としていると考えると、類同の並立添加である。ただ、極端なものを敢えて例示（ここでは"不休息"であることから通常一番遠い、つまり極端と思われる"星期天"を例示）することによって意外性を取り立てているのである。

Eでは、機能的には婉曲を表すが、その構造は、架空の事態を前提としている。架空の前提を作り出し、それを類同として肯定することによって、当該事態をやわらげる作用が働いている。相槌としての"也好"〔まあよかろう〕もこの好例である。構造上は"好"である事態が他にも存在していることを示唆してはいるが、それは架空で、実際には存在せず、存在するが如く"也"で受けることにより、断定をさけ、語気を緩和し、表現を婉曲にしている。やはり形式上は類同の並立添加である。

以上のことから、"也～"で表現される事態には、形式上、その前提となる類同事態の存在が窺える。

従って、"我也真高兴"のような「S＋也＋VP」文にも、前提となる類同事態が存在し、そしてその前提事態によって"也"のスコープが異なる。次節より、"也"のスコープがSにかかる場合を「S＋也」型、VPにかかる場合を「也＋VP」[6]型とし、主体との関係を中心に、この「S＋也」型

と「也＋VP」型における"也"と"真"の共起する表現例をみていく。

1.3.「S＋也」型の"也真～"

前節 1.2. で示したように、"也"で受ける事態には、その前提となる類同の事態が必ず存在する。また、その前提事態によってどこにスコープがかかるかが異なる。いま、話者Aの"认识你，我很高兴"という発話に対して話者Bが"我也很高兴"と答える会話は、「S＋也」型である。この場合、話者Bは以下の (2) のように ( ) 内の事態を前提としていると考えられる。

(2) A：认识你，我很高兴。〔A：知り合いになれて嬉しいです。〕
　　B：(你很高兴，) 我也很高兴。
　　〔B：(あなたは嬉しい)私も嬉しいです。〕

同様に"我也真高兴"は、以下 (3) の ( ) 内の事態を前提とすることになる。しかし、この前提"* 你真高兴"の主体が"我"ではないことによって不成立となり、従って"* 我也真高兴"も成立しないことになる。

(3) A：认识你，我真高兴。
　　B：(* 你真高兴，) * 我也真高兴。

つまり"也"で受ける事態の前提となる事態の主体が"你"であることによって"高兴"という感情を"真"で表現できず、結果として"也"で受ける事態"* 我也真高兴"も不成立となるのである。

これは"高兴"と同様に感情を表現する"难过""开心"などでも同様である。

(4) A：我真难过。　B：(* 你真难过) * 我也真难过。
(5) A：我真开心。　B：(* 你真开心) * 我也真开心。

1.4.「也＋VP」型の"也真～"

一方、「也＋VP」型はどうであろうか。

(6) 他对我说："我真高兴你能来，我也真高兴你能试着爱我，我想，总有一天，你会爱上我的。"《我的故事》雷雨
　　〔彼は私に言った。「僕は君が来ることができて本当に嬉しく、試しに愛することができて本当に嬉しい。いつかきっと本当に僕を愛するようになるよ。」と。〕

(7) 第二天早上我妈对我说："你可以去。"<u>真</u>不可思议！但<u>也真</u>高兴！
　　　　　　　　　　　　　　　　　（インターネットによる検索）
〔次の朝、母は私に「行ってもいいよ」と言った。ほんとに不思議だ！けど、ほんとに嬉しい！〕

(8) 所谓科学家大抵都是穷到没有饭吃了便开始设法寻找科学道理来卖钱吧，<u>真</u>聪明，<u>也真</u>可怜。（インターネットによる検索）
〔いわゆる科学者は大抵みな食うに困るくらい貧しいので科学をお金にする方法を考え始めたのでしょう。全く賢い。だが、全くかわいそうでもある。〕

　(6) ～ (8) は、問題なく成立する[7]。これは"也"で受ける感情とその前提となる感情（例文では前件）の主体がどちらも発話者であるために、その感情はどちらも"真"で表現でき、"也真～"は可能である。このことは同時に、1.3節でみたように、前提となる事態の主体が発話者でないために「*S+真+VP」は成立せず、結果として「*S+也+真+VP」も不成立となることの反証ともなりうる。

1.5. 婉曲機能"也$_E$[8]"と"真"

　前節では、「也＋VP」型において、前提事態の主体も当該事態と同様"我"であるために"也真～"が成立するとしたが、スコープとは無関係に婉曲機能に働く"也$_E$"の場合も"真"と共起することは可能であり、以下の(9) ～ (11) の"也真～"は成立する。

(9) 我还被人挑走过一床刚尿的棉褥子，那东西打湿了多沉啊，他们丫<u>也真</u>够下工夫的，二楼三楼都动员了，四五支竹竿一起干……
　　　　　　　　　　　　　　　　　　　　《看上去很美》王朔
〔私はもらしたばかりの敷布団を持っていかれたことがある。それは濡れて相当に重くなっていたが、やつらも全くがんばったものだ。二階も三階もみんな動員し、四五本の竹ざおがいっしょにやり……〕

(10) 仍是四面漏风八方走气，<u>也真</u>替乾隆难过。《乾隆皇帝》二月河
〔依然としてあらゆるところから秘密が漏れ、乾隆帝もほんとにつらい。〕

(11) 要说独眼郝三呢，<u>也真</u>够可怜的。《河的子孙》张贤亮

〔独眼郝三のことをいうならば、ほんとにかわいそうだ。〕

これは、婉曲を表現する"也ᴇ"で受ける事態の前提は、架空の事態であり、具体的には存在せず、前提事態から影響を受けることがないからである。

例文 (9) で、構造上は"他们丫"以外にも"下工夫"である事態を前提としているが、それは架空の事態であり具体的に存在するわけではない。この架空事態を類同として肯定することにより、"也"を附加しない"他们丫真够下功夫的"に比べて当該事態をやわらげ、婉曲作用として働いている。例文 (10) でも、構造上は"乾隆"の他にも"难过"である事態を前提としているが、それは架空の事態であり実際には存在しない。また (11) でも構造上は"独眼郝三"の他に"可怜"であることを類同として肯定しているが、実際に存在するわけではない。つまり、当該事態はこのような架空の前提事態から影響受けることはない。従って、"真"で表現される感情の主体が発話者であれば"也真～"も問題なく成立する。このことも1.4節の「也＋VP」型と同様、前件の主体と"真"の不適合により"也"で受ける当該事態も成立しないとした 1.3 節での分析結果の裏付けとなる。

2. 文脈依存と状況依存

木村 (1990)、中川 (1992) は、中国語と日本語の違いを「省略疑問文」「三人称代名詞」「指示詞」の三点についてその機能的傾向差を用いて、文脈依存と状況依存という観点から論じている。

省略疑問文について、例えば日本語では状況依存であることにより、親しげに話しかけてきた見知らぬ人物に直接「失礼ですが、あなたは？」と言えるが、文脈依存である中国語で"请问，你呢？"は文脈前提がないため不適切である。

三人称代名詞については、日本語の場合「彼/彼女」は対話者双方にとって既知の人物でなければならないという制約がある。

(12) A：さっき駅で田中さんに似た人を見かけてね。
B：で、??彼／その人に声かけたの？

例文 (12) において、当該人物が田中さんである可能性が非常に低い場合、「田中さんに似た人」はＢにとって未知の人物であり、「彼」はかなり不自然である。仮に、A、B双方が既知である「田中さん」であるか、または言語外の情報などから田中さんである確立が非常に高く、限りなく田中さん

に近いならば、Bは「彼」を用いることができる。しかし、中国語では、文脈に導入された人物であるならばこの制約はない。同条件下でこの内容を中国語で"他"を使用して表現した（13）は自然である。

 （13） A：刚才我在车站好像看见了田中。
    B：你跟他打招呼了吗？

 指示詞においても、日本語では遠近状況によって、「これ」と「それ」「あれ」とを区別して使用しなければならないが、中国語では眼前で"这"で指示されていれば、それが移動して離れていってもなお"这"で指示できる。

 （14） A：你看，你儿子跑到那么远啦。
    〔A：ほら、あなたの息子さんもうあんなに遠くまで行っちゃったよ。〕
    B：是阿，这孩子跑得特别快。
    〔B：そうなんだよ。あの子はすごく足が速いんだよ。〕

 例文（14）で、日本語では既に遠く離れたものに対して「コ系」は不適切であるが、中国語では事前に話題にのぼっていれば、"这"で指示できる。

 以下、中国語は文脈依存の言語であり日本語は状況依存の言語であることを前提に「S＋也」型、「也＋VP」型を分析していく。

2.1. 「S＋也」型の文脈依存と状況依存

 "我也真高兴"は、対話形式の（3）では成立しなかったが、"也真高兴"は、（6）（7）では成立した。これは前述のように、前提事態における"高兴"の主体も当該事態の主体と同様"我"であることによるとした。このことは、"也真～"の共起は成立しないということではなく、（3）に見られるように主体が問題であり、この共起には語用論的な分析が要求される。

 （15） A：知り合えてとても嬉しいです。
    B：わたしもとても嬉しいです。

 （3）の例文を日本語に訳した（15）では、Bの応答は不自然ではない。もし、これを1.3節の中国語での分析と同じ考えを踏襲するならば、Bの発話の前提として（ ）内に「＊あなたはとても嬉しいです。」を導入しなければならない。これは日本語としては非文であるので（15）のBの発話の

成立と矛盾することとなる。しかし、これには中国語と日本語の文脈依存と状況依存という性格が関与している。つまり、中国語は文脈依存の言語であることによって、Bの"*我也真高兴"の前提として顕現されない"*你真高兴"という文脈を想定しなければならないが、日本語は状況依存の言語であることによって、眼前の状況であるAの発話「とても嬉しいです」を前提として、Bは直接「わたし<u>も</u>」となり、(15)は自然に成立することとなるのである。ここにも中国語の文脈依存傾向と日本語の状況依存傾向がみてとれ、同時に1.3節での"也"の前提事態を補う分析方法が妥当であることになる。

2.2.「也＋VP」型の文脈依存と状況依存

ここでは、「也＋VP」型において中国語の文脈依存傾向と日本語の状況依存傾向の見られることをみていく。ここで「也＋VP」型である例文 (6)〜(8)を再録する。

(6) 他对我说："我真高兴你能来，我也真高兴你能试着爱我，我想，总有一天，你会爱上我的。"《我的故事》雷雨
〔彼は私に言った。「僕は君が来ることができて本当に嬉しく、試しに愛することができて本当に嬉しい。いつかきっと本当に僕を愛するようになるよ。」と。〕

例文 (6) の日本語訳で、中国語の"也"に相当する表現は必要ではない。これは日本語が状況依存であるがゆえに、実際の状況「君が来ることができて本当に嬉しい」と「試しに愛することができて本当に嬉しい」が同一の話者の中で、同時に起きていることを表現しているためと考えられる。同一の話者の中で同時に起きている現象は等価であり、「も」などを用いて取り立てる必要はない。(例文 (6) では単純な並列で表現される。)もし「も」を用い、「試しに愛することができて本当に嬉しく<u>も</u>ある」などとすると、後件が強調され、本来の意味が変わる。しかし、中国語では、文脈依存であるために、類同事態を並立添加させる場合には、特に意図がなくとも、やはり後件にて"也"で表現しなければならない。

(7) 第二天早上我妈对我说："你可以去。"真不可思议！但也真高兴！
（インターネットによる検索）
〔次の朝、母は私に「行ってもいいよ」と言った。ほんとに不思議

だ！けど、ほんとに嬉しい！〕

(7)の日本語訳でも前件と後件の接続に「も」は必要ではなく、"但"を反映させて「けど」で接続させるのみである。しかし中国語では、既に"但"によって逆接の意を表し、前件と後件の関係は充分に表示されているにもかかわらず、"真～"の内容を並立させているために、後件ではやはり前件を受けて"也"を挿入しなければならない。これも中国語は文脈依存であることによる。

(8) 所谓科学家大抵都是穷到没有饭吃了便开始设法寻找科学道理来卖钱吧，真聪明，也真可怜。　　　　　　（インターネットによる検索）
〔いわゆる科学者は大抵まな食うに困るくらい貧しいので科学をお金にする方法を考え始めたのでしょう。全く賢い。だが、全くかわいそうでもある。〕

(8)の当該中国語の部分に逆接を表す単語は明示されていないが、日本語訳では、前件と後件を「だが」など逆接を用いて接続する方がより自然である。これは日本語が状況依存であるために、「賢い」と「かわいそう」が相反する位置にあると捉え、それを反映させるからである。しかし、中国語では文脈依存であるために、実際の状況とは無関係に、常に前件を受けて後件では"也"で並立させるのみである。

以上のように「也＋VP」型においても中国語の文脈依存傾向と日本語の状況依存傾向を窺い知ることができる。「也＋VP」型において、日本語が状況依存であることにより、その日本語訳には「も」は顕現されないことが多いが、中国語は文脈依存であることにより、形式上"也"は必要であり、結果その機能は前件と後件の接続になる。前件と後件の関係によっては「"也"には逆接の接続機能がある」と指摘される[9] 由縁はここにある。

3. 絶対評価と相対評価

中国語の比較文で"＊这个比那个真好"は非文である。"这个真好"も"那个真好"も成立するので、非文となる要因の所在は"这个／那个"と"真好"の関係ではなく、"比"で引き出される評価レベルの違いにある[10]。すなわち、比較文に働く評価レベルは、文字通り相対的評価である。一方、"真"は程度を表し、被修飾語である"好"に程度の深浅が存在することを示唆するが、その程度が標準値以上であるという絶対的評価でなければな

らない。このように相対評価を問題にしているレベルの比較文において、"真"で表す絶対評価を問題にすることはできないため "* 这个比那真好" は非文となるのである。

　同様に、例文（3）において "* 我也真高兴" が成立しないのも相対評価レベルに絶対評価レベルを導入することと関係している。すなわち、"也～" で前提事態をうけるというのは、前提事態と当該事態との関係を示すことであり、その意味で相対評価レベルの問題である。前提事態 "你高兴" が存在してこそ "我也高兴" が存在するのであり、それは絶対的なものではない。それゆえ、そこに絶対評価レベルを導入することはできないのである[11]。すなわち、本稿で問題にしている "我也真高兴" の場合の「S＋也」型のように、前提事態との対比が顕著であればあるほど、"也" の相対評価機能が強まり、"也" と "真" は共起しにくくなる。しかし、「也＋VP」型や、婉曲機能 "也$_E$" の場合は、前提事態と "也" で受ける当該事態の対比関係は弱く、相対評価の機能も希薄になり、絶対評価レベルである "真" の導入もある程度可能になる。

　また、"也" の相対評価機能が強いとした「S＋也」型であっても "我也真的高兴" とすると、許容度はかなり上がる。これは "的" を附加し "真的" とすることにより、対極にある "假的" を無意識に想定することができ、絶対評価を相対評価に変えることができるからである。

　"真" と "真的" は前者を「実に／全く」、後者を「嘘でなく／本当に」の意であるとして明確に区別する場合もあるが、例（16）のように、両者は同義とみなされる例も多い。

　（16）难道真没有吗？〔まさか本当にないのか？〕

　また、中国語母語話者に例文（3）〜（5）のような "也真～" を含む非文を提示すると、成文にしようとする意識によって "也真的～" と読み直されるケースもみられる。これらのことから、"的" を附加するか否かは、"真" や "真的" 本来の意味とは無関係になされる場合があることがわかる。

　このように見てくると、「S＋也」型と「也＋VP」型による "也" の相対評価機能の程度や、"真" の絶対評価機能の程度に論及することが求められるが、それは稿を改めることとする。

4. "也"の軽減附加

前述のように"也"の基本的機能は「類同事態の並立添加」であるが、これは事態を「横スケール」で捉えているといえる。しかし一定のフレームが設定されると、序列がつき「縦スケール」になる[12]。

中川 (1982) は、以下の (17) の例をあげて、この縦スケール上を「下に下ることはできても逆のぼることはできない (中川 1982:156)」としている。

(17) 我们年纪够多了，他五十岁了。我也四十八岁／＊五十五岁了。
〔我々は充分に歳をとっている。彼は 50 歳になった。私も 48 歳／＊55 歳になった。〕

つまり (17) の後半部分には"我也四十八岁了。"は可能であっても、"我也五十五岁了。"は不可能であり、「"也"は軽減附加であって、加重累加ではあり得ない (中川 1982:156)」としている。このことは、たとえ時間の流れに沿った描写であっても、序列が明確な場合は必ず適応されるという[13]。

この軽減附加の現象は、楊凱栄 (2002) が「前方スコープ型[14] (X＋也)」と「後方スコープ型 (也＋X)」の比較の中で、「前方スコープ型」は「後方スコープ型」より意外性の読みが強くなり、「意外性の読みとして解釈されるには、ある対象集合の中で、X として取り立てられる要素が影となる他の要素と比べて、「P (述部)」と結びつきにくいという背景知識が必要である。(楊凱栄 2002：172)」としていることと基本的に符合する。

すなわち例文 (17) は、"年纪够多"という条件のもとでの単純な類同の並立添加ともとれるが、意外性の読みとしての可能性もある。"＊我也五十五岁了"を続けるのは不可能というのは、「制約がある」という意味で有標であり、むしろ単純な並立添加とは考えにくい[15]。意外性の読みとしては「我々は充分歳をとっている。彼は 50 歳だ。私（さえ）も 48 歳だ。」になる。意外性の読みの場合、前述の楊凱栄 (2002：172) に従えば、"也"によって取り出される要素"我"が前件の要素"他"と比べて、"年纪够多"というスケールにおいてはより結びつきにくくなければならない、つまり前件の"他"より若くなければならないことになる。しかも例文 (17) は「前方スコープ型」であることにより、意外性の読みの可能性は高い。

いま例文 (3) において、初対面の挨拶の場では、単なる類同の並立添加

よりもむしろ感情を際立たせて表現させるために、ある種の意外性を表現する方が適当である。そこで、ここにも"也"の軽減附加が働いている可能性がある。つまり、「"高兴"であること」については副詞によってその程度が示され、話者Aが"真"で表現すると"也"で受ける話者Bは同様に"真"を用いると不自然になり、"真"よりは程度が軽い、あるいは程度の意味が希薄と思われる"很"を用いて"我也很高兴"と発話した方がより自然になるのである。これは、意外性の読みの場合に、前提事態と"也"で受ける当該事態との間に軽減附加が働くからである。

5. 結語

以上の考察により、初対面などの挨拶の場で、"认识你，我真高兴。"に対する応答として"*我也真高兴。"ということはできない。それは、中国語が文脈依存傾向であるために、"也"で受ける当該事態の前提の発話"*你真高兴。"を想定しなければならないが、その前提自体が成立しないことにより、当該発話も存在しないからである。しかし、"很"については、前提部分で主体が"我"以外でも「你／他／她＋很＋VP」が成立することから、「也＋很＋VP」も不自然ではないことになる。

また"也"の軽減附加による意外性の表出の可能性や、あるいは相対評価レベルの"也"と、程度副詞である絶対評価レベルの"真"を同一文にのせにくいことから、"也"と"真"の共起自体が成立しにくいことも"我也真高兴。"が成立しにくい要因の一つである。中国語母語話者の中には、例文（6）〜（11）の成立は容認するもののなお、"也真〜"の共起自体には感覚的にどこか不自然と指摘する意見もあることは、このことを裏付けている。例文（6）〜（11）が容認されるのは、「S＋也」型と「也＋VP」型や婉曲機能"也$_E$"文において、"也"によって取り立てる強さが異なるからであり、"也"がどの程度その機能を発揮し、前提事態を取り立てているかによる。

注

1) 筆者の調査では、十人中九人のインフォーマントが成立しないとし、残りの一人もかなり不自然という結果である。
2) ここでの「文脈」とは、「言葉として発せられたものが作る環境（中川:1992）」で、「状況」とは、「話し手・聞き手が共有する知識、社会常識、発話現場など

3) 大河内（1977,1984）、古川（1992）、中川（1982）、呂叔湘（1980）、马真（1982）、沈开木（1983）、杨凯荣（2002）など。
4) "连~也"の他に、"一点儿~也""即使~也""无论~也"構文も含まれる。
5) 大河内（1984）や沈开木（1983）は"异中有同"（異なるものの中に同じだと認める部分があること）としているが、これは二項を全体としてみるか、一項ずつ分離させてみるかの違いで、基本的には「類同の並立添加」からはずれるものではない。
6) 感情の原因となる刺激対象が主語となる"这孩子也真可怜"のような形も"也"で受ける当該事態と前提事態の感情の主体はいずれも"我"であることにより、「也＋VP」型に含める。
7) ただし、前件と後件で同様の表現形態が重複するのを極力嫌うという中国語の修辞的制約から、多少不自然さを感じる場合もあるとする中国語母語話者もいる。
8) 1.2節の分類でEの機能に該当するものを以下"也ᴇ"と記す。
9) 古川（1992）参照。
10) 杉村（1999）に"*这个比那个很好"は本稿と同様の理由で成立しないとする指摘がみえる。
11) "真"と同様に程度副詞とされる"很"が"我也很高兴"において"也"と共起が成立するのは、ここでの"很"には程度を表す機能がないか、もしくは希薄であるからである。
12) この「横スケール」と「縦スケール」は、坂原（1985）が「さえ」を論じて取り挙げている「存在の前提（existential presupposition）」と「段階の前提（scalar presupposition）」に並行するものである。
13) 中川（1982:157）では、実際の登場の場面であっても"邓副总理来了，周总理也来了，毛主席也来了。"とは絶対言わず、"毛主席来了。周总理也来了，邓副总理也来了。"しかあり得ないことを示している。
14) 楊凱栄は前方にスコープがかかるものを「前方スコープ型」とし、後方にスコープがかかるものを「後方スコープ型」としているが、これは本稿の「S＋也」型と、「也＋VP」型に相当する。
15) 鲁晓琨(1992)は、類同の並立添加は「基本意味」であり、"递减意义（軽減附加にあたる）"は「深層語義」であるとし、"递减意义"のものは"也"で受ける後件と前件は入れ替えることはできないが、類同の並立添加のものは入れ替え可能だとしている。

［参考文献］

大河内康憲 1984.「語法知識 "也"」『中国語』1984.7　内山書店　p.20

─────── 1977.「副助詞「モ」と副詞「也」など」『日本語と中国語の対照研究』
　　2　日本語と中国語対照研究会 12-18
木村英樹 1984.「"他很高兴"」『中国語』1984.7　内山書店　p.34
─────── 1990.「文脈依存と状況依存」『中国語』1990.8　内山書店　p.25-p.28
坂原　茂 1985.「"さえ"の語用論的考察」『金沢大学教養部論集　人文科学篇』23
　　巻 2 号　p.127‐p.158
杉村博文 1999.「形容詞と程度」『中国語』1999.4　内山書店　p.61‐p.63
徐建敏 1988.「中国語の「也」と日本語の「も」──とりたての観点からみた対応
　　──」『都大論究』25 号　東京都立大学国語国文学会　p.13-p.27
中川正之 1982.「中国語──とくに助詞「も」に対応する一音節副詞をめぐって
　　──」『講座日本語学』第 11 巻　明治書院　p.142-p.160
─────── 1992.「類型論からみた中国語・日本語・英語」『日本語と中国語の対照研
　　究論文集』（上）くろしお出版　p.3-p.21
古川裕 1992.「副詞 "也" の接続機能──並立添加そして逆接譲歩──」『中国語』
　　1992.8　内山書店　p.34-p.37
楊凱栄 2002.「「も」と "也" 数量強調における相異を中心に」『対照言語学』東京
　　大学出版会　p.161-p.182
楊達 1991.「形容詞の程度を強める副詞について──情報のなわ張り理論を通じて
　　──」『中国語学』1991．第 238 号　p.125-p.133
──── 1994.「"很" "真" についての構造研究──そのモダリティを通して──」『成
　　城文芸』1994．第 148 号　成城大学文芸学部　p.35-p.53
马真 1982.「说 "也"」『中国语文』1982．第 4 期　p.283-p.288
沈开木 1983.「表示 "异中有同" 的 "也" 字独用的探索」『中国语文』1983．第 1 期
　　p.1-p.8
鲁晓琨 1992.「副词 "也" 的深层语义分析」『汉语学习』1992．第 4 期　p.17-p.20
吕叔湘主编 1980.『现代汉语八百词』商务印书馆

旧正月の飾り絵から為政者の新芸術へ

―近代年画の出現を契機とする
　プロパガンダにおける年画の展開―

辻（川瀬）千春

0. はじめに

　新中国の為政者は、不識字の農民が人口の大半を占める状況下に、各地に伝わる音楽や伝説、演劇、美術など、大衆に密接な芸術を駆使して、プロパガンダの具としてきた。年末に新年の到来を祝い、諸願成就と室内装飾のために門扉や室内の壁に貼付する年画も、そうしたものの一つとして90年代のはじめまで用いられてきた。

　年画貼付の習慣は宋代にはじまり、明代、清代に最盛期を迎え民衆間に普及し定着した。年画の題材には、迎春に相応しい吉祥、慶事を表象化した動植物や神像、多子を願って子供が多用された。年末に貼付したら翌年末に新たに貼り替えるまで剥がすことがない。貼付期間が長いことから、戯曲や小説の場面や美人、風景といった鑑賞に重点をおいたものなども描かれた。往時は木版によっており、庶民には、単線による明快な刻線で、原色によるものが好まれた。

　ところがアヘン戦争の勃発により国家存亡の危機に直面するようになると、従来の題材とは異なるものが現れ始めた。それ以降年画は、元来有してきた祈願や装飾といった意義から、一つのメッセージを広範囲に伝達できる視覚媒体としての意義を顕著にしていった。とくに「十五年戦争」期には、日中両国の宣伝活動の中でそうした意義で用いられた（川瀬千春2000）。そしてこの時期の年画が、中国共産党の抗戦活動において、視覚媒体として効果的に機能したことが、新中国成立後にプロパガンダに用いられる布石となっている。

　本稿では、伝統と民衆がどうかかわり、それを政治がどう取り入れたかを、年画を通して捉えていく。はじめに近代の年画に現れた変化について

論考する。またそうした年画の変化を為政者が警戒し、制作を干渉したことを、国民党の年画審査と満州国の制作規制法の事例で論ずる。次いで抗日・解放戦争期において、年画が共産党の指導者によって、宣伝工作の中で視覚媒体として展開したことを捉える。なお本稿では、年画史における呼称に従い、従来の吉祥物などの非現実的な題材によるものを伝統年画とし、近代に現れた特異なものを近代年画、抗日・解放戦争期に現れた、現実的な事物を題材とした年画を新年画とする。またとくに抗戦に民衆を動員するために制作された年画については、抗戦年画という呼称も用いる。

1. 近代年画と民衆の思い

アヘン戦争にはじまる列強諸国による中国の分割は、洋務運動をはじめとする近代化の動き、さらには王朝崩壊などといった多大な社会変化を引き起こした。こうした動きを察知した年画の制作者によって、年画の画面も新たな様相を見せている。すなわちそれまで正月の飾り絵として禁忌されてきた戦闘場面を描いたものや、官吏や政府を風刺の形で批判したものが現れたのである。

戦闘場面を描いた年画の初期のものとして、林則徐が英軍との戦闘を指導している場面を描いた「林文忠得勝図」があり（薄松年 1986：157）、すでにアヘン戦争直後にはこうした年画が現れていたようだ。清仏戦争以降になると、その数は急増し、複数の図版を実見することもできる。それは、洋務運動の一環として、電信電報機関が設置され、電報で伝えられた戦況を新聞が速報するようになり、民衆の国民意識に変化が起きたことがあげられる。

三山（2003：9）は、清仏間の戦況報道によって売り上げを伸ばしていた上海の新聞『申報』のニュースなどを基に、清仏の衝突を描いた絵が木版工房から多種発行されていたと推察する。つまり列強と自国軍との間に展開される戦況を伝える報道や版画が、民衆に歓迎されていたのである。1884年に上海で創刊された『点石斎画報』（申報館）も、庶民の間で清仏戦争の版画が流通していることに着目したことを、創刊理由の1つとして創刊号の序文に記している。同画報には戦況だけでなく、中国各地を始め世界各国の時事ニュース、珍聞奇談が短い解説文と共に描かれ、全国各地に販売店をおくほど人気を博した。そしてその絵師の多くが上海や蘇州

の年画の制作者であることは（中野美代子他 1989：17-18）、年画の制作者が時事に敏感で、民衆の嗜好もよく承知していたことを示すものでもある。

　では戦闘場面がどのように描かれていたのか。清仏戦争では、劉永福の率いる黒旗軍の勝利を描いた「劉軍戦勝図」などや、同時期に仏軍が侵攻した台湾でやはり仏軍が陥落され、中国側に講和を求める場面を描いた「法人求和」など多数確認することができる。また日清戦争では、清軍の砲弾が日本軍を猛攻撃する様を描いた「打炮日本国」、下関条約による台湾割譲で、日本軍が台湾に進行する際の中国側の抵抗、勝利を描いた「劉永福台北水戦大勝図」（図1：王舎城美術館蔵）がある。図2（同前蔵）は、日本軍が台湾での敗戦を機に軍事強化を図り、戦闘や後方の活動などに従事させるべく、老若男女を問わず徴兵する様を描く。また中国の権益を巡る列強同士の戦いである青島での日独戦争の年画もある。こうした列強諸国の横暴な振る舞いについては、前掲の『点石斎画報』などにも多数描かれ

図1

図2

図3

ており、民衆の反帝国の思いを高揚させたと思われる。

　この他、義和団の乱平定の命を辞して、民衆と共に八国連合軍と戦った董福祥を描いたもの（図3：王樹村 1992：324）や、董軍らと連合軍との戦いを描いた「董軍門設計大破西兵」などがある。

　戦闘を描いたものは、いずれも清軍の大勝、敵を大破する場面である。つまり諸願成就を旨とし、めでたい場面を描く年画の伝統に違わず、そこには中国側の勝利の場面が誇張して描かれたのである。

　また国内における戦闘も年画は伝えている。清朝崩壊後に中華民国臨時政府が成立したものの、各地で軍閥が割拠し、南方軍政府と北方政府とに分裂するあり様であった。南北両政府軍の衝突（図4：張春峰 1996：188）や19年に上海で開催された両政府の代表による統一の協議の様子、25年の第二奉直戦争などがあり、その状況が客観的に報じられている。統治者がめまぐるしく替わるため、どちらかの勝敗に偏ったものの印行は危険であるし、大衆にとっては統治者の

図4

誰彼より、社会の安定の実現こそが最大の関心事であったのであろう。これらは戦況を伝えるだけでなく、図4に見られるように、その中央上部に民衆が逃げまどう様も描かれており、戦争の早期終結を願う庶民の思いも映し出していると言えよう。

　こうした年画は、僻地の人々にも国情を伝える役割を果たし、国民意識の形成や愛国心の高揚、政治への関心を喚起するのに影響したと思われる。1874年の日本の台湾遠征を題材とした上海で印行された版画が、チベットで10年の歳月を経てもなお出回っている[1]。列強諸国の侵攻が続けられる中、都市部のみならず辺境の民衆までも、中国軍の勝利を描いた年画を、時事性の有無にかかわらず歓迎していたことが窺える。

　戦闘場面を描いた年画が現れる一方で、社会や政治を風刺した年画も現れた。それは前者を直接的な民意の表出とすれば、社会批判を直接的に行えない時代の間接的な表現手法といえる。これらが流通することができた

のは、出版物全般への取締りを行うなど、民意の表出を懸念するようになる民国期までは、為政者の方でも民衆の絵画に対する認識が乏しかったからではないか。古柳村（1991：45-46）によれば、清代康熙・乾隆、嘉慶の各時代に「紅楼夢」などの小説に猥雑な台詞があるとされ、禁書となった。しかしそうした小説を題材としたり、その絵に台詞を挿入した年画は取締りの対象とならず、庶民の間で流行したとされるのも、それを裏付けていよう。

さて、風刺の年画では人物に代えて生物が多用される。分にあわない要求は失敗することを寓意した「鼠の嫁入り」を使い、鼠を清朝政府の役人、猫を列強に見立て描くなどする。また産卵数が多いことから、子孫繁栄につながり新婚家庭に人気の題材である蛙の婚礼も用いられる。図5（張春峰1996：255）は、蛙が扮した外国製の車に乗る新婦や官吏の新郎、国民党旗を抱く蛙の婚礼行列を描き、庶民の生活とかけ離れた官吏の豪奢な婚礼を風刺したのであろう。

図5

また、図6（天津市芸術博物館1984）は、子供が花提灯を掲げる様を描いた天津楊柳青の伝統年画に、中華民国旗が挿入されたものである。袁世凱による帝政失敗を密かに祝ったもので、花提灯を下げる「推灯」と旗が翻る「翻旗」をあわせて、同音異義の語に変換して「推翻登基」として、袁の帝位を転覆させたことを寓意する。

図6

義和団の乱により八国連合軍が北京入りした折、西太后らが一時西方へ逃避行した際に逗留した民家での様子を描いたものには、西太后が金をばらまいているのがみえる。金品でしか求心力のないことを揶揄するもので

あろう。また義和団平定のために八国連合軍が入京した混乱に、質店が民衆に襲撃された事件を描いたものもある。民衆の暮らしの窮乏ぶりがわかり、悪政を暗に批判したものである。

列強諸国の侵攻を契機として民衆の中に芽生えた反帝国・反封建といった思いが、彼らの中で育まれた年画によって代弁されている。

2. 為政者による年画の制作規制

2.1. 国民党統治下における年画審査

年画が民衆の意思を表すようになると、統治者は年画を警戒する一方で利用することを考えた。1904年に彭翼仲が創刊した『京話日報』で、社会の清浄化や教育向上を旨とした年画の制作が提唱された。それを受けて天津の斉健隆画店が男女平等などを主題とした年画を改良年画として販売した（王樹村1991：90）。その後直隷巡按使公署天津教育司も、13年に民衆思想の近代化などを企図した図版を改良年画として石印で制作したという（天津楊柳青画社1992）。すでに宣伝媒体としての効果が認知されていたことがわかる。

そして王樹村（1991：91）によると、15年には直隷巡按使公署天津教育科が年画審査法を制定し、天津楊柳青に審査員林兆翰（1862-1933）を派遣した。年画の画板が、印刷禁止、暫く保存、印刷可に分けられ、禁止となったものは破棄された。神話伝説や戯曲、吉祥を題材としたものなどが禁止となった他、前掲の清末に流通した改良年画なども時流に添わないとされ、印刷が可能であったのは極僅かであったという。林は同年に設置された天津社会教育弁事処の主幹を務め、風俗習慣や戯曲の改革を推進しており（天津市地方志編修委員会1991：1354、1396）、伝統年画を旧習と見なして一掃しようとしたのではないか。

さらに37年に天津市民衆教育館が制定した年画審査法及びそれに基づく審査の記録などが見つかったことで[2]、国民党の統治下にも年画が統制されていたことが明らかになった。これらの資料により具体的に国民党統治下の年画制作規制について窺うことができる。

年画審査法は、審査基準として（1）教育的意義の有無、（2）迷信・非現実的要素の有無、（3）芸術性・情趣の有無の3項目をあげる。審査は、各画商に原稿を教育館に提出させ、市政府から派遣された調査員が審査を行

う。その結果に基づき市公署が再審査した後、再び民衆教育館から画商に戻され、指摘部分を修正の上、左下端に「天津特別市公署審定準予銷行第某号字様」と明記したものを、改めて教育館に送付し、最終審査を受けるという厳しいものであった。判定に従わなければ取締りを受けた。

　審査記録には、全部で21回分、193点の年画について、合格、修正、禁止の判定結果と評価文、画商名、年画の題目などが記されている。193点には、反政府的なもの、反帝国主義的なものは含まれておらず、すでに年画の内容が制限されていたと思われる。

　審査記録によると、合格・修正の審査結果を得たもの177点の内の3割程度が、神話、伝説、歴史劇や物語などの民衆に根ざした題材によっており、教育的意義のあることが評価されている。その中には家庭教育に有益であること、国語教科書を典拠としている点、識字教育に有効であることが特に指摘されたものもある。また吉祥物を題材とするもの、同音異義を使い吉祥を寓意した事物を描く伝統的な手法によるもの、同様に古来より人気のある子供を描いたものなどがある。一方修正や不合格の判定には、教育的に不良、不道徳、迷信的、描写表現が不正確であることなどが理由とされている。

　こうした判定の背景には、蔣介石により1934年に南昌で、礼儀廉恥を基調とし、簡素、清潔、迅速、確実などの紀律の下に生活文化の向上運動（新生活運動）が発動されたことの影響があると思われる。36年までには、天津をはじめ全国各省、直轄市に運動を推進するための機関が設置されて、積極的に運動が展開されている。

　また審査官は、伝統的な技法を用いたり、周知の故事を題材にすることにより、民衆の理解を容易にするよう指導している。さらに、描画法や色彩まで指導されており、内容だけでなく技巧の双方に厳密で詳細な審査が行われたようである。

　こうしてみると前述した15年の審査と37年とでは、為政者の対応が全く異なっているのがわかる。前者では、迷信的なものだけでなく戯曲や吉祥、教訓的なものも否定されている。一方37年は、民衆が愛好する歴史劇や吉祥物などを題材とした年画は、迷信的な要素がなければ印刷を許可されている。その上でそれらを道徳や教育振興に利用している。為政者が一方的に「改良」するだけでなく、民衆間に定着した年画の風習を活かし、プ

ロパガンダに用いていく手法が、制作者を統制する形で採られるようになったといえよう。図7(筆者蔵)は、民衆が愛好する母子を描いた一対の年画で、蓮花などの吉祥物も配されているが、当時の服装を着せ国民党旗や国民革命軍旗が挿入されており、そうした年画の一例といえよう。この他民国を讃える文言や年号を挿入した年画などが現存している。

図7

2.2. 満州国の年画制作規制法とその年画

　満州国では、多民族からなり通信手段もままならない状況下に、不識字の民衆に建国を周知し国民意識を抱かせることが急がれた。建国当初から王道楽土、民族協和を旨としたプロパガンダを展開する中、年画の制作を法規で規制した上で視覚媒体として活用した。

　その規制法とは、1935年11月7日に発令された保安警察行政執行法の「神紙取締ニ関スル件」（民警保発第千六十三号）である（法規は以下全て加藤豊隆 1979：740-741 による）。神紙とは、主に神像などを題材とした年画のことをいう。これによると、中華民国時代の「民国万年」などの文字の入った年画をそのまま使用しているものに対し、満州国の存立を無視するものとして処罰するとしている。その背景には、建国3年を過ぎても、年画に依然として中華民国にまつわる文字が見られることにあったようだ。民衆は国号が変わったことに対していまだ認識が十分ではなく、中華民国時代のものがそのまま使用されていたのであろう。

　さらに民警保発第千六十三号を補足するものとして、約1ヶ月後の12月9日、再び民警保発第千六十三号ノ三として「神紙取締ニ関スル件」なる法規が発令されている。この法規は第1に、先の第千六十三号が神紙の発売を「同合無限公司」に独占させることを意味したのでないこと、第2に「不穏ノ意思表示」のない神紙ならば没収する必要のないことの2点を通達

している。不穏の意志表示がなければ、というのは、満州国の存立を無視した、民国に関係する文字などがなければ発行してよいということであろう。

第千六十三号ノ三における第1の通達内容は、同合無限公司が年画販売において独占的かつ特別な地位を占めていたことを窺わせる。すでに同社製の満州国の建国を宣伝する国旗や国歌、建国理念の文言が挿入された35年製の年画22点（図8他）、及び41年製8点が見つかっており[3]、満州国でプロパガンダのための年画を発行していた会社と見られる。35年製の年画と共に見つかった資料から同社が、長春市に本店を、ハルピン市と瀋陽市に出張所を置いていたことがわかる。しかし現地調査を行うなどしたが、同社の活動の実体は明らかにされず今後の課題となっている。

図8

こうした法規の下で制作された年画は、満州国の国旗が挿入されたものが目立つ。国旗は国家の象徴とされ、それを周知させることが、建国や国民であることを認識させると考えられていたことによろう。また伝統年画の構図をそのまま用い、国旗をはじめ国歌や王道楽土などの文言が挿入されている。古来より人気のある子供を題材とした年画も多く、より円滑に受容されることを期待したのであろう。その中には日本人と中国人の子供を兄弟として描き、日本に従うものとした両国関係を寓意したものもある。つまり満州国では年画を規制するだけでなく、積極的に宣伝に活用しているのである。

しかしこれらの年画が、たとえ民衆間に定着した形式であっても、民衆にどれほど受容されたのであろうか。当時承徳に住んでいた関瀾（1926-）の証言は、その答えの一端を示すものであろう。氏は、当時日本側が年画形式の宣伝画を大量に配布していた。こうした方法によって民衆の心に近寄ろうとしたが、民衆はこれらを受け入れるどころか、逆にその怒りをかったとしている（関1997. 4. 14 [4]）。

3. 中国共産党の民衆宣伝における視覚媒体としての年画の広がり

前述したように審査や規制法による統制が行われ、プロパガンダのために年画が使用されたのと同時期に、共産党軍によっても、戦闘を有利に展開するための対民衆宣伝における視覚媒体とされた。

それは、一つは民衆に対する宣伝活動と、それに視覚媒体の使用を重視する毛沢東をはじめとする共産党幹部の志向を背景とする。毛沢東は、1920年代半ばに農村部での革命運動を展開する中で、すでに大半が不識字である農民層への視覚媒体による宣伝を重視し、彼らが嗜好する図画の利用を提唱している（毛沢東 1926：73）。こうした毛の志向は、革命根拠地延安に創設された、芸術家を党の工作者に養成する機関である魯迅芸術学院（1938年4月成立。以下魯芸とする）に反映された。その成立宣言には、芸術工作者の役割が、抗戦に勝利するための創作を行うことに加え、新中国の芸術を創造することにある、とある（文化部党史資料征収工作委員会「延安魯芸回憶録」編輯委員会 1992：3-4）。日中開戦早々に、すでに勝利した後の国家の建設に資するべく、新しい芸術の提唱がなされている。

さらに一つは、魯迅による革命闘争の武器としての木版画の提唱が不可欠であった。抗戦年画の制作者とは、木版画に対して知識がなく、民衆の芸術を解さない都市部の美術家であった。彼らは革命闘争の中で魯迅の提唱を受け、白黒、複数線の西洋的な描画法によってはいたが、木版画を手がけるようになったのである。そして蒋介石国民党の弾圧と日本軍の本格的侵攻により、美術家は都市部を離れ延安に向かい、魯芸などで美術工作者として養成されていった。

延安での養成を終えると、工作者は各抗日根拠地に派遣され宣伝活動を行った。中でも魯芸に組織された木版画を手段として宣伝工作を行う魯芸木刻工作団（木刻団と略す）が、39年末に旧正月の風習に着目し抗戦年画を制作したことは、民衆及びその芸術との最初の結合例とされる。彼らの活動拠点である晋冀魯豫辺区（山西、河北、山東、河南の四省に江蘇省の一部を加えた地域。太行（別称晋東南）、太岳、冀魯豫、冀南の各地区がある）が、党中央北方局及び八路軍総司令の膝下にあり、その活動を党軍幹部などに報告するのが容易であり、また幹部からの直接・間接の指導も得られたことから、関係の記録が多く残されている。

こうしたことから木刻団の抗戦年画が最早期のものとされ、それ以前の年画を利用した工作や、その他の辺区における年画を利用した工作が、論じられることもあまりなかった。そこで晋冀魯豫辺区のみならず、晋察冀、晋綏両辺区及び華中での抗戦年画の展開について見ていく。また抗戦年画の出現の起源についても論考したい。

3.1. 晋冀魯豫辺区における抗戦年画の展開
3.1.1. 木刻団の抗戦年画の展開

延安を離れ本辺区へ従軍してきた木刻団も、当初白黒、複数線による木版画で宣伝活動を展開していたが、民衆には歓迎されなかった。しかし民衆への宣伝工作を再検討する中で、折しも年末を迎え、民衆間に見られる年画の風習をみて宣伝に応用することを考えた。

彼らは魯迅の指導を受け、版画の芸術性向上のために行ってきた、下絵、彫り、摺りの一連の行程を一人で行う創作版画の製作法を改め、大量生産を可能にするために各行程を分業して行う年画の製法を採用した。さらに民衆に多色木版の技法を学びながら、漸く8枚の抗戦年画を完成させた。それらは、農民の実生活や軍民合作の様子などを、民衆との交流を通して理解した彼らの嗜好や習慣、技法によって描かれている。

抗戦年画に描かれる女性の足は纏足のため極端に小さい。工作者によれば当初軍幹部より封建的とされ修正を求められたが、実際の姿であること、またそうした女性までも抗戦に立ち上がった様を描出したとの説明により許可を得たという（彦涵 1996.10.9、楊筠 1996.11.28）。また農具や動物の描写なども、農民の意見を尊重し修正を重ね完成させたという（周永珍1980：39）。農民との接触もなく、彼らの絵に関心を示すこともなかった美術家が、工作者として活動する中で、彼らに学び共に制作するというやり方を実践している。

またこれらの証言から、軍部が制作過程で指導を行っており、本工作に対する軍部の関心の高さが窺える。前述の他にも彦涵（1996.10.9）によると、図9（革命博物館 1990）は、挿入された「春耕大吉」の文言が、軍部から封建的とされ、「努力生産」の小題を加えるに至った。また白黒の年画もあったが、党幹部により却下されたという。党幹部が民衆の鑑賞習慣もよく理解していたことがわかる。

木刻団による抗戦年画の成功は、共産党の幹部が示した反応に窺うことができる。八路軍総司令朱徳や党幹部陸定一の講話（中共中央文献編輯委員会 1983：74、陸定一 1940：29）、副総司令彭徳懐の親書などで工作が評価され、民衆との交流や視覚媒体の活用が奨励されている。さらに党により早速木刻団員が増員され、年画の形式による宣伝画の制作が推進されていることにもその成功が窺える。

図9

　40年5月に日本軍の一掃攻撃を受け、木刻団は分散を余儀なくされるが、木刻団の分散後も年画による工作が発展的に継承されている。彦涵(1996.10.9)によれば、木刻団長胡一川は冀南地区に大半の木刻団員を率いて移動し、党の指導下に木版画の制作拠点を築いている。また彦自身は、北方局の要請で太行山に残り魯芸分校木刻工場を設立している。晋東南文化界救国聯合会（1941）にも、木刻団分散後の太行区では、魯芸分校木刻工場の他、軍隊内にも木刻組が編成され年画が制作された。そして木刻工場では抗戦年画が4種類、42,000部印刷され、木刻組については印刷数は記されていないが、3種類の年画が制作されている、と記述されている。

3.1.2. 早期の年画形式による民衆工作

　1938年12月23日に行われた「晋冀豫区委宣聯会総結」（山西省档案館 1987：493-501）、及び翌年3月15日の「晋冀豫区委宣伝部工作報告」（晋冀豫区委宣伝部1939）は、党の指導下に年画が抗戦に利用されたことを記した管見の限り最早期の資料である。

　「晋冀豫区委宣聯会総結」では、民衆への宣伝活動の方法を具体的に示した中に、年画も含まれている。そして「晋冀豫区委宣伝部工作報告」は過去4ヶ月の宣伝工作の報告であるが、そこには宣伝部宣伝科の芸術宣伝組（組員1名）が、元旦前に年画6種、24,000余枚を印行したと記録されており、「晋冀豫区委宣聯会総結」での指示が実行されたものと推察できる。図版は確認できないが、その題目「国共合作」「総動員」「掃除漢奸」「優待

俘虜」「婦女救国会員敵縫紉」「新中華児童」から、それらが伝統年画とは異なる新しい内容であったことが窺える。また、民衆の嗜好にあわせて単線、多色摺りで制作し、効果を上げたことも報告されている。

ただし宣伝組員が1名と少数であり、また同報告に、計画性や理論の追求などの不足が欠点として指摘されていることなどから、専門的、系統的に推進されたものでなかったと思われる。6種、2万数千枚を木版多色摺りで行うのには、1名では不可能と考えられ、組員の指揮下に年画制作の人員が、臨時に集められたのではないか。

また同報告中にある、各分区の報告の一つである「晋豫三個月的宣伝工作報告」にも、民衆への宣伝工作が向上しており、宣伝品の通俗化、地方化に留意されるようになったとある。そして例として、太岳区翼城の年画形式を利用した宣伝画と春聯があがっている。

これらの工作の事実がこれまで言及されていないのは、前述のように、工作自体が専門的、系統的に行われたものでなかったこと、辺区間の連絡系統、組織が形成されていなかったことが挙げられよう。また魯芸などの工作者の養成機関も設立直後という時期であった。工作者の養成もままならない状況で、紅軍時代と同様に、軍部の中の絵の得意なものが宣伝品の制作にあたるという状態であったと推察できる。しかしそうした段階から、すでに年画が民衆への宣伝の道具として党幹部に注視され、利用が促されていたのである。

3.2. 晋察冀辺区及び晋綏辺区における抗戦年画の展開

晋察冀辺区（山西・河北・遼寧などにまたがる地域）でも、晋冀魯豫辺区へ木刻団が派遣されたのと同時期に、延安で養成された美術工作者が派遣されている。そしてここでも美術工作者が民衆間で活動を展開する中で、抗戦年画を制作している。

徐霊（1960年代）は、広大な華北では、年画は民衆の風俗習慣上、不可欠の精神的な娯楽と認識し、年画形式を採用したという。制作にあたり美術工作者は、兵器工場で製刀を、農家では多色摺りを学び、行軍や遊撃戦の中で、山中の土地神廟や家屋の門壁の壁画や年画などから、民衆の芸術について多くを学んだという。そして38年末に「春耕図」と「保衛家郷保衛辺区」の2種の抗戦年画を印行したという（徐霊1957：37）。これは前

掲の最早期の抗戦年画の記録と同時期ではあるが、当地の記録は管見の限り確認されていない。

さらに39年冬、日本軍による辺区への掃蕩が激化する中で、党の抗戦堅持や辺区防衛などの呼びかけに呼応し、大量の宣伝画を制作した（徐霊1960年代）。その内年画の形式によるものは、「放下鋤頭，拿起槍」「参加八路，保衛家郷」「広範開展敵後遊撃戦争」「妻子送郎上前線，母親送児打東洋」と題されている。

図10（薄松年氏所蔵）は、本辺区においてこの時期に制作されたものとされる（薄松年1995.5.30）。それは、本辺区内の年画産地である河北省武強県の伝統年画の風格を備えたものであるが、馬上には旧来の神像ではなく農民が描かれ、「保衛辺区」の文字が挿入されている。武強県や同省辛集県へは、抗日・解放戦争期を通じて、美術工作者が年画制作を学びに行っている（張誠1990：38）。民衆と工作者とが一体となった年画制作による抗戦活動が行われていた地域といえよう。またこの地域は、前述した近代年画が多数制作、保存されている。政治の中枢に近接してはいるものの、天津や上海などと異なり敵軍の直接的な指導下になかったことが、近代年画や抗戦年画の創出、継承を可能にしたのであろう。

図10

40年に入り日本軍の掃蕩が激化し、国民党の反共活動も盛んに行われた。こうした中、民衆への宣伝活動を効果的に推進するために、一年の最大の祝祭である旧正月の行事を利用し、年画をはじめ、演劇、幹部兵士との会食など様々な方法が採られた。徐霊（1960年代）は、年画の形式を利用することで、日本軍の侵攻による民衆の恐怖感や勝利に対する自信喪失を克服させ、祝祭の雰囲気を一層盛り上げた、とする。新年の行事を利用した工作は、古来からの伝統行事と重なって、抗日の気運を一層高めることができたのである。

晋綏辺区（当初晋西北辺区と称した。山西省、内モンゴル自治区に及ぶ

地域）の確立は、1940年と比較的遅く、図画による民衆への工作も遅れて発達することになった。しかし辺区の成立と共に、40年末には、晋西北文聯と同美術工作者協会が成立し、42年9月には文芸工作活動の拠点である魯芸晋西北分院が設立されている。

また地理的に党中央のある延安に近いため、延安と各辺区を往来する工作者から、他の辺区の先進的な工作方法などの情報が得られた。例えば41年に設立された晋西北木刻工場も、太行区のそれに学んだもので（牛文1960年代）、木刻団の彦涵も太行区から延安への帰途、ここでの制作に参加している（彦涵1982：4）。

辺区の確立に伴い、延安魯芸から多くの美術工作者が派遣され、当地の美術家と共に、本辺区の図画による工作を推進した。本辺区でも、年画、連環画、日本軍向けの宣伝画、新聞の挿図の他、切手、食糧券などが木版で制作された。そして41年晋西北木刻工場が設立されると、工作者は、他の辺区の場合と同様に、兵士や農民との交流を通じ製刀や多色摺りを学んだ。こうして数種の年画を制作し、民衆からの多大な支持も得た（牛文1960年代）。本辺区においても辺区の確立と文芸機構の整備が並行して行われ、民衆との交流を通じ、民衆工作の手段として年画が使用されている。

3.3. 華中における新四軍の美術工作と抗戦年画の展開

1938年1月湖南、湖北、江西、河南など八省の紅軍遊撃隊が南昌に集結し新四軍が成立した。軍部の確立に伴い、美術工作者が上海、南京など周辺の大都市からその拠点である皖南（安徽省揚子江以南の地域）に集まってきた。そして軍内に絵画組や画報社などが組織され、図画による抗日宣伝活動が展開された。日本側による開戦後から40年までの当地の宣伝活動の報告に（上海自然科学院1940：167）、江南一帯では、新四軍政治部の指令下に遊撃式絵画宣伝が展開しているに過ぎない、とある。新四軍の図画による工作が、当地では他の工作機関に先駆けて行われていたことが分かる。

新四軍は、41年1月に国民党による壊滅的な攻撃を受けたが（皖南事件）、暫くして蘇北の塩城に再編成されると美術工作者もそちらへ集中した。莫朴（1982：16）によれば、こうした中で党中央は、軍部指導下にあった美術工作の強化を図るため、華中魯芸の開校を指示し、41年の春節後に開校

された。その美術科では、美術展覧会や年画形式の宣伝画の制作などが行われた。

一方新四軍で宣伝品などの印刷を担当していた毛哲民（1982：49）によれば、根拠地の民衆への宣伝工作と対敵闘争強化のため、蘇中4分区地委宣伝部（蘇中第4分区は江蘇省南通、如皐、海丁、啓楽などの地区）により、宣伝画の制作が指示された。折しも42年の春節であったので、年画形式による多色の宣伝画などを制作し、分区の新聞『江海大衆』の絵頁として発行した。それは年画として家々の壁に貼付され、民衆に歓迎されたという。日本側では、農民が新四軍を自分達の味方と高く評価し歓迎している、と認識しており（新井芳郎 1985：55、丸山学 1942：80）、こうした新四軍による農民の嗜好にそった美術工作の展開にもそれが確認されるであろう。

さらに、日本軍がこの時の宣伝画を上海に持ち帰り、展覧したという（毛哲民 1982：49）。そこには、「共産党の新四軍は人民の困難も顧みず人力物力を浪費し、こんな宣伝画を印刷している」という解説があった。しかし民衆が皆喜んで見に来たので、新四軍の宣伝になるとして取り除いた、という。そもそも民衆は困難な暮らしの中で、一年の最大の祝祭である旧正月を迎えて室内を飾り、かつ慰安のために色鮮やかな年画を用いてきた。日本軍も40年前後には、新四軍の守備地域で、当地の年画の特徴を踏襲した色鮮やかな宣伝ポスターの制作を促し、配布している（図11：筆者蔵）。しかし戦局の悪化に伴い、42年頃にはそうした民衆の嗜好を考慮した宣伝工作は行われなくなっていた。前掲のエピソードは、日本軍が民衆工作を顧みなくなっていたことを浮き彫りにするものであろう。

図11

高志平（1982：89-90）によると、43年末の冬季にも年画の制作が行われ、数千部以上発行したが、なお農民の需要に応じられなかったという。年画形式による宣伝活動が継続されているのがわかる。

3.4. 整風運動後の新年画の展開

根拠地延安では、党員の急増により生じてきた思想的な不統一などの種々の問題が表面化していた。また延安魯芸などに留まっていた芸術工作者も、戦地で宣伝活動を展開していた工作者の工作と齟齬が生じていた。こうした状況を受けて党全体の問題として是正が行われる。それが1941年以降の整風運動の展開であった。各戦地の美術工作者も延安に呼び戻され、文芸工作は一時停滞している。

こうした中、42年毛沢東は文芸工作者に「延安文芸座談会の講話」を行い、民衆との交流を通じ彼らの嗜好する芸術の創造を改めて提唱した。これ以降、延安の美術工作者も民衆の生活へ身を投じた。その結果彼らの作品も、白黒の陰影による描写表現や現実離れした題材から、民衆生活を描写した題材になり、民衆の嗜好する明瞭な単線に原色を施し、吉祥物をあわせて盛り込んだものへと変化した。つまり伝統年画の色彩や製法にみられる形式はそのまま用い、その題材を現実社会に取材したものに代えた新しい年画が創出された。それは「新年画運動」と呼ばれるほど盛んに行われ、43年から45年にかけて、多くの新年画が制作され民衆から歓迎を受けた。

続く国内戦争期にも、党幹部は解放区の拡大に伴い文芸工作者を早速派遣している。そこで年画は宣伝媒体として一層確立していく。

晋察冀辺区では、全国へ年画を発行する拠点として出版社が創設されている。党幹部は、46年11月に河北省束鹿県（1986年辛集市に改編）に移動してきた彦涵などの美術工作者と、当地の出版関係者や刻師と合作させて、翌年10月に冀中年画研究社を設立させた。そして同年末には10余種の年画を発行し、48年3月には、石家庄市に移転し大衆美術出版社に改名し、30余種に及ぶ年画を制作した（張誠 1990：38）。

蔡若紅は（『晋察冀日報』1947.2.13：4）、同社の発展を、年画の産地の印刷技術などを利用したことが、生産コストの削減と大量、多種の制作に結実したと分析する。そして民衆間で育まれてきた芸術を軽視できない、としている。また蔡は、解放区の農民は土地改革で生活に余裕が生じ、年画に対する需要も高まってきており、発行数は40万部に上ったとしている。例えば図12（筆者蔵）は、共産党から土地証を受けた農民が喜ぶ様を描いた石版印刷の年画である。このような事実に基づいた年画は、正月期の興

図12

奮と相まって、共産党への支持を高揚させることに効果を上げたのであろう。

晋綏辺区では、周文（1950：316）によれば、44年の年画は89種制作され印刷数も多量であったとする。描写が細かくわかりやすく、鮮やかな色彩で描かれ、民衆間で育まれた年画の特徴が踏まえられるようになり非常に進歩した、とする。

また44年2月に党などの主催で開催された文芸作品のコンテストでは、上位入賞は全て民間人による新年画であった。馮牧（『解放日報』1945.5.6：4）は、入賞作全てが現実生活を描いており、技巧や素養も重要だが、実際の経験がより重要であるとする。制作の担い手が美術工作者から民衆に至り、彼らによっても神像などの非現実的なものでなく、実生活に取材した新しい年画が制作されるようになってきたのである。このことは、45年前後に年画を駆使する工作者による、僻地の民衆でさえも竈神や財神など旧来の形式をそのまま利用した年画は迷信的であると倦厭する、という複数の報告にも窺うことができる（沃渣 1947：88-99）。

解放戦争後期には、美術工作者は各地の出版社で年画制作を行うようになる。江豊（1950：227）によれば、49年までに年画の出版社は10カ所あり、45年からの5年間で400種制作した。その内大衆美術出版社と東北画報社が最大で、3年間に延べ130種、340万部発行したことなどが報告されている。この時期の年画は、暦や演劇の場面などといった、民衆の嗜好する伝統年画の多様な描画法が採り入れられている。内容も、画面を通して衛生や農事に関して学習ができるような、より実用的なものに変化を遂げている。

4. おわりにかえて

　近代年画は、民衆の反政府的な思いを表出し、彼らの独特の通信媒体となっていた。ところがこうした民衆の絵画に表れた革命の萌芽を警戒した為政者が、年画の制作を厳しく規制するなどし、その上でプロパガンダに用いた。しかし歴史を見る限りそうしたやり方は功を奏していないようである。

　そして共産党の指導下に、国内外の闘争を通じ、年画は宣伝活動にとり込まれる。戦地の美術工作者によって、伝統年画とは異なる、民衆を抗戦に動員するための視覚媒体としての年画が創出された。その後指導者による精神的な指針を与えられ、また実践によって、新年画の創作が解放区の美術工作者全体の活動となった。

　中華人民共和国成立直前の 49 年 7 月、北京で中華全国文学芸術工作者代表大会が開催され、抗日・解放戦争期の文芸工作について、各文芸工作幹部による総括が行われた。毛沢東、周恩来、朱徳など新中国の指導者が祝辞や総括を行い、700 余名の文芸工作者たちを鼓舞した。そして年画は「民衆のための芸術」の一つとして取り上げられた。この時年画をはじめとする民衆間で育まれた芸術やその制作者が、新中国のプロパガンダのための芸術、工作者として明確に位置づけられたといえる。そして魯芸の成立宣言にあったように、年画は新国家の建設にも盛んに用いられていった（辻 2003）。

　共産党の指導者は、すでに解放戦争後期に各地に年画の出版社を設立し、工作者による戦地での工作を出版社での活動に移行させている。年画はより的確に為政者の意図を映し、より迅速、大量に民衆への供給が可能となり、プロパガンダ芸術としての地歩を固めた。

　こうして年画は、次第に為政者の年画としての性格を色濃くしていく。つまり民衆間で育まれた年画は、為政者の手で採り上げられ、芸術として認知されるようになると、「民衆のための芸術」の名の下に、民衆と一定の距離をおくことになったといえるのではないか。

注
1) 三山（2003：11）は、ロシアのG・N・ポターニン（1835-1920）が 1884 年か

らの2年間にチベット東部を調査するために滞在中に蒐集したものに、版画21点が含まれるという。その中に日本の台湾出兵を題材としたものもあり、大衆が歓迎する版画は、古いニュースでも流通していたことがわかるとしている。
2) 筆者が1994年5月に行った天津市档案館における調査で、同档案館により天津民衆教育館が行った年画審査に関する記録や審査に付随する各機関の送り状、展覧会の日程表などが、『天津市民衆教育館全案』としてまとめられているのが見つかった。民衆教育館は、政府の教育機関で地区毎に設置された。
3) 35年製22点は90年代に中城正堯氏が東京の古書店で入手したもの。41年製は伊東知恵子氏が故伊東祐信氏と日本軍占領下の現河北省承徳市に滞在中に蒐集し、43年持ち帰ったもの。
4) 証言を引用した場合、証言者・証言年月日の順で記した。

[参考文献]
新井芳郎 1985.「中支農村調査余話」『アジア経済』26巻12　p.46-p.65
江豊 1950.「解放区的美術工作」『中華全国文学芸術工作者代表大会紀念文集』新華書店 p.227-p.234
王樹村 1991.『中国民間年画史論集』天津楊柳青画社
王樹村 1992.『中国民間年画史図録 上』上海人民美術出版社
革命博物館 1990.『抗日戦争時期宣伝画』文物出版社
加藤豊隆 1979.『満州国治安関係法規集成』元在外公務員援護会
川瀬千春 2000.『戦争と年画―「十五年戦争」期の日中両国の視覚的プロパガンダ』梓出版社
彦涵 1982.「太行山上木刻活動的回憶」『山西美術』(2) p.1-p.4
牛文 1960年代『晋綏辺区木刻活動史料』未刊行原稿（李平凡氏所蔵）
古柳村 1991.「禁書不禁画―清代年画発展的契機」『年画芸術』p.45-p.46
高志平 1982.「回憶〈淮南大衆〉画報」『新四軍美術工作回憶録』上海人民美術出版社 p.89-p.91
山西省档案館 1987.『太行党史資料氾編』第1巻　山西省人民出版社
上海自然科学院 1940.「中支に於ける「教育・思想・宗教・宣伝・外国勢力」」に関する報告書　第4篇 宣伝」支那派遣軍参謀部
周永珍 1980.「木刻之花―抗戦期間的太行新年画」『革命文物』(6) p.38-p.41
周文 1950.「晋綏文芸工作概況簡述」『中華全国文学芸術工作者代表大会紀念文集』p.312-p.322
徐霊 1957.「戦闘的年画―回憶晋察冀抗日根拠地的年画創作活動」『美術』(3) p.37-p.38
徐霊 1960年代『戦争的木版年画』未刊行原稿（李平凡氏所蔵）

晋冀豫区委宣伝部 1939.『晋冀豫区委宣伝部工作報告』1939 年 3 月 15 日
晋東南文化界救国聯合会 1941.『晋冀豫辺区一年来的文化運動総結』
中共中央文献編輯委員会 1983.『朱徳選集』人民出版社
張春峰 1996.『河北武強年画』河北人民出版社
張誠 1990.「辛集木版年画社」『新文化資料』(6) p.38
辻(川瀬)千春 2003.「年画を通してみた世相史―建国直後〜90 年代」『桜花学園大学研究紀要』第 4 号 p.267-p.288
天津市芸術博物館 1984.『楊柳青年画』文物出版
天津市地方志編修委員会 1991.『天津簡志』天津人民出版社
天津楊柳青画社 1992.『中国楊柳青木版年画集』
中野美代子他 1989.『世紀末中国のかわら版』福武書店
薄松年 1986.『中国年画史』遼寧美術出版社
莫朴 1982.「華中魯芸美術系的回憶」『新四軍美術工作回憶録』p.15-p.24
文化部党史資料征収工作委員会「延安魯芸回憶録」編輯委員会 1992『延安魯芸回憶録』光明日報出版社
丸山学 1942.『大陸の思想戦』目黒書店
三山陵 2003.「『点石斎画報』創刊の契機を作った「時事版画」―ロシア収蔵中国民間版画調査より」『東方』266 号 p.7-p.11
毛沢東 1926.「宣伝報告」『政治週報』第 6・7 合期 p.71-p.76
毛哲民 1982.「套色油印画及其他」『新四軍美術工作回憶録』p.49-p.52
沃渣 1947.『新美術論文集』東北書店牡丹江分店
陸定一 1940.「文芸工作的方向」『前線』3 月 16 日発行(14)p.26-p.29

(この世界で研鑽を積む機会を与えてくださった平井勝利先生に心より感謝申し上げます。そして先生の一層のご活躍とご健勝を祈念いたします。)

茅盾（沈雁冰）と『西洋文学通論』について[1]

中井　政喜

0.『西洋文学通論』について[2]

　『西洋文学通論』は、1930年8月上海世界書局から出版された[3]。「例言」の日付は1929年10月10日であり、恐らくこれが草稿の完成時間と思われる[4]。「読『倪煥之』」（1929・5・4、『文学週報』第8巻第20号、1929・5・20）のあと約5ヶ月後に書き上げられたものと推測される。小論の目的は次の二点にある。①『西洋文学通論』の内容を確認すること。②茅盾の文芸論の発展と深化の過程の中で、『西洋文学通論』がどのような位置にあるのか、どのような意味を持っていたのか、を追究すること。上記の課題を以下に検討する[5]。

1.「第1章　緒論」について

　茅盾は「緒論」で、西洋文学の起源から現在に至るまでの進展のおおよその筋道と（前半部分）、文学を考えるうえでの基本的考え方を四点とりあげて（後半部分）、論ずる。
　西洋文学の進展に関するおおよその筋道ついての論じ方は、基本的に或る時代における社会階級の大まかな分析を行い、社会階級の意識の反映を文学に見るものである。或る時代おける支配的社会階級の転換・交替・変化があれば、それにともなって支配的社会階級の意識を反映する文学思潮の転換・交替・変化がありうる。
　例えば、茅盾は次のように述べる。〈文芸復興〉後の百年間余りは、18世紀中において、繊細柔軟な〈古典主義〉の時代であった。その後、資産階級〔原文のまま、資本家階級のこと〕が強大となり、この階級の意気軒昂たる精神と個人主義の思潮が文芸に表現されて、〈ロマン主義〉の時代となる。
　「そのとき新興階級の資本家は、すでに死にかけていた封建制度を一掃し、全支配権を手中に握ることができるほどに強大になっていた。新興階

級の意気軒昂とした精神と個人主義の思潮は、当然文芸に表現された。ユゴー（Hugo）の『ヘルナニ』（Hernani）がフランス劇場で上演され、〈古典主義〉のために挽歌を歌うのを目にする。」（第1章「緒論」）

資産階級は全盛期を迎える。しかし他方その弱点も示すことになる。資産階級文化は根本矛盾を露呈し、人々は荘厳で光り輝く資本主義社会の中に、腐敗と醜悪さを見出した。そのために〈自然主義〉が隆盛することになる。

「短時間のうちに、資産階級は全盛期に到達し、しかもすぐにそれ自身の弱点を暴露して、資産階級文化の根本矛盾を露呈した。懐疑と苦悶の雲行きが段々と濃くなった。人々は荘厳で光り輝く表面から腐敗と醜悪さを見出し、そのため〈自然主義〉が新しい高波となって文壇に巻き起こり、全欧州を風靡した。ここには、空想がなく、現実だけがあった。彼らは現実の根をむきだしにしたが、しかし彼らは活路を探しだすことができなかった。彼らには遁走しかなかった。」（第1章「緒論」）

〈自然主義〉は資本主義社会の、資産階級文化の現実の根をむきだしに表現したが、しかしその活路を、解決の道を、見出すことができなかった。そのため欧州の文壇は現実を逃避し、象徴主義・神秘主義へと遁走する。

茅盾は、上のような方法によって、ギリシャ神話から、1917年ソビエト連邦成立後、〈新しい写実主義〉が欧州文壇と全世界に大きな影響力を持つにいたったことまでを、「緒論」の前半部分で概観する。

次に後半部分で茅盾は、文学を考えるうえでの理論上の基本的観点について、四点とりあげる。

① 史的唯物論の原則について

第一に基本的観点として取りあげられたのは、文芸に関する史的唯物論の原則というべきものである。

「蒸気機関が発明されて以降、人類の生活の各分野は加速度的に変化し、文芸もそれにつづいて加速度的に変化した。生産手段のあらゆる変化が、社会組織の変化をもたらし、それから文芸潮流の変革をもたらした。文学者個人が何らかのことを改めようとして改革があったのではなく、人類の生活を推し進めて進歩させる〈生産方法〉〔原文　生産方法〕という大盤石が、文学者をそのように走らざるをえなくさせる。」（第1章「緒論」）

「結局文学の潮流は空中から落ちてくるものではなく、夢のなかで拾いあ

げるものでもない。文学の潮流は、人類生活のあらゆる変動の深い源である社会的な生産方法の底から、ほとばしりでる上部の装飾である。」(同上)

　文芸思潮の歴史上の変化について根本的には、生産手段の発達と生産様式の変化に原因を求める。生産手段の発達により、生産様式が変化し、新しい社会階級が育成され、それにともない新しい社会組織が求められる。そうした社会的変化が、文芸思潮に反映する。人間の社会的存在がその意識を規定する。

　②〈超然〉説と〈自我の表現〉についての批判

　次に茅盾は史的唯物論の原則に基づいて、文学に関する〈超然〉説と〈自我の表現〉をとりあげ論ずる。先ず〈超然〉説について次のように言う。

　「文学者はべつに天空の神山に住んでいるのではなく、この社会の中に住んでいる。精神的方面・心理的方面で環境の影響を受けざるをえない。それは肉体的方面・生理的方面で環境の影響を受けざるをえないのと同じである。社会の意識形態は、時々刻々文学者に影響を与えている。ただ彼自身は感じていないのにすぎない。だから〈超然〉の説は、結局悪意のない誇張にすぎない。これまでの――これ以後も――文学者は、皆そこに住む社会のもっとも権威ある意識を、すなわち支配階級の意識を反映しているだけである。」(第1章「緒論」)

　歴史上では権威ある意識に反抗した文学者もまれではない。しかしそれは支配階級自身に亀裂があり、また支配階級に対抗する新興階級が台頭しつつあったためである。

　社会上で二大対立勢力の闘争において、すでに勝敗が見えるとき、文壇上に〈反抗者〉が存在して、新興階級の口舌となる。しかしこの二大対立勢力が肉薄して戦い、なお勝敗に兆しが見えないとき、その環境のために多くの文学者が動揺彷徨する。そこで彼らは〈超然〉という屏風の後ろに隠れる。しかしどこに隠れようとも、やはりこの社会の中に存在するのであって、〈超然〉は実際のところ社会不安の中における文学者の逃避と彷徨を示すものであるとする。

　〈超然〉説について第1章「緒論」で茅盾は、1920年代の創造社の芸術至上主義的傾向を念頭において論を展開していると思われる。1925年、「告有志研究文学者」(『学生雑誌』第12巻第7期、1925・7・5、底本は、『茅盾全集』第18巻、人民文学出版社、1989)の第4章「現代文学家的責任」

で、茅盾は人生派と唯美派を取りあげ、次のように言及した。

「この派〔人生派──中井注〕は、文学が現在の生活を対象とし、その（現在の人生の）欠陥を描写し、その病根を捜し求め、その後これらの欠陥・病根に猛攻を加えるよう努めることを説く。そのため、この派は芸術独立論に賛成せず、文芸の目的が美の創造のためであるとか、或いは慰安のためであるとかに賛成しない。反対派の方も彼ら〔人生派──中井注〕を攻撃して、彼らの行おうとすることは、実際は政治家に実行させなければならないもので、文学者の本分に属するものではない。文学はその超然・独立した尊厳を保たなければならない、と言う。（中略）私が本文の第2章で述べたように、これまで文学はその時の支配階級が特権を保持するための道具であったに過ぎず、いまだかつて超然としてあったことはないし、さらに独立などは言うまでもない。」（「告有志研究文学者」、前掲、1925）

上の1925年の言及と比較すれば、第1章「緒論」における〈超然〉説についての議論は、解明が一層詳細となり深まっていると思われる。茅盾が第1章「緒論」で展開した〈超然説〉についての議論は、1920年代前半の創造社の所論を念頭において、1925年頃から追究し始める〈超然〉説の批判を踏まえ、改めて史的唯物論の原則からより詳細な検討を行った性格のものと言える[6]。

また次に、第1章「緒論」で〈自我の表現〉について、茅盾は以下のように言う。

「文学者の作品はすべて〈自我〉を通して現れる。たとえ客観的描写でも〈自我〉を通した産物である。しかしこの〈自我〉が独立したもの、遊離したものと思ってはならない。この〈自我〉は社会を構成する〈大我〉の中の一分子にすぎず、〈大我〉の心情と意識を分有するものであることを忘れてはならない。いかなる作家も〈大我〉──彼の所属する〈大我〉──から離れあるいは遊離して、彼一人の〈自我〉を持つことはできない。」（第1章「緒論」）

しかし〈自我の表現〉を標榜する作家は、この点を認識することができていないとする。

「そのため彼自身が実際には社会の中の或る一階級に属していることを、誤解して信じようとはしない。」（第1章「緒論」）

第1章「緒論」における〈自我の表現〉についての議論は、1920年代前

半に創造社が展開した〈自我の表現の重視〉という姿勢を念頭においたものと思われる[7]。茅盾の上の引用部分における議論は、魯迅の翻訳した青野季吉の「芸術の革命と革命の芸術」(1923・3、『壁下訳叢』〈上海北新書局、1929・4〉所収) が提起する問題と共通する点がある[8]。また、〈大我〉については、1925 年、「文学者的新使命」(『文学』週報第 190 期、1925・9・13) において、茅盾は次のように言及している。

「旧世界は一人の力で推し倒しうるものではなく、理想の世界はなおさら一人の力で建設できるものではない。大多数の人の力を合わせて理想の世界を建設しなければならない。そうであれば、大多数の人にひとつの理想を信じてもらわざるをえない。言わば小我を犠牲として、大我を成就するのである。」(「文学者的新使命」、1925・9. 前掲)

ここでの〈大我〉は大多数の人によって支持される理想・時代精神を指していると思われ、個人の小我を棄てて、〈大我〉につくべきことを言う。

このように、「緒論」における〈自我の表現〉についての議論は、1920 年代前半の創造社の〈自我の表現の重視〉を念頭において、また 1925 年の議論〈大我 (大多数の人によって支持される理想・時代精神)〉の論を経て、さらにその後修得したマルクス主義文芸理論に基づき (魯迅が翻訳した青野季吉の論と共通する問題意識に基づいて)、改めてより詳しく展開した性格のものと思われる。そこではあらゆる文学が、客観的描写も、自我を通して表現される。そしてその自我は、社会的な精神〈大我〉・時代精神や階級意識と関連したものであり、そこから遊離したものではありえない。〈自我の表現〉を標榜する作家も実際には、社会の中の或る一階級に属していると言う。

③ 作者・文学者の地位について

〈文芸復興 (ルネッサンス)〉以前において、欧州の文学作品は多数の無名作家が共作したものであり、個人の手になるものではない。文学者 (作家) の地位は、重商主義が台頭するようになってから始めて、公衆のものから個人的なものに移った。

④〈写実的精神〉と〈ロマン的精神〉について

この二つの〈精神〉は文芸を構成する要素である。文芸思潮がどのように変遷しようとも、二つの精神の交互の推移にほかならないとする[9]。

「どの文芸思潮 (主義) の消滅と興起にも、背景となる社会層の或る階級

の崩壊と勃興が存在する。新興階級が決起するときには、どのような精神を持っているのかについて、いま一歩進めて観察してみる。歴史は私たちに教える。およそ決起して支配権を要求する階級は、たいてい勇敢に前進する英雄的精神と遠大な見識という気概を持つ。多かれ少なかれ冒険的、情熱的で、そのため文芸に表れるものはRomantic（ロマン的）である。19世紀のロマン主義がその良い例である。しかしこの階級がすでに支配権をとり、かつ段々と崩壊に向かうようになると、観察的分析的態度がもたらされ、文芸上での表現もRealistic（写実的）である。というのも暴風雨の動的な時代の〈ロマン的〉精神が、後には大げさで浅薄なものとなり、事実上文芸を推進する活力となることができず、観察的・分析的・批評的な写実主義に位置を譲らざるをえなかったためである。社会の組織は日々変化し進歩しているが、いわゆる至善至美の世の中がなお遠い将来にあるために、分析的批評的な写実主義にはなお前途において長期にわたる将来がある。」（第1章「緒論」）

　茅盾は、未来の理想社会がなお遠い将来にあることなので、分析的批評的な写実的精神、写実主義が今後も主流となることを言う。茅盾はこの写実主義に対し、自然主義の作品は世の中に獣性を捜しだし、その態度が消極的悲観的であるとして、両者を区別する。また、自然主義以降の「反自然主義」の各派（象徴主義、神秘主義等）には、ロマン主義の傲慢不遜な勢いはなく、不安な社会の中で彷徨する者の麻酔剤と、逃避の暗い片隅を意味するにすぎなかったとする。

　〈ロマン的精神〉と〈写実的精神〉の分析については、ロマン主義と写実主義よりも広義の意味で使用していると思われる。そしてここには、1920年代の創造社のロマンチィシズムをどのように位置づけるか、自らの主張した写実主義をどのように整理するのか、今後どのような〈写実主義〉を採ることが可能なのか、という問題が念頭にあったと推測される。

　このように見てくると、第1章「緒論」の議論は、中国新文学における約十年間の経過の中でこれまで論争の焦点であった問題について、とりわけ茅盾（文学研究会の成員の一部）と創造社の間での論争点をも含んで、マルクス主義文芸理論の立場に立って一層深い解明を試みたものと思われる。1920年代、茅盾が創造社等との論争を通じてなお解決できなかった点、不十分であった点について、この時点（1929年10月）で改めて、マルクス

主義文芸理論に基づいた理論的追究の結果を提出している。

なお、「緒論」で展開された茅盾の議論は、今日のマルクス主義文芸理論の到達点からすれば、未成熟な部分を多く含むと思われる。しかし、中国新文学界の十年の歴史の中で、現実に存在した具体的理論的問題を、改めて当時の水準におけるマルクス主義文芸理論に基づき分析・整理しようとしたところに、この「緒論」の意義があり、意図がある。それは、当時の中国の現実、文学界の現状を基礎とする、あるべき〈革命文学〉（無産階級革命文学）を追求する議論につながっていくものであると思われる。このように考えると、『西洋文学通論』の第1章「緒論」の内容は、旧社会変革を目指す人生のための文学、国民革命を目指す人生のための文学から、被抑圧階級の人生のための文学へと止揚していく茅盾の文学観の、一つの階梯を表す性格を内包していると言える。他面から言えば茅盾は、被抑圧階級の人生のための文学、中国におけるマルクス主義文芸理論の創造的適用に基づく文学、中国におけるプロレタリア文学（無産階級革命文学）の建設を目指すために、西洋文学の通史の分析を、一つの資料とし考察しようしたと思われる。そのことについて次に述べることにする。

2.『西洋文学通論』を通して

ここでは、『西洋文学通論』の第7章「浪漫主義〔ロマン主義〕」、第8章「自然主義」、第9章「自然主義以后」、第10章「又是写実主義〔ふたたび写実主義〕」、第11章「結論」の概略を紹介し[10]、茅盾がこれらの章を通して述べようとした意図を推測してみる。

① ロマン主義について（第7章「浪漫主義」）

ロマン主義（Romanticism）は古典主義に対する反抗であるとする。それは資産階級の民主主義に呼応して起こった文芸上の運動である。フランス革命後、1830年代において、ロマン主義は自らの確立した形式と傲慢不遜な気概で、全欧州の文壇にぶつかっていった。フランスのロマン主義は、金銭が社会的動力となり、人々の行動を支配することに対抗して、理想主義的姿勢をとった。独創と内容を重視し、情熱的で、色彩が鮮明であった。ロマン主義は後に、自我の表現を重んずることを通して、個性の解放を主張した。1850年代になると、ロマン主義は凋落の時期となる。

茅盾は小説のような筆致を用いて、1830年のフランスのおいて、ユゴー

(1802 − 1885) の戯曲『ヘルナニ』(Hernani) 上演をめぐる事件を、すなわちこの上演によってロマン主義が古典主義に勝利を収める契機となった事件を、詳細に述べる。そこにはユゴーを支持した熱血の青年達がいた。

その中の一人ゴーチエ (1811 − 1872) はロマン主義の中から発展していき、〈芸術至上主義者〉となった。ゴーチエにとって、芸術はそれ自身であり、目的である。人道、情感、近代化、人生、こうした一切は意味がなかった。しかしゴーチエの議論をつき詰めていくと、芸術はそれ自身の軸のまわりを回転するだけで、芸術は空虚で無意義となってしまう。資産階級が政権全体を把握していず、打倒すべき僧侶階級と貴族階級がなお存在するときには、資産階級は〈革命的〉である。文芸上に表現されるものも革命的ロマン主義である。資産階級が支配者となり、しかも足下から敵対者（労働者階級）が生じてくるとき、資産階級は芸術が「娯楽品」となり、絶対美を追究するように要求する。ゴーチエはまさしくこうした意識を表現していたとする。

② 自然主義について（第 8 章「自然主義」）

茅盾は、自然主義の先駆者としての、フロベール (1821 − 1880) の写実主義を紹介する。【創作態度について】ロマン主義者は猛烈な喜怒哀楽の感情をもって、放歌した。フロベールは冷静に観察し、目にする〈真実〉を忠実に、主観的抑揚を加えず、あるがままに描写する。【題材について】ロマン主義者は目を奪われるような題材をとる。しかし後には空想と妄想によって、空虚な〈非平凡〉を作り出した。フロベールの題材は平凡な灰色の人生である。資本主義が発展した社会では、あらゆるものが平凡化し醜悪化する。そうした平凡な醜悪さを描いた。【人生に対する態度について】ロマン主義者は人生を熱愛する。是非曲直を明らかにし、善悪の応報を求めた。フロベールは感情を自制し、主観的好悪を表さない。【描写方法について】ロマン主義は主観的想像を重視した。フロベールは〈実地に観察する〉ことを重んじる。事物を〈分析〉し、事物のそれぞれの〈印象〉を描写する。【作品の技巧について】ロマン主義は、古典主義の形式的美に反対し、精神的美を追求した。雄壮、熱情の奔放を重んじた。しかしこれは誇張や浮薄なものに堕落した。フロベールは、自然な調和した美を重視する。特に用語においては、最適の言葉を求め、推敲を重ねた。

フロベールからさらに進んで、近代の科学的方法を文芸に応用したのが、

ゾラ (Emile Zala、1840 − 1902) である。茅盾は、ゾラの『ルーゴン＝マッカール叢書』全20巻 (全書の結末にあたる1893年の『パスカル博士』も含めて。この叢書の第1巻は1871年に出版された) のすべての作品の梗概を約11頁 (世界書局、1930・8) にわたり紹介している[11]。特にフロベールには見られない特徴を次のように四点あげる。第一に、ゾラはフロベールよりも徹底して、自然科学の精神と方法を用いた。第二に、ゾラには機械論的人生観があった (例えば、『ルーゴン＝マッカール叢書』の人物はすべて、一人の人間の意志では動かすことのできない必然的な、遺伝の束縛・環境の支配を受けている)。第三に、『ルーゴン＝マッカール叢書』のどの巻にも社会問題があった。しかし機械論的人生観のために、いかなる社会問題も自然主義文学の中では解決されなかった。また、第四に、『ルーゴン＝マッカール叢書』の多くは、肉欲的人生の表現であり、精神生活がなかった。そうした人物の心理的生理的方面は、病態的である。

　ゾラは自然主義文学の建立者であり、実行者であった。しかし自然主義の正統な代表と称することはできない。なぜならゾラの作品の中には〈理想的〉人物に近い者も出現している。自然主義の作風ではない作品もある (例えば、『夢』、『作品』)。ゾラはある意味で〈理想家〉であり、社会問題を注視していた。社会改革家を自認し、その小説は〈人生のための芸術〉であった。しかし、自然主義文学の完成者モーパッサン (1850 − 1893) には〈社会改革家〉のような理想はなく、その客観的態度は純粋であり、そのためある意味において〈芸術のための芸術〉に傾いている。その醜悪な描写と消極的思想が自然主義文学の病態を一層明らかにし、そのことにより自然主義反対の運動が起こることになる。

　1880年代、ロシアにチェーホフ (A.P.Tchekhov、1860 − 1904) が現れる。1881年、アレキサンダー二世が刺殺されてから、ロシアは極端な反動の時代に入った。大量の革命党員が処刑され流刑にされて、言論の自由は封殺された。知識人は将来の希望を見いだせなくなり、意気消沈していった。ロシアの知識人は支配階級の頑迷と凶暴に対して戦った。一般の民衆の愚昧無知とも戦った。しかしいずれも失敗する。こうした青年知識人と小資産階級の心理と生活を、チェーホフは描き出した。チェーホフはロシアの自然主義者と言うことができる。チェーホフとモーパッサンは次の点でよく似ている。両者とも、偉大な短篇小説家であり、人生を透徹して観

察し、人生の深い悲観者であった。ただ、モーパッサンは至るところ世の中から獣性を見出して、冷笑した。しかしチェーホフは人類の魂の奥深くまで探り、灰色と堕落の中に精神の光と希望とを探りあてた。チェーホフは悲観主義者として出発し、〈将来を信頼している〉という楽観的な口ぶりで終わった[12]。

③ 自然主義以後について（第9章「自然主義以后」）

自然主義以後において、頽廃派が現れる。自然主義はモーパッサンのとき円熟に達した。同時に自然主義の欠点もすべて現れた。自然主義文学の題材は社会問題であり、そのため〈人生のための芸術〉という傾向がある。しかし病態を指摘しても、その解決法を示さなかった。そこで〈人生のため〉という傾向は、消極的方面で人生を分析することとなり、そこには積極的な主張がなかった。また自らを人生の一員であるとは見なさず、そのことから傍観者的態度がある。忠実に客観的に描かれた人生は、作者とは関係のない冷淡なものとなった。忠実に客観的に描き出された作品も、それ自身の目的（忠実で客観的な描写）を追求する芸術品となり、芸術至上主義者の作品と本質上変わりがない。モーパッサンのもとにおいて、自然主義は一種の芸術至上主義となった。自然主義が隆盛したあと、自然主義は、充実した精神・理想を追求する勇気を人々から失わせた。この世の中に残されたものは、冷酷な現実と、空虚な機械的生活である。

そのため自然主義に対する反動が形成されていく。現実はあまりに平凡であり、刺激を与えなかった。人々は精神的な神秘にあこがれつつ、強烈な肉体の快楽を追求した。これが頽廃派として現れる。頽廃派は冷酷で空虚な機械的生活から逃避しようとする文芸家であった。彼らの意識は、当時の激烈な社会変動と社会階級の頑強な対抗によって引き裂かれていた。頽廃派にはロマン派の溌剌とした精神がなく、酒と肉感を借り一時の陶酔をえて、憂いを忘却しようとしたにすぎない。

1890年を自然主義の没落の時期とするならば、その後の30年間（1890－1920）は、神秘主義、象徴主義、イタリアでの唯美主義、未来主義、ロシアでの未来主義、実感主義、ドイツでの表現主義、フランスでの立体主義、ダダ主義がつぎつぎと起こった時期である。自然主義以降の雑多な主義は、全体としてみると、進化の曲折した道筋に従っている。茅盾は、これらの主義について、詳しく紹介した後、次のように二点を指摘する。第

一に、新しい主義は客観的写実を主張せず、内的な真実の精神を表現できればよいとした。しかしその結果、他人が見ても理解できず、彼らも他人の理解を求めず、芸術は〈幻術〉と化して、社会的意義を失った。第二に、新しい主義は熱情的であり、それ以前の自然主義のように人生を空虚とみなすことはなく、自己を非人生の一部分として冷ややかに観察することはなかった。また幻想を排した。しかし新しい主義は熱情が過度になって狂乱となり、芸術が遊びとなって、社会的意義を失った。

④ふたたび写実主義について（第10章「又是写実主義」）

第10章の「又是写実主義〔ふたたび写実主義〕」において、茅盾は先ずゴーリキー（Gorky, 1868 - 1936）を紹介する。ゴーリキーは、完膚無きまでに攻撃された写実主義を新しい基礎の上に復活させたとする。ゴーリキーの客観的描写は冷酷な、先入観のない客観ではなく、客観的事物の中から彼の主観的信仰の説明を探るものである。自然主義以後の諸「新派」は、客観的描写が結局のところ機械論的人生観へ、失望と頽廃へ、人々を導くだけだと考えた。諸「新派」は、自然主義を矯正しようとして、「写実」の方法を捨て去った。しかしゴーリキーは、次のことを示す。作者の心中に烈火のような感情が燃え立っているとき、写実の方法はかならずしも冷酷で悲観的なものではない。茅盾はここでも、自然主義と写実の方法を、概念として区別する。写実の方法は必ずしも冷酷で悲観的な客観描写に導くものではないとしている[13]。茅盾は次に、フランスのバルビュス（H.Barbusse, 1873 - 1935）の『火綫下〔砲火〕』を取りあげ、ゴーリキーの作品と同じ性質の写実的作品とする（作者が烈火のような感情をもっているとき、写実の方法は必ずしも冷酷で悲観的なものとはかぎらない）。バルビュスの作品は写実的であるが、しかしその人物は脆弱ではなく、また矛盾していない。人物の行動の背後には、神秘的〈運命〉もなく、機械論的〈環境〉や〈遺伝〉もなく、力と精神に充ちている[14]。

そして最後に茅盾は、1921年新経済政策（ネップ）実施以後のソビエト連邦の散文の復興をとりあげる。〈同伴者〉作家、エレンブルク（Erenburg, 1891 - 1967）等をとりあげた後、ソ連では、大規模に人生を描写し、大河の滔々と流れる勢いで、変動する人生を描写することが（かつてのゴーゴリ、トルストイ、ツルゲーネフのように）、文壇の中心となった。「心理描写」が出現し、「問題小説」が復活した。グラトコフ（Gladkov, 1883 - 1958）

の『セメント』は、新しい秩序と新しい人間を表現しようとする。その最大の欠点は、表面的な写実主義のみがあって、内面的な写実主義がない点にある。すなわち環境の変化にともなう、人物の性格の有機的展開が作者によって把握され表現されていない。しかし『セメント』は大衆の注意を巨大な根本的問題に導き、深い真実の人生に導いた。グラトコフの〈大風格〉の描写は写実主義のものである。この写実主義はたんに現実を描写することで満足することなく、〈現実〉に付いてさらに一歩前進し、未来を〈予言〉しつつあるものと言える。この写実主義はもちろん個人と社会の衝突を描写するものではなく、〈集団〉がいかに〈新しい人間〉を創造したか、また新しい社会を創造したか、を描写しようとする。この写実主義の人物はもちろん個人主義的英雄ではなく、組織的に規律に従う勇敢な新しい英雄である[15]。

このような写実的人物は『セメント』ではまだ十分に成育成長していないけれども、ファジェーエフ（Fadeev、1901 － 1956）の「毀滅〔壊滅〕」、リベジンスキー（Libedinsky、1898 － 1959）の「一週間」、「委員長」等では出現している。楽観が、将来に対する確信が、彼ら二人の作品の基礎である。しかしなお完全無欠の域にまで到達していない。また心理描写が、ときには些細な事柄とか、感傷の側面に陥っている、とする。

「ファジェーエフとリベジンスキーの作品にもいくつかの社会問題が含まれている。新しい社会の男女関係、道徳問題、教育問題等々。彼らももちろん〈予言〉するだけではなく、現実におけるさまざまの真の姿を批評し分析する。ただ以前の写実小説は問題を提出したが、しかし解決するための意見をつけなかった（これは、彼らの彷徨し困惑する心情と拠りどころのない思想が、問題を解決するための意見を持ちえなくさせたからである）。現にファジェーエフの問題小説は解決を提示している——たとえただちに解決できる意見ではないとしても。以前の写実主義小説は現実を批評し分析して、その結果いつも人に暗澹たる人生の絵図を与えた。現在ファジェーエフ達はあからさまな非難の中を通して、未来への確信と光明を明示している。また〈人間〉に対する見解も根本的に異なる。以前の写実主義者は人間が宇宙の中の哀れな動物にすぎず、自然律に支配されて自由ではありえないと考えた。現在の〈写実〉的小説は、〈人間〉が〈地上の神〉である、人間が自然を利用し、環境を改善することができ、人間が新しい

世界を創造するであろうことを表現している。」(第10章「又是写実主義」)

これは、かつての写実主義が止揚された、新しい写実主義の内容を示すものと言える。茅盾はゆえに「新しい写実主義〔原文　新写実主義〕」(同上)と言う。

ソ連邦の新しい写実主義はかつての写実主義とどのように違うのかについて、茅盾の見解を以下三点にまとめておく。

a、新しい写実主義は現実の姿を批評し分析するだけではなく、作家が現実に付きしたがってさらに一歩前進し、未来を指し示す。新しい写実主義は、暗澹とした人生の絵図を与えるだけではなく、それを通して未来への確信と光明を明示する。〔作家の未来への確信の明示〕

b、以前の写実主義小説は問題を提出するのみで、解決のための見解はなかった。新しい写実主義の問題小説は、解決のための見解を提示する(それがただちに解決できる見解ではないとしても)。〔問題解決についての作家の展望の提示〕

c、以前の写実主義は人間を哀れな動物とし、自然律に支配されて自由ではありえない存在とした。新しい写実主義は人間を〈地上の神〉であるとし、自然を利用して環境を改善することができ、新しい世界を創造する存在であると考える。〔作家の新しい人間観〕

⑤ 結論について (第11章「結論」)

茅盾は、西洋文学の進展の全体から見ると、三本の大きな道筋を帰納することができるとする。

a、天上から、人の世の中へ。

b、規則・基準の束縛から、個人の自由な表現へ。

c、娯楽から、教訓へ、意識を組織することへ。

茅盾は、最近の文芸の中では、この三点が意識的に追求される目標である、と考えている。このことに関連して、文芸は社会の現実を表現しなければならない、すなわち文芸は鏡でなければならない。しかしそればかりでなく、斧でなければならない。単に反映に限られず、創造するものでなければならないとする。

また、新しい写実主義について次のように言う。

「写実主義への回帰は、全世界において普遍的状態となっている。」(第11章「結論」)

「将来の世界の文壇の大半は、かつて受難したことのある、新しい姿の、写実主義によって大いに発揚されるであろう。」(同上)

茅盾は、将来の世界の文壇の多くが、新しい写実主義によって輝かしい成果をあげるであろうと予測する。すなわちこの『西洋文学通論』を通して、西洋文学の現在と将来にわたる創作方法として、新しい写実主義が顕彰されていると言える[16]。

では、『西洋文学通論』を茅盾が書いた目的は、何だったのだろうか。おそらく茅盾にとって、『西洋文学通論』を書くことは、1927年7月国民革命挫折後における、自らの文学活動の方向そして創作方法の方向を、マルクス主義文芸理論の立場から改めて見定めるための作業の一環であったと思われる。第一に、1920年代創造社との論争の中で出現した課題を、マルクス主義文芸理論に基づきさらに深い解明を進めた。また第二に、西洋文学の中の〈新しい写実主義〉の意義を明らかにする作業がなされた。ゴーリキーにしろバルビュスにしろ、グラトコフ、ファジェーエフ、リベジンスキー等にしろ、かつての写実主義を止揚した〈新しい写実主義〉の内容を持つものであった[17]。そしてこれは、中国の1929年当時の現実社会において、〈新しい写実主義〉が可能であるかどうか、可能であるとすれば、どのような〈新しい写実主義〉が可能かを茅盾が考えるにあたって、参考とすべきものであった。

すなわち茅盾はここで、1920年代創造社との論争の中で出現した課題を、マルクス主義文芸理論の立場からさらに深く解明し総括した。それと同時に被抑圧階級の人生のための文学を中心軸とし、創作方法としては新しい写実主義を標榜するための一般理論を、マルクス主義文芸理論の立場からする西洋文学史の検討を通して、理論として確認していると思われる[18]。中国におけるその具体的な可能性は、すなわちマルクス主義文学理論の創造的適用の可能性は、言い換えると中国のプロレタリア文学(無産階級革命文学)の樹立は、茅盾がその後まさしく追求すべき課題であったと思われる。

注
1) 小論は、これまで継続して書いてきた拙論の、「茅盾(沈雁冰)と『牯嶺から

東京へ』に関するノート（六）——革命文学論争覚え書（13）」に相当する。また、「茅盾（沈雁冰）と『牯嶺から東京へ』に関するノート」全体の中の、第Ⅴ章「革命文学論争」の第三節「『西洋文学通論』について」に当たる。以下に、拙論全体の構成を掲げ、読んで下さる方の便宜に供することにする。

Ⅰ、はじめに
Ⅱ、自然主義の提唱へ（以上、名古屋大学『言語文化論集』第21巻第2号）
Ⅲ、小説をめぐる問題について（以上、同第22巻第2号）
Ⅳ、マルクス主義文芸理論の受容
　一、新ロマン主義の再浮上
　二、新ロマン主義の理想（「非戦」）・思想（「民衆芸術」）の否定（以上、同第23巻第2号）
　三、三篇の文章（以上、同第24巻第2号）
Ⅴ、革命文学論争
　一、「王魯彦論」「魯迅論」について
　二、「従牯嶺到東京」と「読『倪煥之』」について（以上、同第25巻第1号）
　三、『西洋文学通論』について
Ⅵ、三十年代前半（1930年－33年）の批評論（以下予定）
Ⅶ、終わりに

2) 「茅盾（沈雁冰）と『牯嶺から東京へ』に関するノート（一）」（『言語文化論集』第21巻第2号、名古屋大学言語文化部・国際言語文化研究科、2000・3）の注3、「茅盾（沈雁冰）と『牯嶺から東京へ』に関するノート（二）」（『言語文化論集』第22巻第2号、名古屋大学言語文化部・国際言語文化研究科、2001・3）の注34、「茅盾（沈雁冰）と『牯嶺から東京へ』に関するノート（三）」（『言語文化論集』第23巻第2号、名古屋大学言語文化部・国際言語文化研究科、2002・3）の注57、「茅盾（沈雁冰）と『牯嶺から東京へ』に関するノート（四）」（『言語文化論集』第24巻第2号、名古屋大学言語文化部・国際言語文化研究科、2003・3）の注78、「茅盾（沈雁冰）と『牯嶺から東京へ』に関するノート（五）」（『言語文化論集』第25巻第1号、名古屋大学言語文化部・国際言語文化研究科、2003・11）の注100であげた文献以外の、その後目を通した資料を次に掲げる。

〔日本〕
　1.「左連前期における文芸大衆化の問題」（丸尾常喜、『東洋文化』第52号、1972・3）
　2.「『腐蝕』論」（丸尾常喜、『北海道大学文学部紀要』第21巻第1号、1973・2）
　3.「茅盾研究の新しい展望——思想・伝統・文化心理の模索と再評価

──」(桑島由美子、筑波大学『言語文化論集』第37号、1993・3・25)
4.「中国近代文学運動の揺籃と政治社会──五四期茅盾についての一考察──」(桑島由美子、筑波大学『言語文化論集』第39号、1994・9・25)
5.「瞿秋白言語理論小考──コミュニケーション論の視角から」(鈴木将久、『中国──社会と文化』第11号、中国社会文化学会、1996・6)

〔中国〕
1.「吸収外来文化的一個思想綱要──読『西洋文学通論』后的思考」(李岫、『茅盾研究』第5輯、文化芸術出版社、1991・3)

3) 使用した底本は、『西洋文学通論』(世界書局、1930・8、全324頁、上海図書館所蔵本の複印)である(この複印は、名古屋大学大学院国際言語文化研究科博士課程後期課程在学中の高箭氏の手を煩わし、入手したものです。ここに記して高箭氏に感謝の意を表します)。また、『茅盾全集 外国文論一集』第29巻(人民文学出版社、2001)所収の「西洋文学通論」も参照した。

4) 「亡命生活」(『我走過的道路』中冊、人民文学出版社、1984・5)に、1929年の「10月10日、『西洋文学通論』を書き終えた。」とある。
　なお、茅盾はこの書物の内容について、次のように言う。
　「大胆にも西洋文学の源流変遷等々を論述した。」(「我的回顧」、1932・12、『茅盾自選集』、上海天馬書店、1933・4、底本は、『茅盾全集』第19巻、人民文学出版社、1991)

5) 『西洋文学通論』(世界書局、1930・8)を検討した専論は、私の狭い見聞によれば、ないと思われる。『茅盾評伝』(邵伯周、四川文芸出版社、1987・1)の第7章「"停下来思索"」第30節「学術研究的豊碩成果」では、1頁余(164頁－165頁)にわたり内容を紹介する。『茅盾評伝』(丁尓綱、重慶出版社、1998・10)の第5章「東渡日本(1928－1930)」第2節「参与"革命文学"論争、埋頭学術研究」の三で、8頁余(226頁－234頁)にわたり内容の紹介と評価を行っている。

6) また、ここにはプレハーノフの所論も背景にある可能性がある。「芸術と社会生活」(プレハーノフ、『芸術と社会生活』、蔵原惟人等訳、岩波書店、1965・6第1刷。また、『芸術与社会生活』〈蒲力汗諾夫原著、馮雪峰訳、水沫書店、1929・8初版、底本は1930・3再版。この中国語訳本は、2003年9月、名古屋大学国際言語文化研究科後期課程在学中の陳玲玲氏の骨折りにより、北京図書館所蔵本の複印を手に入れることができたものです。ここに記して、陳玲玲氏に感謝申し上げます。〉)は次のように指摘する。
　「芸術家および芸術的創造につよい関心を持つ人びとの、芸術のための芸術への傾向は彼らを取りまく社会的環境と彼らとのあいだの、絶望的不調和の地盤の上に発生する。
　これですべてではない。理性が近く勝利することを固く信じていた我が国の

『六十年代人』の例、それと同じ信念を彼らに劣らず固く持ち続けていたダヴィッドとその友人たちの例は、いわゆる功利的芸術観、つまり芸術作品に生活現象にたいする判決の意義を与えようとする傾向と、つねにそれにともなってきた社会的闘争によろこんで参加しようとする用意とが、社会のいちじるしい部分と多少とも積極的に芸術的創造に関心をもつものとのあいだに相互的な共感があるところに発生し、そこで強められることを示している。」(傍点は省略、また、『芸術与社会生活』〈前掲、36頁－37頁〉)

プレハーノフは、いわゆる「人生派」と「唯美派」がどのような社会的条件にあるかによって、また彼らと社会的環境がどのような関係においてあるかによって、それぞれの傾向が強められることを言う。

茅盾は、1920年代前半創造社には〈芸術のための芸術〉への傾向があったと判断していた。また創造社成員は、1926年以来の国民革命の高揚の情況によって、国民革命を支持し、ひいては無産階級革命文学の追求へと進んだ。このことについて、茅盾は、プレハーノフの指摘するような、創造社と中国の社会背景との関係があってのことと理解していたと思われる。そこに、創造社に対する茅盾の内在的批判(超然説に対する批判)を可能にする一つの根拠があると思われる。後に1931年、茅盾は、「関于〈創作〉」(『北斗』創刊号、1931・9・21、底本は、『茅盾全集』第19巻、前掲)で創造社を取りあげ次のように言う。

「まさしく19世紀のフランスのゴーチェ等がその属する階級を憎んだけれども、依然として資産階級の作家であったのと同様である。しかも創造社がそのとき〈芸術のための芸術〉と唯美主義を提唱したのも、ゴーチェ等と同様に、自身と社会生活の不調和であることを感じたときの逃避であった。ただこのように創造社が〈芸術のための芸術〉を提唱した理由を理解してこそ、その後1927年大革命の時代において、創造社が再び方向転換をしたことを理解することができる。」(第2章)

これは茅盾が、プレハーノフの「芸術と社会生活」に基づいて創造社の転換を解明するものであると思われる。

また1932年に茅盾は、「徐志摩論」(1932・12・25、『現代』第2巻第4期、1933・2・1、底本は、『茅盾全集』第19巻、前掲)で次のように言う。

「技巧の完成へ向けての研究は、決して詩情に影響して枯渇するものではない。(中略)しかし他面から見ると、詩人は社会生活と不調和であるとき、しばしば芸術至上主義という〈宝島〉に逃げ入る。」(第4章)

徐志摩の詩情の枯渇が、技巧の完成への研鑽をしたためではないとする。徐志摩は、社会生活と不調和であったがために、芸術至上主義という〈宝島〉へ逃げこんだ。しかしそこに安住できず、そこに彷徨したとする。

7) 「印象与表現」(『郭沫若佚文集』上冊〈王錦厚等編、四川大学出版社、1988・

11）所収、原載『時事新報』副刊『芸術』第33期、1923・12・30）で次のように言う。

「『真実を求める』ことは芸術家にとって元もと必要なことです。しかし芸術家の求真は、自然に忠実な点において追求することはできません。自我に忠実な点においてのみ追求することができます。芸術の精神は決して自然を模倣することではなく、芸術の要求も決してたかだか自然との外形の相似を求めることにはありません。芸術は自我の表現です。芸術家の内在的衝動のこれ以外にはありえない表現です。自然と芸術家の関係は材木店と大工の関係のようなものにすぎません。自然は芸術家にさまざまな素材を提供するだけですが、このさまざまの素材を新しい生命に融合し、完全な新世界に融合させるのは、それはやはり芸術家の高貴な自我なのです。」

また『創造十年』（1932、底本は、『沫若自伝　第二巻　学生時代』〈生活・読書・新知三聯書店、1978・11〉）で次のように言う。

「創造社の人は自我を表現しようとし、内在する衝動にもとづいて創作に従事しようとした。」

なお、1928年当時において、自我の表現を標榜する文学者もいた。例えば曽虚白は、茅盾の「従牯嶺到東京」に関して次のように言う。

「茅盾は小資産階級の文学に力を注ごうと考えている。私は極めて賛成だ。なぜなら私は茅盾がこの階級の人であることを知っているから。茅盾は、現代の作家が小資産階級の文芸に力を入れなければならないと主張する。これにも私は極めて賛成だ。なぜなら彼らがこの階級の人でないことは稀だと知っているから。」（「文芸的新路──読了茅盾的《従牯嶺到東京》之后」、1928・11・4、『真美善』第3巻第2期、1928・12・16、底本は、『茅盾評伝』〈伏志英編、現代書局、1931・12、香港南島出版社、1968・9、影印〉）

「どの派の文学であれ、すべて〈自我〉の表現である。いわゆる客観と主観は、〈自我〉の色あいの明暗暗澹における区別であるとだけ言いうる。〈自我〉は思想の主体であり、すなわち作品の源泉である。世界と、〈自我〉以外のすべては、〈自我〉が構成する思想の形態によってのみ、すべての作家の作品中に表される。そして、高尚な文学作品がほかの読み物を越えて、無上の喜びを人類に与えることのできる秘密は、それがあらゆる味気ない現実を妙なる精神の中で精錬を加えたのち、特別な光芒を放たせうることにある。そのため〈自我〉を放擲すれば、文芸はその存在を失う。」（同上）

曽虚白は、小資産階級としての自らの階級の〈自我〉を、作品の源泉とし、そこに固執する。

8）「芸術の革命と革命の芸術」（青野季吉、1923・3、『壁下訳叢』所収）は、次のように論じた。

「芸術は、言うまでもなく、個人の所産である。個人の性情や直接の経験が、

そこに個人の数だけの色彩を造り出すことは、勿論である。プロレタリヤの芸術と言っても、芸術家各人の先験後験の準備によって、そこの幾多のバライティの生ず可きは勿論である。特にプロレタリヤの芸術運動は、一イズムの運動でなく、一階級としての運動であるから、猶更そうである。」(「芸術の革命と革命の芸術」)

どのような文学も、プロレタリア文学も、作家の個性（自我）と経験に基づいて作品が作り出される。すなわち作品は作家の自我を通して表現されるとする。

「個人の心境の描写もとより可なりである。個人の経験、個人の印象もとより結構である。いな、すべての認識と、すべての考察とがそこから出発するものであることは、説明するまでもなく明らかなことである。しかしそこにとどまって居り、そこに耽っていたのでは、ただの個人の印象であり、個人の心境であるというに過ぎない。そこに何ほどの価値があろう。個人の印象から出発し、個人の心境を拡大して始めて、他に訴える力が生ずるのである。」(「現代文学の十大欠陥」、青野季吉、1926・5、『壁下訳叢』所収)

そこに止まっていては、個人の印象・個人の心境であり、そこから拡大し、社会への関わりの広がりがあってこそ、他に訴える力が生ずるとする。この点については、拙論「魯迅と『壁下訳叢』の一側面」(『大分大学経済論集』第33巻第4号、1981・12)で触れたことがある。

9) ここでの〈写実的精神〉と〈ロマン的精神〉は、広義の意味で使用していると思われる。茅盾は、「創作与題材」(『中学生』第32期、1933・2・1、底本は『茅盾全集』第19巻、前掲)で次のように言う。

「〈五四〉の新文学運動は古典主義の『いじり回した不自然さ』等に反対するために、写実主義のスローガンを提起した。写実主義は文学史上、元もとやや漠然とした名詞である。時にはロマン主義と対称され、時には理想主義と対称される。ロマン主義と対称される写実主義とは、自然主義および自然主義の前駆的作家の作風を広く指す。理想主義と対称される写実主義はそれとは異なる。これは作風を指して言うものではなく、作風よりさらに広範な、基本的文芸創作の精神を指す。」

ここでは、基本的文芸創作の精神を指していると思われる。

10) その他の章は、「第2章　神話和伝説」、「第3章　希臘和羅馬」、「第4章　中古的騎士文学」、「第5章　文芸復興」、「第6章　古典主義」である。第2章から第6章まで、直接には小論と関係が薄いと思われるので、ここでは言及しない。

11) 「『子夜』写作的前前后后」(『我走過的道路』中冊、人民文学出版社、1984・5)で茅盾は、『子夜』を書いた当時の1931年頃、『ルーゴン・マッカール叢書』全20巻の読書情況について、次のように言う。

「私はゾラが好きであったけれども、『ルーゴン・マッカール家の人々』全20巻を読了していなかった。その当時ただ5、6巻を読んだことがあるだけであった。その中に『金銭』〔第18巻──中井注〕は含まれていない。」

12) 茅盾は、「螞蟻爬石像」（『上海法学院季刊』創刊号、1933・12、底本は、『茅盾全集』第19巻、前掲、題名も『茅盾全集』第19巻による）で次のように言う。

「悲観的大作家にはチェーホフもいる。脚本『三姉妹』や『ワーニャ叔父さん』も〈灰色の人生〉の描写である。チェーホフは女主人公マーシャの口を借りて叫ぶ、『彼らは行ってしまった。永遠に戻らない。私たちは最初からもう一度人間にならなければね。』モーパッサンと少し違って、チェーホフは人生の将来を信頼していた。ただ彼はこの〈希望〉を遙かな将来に置いていた。」

チェーホフに対する見方はこの時点、1933年でも、変化がない。

13) 「『茅盾選集』自序」（『茅盾選集』、開明書店、1952・4、底本は、『茅盾全集』第24巻、人民文学出版社、1996）で、茅盾は次のように言う。

「1925年から1927年の間、私が接触したさまざまな分野の生活の中で、肯定的な積極的人物の典型がいなかっただろうか。当然そうではない。しかし執筆するときの悲観失望の心情が彼らの存在とその必然的発展をなおざりにさせた。作家の思想心情は生活の経験の中からどのような題材と人物を選択するかについて、しばしば決定的なものをもつ。この道理を、最初私は認めなかった。はっと気づいて猛省し、深く昨日の非を悔いたのは、すでに『追求』を発表して1年余り後だった。」

また、「亡命生活」（『我走過的道路』中冊、人民文学出版社、1984・5）で、茅盾は長篇小説「虹」（『小説月報』第20第6、7号、1929・6・10、7・10）について次のように言う。

「客観的現実が作家の頭脳に反映し、作家によってそれを形象化したものが、文学作品である。作家は客観を努めて追求するけれども、その思想心情は作品の人物に烙印を留めざるを得ない。梅女士の思想心情の複雑さと矛盾したところは、私が『虹』を書いた当時の思想心情であると言わざるをえない。当時私はこの種の思想心情が有害であることを知っていたが、しかしなおこれを一掃して、純化することができなかった。だから『虹』はたんなる橋である。思想心情の純化（これは当時の白色テロのもとで使用した隠語である）とは、思想心情の無産階級化を指し、また小資産階級知識人の思想改造のことである。これは長期のもので、老いるまで学び、老いるまで改造するものである。」

作家の思想心情は、作品の人物に烙印を留めざるをえないとする。

14) 新しい写実主義に対するこの考え方は、1931年にも引き継がれている。傍観者の態度ではいけないと言う。茅盾は、「創作不振之原因及其出路」（『北斗』第2巻第1期、1932・1・20、底本は、『茅盾全集』第19巻、前掲）で次のように言う。

「青年作家の当面の主要な問題は、いかに古くからあるブルジョア・小ブルジョア意識を克服し、新社会を創造するプロレタリアの意識を受け容れるかである。必ずやこのことによって、彼らは周囲の人生から偉大な時代的意義のある題材を選びとることができ、その作品は生命と活力を持つことができる。時代は私たちに豊富な題材を提供している。農村の方面、都市の方面、反帝国主義運動、学生運動であれ、青年作家は若干の自らの体験を持っている。

ついでに一言付け加えると、傍観者の態度でこうした経験を表現することもだめである。」

15) ここで「個人主義的英雄〔原文　個人主義的英雄〕」(第10章「又是写実主義」)と言うのは、ロマン・ロランのジャン・クリストフのような人物を指すと思われる。『西洋文学通論』(世界書局、1930・8)全編の中で、ロマン・ロランに言及しているのは、バルビュスに対比された次の部分だけである。

「フランス文壇の病態的冷酷な、世の中を愚弄する風潮の包囲の中において、社会的力の衝突を描写する彼〔バルビュスを指す——中井注〕の作品は、驚くべき彩りを放っている。現実を逃避する神秘的な色彩(例えばドイツの表現派の作品のような)やら、精神的勝利を称賛する東洋的傾向(ロマン・ロランとフランスの他の作者)は、バルビュスの作品には無いものである。」(第10章「又是写実主義」)

16) この頃さまざまの形で茅盾は、ソ連邦の無産階級文学、あるいは〈新しい写実主義〉に触れている。「二十年来的波蘭文学」(『小説月報』第20巻第7号、1929・7・10、底本は、『茅盾全集』第33巻、人民文学出版社、2001)では、次のように言う。

「新しい写実主義の無産文学は、ポーランドでは具体的現れを見出すことができない。」

「『現代文芸雑論』序」(1928・11・3、『現代文芸雑論』、世界書局、1929・5、底本は、『茅盾全集』第33巻、前掲)では、次のように言う。

「現代文学の中で、さらに欧州大戦が各民族に与えた影響という面に注意すると、現代世界文学には大変重要な一部がある。すなわちソビエト・ロシアの新文学である。ここではこれを欠如させている。それも、ソビエト・ロシアの無産階級文芸にはすでに専門に紹介する本があるからにほかならない。」

17) 茅盾は、『創作的準備』(上海生活書店、1936・11、底本は、『茅盾全集』第21巻、1991)の「一　学習与摹仿」で次のように言う。

「ゴーリキーは彼の文学の事業を始める以前、たくさんのロマン主義の名著を読んだ。例えばユゴー(V. Hugo)、大デュマ(Dumas Lepere)、プーシキン(Pushkin)である。しかしゴーリキーの第一作の創作は新しいリアリズム〔原文　新的現実主義〕であった。」

ここでは、新しい写実主義〔原文　新的写実主義〕が、新しいリアリズム

〔原文　新的現実主義〕に改められている。
18) 丁尓綱氏は『茅盾評伝』(重慶出版社、1998・10) で次のように指摘する。
　　「茅盾のこの著作の出版は、人々の頭脳を明晰にし、世界文学思潮史の全体的構造からそれぞれの細部の位置と価値を見うるようにするものである。このことによりソ連社会主義文学の価値を示し、また中国がソ連文学を参考として無産階級革命文学を唱導する意義を提示している。」(『茅盾評伝』、重慶出版社、1998・10、第5章「東渡日本〈1928－1930〉」第2節「参与"革命文学"論争、埋頭学術研究"」の三)

日本統治期台湾文学

―台湾の「大衆文学」について―

中島　利郎

1. 前衛出版社刊行「台湾大衆文学系列」について

　台湾の近代文学は、一般的には一九二〇年代に成立したといわれている。その嚆矢となったのは、一九二二年七月に雑誌『台湾』に発表された追風（謝春木）の日本語小説「彼女は何処に？」であり[1]、その後『台湾』の後継誌である『台湾民報』誌（紙）上に台湾人作家の作品が陸続と掲載され、その殆どが中国語の作品であった。三三年三月には留日台湾人学生が東京で台湾芸術研究会を組織し、機関誌『フオルモサ』を発刊した。純文芸誌の登場である。また、同年一〇月には台湾文芸協会が結成され『先発部隊』及び『第一線』を発刊。そして三四年には台湾全島の文芸家を統合した台湾文芸聯盟が成立し、機関誌『台湾文芸』が一六号まで出た。また、聯盟とは意見を異にした楊逵が三五年に新たに『台湾新文学』を創刊し、且つ日本文壇への進出もあって、台湾人作家の文芸活動は頂点を迎えた。

　『フオルモサ』創刊以降は、日本人作家による日本語作品も次第に増えてきたが、主要な作家は台湾人であった。つまり一九二〇年代から三〇年代は中国語が文学用語として使われ、三〇年台後半から日本語の作品が次第に多くなったが、その中核は台湾人作家の文学創作であった。三七年、日中開戦前後には一時台湾の文芸界は低迷期を迎えるが、四〇年、所謂皇民化期になると次第に日本人作家が台頭し、また台湾人作家達も日本語で作品を発表することが多くなる。この期の代表的作家には日本人では西川満・濱田隼雄・新垣宏一等がおり、台湾人では呂赫若・張文環・龍瑛宗等がいた。

　以上のような流れが、台湾文学史おける日本統治期台湾文学界の一般的な概要である。そしてこのような文学の史的流れを「正統」な「純文学」として認め、それを中心に台湾文学研究も進展してきた。しかし、このよう

な「正統」の文学史の裏に隠れたもう一方の文学も存在した。それが「台湾大衆文学」の流れである。

　従来ほとんど注目されていなかったこの分野に、最初に視点を据えたのは下村作次郎と黄英哲であり、両氏の編集によって一九九八年八月に台湾・前衛出版社から台湾人作家の作品を集成した「台湾大衆文学系列」（以下「系列」と略称）第一輯全一〇巻が刊行されたことは、まさに日本統治期の「台湾文学史の空白」を埋める慶賀すべき出来事といえよう。その内容は以下の通りである。

〈各巻の（　）内は原作初版の刊行年月〉。
第一巻、阿Q之弟『可愛的仇人（上）』（一九三六年二月台湾新民報社）
第二巻、阿Q之弟『可愛的仇人（下）』（同前）
第三巻、阿Q之弟『霊肉之道（上）』（一九三七年六月台湾新民報社）
第四巻、阿Q之弟『霊肉之道（下）』（同前）
第五巻、呉漫沙『韮菜花』（一九三九年三月台湾新民報社）
第六巻、呉漫沙『黎明之歌』（一九四二年七月南方雑誌社）
第七巻、呉漫沙『大地之春』（一九四二年九月南方雑誌社）
第八巻、林輝焜著・邱振瑞訳『命運難違（上）』（一九三三年四月林輝焜自費出版）
第九巻、林輝焜著・邱振瑞訳『命運難違（下）』（同前）
〈以上二巻は原文は日本語、原題は「争へぬ運命」〉
第一〇巻、建勲『京夜』（一九二七年一二月中央書局）
　　　　　林萬生『運命』一九四一年一〇月捷発書局

　以上に挙げた作品や作家達は、従来「正統」な「純文学」としては認められず、台湾文学史や台湾文学運動史上でほとんど言及されることはなく、また近年に至るまで研究の対象にもならなかったのである。故に、この「系列」の刊行は、台湾文学研究の新たな路を切り開く第一歩になったといっても過言ではないだろう。

　さて、この「系列」の書前には編者両氏の共同執筆になる「台湾大衆文学緒論」が附されている。この一文は、後に大幅に書き換えられて『中国文化研究』第一六号（一九九九年二月、天理大学国際文化学部中国学科研

究室)に「戦前台湾大衆文学初探 ── 台湾文学史の空白 ── 」として再発表された。その中で両氏は、「台湾大衆文学」を次のように規定している。

「〜ここでいう台湾大衆文学とは、日本近代文学のジャンルで使用される文芸用語としての大衆文学を指している。すなわち、「大衆文学とは、一般的にはいわゆる『純文学』に対立する通俗文学のことで、多数読者の興味を主眼としてその要求に答えるための娯楽読物」(『文学用語の基礎知識』至文堂一九八二年五月)、あるいは「大衆の興味や理解力に重点のおかれた通俗的な文学・剣戟小説・家庭小説・風俗小説・ユーモア小説、及びこれに類する戯曲など、純文学的作品と対立するものをいう」(新村出『広辞苑』岩波書店、一九六七年二月第一版第二三刷)とあるが、台湾でも戦前にこのような大衆文学が存在した。」

以上から分かるように両氏がここで使用した「大衆文学」とは、「日本近代文学のジャンルで使用される文芸用語」であって、それは「通俗文学」あるいは「通俗的文学」との意味であるということだ。つまり、大正期の日本で成立した「大衆文学」という用語を、以上に掲げた作品に当てはめたということである。しかし、厳密にいうならば、「大衆文学」と「通俗文学」では、その意味する内容は些か異なると思うし、また果たして日本的な意味での「大衆文学」が、日本統治期の台湾に存在したのかという疑問もわく。なぜならば、日本において「大衆文学」を支えたのは、直木三十五の言葉を借りれば「文学的大衆」の存在があったからであり、該期の台湾には「文学的大衆」が存在しなかったのではないかと考えるからである。以下、台湾に「大衆文学」が成立したのかという点について、考えてみたい。

2. 日本統治期台湾における「大衆文学」

では、日本統治期の台湾において台湾にいた文学者たちは、「大衆文学」あるいは「大衆文芸」についてどのような認識をもっていたのだろうか。文学の大衆化については、三〇年代に始まる郷土文学論争の中でもしばしば言及されているし、葉栄鐘や楊逵等も論じている[2]。また、皇民化期にもそのような考えがなかったわけではない。しかし、台湾において「大衆文学」について真っ向から論じたものは、管見のかぎりでは昭和四年一二月

一日発行の『台湾教育』第三二九号所載の矢野峰人「大衆文芸の意義」及び昭和一一年五月一日・六月一日発行『台湾時報』第一九八・一九九号連載の劉捷「台湾文学の史的考察」が、それについての専論ではないかと思う。ただ、前者は昭和四年に発表されたことから分かるように、日本内地で定着した「大衆文芸＝大衆文学」を「高級文芸＝純文学」と比較検討し、矢野峰人の観点から「大衆文芸」とは何かを解説したもので、ここでは台湾における「大衆文学」には全く言及されていない。昭和四年といえば、台湾文学はまだ草創期で、また文学用語に関する郷土文学論争以前でもあり、当時の台湾にはまだ「大衆文芸＝大衆文学」に該当する作品もなく、矢野が言及したくてもその術がなかったと思われる。それでは、後者の劉捷はどうであろうか。劉捷の該文は広い意味での台湾文学 ── 小説・演劇・講古（講談の類）及び民間文学 ── 民間故事・歌謡・唱本を取り上げたものである。「大衆文学」については、巻頭の小見出しに「本島人の大衆文学」とあって、台湾人読者の読む「大衆文学」に「史的考察」を加えて論じられている。その中で劉捷は、「大衆文学」について以下のように述べている。

「大衆文学の規定は目下中央文壇に於ても各人によりその説が区々として統一がない。所詮大衆文学と純文学や通俗文学との区別ははつきりと一定の境界線を以て分けられる性質のものではなく、これを対立的にみるよりも、相互的に理解しなければ、その本質は掴めないのである。〜中央文壇に於て現在指摘されてゐる純文学と大衆文学の相異る点は、時代精神の有無、反逆性の濃淡等によつて、これらを具備してゐるのが純文学或は純粋小説なりと呼ばれて居り、然らざるもの－単なる流行・追従・興味小説又は詩歌を称して大衆作品と称してゐる様であるが、これは内容の問題ばかりでなく、形式の上からも区別出来るのである。本島の大衆文学として、こゝに取上げようとした色々な作品も、かゝる観点に基いて分類したものである。」

この一節から、劉捷のいう「大衆文学」とは、中央文壇 ── つまり内地の文壇でいう「大衆文学」と同義で使用していることが分かる。また、「大衆文学」と「純文学」は分離できる性格のものでないと述べるが、しかしその一方で、その相違は「時代精神の有無、反逆性の濃淡等」「の問題ばか

りではなく、形式の上からも区別できる」とも言う。そして、上記の一節に続いて、次のように述べている。

「〜台湾に於ても新文学は一部新進のインテリーに限られ、大多数は大衆文学によつてその渇を醫(いや)されてゐる。その社会的影響の大きいことは否定できないのだ。台湾では漢文を読むものゝ大多数がこの大衆文学の愛読者であり、従つてその旧勢力は相当大きいものがある。又その下には之に幾倍する文盲大衆が居て、彼等は大衆小説の一翼をなしてゐる講古や各種演劇によつて、直接間接大衆文学を支持してゐる。」

では、大多数が渇を醫されている「大衆文学」にはどのような作品があるのだろうか。いま「小説」に限って言えば、劉捷は「現在本島人の大衆によく読まれてゐる」小説として「三国演義」「隋唐演義」「西遊記」「包公案」「三侠五義」「水滸伝」「紅楼夢」「西廂記」「儒林外史」「聊齋志異」等を挙げている。つまり、劉捷の考えでは、「今日の台湾の大衆文学は支那伝来のものであり、大衆小説は支那小説のそれと同一淵源又はそれに繋がつて」おり、そのすべてが中国伝来の白話小説（一部文言も含む）ということになる。

「大衆文学」は、「純文学」に比して内容的には「時代精神の有無、反逆性の濃淡等」——つまり「大衆文学」は時代精神が無く且つ反逆性が淡いということで「純文学」と区別される面はあるが、先に劉捷も述べるように両者は「はつきりと一定の境界線を以て分け」ることが出来ない場合もあるはずである。それは、「大衆文学」も勿論近代文学という意識の中から生まれてきたものであり、故に我々は江戸の戯作文学を「大衆文学」とは呼ばないのである。確かに「紅楼夢」の中にフェミニズムを、「聊齋志異」に異民族への抵抗を読みとることは可能かもしれないが、それらは近代人としての我々が読んだ場合の解釈であって、作者自身が近代的な意識をもってこれらの小説を書いたわけではない。

劉捷が「大衆文学」という言葉に出会ったのは、おそらく昭和三年に日本の目白商業学校に留学して以後のことであろう。その前年の昭和二年には平凡社から正続六〇巻の「現代大衆文学全集」が刊行されつつあった。その内容は大下宇陀児や江戸川乱歩等若干の現代物・探偵物を除ればそのほ

とんどが江戸時代を背景にした所謂時代物であった。つまり大正期の新たな感覚で描かれた時代物小説が「大衆文学」あるいは「大衆小説」の主要な作品なのである。当然留学中の劉捷の目にもそのように映ったのであろう。故に彼は「大衆小説」としての時代物を台湾の小説の中に求めようとした。しかし、それは皆無であった。台湾には伝統文学としての漢詩を中心とした作品は存在したが、近代文学には前史がなかった。晩清の白話小説等が中国の文学革命の素地となり、江戸の戯作や三遊亭円朝が二葉亭四迷の「浮雲」を導き出したような前史がなかった。近代文学といえども、それはその国や地域の精神的遺産を継承した部分に成り立つわけで、台湾文学にはその精神的遺産がなかった。あるのは大陸渡来の古典白話小説のみであった。そこで彼はそれらを「現在本島人の大衆によく読まれてゐる」「大衆文学」としたのである。

しかし、「聊齋志異」等一部文言をも含む中国の白話小説 ―― つまり通俗小説の実際の読者は、誰であったのか。それは中国においても台湾においても、概ね知識人階級及び書籍を購入するだけの余裕があり且つ読書に時間を割くことのできる富裕階級であって、彼らの娯楽として通俗小説は通行したのである。つまり、通俗小説を購入し個人としてそれらを読書する行為は、一般庶民には関わりの薄い行為であったといえよう。劉捷が述べるその下にいた「之に幾倍する文盲大衆」は、聴覚的視覚的表現に改変されたこれらの小説を物語として楽しむことはあったが、小説の読者足りえなかったといえる。このような劉捷の見解は、「大衆文学（あるいは「大衆小説」）」が、まだ存在しなかった台湾に、日本での「大衆文学」の成立の起因を無視して当てはめた結果の誤解であったといえよう。

3.「大衆文学」成立の要因と台湾の読者層

さて、ここでは「大衆文学」を成立させる要因は何かということと、日本統治期の台湾において「大衆文学」は成立しうるかという点について考えてみたい。

前節で劉捷も述べているように、大衆文学と純文学とを一定の境界線で画然と分けることは困難であるが、「大衆文学」という言葉が生まれたのには、やはりそれなりの時代的背景があったことは否めない。

先ず、第一に考えられるのは「広範な読者」の存在が必須の条件となろ

う。そして、その読者は、教育制度の確立及び充実によって「国語」あるいは母語を文字を通して理解できること、書籍等購入の金銭的余裕及び時間的余裕があること、そして読書に興味をもつが、とくに文学青年に類する人々ではなく、一般の些か教養のある生活者でなければならない。では、台湾での読書状況はどのようであったのだろうか。

たとえば、阿Q之弟著・張文環訳『可愛的仇人』(昭和一三年八月一日台湾大成映画公司)中に、主人公・秋琴の娘の麗茹について、以下のような描写がある。

「麗茹も大きくなつた。公学校の六年で小説を読むのが好きになつてゐた。菊池寛の云つてゐる通り、女性は社会と接触する機会が少ないので、小説を読んで、社会と男性を知ることが必要である。だから秋琴も咎めなかった。また国文を上達する本島人に於ては、特にかう云つたやうな読物に親しむことが何より効果的だと思つた。／殊にこの頃は恋愛小説を好んで読んでゐるやうである。」

主人公の秋琴は赤貧の生活から抜け出し、ある男から毎月百円を援助され生活している。この頃の百円はかなりの金額で、毎月の生活は以前とは全く異なってかなりの余裕ができた。そのような状況の中で、読書好きな娘の麗茹は公学校で習い覚えた日本語で小説を読んでおり、秋琴も娘の読書に理解を示すのである。そして、これに続く描写では、長男で中学生の阿国も翻訳小説トルストイの「復活」を読んでいる。公学校六年間の日本語教育でどの程度の読書力があったかは疑問であるが、実際に読書が好きであれば、読みこなすことは可能であった。たとえば、葉石涛氏は公学校の五・六年頃から文学を読み始め、六年生から中学生頃には日本文学——泉鏡花等を読んでいたということからも、それは証明できよう[3]。

また、林輝焜『争へぬ運命』(昭和八年四月一日)では、高等女学校を卒業した富裕階級の娘である鳳鶯・鳳嬌姉妹は牧逸馬の連載小説「七つの海」を愛読しており、妹の鳳嬌はその他に『キング』『富士』等の通俗雑誌や数種類の婦人雑誌を読んでいる。

以上の二例はいずれも金銭的時間的に余裕のある階層の読書状況であり、且つ当時の女性の最大の日常的娯楽といえば活動写真(映画)くらいより

なかったから、読書好きの女性が家にいては読書を楽しむのは当然だったのかもしれない。

では、一般の家庭ではどうだったのだろう。昭和九年六月一日、台湾婦人社発行の『台湾婦人界』第二号に「家庭の読物を語る座談会」が掲載されている。これは、童話家の西岡英夫や作家の西川満及び以下の人々が参加した座談会である。当時の一般家庭における読書の状況が分かるので些か長いが引用する。（　）は筆者が加えたものである。

「主幹（柿沼文明）：郭さん、本島人の方たちはどうでせう。（読物を）よく読みますか。

郭廷俊（府評議員）：どうもあまり読む暇が無いやうですね。吾々が学生であつた頃と違つて、東京に行つて居た当時は殆ど宿題なんかなかつたが、国語の外に随分此頃は宿題が多くなつてゐます。中学校に行つて居るのが居りますが、学科でも本島人は国語を習ふと云ふ事が附属する為め並みの人より一層努力を要する。その学科に就いて勉強もしなければならず従つて他の読み物を読む余力がない。然らば読み物は親が選定するかと云ふと子供より尚一層無関心である。領台後四十年になりますが子供の読み物の選択をする力のある親といふものは全くない公学校を早く出た者でも漸やく三十歳位のものです。その子供が漸やく小学校位のもので男の人は教育を受けてもその奥さんは字を知らない無教育の者が多いのです。子供の本の選択所ではない。中学校を卒業しても職業のある者が漸やく『キング』位を読む様になつて来た様です。

上森大輔（総督府図書館司書）：台湾は思想的な物はあまり出ませんね。まあたまに日本精神と云ふ様なものが読まれる様ですが…本島人の若い者は講談物等を多く読みます。非常に読む様になりました。

郭：国語を覚えるのにはそれが一番早い。（中略）

郭：読み物にもよるが（本島人の）女等は公学校卒業位の頭しかないから読む力がないですね。一旦女学校を出ると本を見る様な事はないです。特に教育の任に当つて居る教師位で、児童の教育方面のものは別として家庭婦人となれば書物を見ることはないのです。

主幹：講談本でも読まないですかね。

郭：読まないですよ。本島人は一旦学校を了へたならば書物を投げ出してしまひますね、(中略)本代の一円があれば一家族の食事が何日も出来ると打算するのですから。(哄笑)

主幹：それは下の方の階級の事でせう。相当の金のある者は外に金を使ふよりカフエーに行つた方が面白い、本を買ふのは惜しいと云ふのぢやないですか。

郭：読書に趣味がないから知識を求め様とする気が起らない。(中略)

主幹：田中さんに一つ、青年男女の読物に就ては、どんな選択をして居られますか。

田中きわの(台北女子青年団長)：私のところの団員は皆中以上の家庭ですから、買ふのに困る者もなく親から貰つたお金は修養に使ふのです。(中略)女学校を卒業した者ばかりでございますから従つて頭も出来て居ります。私共始め性格も違ふし性質や趣味も異り一様にこう云ふ物と云ふ事は出来ません。小説も学生時代であると危険も多いのですが家庭を持つ年頃の者ですから、雑誌に読まれると云ふ様な弊害はないと考へて居ります。」

　以上の座談が当時の台湾の読書状況を全面的に反映しているとはいえないにしろ、台湾における一般の生活者がそれほど読書を好んだわけではないことが分かるだろう。先に挙げた二編の小説中の人々は教育を受けた富裕階層にある読書好きの人々であり、一般の生活者とは異なった存在なのである。

　では、当時の台湾の読者(在台の日本人読者は除く)は日本語の作品を読んだのか、それとも北京語の作品を読んだのか。上記からも分かるように読書好きの読者であれば、公学校(日本の小学校に該当)六年生で日本語の小説を読むこともできたし(当時日本から移入の雑誌や書籍はルビ付きが多かった)、女学校等高等教育を受けたものは当然読むことはできた。また、『争へぬ運命』の中では、鳳鶯・鳳嬌姉妹の家庭では『台湾新民報』を購読しており、姉妹はその中の記事に言及しているので北京語もある程度は読むことができたと推定される。つまり、家庭内では台湾語が日常用語として使われ、公学校教育を経て日本語の使用が可能となり、且つ北京語もある程度理解できたということになる。ただし、後者の二つを十分に

使いこなす階層は、富裕階層か知識人に限られており、ことに北京語は一般民衆には理解できなかったようで、一定水準の知識階級に限定されていた[4]。そして、戦争期には皇民化運動が加熱する中で、一般民衆と北京語との距離は、ますます遠くなっていく。ならば、先に掲げた前衛出版社の「台湾大衆文学系列」に収められた諸作は、誰に読まれたのであろうか。それは一般「大衆」が読んだわけではなく、北京語を読むことのできる富裕階層かあるいは知識人の読物であったといってよいだろう。つまり、台湾において「大衆文学」が成立するためには、先ず読者側に言語の問題——言語の不統一という障壁があった。その上に一般生活者としての平均的な教養とそれに加えて金銭的時間的余裕が必要であった。それらがなくして「大衆」という概念は成り立たず、したがって「大衆文学」も存立できないであろう。

　また、「大衆文学」が「広範な読者」を獲得するためには、その作品を提供するための商業主義と連結したジャーナリズムの介在と発達が必須である。日本においてその役割を果たしたのは大正一四年一月に大日本雄弁会講談社が創刊した大衆雑誌『キング』であり、創刊号から増刷を重ね七四万部を発行したといわれる。三百頁以上、廉価五〇銭で四大付録というサービスで、その後毎号百万部以上を発行し、これに刺激され『富士』等の大衆雑誌が次々に創刊され、そこに掲載された小説が読者をとらえることになる。それらの作品が後に「大衆文学」という造語を生み出す素地になるのである。では、台湾にはこのような大衆雑誌は存在したのであろうか。日本統治期の台湾では数々の雑誌が発行されていたが、それは総督府発行の雑誌、業界専門雑誌、そして俳句や和歌を含む同人誌的な文芸誌等、その規模は内地の雑誌には到底比較できない部数の発行でしかなかった。ただ、通俗小説を恒常的に掲載していた雑誌もあった。それは日中戦争以前に創刊された『台湾婦人界』と皇民化期に創刊された『台湾芸術』である。

　『台湾婦人界』は、昭和九年五月一日創刊、台湾婦人社発行で、現在、昭和一四年六月一日発行の第六巻第六号まで発行されたことが知られている。社長は台湾出版界唯一の女性社長古賀千代子である。千代子は総督府評議員で台湾商工銀行頭取や台北鉄道株式会社社長、台南新報取締役等台湾の金融や財界での有力者古賀三千人の夫人であり、その財力をバックに台湾

婦人社を経営していた[5]。当時の台湾には内地から『主婦の友』、『婦人倶楽部』、『婦人の友』等多くの婦人雑誌が移入されてはいたが、台湾での婦人の生活、家庭生活においては気候・風土・習慣などが内地と異なり、実際には役立たぬ記事が多かった。そこで、『台湾婦人界』が創刊されたのであった。最初の該誌主幹であった柿沼文明は「発刊の辞」の中で次のように述べている。

「台湾には台湾として考へて行かなければならぬ、婦人問題があり、家庭問題があり、社会問題があると思ひます。してみれば台湾は台湾としての、婦人、家庭雑誌が必要になつて来る筈です。／殊に本島に於ける旧慣打破とか、内台融和とか、国語普及とかいふような問題は、婦人雑誌によつて扱はれるのでなければ広く大衆に訴へるわけには行かないと思います。」

しかし、このような趣旨の下に発刊された『台湾婦人界』は、主幹柿沼の放漫経営のためもあって雑誌の部数は伸びず、柿沼は昭和一一年一月一日にその責任をとって自殺してしまう。その後、主幹・編輯発行人は藤瀬徹志郎、南保信、小島倭佐男と代わり、雑誌の編集姿勢も変わったが、結局は内地の婦人雑誌のほうが装丁も豪華で、内容も豊富であり、また、付録もついていたために、『台湾婦人界』の売れ行きは鈍かったようである。それは東京を中心とする内地の記事や写真の方が、台湾の現実生活に密着する記事や写真よりも婦人読者には夢やあこがれを与えたということに原因があったと思われる。『台湾婦人界』の発行部数はどのくらいあったのかは不明であるが、内地の婦人誌は先の「家庭の読物を語る座談会」中の柿沼の言によれば、台北だけで『主婦の友』が六千部、『婦人倶楽部』三千部（付録のない『婦人の友』は僅か一四部）も移入されており、これにその他の移入婦人誌六誌を加えれば[6]、台北の一〇家に一家はこれらの婦人雑誌を購読していることになり、『台湾婦人界』の部数が伸びなかったのも分かる。そして『台湾婦人界』は、販売部数確保の一助として、婦人読者のための大量の日本語通俗的な小説を掲載していたのである[7]。『台湾婦人界』は、三〇年代の最大の量の通俗小説を掲載した雑誌である。しかし、これらの小説が「大衆文学（小説）」かといえば、これはやはり一部の特定の読

者を想定した読み物であり、前述した読者における言語の問題や台湾における商業ベースに乗るような大衆ジャーナリズムの未発達から、「通俗小説」とは言えても「大衆文学（小説）」という範疇には属さないと思う。

それでは、結局日本的な意味での「大衆文学」を掲載し、成功をおさめた商業誌はなかったのだろうか。それはただ一誌、昭和一五年三月四日に創刊された『台湾芸術』のみであった。『台湾芸術』も最初は少部数からの出発であったが、台湾人の中に次第に日本語が定着する中で、その大衆性と娯楽性に編集の礎を置いた名編集者江肖梅が入社し、最盛期には台湾では破格の四万部をも発行したといわれる。しかし、それも昭和一七年から一八年までのことで、戦火が激しくなるにつれて内容も次第に戦時色に染まっていった。この雑誌が順調に伸びればおそらく台湾においても「台湾大衆文学」が成立したであろうが、それも日本の敗戦とともに終焉を迎えるのである。つまり、日本統治期の台湾においては、日本的な意味での「大衆文学」は成立しなかった。それはまた、該期の台湾文学界が西川満や張文環等のような通俗的傾向をも持ち合わせる代表的な作家を生み出したにもかかわらず、一人の職業作家をも生み出さなかったことにも象徴されるであろう。

注
1) 台湾文学史上で最初の近代小説は追風（謝春木）の日本語小説「彼女は何処に？」と言われてきたが、最近の研究では一九二二年四月六日に台湾文化協会が発行した『台湾文化叢書』第一号に掲載された「鴎」という作者の「可怕的沈黙」が最も早い小説であることが解った。小説は、旧正月の街頭風景と二人の人物を通した日本植民地批判の抗議精神に満ちた内容で、白話文で書かれている。陳萬益「于無声處聴驚雷 ── 析論台湾小説第一篇〈可怕的沈黙〉」（民国八四年〈一九九五〉六月、中央研究院中国文哲研究所籌備處『中国現代文学国際研討会論文集：民族国家論述 ── 従晩清・五四到日拠時代台湾新文学』）参照。
2) 三〇年代郷土文学論争中に散見する大衆と文芸に関しては、主に文芸用語の問題と共に論じられている。該論争については、中島利郎編『1930年代台湾郷土文学論戦資料彙編』（二〇〇三年三月台南・春暉出版社）を参照。また、葉栄鐘は「『大衆文芸』の待望」（昭和七年一月一五日『南音』第一巻第二号、筆名「奇」）、楊逵は「文芸時評・芸術は大衆のものである」（昭和一〇年二月一日『台湾文芸』第二巻第二号）等で台湾の大衆文学に言及している。

3) 山口守「葉石涛氏インタヴユー」(二〇〇年九月一日、『ユリイカ』第四六六号)
4) 鍾清渓『日本植民地下における台湾教育史』(一九九三年二月二七日多賀出版株式会社)「第三編 『皇民化運動』推進過程における教育諸政策」には、一九八二年三月二二日の『中央日報』の報道を引いて、一九三一年当時、台湾の日本製塩所や専売局に勤めていた台湾人たちが時間を割いて懸命に北京語を習う姿が描かれている。
5) 古賀三千人及び古賀千代子については、昭和九年三月二五日発行、台湾新民報調査部編『台湾人士鑑』及び昭和一一年七月二八日発行、国勢新聞社台湾支社編『昭和一一年版 台湾新聞総覧』を参照にした。
6) 尚、この他に婦人向け雑誌として移入されたものには『婦女界』『婦人公論』『婦人世界』『婦人サロン』『婦人画報』『現代婦人』があった。ちなみに昭和六年中、台湾に内地等から移入された新聞雑誌類は「日刊紙が三百七種、二万七千四百二十七部、週刊紙が八十七種で六千五百十九部、月刊紙が最も多く一千二百七十三種で十一万七千九百八十六部で、其他のものは四十二種、二千二百三十二部、合計一千七百九種、十五万三千九百二十四部」で、その後も増え続けたようである。(Ｓ・Ｓ生「移入新聞雑誌の頒布状況に就て」昭和八年三月一日、『台湾時報』第一六〇号)
7) 尚、日本統治期の台湾における通俗小説作品については、中島利郎編「日本統治期台湾通俗文学目録」(二〇〇二年一一月三〇日緑蔭書房「日本統治期台湾文学集成(第一期全二〇巻)」第七巻『台湾通俗文学集一』所収)として発表した。また、探偵小説も通俗文学であるが、これについても同集成第九巻『台湾探偵小説集』に作品類を「解説」と共に収録したので、ここでは論じなかった。

[参考文献]
尾崎秀樹 1964.4.30 『大衆文学』紀伊國屋書店
前田愛 1973.11.20 『近代読者の成立』有精堂出版

記：本稿は、二〇〇三年一一月八日に台湾嘉義・国立中正大学で行われた「文学伝媒与文化視界国際学術研討会」での発表を補訂したものである。

「見」に後置される「-到」について

成戸　浩嗣

0. はじめに

中国語の視覚動詞「見」は、結果補語「-到」をともなって、例えば

(1) 我見到了一个外国人。

のように「見到」の形式で用いられることがある。「-到」がいわゆる他動詞に後置される場合には、動作の結果(＝動作が実現したこと)を表わす働きを有し、「-到」をともなわない場合には、動作が実現したか否かは明白ではないとされる。しかし「見」は、それ自身が結果を含意しているとされる点[1]において、同じく視覚動作を表わす「看」や、その他「V到」の形式に用いられる動詞が、一般に主体の客体に対する働きかけ(＝動作の過程)のみを表わすのとは性格を異にする。例えば「看」は、主体が視覚により客体をとらえようとする動作を表わすが、客体が視覚によってとらえられたか否かは、「-到」をともなってはじめて表わすことができる。この場合、「-到」の有無は、「看」という動作が実現したことを表わすか否かに直接的に影響する。これに対し「見」は、主体が視覚により客体をとらえたことを含意するため、動作が実現したことを表わすために「-到」を附加する必要性は、それが不可欠である「看」の場合に比べると少なく、「-到」の附加は一見したところ任意的であるかのような観がある。しかし、「見到」の表現における「-到」の必須度が「看到」の表現におけるそれほどには高くなくても、「見到」、「見」が表わす内容は等価値ではなく、両者の間には何らかの知的意味やニュアンス、あるいは統語的機能の相違が存在していると考えられる。本稿は、「見到」の表現と「見」の表現とを比較することにより、「見到」における「-到」の働きを明らかにすることを目的とする。

1. 動作の方向性と客体とのかかわり

本章においては、「見到」の単方向性、「見」の双方向性について具体例を

挙げながら考察をすすめていく。

1.1. 単方向的な動作を表わす「见到」

「见」の代表的な語彙的意味としては、"见る"に代表されるような単方向的な視覚動作のほか、"会う"のような双方向的な動作が存在する。前者は視覚によって客体をとらえるという空間的な単方向性を有する動作の概念であるのに対し、後者は前者の意味に加え、さらに言葉を交わすなど、視覚以外の接触行為をともなった非空間的な双方向性をも有する動作の概念である。「见」が有するこのような2つの語義の使い分けに際して「-到」が関わることがあり、具体的には、「见到」は「见」に比べ、視覚を用いた"见る、见かける、目にする"の意味を表わす傾向がより強い。例えば

(2) 七月二十六日下午，贺捷生见到范曾，劈头就问："范曾，你会不会喝酒呀？今天我请你吃烤鸭！"

(3) 那天，他挑着担子来到我们村，见到我就乐了。说："娃呀，你要给我做媳妇吗？""对啊！"他张着大嘴笑了，露出了一嘴的黄牙。

(4) 他都不记得了；只记得吴书记好像已经完全明白了他的意思，便和驾驶员一同扶他上了车，车子开了一段路，叫开了一家门（机关门诊室）。扶他下车进去，见到了一个穿白衣服的人，晓得是医生了。

における「见到」は、ネイティヴチェックの結果、いずれも主体が客体の姿を視覚によりとらえたことを表わすとされた。(2)、(3)は、「贺捷生」、「他」がそれぞれ「范曾」、「我」の姿を目でとらえた結果として「劈头就问」、「乐了」という反応をしたこと、すなわち、主体が客体の姿をまず目でとらえ、それに続いて客体との接触・交流が始まるというコトガラを表わしている。(4)は、「他」が「扶他下车进去」という動作に続いて「一个穿白衣服的人」の姿を目でとらえた結果、その人物が「医生」であることが明らかとなったこと、すなわち、客体の姿を目でとらえた結果として客体の正体が明らかとなったことを表わしている。このため、「见到」が表わす概念も、"会う"という非空間的な双方向動作よりは、視覚のみによる空間的な単方向性を帯びた動作である"见る、见かける、目にする＝客体の姿を表面的にとらえる"の方に傾いていると解するのが妥当である。(2)～(4)の「见到」を「见」に置き換えると、非文もしくは不自然な表現となるか、あるいは「见到」の場合よりも表現の整合性が劣る。(2)の「见到」は"见る"、"会う"のいずれに解する

ことも可能であるが、どちらかと言えば"見る"の意味の方に傾いている。「见」を用いると非文もしくは不自然となり、「－到」が欠けているという印象をぬぐいきれない。また、(3)の「见到」は(2)のそれよりも"見る"の意味合いが強く、「－到」を削除すると自然な表現として成立はするが、「见到」を用いる方がbetterである。さらに、(4)の「见到」は"見る"動作を表わすが、「见到」を「见」に置き換えると"会う"を表わすこととなり、後件の「晓得是医生了」という客体の姿に対する判断を表わす内容とは相容れない。すなわち、「一个穿白衣服的人」、「晓得是医生了」の部分がそれぞれ、客体についての表面的な描写、客体の外見に対する主体の判断を表わしているため、「见」が表わす内容は、視覚動作に限定されることとなって、非文もしくは不自然な表現となる。(2)～(4)いずれの表現例も、表現全体の内容が単方向の行為の描写であるという点で共通しており、このような場合には、「见到」を用いる方が表現の整合性が保たれると考えられる。一方、

(5) 他进城去，见了老王，事情就解决了。

(6) 老王为了公司财务上的一些事情，今天去了税务局一趟，见了局长。

における「见」は、いずれも"会った"ことを表わすが、主体が視覚により客体の姿をとらえただけでなく、客体との間に何らかの交渉をもったことが文脈上明白である。すなわち、(5)の場合、「他」が「老王」の姿を目にするだけでは「事情就解决了」という結果は生じないし、(6)の場合、「老王」は「局长」に会って「公司财务上的一些事情」を処理するために税務署に行ったのであり、単に「局长」の姿を見るためではない。(5)、(6)はいずれも、主体が客体との間に何らかの交渉をもったことを前提としてはじめて表現の内容が自然なものとして理解される。(5)の「见」に「－到」を附加すると、例えば「老王は強い人脈をもっている、会って助力を請うに値する有力な人物である」というような場面が推測されるものの、「见到」が"見る"の意味に傾くことはない。(6)は、「老王」があらかじめ「局长」に用事があり、"会う"目的をもって税務署に行ったことが表現内容から明白であるため、「见」に「－到」を附加すると非文もしくは不自然となる。同様のことは

(1) 我见到了一个外国人。　　　(1)' 我见了一个外国人。

についてもあてはまり、(1)は、例えば「公共の場などで外国人の姿を見かけた」ような場合に用いられるのに対し、(1)'は、例えば「外国人と会って打ち合わせなどをした」ような場合に用いられる。「见到」、「见」の間に見られる

上記のような相違は、さらに、以下のような表現において一層明白となる。

(7) 我今天在天安门广场见到了一群外国人。

は、「私は今日天安門広場で外国人の集団を見かけた」ことを表わす表現であるが、「-到」を用いない

? (7)' 我今天在天安门广场见了一群外国人。

は不自然である。(7)'における「见了」は、"見かけた"ではなく"会った"ことを表わすが、「一群外国人」は"会う"という双方向的な接触の相手とはなりにくいため、表現の整合性は(7)よりも劣る。これに対し、

(8) 我今天在天安门广场见了一个外国人。

の場合には、「一个外国人」は「见(会う)」の客体となることが可能であり、(8)は「私は天安門広場で一人の外国人に会った」ことを表わす自然な表現として成立する。従って、(7)に対しては、例えば

(7)" 我今天在天安门广场见到了一群外国人，他们正在排队照相。

のように、「外国人」の外見的な様子を表わす後件を続けるのがふさわしい。一方、(8)に続ける後件としては、例えば

(8)' 我今天在天安门广场见了一个外国人，跟他聊了聊。

のように、「我」が「外国人」と会った(＝何らかの交渉をもった)ことを意味する成分がふさわしい。また、(8)の「见」に「-到」を附加した

(9) 我今天在天安门广场见到了一个外国人。

の場合には、(7)"と同じく例えば

(9)' 我今天在天安门广场见到了一个外国人，他个子特别高。

のように、「外国人」の外見的な様子を表わす後件を続けるのがふさわしい。

"見る"は、主体が客体に向けて単方向的に視線を向ける動作であるのに対し、"会う"は、主体・客体の両者が共同で行なう、いわば双方向的な動作である。(1)～(4)および(7)、(7)"、(9)、(9)'の「见到」が"見る"を表わすのは、移動の到達点を表わす動詞から派生した「-到」が「见」に後置されたことにより、「见」という動作の客体への到達(＝動作の実現)[2]、すなわち主体から客体への単方向的な動作を表わす成分となったためと考えられる。換言すれば、「见到」においては、「-到」が附加されることによって、「见」の働きが単方向の動作を表わすことに限定されているということである。「-到」のこのような働きを示す端的な例としては、以下のようなものが挙げられる。

(10) 扭头见到前面走廊拐弯处走来几个穿白衣服的医生。

(10)は、「扭头」という動作の結果として「前面走廊拐弯处走来几个穿白衣服的医生」という情景が見えたことを表わしているが、この情景は「扭头」という動作の結果として主体の視線がとらえた一種の到達点（＝視線の空間的な到達点）であるため、「见」よりも、客体に対する単方向性のより強い「见到」を用いる方が better なのである。

1.2. 双方向的な動作を表わす「见」

本節では、「见」の働きを、「见」と同じく視覚動詞である「看」と比較することによって考察していく。前節で述べたように、「见」は主体・客体間の双方向的な動作を表わすことができる。これに対し、「看」は主体から客体に向けての単方向的な動作を表わす[3]。例えば

(11) 明天到我家去，大家见见。

は、"明日私の家に来て、皆さんお互いに知り合いになりましょう"という内容を表わす表現であり、「见见」の客体は、「互相见见」、「认识认识」の場合と同様にヒトである。これに対し、

(12) 明天到我家去，大家看看。

は、(11)と同じ内容を表わさない。(12)における「看」の客体はヒトではなく、表現には登場していない何らかのモノであることが成立要件となる。例えば

(12)' 我家有个古玩，明天到我家去，大家看看。

のように、「看」の客体は「古玩」というモノである。このような場合、「看」を「见」に置き換えて

＊(12)" 我家有个古玩，明天到我家去，大家见见。

とすることはできない。また、ヒトを客体とする

(13) 明天从日本来个朋友，你们二位见一见。

は、「见」を「看」に置き換えて

＊?(13)' 明天从日本来个朋友，你们二位看一看。

とすると、(13)と同様の内容を表わす表現としては非文もしくは不自然となる。これに対し、モノを客体とする

(14) 这是下面交上来的材料，你们二位看一看。

は、「看」を「见」に置き換えて

*?(14)'　这是下面交上来的材料，你们二位见一见。

とすると非文もしくは不自然な表現となる。「看」は、視覚によって客体をとらえようとする意志的な動作であり、それによって客体をとらえたか否かまでは問題とはされないため、客体よりも主体との結びつきがより緊密であるということができる。従って、主体から客体に向けての単方向性が「见」よりも強く、双方向的な動作(="会う")の相手となる可能性のあるヒトよりは、モノを客体とする傾向がより強いと考えられる。但し、これはあくまでも傾向であって、例えば

　(15)　明天我女朋友从日本来，你们二位看一看。

のように「看」がヒトを客体としてとる場合も存在する。(15)は、例えば「我女朋友」が美しい人かどうか、あるいはいい人かどうかなど、話し手が聞き手に対して何らかの感想を期待しているような場面で用いられる表現である。(15)における「看」は、"会う"という双方向的な動作ではなく、"会ってその容姿や人柄などを見る(=観察する)"という単方向的な動作としての性格を有している点で、(11)、(13)の「见」とは異なる。(13)'は、例えば

　(13)"　明天从日本来个朋友，你们二位看一看他长得怎么样。

のように、「朋友」の様子を見るという内容の表現とすると自然な表現として成立する。このように「看」は、客体がヒトである場合においても、ただ単に客体を視覚でとらえようとつとめるだけでなく、客体の姿から何らかの情報を得ようとつとめるという積極的な動作としての側面をも有している。「看」のもつこのような特徴は、例えば以下の(16)と(17)を比較した場合に一層明白となる。

　(16)　这个人你见不见？

(16)のように、"(ヒトに)会う"という動作を表わすことが明白である表現の場合には、「见」を「看」に置き換えると、「看」は双方向的な動作を表わさないため、非文もしくは不自然な表現となる。また、

　(17)　这个电影你看不看？

のように、「看」が"見る=鑑賞する"という、客体に対する積極的な動作を表わす表現の場合、「你」と「电影」との間には、双方向的な関係は成立しないため、「看」を「见」に置き換えると非文となる。(15)は、客体がヒトである点においては(17)とは異なっているが、「看」が客体を視覚でとらえることを表わすことにとどまらず、さらに客体から何らかの情報を得ようとす

ることをも表わす点においては(17)と共通しているため、自然な表現として成立するのである。

　ところで、一般に主体・客体の双方がヒトである表現においては、「看」は、客体が主体よりも目上の場合には用いることはできないとされる[4]。例えば
　　　(18)　我想见张先生。　　　　(18)'　我想看张先生。
の両者を比較すると、(18)は"私は張さんに会いたい"という内容を表わすのに対し、(18)'は、"私は張さんのお見舞をしたい"という内容を表わす。「张先生」という呼称から、この「张」という人は「我」よりも目上の人として扱われていることは明白であり、このような場合には、単に"会う"の意味で「看」を用いることはできない。同様に、
　　　(19)　毛主席事情很多，我想他不会有时间来的，可是，我多么想看看他呀！
における「看」は"会う"ことを表わすのではなく、「我多么想看看他呀！」の部分は"私はどれほどあの方のお姿を見たいと思っていることか"という内容を表わすとされる[5]。"会う"の意味で「看」を用いるのであれば、例えば
　　　(20)　下午我要去看一个朋友。
のように主体と同格か、あるいは
　　　(21)　王老师要去宿舍看一个学生。
のように、客体よりも主体の方が目上であることが条件となる。これは、会う相手が目上のヒトである場合には、主体のみの意志あるいは都合で一方的に"会う"という行為を実現することは困難あるいは不適切であるため、主体から客体に向けての単方向的な動作としての性格を有する「看」を用いると表現の整合性が保てなくなるということに起因すると考えられる。また、ヒトを客体とする「看」は、(18)'の"様子を見る、見舞う"のような、"会う"よりも客体に対するより単方向的で積極的な働きかけをともなう動作、すなわち、主体から客体への単方向性がより強い動作を表わすことがある。黄2001p.168 [6]は、
　　　(22)　我要去看中国来的朋友。
は"私は中国からきた友人の様子を見に行く"という内容を、
　　　(22)'　我要去见中国来的朋友。
は"私は中国から来た友人に会いに行く"という内容をそれぞれ表わすとしている。いずれも、「我」が「中国来的朋友」に会いに行きたがっていること

を前提とした表現であるが、二つの表現例の相違についてネイティヴチェックを行なった結果、(22)の場合には、発話時において「我」と「中国来的朋友」との間に会う約束が存在しないであろうことが推測されるのに対し、(22)'の場合にはそのような約束が存在し、「中国来的朋友」の方でも「我」に会う予定であるという可能性があるとされた。このことは、客体が主体よりも目上のヒトである場合には「看」が使えないということと符合する。すなわち、「看」を用いた(22)は、「我」のみの意志あるいは都合によって一方的に「中国来的朋友」に会いたいと述べているのに対し、「见」を用いた(22)'は、「我」、「中国来的朋友」双方の意志あるいは都合によって会いたいと述べている表現である。このような相違は、(18)、(18)'の場合と同様に、単方向的な動作としての「看」、双方向的な動作としての「见」の性格の相違に起因するものと考えられる。また、「看」の場合とは異なり、「见」の表現は、主体・客体間の社会的地位の上下とは無関係に用いられる。このことを端的に示す例として、黄前掲書 p.167-168 は

(23) 总经理要见我，所以我去见他。

を挙げ、「见」が表わすヒトの認識は社会的対人関係の上下とは関わらない、としている。「见」が一般に目上のヒトに会うことを表わす場合に用いられるとされているのは、前述したように、主体の意志や都合によって一方的に会うというニュアンスを含んだ「看」よりは、そのようなニュアンスを含まない「见」の方が、表現の整合性が保たれるためである。但し、このことは、主体と同格あるいは目下のヒトに会うことを表わす場合における「见」の使用を必ずしもさまたげるものではなく、(22)'のように主体・客体の地位が同格の場合や、

(24) 劳模去见主席，给主席送去了一些茶叶。

のように客体が主体よりも目上の場合、さらには(23)の前件や

(25) 主席出来见了劳模，说了几句鼓励的话。

のように客体が主体よりも目下の場合にも用いることができる。従って、「见」自身は、主体・客体の二者によって行なわれる「会う」という双方向的な動作を事実として客観的に描写しているにすぎないと考えられる。

以上の考察により、「见」の表現については以下のことが明白となった。
① 客体はモノよりもヒトとなる傾向がある。
② 「看」のような、客体から何らかの情報を得ようとする積極的な動作と

しての側面はない。
③ 主体・客体間の社会的な地位関係とは関わりなく用いられる。
④ 上記の①〜③の特徴は、双方向動作を表わす「見」の性格に起因する。

1.3. "会う"を表わす「見到」

1.1 においては、「見到」が「見」に比べ、"見る、見かける、目にする"ことを表わす傾向がより強いという点について述べたが、このような現象はあくまで傾向であって、「見到」が"会う"という動作を表わす働きを全く排除するものではない。例えば

(26) 我去見他了，可是没見到。
(27) 我想下一个星期天可以見到你。

における「見到」はいずれも"会う"を表わしている。(26)、(27)の「見到」においては、「−到」は"会う"という動作の実現を表わしていると考えられる。前述したように、「見」は動作の結果までを含意した動詞である点で、目で見ようとする動作の過程を表わす「看」とは異なる。このため、「見到」の形式において、「見」が動作の過程を、「−到」が動作の結果をそれぞれ表わしているという明白な役割分担がなされているとは考えにくいような観がある。しかし、「見」が動作の結果を含意していることは、必ずしも動作の結果(＝実現の段階)を表しているということではなく、ヒトを客体とする場合においては、主体と客体との間に動作を通じて双方向的な関係が成立すること(＝主体が客体を相手とする双方向的な動作を行おうとすること)を表わしているにすぎない。このことは、(26)の前件「我去見他了」における「見」のような未然の出来事の場合、未然であるがゆえに、当然ながら結果を生じていないことを見れば明白である。従って、(26)、(27)の「見到」においては、「見」が主体・客体間の双方向的な動作を行なおうとする過程段階を、「−到」がその動作の実現段階を表わしていると考えられる。とはいえ、「見」は本質的に、動作が行なわれていながら未だ結果を生じていない段階と、動作の結果が生じた段階とを明確に区別することが困難な動詞であり、動作の完了が同時に動作結果の実現である場合が存在するという点において「看」とは異なる。例えば

(28) 看了，但没看到。　　＊(28)' 見了，但没見到。

の両者を比較すると、(28)は、「看了」が目で見ようとする動作が完了した

ことを表わすのみで客体が目に入ったか否かは問題とされておらず、後件の内容とは矛盾しないため自然な表現として成立する[7]。これに対し(28)'は、「見了」が動作の完了を表わすと同時に客体が目に入ったことをも含意し、このことが後件の内容と矛盾するため非文となる。(28)と同様に、

  (29) 因为漆黑，我怎么看也没看<u>到</u>。

においても、「看」という動作が行われたことと、その結果として客体が目に入らなかったこととが別々の出来事として表現されている。(28)'が非文であることから、「見」が已然の出来事として表現される場合には、必ず動作の結果が実現しているということは明白である。このような性格を有する「見」は、結果の実現を見ない段階における動作自身のアスペクト形式をもたず、例えば、「正在」、「-着(zhe)」、「-完」あるいは動作の完成を表わす「-过」のような動作のアスペクトを表わす成分とは共起しないとされる[8]。進行・持続を表わす「正在」、「-着」と共起しないという点は、「見」が時間的な幅をもたない動作であることを、動作の完成を表わす「-完」、「-过」と共起しないという点は、「見」が過程よりはむしろ結果が問題となる動作であることを意味する[9]。このことから、「見」が「看」に比べて時間の流れとの関わりが疎であることは明白である。従って、同じく「V到」の形式をとっていても、「看到」と「見到」とでは「-到」の役割が異なる場合が存在する。(26)、(27)のように「見到」が"会う"という双方向的な動作を表わす場合には、「看到」や、"見る"を表わす「見到」の場合に比べると、主体から客体に向けての視線の到達という空間的な方向性は相対的に弱く、その反面、「見」という動作の実現段階に向けての、いわば時間的な方向性が強まっている。従って、(26)、(27)の「見到」においては、「-到」が附加されることにより、「見」という動作に対して時間的な単方向性を帯びさせる効果が生じていると考えられる。

2. 「見到」、「見」の間に見られる相違

 本章では、「見到」、「見」それぞれが表現において果たす役割の相違について考察をすすめる。

2.1. 「見」のもつ抽象性

 前述したように、「見到」の表現における客体は、空間的あるいは時間的

な到達点としての性格を有するが、このことは、移動の到達点を示すのが本来の働きである「-到」が存在することに起因すると考えられる。「-到」が移動の到達点を示す場合、後ろにはトコロを表わす名詞的成分が続くのに対し、「見到」の後ろには視線の空間的な到達点か、もしくは動作の時間的な到達点としての客体を表わす名詞的成分が続くのが自然である。しかし、例えば以下の表現例のように、非名詞的成分が置かれる場合もある。

○(30) 我见到他给你一盆紫罗兰。　◎(30)' 我见他给你一盆紫罗兰。

(30)、(30)'において「我」が目にしたのは「他」だけではなく「他给你一盆紫罗兰」というコトガラである。このような場合には、「见」を用いた(30)'の方がbetterである。これは、(30)においては「-到」が存在することにより、「见」という動作が「他」という客体そのものに向かうという表現内容となるため、「他给你一盆紫罗兰」のような一つのコトガラを表わす非名詞的成分との間に用法上の矛盾が生じていることに起因すると考えられる[10]。同様に、

○(31)　老新见到她不闹了，又不知怎样转了一个念头，把枪口向上，对准了正在暗中睁大两只绿幽幽眼睛的猫儿。

◎(31)'　老新见她不闹了，又不知怎样转了一个念头，把枪口向上，对准了正在暗中睁大两只绿幽幽眼睛的猫儿。

の場合も、「老新」が目にしたのは、「她」というヒトではなく「她不闹了」というコトガラであるため、「见」を用いた(31)'の方がより自然である。(31)'の「见」は、「她不闹了」というコトガラを"见た、目にした"ことを表わすにとどまらず、例えば「发现、感觉到、注意到」などと同様に、"気づいた"ことをも表わしている。このことは、後続の「又不知怎样转了一个念头，把枪口向上，对准了正在暗中睁大两只绿幽幽眼睛的猫儿」が、「她不闹了」という状況を読みとった「老新」の反応を表わしていることと符合する[11]。(31)'の「见」は、視覚だけでなく、理性によって「她不闹了」という状況を読みとったことをも表わし、この概念は、単に"见た"ことを表わす(31)の「见到」に比べると、より抽象的であるということができる[12]。また、

○(32)　他见到监票员不在，就趁机混过了检票口。

◎(32)'　他见监票员不在，就趁机混过了检票口。

○(33)　他见到枪已搁在脖子上了，只好举手投降。

◎(33)'　他见枪已搁在脖子上了，只好举手投降。

○(34) 因为寻找不到丈夫，她失声痛苦，她的哭声过于凄惨，感动了天地，终于使城墙崩裂而现出她丈夫的尸骸。孟姜女<u>见到</u>丈夫已死，悲伤过度，最后投海自尽。

◎(34)' 因为寻找不到丈夫，她失声痛苦，她的哭声过于凄惨，感动了天地，终于使城墙崩裂而现出她丈夫的尸骸。孟姜女<u>见</u>丈夫已死，悲伤过度，最后投海自尽。

の場合も、(30)、(30)'および(31)、(31)'と同様に、客体が名詞的成分ではなく一つのコトガラを表わしており、このコトガラを理解した結果としての反応が後件で述べられているため、「見」を用いる方がbetterである[13]。従って、例えば

(35) 你<u>见到</u>他了吗？ ― 没<u>见到</u>。

のような「见到」の表現においては、「他」のような名詞的成分を客体とする方がふさわしいのに対し、

(36) 你<u>见</u>他来了吗？ ― 没<u>见</u>他来。

のような「见」の表現においては、コトガラを表わす「他来」のような成分を客体とする方がふさわしい。(35)の「见到」から「−到」を削除した

(35)' 你<u>见</u>他了吗？ ― 没<u>见</u>。

は自然な表現として成立はするが、「见」は"见る"ではなく、"会う"を表わすこととなる。一方、(36)の「见」に「−到」を附加した

?(36)' 你<u>见到</u>他来了吗？ ― 没<u>见到</u>他来。

は不自然である。これは、(36)'の「见到」は"见る"を表わすが、「你见到他来了吗？」は、通常は「你见到他了吗？」あるいは「他来了吗？」のいずれかによって尋ねられるべき内容が一つになってしまっているためである。(36)'は、特に「他」を取り立てる意図がある場合、例えば相手に対して「彼が来たかどうか」について確認するような場合を除いては用いられない。また、例えば

(37) <u>见到</u>他，替我问个好。

(38) 你要<u>见到</u>了张主任的话，就告诉他一声。

においては、それぞれの後件が「替我向他问个好」、「就告诉张主任一声」と同じコトガラを表わしており、これらのコトガラを直接構成する前件の成分は、「他」、「张主任」である。従って、前件における客体の情報価値は動作よりも高く、「见到」を用いる方がbetterである。一方、

○(39)　也许是因为他不想见到我，所以他没有来。
◎(39)'　也许是因为他不想见我，所以他没有来。
の場合、"(私に)会いたくなかった"から"(彼が)来なかった"のであるため、二つのコトガラは原因・結果の関係を通じて対比されていると考えられる。このため、客体である「我」に表現の比重を置いた(39)よりは、「-到」を用いない(39)'の方が better である。同様に、
○(40)　我送你一个礼物，你见到了准喜欢。
◎(40)'　我送你一个礼物，你见了准喜欢。
の後件においては、"見る"ことと"気に入る"ことは条件・結果の関係を通じて対比されているため、「見到」よりも「見」を用いる方が better である。

2.2.　「見到」、「見」と表現の他動性
　無情物がコトガラのテーマとなっている場合には、以下のように、「見到」よりは「見」を用いる方が自然である。
○(41)　三轮汽车最近不常见到了。
◎(41)'　三轮汽车最近不常见了。
　(41)'の「常見」は、"よく見かける＝多く見かける＝多い"という一つのまとまった概念を表わす形容詞的な成分であるため、「不常見了」は「不太多了」と同様に"あまり見かけなくなった＝少なくなった"という状況の変化を表わすこととなる。このため、(41)'は動作ではなく状況変化を表わす表現であり、感覚主体としてのヒトは表現の背後に後退しており、コトガラは「見」と「三轮汽车」の二者で構成されているということができる。一方、(41)においては、結果補語「-到」が存在することによって「見」は動作の過程を表わす成分としての性格を帯び、主体の存在が(41)'よりも強く感じられる。かつ、「不常見到了」の部分は、主体自身が「三轮汽车」をあまり見かけなくなったという個別の状況変化を表わしている点において、(41)'の「不常見了」が一般的な状況変化を表わしているのとは異なる。(41)が表わすコトガラを構成する成分としては「見」、「三轮汽车」のほか、さらに主体が存在することが意識されるため、(41)は(41)'よりも他動性が高い表現であるということができる[14]。無情物「三轮汽车」をコトガラのテーマとする(41)、(41)'においては、話者の視点が「三轮汽车」に置かれているため、通常は一般的な状況変化について述べる表現と解される。しかし、このこ

とと、無情物「三轮汽车」に視点を置いて「不常见到了」の形式で個別の状況変化を表わそうとすることとの間には矛盾が生じるため、(41)は(41)'よりも整合性が劣ると考えられる。(41)、(41)'と同様に、

〇(42) 车已经见不到了。　　◎(42)' 车已经不见了。

を比較した場合も、「见」を用いた(42)'の方が better である。(42)'の「不见了」は、"见えなくなった"こと、すなわち"視界内に存在しなくなった"ことを表わす。そして、"存在しなくなった"ことを表わし、かつ、動作主体の存在が意識されないという点において、「不见了」は「没有了」と共通点を有する。黄前掲書 p.164 は、

(43) 铅笔不见了。

における「不见了」は、いままでは見えていたはずのモノが見えなくなったことを表わし、「见」自体は対象の視界内存在の認識を意味しており、このような場合には、感覚主体は背景化され主体の視覚の関わりは表わされない、としている。(41)'、(42)'、(43)はいずれも、無情物である「三轮汽车」、「车」、「铅笔」の視覚内存在について述べた表現であり、感覚主体としてのヒトは、

(44) 铅笔没有了。

の場合と同様に、コトガラの成立に不可欠の要素ではないと考えられる。これに対し(41)、(42)においては、表現には含まれていない感覚主体の存在が感じられ、その主体が「三轮汽车」、「车」を目にすることができなくなったという個別の状況変化が表わされているため、主体がコトガラを直接的に構成する要素となっている。「见到」の表現が主体の存在を含意することは、さらに以下のような表現例を見れば一層明白となる。

〇(45) 那个人常见到吗？ ― 常见到。

は、主体の存在を前提とする表現であるため、主体「你」を加えて

◎(45)' 那个人你常见到吗？ ― 常见到。

とする方が better である。また、

(46) 这样的人很少见到。

は感覚主体の存在を含意するため「这样的人我们很少见到」に近い内容を、

(46)' 这样的人很少见。

は主体の存在を含意せず、"このような人は少ない"という一般的状況を表わすため、「这样的人很少」に近い内容をそれぞれ表わすこととなる。さらに、

〇(47) 我就认识几个叫爱国的。对了，怎么见不到叫改革、开放的人呢？

◎(47)′我就认识几个叫爱国的。对了，怎么不见叫改革、开放的人呢？
の場合も、(45)、(45)′〜(46)、(46)′と同様の理由によって「見到」よりも「見」を用いる方が better である。(47)′の「不見」は、(42)′(43)の場合と同様に「没有」の意味に近い内容を表わし、感覚主体の存在は問題とはされていない。これに対し(47)においては、「見不到」が動作を表わす成分としての性格を有しており、(47)′における「不見」よりも、客体である「人」との結びつきが強い。

「見到」と「見」との間には以上のような相違が存在するため、例えば
(48)　街上見不到人影儿。　　(48)′街上不見人影儿
の両者を比較すると、(48)はある特定の時点における町の一時的な状態、すなわち個別のコトガラについて述べた表現となるのに対し、(48)′は町の恒常的な状態、すなわち"町には(いつも)人の姿が見えない＝町は(いつも)静かだ"という内容を表わす表現となる。(48)′が表わす内容は通常はあまりあり得ないコトガラであるため、例えば「已」を加えて
(48)″街上已不見人影儿。
のように、"(時間の経過とともに)町にはすでに人の姿が見えなくなった"という内容を表わす表現とすると、より自然となる。このため、(48)′は(48)よりも時間の流れとの関わりが疎であり、他動性も低いと考えられる[15]。

2.3.　「見到」、「見」と表現の視点
前節で述べたように、「見到」の表現は主体の存在を前提としているが、このことは、話者の視点が主体の側に置かれているということと表裏一体をなしている。例えば
(49)　小姑娘没有停止前进。我用力拉扯，挣脱，藤条越缠越紧。小姑娘已经不见了。
においては、話者(＝主体「我」)の側の原因ではなく、「小姑娘」が歩いて「我」から遠ざかった結果として「小姑娘」の姿が見えなくなったことが述べられており、このような場合には「不見了」が用いられる。「小姑娘没有停止前进」、「小姑娘已经不见了」のいずれにおいても話者の視点は「小姑娘」に置かれ、後者においては「车已经没有了」の場合と同様に、感覚主体である「我」が表現の背後に後退している。一方、(49)の「不見」を「見不到」に置き換えた

*?(49)' 小姑娘没有停止前进。我用力拉扯，挣脱，藤条越缠越紧。小姑娘已经见不到了。

の場合、「小姑娘」が主体であって「见不到」の客体が別に存在することとなり、「没有停止前进」の結果として「小姑娘」の姿が見えなくなったという内容との間に矛盾が生じることによって非文もしくは不自然な表現となるのである。また、

　　（50）越走越远了，村前的大树已经见不到了。

においては、表現には含まれていない動作主体が遠くに歩いていった結果として「村前的大树」が見えなくなったのであり、「走」、「见」は同じ主体により行われる動作であるため、「见不到」が用いられている。後件の「村前的大树已经见不到了」においては感覚主体に視点が置かれ、その視点からコトガラが描写されている。このような場合に「不见」を用いて

　？(50)' 越走越远了，村前的大树已经不见了。

とすると、後件の「不见了」は、「村前的大树」が存在しなくなったことを表わすため[16]、主体に視点を置いてその動作を表わす「越走越远了」と、「村前的大树」に視点を置いて感覚主体の存在を問題としない「不见了」との間に矛盾が生じることによって非文もしくは不自然となる。(50)'と同様に、

　　（51）我出来时，车已经不见了。

においては、前件の「我」は、後件の「车已经不见了」というコトガラを直接的に構成する要素ではない。「车已经不见了」は、前件のコトガラが起こった時点における状況変化であり、「车已经没有了」と同様に、これだけで一つの完結したコトガラ、すなわち、前件とは別個のコトガラを表わしているのである。(51)の「不见」を「见不到」とすると、「见不到」が「出来」と同様に「我」の動作として位置づけられることとなって矛盾が生じるため、非文となる。また、

　　（52）他前天回山东去了，你见不到了。

は自然な表現として成立する。「见不到」の客体は「他」であり、後件における話者の視点は、

　　（52）' 他前天回山东去了，你见不到他了。

の場合と同様に、主体である「你」に置かれている。これに対し、

　　＊(52)" 他前天回山东去了，你不见了。

は非文である。これは、「你不见了」が「あなたの姿が見えなくなった」とい

う内容を表わすため、前件の内容とは合わないことによる[17]。

　以上のように、「見到」の表現が表わすコトガラには、表現中には含まれていなくても感覚主体が関わっているのに対し、「見」の表現の場合には必ずしもそうではなく、感覚主体が存在するか否かにかかわらずコトガラは成立する。このため、「見到」の表現は「見」の表現に比べ、動作表現としての性格がより強いということができる。これに対し、「見」の表現は「見到」の表現に比べると動作表現としての性格が弱く、動作・非動作のいずれを表わす場合にも用いることができる。また、前述したように、「見到」の表現においては、「看」に比べると結果よりの動詞である「見」が、「−到」をともなうことによって、動作の過程を表わす成分としての性格を帯びると同時に、感覚主体の存在をも含意することとなり、表現全体の他動性が高くなっている。このことは、動作の実現を表わす結果補語「−到」がいわゆる他動詞に附加されるということと符合する。「見」の表現は「看」の表現に比べると他動性が低く、主体の意志とは無関係に映像が目に入ることを表わすことができるが、「見到」の形式をとることで他動性が高くなり、主体から客体に向けての単方向的な動作を表わすようになるのである。「見」が「−到」をともなわない場合には、①"(ヒトに)会う"という双方向的な動作、②客体の映像が自然に感覚主体の目に入ってくること＝客体の映像が主体に向けて単方向的に入ってくること、③感覚主体の存在を問題とせずに、"見える"状態として、すなわちヒトやモノが視界内に存在すること、のいずれかとしてコトガラを表わす。①〜③はいずれも、主体から客体への単方向的な動作ではないという点で共通している。「見」が「−到」をともなうことによって生じる上記のような変化は、「看」が「−見」をともなって「看見」のカタチになる場合に生じる変化とは正反対である。「−見」は感覚動詞に後置され、前の動詞が表わす動作の意義から意志性を失わせて、無意志動詞にするという働きを有するが、意志性を失うということは、コトガラに対する感覚主体の関与がその分だけ弱まる、すなわち他動性が低くなるということである。黄前掲書p.171は、感覚動詞に後置された「−見」が用いられている表現においては、視覚の要素は消失し、感覚機能が達する範囲内の対象存在の認識を示すものであり、

　　(53)　听见了鸟叫声。

においては、鳥の存在認識が表現され、主体的感覚の関与は背景化されているとしている。(53)を日本語に置きかえると"鳥の鳴き声が聞こえた"と

なるが、これは"鳥の鳴き声がした"と同様に、感覚主体の存在を排除もしくは後退させた表現であり、一種の現象を表わしているということができる。同様のことは、「－見」が視覚動詞の「看」に後置された場合にもあてはまる。「看」は主体の意志による動作を表わし、動作の結果を含意しない動詞であるという点において動詞「見」とは異なる。かつ、コトガラを構成する成分としての主体(有情物)が不可欠であり、表現中に主体が含まれていない場合でもそれを補うことが可能である。従って、「看」という動作は、客体よりも主体との結びつきの方がより緊密であるということができる。このことを端的に示す表現例としては、

  (54) 他不看了。   (55) 他不見了。

が挙げられる。(54)、(55)はそれぞれ、"彼は見ないことにした"、"彼(の姿)が見えなくなった"というコトガラを表わすが、(54)の「他」は動作主体であり、「不看了」は「看」という動作を行わないという「他」の意志であるのに対し、(55)の「不見了」は"(彼の姿が)見えなくなった"という状況変化であり、一種の現象である。このことから、動作主体は、「看」という動詞にとっては常に必須項であるのに対し、「見」にとっては必ずしもそうではないということが明白である。一方、「看」は、主体が客体を目でとらえようとする意志的な動作であり、視線の到達点である客体の必須度は「見」の場合ほど高くはないと考えられる。このように、同じく視覚動詞であっても、「看」、「見」の間には、コトガラにおける主体、客体との関わりの強さにおいて相違が見られる。このため、「－見」が結果補語として「看」に後置される場合にはコトガラにおける客体の必須度が高くなり、その分主体の必須度が低くなることによって表現の他動性も低くなるのに対し、「見」に「－到」が附加される場合には、コトガラにおける主体の必須度が高くなることによって表現の他動性も高くなると考えられる。このことは、「看」に「－見」が後置される場合には、主体から客体に向けての動作の方向性が弱まるのに対し、「見」に「－到」が附加される場合にはそれが強まり、感覚主体に視点を置いた表現としての性格が強まるという現象として現れる。

3.「見到」における「－到」の働き

　本章においては、「見到」の表現に見られる「－到」の働きの諸側面と、日本語の"見る"および"会う"との相違について考察をすすめる。

3.1. 客体をとりたてる「見到」

前述したように、「見到」、「見」の相違は、必ずしも日本語の"見る"、"会う"の相違に対応するわけではなく、(26)、(27)のように、「見到」が"会う"ことを表わす場合が存在する。この場合には「見」が"会う"という動作を行なおうとする過程の段階を、「-到」がその動作の実現段階を表わす。また、これとは反対に、(30)'〜(34)'、(36)、(40)'のように、「見」が"見る"ことを表わす場合も存在する。このように、日本語において"見る"、"会う"という異なった語によって表現される動作は、中国語では「見」という一つの語により表現することができる。このため、「見到」、「見」という表現形式の相違が、(1)、(1)'のように"見る"、"会う"の相違となる場合だけでなく、さらに以下のような相違が生じる場合もある。(1)は、1.1で述べたコトガラを表わす場合に用いることができるほか、例えば"普段はなかなか外国人を見る機会がない"という前提のもとで、"外国人の姿を見ることができた"というコトガラを、話者の意外な気持ちとともに表現することができる。同様に、(9)も、例えば"田舎から初めて北京に出てきた人が、天安門広場で(普段は見ることのない)外国人の姿を目にした"ことを前提として用いることができる。(1)、(9)はいずれも、客体を目にしたことに対して話者が意外に感じたというニュアンスを含むと同時に、「外国人」に対する関心、興味をも含んだ表現となっている。(9)は客体を置き換えて、例えば

(56) 我今天在天安門广场见到了伟大領袖毛主席。

のような表現とすると、「毛主席」は通常はなかなかその姿を見ることができない人物であるため、話者の客体に対する関心の高さ、表現における客体の比重が主体よりも重いことが容易に理解される。「見到」の表現はまた、主体があらかじめ"見たい"と感じていた客体を目にすることを表わす場合がある。例えば

(57) 我一天一天地等，等到第六天才见到他。

においては、"彼に会いたい"という意志を話者がはじめからもっていたことが明白である。(57)から「-到」を削除すると非文となる。同様に、

(58) 今天能见到各位先生，我感到很高兴。

は、後件の内容から、話者が以前から会うことを望んでいた可能性がある。しかし、仮にそのような意志がなくても、会えたことに対する肯定的な価値判断が発話時になされている点においては"会いたい"という意志が存在

する場合と同様であるため、「见」よりは「见到」を用いる方がbetterである。また、(38)は、例えば"張主任に大事なことを伝えたいので、会ったらぜひ伝えてもらいたい"のような話者の意志が含意される点で、「见」を用いた場合とは異なる。さらに、

  (59) 我还是第一次见到这么好的奖状呢！

においては、「这么好的」の部分が、「奖状」に対する話者の肯定的な価値判断を表わしており、「奖状」が"見るに値する"ものであることが明示されている。このため、(59)においては、動作そのものよりも客体の方に表現の比重が置かれているとみてさしつかえない。

 ところで、「见到」を用いた

  (60) 我在山里偶然见到过一只熊猫。

は、「偶然」が存在することからもわかるように、「我」の意志とは関わりなく「熊猫」を見たことを表わしている。また、「-到」が存在することにより、「熊猫」を見たことに対する話者の意外な気持ちを含んでいるという点において(1)、(9)と共通している。偶然のコトガラを表わす(60)のような表現の存在は、一見したところ、主体の意志によるコトガラを表わす(57)、(58)における「-到」の働きとは矛盾するように見える。しかし、稀少動物である「熊猫」を目にすることは通常の状況下ではなかなかあり得ないため、(60)においては、話者の「熊猫」に対する興味や関心が存在する、すなわち"見るに値する"という肯定的な価値判断が発話時になされていると考えるのが自然である。この点において、(60)は、(1)、(9)および(56)、(59)と同様の性格を有する。さらに、

  (61) 我今天见到了王老师。

は、例えば"王先生に質問しようと思っていて、以前から会いたいと思っていたところ、今日会うことができた"ことを前提とした表現としても、"私は今日偶然に王先生を見かけた"ことを前提とした表現としても用いることが可能である。このことは、「见到」の表現が、①主体が"見たい、会いたい"という意志・目的をもって見た(会った)こと、②主体が予期せずに偶然に見た(会った)こと、のいずれを表わす場合にも用いられることを意味する[18]。「-到」の働きは、①の場合には動作の単方向性を明示するという側面が前面に出ているのに対し、②の場合には客体をとりたてるという側面が前面に出ていると考えられる。

3.2. 「見到」、「見」と"見る"、"会う"

1.1で見たように、「見到」は「見」に比べると、視覚動作である"見る、見かける、目にする"を表わす傾向がより強い場合がある。但し、このような「見到」、「見」の意味上の区別は絶対的なものではないため、「見到」が"見る"に、「見」が"会う"に、それぞれ常に対応するわけではない。「見到」と「見」との本質的な相違は、前者が主体から客体に向けての単方向的な動作を表わすのに対し、後者は主体・客体間の双方向的な動作、もしくは客体の映像が主体の目に単方向的に入ってくるという無意志の動作、あるいは非動作を表わす点にある。このような相違が存在することにより、(1)～(4)及び(1)'、(5)～(6)における「見到」、「見」が、それぞれ"見る"、"会う"を表わす結果となっているのである。

日本語において"見る"、"会う"という別個の語によって表現される動作は、中国語においては「見」という一つの語によって表現することが可能である。また、前述したように、「見到」の表現における「-到」の働きは、"見る"、"会う"という事実のみを表わす「見」の概念を単方向的な動作に限定するほか、表現の他動性を高める効果や、話者の視点を主体に置く効果、客体をとりたてる効果を生ぜしめるなど、動作そのものを表わすこととは別個の二次的な要素を含んでおり、多面的である。これらの働きのうち、いずれが主たる働きとして表現に現れるかは、それぞれの表現全体の内容や話者の表現意図によって決定される。従って、中国語の「見到」、「見」の間に見られる相違は、日本語の"見る"、"会う"の間に見られる相違とは本質的に異なるものであり、「-到」が附加されることによって「見」の語彙的意味自体に変化が生じるわけではない。この点においては、例えば

(62) 我在北京吃到了北京烤鴨。
(62)' 我在北京吃了北京烤鴨。

の両者において、「吃」が表わす語彙的意味には何らの相違も存在しないということと同様である。また、日本語の"見る"、"会う"は、動作主体を必須項とするのに対し、中国語の「見」は必ずしもそうではなく、無情物をコトガラのテーマとする表現に用いられた場合には、動作主体は必ずしも「見」の項とはならない。しかし、「見」に「-到」が附加されると、動作主体が潜在的な項となり、「見」を用いた場合よりも表現の他動性が高くなる。さらに、日本語の"見る"、"会う"は、"～ヲ見る"、"～ニ会う"の形式をと

り、それぞれ、主体から客体に向けての単方向動作、主体とその相手との間で行われる双方向動作を表わす。これに対し中国語の「見到」は、主体から客体への空間的な、あるいは動作から結果への時間的な単方向動作を表わす働きはするものの、「見」との間に明確な語彙的意味の相違を有するものではない。

注
1) この点については、荒川清秀1981「中国語動詞にみられるいくつかのカテゴリー」『文学論叢(愛知大学)』p.22、荒川清秀1985「聞ク、見ルに対応する中国語について」『愛知大学外国語研究室報 第9号』p.1-2を参照。
2) 「-到」が表わす「動作の実現」については、成戸浩嗣2001「感覚動詞に後置される"-到、-見"(その2)」『愛知学泉大学コミュニティ政策学部紀要 第4号』愛知学泉大学p.171を参照。
3) 「看」の単方向性、「見」の双方向性については、黄利恵子2001「現代中国語における"見"の多義構造と統語的特徴」『多元文化 創刊号』名古屋大学国際言語文化研究科p.168を参照。
4) 輿水優『中国語基本語ノート』大修館書店1983　p.53
5) (19)の表現例および「看」の働きについては輿水前掲書p.53を参照。
6) 黄前掲書
7) 「我看了,但是没看到。」は、「見ようとしたが、はっきりとは見えなかった」という内容を表わす。この場合、客体は視界に入ってはいたが、視覚によってはっきりととらえることはできなかったこととなる。「看到」のこのような特徴については成戸2001前掲書p.168を参照。
8) この点については、黄前掲書p.166を参照。
9) 過程よりも結果が問題となる動詞である「見」に後置された「-过」は、動作の完成ではなく経験を表わす(黄前掲書p.165-166を参照)。
10) 荒川1985前掲書p.8は、「見到」の客体が文である形式は、単文、複文いずれに用いても不自然となるという調査結果を紹介している。
11) 黄前掲書p.167は、「見」は主体の経験に強く根ざした主体の感情・衝動・行動を引き起こす心理的誘因となる二次的要素を認識することを意味する、としているが、(31)'はこれにあてはまる。また、原田寿美子1997「小説内にみられる"見""看見""只見"等の用法について」『中国語学244号』日本中国語学会p.124-127は、「見」をはじめとする知覚動詞が複文中で果たす役割について考察をくわえている。
12) 荒川1985前掲書p.9-10は、複文中の従文(前件)において「見+文」の形式をとる表現が用いられると、「見」が明白に"見る"の意味と解される場合と、"みとめ

る、みてとる、気づく"の意味にずれてくる場合とがあることを指摘している。後者の場合、「見」は純粋な視覚動作ではなく、より抽象的な心理動作としての性格を帯びているということができる。
13) (30)'〜(34)'に対し、(10)の場合には、「前面走廊拐弯处走来几个穿白衣服的医生」という情景は、視線の到達点としての性格がきわめて強いため、「見到」を用いる方が適切である。
14) Hopper&Thompson1980「Transitivity in grammar and discourse」、『Language』Vol.56 No.2 p.251-252は、表現の他動性の高低を決定する10の意味特徴を挙げている。それらの意味特徴の中に「コトガラに関与する者の数」があり、コトガラの関与者が二つ以上の場合は一つの場合よりも他動性が高いとしている。
15) 同上。他動性の高低を決定する意味特徴としてはさらに、「時間的有限性(Punctuality)」があり、時間有限的なコトガラを表わす表現は、非時間有限的なコトガラを表わす表現よりも他動性が高いとされる。
16) (50)'の後件は、例えば「隔了三年回来一看,村前的大树已经<u>不见了</u>.」において用いられるのであれば自然な表現として成立する。
17) 「你不见了」は、例えば「一转眼你<u>不见了</u>,我只能一个人回去了.」のような表現に用いられると自然である。
18) 動作の実現が「主体が意図していた動作の達成」、「偶然の結果」のいずれである場合にも「V到」によって表現することができるという点については、平井勝利・成戸浩嗣1999「中国語の"V到"とこれに対応する日本語の表現」『言語文化論集 第XX巻 第2号』名古屋大学言語文化部・国際言語文化研究科p.108-109、成戸浩嗣1999「中国語の"V到"とそれに類する表現について」『愛知学泉大学コミュニティ政策学部紀要 第2号』愛知学泉大学 p.31 を参照。

[本文中の用例について]

本文における用例のうち、具体的な文脈が参考となるものの出典については、以下の通り。
(2) 「命运」1979.杨匡满、郭宝臣《全国优秀报告文学评选获奖作品集》人民文学出版社 1981
(3) 「拣麦穗」1979.张洁《中国现代文学作品选读(下册・当代部分)》华东师范大学出版社 1987
(4) 「陈奂声上城」1980.高晓声《中国现代文学作品选读(下册・当代部分)》华东师范大学出版社 1987
(31)' 高宁 编著《日汉互译教程》南开大学出版社 1995
(34)' 平井勝利『中国語中級コース』白帝社 1986
(49) 「人啊,人」1980.戴厚英 花城出版社

"怕"类词的句法功能及其扩展机制

古川 裕

> 提 要：现代汉语词汇系统里有一组结构内部包含语素"怕"的词语，如"怕"、"害怕"、"可怕"、"怕人"、"哪怕"、"恐怕"、"怕是"等。本文试图对这些"怕"类词的语法特点以及功能上的异同进行研究和分析，并对各种"怕"类词之间的内在联系及其扩展机制加以解释。
>
> 关键词："怕"类词、主体的背景化和客体的前景化、结构主语和言者主语、主观化和语法化

1. 引言

在开始讨论具体的问题之前，我们先看一下几个例子。比较：

（1） a 这么多菜，他怕我一个人吃不了。
　　　b 这么多菜，我怕他一个人吃不了。
　　　c 这么多菜，他恐怕一个人吃不了。
　　　d 这么多菜，恐怕他一个人吃不了。

（1a）和（1b）因为"他"和"我"的位置正相反，是互不相容的对立关系；（1a）和（1c）表面上有一个的共性，即这两个句子的主语都是"他"，只有（1b）的主语是"我"。虽然如此，好象有共性的（1a）和（1c）这两个句子意思却完全不一样；和（1c）意思相通的不是（1a）而恰恰是（1b）。这是为什么呢？另外我们还要注意，（1c）里的"恐怕"还可以从主语后面挪到主语"他"的前面去，也就是说，在保持语义不变的前提下，（1c）可以变换为（1d）。这又是为什么？

下面一对例句也很有意思，试比较：

（2） a 他爱人特别害怕。
　　　b 他爱人特别可怕。

（2a）和（2b）这两个句子表面看来很相像，主语都是"他爱人"，所不同的一点是（2a）的谓语是"害怕"，而（2b）的谓语是"可怕"。有意思的是，在这两个相像的句子里主语名词"他爱人"的语义角色正好相反：在（2a）里"他爱人"是感到害怕的亲身经验者，也就是说"怕"的感受主体（experiencer）；

在（2b）里"他爱人"是使人感到害怕的对象，也就是说"怕"的感受起因（causer），因为有他爱人，别人（也许包括"他"在内）才会感到害怕。为什么会发生这样有趣的语言现象？

还有一个有关联性的问题就是连词"哪怕"的语义功能，例如：

（3）碰一碰运气吧，哪怕是百分之一的可能性！（语料库）

在这里"哪怕"为什么已不表示"怕"的典型意思而表达别的意思了呢？

我们可以肯定地说，在这里起着关键作用的一定是"怕"字，说得更准确些应该说，起关键作用的就是那些结构内部包含动词性语素"怕"字的词语，如"怕"（1a，1b）、"恐怕"（1c，1d）、"害怕"（2a）、"可怕"（2b）和"哪怕"（3）等。为了讨论的方便起见，本文把这些结构内部包含语素"怕"的词语叫做"怕"类词。那么，我们所面临的问题可以概括为如下几点："怕"类词都有哪些具体的成分，它们都有哪些语法特点？为什么一个"怕"字就能够派生出这么多"怕"类词来？所属词类不同的"怕"类词之间到底有哪些功能上的异同以及内在联系？为了回答这一系列的问题，本文准备应用句式语法（construction grammar）的观点来进行研究。

2. "怕"类词

2.1.

现代汉语词汇系统里有一组结构内部包含自由性语素（free morpheme）"怕"字的词语，即本文所谓的"怕"类词。根据语法以及语义功能，"怕"类词可以分为如下几种词类，每个词类具体的成员大致如下：

（一）动词："怕"、"害怕"、"惧怕"、"惊怕"、"生怕"、"只怕"等。

从构词法的角度来看，动词性"怕"类词还可以分成三个小类。

i "惧怕"、"惊怕"、"恐怕"是并列式合成词。

ii "生怕"、"只怕"是偏正式合成词。这里"生"字修饰一些消极意义的语素，比如"生疼"、"生冷"等，表示程度深。

iii "害怕"算是跟"害羞"、"害臊"、"害苦"、"害病"等一类的固定结构，这里"害"字表示产生不安的情绪或引起不好的结果。

（二）形容词："怕"、"害怕"、"可怕"、"怕人"、"怕事"、"怕生"、"怕羞"、"怕臊"等。

i "可怕"跟"可喜"、"可气"、"可怜"等一样是"可V"型形容词。

ii "怕人"是歧义结构，一个意思是见人害怕，跟"怕老婆/怕老虎"是

一个类，另一个意思是使人感到害怕，跟"气人、喜人、烦人"一样都属于"V人"型形容词[1]。

iii "怕事"和"怕生"分别是"怕发生事情"、"怕见生人"的意思，算是述宾式合成词，也可以看作是动词"怕"带宾语的词组形式。

iv "怕羞""怕臊"和"害怕"、"害羞"、"害臊"之间有构词法上的互换联系。

（三） 副词："怕"、"恐怕"、"怕是"等。

关于"怕是"的"是"字，本文将在5.2节加以分析。

（四） 连词："哪怕"

"哪怕"可以看做是由疑问词"哪"修饰动词"怕"的偏正结构凝固成而成立的固定形式。详见下文4.3节。

2.2.

高增霞2002曾把"怕"字看成"担心－认识（apprehensionnal-epistemic）情态词"，认为"怕"的用法和意义可以分成如下四种（下面例句均引自高增霞2002）：

Pa: 害怕（动词）

（4）小偷儿怕警察。

Pb: 疑虑担心（动词）

（5）小汶见他脸上红扑扑的，怕他已受了凉，又给他添了件外衣。

Pc: 既表担心又表推测（副词）

（6）你去的话，怕有生命危险。

Pd: 猜测（副词）

（7）老没见赵老师露面，怕是叫外国请去演讲了。

高增霞2002通过句法以及语义方面的种种验证来主张"怕"的这些意义和用法之间有一个语法化链，即"怕"的语法化过程是：Pa → Pb → Pc → Pd。我们觉得高文这个论证很成功，结论也是很有说服力的，本文基本上同意她这个看法。不过，与此同时，我们还是要指出至少还有两个问题没有解决，需要我们进一步去研究：

第一，高文没有谈到，动词"怕"除了Pa和Pb以外还有一个非典型用法，表示"禁受不住"（《现代汉语八百词》释义）。例如：

（8）a 这种蓝布怕晒。（八百词）

  b 这个纸箱子怕压。(八百词)
  c 这种材料怕潮。(语料库)
  d 这种油菜,既怕涝,又怕旱。(语料库)
我们认为,要全面了解动词"怕"的话,这种非典型的用法也不能忽视,需要对此做一个合理的解释。

第二,高文只谈到动词用法和副词用法的"怕",没有谈到"怕"类词的形容词性成分(比如"可怕、怕人"等)和连词性成分(比如"哪怕")。我们认为这些非动词性"怕"类词也可以解释为由典型性"怕"字扩展而来的。关于这两点,我们将在下文再来正面讨论。

3. 动词"怕"的典型用法

  顾名思义,我们认为最有资格代表"怕"类词的词应该是动词"怕",换言之,动词"怕"是"怕"类词的典型性成分(prototype),其他词类以及其他用法的"怕"类词都可以看做是由这个典型"怕"字通过某种机制扩展而产生的非典型性表现。因此我们还是先从动词"怕"的基本用法着手进行研究。

  从语法功能来看,动词"怕"以及它的派生式动词"害怕"等都是谓宾动词,可以不带宾语(句式A),也可以带宾语。带宾语的时候,既可以带体词性宾语(句式B)也可以带谓词性宾语(谓词性宾语包括词、词组和小句形式,句式C)。在这三种基本句式里,主语的语义角色是在自己心里感到害怕这一感受经验的主体(感受主体 experiencer)。因为是感受主体,按道理来说,这个主语当然不能由没有感情的东西来充当,只能由有感情的、生命度(animacy)高的人或动物才可以充当,除非是拟人用法(如下例13)。为了注意这一点,在下面的讨论中有必要的时候我们把此类主语叫做"感受主体主语(experiential subject / Ex-Sbj)"。宾语的语义角色是 Ex-Sbj 感到害怕的起因(感受起因 causer)或者是 Ex-Sbj 在自己心里所害怕的内容(感受内容 content),这个宾语成分既可以是实体(entity / 由体词性宾语充当,句式B),也可以是事件(event / 由谓词性宾语充当,句式C)。从语义上来说,宾语的内容一般都是不如意的,不受欢迎的,不希望实现的,具有消极意义的实体或事件。在句式A和B里,动词"怕"一般表示"害怕,畏惧"的意思;在句式C里,即动词"怕"带谓词性宾语的时候,动词性"怕"类词一般要表示"担心,不安"的意思。用 Sbj 来表示"怕"的主语,用 Obj 来表示"怕"

所带的宾语的话，那么包含动词"怕"的句子可以概括为如下三类句式，这就是动词"怕"的典型用法：

  句式 A [Ex-Sbj + "怕"]："怕"表示"害怕、畏惧"义。

  句式 B [Ex-Sbj + "怕" + Obj（体／entity）]："怕"表示"害怕、畏惧"义。

  句式 C [Ex-Sbj + "怕" + Obj（谓／event）]："怕"表示"担心、不安"义。

由各类句式实现的例子分别如下：

[句式 A] 的例句

  （9）妻子怕极了，她一遍遍问我："她们在干吗呀？她们在干吗呀？"（语料库）

  （10）一个人摸黑走路你怕不怕？（八百词）

  （11）饭后我回到房里把二哥新买来的英文本《复活》翻开读了几十页。我忽然害怕起来。（家）

  （12）谁知他越躲就越受气，城市的孩子欺软怕硬，见他害怕了，服软了，对他就欺侮得更厉害了。（语料库）

[句式 B] 的例句

  （13）老鼠怕猫，猫怕狗，狗怕人，人怕天，天怕云彩，云彩怕风，风怕墙，墙怕老鼠，老鼠怕猫，……（童谣，高增霞 2002 例句）

  （14）他怕的不是她的职务，而是她的人格，她的灵魂。（赤橙）

  （15）可是不怕一万，只怕万一，任何意外的情况都是可能发生的。（中年）

  （16）"你为什么这样害怕太太？其实太太也并不怎么凶。她近来还常常骂你吗？"觉慧含笑道。（家）

  （17）我惧怕过去的噩梦，我缺少像你那样的勇气。（中年）

[句式 C] 的例句

  （18）"拈轻怕重"、"欺软怕硬"（固定词组）

  （19）"别急。不怕慢，只怕站。我们就这样不停地走，误不了事。"（语料库）

  （20）我这次大病过后不晓得为什么缘故，时时想到死。固然像我这样地活着还不如死了好，不过我却有点儿怕死。你想，活着是这样寂寞可怜，死了更不晓得会怎样寂寞可怜啊！（家）

  （21）佩服的是陆大夫手术漂亮，怕的是她要求严格。（中年）

（22）有一位朋友替我担心，怕我发狂。（家）
（23）"记者同志，不怕你笑话，夫妻两人总要亲亲热热吧。"（语料库）
（24）饭后我回到房里把二哥新买来的英文本《复活》翻开读了几十页。我忽然害怕起来。我不能够再读下去了。我怕这本书将来会变成我底写照。虽然我和主人公赖克留道甫底环境差得那么远。（家）
（25）这时妈肚子里头怀着二弟已经有七八个月了。爹很着急，怕她在路上辛苦，但是没有法子，不能不走。（家）
（26）"薄命"这个字不住地鞭打她的心，她在被窝里哭起来。声音很低。她害怕惊醒别人。（家）
（27）以前琴虽然主张剪发，但是心里还有点担心，害怕剪了发样子不好看。（家）
（28）"你为什么这样害怕太太？其实太太也并不怎么凶。她近来还常常骂你吗？"觉慧含笑道。"太太这一年多来到也不常骂我。不过我还是天天担心，时时刻刻都害怕会做错事情。"她低声答道。（家）
（29）我只要一生一世都在你身边就满意了。我有点害怕，我害怕梦做得太好了是不会长的。（家）
（30）我害怕我一开口，你们就会知道我的秘密，会责备我，不理我。（家）
（31）我也兢兢业业，生怕辜负了领导对我的责任。（语料库）
（32）"我希望能够如此。妈是不成问题的，她一定会答应我。只怕婆会反对。还有亲戚们也会说闲话。"（家）
（33）谁知过了一会儿他们又约了十多个同伴来，一定闹着要进去。我们的人恐怕他们捣乱，为了息事宁人起见，便放他们进去了。（家）

4."怕"的扩展（一）：主体的背景化和对象的前景化

4.1.

上文已经介绍过"怕"字还有一种非典型的扩展用法，例如（8）a"这种蓝布怕晒"、b"这个纸盒子怕压"、c"这种材料怕潮"、d"这种油菜，既怕涝，又怕旱"等。很明显，这里的"怕"字并不表示"害怕、担心"等"怕"字的典型语义，而表示"禁受不住"的意思。

需要注意的是，这些例句里"怕晒"、"怕压"、"怕潮"、"怕涝"、"怕旱"等包含"怕"字的谓语部分所负载的语义功能是描写和规定主语名词所具备的属性，语法功能上也开始带有形容词的性质了。用例（8a）"这种蓝布怕晒"

来说,"怕晒"是"这种蓝布"本身所带有的内在性质之一,说话人用"怕晒"来描写和规定"这种布"所具有的一个特点。由于"怕晒"带有性质描写的语义功能,因此可以跟它交换谓语位置的对立项一般是形容词,比如"这种布很贵／这种布非常漂亮／这种布不太结实,容易撕破"等等。换句话来说,"怕晒"本身已经获得了一定的形容词性,其一个具体证据是它完全可以受到程度副词的修饰,也可以用在比较句里,比如"这种布最怕晒／这种布比那种还要怕晒"等,这些语法性质都是形容词的共性。

我们在上一节里已经看过动词"怕"表示"害怕、担心"的那些基本句子里边,主语原来都是感受主体 Ex-Sbj。然而这些非典型的扩展用法的例子有一个共性,那就是主语都不是感受主体而是一个客体事物,其理由也很简单,这是因为这些例句说的都是某一个事物的内在属性的缘故。我们认为这是由于"动作主体的背景化"而发生的语言现象。例句"这种布怕晒"里边所潜在的语义关系是主动宾关系,即"(某人)晒这种布"。"这种布"原来是及物动词"晒"所支配的客体对象(受事 patient)。要注意,说"这种布怕晒"的时候,在说话人的认知领域里边"晒布"的动作主体(施事 agent)已经远远隐退到背景里去,至于到底是"谁晒这种布"已经不成问题而无人问津了,因此动作主体根本没有必要出现在表层结构上。因为有这样一个认知方面的动因(motivation),动词"怕"的主语位置由主体名词(施事)空出来,转让给对象名词(受事)了。动词"怕"的非典型用法可以概括为如下:

句式 D [Sbj(被描写的对象)+"怕Obj"]: 谓语"怕 + Obj"表示Sbj 的属性。

由上可见,离开了典型用法,"怕"的感受主体就可以不出现。那么我们就可以对下列例句里的"怕"字有一个新的看法:

(34)他很怕热。(八百词)
(35)病人怕着凉。(八百词)
(36)人怕出名,猪怕壮。(俗语)

以上这些例句的主语"他"、"病人"、"人"和"猪"都是生命度相当高的有生名词,虽然它们都有充分的资格当上感受主体,但是在这些例句里它们的语义角色并不是感受主体而是被描写的对象。"他很怕热"说的是他的一种个性,"怕热"是他的一个属性。"病人怕着凉"和"人怕出名,猪怕壮"算是俗话,说的都是一种人生道理,而不是说某个特定的"病人"、"人"、"猪"所经历过的感受经验。下面三个例子也应该看做是属于这一类句式的俗话性例

句：

(37) 世上无难事，只怕有心人。（俗语）
(38) 天不怕地不怕，就怕老外说中国话。（语料库）
(39) 俗话说："小伙子，五尺三，不怕棍，不怕鞭，就怕姑娘拿眼穿。"（语料库）

4.2.

"主体的背景化"同时意味着"对象的前景化"。主体越隐退，对象就越显现。形容词性"怕"类词，即"可怕"和"怕人"的主要作用也就在于"对象的前景化"。我们再看一下下面一组例句：

(2) a 他爱人特别害怕。 〈动词谓语句〉
　　 b 他爱人特别可怕。 〈形容词谓语句〉
　　 b' 他爱人特别怕人。 〈形容词谓语句〉
　　 c 他爱人使人感到特别害怕。 〈使动态动词谓语句〉

在这三个例句中，(2a) 的主语名词"他爱人"的语义角色和其它例子完全不同：如上文所述，动词"害怕"的主语代表感受主体，(2a) 是"他爱人对某一个事物或事件感到害怕"的意思；正好相反，形容词"可怕/怕人"的主语是"怕"的感受起因，(2b) 和 (2b') 是"因为有他爱人，别人对她感到害怕"的意思，这时主语"他爱人"表示"怕"这个心理感受的对象或起因[2)]。在保持语义不变的前提下，例 (2b') 还可以变换成 (2c)。这也能说明这里的"他爱人"自己并不感到害怕，而是"（别的）人"害怕她。综上所述，对形容词"可怕"和"怕人"来讲，唯一重要的论元是"怕"的感受对象，而不是"怕"的感受主体。说到这儿，我们可以把形容词性"怕"类词的谓语用法可以概括为如下句式：

句式 E［Sbj（感受对象）+ "可怕/怕人"。］

下面是形容词性"怕"类词（"可怕"、"怕人"）的实例：

(40) 如果大火蔓延开来，就会引起一系列大火，造成一场可怕的连锁大爆炸。（赤橙）
(41) 人是一切恶的中心，也是善的渊薮，人既是可怕的东西，又是可怜的东西！（赤橙）
(42) 一时屋里静悄悄的了，简直空洞得十分怕人。（语料库）
(43) 高妈喊了他一声："祥子！门口有位小姐找你，我正从街上回来，她

跟我直打听你。"等祥子出来，她低声找补了句："她象个大黑塔！怪<u>怕</u>人的！"祥子的脸忽然红得象包着一团火，他知道事情要坏。（祥子）

比如上例（40）"可<u>怕</u>的连锁大爆炸"，在这个偏正词组里当中心语的论元"连锁大爆炸"就是所"怕"的对象；又如（43）"她象个大黑塔！怪怕人的！"说的是，"她（虎妞）"那魁梧的身材使人感到"怕"，"她（虎妞）"就是"怕"的对象，余例类推。

4.3.

就构词的角度来看，"哪怕"是由疑问词"哪"修饰"怕"字而形成的偏正结构，语法功能是连词，用在复句里表达"假设和让步"的意思，如（3）"碰一碰运气吧，<u>哪怕</u>是百分之一的可能性！"。我们认为，连词"哪怕"可以解释为从动词"怕"的基本句式C的基础上扩展而来的。为了确认这一点，补充一下例句，前四例是"哪怕"放在前一个分句句首的例子，后四例是"哪怕"放在后续分句句首的例子：

（44）<u>哪怕</u>天气不好，也要去。（八百词）

（45）<u>哪怕</u>是刀山火海，我们也要救他们出来。（虚词词典）

（46）<u>哪怕</u>六平方米，五平方米也行，只要能搁下一张桌子。（中年）

（47）现实确实是这样的，发表一万字的短篇小说就能拿到一百五十元人民币。一行诗，不论其有几个字，<u>哪怕</u>只有一个"啊"，也一律能够卖到七角五分钱；画家们的神思也是如此。（语料库）

（48）我是人，愿意活着，我就不去死。<u>哪怕</u>被人捉到了笼子里。（语料库）

（49）"你不是说做梦都梦见回大学去吗？马上给学校写信，请求复学，<u>哪怕</u>重新上二年级。"（语料库）

（50）他时时盼望闯进一位要求住宿的不速之客，<u>哪怕</u>鼾声如雷，一口把冰箱里的食物吃光。（语料库）

（51）我们一定尽全力抢救病人，<u>哪怕</u>只有一线希望。（八百词）

由上可知，"哪怕"后面的成分也就是"怕"的宾语有两个语义特点：第一，所说的内容都不是现实存在的事情而都是假设的事情，而且为了强调修辞效果有些例子特意用比喻和夸张的说法，比如"只有百分之一的可能性"、"刀山火海"、"鼾声如雷"等。第二，"怕"的宾语所说的内容对另一个分句的内容来说都是不如意的，不希望实现的，不受欢迎的事情，比如说例（3）要碰

碰运气的话可能性越大越好，但是"只有百分之一的可能性"是一件很不如意的情况，例（51）为了抢救病人"只有一线希望"同样也是很不理想的情况。(44)"天气不好"、(47)"只有一个'啊'"、(48)"被人捉到了笼子里"、(49)"重新上二年级"、(50)"鼾声如雷，一口把冰箱里的食物吃光"也都是不希望实现的，不受欢迎的，不能容忍的事情。这样的语义特点正好和动词"怕"的典型用法，尤其是句式C（即"怕"字带谓词性宾语）的语义特点"担心、不安"是相吻合的：比如例（22）"有一个朋友替我担心，怕我发狂"，对朋友来讲"我发狂"是不希望实现的事情；例（25）"爹怕她在路上辛苦"，"（已怀孕的）女儿在路上辛苦"这个情况对她爹来说是不能忍受的，其他例子也都是一样的。与此同时还要注意，疑问词"哪"用在动词前的时候经常表示反问，用来传达否定的语气，比如说"哪有这样的事？"实际上要说的就是"没有这样的事"，那么很自然我们也可以了解"哪怕"实际上要传达的就是"不怕"的意思了。这样我们就可以合理地推测，例（3）"碰一碰运气吧，<u>哪怕</u>是百分之一的可能性。"，说话人想说的就是"假如只有百分之一的可能性，我也<u>不怕</u>，要碰碰运气。"的意思，余例类推。我们可以这样解释：连词"哪怕"是反问语气的疑问词"哪"字修饰动词"怕"（句式C）的偏正形式凝固下来而成立的，这也算是动词"怕"的扩展用法。其句式可以描写为如下F句式：

句式F ["哪怕" + Obj]：Obj 是假设命题

5. "怕"的扩展（二）：主观化和语法化

5.1.

本文 2.2 节已经介绍过高增霞 2002 用"主观化"这一观点来解释"怕"类词的副词用法。本文也同意她这个看法。高增霞 2002 说明："但是 Pc/d 的结构主语可以是 [＋无生] 的：(13) 这个瓜怕有十几斤。(《现代汉语词典》用例) 这个结构主语显然不是拟人用法，也显然不是"怕"的施事主语：即使"怕"的结构主语是有生的，也不能说就是其语义上的施事，如: (14)他说："信也命，不信也命，先生怕是有什么劫难吧？"（王彪《越跑越远》）这个"怕"不是"先生"担心什么、怕什么，而是说话人推测对方会有什么不好的事情发生。所以 Pc/d 实际是一个所谓的"高一层谓语"，其真正的词语（施事）不存在于句法结构中，而是指向命题以外的说话人，即言者主语（沈家煊 2001）。

这里最关键的新概念就是"结构主语structural subject（句子主语sentence subject）"和"言者主语speaker subject（言说主语utterance subject）"的区分。根据这个新的看法，我们对例（1）三个例句的情形可以做出一个比较合理的解释。再看一下有关例句：

(1) b 这么多菜，<u>我怕</u>他一个人吃不了。
　　c 这么多菜，他<u>恐怕</u>一个人吃不了。
　　d 这么多菜，<u>恐怕</u>他一个人吃不了。

在例（1c）中，"恐怕"传达的就是"我（即说话人）怕"的意思，因此我们可以认为（1b）和（1c）说的是一样的意思。因为情态副词"恐怕"指向的是说话人的主观判断，也就是所谓的"高一层谓语"，所以"恐怕"可以离开句中低一点的位置挪到比结构主语高一层的位置，那就是句首，这就是例（1d）。过去菲尔墨（1968）讲格语法（case grammar）的时候曾提出过这样一个看法：S（句子）→ M（情态）+ P（命题）。这就是说一个句子是表示说话人主观情态的部分（Modality）和表示客观命题的部分（Proposition）的有机组合，我们认为汉语的句子也可以这样看待。就拿以上三个例句来看的话，表示说话人主观情态的部分M就是"我怕"以及"恐怕"，表示客观命题的部分P就是"他吃不了"，这两个不同成分的组合关系（M + P）可以用下面的示意图来描写：

　　句子（Sentence） = 情态（Modality） + 命题（Proposition）
c 他<u>恐怕</u>一个人吃不了：句中"恐怕" + "他一个人吃不了"［句式G］
b <u>我怕</u>他一个人吃不了：句首"我怕" + "他一个人吃不了"［句式H］
d <u>恐怕</u>他一个人吃不了：句首"恐怕" + "他一个人吃不了"［句式H］

5.2.

我们曾经考察副词修饰"是"字情况时已经发现，情态副词（modal adverb）一般都可以修饰判断词"是"，比如"他<u>大概</u>真喝多了"可以加上"是"字说成"他<u>大概是</u>真喝多了"[3]。《现代汉语八百词》所举的例子"这一箱<u>怕</u>有五十斤吧"也可以说成"这一箱<u>怕是</u>有五十斤吧"。"怕"字做为副词用的时候可以修饰判断词"是"，这就是偏正结构式副词"怕是"的历时来源。语言事实也告诉我们，例（1）中的"恐怕"都可以变换为"怕是"，例如：

(1) c' 这么多菜，他<u>怕是</u>一个人吃不了。
　　d' 这么多菜，<u>怕是</u>他一个人吃不了。

"怕是"和"恐怕"一样都是情态副词，表达说话人对某一个命题抱有的主观判断，换言之，下"怕"这个判断的主体是说话人而不是结构主语。如果表示说话人的语言成分（即言者主语"我"）在句子表层上显现出来的话，句子就成为（1b）"我怕他一个人吃不了"，这时结构主语"我"同时也是言者主语；如果表示说话人的语言成分（"我"）不出现在句子表面而隐退到句子后面去的话，句子可以成为（1c）、（1d）或者（1c'）、（1d'）中的一个例子，在这些句子里"他"只不过是结构主语而不是言者主体（即不是"怕"的感受主体）。这样看来，"怕是"里边的"是"字可以看做是言者主体所剩下的痕迹。

值得注意的是，言者主语和结构主语只有（1b）的情况下才一致，反过来说，在其他情况下句中的结构主语并不代表"怕"的感受主体。比如下例（51）"您怕没有一个花甲吧"里的"怕"不是"您"所下的判断而是说话人对"您"下的主观判断。下面是同样的例子：

（52）"我还小呢，才七十一。您<u>怕</u>没有一个花甲吧？"（语料库）

（53）"鸣凤，快点摇，时间<u>怕</u>不早了。"（家）

（54）列车员不睬她，说："你们的行李<u>怕</u>超重了。过一下秤吧。"（语料库）

（55）不一会，觉得肚里空荡荡的，<u>怕</u>是饿了，他又翻起身，打开干粮袋。（语料库）

（56）水生看着阳春的背影，那长辫子在腰间拂来拂去的，一身花衣服要在别处<u>怕</u>是有些不适宜，可在绿水青山当中，却那么鲜亮，那么惹眼。（语料库）

（57）"明天我<u>恐怕</u>不能来。他们喊了泥水匠来给爷爷修假坟，要我监工。"（家）

（58）因为果真到了那个时候，我<u>恐怕</u>不能够活下去。（家）

（59）"如果真正做了大官，<u>恐怕</u>就会把你这个老婆子忘在九霄云外了，哪儿还记得起你？"（家）

（60）爹说了又哭，并且还说："我的病<u>恐怕</u>不会好了，我把继母同弟妹交给你，你好好地替我看顾她们。你的性情我是知道的，你不会使我失望。"我忍不住大声哭起来。（家）

（61）"这个时候穿棉袍子，太笑话了！我姐姐<u>恐怕</u>会疑心我有神经病。"（家）

（62）"我若是在赵家多住一两年，<u>恐怕</u>现在也见不到你了。"（家）

（63）外面谣言很多，今天晚上<u>恐怕</u>会发生抢劫的事情。（家）

（64）"还是回去，明天再商量别的办法罢。在这儿空等，<u>恐怕</u>等到天亮也没有用。"（家）

（65）"我们回去罢。天色不好，<u>恐怕</u>会下雨，"觉慧说，他注意到天空的黑云渐渐地聚拢了。（家）

（66）"你昨天不是把那几句话背得很熟吗？怎么上台就背不出来了。要不是朱先生提醒你，<u>恐怕</u>你还背不完嘞！"（家）

5.3.
　　我们认为，"怕"类词得到情态副词的语法功能是由典型性成分动词"怕"字经过脱范畴化（decategorization）或者说语法化（grammaticalization）达到的一个结果。一般来讲，语法化带来语法性质的磨灭化以及语义表达的漂白化（semantic bleaching），"怕"类词也不是例外。副词化"怕"类词已经丧失掉典型性"怕"字原有的不少语法性质，比如说动词"怕"可以否定也可以疑问：

（67）a　老鼠怕猫。

　　　b　老鼠不怕猫。

　　　c　老鼠怕猫吗？／老鼠怕不怕猫？

副词化的"怕"类词既没有否定形式也没有疑问用法，这是语法性质磨灭化的一个具体表现：

（68）a　这一箱怕有五十斤。

　　　b　*这一箱不怕有五十斤。

　　　c　*这一箱怕有五十斤吗？／*这一箱怕不怕有五十斤？

副词化的"怕"类词在语义上也呈现出漂白化的倾向：比如原型动词"怕"一般要带表示消极意义的不如意的实体或事件，比如"怕鬼、怕不及格"等；副词化的"怕"除了带不如意的成分以外还可以带感情色彩上中性的成分，甚至可以带表示积极意义的成分，比如：

（69）"三弟，你好象不快活。我晓得这几天很苦了你。他们把你关在家里，不要你出去。不过现在爷爷的气<u>恐怕</u>早已消了。再过两三天你就可以出去的。你要把心放宽一点。老是愁闷，<u>恐怕</u>会闷出病来。"她亲切地安慰我。（家）

上例（69）有两个副词化的"怕"，也就是说，句中有两个"恐怕"：第二个"恐怕"所带的"会闹出病来"确实是不如意的事情，但是要注意第一个"恐怕"所带的"爷爷的气早已消了"可能是一件值得欢迎的好事情。又如下例"在想姑娘"和"还没坐过卡车"并不是不如意的事情，是不好也不坏的一般性的事情：

（70）"看您这个人，大嫂就坐在眼前，思想还抛锚，您怕是在想姑娘吧，啊？"（语料库）

（71）"解副科长，您恐怕还没有坐过卡车吧？"（赤橙）

6. 总结

综上所述，"怕"类词所能构造的基本句式大致有如下八种：

句式 A〔Ex-Sbj ＋ "怕／害怕"〕

句式 B〔Ex-Sbj ＋ "怕／害怕" ＋ Obj（体／entity）〕

句式 C〔Ex-Sbj ＋ "怕／害怕" ＋ Obj（谓／event）〕

句式 D〔Sbj ＋ "怕Obj"〕："怕Obj"表示Sbj的属性，Sbj是描写的对象。

句式 E〔Sbj ＋ "可怕／怕人"〕：Sbj是"可怕／怕人"的对象。

句式 F〔"哪怕" ＋ Obj〕：Obj是假设命题。

句式 G〔句中位置的"怕／恐怕／怕是" ＋ 命题〕

句式 H〔句首位置的"我怕／恐怕／怕是" ＋ 命题〕

在这儿我们可以重新确认，"怕"类词的语法功能以及语义特征跟句法环境（句式）之间有一定的对应关系：句式A、B、C和D里的"怕"字属于动词，表示"害怕、畏惧"（A,B）、"担心、不安"（C）以及"禁受不住"（D）的意思；句式E的"可怕／怕人"属于形容词，表示"使人感到害怕"的意思；句式F"哪怕"是连词，表示"假如有假设命题，也不怕"的意思；句式G里的"怕／恐怕／怕是"属于情态副词，表示说话人的主观判断，表示"估计"的意思。这是"怕"字从典型意义变为扩展意义所经过的路径。

值得注意的是，随着从A式到H式这样一个句式的变化过程，"怕"的主语也发生相应的变化：原来在句式A,B,C里感受主体当结构主语，通过句式D,E的阶段感受主体要背景化，之后在句式F和G里"怕"的感受主体隐退到句子背后而"怕"字开始指向说话人（即言者主语）。最后在句式H里，说话人可以以"我怕"的"我"字来显现，也可以以"怕是"的"是"字来留下其痕迹。

注
1) 关于"可V"型和"V人"型形容词，参看古川裕 2003a 和 2003b。
2) 这里的"怕人"指的是"气人、喜人、烦人"之类的"V人"型形容词，而不是"怕老婆、怕老虎"的那一类。请参看本文 2.1 节。
3) 参看古川裕 1989、史金生 2003。史 2003 把这类副词叫做"语气副词"。

[例句来源]

（家）：巴金《家》。（祥子）：老舍《骆驼祥子》。（中年）：谌容《人到中年》。（赤橙）：蒋子龙《赤橙黄绿青蓝紫》。（现汉）：《现代汉语词典（增补本）》，中国社会科学院语言研究所词典编辑室编，2002 年，商务印书馆。（语料库）：大阪外国语大学汉语系编现代汉语电子版语料库。（八百词）：《现代汉语八百词（增订本）》吕叔湘主编，1999 年，商务印书馆。（虚词例释）：《现代汉语虚词例释》北京大学中文系 1955,1957 级语言班编，1982 年，商务印书馆。（虚词词典）：《现代汉语虚词词典》侯学超编，1998 年，北京大学出版社。

[参考文献]

高 增霞 2002.〈汉语的担心—认识情态词"怕"、"看"和"别"〉第十二次现代汉语语法学术讨论会（长沙，湖南大学）论文

古川 裕 1989.〈副词修饰"是"字情况考察〉《中国语文》1989 第 1 期

古川 裕 2003a.〈现代汉语感受谓词句的语法特点—"叫，让，使，令"字句和"为"字句之间的语态变换—〉《语言教学与研究》2003 第 2 期

古川 裕 2003b.〈词法和句法之间的互动及其接口—以"可怕/怕人"和"好吃/难吃"等句法词为例—〉《现代中国语研究》第 5 期

李 兴亚 1987.〈"怀疑"的意义和宾语的类型〉《中国语文》1987 第 2 期

沈 家煊 2001.〈语言的"主观性"和"主观化"〉《外语教学与研究》2001 第4期

史 金生 2003.〈语气副词的范围、类别和共现顺序〉《中国语文》2003 第 1 期

王 健慈 1997.〈汉语评判动词的语义类〉《中国语文》1997 第 6 期

张 宝胜 2002.〈再说"怀疑"〉《语法研究和探索（十一）》商务印书馆

张 伯江 2001.〈"怀疑"句式的语法化—语用动因和结构、语义变化—〉首届汉语语法化问题国际学术讨论会（天津，南开大学）论文

遠藤智子 2002.「要」と「怕」の認識の用法〉『日本中国語学会第 52 回全国大会予稿集』

木村英樹 2002.「中国語二重主語文の意味と構造」『認知言語学Ⅰ：事象構造』東京大学出版会

輿水 優 1996.「怕」『続中国語基本ノート』大修館書店

C.J.Fillmore，胡明扬译 1968."格"辨（The Case for Case），《语言学译丛（二）》中

国社会科学出版社　1980

Traugott, E.C. 1995. Subjectification in grammaticalization, in D.Stein & S.Wright (eds.) *Subjectivity and subjectivization,* Cambridge U.P.

Viviane Alleton 1994. Some remarks about the Epistemic Values of Auxiliary Verbs YINGGAI and YAO in Mandarin Chinese, in *Interdisciplinary Studies on Language and Language Change* : in honor of Willam S-Y. Wang, Pyramid Press, Taipei.

（日本・大阪外国语大学；中国・北京大学汉语语言学研究中心）

现代汉语方位成分的语法地位*

On Grammatical Positions of Locative terms in Mandarin Chinese

方　经民

提　要：方位词作为一个语法范畴，其词类地位和范围是有争议的。这些争议主要表现在以下几个方面：第一，方位词是一个独立的词类，还是名词的次类或名词的附类；第二，方位词和处所词、时间词处于什么关系；第三，前加的"东、南、西、北、前、后、左、右、上、下、里、内、外"是方位词还是区别词。第一个问题涉及到对方位词的语法功能的认定，而后两个问题是跟对第一个问题的认识联系在一起的。本文首先以第一个问题为中心，介绍几种有代表性的观点，然后从语法、语义、语用三个平面的角度对各家观点加以评述，最后从语法、词汇、语音互相关联的角度，联系现代汉语方位成分中构词成分和成词成分的区分，方位组合里词法结构和句法结构的对立，方位短语中句法结构和韵律结构的乖违等问题，分析讨论各类方位成分的语法地位。

关键词：方位成分、语法地位、词法结构、句法结构、韵律结构

0. 引言

本文所说的方位成分包括以下几组成分：

a. 东／南／西／北，前／后，左／右，上／下，里（中、内）／外，间，中，旁，边
b. 之＋前（后，上，下，内，中，外，间）
c. 以＋东（南，西，北，前，后，上，下，内，外）
d. 东（南，西，北，前，后，左，右，上，下，里，外）＋边（面）
e. 东（南，西，北，前，后，上，下，里，外）＋头
f. 面前，跟前，头里，背后，底下，中间，当中，内中，旁边

---

* 本文为松山大学平成15年（2003年）特别研究助成课题项目。初稿曾在第二届肯特岗国际汉语语言学圆桌会议（2002.11，新加坡国立大学）上宣读，会后作了修改，并重写了第三章。会上冯胜利和陆丙甫两位先生作为评议人对原文提出了许多建设性意见，谨致谢忱。

g. 前后、左右、上下

以上所列的方位成分通常称为方位词。其中 a 组是单音节方位词，也叫单纯方位词，b 组到 g 组是双音节方位词，也叫合成方位词。

通常所说的方位词，作为一个语法范畴，其词类地位和范围是有争议的。这些争议主要表现在以下几个方面：

第一，方位词是一个独立的词类，还是名词的次类或名词的附类；

第二，方位词和处所词、时间词处于什么关系；

第三，前加的"东、南、西、北、前、后、左、右、上、下、里、内、外"是方位词还是区别词。

第一个问题涉及到对方位词的语法功能的认定，而后两个问题是跟对第一个问题的认识联系在一起的。本文首先以第一个问题为中心，介绍几种有代表性的观点，然后从语法、语义、语用三个平面的角度对各家观点加以评述，最后从语法、词汇、语音的关联性的角度对各类方位成分的语法地位作进一步的论述。

1. 有关方位词语法地位的争议

1.1. 作为独立的词类的方位词

第一种观点是把方位词从名词里分化出来，作为一个独立的词类。这种观点可以以赵元任（1968）、朱德熙（1982）和吕叔湘为代表。

赵元任（1968）认为方位词跟名词、处所词、时间词、区别词等并列，都是体词的一类。方位词或者是一个语素，如"上"，或者是一个语素组合，如"上头"。单语素方位词粘着于前。粘着于后的单语素方位词则被看作区别词，是一种跨类现象。出现在介词或动词后的单语素方位词也是区别词，如"在上、望上、向上、从上、以上、之上"；出现在动词前的单语素方位词则是位置词，通常是文言的残留，如，"上有天堂，下有苏杭。"位置词是处所词的一个小类。双语素的方位词是自由的，一般本身就可以作为一个处所词（位置词）或时间词。双语素方位词由单语素方位词方位词后加"头、边（儿）、面（儿）"或前加借自文言的"以、之"构成。

朱德熙（1982）也把方位词跟名词、处所词、时间词、区别词等并列，看作体词的一类。方位词可以分成单纯方位词和合成方位词两类。单纯方位词包括"上、下、前、后、里、外、内、中、左、右、东、南、西、北"。合成方位词由单纯方位词加上"边（儿）、面（儿）、头（儿）"等后缀构成。方位词

的基本用法是表示处所。合成方位词同时也是处所词的一个小类。时间词里虽然举了"以前"的例子,但没说同时也是合成方位词,尽管在讲方位词的引申用法时举了"以上、以下"的例子。该书认为单纯方位词都是粘着的,但举例时回避了前加的例子;该书的体系里有区别词,所举的例子也没有方位词。

吕叔湘(1979)也主张方位词可以考虑单独作为一类,并认为没有必要把用在名词前面的方位词(如"前门、东城")看作形容词,尽管吕叔湘、饶长溶(1981)举的非谓形容词里有这样的例子。吕叔湘主编(1980/1999)里的《现代汉语语法要点》将方位词跟名词分开,单独作为一类,分为单音的和双音的,但该书的体系里没有处所词、时间词、区别词。

1.2. 作为名词次类的方位词

第二种观点是把方位词看作名词的次类。这种观点可以以丁声树等(1961)、刘月华等(1983/2001)为代表。

丁声树等(1961)原是在《中国语文》上连载的《语法讲话》(1952-1953)。其中讨论了"时间词"、"地位词"和"定位词"。修改后出版的单行本把"地位词"改为"处所词",把"定位词"改为"方位词",理由是"近年来这几个名称较为通行"。(丁声树等1961:序)该书在解说名词的性质和用法时指出,"东、西、南、北、上、下、前、后、内、外、里、中、左、右",这类字往往放在名词的前后,表示处所或时间,可以叫做"方位词"。方位词可以是处所词或时间词的构成部分,也可以单用。该书的处所词是指表示地方的名词或词组,如"中国、上头、这里","外国、国外、长江以南、淮河一带";时间词是指表示时间的名词或词组,如"今天、早晨、晚上","上半天、饭前、前三年、三年前、三年以前"。可见在该书的体系里,方位词跟处所词和时间词并不是处于同一个层次上的。方位词是名的次类,处所词和时间词并不是作为名词的次类处理的,处所词包括了表示处所的复合方位词和方位词组,时间词也包括了表示时间的复合方位词和方位词组。该书不设区别词,认为方位词可以加在名词前头修饰名词。如"东城、后门、里屋、上半天、前几年"。

刘月华等(1983/2001)把表示方位、空间、时间的名词称为方位词、处所词、时间词,并认为这三类词的语法特点和语法功能与一般名词不尽相同,因此在"名词"这一章里设专节讨论。方位词分为单纯方位词和合成方位词,

有的单纯方位词可以直接用在名词或名词短语之前或之后，构成一个表示时间或处所的短语。该节的标题写作"方位词、处所词、时间词"，而在具体论述时后两个术语改为"处所词语、时间词语"，分别指表示处所的名词或名词短语，表示时间的名词或名词短语，其中包括方位词和方位短语。该书也不设区别词。

1.3. 作为名词附类的方位词

第三种观点是把方位词看作名词的附类。这种观点可以以暂拟系统和文炼、胡附为代表。

张志公主编（1957）收有《〈暂拟汉语教学语法系统〉简述》，该文把方位词作为名词的附类，所谓附类是说它带有或多或少的虚词性。方位词的虚词性是指它不单独作词用（跟在介词后边组成介词结构除外，如"从东来，往前看"），它的主要用途是附着在名词后头，构成表示处所或者时间的名词，其性质近于助词。方位词前边可以加上"以"或者"之"，后边可以加上"边、面、头"，构成合成方位词，合成方位词不仅可以附在名词后边，而且可以附在动词或者某些词组后边，构成表示处所或者时间的结构。该文没有使用处所词和时间词的术语，只是说表示处所或时间的名词还可以作状语，同时也回避回答前加的"上、下、前、后"等的语法地位问题。

文炼（1957）承认表示处所和时间的名词有不同于一般名词的特点，但不主张作为名词的附类单独列出"处所词、时间词"。该书只承认方位词是名词的附类，因为方位词既有名词的特点（独立运用）又有虚词的性质（附着性）。文炼、胡附（2000）进一步阐述了这一思想。该文指出，时间词、处所词是名词的次类，以作状语时能不能位移到主语前面区别于非时地名词；方位词不是名词的次类，而是附类。附类是带有虚词性的实词。方位词有时单用，单用时的功能同于名词，这是它的实词性。但是它经常附着于别的词语，构成方位短语，这时的作用接近于介词。不过，介词是前附的，所以又称为前置词（preposition）；方位词是后置的，所以又称为后置词（postposition）。虚词的附着是定位的。所以"上半天、下半夜、前方、后代"里的"上、下、前、后"不是方位词，是区别词。虚词附着于别的语言单位，当中不能再插入别的虚词。所以，"桌子上边、教室外边、抽屉里头"的"上边、外边、里头"不是方位词，而是处所名词，因为当中都可以插入"的"。按照这个观点，单纯方位词加"以"（以上、以下）或加"之"（之前、之后）才是合成方位

词,因为用在名词后头时当中不能插入"的"。(胡裕树主编1995)

2. 从语法、语义、语用三个平面看方位成分

2.1. 从语法分析平面看方位成分

从语法分析平面来看,把方位词看作名词次类而跟处所词、时间词并列(丁声树等1961、刘月华等1983/2001),混淆了词和非词的界限,模糊了词类的概念和划分的标准。

按照这一观点,处所词、时间词不但包含了合成方位词,还包含了方位短语。在方位短语里,方位词是加在别的词语(主要是名词)后面的,所加的方位词也可以是合成方位词,而且被加词语前面的修饰成分从理论上讲可以无限扩展,如:

[小楼的]前面　　　　　　　　[国庆节]之前
[那座小楼的]前面　　　　　　[那年国庆节]之前
[我住过的那座小楼的]前面　　[我出国的那年国庆节]之前
…………　　　　　　　　　…………

一方面,方位短语本身是处所词或时间词,方位短语里的合成方位词也是处所词或时间词;另一方面,所有的方位短语,不管扩展到多长,仍然是一个处所词或时间词。这样一来,方位词和处所词、时间词的区分在语法分析上就失去了意义。

即使是把方位词看作独立的词类而跟名词、处所词、时间词并列,并把短语排除在处所词、时间词之外(赵元任1968、朱德熙1982,吕叔湘),仍然无法解决跨类的问题: 所有的合成方位词都是处所词。而实际上,合成方位词或方位短语跟不带方位词的处所词在语法功能上并不一致。试比较:(文炼、胡附2000,沈阳1998)

教室里边,同学们正在讨论。　　放教室里。
里边,同学们正在讨论。　　　　放里边。
*教室,同学们正在讨论。　　　*放教室。
操场上边,同学们正在做早操。　躺操场上。
上边,同学们正在做早操。　　　躺上边。
*操场,同学们正在做早操。　　*躺操场。

2.2. 从语义分析平面看方位成分

从语义分析平面来看,单纯方位词和合成方位词的区分无法揭示方位词的语义特点,合成方位词和处所词、时间词跨类,也无法解释它们在语义上的区别。

方位包括方向和位置,位置是以方向为基础的。古代汉语词汇主要是单音节的,方位成分属于名词的一部分,通常也是单音节的。单音节方位成分既表方向又表位置。随着汉语词汇的双音节化,方位成分的语义也有了分化,在现代汉语里,a 组的单音节方位成分单用时只表方向不表位置("旁、间、边、中"表相对范围),d、e 组双音节方位成分"~边(面)"、"~头"单用时则既表示方向,又指点位置。试比较:

往东走	往东边走	往东头走	/	*站在东	站在东边	站在东头
往前走	往前边走	往前头走	/	*站在前	站在前边	站在前头
往左走	往左边走	———	/	*站在左	站在左边	———
往上走	往上边走	往上头走	/	*站在上	站在上边	站在上头
往里走	往里边走	往里头走	/	*站在里	站在里边	站在里头

b、c 组的双音节方位成分"之~""以~"是古代汉语的残留,只能用在位置参照点后面指点位置而不能单独直接表示位置或方向。例如:

在黄河之东　在黄河以东 / *在之东 *在以东 *往之东走 *往以东走
在长城之外　在长城以外 / *在之外 *在以外 *往之外走 *往以外走

词汇双音节化的结果使得单音节方位成分和双音节方位成分在语义上有了分工。由于 b、c 组双音节方位成分的文言性质的限制,在现代汉语里,实际上是单音节方位成分跟 d、e 组双音节方位成分在能否表示位置意义上形成对立,单音节方位成分专表方向意义,双音节方位成分兼表位置意义。

方位词和处所词语法功能上的对立在语义上也会显示出来。沈阳(1998)注意到带方位词的处所宾语跟不带方位词的处所宾语在语法功能上的不同,把不带方位词的处所宾语(来中国/逛商店/走进教室)称为"广义处所宾语",把带方位词的处所宾语(躺床上)称为"狭义处所宾语"。在他的术语体系里,狭义处所就是方位,广义处所则是方位的上位概念,包括方位和不带方位词的处所。其实,也可以这样说,狭义的处所是不带方位词的处所,或者说是地点,它直接指称某一地点或由某一物体、机构所占据的地方,而方位就是方位,它是用方位词间接指定的跟某一地点或某一物体相对的方向位置。所谓广义处所实际上是空间区域,它包括由处所名词直接指称的零维地

点域和由方位参照间接指定的多维方位域。(方经民 2002b)

2.3. 从语用、认知平面看方位成分

从语用、认知平面上看，方位词、处所词、时间词三分不能反映方位和处所、时间在语用、认知上的对立。

文炼(1957)已经指出带有方位词的表示处所或时间的名词、方位结构有其特殊的地方。有些词或词组本来不表示处所或时间，一经加上方位词，往往就可以表示处所或时间了，如"门／门外"，"吃饭／吃饭以后"；有些表示处所或时间的名词兼有空间性、时间性和事物性两方面的性质，一经带上方位词，其空间性、时间性就加强了，如"图书馆／图书馆里"，"正月／正月里"。

方位既可以指空间，也可以指时间。但方位所表示的空间意义、时间意义并不同于名词所指称的空间意义、时间意义。处所名词、时间名词直接指称处所、时间；而方位成分本身只是指示方向位置，具体的方位意义必须借助方向参照点、位置参照点才能确定。位置参照点的确定需要语境的帮助，而方向参照点的确定往往还需要借助语境外的知识经验。如"电影院的左边"，"电影院"是语境中的位置参照点，而"左边"到底是指那一边，需要有一个方向参照点才能确定。这个方向参照点的确定需要借助跟说话人的语言背景有关的知识经验。事实上，不同语言背景的人在选择方向参照点时所采取的策略是不一样的。(方经民 1987)

空间方位意义的理解需要方向参照点、位置参照点，时间方位意义的理解同样也需要方向参照点和位置参照点。在汉语社会里，我们理解时间轴时，通常以过去一端为"前"的方向参照点，以未来一端为"后"的方向参照点。当我们说"春节前／后"时，选择"春节"为时间位置参照点，早于该时点的为"前"，晚于该时点的为"后"。这意味着在我们的意识中时间是在流动的，已经通过时间轴上某一参照点的(偏向过去一端)为"前"，未抵达该参照点的(偏向未来一端)为"后"。但汉族人在思考时间概念时又往往是把自己一起放到空间里想象的，在我们的心目中，时间是从我们的前面(未来)流向背后(过去)的，我们常说"告别旧世纪，迎接新千年"、"回顾往事，展望未来"。这是以空间的单向流动来隐喻时间的单向一维性。这种以空间隐喻时间的方式也影响到时间方位词"前／后"的运用。古代有"瞻前顾后"，现代说"目光放远点，要向前看，不要往后看"。这里的"前"是指未来，"后"

是指过去，跟本来的时间意义上的"前／后"含义正好相反。这种以空间隐喻时间的用法主要用于以说话人自身所处的时点为位置参照点的用法。[1] 由此可见，"春节前／后"、"向前看、往后看"的时间方位意义跟"春节"、"现在"所指称的时间意义性质完全不同。

将方位词、处所词、时间词三分，同时又说合成方位词、方位短语本身就是处所词、时间词，是把方位词、方位名词、方位区别词的空间方位意义、时间方位意义等同于处所名词、时间名词的处所指称意义、时间指称意义，混淆了方位和处所、时间在语用、认知上的区别和对立。

3. 从语法、词汇、语音的互相关联看方位成分

3.1. 方位成分中构词成分和成词成分的区分

尽管大家对方位词的词类地位和范围的认识有分歧，但把方位成分看作一个内部统一的语法范畴并没有分歧，语法上或者看作一个独立的词类，或者看作名词的次类、名词的附类。实际上这样的分析是很成问题的。我们在2.1里已经指出，把方位词看作名词次类而跟处所词、时间词并列有可能混淆词和短语的界限。其实即使把方位词看作独立的词类也会造成另一头的混淆，即有可能混淆词和语素的界限。确定一个方位成分是构词成分还是成词成分主要是根据方位成分跟其他成分的结合能力。结合面窄、不能随意扩展的方位成分只是构词成分，结合面宽、能随意扩展的，才能独立成词。方经民（2003b）对现代汉语的各种方位成分的结合能力作了具体分析，发现在现代汉语里，单音节的"东、南、西、北、左、右"除了用于方向介词"往、向、朝"后表方向外，跟其他成分结合时，无论是前加还是后置，它们结合面都很窄，并且不能随意扩展，表空间的"上、下、前、后"前加时结合面也很窄，不能随意扩展。因此这些方位成分都只是一个构词成分，无法独立成词。也就是说，在现代汉语里它们只能出现在词法结构里，而无法出现在句法结构里，不是一个独立成词的方位成分，我们在讨论方位成分的词类归属问题时应该将这两类不同性质的方位成分分开处理。

独立成词的各方位成分的句法功能也有差异，按照自由还是粘着、定位还是不定位这两条功能标准，现代汉语方位词汇成分已经分化为以下四种类型：（方经民 2003b）

    I. 方位名词（自由不定位）：

        包括加后缀"面、边、头"的派生方位名词，以方位成分为词根的复

合方位名词，表时间的"以前、以后、以上、以下"
II. 方向词（半自由定位）：
东、西、南、北、左、右
III. 方位区别词（半粘着前加）：
上$_时$、下$_时$、前$_时$、后$_时$
IV. 方位词（粘着后置）：
里（内）、外、上、下、前、后、间、中、旁、边，加前缀"之"的派生方位词，加前缀"以"的派生方位词（除"以前、以后、以上、以下"），上下、前后、左右

方经民（2003b）已经从形式、功能、语义角度详细分析比较了上述各类方位成分的分化结果和语法化程度，在下面两小节里，我们想进一步从语法、词汇、语音互相关联的角度把方位成分放到所处的词法结构、句法结构和韵律结构里考察，进行全方位的比较分析，以便对现代汉语方位成分的语法地位有一个比较全面的认识，作出一个比较客观的判断。

3.2. 方位组合里词法结构和句法结构的对立

现代汉语里的方位成分有构词成分，也有成词成分，因此，方位成分跟其他成分结合形成的方位组合，有可能是一个词法结构，也有可能是一个句法结构。

现代汉语的方位成分有单音节的，也有双音节的，方位成分能否成词跟音节的长短有联系，但不是完全对应的。单音节方位成分有的是构词成分，有的是成词成分，而双音节方位成分则都能独立成词。跟方位成分结合的 X 可以是单音节的，也可以是双音节或多音节的，方位成分是构词成分还是成词成分跟 X 的音节长短没有直接的关系，但 X 的音节的长短会影响到整个结构的松紧。

方位成分跟其他成分结合时，有定位的，也有不定位的，有前加的，也有后置的。定位不定位，前加还是后置是语法形式，它决定所构成的方位组合的结构类型和性质。

先看方位前加型结构：(F 代表方位成分，X 代表与之结合的成分，数字为音节数目)

F1 + X1：

东门　　　左手　　　前山　　　上唇　　　里屋

西城　　　右胸　　　后园　　　下铺　　　外墙
　*东的门　　*左的手　　*前的山　　*上的唇　　*里的屋
　*西的城　　*右的胸　　*后的园　　*下的铺　　*外的墙
F1 + X2：
　　东直门　　左手臂　　?前山坡　　上嘴唇　　*里屋子
　?西古城　　右胸口　　后花园　　*下床铺　　外围墙
　*东的直门　*左的手臂　*前的山坡　*上的嘴唇　里的屋子
　*西的古城　*右的胸口　*后的花园　*下的床铺　*外的围墙
F2 + X1：
　*东边门　　*左边手　　*前边山　　*上边唇　　*里边屋
　*西边城　　*右边胸　　*后边园　　*下边床　　*外边墙
　东边的门　左边的手　前边的山　??上边的唇　??里边的屋
　西边的城　??右边的胸　??后边的园　下边的床　外边的墙
F2 + X2：
　?东边直门　?左边手臂　?前边山坡　?上边嘴唇　?里边屋子
　?西边古城　?右边胸口　?后边花园　?下边床铺　?外边围墙
　东边的直门　左边的手臂　前边的山坡　上边的嘴唇　里边的屋子
　西边的古城　右边的胸口　后边的花园　下边的床铺　外边的围墙
方位前加型结构有以下两点值得注意：

第一，"F1 + X"结构受到较大的限制。"F1 + X"里的"东、南、西、北、左、右、里、外"只表示空间，X 通常是单音节的，X 为双音节时有对称结构，并且多为地名、专名或身体部位名称等。[2]"东、南、西、北、左、右、里、外"构成的"F1 + X"可看作一个词，属于词法结构，其中的方位成分是词根而不是独立的词。"F1 + X"里的"前、后、上、下"表空间也表时间次序，上面举的例子都是表空间的。"前空、后空、上空、下空"构成的"F1 + X"结构不能扩展，属于词法结构，其中的"前空、后空、上空、下空"是词根，不是独立的词。表时间次序的"前时、后时、上时、下时"构成的"F1 + X"结构里，单音节的 X 通常是名词性成分，并有对称结构，例如：
　　　前天／后天　前期／后期　前妻／后妈　上午／下午　上级／下级
整个结构可看作一个词，属于词法结构，其中的方位成分仍是词根而不是独立的词。双音节或多音节的 X 通常是一个数量结构。例如：

"一"	定量	不定量
前一年／后一年	前三任／后三任	前几任／后几任
前一排／后一排	前三排／后三排	前几排／后几排
前一个月／后一个月	前三个月／后三个月	前几个月／后几个月,
上一周／下一周	——	——
上一次／下一次	——	——
上一个月／下一个月		

"上／下"以"现在"为参照点，是自身参照，"上一个月"在过去，"下一个月"在未来。"前／后"是以时间轴上某一时点为参照点，取过去或未来某一时点为参照点是外物参照，"前一个月／后一个月"同时处在过去或同时处在未来。"前时、后时"还可以加在双音节或多音节的名词性成分前。这类例子没有对称的结构。如"前科学、前资本主义"以"X"为参照点，跟它相对的是"科学、资本主义"；"前苏联、前北大校长"以隐含的"现在"（现在的俄罗斯、现任的北大校长）为参照点，X 则是其中的客体。它们都有"前"无"后"。"后现代派、后结构主义"则有"后"无"前"，以隐含的过去某一阶段（经典的"现代派、结构主义"）为参照点，X 也是其中的客体。postmodernism 是现代派之后的"现代派"，可以译成"后现代派"，但 postdoctoral 不是博士之后的"博士"，所以只能译成"博士后"而不能译成"后博士"。"前时、后时、上时、下时"构成的"F1 + X"结构里，X 为双音节或多音节的结构都是句法结构，其中的"前时、后时、上时、下时"是独立的词。

第二，"F1 + X"不管是词法结构还是句法结构，中间都不能插入"的"，"F2 + X"中间则要求插入"的"。"右边的胸、后边的园、上边的唇、里边的屋"加"??"是因为其中的 X "胸、园、唇、屋"在现代汉语里是不能独立成词的语素。插入了"的"的"F2 + X"结构可以自由扩展，是组合式句法结构，其中的 F2 是独立的词。F2 跟 X 的结合比较松散，如果没有"的"，"F2 + X1"不能成立，"F2 + X2"的可接受性也较差。

再看方位后置型结构。

X1 + F1：

?门东	*手左	山前	嘴上	屋里
城西	?胸右	园后	床下	墙外
*门的东	*手的左	*山的前	*嘴的上	*屋的里
*城的西	*胸的右	*园的后	*床的下	*墙的外

X2 + F1：
*直门东	*手臂左	山坡前	嘴唇上	屋子里
*古城西	*胸口右	花园后	床铺下	围墙外
*直门的东	*手臂的左	*山坡的前	*嘴唇的上	*屋子的里
*古城的西	*胸口的右	*花园的后	*床铺的下	*围墙的外

X1 + F2：
门东边	手左边	山前边	嘴上边	屋里边
城西边	胸右边	园后边	床下边	墙外边
?门的东边	?手的左边	?山的前边	?嘴的上边	??屋的里边
?城的西边	??胸的右边	??园的后边	?床的下边	?墙的外边

X2 + F2：
直门东边	手臂左边	山坡前边	嘴唇上边	屋子里边
古城西边	胸口左边	花园后边	床铺下边	围墙外边
直门的东边	手臂的左边	山坡的前边	嘴唇的上边	屋子的里边
古城的西边	胸口的右边	花园的后边	床铺的下边	围墙的外边

方位后置型结构也有两点值得注意：

第一，"X + F1"结构受到较大的限制。"东、南、西、北、左、右"只能用于少数单音节名词性成分后，如"城东／城西，河南／河北，台左／台右"等，不能扩展，是词法结构，或者是文言用法，其中的方位成分是词根而不是独立的词；"前、后、上、下、里、外"用在 X 后构成的"X + F1"结构可以扩展，是句法结构，其中的"前、后、上、下、里、外"是独立的词。

第二，"X + F1"不管是词法结构，还是句法结构，中间都不插入"的"；"X + F2"是句法结构，可以插入"的"，不过"X1 + F2"插入"的"的可接受性较差。F2 都是独立的词。

后置的方位成分还有非对称的"中、间、边、旁"和双音节的"之～"、"以～"、"上下、左右、前后"等，这些成分我们将在下一节里讨论。

比较前加型的"F + X"和后置型的"X + F"，可以发现：

第一，"东、南、西、北、左、右"构成的"F1 + X"和"X + F1"都是词法结构；"里、外"构成的"F1 + X"是词法结构，"X + F1"是句法结构；"前、后、上、下"构成的"F1 + X"有词法结构，也有句法结构，构成的"X + F1"都是句法结构。这就是说，在句法平面里，前加的 F1 只有"前、后、上、下"，后置的 F1 除"前、后、上、下"，还有"里、外"。"前、

后、上、下"既能前加，又能后置，但前加和后置功能不同，语义也不同：前加时只表时间次序，是方位区别词，后置时表空间也表时间，是方位词。

第二，"F2 + X"和"X + F2"都是句法结构，F2前加和后置在功能和语义上不构成对立，都是方位名词。

第三，"F + X"和"X + F"作为句法结构，性质不同。"F + X"是偏正短语，其中"F1 + X"是粘合式，"F2 + X"组合式；"X + F"是方位短语，其中"X + F1"是粘合式，"X + F2"有粘合式的也有组合式的。如下表所示：

	F1 + X	F2 + X	X + F1	X + F2
偏正短语	粘合式	组合式	——	——
方位短语	——	——	粘合式	粘合式／组合式

后置的方位成分共有三种形式：粘合式的"X + F1"，粘合式的"X + F2"和组合式的"X + F2"。组合式的"X + F2"重音通常落在F2上。粘合式的"X + F2"和"X + F1"重音通常落在X上，F1以及F2的后一音节念轻声，但F2为"上边／上面／上头，里边／里面／里头，前边／前面／前头，后边／后面／后头"时，粘合式的"X + F2"重音也可以落在F2上。重音位置不同，意义也不同：重音落在X上，"上~"指表面，"里~"指内部，"前~"、"后~"分别指称跟X正面或背面相邻接的部分；重音落在F2上，"上~"指上方，"里~"指X内部的远离正面进口的那部分，"前~"、"后~"分别指称X内部接近或远离正面一侧的部分。例如：

X + F1（粘合式）　　　X + F2（粘合式）　　　　　X + F2（组合式）
　　a.ˋ黑板上 = ˋ黑板上边〔上面／上头〕≠ 黑板的ˋ上边〔上面／上头〕
　　b.ˋ黑板上 ≠ 黑板ˋ上边〔ˋ上面／ˊ上头〕= 黑板的ˋ上边〔上面／上头〕
　　a.ˋ教室里 = ˋ教室里边〔里面／里头〕≠ 教室的ˋ里边〔里面／里头〕
　　b.ˋ教室里 ≠ 教室ˋ里边〔ˋ里面／ˋ里头〕= 教室的ˋ里边〔里面／里头〕
　　a.ˋ教室前 = ˋ教室前边〔前面／前头〕≠ 教室的ˋ前边〔前面／前头〕
　　b.ˋ教室前 ≠ 教室ˋ前边〔ˋ前面／ˊ前头〕= 教室的ˋ前边〔前面／前头〕
　　a.ˋ教室后 = ˋ教室后边〔后面／后头〕≠ 教室的ˋ后边〔后面／后头〕
　　b.ˋ教室后 ≠ 教室ˋ后边〔ˋ后面／ˋ后头〕= 教室的ˋ后边〔前面／前头〕[3)]

重音位置的不同说明同为粘合式的"X + F1"和"X + F2"，其结构性质也是不同的，这种不同来自于同为后置的F1和F2的语法地位的不同：F1是粘着的方位词，F2是自由的方位名词。

方位词和方位名词语法地位的区别跟词义的虚化程度也有密切关系。试比较：

a. 报纸都扔在桌子〔上／上面／上边／上头〕了。
b. 最近他在工作〔上／?上面／*上边／*上头〕老是遇到麻烦。
a. 窗户〔下／下面／下边／下头〕放着几盆菊花。
b. 小王在导师的亲切指导〔下／?下面／*下边〕进行研究。
a. 礼堂〔前／前面／前边／前头〕种着一排松树。
b. 出国〔前／*前面／*前边／*前头〕，他还专程去医院看望了张教授。
a. 那片森林〔后／后面／后边／后头〕，有一个牧场。
b. 论文发表〔后／*后面／*后边／*后头〕，得到许多著名学者很高的评价。

上面的例子，a 里的方位成分表达基本空间方位义，b 里的方位成分表达虚化了的方位义。a 里，方位词 F1、方位名词 F2 都能使用；b 里，通常使用方位词 F1 而不使用方位名词 F2。

3.3. 句法结构和韵律结构的乖违

在 3.2 里，我们已经分析了 X + F1 和 X + F2 的区别，并指出 F1 是方位词，F2 则是方位名词。方位词和方位名词虽然都可以加在其他成分后面组成方位短语，但这两种方位短语的结构其实是有区别的。由方位词组成的方位短语在句法结构和韵律结构是乖违的，赵元任（1968）指出，"他住的那所房子里有暖气"，"里" 在语音上附着于 "房子"，但语法上不是跟 "房子" 结合，而是跟 "他住的那所房子" 结合的。再看下面的例子：

那间屋里／（除）那间屋外　　那栋楼里／（除）那栋楼外
那张桌上／那张桌下　　　　　那堵墙上／那堵墙下
那间屋前／那间屋后　　　　　那个门前／那个门后
那次节前／那次节后　　　　　那次出国前／那次出国后

左边例子里，跟单音节方位词结合的 "屋、桌、节" 是不能单用的粘着语素，右边例子里，跟单音节方位词结合的 "楼、墙、门、出国" 是能单用的自由语素或语素组合。不管是粘着的还是自由的，加上 "里、外、前、后、上、下"后，都可以受指量成分修饰。指量成分可以限定一般名词，但不能限定处所名词。（赵元任 1968）因此，"那间屋里"、"那栋楼里" 的句法结构是：

〔〔〔那间〕屋〕里〕　　　〔〔〔那栋〕楼〕里〕

而不是：

〔〔那间〕〔屋里〕〕　　　　〔〔那栋〕〔楼里〕〕

但是它们的韵律结构却是后者。也就是说，跟单音节方位词结合的X不管成不成词，它在语法上都是跟前面的指量成分结合的，而在语音上却是跟后面的方位词结合的，并且都念成轻声。换个角度来说，后置的单音节方位词"里、外、前、后、上、下"语音上是附着于X的，句法上却是附着于整个"指量＋X"结构，跟"指量＋X"构成一个方位短语的。可见单音节方位词本来是个粘着语素，跟其他成分结合构成方位短语之后，在句法结构上部分自由了（可以跟短语结构组合），而在韵律结构上依然是粘着的（附属于前一音节，念轻声），并且句法结构和韵律结构的层次切分也不同。

后置的方位词还包括非对称单音节方位词"中、间、边、旁"和双音节方位词"之~"、"以~"、"上下、左右、前后"。"中、间、边、旁"组成的方位短语的句法结构和韵律结构的层次切分也不一样。例如：

句法结构　　　　　　　　韵律结构
〔〔〔那些〕房间〕中〕　　〔〔那些〕〔房间中〕〕
〔〔〔那道〕门缝〕间〕　　〔〔那道〕〔门缝间〕〕
〔〔〔那条〕小河〕边〕　　〔〔那条〕〔小河边〕〕
〔〔〔那条〕公路〕旁〕　　〔〔那条〕〔公路旁〕〕

粘着后置的双音节方位词"之~"、"以~"、"上下、左右、前后"等组成方位短语时情况稍有不同，其句法结构和韵律结构的层次切分趋于一致，后置的双音节方位词也不必念成轻声。但跟由自由的方位名词组成的方位短语相比，依然可以看出区别：X跟双音节方位词结合，X和方位词之间不可以插入"的"，是粘合式的；X跟方位名词结合，X和方位名词之间可以插入"的"，构成组合式。试比较：

国庆节〔*的〕之前　　　　教学楼〔的〕前面
那年国庆节〔*的〕之前　　那栋教学楼〔的〕前面
经理〔*的〕之上　　　　　经理〔的〕上面
公司经理〔*的〕之上　　　公司经理〔的〕上面
镇江〔*的〕以东　　　　　镇江〔的〕东面
江苏镇江〔*的〕以东　　　江苏镇江〔的〕东面

其余的双音节方位词组成的方位短语中间也都不能插入"的"：

矛盾〔*的〕之中／这些矛盾〔*的〕之中

同学〔*的〕之间 / 大学同学〔*的〕之间
　　三天〔*的〕之内 / 最后三天〔*的〕之内
　　工作〔*的〕之外 / 正常工作〔*的〕之外
　　七步〔*的〕以内 / 后退七步〔*的〕以内
　　班长〔*的〕以外 / 各班班长〔*的〕以外
　　四十〔*的〕上下 / 四十岁〔*的〕上下
　　三天〔*的〕左右 / 三百六十五天〔*的〕左右
　　一米〔*的〕左右 / 一米八十〔*的〕左右
　　春节〔?的〕前后 / 去年春节〔?的〕前后

另外，双音节方位词前的 X 必须出现，而方位名词前的 X 可以承前省略。例如：

　　明天就是国庆节，〔国庆节 /*ø〕之后还有三天假期。
　　那边是教学楼，〔教学楼 / ø〕后面就有学生食堂。
　　部门有部门经理，〔经理 /*ø〕之上还有总经理。
　　部门有部门经理，〔经理 / ø〕上面还有总经理。
　　黄浦江以西是上海老市区，〔黄浦江 /?ø〕以东是浦东新开发区。
　　黄浦江西边是上海老市区，〔黄浦江 / ø〕东边是浦东新开发区。

可见由双音节方位词组成的方位短语尽管句法结构和韵律结构的层次切分趋于一致，但比起由句法韵律完全自由的方位名词组成的方位短语来，它在韵律结构上虽然已经部分自由（双音节方位词独立构成一个音步，不必念成轻声），但在句法结构上依然是部分粘着的（构成粘合式，中间不能加"的"，X 不能省略）。

4. 余 论

　　以上我们就现代汉语方位成分的语法地位对各家观点作了述评，并从语法、词汇、语音互相关联的角度，联系现代汉语方位成分中构词成分和成词成分的区分，方位组合里词法结构和句法结构的对立，方位短语中句法结构和韵律结构的乖违等问题，阐述了我们对各类方位成分的语法地位的看法。现代汉语的方位成分来自古代汉语的方位名词。古代汉语里单纯统一的单音节方位名词到了现代汉语里，已经分化为方位词、方向词、方位区别词和方位名词四类。方位成分的分化体现在两个方面。一方面是部分方位组合的句法结构词汇化，即由句法结构重新分析（reanalysis）为词法结构，其中的方

位成分则由方位名词蜕化方位词根,如"北边"、"南边"由"名词+名词"的偏正结构重新分析"方位词根+后缀"的派生方位名词;"之上"、"以东"由"助词+名词"重新分析为"前缀+方位词根"的派生方位词;"面前"、"背后"等由"名词+名词"的定中结构重新分析为"名词性词根+方位词根"的附加式复合方位名词。另一方面是方位成分的语法化。由古代汉语方位名词分化而成的现代汉语四类方位成分在共时平面上正好形成一由实而虚的语法化连续统,处于两端的正是自由、不定位的方位名词(实词)和粘着、定位的方位词(虚词)。(方经民 2003b)

方位成分的语法化是跟汉语空间区域范畴的语法化联系在一起的。关于汉语空间区域范畴的语法化的进程我们已有另文(方经民 2003a)讨论,这里只是想指出方位成分的语法化对汉语空间表达方式所带来的影响。从认知功能分析,由于处所名词的次范畴化和方位成分的语法化,造成了现代汉语的两种不同类型的空间区域范畴:地点域和方位域两类。地点域用处所名词或短语来表达,它直接以地名或由物名、机构名指称某一地点或由某一物体所占据的地方,是一个零维的"点"区域;方位域用方位成分通过方位参照来确定,它间接指点跟某一地方或某一物体相对的方向或位置,方向域是一个一维的"线"区域,位置域是一个二维的"面"区域或三维的"体"区域。方位词"上"用于凸现参照物的二维特征,同时指示其作为"面"的接触区域,方位词"里"用于凸现参照物的三维特征,同时指示其作为"体"的域内区域。现代汉语的"上"和"里"的语法化程度远远超过其他方位词,跟"上"、"里"相对的"下""外"以及"前、后、旁、边"等方位词和由"东、西、南、北、左、右"等构成的方位名词用于位置参照时,都是把位置参照物凸现为一个"点",从而指示跟其相对的三维的域外区域或部分域内区域。撇开一维的方向域不谈,现代汉语里零维地点域和多维方位域构成对立。这种对立构成现代汉语空间表达方式的一个重要特点,并影响到汉语句法、语义、语用及功能分析的各个部分。(方经民 2002b、c)

注

1) 也有人认为这两种看待时间的方式区别在于时间和人哪个在动。时间流动人不动,过去为前,未来为后;时间不动人在动,未来为前,过去为后。但在我的时空意识里,时间总是在流动的。尽管如此,我依然能接受这两种正好相反的时间表达方式。正因为如此,陈子昂《登幽州台歌》那两句著名诗句"前不见古人,后不见来者"老让人感到时空上有点别扭,游顺钊(1985)甚至以此假设古代人

想象中的时间跟现代人相反,是从背后向前流去的,因为诗句里过去在诗人的前面,未来在诗人的后面。其实这是一个误解。汉族人以自身所处时点为位置参照点时,通常是采用空间隐喻时间的方法,而作者却反过来以时间隐喻空间,站在幽州台上面对悠悠天地抒发感情,并以穿行时空的文人骚客这一视觉形象来隐喻过去未来,以至让人觉得别扭,不可理解。(方经民 2001)

2) 参看方经民 2003b。X 也有多音节的,如北京的"东长安街/西长安街",但上海不取"东淮海路/西淮海路",而称"淮海东路/淮海西路",还是避开了多音节的 X。

3) "里~"、"前~"、"后~"的这种区别跟作为位置参照物性质也有关,它要求作为位置参照点的物体内部有足够的内部空间和朝向特征。"足球里边""箱子前边/后边"就没有这种区别。

[参考文献]

储泽祥 1996. 汉语空间方位短语历史演变的几个特点,《古汉语研究》第 1 期 p.57-p.61
储泽祥 1997. 现代汉语的命名性处所词,《中国语文》第 5 期 p.326-p.335
崔希亮 2001.《语言理解和认知》北京语言文化大学出版社
丁声树等 1961.《现代汉语语法讲话》商务印书馆
方经民 1987. 汉语"左""右"方位参照中的主视和客视,《语言教学与研究》第 3 期 p.52-p.60
方经民 1997. 论汉语方位参照系统中的对立平行现象,『大河内康憲教授退官記念中国語学論文集』東方書店 p.125-p.140
方经民 1999. 论汉语空间方位参照认知过程中的基本策略,《中国语文》第 1 期 p.12-p.20
方经民 2001. 方位、时空和汉语的"前""后",松山大学『言語文化研究』第 21 卷 第 1 号 p.37-p.44
方经民 2002a.《现代汉语空间方位参照系统认知研究》上海师范大学博士学位论文
方经民 2002b. 论现代汉语空间区域范畴的性质和类型,《世界汉语教学》第 3 期 p.37-p.48
方经民 2002c. "零维地点域/多维方位域"对立和汉语语法分析,国际中国语言学学会第 11 届年会论文 2002 年 8 月 名古屋
方经民 2003a. 论汉语空间区域范畴的语法化,15th North American Conference on Chinese Linguistics, July, 2003, Michigan State University, U.S.A.
方经民 2003b. 现代汉语方位成分的分化和语法化,2003 国际汉语教学学术研讨会论文 2003 年 8 月 云南丽江
胡裕树主编 1995.《现代汉语》(重订本)上海教育出版社
李崇兴 1992. 处所词发展历史的初步考察,《近代汉语研究》商务印书馆 p.243-p.263

廖秋忠 1989. 空间方位词和方位参考点,《中国语文》第 1 期 p.9-p.18
刘丹青 2001. 方所题元的若干类型学参项,《中国语文研究》第 1 期 p.11-p.23
刘宁生 1994. 汉语怎样表达物体的空间关系,《中国语文》第 3 期 p.169-p.179
刘月华等 1983/2001.《实用现代汉语语法》外语教学与研究出版社；增订本 商务印书馆
吕叔湘 1942/1944.《中国文法要略》商务印书馆
吕叔湘 1962. 说"自由"和"粘着",《中国语文》第 1 期；又吕叔湘《汉语语法论文集》(增订本) 商务印书馆 1984. p.370-p.384
吕叔湘（吴之翰）1965. 方位词使用情况的初步考察,《中国语文》第 3 期 p.206-p.210
吕叔湘 1979.《汉语语法分析问题》商务印书馆
吕叔湘主编 1980/1999.《现代汉语八百词》(第 1 版/增订本) 商务印书馆
吕叔湘、饶长溶 1981. 试论非谓形容词,《中国语文》第 2 期 p.81-p.85
日野资成 2001.『形式語の研究——文法化の理論と応用』九州大出版社
沈家煊 1999b.《不对称和标记论》,江西教育出版社
沈 阳 1998. 带方位处所宾语的动词及相关句式,《语言学论丛》第二十辑 商务印书馆 p.243-p.279
史有为 1982. 关于名词和处所词的转化,《汉语学习》第 1 期；又史有为《呼唤柔性—汉语语法探异》海南出版社 1992. p.38-p.40
史有为 1997. 处所宾初步考察,『大河内康憲教授退官記念 中国語学論文集』東方書店 p.81-p.105
文 炼 1957.《处所、时间和方位》新知识出版社
文 炼 1990. 语言单位的对立和不对称现象,《语言教学与研究》第 4 期 p.95-p.100
文 炼、胡 附 2000. 词类划分中的几个问题,《中国语文》第 4 期 p.298-p.301
谢红华 2001. 单双音节同义方位词补说,《语言教学与研究》第 2 期 p.71-p.76
邢福义 1997. 方位结构"X 里"和"X 中",《世界汉语教学》第 4 期 p.4-p.15
邢福义等 1995. 时间方所,《语法问题思索集》北京语言学院出版社 p.138-p.148
张清常 1996. 北京街巷名称中的 14 个方位词,《中国语文》第 1 期 p.10-p.15
张谊生 2000.《现代汉语虚词》华东师范大学出版社
赵元任 1968.《汉语口语语法》吕叔湘译 商务印书馆 1979
邹韶华 1984. 现代汉语方位词的语法功能,《中国语文》第 3 期 p.173-p.178
朱德熙 1982.《语法讲义》商务印书馆
Herskovits, A.1986. *Language and Spatial Cognition,* 日译本（1991） オーム社 東京
Langacker, R. W. 1993. Reference-point constructions, *Cognitive Linguistics* 4-1, 1-38
Sinha, C. 1995. Spatial Langguage and Cognition: Introduction, *Cognitive Linguistics* (Special Issue) 6-1, 7-9; 6-2/3, 137-138
Svorou, S. 1994. *The Grammar of Space,* John Benjamins Pulishing Company
Talmy, L. 2000. *Toward a Cognitive Semantics,* Vob. 1, The MIT Press

中国語の移動動詞について

―日本語・英語との比較という観点から―

丸尾　誠

0. はじめに

　移動動詞の研究はこれまで英語を中心に各言語で広く行われてきた。中国語では移動に関する個別の構文についての研究は数多くみられるものの、理論的な枠組みの構築という面では英語・日本語ほど進んでいないのが現状である。本稿では英語・日本語との比較を通して、中国語の移動動詞および移動に伴う空間表現にみられる特徴について、世界の諸言語における移動表現の類型化を試みた Talmy1985／2000 の概念を援用しつつ考察を試みる。なお、文中の V は「動詞」、L は「場所を表す語句」を表すものとする。

1. 移動に伴う経路表現

　移動事象を構成する基本的要素として、代表的なものに Talmy1985：61 の分類がある。そこでは主として、次のような要素が挙げられている（体裁は引用者）。

a. 移動（Motion）：動詞が表す移動（move）あるいは存在（be located）
b. 経路（Path）：Figure が Ground に対してたどる移動経路、あるいは Figure が Ground に対して占める位置
c. 移動する物体（Figure）：移動または存在する物
d. 背景（Ground）：Figure の移動・存在が示される場所
e. 移動の様態（Manner）・原因（Cause）：Figure の移動・存在に伴う外的事象

これらの要素の中で、Talmy1985 がとりわけ重視しているのは「経路」と「様態」である。ここではまずはじめに、「経路表現」についてみてみる。な

お、移動動詞を扱った関連の論文では「経路」を「中間経路（通過部分）」という意味で用いているものが多々みられるものの、本稿では両者を区分して、移動に関わる空間表現には一括して経路（Path）という用語を用いる。そして、経路表現を次のように構成されたものと捉える。

```
経路    ：  起点      中間経路    着点
 Path       Source    Route      Goal
            ●━━━━━━━━━━━━━→
```

　Jackendoff1983：165 ではその「経路」が時間的な区切り（境界）によって具体的に次のように分類されている（上野・影山 2001：44 参照。体裁は引用者）。

　　Ⅰ．有界的経路（Bounded Path）　　当該の経路を表す前置詞
　　　a．起点（Source）　　　　　　　例：from
　　　b．着点（Goal）　　　　　　　　例：to
　　Ⅱ．非有界的経路（Unbounded Path）
　　　a．方向（Direction）
　　　（ⅰ）起点指向的方向　　　　　　例：away from
　　　（ⅱ）着点指向的方向　　　　　　例：toward
　　　b．中間経路（Route）　　　　　　例：along、across、over

Ⅱのa(ⅱ)の延長上には着点が想定でき、次のような方向を表す語を用いている場合でも、実質表されているのは着点である。

　　（1）　a．飞往香港［香港に飛ぶ］
　　　　　b．太阳西沉［太陽が西に沈む］

また、この中でⅠの「起点」「着点」は共起しうる（例：〜カラ〜ニ）のに対し、「有界的経路」とⅡbの「中間経路」は日本語でも統語的に「*〜カラ〜ヲ」「*〜ヲ〜ニ」のような形をとれない。さらに「中間経路」が「〜ヲV」という完全融合であるのに対し、「有界的経路」は「〜カラV」「〜ニV」という不完全融合であるということなどからも、「起点・着点」指向と「中間経路」指向とは異なる概念であり、区別しておく必要があることはこれまでも指摘されてきた（影山 1996 参照）。

2. 移動動詞

　アスペクト的見地から、動詞はその限界性 (telicity) に基づいて、「蹴る」「死ぬ」など必然的に明確な限界点を有する「限界動詞」(telic verb) と、「食べる」「遊ぶ」など「どこで終わってもその動詞で表される行為が成立」する「非限界動詞」(atelic verb) に区分できる。本稿で扱う移動動詞について、この区分を該当させると次のようになる（工藤 1995、北原 1998 参照）。

　　　限界動詞：行く　　来る　　出る　　入る　　戻る　……
　　　非限界動詞：歩く　　走る　　泳ぐ　　這う　　飛ぶ　……

前者は主体の位置変化を表す「方向移動動詞」であり、後者は移動に伴う様態（manner of motion）を表す「様態移動動詞」に相当する。
　中国語研究においても、移動動詞の分類はこれまで試みられてきた。例えばヤーホントフ 1987：129－131 でもアスペクトに基づいた「有限動詞」「無限動詞」という上記と同様の立場から動詞が二分されており、その中から移動動詞を取り上げると、次のようになる。

　　　有限動詞：来　　出　　进　　掉
　　　無限動詞：走　　跑　　飞

このように移動動詞は、意味的に前者の「方向を有する動詞群」と後者の「移動様態を表す動詞群」とに大きく区分することができ、これが統語上の差異を説明するときにも有効となる。例えば経路との関係においては、方向移動動詞は「起点・着点指向」であり、様態移動動詞は「中間経路指向」である。そして必要に応じてさらなる下位区分も可能である。例えば方向を表す動詞でも、それ自体で有界的な起点・着点を有するか否かで、さらに分類できる。

　　　有界的：到　来　上$_1$[行く]　下$_1$[行く]　进$_1$[入る]
　　　非有界的：上$_2$[登る]　下$_2$[降りる]　进$_2$[進む]

移動動詞"上、下"は着点をとる場合には有界的となるが（例：上$_1$厕所、下$_1$乡）、移動する場所と結び付いた場合には、方向性は有するものの様態移動動詞同様、意味的には持続的な移動を表すことになる（例：上$_2$楼梯、

下₂斜坡)。

また様態移動動詞でも、"走""跑"などは移動を生じさせる意図的な身体的運動を表す動詞であり（影山 1997：155 は「移動推進動作」とよんでいる)、"滚""流"などは非意図的な移動そのものの様態を表すという点で異なる。

次のものは、中国語の移動動詞の基本語彙を分類したリストである。

【方向移動動詞】
　来 去 到 上₁ 下₁ 进₁ 上₂ 登 升 下₂ 进₂ 掉 沉 回 走₂［去る］
　离 开 过 经过 穿 转 出 靠 退 逃 起 跑₂［逃げる］

【様態移動動詞】
　（＋意図的）
　　走₁［歩く］跑₁［走る］游 爬 飞 溜达 逛 徘徊 跳 蹦

　（－意図的）
　　滑 滚 流 飘 漂

このような意味的な分類には統語的な区分も反映されている。すなわち"在＋L"フレーズと移動動詞の組み合わせにおいて、その方向性の有無により文の成立に次のような差がみられる。

　(2)　a.　*在＋L＋（単独の）方向移動動詞[1]　　［＋方向性］
　　　 b.　 在＋L＋　　　　 様態移動動詞　　　［－方向性］

(2a)は不成立となる。(2b)が成立するのは、中間経路を行為が持続的に行われる場所として捉えることによる。

3. 語彙化のパターン

3.1. 経路・様態の融合

Talmy1985 は上述の移動の諸要素のうち、移動の概念が他のどの意味要素と融合（conflation）するのかという語彙化（lexicalization）のパターンを提示し、そのうちでどの1つを最も特徴的なパターンとして用いるかという観点に基づいて、諸言語の移動動詞を類型化している。

a. 移動＋様態　　例：roll　　　様態融合タイプ
b. 移動＋経路　　例：enter　　経路融合タイプ
c. 移動＋物体　　例：rain　　　移動物が融合された移動動詞

そしてaのタイプとして「ロマンス語以外のインド・ヨーロッパ語（英語）、中国語」などが、bのタイプとして「ロマンス語（スペイン語）、セム語、ポリネシア語」などが挙げられている。さらにTalmy2000：221－222では中核スキーマ（core schema）となる経路を何によって表現するのが特徴的かというパターンから、2つのカテゴリーに類型化しうると論じている。例えば英語では様態が移動（move）に融合された動詞が存在する。

　(3) ramble［ぶらぶら歩く］

この場合には移動の経路は前置詞句や副詞句で表現されることになり、実際、英語には"down、over、past、through、along、across、from、by、to、onto、into、toward……"など数多くの前置詞が存在している。中には一語で「経路および基準物との位置関係」を表しうるものもある。

　(4)　　　　　経路　基準物との位置関係
　　　into：　　　to　＋　in
　　　onto：　　　to　＋　on

こうしたことから、英語とは「経路が前置詞によって実現される言語」だとされる。言語によっては前置詞以外の接辞、後置詞などの付随要素によって経路が表されることもあり、Talmy2000ではより広範な文法事項にも適用しうる包括的な解釈を念頭において、これらをまとめて「衛星（satellite）」とよび、英語は"satellite-framed language"［衛星枠付け言語］に区分されている。なお、<u>中国語については、「動詞補部（verb complements）」がここでいう衛星に該当するとの言及がある</u>（222頁）。

　一方、日本語では「から、より、に、まで、へ」のように経路を表す後置詞は少なく（松本1997：142参照）、「離れる、下る、去る、越える、過ぎる、通る……」ほか経路の特性を有するヲ格で表せる完全融合の動詞が数多く存在することから、「経路が動詞によって実現される言語」だとされる。Talmy2000ではこれは"verb-framed language"［動詞枠付け言語］に区分されている。

　このことはすなわち、英語と日本語を比べてみた場合に、日本語では「出

る」「入る」などと単純語で表現可能なものを英語では「移動動詞＋経路を表す前置詞句・副詞句」という形で表す必要があるということである[2]。

(5) go (come) { out　　　　出る
　　　　　　　　 into　　　　入る
　　　　　　　　 in　　　　　入る
　　　　　　　　 through　　通る

(6)　get out of a car　　　　車から降りる

このように日本語は経路を動詞の中に融合したタイプであるといえる（宮島 1984、松本 1997：141 ほか参照）。

そして中国語については Talmy1985：62 での言及の影響により、英語と同様の様態融合タイプとみなされ、数多くの（英語学・日本語学を中心とする）研究者に引用されてきた。Talmy1985 はその例として、次のような使役移動の文を挙げている（原文では中国語はピンイン表記）。

(7)　a.　我用左脚把球踢过了操场。
　　　b.　I kicked the ball across the field with my left foot.

《Talmy1985：68》

ここでは使役の手段が動詞に融合され (move + cause)、移動の経路が前置詞句で表される英語との類似性が根拠となっている。

使役移動については、中国語の方向動詞はそれ自体では使役義をもたないため、主要部（ここでは前項動詞）に原因（使役の手段）を表す動詞を用いなければならない。

(8)　a.　扔进一个球　［球を１つ投げ入れる］
　　　b.　把桌子弄过去　［机を移す］

主要部に具体的な行為が現れない (8b) のような場合には、形式的な動詞が必要となる。補語の部分に用いられている方向動詞は対象の移動方向について述べたものである。日本語では (8a) は「*投げ入る」ではなく、「投げ入れる」という形を用いることからも、後項動詞が主語と対応しているといえる。このように中国語と日本語では主要部が異なる。

さらに Talmy2000：272 においては、「中国語は高度な (strongly) 衛星枠付け言語」であるとされ、次のような例が挙げられている（原文はピンイン表記）。

(9)　a.　我开了门（，但是门没开）[3]

b. 我杀了他（,但是没杀死）　　　　　　《Talmy2000：272》

これは中国語では行為（およびその意図）と結果を別段階のものとして切り離して表すことが可能だという事象を取り上げたものであり、英語との対照で現在ではよく知られるものである。

(9) a′. * I opened the door, but it wouldn't open.
　　 b′. * I killed him, but he didn't die.

英語ではこれらはいずれも非文となる。つまり中国語では意味的に中核となる実現の達成を、「衛星」により表現することになる。このことは、日本語と比較した次の例からも明らかである。

(10) a. 他喝酒喝醉了。
　　　 b. 彼は酒を飲んで酔っ払った。

"喝醉"の"喝"（原因を表す）は日本語では言語化されないところである。

　また、中国語は文法的に重要な地位を占めるアスペクトに関わる補語の用法に富んだ言語であり（例："～起来"で起動相を表せる）、その意味からも衛星枠付け言語的な性格を読みとることはできる。そして主体の移動を表す場合にも、次のように経路を衛星（ここでは「補部」）によって表すことができる。

(11) a. 走进教室来　[（歩いて）教室に入ってくる]
　　　 b. 跑到火车站　[駅まで走る]
　　　 c. 车从桥上开过去了。[車が橋を通り過ぎて行った]

(11 c)では"开"[運転する]を用いることにより、移動動詞が衛星となっている。

　以上みてきたように、中国語は確かに衛星枠付け言語に区分されうる。しかし以下にみるように、英語を様態融合タイプと分類する従来の根拠と比較してみる限りでは、中国語はまた英語ほど徹底したものではない。これは中国語では補部に動詞をその文法的性質を保ったまま用いることによるものである。また、方向補語のみならず介詞（前置詞）によっても経路は表現できるものの、中国語の介詞は動詞としての性格が強く、動詞と兼類になっているものが多い。例えば経路別にみてみると

所在：在　于
起点：从　打　打从　由　自

中間経路：从　打　打从　由　順（着）　沿（着）
着点：（Vのあとの）在　到
方向：往　望　奔　朝　対　照　向

などが存在する。しかし、語彙としてはこのように決して少なくはないものの、英語のように意味的に細分化されたものではなく、例えば"up""down"のような方向性を融合したものの場合には中国語では介詞でなく動詞が該当し、また"in""on""by"など位置を表すものに対してはそれぞれ"在〜里""在〜上""在〜旁"のような方位詞を用いて区分することになる。

何よりも中国語は日本語同様"上、下、出、進……"など経路を組み込んだ動詞を有しており[4]、経路表現を形式的にVLの形（ex. 進教室）で表すことができる。このことはすなわち移動の経路が動詞によって表現されるということであり、その経路位置関係は各動詞固有の性質として備わっている（例：「"上、回"＋着点」「"过"＋通過点」など）。

そして次のようなフレーズや単語の構成方式に、中国語の移動動詞の特徴を見出すことができる。

Ⅰ．方向補語を用いて複合的な移動を表せる（3.2節）
【フレーズレベル】
Ⅱ．単語が移動を表す形態素の組み合わせから成る（3.3節）
【単語レベル】

以下、個別に考察する。

3.2. 方向補語を用いて複合的な移動を表せる

様態融合タイプとされる英語では経路を表す用法に富んでおり、複数の前置詞句をつないで連続した移動を表すことができる。日本語・中国語では、対応部分は動詞で表されることになる（以下、aに対応する日本語・中国語をそれぞれb・cに示す）。

(12) a. A black dog walked across the field, through the woods, and over the hill. 《Langacker1987：170》
b. 黒い犬が1匹野原を横切って、森を通って、丘を越えていった。

c. 有一条黑狗穿过原野，通过森林，越过了山冈。
(13) a. We ran <u>out of</u> the sea and <u>on to</u> the beach.
b. 私たちは海から<u>出て</u>、ビーチまで走って<u>上がった</u>。
c. 我们跑<u>出</u>海水，跑<u>上</u>海滩。
《a・c は『牛津現代高級英汉双解词典』商务印书馆 1992：782》

このように中核スキーマ（ここでは経路）を何によって表すかという点において、英語と日本語・中国語では対立がみられる。ここでは複合的な移動の表現法について考える。

まず次の例をみてみる。
(14) a. The bottle floated out. 《Talmy2000：223》
b. 瓶が浮かんで出てきた。
c. 瓶子漂出来了。

日本語では様態部分はテ形で表され、補助的となっている（むしろ、実際の場面での発話としては、「浮かんで」は言語化されない方が日本語として自然のようにも思われる）。このように日本語では形態論的な派生による複合動詞をつくることができる。他の例も挙げておく（経路は下線で示した）。

(15) a. swim <u>across</u> the river
b. 川を泳いで<u>渡る</u>
c. 游<u>过</u>河
(16) a. run <u>out of</u> the classroom
b. 教室から走って<u>出る</u>
c. 跑<u>出</u>教室
(17) a. crawled <u>up</u> the slope
b. 坂を這って<u>上る</u>
c. 爬<u>上</u>坡

ここで対応している中国語は特に形態的な操作は必要としないものの、方式を表す"着"を用いて（15）"游着过河"、（17）"爬着上坡"などともできることから、やはり経路を表す動詞が中核を占めていることが分かる。

また、経路を表す部分がそのまま同じ行為として逐語訳的に対応しない場合でも原理としては同様の現象がみられ、英語では衛星で表された対応経路部分が日本語・中国語ではやはり動詞で表現される。

(18) a. slide <u>down into</u> the pool
　　 b. プールの中に滑り降りる
　　 c. 滑<u>进</u>游泳池
(19) a. bounce <u>up</u> and <u>down</u>
　　 b. （ぴょんぴょん）飛び跳ねる
　　 c. 跳<u>来</u>跳<u>去</u>

ここで中国語の様態・方式を表す手段について、フレーズのレベルで考えると次のようになる。

① V_1 ＋ V_2　　　　　　　例：坐车去　　　　　　【連動構造】
② V_1 着＋ V_2　　　　　　例：骑着自行车去／跑着去
③ 様態移動動詞＋方向動詞　　例：跑去／走进来　　　【動補構造】

①②は一般的に連動文とされる形式である。②のような形を用いると"V_1着"の部分が付帯状況的な成分であることが明確となる。これに対し、③は動補構造である。この場合、"走了进来"のような切り離しが統語的に可能であり、その"走进来"において衛星となっている動詞補部に相当する"进来"自体独立して運用でき、さらにその"进来"における衛星"来"についてもまた同様のことがいえる。また、先にみたように、例えば③類の"走进来""游过去"と様態を強調した②類"走着进来""游着过去"の間には意味的な連続性が感じられることからも、同じく衛星とされる英語の前置詞との機能の違いを見出すことができる。

Talmy1985／2000の挙げた中国語の例も含めて、次のような場合には意味的にも動詞と衛星（補部）の区切りが比較的明確である。

【使役移動】　拿出来　　把 O 踢过（例 (7a)）

　　　　　　　　　　　　　　　　　　<u>主体の行為＋対象の移動</u>
　　【行為の達成】　找到　　杀死（例 (9b)）　　<u>行為＋結果</u>
（※ さらに"杀死"については「主体の行為＋対象の状態」となっている）

しかし、主体の移動を表す動詞については行為が一体化しており、統語的にも"*一边走一边进来""*一边游一边过去"のような同時進行を表す形は成立しない。中国語では、上記③の手段を利用することにより、方向性・経路位置関係を中核とした複合的な移動を表現することができるという点

に、日本語との共通性を見出すことができる。

3.3. 単語が移動を表す形態素の組み合わせから成る

英語のように細分化された様態を融合した移動動詞を単語として有さない経路融合パターンの日本語では、豊富な擬態語により様態を表すことになる。

(20)　a.　とぼとぼ歩く（jog）
　　　b.　よろよろ歩く（shamble）

ここでは様態が文の主要部の動詞で表されていない。中国語でもこれをそれぞれ"慢吞吞地走""摇摇晃晃地走"のように状語を用いて表現することができるものの、擬態語自体が日本語の場合ほど語彙として安定しておらず（とりわけ表記面においては揺れがみられる）、また日本語ほど微妙なニュアンスの差異（例えば「よろよろ」と「ふらふら」）を表しうるものではない。

中国語では、先の第2節でリストに掲げたように、様態を表す移動動詞の種類は英語ほど多くはない。確かに、語彙としては例えば「歩く」に相当するものは"走"以外にも数多く存在するものの、それは英語のように個別の様態について言及するものではない。

(21)　歩く：走路　　行走　　歩行　　徒步　　走动

これらは形態素が組み合わさった1つの語であり、中国語では「文の構成規則が単語内部の構成にも反映されている」という英語にはみられない文法的特徴により、複合化という生産性の高い方法で様態・経路を組み込んだ語彙を拡張させることができる[5]。以下、3つのパターンを挙げる。

　i) 様態を表すもの
　　　走る：跑步　　奔跑　　奔走　　飞跑　　飞奔
　　　飛ぶ：飞翔　　飞舞　　飞旋
　　　ぶらつく：游逛　　巡游　　漫步　　闲逛

これらは様態を表す語彙のグループである。そして同じ「走る」であっても形態素の組み合わせによって「駆け足をする（"跑步"）」、「飛ぶように（速く）走る（"飞跑""飞奔"）」のような細分化が可能である。

ii) 様態+移動

飞行［飛行する］　游行［行進する］　滑行［滑走する］
步行［歩行する］　航行［航行する］　潜行［潜行する］
爬行［腹ばいになって進む］　巡行［巡り歩く］

これらは後ろに拘束形態素"行"［進む］を含んだものである。複合語の構成方式としては「修飾語＋中心語」の形で、移動の様態・方式を表せる。前の形態素が移動義でない"蛇行"［腹ばいになって進む］のようなものや、後ろが同じく移動を表す"游移"［ゆっくり移動する］などもこのタイプに属するものとみなすことができる。

iii) 移動物（乗り物）を融合したもの〈意味的なものも含む〉

飞行［飛行する］　航行［(船・飛行機が) 航行する］
行船［(船が) 航行する］　行驶［(乗り物が) 走る］
飞驰［(車や馬が) 疾走する］　奔驰［(車が) 疾走する］
奔驰［(車や馬が) 疾走する］　上行［(船が川を) さかのぼる］
下行［(船が川を) 下る］

これらは移動主体が乗り物であることを含意する。また
　　走马［馬に乗っていく］　跑马［馬に乗って駆ける］
のように移動の手段を表す動詞もある。

4. 様態移動動詞と着点句

　英語を様態融合タイプ、日本語を経路融合タイプと区分する大きな根拠として、これまで様態移動動詞と着点句の関係にみられる相違点が挙げられてきた。

(22) a. The bottle floated to the cave. 《Jackendoff1990：89》
　　　　？瓶は洞窟の中に浮かんだ。→ 浮かんでいった
　　b. crawled into the cave
　　　　？洞窟の中に這った → 這って入った
　　c. jump into the room
　　　　？部屋に飛ぶ → 部屋に飛び込む

このように英語とは異なり、日本語の様態移動動詞は有界的な着点をとる

ことができず,方向性を付加した複合動詞の形で表現しなければならない。
　中国語では着点義に関して、方向移動動詞を用いた場合には VL の形で直接場所目的語をとることができるが、様態移動動詞の場合には成立せず、補語によって方向性を付与する必要がある。つまり、上記（22）の英語・日本語に対応するものを中国語で表現すると次のようになる。

(22) 　a′．瓶子漂到洞里了。
　　　 b′．爬进了洞里
　　　 c′．跳进房间里

英語では様態移動動詞にみられる統語的振る舞いが徹底しており、身体の動きを表す動詞までもが移動の意味へと拡張する。すなわち行為を表す動詞が経路を表す前置詞と共起すると、全体として移動表現になる。そして、日本語・中国語ではここでも方向性を付与する必要がある。

(23) 　a.　Sally waltzed into Philip's arms.
　　　　　　　　　　　　　　《Levin and Rapoport1988：277》
　　　 b.　*サリーはフィリップの腕の中に踊った。
　　　　　　　　　　　→ 腕の中に踊りながらとびこんだ
　　　 c.　萨莉舞到了菲尔普的胳膊里。

様態移動動詞それ自体はアスペクトとしては非完結的（atelic）である。しかし、英語では前置詞句を後につけることによって限界性が付与されるため、様態移動動詞は非有界的な中間経路に加えて、有界的な着点をとることができる。さらに

(24) 　John ran and ran to the station.　《影山 1996：106》

のような形も可能であることから、"ran to the station"は動作の継続と到達という事象が合わさった形式だとみなすことができる。英語の限界性についてはこれまで"for an hour"のような出来事の継続時間と共起する動詞は atelic、一方"in an hour"のような事態の完結を表すものと共起できる動詞は telic とされてきたが、様態移動動詞が着点をとった場合には後者の到達の意味となり、文全体は完了のアスペクト（telic）となる。従って、次の例では"for"は使えない。

(25) 　John ran to the railroad station ｛* for／in｝ 30 minutes.
　　　　　　　　　　　　　　　　　　　　　《Yoneyama1986：4》
一方、日本語の様態移動動詞も非有界的な「方向」「中間経路」を取ること

はできる。

(26) a. 〜の方に歩く　【方向】
b. 〜を歩く　　　【中間経路】
c. *〜に歩く　　【着点】

(26c)が不成立な一方で「〜まで歩く」のような有界的な表現は可能であるものの、その場合には「到達範囲」を表しており、これは厳密な意味での着点とは区別される（影山1996：100参照）。すなわち「〜まで」の場合には移動が持続的に捉えられ、数量表現とともに用いられて「事態の完了時の動作量」が表現されることとなる。

(27) a. 〜まで 1km 歩く
b. 〜まで 10 分歩く

従って、例 (25) の英文に対して、日本語では「まで」を用いて「非完結」(30分間の継続)、「完結」(30分経過後の達成) いずれの意味でも成立する。

(28) ジョンは駅まで {30 分間／ 30 分で} 走った。

《Yoneyama1986：4（原文はローマ字表記)》

中国語では様態移動動詞は既述のようにVLの形では着点をとることができず、通常"V 到"などの形で方向性を付与する必要があった。

(29) 跑到了车站 ［駅まで走った］　　　【有界的】

しかし、複合形式"V 到"における"到"は意味的に方向補語ではなく、結果補語に分類される。先にみたように方向補語を用いて表される移動は一体化しているのに対し、ここでは「Vで表された行為の持続＋Lへの到達」という2つの移動段階が表されている。そして数量表現を用いた場合、持続部分については統語的に別途示す必要がでてくる。

(30) a. 跑一公里就到了车站 ［駅まで 1km 走った］
b. 跑十分钟就到了车站 ［駅まで 10 分走った］

こうしたことからも、"到"の動詞としての独立性は明確となっている。

5. まとめ

従来、中国語の移動動詞は英語と同様の様態融合のタイプとされてきた。その主張の先駆けともいうべきTalmy1985、さらにはTalmy2000 が根拠としているのは、動詞補部（verb complements）を一律衛星とみなすことによるものである。本稿では主体の移動を表す場合を取り上げ、その衛星に英

語では前置詞を、中国語では動詞を用いることから生じる統語的差異についてみてきた。中国語では、統語レベルにおいて方向動詞を補語として用いて複合的な移動事象を表せることに加えて、語構成のレベルでも移動動詞を形態素として組み合わせて複合語を作る造語力に富んでおり、こうした点においては、形態論的な操作の違いはみられるものの、経路融合タイプとされる日本語と共通する性格をも見出すことができる。

注
1) "V来V去"（Vは"走、飞……"など）のような［－方向性］の場合は、"在＋L"フレーズとの組み合わせにおいても成立する。
2) 移動と経路が融合した動詞"cross、enter、exit、ascend、dscend、arrive、pass……"などはロマンス語起源の借用語である。Talmy2000：228 参照。
3) (9a)の例は原文では"～但是门没开"となっているが、ここでは補語を用いて"～但是门没开开"とした方が適切であると思われる。
4) 方向に関しては、次のように中国語よりも日本語の方が細かく言い分けることができる。
　　下来（去）：おりる、くだる、さがる、（転がり）おちる［滚下来］
　　上来（去）：あがる、のぼる（さらに漢字で「上る、登る、昇る」と区別可能）
5) 日本語にも「飛行する」のように、漢語の形態素の複合形に「する」を付加した移動動詞が存在する。

［参考文献］
荒川清秀 1996.「日本語と中国語の移動動詞」『外語研紀要』第22号　愛知大学外国語研究室　p.9-p.23
C. E. ヤーホントフ 1987.「中国語動詞の研究」（橋本萬太郎 訳）　白帝社
影山太郎 1996.「日英語の移動動詞」『関西学院大学英米文学』第40巻　第2号　p.91-p.121
影山太郎 1997.「単語を超えた語形成」『日英語比較選書8　語形成と概念構造』影山太郎・由本陽子　研究社出版　p.128-p.197
北原博雄 1997.「「位置変化動詞」と共起する場所ニ格句の意味役割－着点と方向の二分－」『国語学研究』36　東北大学文学部「国語学研究」刊行会　p.43-p.52
北原博雄 1998.「移動動詞と共起するニ格句とマデ格句」『国語学』195集　国語学会　p.15-p.29
工藤真由美 1995.『アスペクト・テンス体系とテクスト－現代日本語の時間の表現－』　ひつじ書房（1997）
松本曜 1997.「空間移動の言語表現とその拡張」『日英語比較選書6　空間と移動

の表現』田中茂範・松本曜　研究社出版　p.125-p.230

宮島達夫 1984.「日本語とヨーロッパ語の移動動詞」『金田一春彦博士古稀記念論文集 第二巻 言語学編』三省堂　p.456-p.486

上野誠司・影山太郎 2001.「移動と経路の表現」『日英対照　動詞の意味と構文』影山太郎編　大修館書店　p.40-p.68

Christine, Lamarre. 2003.「汉语空间位移事件的语言表达——兼论述趋式的几个问题」『現代中国語研究』第5期　朋友書店　p.1-p.18

Jackendoff, Ray. 1983. *Semantics and Cognition.* Cambridge, Massachusetts：The MIT Press.

Jackendoff, Ray. 1990. *Semantic Structures.* Cambridge, Massachusetts：The MIT Press.

Langacker, Ronald W. 1987. *Foundations of Cognitive Grammar, vol. I：Theoretical Prerequisites.* Stanford：Stanford University Press.

Levin, Beth. 1993. *English Verb Classes and Alternations.* Chicago：The University of Chicago Press.

Levin, Beth and Tova R. Rapoport. 1988. "Lexical Subordination". *Papers from the 24th Annual Regional Meeting of the Chicago Linguistic Society,* pp.275-289（CLS24）.

Nakamura, Tsuguro. 1997. "Actions in Motion：How Languages Express Manners of Motion". *Studies in English Linguistics：A Festschrift for Akira Ota on the Occasion of His Eightieth Birthday,* M. Ukaji, T. Nakao, M. Kajita and S. Chiba (eds.) ,Tokyo：Taishukan, pp.723-738.

Talmy, Leonard. 1985. "Lexicalization Patterns：Semantic Structure in Lexical Forms". *Language Typology and Syntactic Description, vol. III , Grammatical Categories and the Lexicon,* T. Shopen（ed.）, Cambridge：Cambridge University Press, pp.57-149.

Talmy, Leonard. 1991. "Path to Realization：A Typology of Event Conflation". *Berkeley Linguistics Society 17,* pp.480-519.（Revised as Talmy2000）

Talmy, Leonard. 2000. "A Typology of Event Integration". *Toward a Cognitive Semantics, vol. II：Typology and Process in Concept Structuring,* Cambridge, MA：The MIT Press, pp.213-288.

Vendler, Zeno. 1967. *Linguistics in Philosophy.* Ithaca, NY：Cornell University Press.

Yoneyama, Mitsuaki. 1986. "Motion Verbs in Conceptual Semantics". *Bulletin of the Faculty of Humanities* 22,Tokyo：Seikei University, pp.1-15.

［付記］

本稿執筆にあたり、平井勝利教授（名古屋大学）、輿水優教授（日本大学）、荒川清秀教授（愛知大学）に貴重なコメントを頂いた。ここに特に記して謝意を表したい。なお、言うまでもなく本文中の不備は全て執筆者自身の責任に帰するものである。

『集韻』義注の信頼性について

水谷　誠

0. まえがき

　『集韻』義注では、大徐本『説文解字』を大徐の校記まで含めて正確に引用してある。段玉裁が『説文解字注』での校訂に使用したほどである。だが、残念なことに『集韻』での義注に引用の書名を記すことはそれほど多くはない[1]。もしかりに『集韻』で無書名の義注に関して、その典拠がわかるとすれば、そのことのもつ意味は、正確な引用という点だけに限ってみても大きいといえる。そこで、このような無書名の義注について、典拠を解明する試みというものがなされても良いのではないだろうか、と考えるのである。このような試行によって、本稿が『集韻』義注のもつ諸性格にまでわたった考察を進められれば幸いである。

1. 考察方法の前提

　厖大な量の『集韻』義注、その中の無書名の義注を片端から典拠を求めて調査してもはかばかしい結果は得られないであろう。そこで、今回も『経典釈文』の助け[2]を借りて、考察を進めてみたい。
　では、『経典釈文』の助けとは、どのようなことをいうのであろうか。実は、これまでの『集韻』と『経典釈文』との比較考察において気のついたことがある。すなわち、『集韻』が『経典釈文』のある特定箇所から音釈を集中して採用しているところがある。このような特定の箇所を、まず最初に考察の手がかりとして考えてみてはいかがであろうか。いわば『経典釈文』を道具として、『集韻』の義注を調べるのであるが、その中でもより確かな地点から今回は出発してみることにする。
　より確かな集中した特定箇所と認定するために、次に認定するための基準を作りたい。これには、以下に述べる三点を基準にする。

　Ⅰ　韻書では『集韻』において初めて見えるもの。すなわち、『広韻』

に見えるものは、非該当とする。

Ⅱ　Ⅰに合致するものが、『経典釈文』の同一字において、三例以上あること。つまり、『経典釈文』での多読を示す音注の内、三例以上が『集韻』において初めて所収されていることを示す。

Ⅲ　ⅠとⅡに合致するも、『集韻』の義注が『説文解字』や『爾雅』などの小学書を典拠としている場合は、非該当とする。ただし、『経典釈文』「爾雅音義」部分においては、当然『爾雅』が第一の典拠となりうることから、Ⅲの非該当とはしない。

以上、三点の条件を付けて考察をすすめたい。なお、この結果をすぐこの後で示すことになるが、かりにここでこの結果を予想すれば、数量的にはそれほど多くはないと思われる。むしろ注目したいのは、『経典釈文』のどの音義に出てくるのか、また『集韻』の義注はどのようにしるされるのか、という点であろう。

なお、使用テキストは、『経典釈文』が通志堂経解本を、『集韻』が述古堂本（上海古籍出版社）を使用した。どちらのテキストも現時点では最良のテキストとはいえないが、『経典釈文』では黄焯『経典釈文彙校』（中華書局）を、『集韻』では四部備要本を参照した。

2. 調査結果

上記Ⅰ・Ⅱ・Ⅲの条件をつけた結果、次の80例を得ることができた。これを『経典釈文』を基準にして列挙すると、以下の通りになる。（文字の前の数は、巻数・葉数・行数を示す。a・bは表裏を示す。また、＊の印は、『経典釈文』の示す音がすべてⅡの条件に合致し、『集韻』に他の音が見えないものを示す。）

「周易音義」……1例	02-18-b-08	「繘」	
「毛詩音義」……8例	05-04-a-06	「蚣」	05-12-a-02 「鴌」＊
	05-19-b-09	「咥」	05-29-a-11 「摻」
	06-15-b-11	「鵬」	06-23-b-07 「扡」
	06-37-a-01	「娃」	07-15-a-02 「胎」＊
「周礼音義」……16例	08-06-b-02	「籍」	08-07-b-03 「埊」

		08-08-b-09 「箔」*	08-09-a-11 「壜」
		08-17-a-08 「睯」	08-30-a-06 「韜」
		08-30-a-09 「踔」	08-30-a-11 「鉆」
		08-31-a-07 「觭」	08-31-b-05 「焞」
		09-07-b-06 「艰」	09-22-b-02 「綆」*
		09-23-a-04 「骹」	09-28-a-09 「朏」
		09-29-a-02 「牼」	09-29-a-04 「頷」
「儀礼音義」	……3 例	10-15-a-08 「揉」	10-19-a-04 「絢」*
		10-25-a-02 「幎」	
「礼記音義」	……2 例	12-24-a-09 「構」	13-05-a-10 「殈」
「左伝音義」	……6 例	16-07-b-09 「嚏」	17-08-b-02 「鄏」*
		19-01-b-02 「泭」	19-13-b-11 「箄」3)*
		19-13-b-11 「猈」	19-21-a-04 「鄵」4)
「公羊音義」	……1 例	21-12-b-03 「贛」	
「論語音義」	……1 例	24-21-a-04 「弛」*	
「荘子音義」	……35 例	26-06-a-07 「呁」	26-06-a-08 「佳」
		26-06-b-04 「宎」	26-08-a-08 「芧」
		26-09-b-03 「猏」	26-11-a-11 「騷」*
		26-11-b-09 「綮」	26-20-b-10 「豨」
		27-04-b-03 「鷔」	27-11-b-02 「菣」*
		27-11-b-09 「揖」*	27-12-a-02 「瞞」
		27-15-b-04 「袑」*	27-19-b-03 「貯」*
		27-19-b-09 「礜」	27-21-a-05 「跉」
		27-23-a-06 「髐」*	27-25-a-08 「痀」
		27-25-b-03 「殀」*	27-25-b-07 「箄」*
		27-26-b-05 「髶」	27-31-a-03 「瞠」
		27-33-b-05 「喑」	27-34-a-09 「幓」
		28-02-a-03 「扻」	28-02-a-06 「趝」*
		28-09-b-03 「覣」	28-14-a-05 「璺」
		28-14-a-05 「蟉」	28-15-a-06 「僃」
		28-17-a-04 「搜」	28-19-a-05 「愀」

|「爾雅音義」……7例 | 28-19-b-04「扢」 | 28-29-a-04「謑」 |

                    28-29-a-07「輄」*
                    29-02-a-05「箌」   29-11-b-07「踣」
                    29-13-a-10「蔾」   29-25-b-06「疕」
                    29-31-a-11「坏」   29-32-a-08「岫」*
                    30-09-a-01「蔗」

この80例の内訳を見ると、「周礼音義」「荘子音義」に偏っており、その一方「尚書音義」では1例も見えない。このような偏在の原因をにわかに決めることはできないが、かりに『経典釈文』自体の節略だとすると、各音義ごとのその様子は異なっていたということになるであろう[5]。

ところで、＊印が付いた22文字は、『集韻』と『経典釈文』との間で見えるものである。つまり、先行する韻書『広韻』には見えておらず、『集韻』が『経典釈文』から収録した可能性が高いものである。そこで、まず手始めに、この22例の義注を検討することにより、この義注が『経典釈文』からきたものかどうかを確認してみたい。この作業をテコにして、残りの58例の義注をどのようにみるかというように、確認の範囲を広げていくことにしよう。

3. 調査結果の分析

3.1 義注（その一）

＊印の22字の義注について、その様子を見てみたい。この22例の義注の多くは『経典釈文』で3音または4音の音注が示される。4音の場合、その一つは、『広韻』や『説文』に見えるものであるが、他の3例が初出となるものである。具体例を示そう。

「鷕」(05-12-a-02「毛詩音義」)での『経典釈文』は「a 以小反。沈 b 耀皎反。雌雉聲。或一音 c 戸了反。『説文』d 以水反。『字林』e 千水反。」(注4に述べるように、右の abc……は、弁別のための筆者による注記。以下同じ)とある。この各音に該当する『集韻』を見てみると以下のようになる。(頁数は述古堂本の頁数)

```
    a 小・上聲    394-10    以紹切     『説文』雌雉鳴也。……（『廣』有り）
    b 篠・上聲    392-06    伊鳥切     雉鳴。
```

c 篠・上聲　　392-01　　胡了切　　雊也。
　　d 旨・上聲　　319-06　　愈水切　　雊鳴。
　　e（不見）

　eの音が『集韻』に見えないが、反切上字が「千」ではなく「于」であった可能性が高い。しかし、ここで問題にするのは、義注の方であるのでそちらに注目してみると、毛伝「鷕、雌雉聲也。」系統の訓詁ではなく、説解「雊鳴也。」にｂ・ｃ・ｄともほぼ統一されている。ｃがずさんな引き方でどちらかはわからないが、説解系でないという反証とはならないであろう。以下、この種の引用の全てを挙げることはできないが、『集韻』義注でのこの種の手抜きは、しばしば見るところとなる。このように初出音群がほぼ同義でまとまっており、文字面もほぼ同じものを、「同義注群」と呼ぶことにしたい。

　この「同義注群」は、ここに示す 05-12-a-02 の他に、
　　07-15-a-02・08-08-b-09・09-22-b-02・19-13-b-11・26-06-b-04（全同）
　　26-11-a-11・26-11-b-09・27-11-b-02（全同）・27-11-b-09（全同）
　　27-15-b-04（全同）・27-19-b-03（全同）・27-21-a-05・27-23-a-06
　　27-25-b-07・27-25-b-03（全同）・28-02-a-06（全同）・28-29-a-07
　　29-32-a-08（全同）

の 19 例ある。このうち（全同）と注記したものは、「……読」とか「……説」といった部分を除き、全く同文のものを示す。この（全同）が 8 例ある。このように 22 例の義注は、同一性が高い結果となった[6]が、そうならなかった 2 例について次に見てみたい。

　一つは、「鄤」（17-08-b-02「左伝音義」）である。『経典釈文』では、「a 亡袁反。又 b 莫干反。徐 c 武旦反。一 d 音万。」とある。それぞれの音に対応する『集韻』を見てみると次のようになる。

　　a 元・上平　　137-06　　模元切　　鄤地。
　　b 桓・上平　　149-07　　謨官切　　鄤邑名。
　　c 換・去聲　　557-02　　莫半切　　地名。
　　d 願・去聲　　549-07　　無販切　　『説文』蜀廣漢郷[7]。

　ａ・ｂ・ｃについては、内容的は一致しているが、表現は異なっている。ｄについては、別体字の扱いで、他の文字と合併されたため語義まで異なることとなってしまっている。ところで、この条には、『左伝』『経典釈文』と

も訓詁がないため、『集韻』編纂者が担当部分をそれぞれ自由に訓詁をつけたための不一致であると考えられる。

二つめは、「弛」（24-21-a-04「論語音義」）である。『経典釈文』では、「舊 a 音絁。又 b 詩紙反。又 c 詩鼓反。孔云、d 以支反。一音 e 勑紙反。落也。並不及舊音。本今作施。」とある。これらの音について同様に見てみると次のようになる。

 a 支・上平 025-07 商支切 施也。
 b 紙・上聲 307-11 賞是切 『説文』弓解也。一曰、捨也。（『廣』有り）
 c 寘・去聲 467-01 施智切 改易也。
 d 支・上平 034-08 余支切 改易也。
 e 紙・上聲 311-04 丑豸切 落也。

『広韻』『説文』からの b を除き、いずれも『経典釈文』からのものである。a・c・d は、集解の「孔曰、施、易也。」に基づき、e は『経典釈文』の読み分けに基づくことがわかる。ただ、a の義注の引き方はずさんであって、『経典釈文』の本文を参照しない限り、正確な解釈はわからないことになる。以上の考察から、a については、粗忽な引用による表現の不一致、e については読み分けによる訓詁の相違ということになる。

わずか 22 例のみであるが、上記 I・II・III の条件によって得られた『集韻』での義注は、均一の度合いが高いということがいえるであろう。「鄄」（17-08-b-02「左伝音義」）でのように先行の訓詁にしばられない形態もありうるし、（程度の差をどのように考えるのかという問題はあることはあるが）自由に変更することも可能である。しかし、比較的均一であるということは、『集韻』での編纂が、依拠訓詁を表現も含めて遵守するということを意味しているといえるであろう。22 例により、この点を確認した上で、残りの 58 例について見てみよう。

3.2 義注（その二）

本 58 例においても、上記 I・II・III の条件によって示される『経典釈文』の音注は、『集韻』義注において均一的な性格であろうことが予想される。しかし、ここでの多読字は、『経典釈文』の別の箇所や他の典拠文献からのものが混じっているので、前の 22 例ほどはきれいな対応を見せることもないことも予想されうる。

まず、均一的なものを、3.1と同様に『経典釈文』の巻数等で以下に示す。

02-18-b-08（全同）・05-04-a-06・05-19-b-09・05-29-a-11・06-15-b-11
06-23-b-07（全同）・06-37-a-01・08-06-b-02・08-07-b-03・08-09-a-11
08-17-a-08（全同）・08-30-a-06・08-30-a-09・08-30-a-11・08-31-b-05
09-07-b-06（全同）・09-23-a-04（全同）・09-28-a-09・09-29-a-02（全同）
09-29-a-04（全同）・10-19-a-04・10-25-a-02（全同）・12-24-a-09
13-05-a-10・16-07-b-09（全同）・19-01-b-02・19-13-b-11・19-21-a-04
21-12-b-03・26-06-a-07・26-06-a-08・26-08-a-08（全同）・26-09-b-03
26-20-b-10・27-04-b-03（全同）・27-12-a-02（全同）・27-19-b-09（全同）
27-25-a-08・27-26-b-05・27-31-a-03（全同）・27-33-b-05（全同）
27-34-a-09・28-02-a-03・28-09-b-03・28-14-a-05（全同）
28-14-a-05・28-15-a-06・28-17-a-04（全同）・28-19-a-05
28-19-b-04（全同）・29-02-a-05・29-13-a-10・29-25-b-06（全同）
30-09-a-01

このように58例中、54例が均一的な「同義注群」であることがわかる[8]。このことから上記条件の場合、『経典釈文』の当該音群以外の読み分けによる訓詁の影響はあまり受けていないことがわかる。そこで、次に「同義注群」と認定されない4例について見てみよう。

この4例を次に示す。

10-15-a-08・28-29-a-04・29-11-b-07・29-31-a-11

この4例について、それぞれ個別に見てみたい。

「揉」（10-15-a-08「儀礼音義」）『経典釈文』「a 而九反。劉 b 奴丑反。又 c 耳了反。」鄭玄注は「揉、宛之觀其安危也。……古文揉爲紐。」とある。

　　a 有・上聲　　434-03　　忍九切　『説文』屈申木也。（揉は煣の別体字）
　　b 有・上聲　　435-11　　女九切　　撓之也。
　　c 小・上聲　　394-03　　爾紹切　　屈也。

別体字のaを除き、b・cとも「揉」の一般的な解をつけており、鄭玄の訓詁の影響は受けていないことがわかる。

「譟」（28-29-a-04「荘子音義」）『経典釈文』「a 胡啓反。又 b 音奚。又 c 苦迷反。『説文』云、恥也。d 五米反。」

　　a 薺・上聲　　343-11　　戸禮切　『説文』恥也。（『廣』有り）

b 齊・上平　097-07　弦雞切　謑雞、不正皃。
　　　c 齊・上平　097-03　牽奚切　謑雞、不正皃。
　　　d 薺・上聲　344-03　吾禮切　恥也。

　dは、説解にしたがった読み分けによるもの。b・cは、『荘子』本文の解によるもの。つまり、読み分けによる語義の不一致である。

　残りの2例は、どれも「爾雅音義」のものである。この点に注意しながら見ていきたい。

　「踣」(29-11-b-07)『経典釈文』「a 蒲北反。又 b 音赴。或 c 孚豆 d 蒲侯二反。」

　　　a 德・入聲　762-11　鼻墨切　『説文』僵也。引『春秋傳』晉人踣之。
　　　　　　　　　　　　　　　　（『廣』　有り）
　　　b 遇・去聲　495-04　芳遇切　『説文』頓也。一曰、僵也。（踣は仆の別体字）
　　　c 宥・去聲　612-11　敷救切　頓也。（踣は仆の別体字）
　　　d 侯・下平　269-09　蒲侯切　斃也。

　b・c・dとも、ほぼ同義のものを指すようであるが、元となった表現が異なるため不一致となっているようである。

　「坯」(29-31-a-11)『経典釈文』「或作伾。a 備悲反。又 b 備美反。沈 c 五窟反。韋昭 d 音軯。『説文』作坏。」

　　　a 脂・上平　049-11　貧悲切　瓦未燒。
　　　b 旨・上聲　321-03　部鄙切　山一成曰岯。（坯は岯の別体字）
　　　c 沒・入聲　685-10　五忽切　『爾雅』山一成坯。沈旋讀。
　　　d 咍・上平　115-07　鋪來切　『爾雅』山一成曰軯。韋昭讀。（坯は軯の別体字）

　aが他のb・c・dと語義が異なっている。『集韻』としては、この両者の間には読み分けがあるとしたのであろう。

　以上見てきたように、不一致の4例はなぜ不一致であるのかその理由が容易にわかる。また、「揉」を除き、語義表現が一致する傾向があることも見て取れる。そこで、3.1 の 22 例と 3.2 の 58 例から以下の結論が得られるであろう。

　すなわち、本稿でのⅠ・Ⅱ・Ⅲの条件によって得られた『経典釈文』典拠の 80 例は、『集韻』義注に組み入れられたとき、依拠した訓詁表現をそ

のまま利用したと思われる。本稿では、このような同質の義注群を「同義注群」と呼んだ。この「同義注群」のところは、たとえ典拠が示されていなくても、『経典釈文』に由来するといえる。以上のような結論を出すことが可能であろう。

4. 分析結果からの派生問題

4.1 『集韻』での義注書き換え

この結論から、いくつかの推論が導き出せるであろう。たとえば、『集韻』における『広韻』義注の書き換えの問題においてである。たとえば、「墥」(08-09-a-11)の上平・脂韻の場合、『広韻』では「塉也。壇也。」とあるが、『集韻』では「塓塉也。」とある。この「塓塉也。」は鄭玄注の訓詁と同じ表現である。もう一つ例をあげると、「疛」(29-25-b-06)の去声・映韻の場合、『広韻』では「驚病」とあるが、『集韻』では「『爾雅』三月爲疛。」となっている。なお、ここでの『広韻』義注は、説解と同じである。

このような『集韻』での書き換えはそれほど大量にあるわけではなく、ごく一部にとどまるものである。そこでもう一つの推論から得られるところの問題について見てみたい。

4.2 『経典釈文』散佚部分の推定

『経典釈文』に由来する『集韻』義注部分がかなり均一的であることから、次のような推論を提示することができるであろう。すなわち、かりに『経典釈文』に散佚した部分があったとして、上記Ⅰ・Ⅱ・Ⅲの条件に該当するものであれば、「同義注群」は残存する可能性は高いといえる。いわば、今までの方向とは逆に、『集韻』から『経典釈文』を探るということをするわけである。そして、この推論にぴったり当てはまる事例が実際に存在する。これを見てみよう[9]。

「㹷」（26-20-b-10）
　　　之・上平　055-07　盈之切　㹷韋、太史官名。李軌説。[10]

「䫇」（27-26-b-05）
　　　質・入聲　668-10　激質切　竈神名。『莊子』竈有䫇。李軌説。[11]

この2例とも、『経典釈文』の該当箇所には見えない。特に、「㽞」では、義注に『荘子』の引用がなされ、当該部分での音注があったことが明確である。しかも、両例とも義注での表現に精粗はあるが、同質である。よって、この2例は、現行『経典釈文』の音注散佚部分であったといえるであろう。

もちろん、これらは、『経典釈文』所引の音義家の名が有ることから、そのように認定できるのだという意見もあるであろう。しかし、それと同じ重みで「同義注群」であるということも、認定理由の一つと主張できるであろう。この後者の理由、すなわち「同義注群」であるという理由で、『経典釈文』の散佚部分であるという認定の仕方があっても良いであろう。もちろん、散佚の可能性を示すだけになるかもしれないが、今まで手がかりの何もない状態から一歩前進であることはまちがいないであろう。そこで、次にここでの「同義注群」であることから、『経典釈文』音注の散佚を探ることをしてみたい。

散佚の可能性のあるものを、『経典釈文』所引部分以外に音のある58例から見てみたい。巻数順に引くことにする。なお、『経典釈文』所引「同義注群」を全て引用するのは、紙幅の関係上、共通する訓詁部分を引用する形になることをご了承願いたい。

「咥」（05-19-b-09）「笑也」
　　　脂・上平　046-11　馨夷切　大笑也。
　　　質・入聲　667-02　勑栗切　笑也。
「壝」（08-09-a-11）「塠𡍼也」
　　　至・去聲　478-06　以醉切　塠𡍼也。
「畚」（08-17-a-08）「墾田皃」
　　　霰・去聲　568-02　堂練切　墾田皃。鄭康成曰、畚畚原隰。[12]
「鞎」（09-07-b-06）「車革前也」
　　　魂・上平　139-10　五根切　車革前飾曰、鞎。
「朰」（09-28-a-09）「斷足也。」（説解と同じ）
　　　末・入聲　692-06　北末切　斷足也。
「頷」（09-29-a-04）「頯高也」

賄・上聲　349-09　沽罪切　頰高也。
「幎」(10-25-a-02)「覆也」
　　青・下平　243-05　忙經切　覆也。
「殈」(13-05-a-10)「鳥卵坼也」
　　昔・入聲　747-04　呼役切　卵坼。
「覕」(28-09-b-03)「見也」
　　質・入聲　664-11　壁吉切　見也。
「蠠」(28-14-a-05)「蠠蟭、不安定皃」
　　準・上聲　355-02　丑忍切　蠠蟭、蟲行。一曰、不安定意。
「笝」(29-02-a-05)「大也」
　　号・去聲　588-08　大到切　大也。
「漦」(29-13-a-10)「『爾雅』盩也」
　　之・上平　051-08　充之切　流涎也。13)
「疘」(29-25-b-06)「『爾雅』三月爲疘」
　　梗・上聲　421-11　補永切　『爾雅』三月爲疘。（疘は窇の別体字）
「岯」(29-31-a-11)「『爾雅』山一成曰岯」
　　脂・上平　048-11　攀悲切　山再成曰岯。一曰、山一成。
「蔍」(30-09-a-01)「艸名。子似覆葐」
　　小・上聲　396-08　彼小切　艸名。子似覆葐。
　　小・上聲　396-08　滂表切　艸名。子似覆葐。

以上の15例が得られた。先ほどの音義家の名を記した2例を加えて、計17例となる。このうち、「笑也」「見也」「覆也」「大也」という一般的な訓詁までを散佚した音注であるとするのは、かなり躊躇を覚える。こうしたものを除いても、11、2例ほど残る。この値は、55例の「同義注群」の五分の一となる。このような高い値は、音注の集中したこうした箇所だからなのか、それとも『経典釈文』全体に通じる一定数の節録なのかは、即断できない。さらに上記条件のⅡの部分の三例以上を二例にした場合どうなるのかによって、いずれわかるであろう。いずれにしても現行テキストの『経典釈文』には、音注の一部が散佚していることは確認できるといえるであろう。

5. 『集韻』での『経典釈文』音注の二重引用

最後に餘説として、今回の調査で、『集韻』が『経典釈文』の音注に対して興味深い処理をしているので、これについて述べてみよう。以下にこれに該当するもの、4例を全て挙げてみよう。

「狴」（19-13-b-11「左伝音義」[14]）

『経典釈文』「a 皮佳（A 佳）反。徐 b 扶蟹反。又 c 扶移反。又或 d 扶瞻反。本或作箄、音同。」

    a 佳・上平 102-10   蒲街切   闕人名。『春秋傳』楚有史狴。
    A 支・上平 034-01   頻彌切   闕人名。『春秋傳』楚有史狴。
    b 蟹・上聲 345-02   部買切   『説文』短脛狗。
    c 支・上平 032-09   蒲糜切   闕。『春秋傳』楚有史狴。
    d 鹽・下平 292-08   蒲瞻切   闕人名。楚有史狴。

「騞」（26-11-a-11「荘子音義」）

『経典釈文』「a 呼獲反。徐 b 許嬖反。向 c （C）他亦反。又 d 音麥。崔云、音近獲。聲大於砉也。」

    a 陌・入聲 735-03   霍虢切   解牛聲。『莊子』奏刀騞然。
    b 霽・去聲 506-11   顯計切   解牛聲。『莊子』奏刀騞然。徐邈讀。
    c 昔・入聲 748-03   土益切   刀解牛聲。
    C 錫・入聲 751-04   他歷切   解牛聲。『莊子』奏刀騞然。向秀讀。
    d 麥・入聲 737-09   莫獲切   解牛聲。『莊子』奏刀騞然。

「瞠」（27-31-a-03「荘子音義」）

『経典釈文』「a 敕庚反。又 b・B 丑（通志本作尹）郎反。『字林』云、直視貌。一音 c 杜哽反。又 d 敕孟反。」

    a 庚・下平 230-11   抽庚切   直視也。（『廣』有り）
    b 陽・下平 216-06   抽良切   直視也。
    B 唐・下平 220-04   他郎切   直視也。
    c 梗・上聲 421-07   丈梗切   直視皃。
    d 映・去聲 603-11   恥孟切   直視皃。

「輐」（28-29-a-07「荘子音義」）

『経典釈文』「a 五管反。又 b 胡亂反。又 c 五亂反。徐 d・D 胡管反。圓也。」

a	緩・上聲	371-11	五管切	輐斷、刑截所用也。一曰、圜兒。
b	換・去聲	554-08	胡玩切	輐斷、刑截所用。
c	換・去聲	556-02	五換切	輐斷、刑截所用者。
d	緩・上聲	368-04	戸管切	圓也。形截之所用。
D	緩・上聲	372-03	胡滿切	圜兒。

この4例の挙例群内で大文字・小文字のペアとなっているものが二重引用されたものである。最初の例についていえば、反切下字が「佳」か「隹」か判断を避けたものである。これ以外は、全ていわゆる「類隔切」[15)]によるものである。本稿では、『集韻』でのどちらの音が正しいのかということを問題にする必要はないであろう。それよりもむしろ、義注の内容が同じであるかどうかの方が重要である。全く同文であるのが、「狎」と「瞪」であって、残りの2例は長短だいぶ異なっている。ソースは同じであるので、短いのは省略されたものとみて良いだろうが、同じ来源であってもこの程度の差は当然ありうるものであることの証拠にもなることはいうまでもない。

さらに、贅言すれば、『集韻』でのこのような二重引用は、文字の音韻や語義に対して無用な混乱をもたらすことになりかねない。今後、『集韻』でのこのグループを収集した上で、『集韻』での二重引用の問題を整理することが必要であろう。

6. 結語

以上、『経典釈文』由来の音が『集韻』にどのように扱われているかを見てきた。やや厳格な条件をつけて、そこでの様子を見てみた。（多読字の重複をかなり含むが）五万三千あまりのなかの、80字をもととしたものから見れば、今回取り上げたのはあまりにも少ない。先に挙げた条件のⅡでの3音から2音に条件を緩和してみたならば、どのような結果になるのであろうか。また、今回と同じように「同義注群」となるのであろうか。そして、そこに散佚した『経典釈文』での音が見いだされるのであろうか。い

ずれにしても、さらなる疑問が尽きない。

このようにさらに次々と研究課題が出てくるわけであるが、本稿のまとめとして次の点は確認できるであろう。『集韻』では、編纂時に、典拠となった文献の訓詁をそのまま引用する傾向が強いといえる。ただし、この引用には、必ずしも忠実といいうるものではなく、ある種の自由度があるようである。しかし、この自由度は、これまでの例から見て、同じ文献をもととしていると思えるようになっている。このように同じと思える共通性について、さらにつっこんだ議論が要求されるであろうが、何分どれも短文であることから、さらに多くの挙例を見た上で、有効な方法を考え出したい。

最後に、今回ほとんど触れることができなかったが、『集韻』という韻書がどのように組み立てられ、そして完成へと向かっていったのかという側面に対して、いくらかでも貢献をなしたなら、筆者として望外の喜びであることを言い添えておきたい。

注

1) この点については、水谷1996において、多少触れたことがある。また、水谷2001bにおいても、典拠明示が少ないことについて述べている。
2) 筆者の『集韻』と『経典釈文』の関係を考察したものは、水谷1998・水谷1999・水谷2001a などがある。本稿も上記成果の延長線上にあることはいうまでもない。
3) この条は、次の同じ行、すなわち 19-13-b-02「猈」の異文である。したがって、実質的には1例引かなくてはならないが、『集韻』が独立したものとして立てているので、本稿では『集韻』の扱いを優先した。
4) この「左伝音義」と同様の記述が、「公羊音義」21-30-b(『公羊伝』「昭二十年」)にも見える。「公羊音義」での条は「a 音蒙。又 c 亡忠反。又 d 亡貢反。一音 b 亡増反。」(abc は、弁別のための筆者による注記)とある。とりあえず、本稿では、「左伝音義」の項に入れたが、「公羊音義」の可能性を排除するものでは決してない。
5) たとえば、敦煌本との比較においても「尚書音義」の様子は異なっている。本稿でのⅠ・Ⅱ・Ⅲの条件を当てはめて検証してみることで、相違が得られるか否か、次の課題であろう。
6) 念のために付言すれば、このように『集韻』で同義の訓詁をつけていることから、元となった『経典釈文』の多読字には語義の読み分けがなかったということには、決してならないということには、注意しておきたい。北宋のころに

は、『経典釈文』の読み分けが不明になっていたことは、十分考えられる。しかし、もともとあった語義区分と『集韻』での同義による読み分けはなかったこととは、別の次元の事柄であるので、ここでは問題にしない。

なお、水谷 2002 の書評、141 〜 3 頁を参照。

上文の元となった孫玉文 2000 もあわせて参看していただければ幸いである。

7)「鄴」は「鄴」の別体字であるため、「鄴」の義注をそのまま引用してある。
8) これらの中には、別体字（異文）として、他の文字と合併されてしまったものもある。このようなものがあれば全て非「同義注群」としてしまうと、非「同義注群」がかなりの数になる。とりあえず、ここではこのような別体字の義注は、ニュートラルなものと考えて、ここでの「同義」有無にはかかわらないとする。
9) 本稿を書くに当たって、平山久雄先生から受けた質問が大きいことを述べておきたい。かつて、先生より、『経典釈文』の音注散佚の証拠があれば、教えて欲しいというものであった。その際、どのような部分が脱落しやすいのかということも質問項目にあったようであるが、この点については未だ有効な方法は見つかっていない。ともかく、注の形で大変失礼であるが、先生の質問が筆者に小論執筆に導いたことのお礼を申し上げたい。
10) a 尾・上聲　　326-07　　許豈切　　（狶は豨の別体字）
　　b 脂・上平　　043-10　　抽遅切　　狶韋、因氏名官也。
　　c 紙・上聲　　308-02　　賞是切　　狶韋氏、古帝王號。李軌説。
　　a は、別体字による合併による別義となっているが、b・c と「同義注群」とする。
11) a 屑・入聲　　703-11　　吉屑切　　竈神名。著赤衣。
　　b 屑・入聲　　703-01　　奚結切　　竈神名。
　　c 質・入聲　　668-08　　喫吉切　　竈神名。著赤衣、状如美女。
12) 鄭玄注の引用部分は、『周礼』「地官・均人」からのものである。したがって、このことからこの音は『経典釈文』の散佚部分であることがわかる。
13) この義注は、郭璞注とほぼ同じであるので、とりあえずここに組み入れることにした。
14)「簿」も「狎」の異文であるので、同じようになっている。
15) 類隔切とは、声母（反切上字）固有の等位にふさわしくない韻母（反切下字）が合わさった反切のことをいう。詳しくは、藤堂明保 1967、68 頁参照。

［参考文献］

孫玉文 2000.『漢語変調構詞研究』2000.6　北京大学出版

藤堂明保 1967.「上古漢語の音韻論」『中国文化叢書Ⅰ　言語』1967.11.20　大修館書店

水谷 1996. 「『附釋文互註禮部韻略』義注より見た『集韻』義注」『中国文学研究』22　1996.12.1　早稲田大学中国文学会

水谷 1998. 「『群経音辨』から見た『集韻』と『経典釈文』(上)」『創大中国論集』1　1998.3.31　創価大学文学部

水谷 1999. 「『群経音辨』から見た『集韻』と『経典釈文』(下)」『創大中国論集』2　1999.3.31　創価大学文学部

水谷 2001a. 「『集韻』における『経典釈文』の二層に分かれる利用形態について」『創大中国論集』4　2001.3.31　創価大学文学部

水谷 2001b. 「李善注に見える典拠不明の訓詁は何から採られたか」『中国詩文論叢』20　2001.10.31　中国詩文研究会

水谷 2002. 孫玉文『漢語変調構詞研究』『創大中国論集』5　2002.3.31　創価大学文学部

コンピュータ・インターネット・機械翻訳

—中国語 CALL の現状と展望—

村上　公一

0. はじめに

　日本の中国語教育に CAI（Computer Assisted Instruction）あるいは CALL（Computer Assisted Language Learning）が導入されて 20 年近くになる。この20年間、コンピュータとインターネットの普及により中国語教育を取り巻く環境は明らかに変わった。とりわけ 1990 年代からの 10 年間にはコンピュータを利用した新しい教育実践が次々と試みられ、一定の成果が上げられている。さらに昨今のブロードバンドの普及や電子辞書、コーパス、機械翻訳の開発及び実用化はCALLに新たな可能性と問題をもたらしつつある。日本における中国語 CALL の歩みについては、既に小川利康（1999）、田邉鉄（2002）でおおよその総括がなされている。本稿では、小川・田邉の記述を踏まえつつ、中国語 CALL の現状について再確認をし、様々な可能性と不安要素を抱えた今後の CALL の方向性について論じる。

1. 中国語 CALL の到達点

1.1. 中国語入力システムの開発と CALL 教材の登場

　小川、田邉ともに、日本で最初の中国語 CALL 教材として取り上げているのは神戸商科大学の松村文芳・井内善内が1986年に開発した『中国語自動研修システム』である（松村・井内 1987）。1980 年代の半ばになり、それまで困難であったコンピュータ上での中国語入力、日・中混在文書の表示・印刷が日本 CAD（Computer Aided Design）の『文華』などの登場により可能になった。また、音声入出力も音声ボードの装着によりパーソナル・コンピュータ上で可能になった。こうして中国語 CALL 開発の基盤が整うことになる。『中国語自動研修システム』は『文華』を利用した聴き取り訓練用の学習ソフトであった。

小川（1999）はCALLの持つ機能を（A）プレゼンテーション機能（B）リピート学習機能（C）データベース機能（D）ネットワーク機能の4機能に分ける。日本で初めてのCALL教材『中国語自動研修システム』は（B）リピート学習機能を中心としたものである。

しかし当時は、音声や中国語漢字の入出力のためにパーソナル・コンピュータ本体に特殊なボードの挿入が必要であるなど、一般のパーソナル・コンピュータ上では中国語文字や音声の取り扱いが容易ではなかったことと、何よりもコンピュータプログラミングに通じた中国語教員がほとんどいなかったことなどの理由により、『中国語自動研修システム』に続く中国語CALLの本格的な試みは現れなかった。

1.2. マルチメディア教材の登場

1987年に登場したMacintoshのHyperCardはCALLに新たな可能性をもたらした。HyperCardとは一言で説明すれば、何枚ものカードをハイパー・リンクで結び、マウスのクリック等によりカード間を自在に行き来することにより実現したインタラクティブなマルチメディア環境である。しかも教材を作成するためにコンピュータプログラミングの知識は必要なく、あらかじめ用意されている部品を組み立てる感覚で作り上げることが出来るものであった。もちろん、細かい仕掛けが必要な場合はHyperTalkというプログラミング言語を用いる必要があるが、これはC言語など一般に使われるプログラミング言語と較べ単純なものであった。

日本でも英語教育を中心にHyperCardによる教材が数多く作られるようになる。本格的なCALL時代はHyperCardとともに始まったと言っても過言ではない。1993年に漢字Talk7.5.1＋Chinese Language Kitによる日・中混在の言語処理が可能になると、中国語教育でもHyperCard教材が作られ始める。

代表的なものに、林要三のHyperCard版『実用漢語課本』（林1997）、李奉賢・伊津信之介・斉藤守正の『CAI中国語入門』（李・伊津・斉藤1998）、三枝の『中国語入門』（三枝2001）などがある。とりわけ『実用漢語課本』と『CAI中国語入門』は初級の学習事項を網羅した完成されたコースウエアであった。いずれもマルチメディアを駆使したもので、(A)プレゼンテーション(B)リピート学習の機能が中心であり、また語彙リストなど一部で

(C) データベース機能も用いられている。

　しかし、HyperCardはMacintosh上でしか動作しないソフトであることとカラー対応が遅れたことから、HyperCard教材ソフト作者はWindows上でも動作し、カラー対応も進んだ統合的なマルチメディアオーサリングソフトであるMacromediaのDirectorへと移行していった。例えば林はHyperCard版『実用漢語課本』をDirectorで作り直し1998年に『ハイパー中国語　実用漢語課本』（東方書店・クリエイト大阪）として市販化している。また三枝の『中国語入門』は1996年にDirectorによりShock Wave形式に作り直され、『パンダと学ぶ中国語』というWeb教材となり、その後もコンテンツの補充が続けられている。李等の『CAI中国語入門』も同様にWeb化が行われている。

　1990年代後半は市販の中国語CALL教材も立て続けに出版された。市販のソフトについて著者はそれらを（1）音声付教科書系（文字情報に音声が貼り付けられており、教科書を学ぶ感覚で学習していくもの）（2）単純ゲーム系（単純なゲーム感覚で学ぶもの）（3）ロールプレイ系（学習者がある役割を演じて学習していくもの）の三種類に分け、特徴を紹介したことがあるが、1990年代後半には10本以上の自習用中国語学習ソフトが市販されている（村上 2000、2002）。市販のソフトはいずれも（A）プレゼンテーション機能を中心とし、そこに（B）リピート学習や（C）データベース機能を付け加えたものであった。

　1990年代後半に到り、これまでコンピュータ上で自由に扱うことが困難であった音声、画像、映像そして中国語文字などが、比較的自由に処理できるようになり、中国語CALLの開発を妨げていた技術的な問題がクリアーされた。その結果、様々なCALL教材の試みが一挙にほとばしり出たのである。

　田邉は「今日大量に生産・消費されるマルチメディア教材のほとんどは、1996年当時の教材とほとんど変わっていない」[1]というが、当時の教材が一つの到達点に達していたことは間違いない。

1.3.　ネットワーク・コラボレーションへの移行
1.3.1.　教材作成のネットワーク・コラボレーション

　樋口昌敏の『CALL98』『CALL99』と続いていく中国語ドリルソフト

『CALL98』シリーズはそれまでのCALLソフトとは異なったコンセプトで作られていた。ソフト自体としては教材の枠組みのみを提供し、具体的な教材部分は自由に改変できるようにテキストファイルになっており、しかも教材作成支援ソフトも用意されていた。『CALL98』という枠組みを利用して、使用者が自分なりのCALL教材を簡単に作り上げることができるというものであった。もちろんExcel等で作成したデータもそのまま問題として使用できる。立命館大学、同志社大学、早稲田大学などで使用された（樋口2000、小川2000）。『CALL98』は教材の共有化、教材作成のコラボレーション化の方向を示唆していた。ドリル教材のプラットホームを提供することにより、教員が互いにドリル問題を交換したり、蓄積していくことが可能になったのである。

　現在の中国語CALLは急速にネットワーク・コラボレーションへと向かっている。意味するものは二つ。一つは教員間のコラボレーション、つまり教材の共有、共同作成や授業の共同運営など、もう一つは授業自体のネットワーク・コラボレーション化である。『CALL98』シリーズは教員間のコラボレーションのさきがけであった。さらに大掛かりな教材共有化の動きとして、帝塚山大学を中心としたTIESなどのe-learningのプラットホームも1990年代末から続々と誕生している。

　また、素材の共有化も始まっている。例えば董燕・遠藤光暁著『話す中国語・北京篇』（朝日出版社2001）では付属のビデオの画像・音声、CD・教師用カセットテープの音声、教科書本体及び教授用資料の文字データの全てを一定の条件のもとに公開し、当該教科書を使用する教員は誰でも自由に上記データをもとにCALL教材を作成できるようになっている。多くの教員が一つの素材を共有し、それをもとに様々な具体的な教材を作成し、それが「ライブラリーのようになる」[2]という方向を目指している。

1.3.2. ネットワーク・コラボレーション授業

　1990年代末から始まるインターネット環境の急速な整備とブロードバンド化により、インターネット上の生の中国語に日常的に接することが出来るようになり、さらにはe-mail、BBS、Chat、TV会議システムなどを介して中国に暮らす人々と中国語によるコミュニケーション活動を行なうことが出来るようになった。

授業自体のネットワーク・コラボレーション化とは、インターネット上に作られた擬似コミュニケーション空間での学習を通して中国語コミュニケーション能力を身に付けさせようという動きである。

　BBSを介したコラボレーション授業の試みは小川（2001）、金子（2001）などの報告がある。小川は先に挙げたCALLの4機能のうちの（C）データベース機能と（D）ネットワーク機能に支点を置いたコラボレーション授業を試みた。BBS投稿とGoogle、Yahoo!等を利用した情報検索を組み合わせたものである。一学期を三期に分け、第一期では「自己紹介」「大学紹介」「お気に入りの日本語サイト紹介」など身近な情報の中国語でのBBS投稿、第二期ではGoogle、Yahoo!等を利用してグループ単位で「中国仮想旅行計画」を作成することを通した中国語情報検索及び読解力の習得、第三期では中国語情報検索に基づいた再度のBBS投稿（具体的な課題は「ニュース要約とコメント」「中国メディアから見た日本人」）という、一まとまりの学習プログラムになっていた。残念ながら、利用していたBBSサーバの中途でのダウンや、BBS交流相手があらかじめ設定されていなかったなどの理由により、「コミュニケーション面での課題は十分な成功を収めることができなかった」と言う。

　金子は小川の実践を踏まえ、事前に打ち合わせの上「友好交流校のBBS」を利用し、さらに日本側学生の学力を考慮して「日本語専攻」の学生との間の交流学習を行なっている。

　小川の試みの注目すべきもう一点は、これらネットワーク・コラボレーション授業を支えるものとして、『CALL99』によるドリル学習を宿題として課したことである。これにより、ネットワーク・コラボレーション授業と語彙・文法の習得のための地道なトレーニングが結びつけられることになった。

　これら非同期コミュニケーションツールであるBBSに加え、同期コミュニケーションツールであるChatやTV会議システムを利用したネットワーク・コラボレーション授業の実験としては早稲田大学COL（Chinese Online）の試みがある（砂岡・小川・村上2000、村上・小川・砂岡2001、砂岡2002）。早稲田大学COLは同期と非同期、文字と音声・映像、バーチャルとリアルといった相異なる位相でのコラボレーション授業を有機的に組み合わせ、統合的な中国語コミュニケーション学習システムの構築を目指している。

具体的には（1）BBS（2）MyNoteBook（課題提出用の BBS）（3）Text Chat（4）Video Chat（5）テレビ会議（6）遠隔 Tutorial（ビデオ会議システムを用いた少人数会話訓練）（7）対面 Tutorial（8）短期現地語学研修の8種類の学習から成り立っている。ネットワーク・コラボレーション授業の現時点での一つの到達点であろう。

　田邉は自らBBSを利用したコラボレーション授業を試みた上で、次のように問題を指摘している。「ネットワーク・コラボレーション授業の多くは、『中国語を実際に使用することによって、モチベーションが向上する』ことを利点にあげている」[3] が、「ネットワークが当たり前に利用される状況では、『新しいテクノロジ』に触れた時の満足感は得られない。『パソコン授業の目新しさが学生のモチベーション向上に役立つ』という図式はここで破綻しないだろうか。」というのがその理由である。更に「コミュニケーションを教授する立場にある我々語学教師は、自身が『コミュニケーションの達人』であってしかるべきであろう。コンピュータを『本来あるべき場所』に戻し、授業でのパフォーマンスというコミュニケーション実践にもっと光を当てること。それが 1990 年代の CALL プレーヤーである私の任務ではないかと思っている」と言う。

　『本来ある場所』とはもちろん対面授業の補助としての役割である。ネットワーク・コラボレーション授業ではコンピュータが教育・学習活動の中心にすえられ、擬似ネットワーク空間で擬似コミュニケーションを学ぶことが授業の中心になってしまう傾向にあり、外国語教育・学習の本来の姿、目的を見失っている、という批判である。これは単に中国語 CALL についてだけでなく、コンピュータネットワークにおける擬似コミュニケーションに過剰に依存している現代社会へ向ける批判の眼差しでもある。

　コンピュータネットワークが既に現実空間に匹敵する（擬似）コミュニケーション空間を作ってしまっていることは事実であろう。コンピュータの電源やLANケーブルを引き抜く勇気もない我々にとって、この現実とどう向かい合っていくかは大きな課題である。

2. CALL はどこへ向かうか

2.1. 電子辞書のもたらすもの

2003 年 3 月に CASIO が、7 月には SEIKO が日中・中日辞書を搭載した

電子辞書を発売した。いずれも小学館の日中辞典・中日辞典を採用している。携帯電子辞書としてはSONYのディスクマンシリーズに上記小学館の辞典を採用した中国語辞書があったが、日本語辞書、英語辞書とあわせた本格的携帯電子辞書の登場は中国語の教育・学習環境に大きな変化をもたらすであろう。既に教室では紙媒体の辞書から電子辞書への移行が始まっている。電子辞書の持つ機能の中でとりわけ教育・学習に有効なのはジャンプ、ヒストリー（履歴）及び単語登録である。ジャンプとはカーソルの指す文字のその辞書の別個所での説明や他辞書の関連項目へ瞬時に移動できる機能であり、これにより類似表現や日中・中日辞典の相互参照が容易になった。ヒストリー（履歴）及び単語登録機能により、自身が一度調べた単語や登録した単語をリストとして残すことができ、自動的に学習者に必要な単語帳が出来上がる仕組みになっている。CASIO、SEIKOの両電子辞書には音声機能が付いていないが、11月にCanonから発売された電子辞書では見出し語全てと、収録されている『ひとり歩きの中国語自由自在』(JTB) の会話文の音声が聞ける機能も付いており、携帯電子辞書は既に単なる電子辞書ではなく携帯CALL機器の側面も併せ持つものになっている。

　上に述べた携帯電子辞書の機能は、パーソナル・コンピュータ用の中国語入力ソフト付属の電子辞書には既に数年前から備わっていた。オムロンソフトウエアの『Chinese Navigator』は電子辞書を読解サポートとして利用しようとした興味深い試みである。1999年11月に発売されたこのソフトは、画面に表示された中国語にマウスを合わせると、瞬時に中日辞書を引き、日本語の意味を表示するという中国語読解支援システムである。現在は同社の中国語統合ソフト『楽々中国語』の機能の一部として組み込まれている。

　『Chinese Navigator』の（1）画面上の中国語文の文字にマウスを合わせるだけで辞書引きが出来る（2）辞書引き語彙リストが残る、という二つの機能により、インターネットを介して表示することの出来る全ての中国語文を、そのままの状態で学習教材として利用できるようになり、辞書引きの過程が自動記録された語彙リストは、個人単語帳として利用可能になった。

　日本語教育では『Chinese Navigator』と同様の機能を無償で提供する学習

支援サイト『リーディング　チュー太』が1997年に登場している。『リーディング　チュー太』は、『Chinese Navigator』の機能に漢字チェッカーと語彙チェッカーの二つの機能が加わったものである。漢字チェッカーでは対象とする日本語文の漢字あるいは語彙が日本語能力検定試験のどのレベルのものが使われているかを表示するツールである。これにより文章の難度が自動的に判定され、学習者が自分のレベルに合わせて読む文書を選択できるようになっている。これらのソフトやサイトによってもたらされるのは、インターネット上の全ての文書の教材化である。

2.2. コーパスのもたらすもの

近年、中国語に関しても大量のコーパスが出現し始め、機械翻訳、辞書、語彙、文法研究等に利用されている。例えばコーパスをもとに教材や試験問題の自動生成といった試みも行われている。また、生の中国語素材の宝庫であるコーパスを中国語教育の手段としてそのまま用いる試みも報告されている。例えば、金子はWeb検索を利用した中国語作文を試みている。「語法的には"ある程度以上のヒット数を持つ言い回しを使いましょう"、そして話題的には"関係するトピックを中国のサイトから検索し、得られた文を適宜『切り張り』してみましょう"というのがここでのお約束である」[4]とし、学生に中国語作文をさせている。成果の一例として引用されている学生の作文は非常にレベルの高いものである。

実際、筆者も中国語の文章を書く時、Web検索を利用している。語法的には正しいが何となく違和感を感じる時や、「塔配」で不安のある時など、検索をかけてどの程度使用例があるかを確認している。検索対象の中国語には誤文も少なくなく、また文体も様々なものが混在しているので、注意も必要であるが、個人的には非常に有用な支援ツールであると考えている。

現在のWeb検索レベルでも特に中国語作文授業では強力な授業補助ツールとなりえる。今後、教育用のコーパスを整備していくことで、可能性はさらに広がるであろう。

2.3. 機械翻訳のもたらすもの

2.3.1. 機械翻訳の現在

2003年4月15日『infoseek マルチ翻訳』はポータルサイトにおける初

めての日本語―中国語双方向翻訳サービスを開始した。インターネット上で多言語翻訳事業を展開するAmikaiの提供によるものである。続いて8月5日に『Excite翻訳』でも同様のサービスが始まった。こちらは中国語入力ソフト『ChineseWriter』、日・中双方向翻訳ソフト『J北京』の開発・販売元である高電社の提供による。これにより、日中・中日翻訳をインターネット上で無償で享受できるようになった。不完全なものとは言え、翻訳サービスの登場は中国語使用環境に変化をもたらさずにはおかない。

　現在の機械翻訳の翻訳精度はあまり高くない。定型的な技術マニュアル、商用文書などの翻訳には有用だが、省略の多い文章や文学的表現にはお手上げである。これまで実際のコミュニケーションに全くのストレスを感じさせないレベルの機械翻訳の登場には数十年の時間が必要だと言われてきた。しかし、この間の情報技術の急速な進歩により、本格的な機械翻訳の時代は意外と早くに訪れそうである。

　機械翻訳を多言語コミュニケーションツールとして用いる実験も数年ほど前から始まっている。1998年から2000年にかけて東京大学社会科学研究所の西垣通とジョナサン・ルイスが中心となって試みた多言語オンライン共同体の実験（Language/Powerプロジェクト）はその先駆的な例である（西垣・ルイス 2001）。そこでは日本語、英語、中国語、韓国語、インドネシア語の多言語空間で主に言語に関する意見交換の場が作り上げられ、ある程度の議論進行に成功している。ただ、Language/Powerプロジェクトは機械翻訳のみを介した多言語空間ではなく、実際には手作業での翻訳による補助が行なわれていた。

　機械翻訳のみを介したコミュニケーションの実験を行ない、必ずしも翻訳精度の高くない現在レベルの機械翻訳であってもコミュニケーションのツールとして有用であることを確認し、機械翻訳を介したコミュニケーションの特質を具体的に分析したのが、京都大学社会情報学専攻、科学技術振興事業団、NTTコミュニケーション科学基礎研究所が共同で行なった機械翻訳を介した異文化コラボレーション実験 ICE2002（Intercultural Collaboration Experiment 2002）である（野村等 2003a、2003b）。そこでは、中国、日本、韓国、マレーシアの大学生がそれぞれの母語である中国語、日本語、韓国語、マレー語を用い、機械翻訳を介してBBS上でコミュニケーションを取りながらソフトウエア開発を行なうという異文化コラボレー

ションの実験が行なわれた。

実験の結果、時間を経るにしたがって翻訳の質を確認したり翻訳の誤りを解消するリペア発言が減少し、機械翻訳とのインタラクションを通じて自らの翻訳機能を適応させることで、翻訳の誤りが克服され、コミュニケーションを成り立たせていくことが明らかになった。

　実は、既にPDAや携帯電話での翻訳サービスも始まっている。高電社は2003年2月にPDA用日中・中日翻訳システム「翻訳ウォーカーJ・北京」を発売した。［手書き入力］→［文字認識］→［中国語あるいは日本語へ翻訳］→［音声朗読］といった一連の流れがPDA端末上で可能になり、初めての実用的な携帯翻訳システムが誕生したわけである。携帯電話でも日本語→中国語の翻訳、音声朗読のサービスが始まっている。まだまだ翻訳精度には問題があるものの入り口部分に［音声入力］が加われば、多くの人の夢見る「携帯型音声自動通訳装置」の誕生である。

　文部科学省科学技術政策研究所の『第7回技術予想調査』によると、機械翻訳関連の将来的な技術予想は以下の通りである。

［2011年］様々な言語によって書かれたウェブ上のページ群の大半を自国語で読める多言語自動翻訳機能をもつブラウザが開発される。
［2014年］海外とのコミュニケーションを円滑に行なうための携帯型音声自動通訳装置が普及する
［2015年］カードサイズの自動通訳システム（音声入・出力）が実用化される。
［2016年］言語のリアルタイム翻訳機能が付加された家庭用のテレビが開発される。

　意外と早い時期に機械翻訳が実用化されると考えられている。報告書には自動翻訳装置の実用化がもたらす弊害として「言語習得のインセンティブが薄れ、他文化・他国への理解が進まなくなる恐れあり」との記述が見える[5]。

2.3.2. 機械翻訳と中国語教育

　機械翻訳を外国語授業に取り込む際には、大きく二つの方向性が考えられる。

(1) 機械翻訳の翻訳結果の分析を通して自身の外国語コミュニケーション

能力の向上を図る。
(2) 機械翻訳を補助手段とた多言語（間）コミュニケーション能力の向上を図る。

(1)の読解での利用方法としては、例えば翻訳ソフトを介して作り出された日本語訳文の誤りから、誤りの生じた原因—機械翻訳が適用した語彙、語法規則の不適合、原文の多義性などを考え、具体例から中国語の語彙や語法ルールを再確認するという学習が考えられる。また、作文では、作成した中国語文を機械翻訳で日本語に訳し、本来意図した意味からのズレを確認し、中国語文を修正してそのズレを修復していく作業を通じて、正確な中国語文を作成する力を身につけるという方法も考えられる。

(2)は既に外国語教育ではなく異文化コミュニケーション教育と言うべきかも知れない。言語と文化は切り離せるものではなく、言語を学ぶことにより相手の文化をより深く理解するという立場に立ち、外国語教育の目的は単なるコミュニケーションツールの獲得に止まらず異文化理解を内包するものであるとすれば、機械翻訳を介したコミュニケーションを学ぶことは外国語教育の目的とは相容れないものとなる。

外国語教育の理念や目的はその時代の社会的背景によってかなりの部分が決定づけられてきた。近年の外国語教育がコミュニケーション中心になっているのも、社会的にそれが必要であり、求められているからである。

もし、今後10年ほどの間で実用に耐えうる機械翻訳システムが誕生するとしたら、10年後には外国語教育の理念や目的が何らかの形で問い直されることになろう。

3. おわりに

本稿ではこれまでの中国語CALLの歩みを振り返りつつ、今後のCALLの方向性について述べた。ここ20年の外国語教育とりわけ英語教育をとりまく環境の変化はインターネットを中心とする技術革新とそれに伴うグローバル化によってもたらされた。中国語教育もその渦中にある。十年程先に予想される実用的な自動翻訳システムや携帯自動翻訳機器の登場は、さらに大きな衝撃を外国語教育の現場に与えるだろう。近い将来に間違いなくやってくるであろう機械翻訳の時代に、私たちはどのような理念・目的をもって中国語教育に携われば良いのであろうか。私自身まだ答えを出

せずにいる。ただ、その時のために今から少しずつ準備をしていこうと考えている。

注
1) 田邉鉄 2002. p.105
2) 遠藤光曉 2001. p.203
3) 以下の引用部含め、田邉鉄 2002. p.107,108
4) 金子眞也 2001. p.96
5) 文部科学省 2001. p.931, 932

[参考文献]
小川利康 1999.「中国語教育におけるCALLの可能性」『文化論集』早稲田大学商学部 14 p.311-p.318
小川利康 2000.「中級中国語におけるCAIの活用」『漢字文献情報処理研究』創刊号 p.52-p.58
小川利康 2001.「電子掲示板を活用した授業―協働作業のなかで学ぶ―」『漢字文献情報処理研究』2 p.81-p.90
田邉鉄 2002.「中国語CALLの10年」『漢字文献情報処理研究』3 p.102-p.108
松村文芳・井内善臣 1987.「マイクロ・コンピュータの音声情報を利用した中国語自動研修システムの作成」『人文論集』神戸商科大学 23-1 (p.371)p.59-(p.389)p.77
林要三 1997.「中国語CAIとその成果」『私情協ジャーナル』5-3
李奉賢・伊津信之介・斎藤守正 1998.「中国語CAI開発と実践」『私情協ジャーナル』6-3
三枝裕美 2001.「オンライン語学教材の開発―『パンダと学ぶ中国語』の制作をめぐって」『漢字文献情報処理研究』2 p.106-p.113
村上公一 2000.「中国語学習ソフト」『漢字文献情報処理研究』創刊号 p.129-p.131
村上公一 2002.「中国語学習ソフト」『日本の中国語教育―その現状と課題・2002』p.63-p.64
樋口昌敏 2000.「中国語ドリルソフトについて―開発と使用―」『漢字文献情報処理研究』創刊号 p.59-p.64
遠藤光曉 2001.「『話す中国語・北京篇』のデータ公開について」『漢字文献情報処理研究』2 p.200-p.203
金子眞也 2001.「誰でもできる電脳中国語教育―簡単な仕掛けでできる活性化」『漢字文献情報処理研究』2 p.91-p.97
砂岡和子・小川利康・村上公一 2000.「国際ネットワーク型中国語教育 Chinese

Online」『漢字文献情報処理研究』創刊号　p.80-p.83
村上公一・小川利康・砂岡和子 2001.「Chinese Online 2 年目―課題と展望」『漢字文献情報処理研究』2　p.100-p.105
砂岡和子 2002.「联结亚洲 6 所大学的国际联合汉语教学的实践报告」『汉语国际远程教育的实践和前景』p.1-p.14
西垣通・ジョナサン・ルイス 2001.『インターネットで日本語はどうなるか』岩波書店
野村早恵子・石田亨・船越要・安岡美佳・山下直美 2003.a「アジアにおける異文化コラボレーション実験 2002：機械翻訳を介したソフトウエア開発」『情報処理』44-5　p.503-p.511
野村早恵子・石田亨・安岡美佳・船越要・山下直美 2003.b「日中韓馬異文化コラボレーション実験 ICE2002」『AAMT ジャーナル』34　p.3-p.9
文部科学省科学技術政策研究所科学技術動向研究センター 2001.『第 7 回技術予測調査― 我が国における技術発展の方向性に関する調査 ―』

［参考文献 URL］
『パンダと学ぶ中国語』
http://sage.media.kyoto-u.ac.jp/call/soujin/panda/
『CAI 中国語入門』
http://www.ftokai-u.ac.jp/~rihouken/
『リーディング　チュー太』
http://language.tiu.ac.jp/index.html
『infoseek マルチ翻訳』
http://www.infoseek.co.jp/Honyaku?pg=honyaku_top.html
『Excite 翻訳』
http://www.excite.co.jp/world/

現代中国語"把"構文の修辞学的分析

村松　恵子

0. はじめに

前置詞"把"を用いた表現（以下，「"把"構文」と呼ぶ）は，従来の統語論研究においてさまざまな視点から多数の研究分析がなされてきた。しかしこれまで修辞（レトリック）の観点から分析されることは少なかった。本稿では，従来の統語論分析における研究成果を踏まえながら，これまで分析されることの少なかった修辞（レトリック）の観点ら，「"把"構文」の分析を試みる。

1. 本稿における修辞（レトリック）

'修辞'という用語は，中国においては『周易・乾』の中で'修'と'辞'の2文字が連用して用いられたのが最初である[1]。現在，'修辞'の定義は広義，狭義にわたってさまざまであるが，その中で『修辞通鑒』[2]は，'修辞'を非常に大きな学問体系として捉え，'修辞'を下記のように大きく8種類に分類している。

　　1. 语音修辞　2. 词语修辞　3. 语法修辞　4. 修辞格
　　5. 篇章修辞　6. 语体修辞　7. 文体修辞　8. 语言风格

そしてその「序言」では，この著書の顧問の一人である张寿康が'修辞'について次のように述べている。

「修辞现象是一种语言现象，是在人类使用语言的过程中产生的。人类在社会交往中，为了准确无误地传递信息，真切、适度、生动、有力地表情达意，就必须充分地运用和发挥各种语言因素的作用，选择语言手段，这就产生了修辞。它随着人类语言的发展而发展，又同时是反映和标志一种语言成熟、缜密、精美的内在尺度。因此，人们要提高语言的表达效果，就必须学习和研究修辞。」

また，ヨーロッパの伝統的レトリックについて，佐藤信夫1981は次のように指摘している[3]。

「伝統的レトリックでは、すぐれた表現の技術という課題は、《説得力のあることばづかい》および《魅力的なことばづかい》という（ばあいによっては、実利的言語と芸術的言語という、たがいに逆向きにもなりかねない）ふたつの方向において理解されていた。」

しかし、瀬戸賢一2002が述べている[4]ように、「魅力的な表現を求めるレトリック」において、「魅力は美文や装飾に直結するのではなく、「より適切な表現」を求める」のであり、そして「より適切な表現は、説得力と結びつく」のである。

これらの考え方を総合すると、修辞＝レトリックは次のように捉えなおすことができる。

おおよそ、われわれは言語によって聞き手あるいは読み手に何かを伝達しようとする場合、話し手あるいは書き手は、聞き手あるいは読み手のこころに共鳴を起こそうとして、語彙や表現の選択を行う。そしてそれは、ヨーロッパの伝統的レトリックが目指したように、言語表現に《説得力》と《魅力》をもたせることによって実現されるのである。『修辞通鑑』の「序言」で張寿康が述べている「人們要提高语言的表达效果（言語の表現効果を高めなければならない）」という言葉の意味は、換言すれば、「言語表現に《説得力》と《魅力》を持たせなければならない」ということである。しかもその《魅力》は《説得力》と直結するものでなければならない。

そこで本稿では、修辞＝レトリックを次のように定義する。

「修辞＝レトリックとは、話し手あるいは書き手が、言語によって聞き手あるいは読み手に何かを伝達しようとする場合に、聞き手あるいは読み手のこころに共鳴を起こすために、言語表現に《説得力》と《魅力》をもたせるための技術体系である。そしてその言語表現のもつ《魅力》は単なる美文や装飾などの技術的なことではなく、《説得力》を増すために効果的な働きをするものでなければならない。」

以下で、上記の定義を柱として、《説得力》という実利的側面と、《魅力》という芸術的側面の両面から、"把"構文の表現効果を明らかにしていく。

なお、本稿に言語資料として引用した例（1）から例（18）の中の下線は、すべて筆者が加筆したものである。また、例（4）から例（17）の日本語訳は筆者によるものであり、例（18）の日本語訳は引用した著書の著者によるものである。

2. "把"構文の修辞的効果

2.1. 文の種類

"把"構文は行為文である。行為文の対極にあるのは存在文や描写文である。従って、行為を表現する必要性の少ない文章、例えば名所旧跡を紹介する文章や、自然描写文には"把"構文は用いられない。下記の例 (1) は、「上海孙中山故居」を紹介した文章5) であるが、ここには"把"構文は用いられていない。

例 (1) 上海孙中山故居

　　　位于上海香山路 7 号

　　　　上海孙中山故居<u>是</u>孙中山先生与夫人宋庆龄 1918 年 7 月初到 1924 年 11 月的住所。故居<u>是</u>一幢 20 世纪初欧洲乡村二层楼房，外墙饰以灰色卵石，屋顶铺红色鸡心瓦，南面<u>是</u>一个小花园，靠墙四周种植有玉兰、香樟、黄杨等花木。故居占地 1013 平方米，建筑面积 452 平方米。

　　　　故居收藏文物<u>有</u> 10716 件，其中孙中山手迹 9 幅，历史照片 880 张，还保<u>存</u>孙中山先生行医时的部分医疗器械和部分生活用品。

　　　　故居现陈列内容<u>有</u>，楼下客厅，摆放<u>着</u>一套沙发，客厅的四周墙上悬挂<u>着</u>中山先生就任中华民国临时大总统，以及蒙难一周年纪念照片，还陈列<u>着</u>友人赠送的名人书画和象牙雕刻；……

この文章の中で特徴的に用いられている表現形式は「名詞述語文」と動詞"有"を用いた表現と「動詞＋事態助詞"着"」の表現である。

また、作者自らの「思い」を表現する随筆なども"把"構文が用いられることは少ない。下記の例 (2) は张爱玲の随筆『爱』の全文であるが、この文章の中にも"把"構文は用いられていない。

例 (2) 张爱玲『爱』

　　　这是真的。

　　　　有个村庄的小康之家的女孩子，生得美，有许多人来做媒，但都没有说成。那年她不过十五六岁吧，是春天的晚上，她立在后门口，手扶着桃树。她记得她穿的是一件月白的衫子。对门住的年轻人同她见过面，可是从来没有打过招呼的，他走了过来，离得不远，站定了，轻轻的说了声："噢，你也在这里吗？" 她没有说什么，他也没有再说什么，站了一会，各自走开了。

就这样就完了。

　　后来这女子被亲眷拐子卖到他乡外县去作妾，又几次三番地被转卖，经过无数的惊险的风流，老了的时候她还记得从前那一回事，常常说起，在那春天的晚上，在后面口的桃树下，那年轻人。

　　于千万人之中遇见你所遇见的人，于千万年之中，时间的无涯的荒野里，没有早一步，也没有晚一步，刚巧赶上了，那也没有别的话可说，惟有轻轻的问一声："噢，你也在这里吗？"

　しかしこれとは逆に、"把"構文の独壇場とでも言えるような文章もある。下記の例（3）がそれである。

　下記の例（3）は、中国料理の本に紹介されている「干し貝柱とクコ」の料理（干贝枸杞头）について、その特徴と必要な材料およびその作り方の手順を説明している文章である[6]。

　例（3）干贝枸杞头，采用春夏之交的枸杞嫩叶与来历有"海味极品"的干贝配伍，是格调朴实无华，贵在本色本味的时令菜肴。它以炝拌的烹调方法，令枸杞色泽橙绿清新，干贝甘香醇厚，具有明目去火，健胃利肺等作用。

原料　主料：干贝 50 克，枸杞头 250 克
　　　调料：葱结 5 克，姜片 5 克，绍酒 25 克，精盐 2 克，花椒 12 粒，花生油 50 克

制法
（1）　将干贝洗净放入碗内，加入葱结、姜片、绍酒及少许清水，上笼蒸 1 小时左右，取出，拣取碗里的葱、姜，将原汤滗到汤盘内，再将干贝捏成细些，另放待用。
（2）　把枸杞头洗净，放入沸水锅内焯过，捞出沥干，粗切一下后放入干贝原汤盘里，加精盐拌匀。
（3）　将炒锅置火上，下花生油烧热，放入花椒炸出香味，然后捞出花椒粒，把热油炝在枸杞头上，随将干贝丝放入，拌匀即成。

　上記の例（3）の最初の4行は、この料理の特徴を説明するための紹介文であり、そこでは"把"構文は用いられていない。次に、材料と分量について分かりやすく箇条書きにまとめ、作り手にこの料理の概要をイメージさせ、そして最後にこの料理の作り方を説明している。作り方を説明している「制法」の部分では"将"が4箇所，"把"が3箇所用いられている。

"把"は書き言葉では"将"と表記されることが多いので,「制法」の部分の"将"は"把"として差し支えない。従ってこの「制法」の部分には"把"が7箇所用いられていることになり,ここは"把"構文の独壇場と言っても過言ではない。

このように,書き手の伝達（表現）意図の違いによって,その文章の中で採用される表現形式には著しい違いのあることは,例 (1), (2), (3) から明らかである。そしてそこでは書き手の伝達（表現）意図が最も効果的に伝わる表現形式が選択されているのである。

では何故,料理の作り方の手順の説明に,"把"構文がこれほどまでに有効な働きをするのであろうか。このことについて,以下で考察していく。

2.2. 《説得力》の面での効果

料理の作り方の手順を説明する場合に求められることは,「何に対して」,「どのような行為を」,「どういう順序で」行うかということを明示することである。そしてそこで最も重要なことは,その説明が「より具象的である」ということである。「具象的である」とは,説明されている行為が個別的であり,読み手がその行為をもう一度追体験することができる,ということを意味している。そしてその行為を追体験することによって,そこには「実感」や「共感」や「臨場感」が生まれるのである。このような文章であってこそ,料理の作り方の手順を説明する文章として説得力をもつことになる。例 (3) からは,そのような要求に対して"把"構文が絶大な効果を発揮するということを窺い知ることができる。

しかし,"把"構文が多用されるのは,決して料理の本に限ったことではない。下記の例 (4) は阿城の小説『棋王』の中で"把"構文が多用されている例である。

 例 (4) 我把蛇挂起来, 将皮剥下, 不洗, 放在案板上, 用竹刀把肉划开, 并不切断, 盘在一个大碗内, 放进一个大锅里, 锅底蓄上水, 叫："洗完了没有？我可开门了！"
（ぼくは蛇をぶらさげて,その皮をはぎ,そのまま洗わずに,まな板の上に置き,竹の包丁で肉を2つに切り割いて,そしてその肉は切り離さず,おおきなお碗の中にとぐろを巻くようにして入れ,それを大きななべの中に入れて,そのなべの底に水を

入れると，こう言ってみんなに声をかけた。「もういいか？ドアを開けるぞ！」）

'我'と'王一生'は農村に下放された。二人が下放先の農村で久しぶりに再会し，蛇を捕まえて仲間と一緒に食べるために，蛇を調理して食べる準備を'我'がしている場面が例（3）である。ここでは，'我'が蛇を調理している状況が"把"と"将"を3回連続して用いて表現されている。そしてそれによって読者には，その状況がまるで眼前で展開されているように，臨場感を伴った情景として伝えられるのである。

次節では，"把"構文のもつこの「具象性」について，さらに詳細に見ていくことにする。

2.3. 具象性
2.3.1. 談話のレベルの具象性

ここでは老舎の短編小説『柳家大院』を言語資料として考察していく。

この小説は1933年に書かれたもので，当時の中国の下層社会に生きる人々—特にその中の女性に焦点を当てて描いた作品である。「柳家大院」という長屋には20以上の部屋があって何家族も住んでいるが，その中で，全編の語り手となっている'我'と，'老王'を家長とする王家の家族を中心として物語りは展開していく。この小説の中で，"把"構文は20箇所用いられている。下記の例（5）はその1つであり，王家の家長である'老王'の人間性が表現されている部分である。

> 例（5）他是学"文明"人呢，他要作足了公公的气派。他的老伴不是死了吗，他想把婆婆给儿媳妇的折磨也由他承办。
> （彼（老王）は「ハイカラ」な人のまねをする。舅としての貫禄をみせたいからだ。彼の女房はもう死んじゃったから，自分が姑の嫁いびりを引き受けようと思っているのだ。）

'老王'は息子の嫁に対して，舅らしい貫禄を見せたいと思っている。「舅らしい貫禄」とは'老王'にとってどのようなことなのであろうか。それは「姑が嫁をいじめるように，嫁いびりをすること（'把婆婆给儿媳妇的折磨也由他承办'）」なのである。このように，'老王'にとっての「舅らしい貫禄」というものを，"把"構文を用いて'老王'の具体的な行為として示すことにより，読者には'老王'という人物の人間性がより具象化され

てイメージされることになる。

　'老王'の息子である'小王'の人間性についても，老舎は同様の手法を用いて表現している。下記の例（6）がそれである。

　　例（6）小王也回来了，十分的象个石头人，可是我看得出，他的心理很难过，…他一声没出，在屋里坐了好大半天，而且 把 一条新裤子——就是没补钉呀——给媳妇穿上。
　　　　（小王も帰ってきたが，まるで石でできた人間のようであった。しかし私にはわかった。彼の心はとてもつらく悲しかった。…彼は一言もしゃべらず，部屋の中でずいぶん長い間座っていた，そして新しいズボン——継ぎが当たっていない——を自分の嫁にはかせた。）

　'小王'の嫁は，舅と小姑のいじめに耐え切れず自殺してしまう。いつも父親の'老王'の言いなりに嫁を殴ってきた'小王'は，仕事から戻って来て自殺した嫁の死体を見ても，石のように硬く身体をこわばらせて無表情であった（'十分的象个石头人'）が，心中はそうではなかった。そしてその'小王'の心中は，'把'構文を用いて表現した'小王'の行為，つまり継ぎの当たっていないズボンを嫁に穿かせるという行為（'把一条新裤子——就是没补钉呀——给媳妇穿上'）によってすべて理解される。この'小王'の嫁に対する心情は，「嫁を可愛そうだと思った」とか，「嫁には申し訳ないと思った」というような抽象的な表現よりも，'小王'のこの1つの具体的な行為によって具象化され，その結果，読者に共感と共鳴を惹起させることとなるのである。そしてこれこそが「具象性」のもつ「説得力」なのである。

　このように，抽象的に述べられた内容を象徴する具体的な行為を"把"構文を用いて表現することにより，その抽象的な内容は具象化され，より説得力を持って読者に伝えられるのである。

　次節では，"把"構文の「具象性」について，さらに詳細に考察していく。

2.3.2. 具象性を支える要因

　"把"構文（N＋"把"＋n＋V）の「具象性」を支えているのは，"把"で導かれる目的語（n）と述語（V）の意味上の制約である。従来の統語論研究において，"把"構文のこの目的語（n）と述語（V）の意味上の制約に

ついては詳細に分析されてきたが，ここでは，従来の研究とは異なる視点から，両者の意味上の制約を検証してみる。

2.3.2.1. 目的語

まず，先の例 (5) と例 (6) で挙げた"把"構文 (N＋"把"＋n＋V) の中のnについて見ていくことにする。

例 (5) の中の"把"構文は"他想把婆婆给儿媳妇的折磨也由他承办."で，nは"婆婆给儿媳妇的折磨（姑の嫁に対するいじめ）"である。この時代，嫁はお金で買うものであり，当然，舅と姑にはそのための莫大な借金が残る。従って「姑の嫁いびり」は，生活の苦しさや貧しさが精神を圧迫するという要因を伴ったものであり，現代のそれとは異なったものである。しかしこのことはこの時代の中国の下層社会での一般的な状況であり，その歴史的あるいは文化的背景を理解していれば，その内容は読者には具象化して認識できるものである。

また例 (6) で挙げた"把"構文は"把一条新裤子——就是没补钉呀——给媳妇穿上"であり，nは"一条新裤子——就是没补钉呀"である。ここで老舎は‘一条新裤子（一本の新しいズボン）’をさらに‘就是没补钉（継ぎが当たっていない）’と説明している。この「新しいズボン（‘新裤子’）」とは新しく買ったりあるいは一度も穿いたことのない新品のズボンという意味ではなく，まさに老舎が説明しているとおり「継ぎの当たっていないズボン」ということである。つまり普段はボロボロの継ぎ当てだらけのズボンを穿いている嫁に，前から家にあった継ぎの当たっていないズボンを穿かせたということを意味している。しかしそれはただ単に「一本の継ぎの当たっていないズボン」ということを意味しているのではなく，当時の貧しい生活の中でいかに貴重で大切なものであったかということは，その時代背景や文化的背景を理解していれば，容易に理解できることである。この‘一条新裤子——就是没补钉呀’にはそこまでのことが含意されている。

もう１つ，例 (7) を見てみる。例 (7) も『柳家大院』の例である。

例 (7) 张二和我的儿子同行，拉车。他的嘴也不善，喝俩铜子的猫尿能把全院的人说晕了；穷嚼！

（張二は私の息子と同業で，車引きだ。彼は口がうまく，安酒

を飲んで長屋中の人たちを煙に巻くことができる。)

　例（7）の"把"構文のnは'全院的人'である。'全院的人'とはこの長屋の全員のことを指している。しかし，これは単に「長屋の全員」ということをだけを意味しているのではない。この小説はこの"把"構文が用いられる前段に7つの段落があり，そこではこの長屋の住人についての紹介がされている。例えば，この小説の語り手である'我'は，現在は易者をしていてまあまあの日銭を稼いでおり，車引きの息子と2人暮らしであること，この長屋には20以上の部屋があり，そして長屋の住人は入れ替わりが激しいこと，その中で'老王'を家長とする王家は古くからの住人であること，そして'老王'は外国人のところで植木職人をしているから，この長屋の中では易者をしている'我'と'老王'が一番文化的な人間だと認識されていること，逆の言い方をすれば，この長屋の住人は文化的レベルにおいて'我'と'老王'以下だということ，等々である。つまりこの'全院的人'という名詞句の中には，最初から7段落目までの情報がすべて込められているのである。

　次の例（8）はどうであろうか。例（8）は魯迅が1919年に書いた『药』の中の一部である。

　　例（8）两个人一齐走进灶下，商量了一会；华大妈便出去了，不多时，拿着一片老荷叶回来，摊在桌上。老栓也打开灯笼罩，用荷叶重新包了那红的馒头。小栓也吃完饭，他的母亲慌忙说："小栓——你坐着，不要到这里来。"一面整顿了灶火，老栓便把一个碧绿的包，一个红红白白的破灯笼，一同塞在灶里：一阵红黑的火焰过去时，店屋里散慢了一种奇怪的香味。

　　（2人（両親）はいっしょに台所へ行き，ちょっと相談をした。華大媽は出て行ったが，まもなく蓮の葉を一枚もって帰ってくると，それをテーブルの上にひろげた。老栓は（赤い饅頭が包んである）提灯の紙をほどくと，蓮の葉でその赤い饅頭を包みなおした。小栓が飯を食い終わると，母親が慌ててこう言った：「小栓——そこに座っておいで，こっちに来るんじゃないよ。」かまどの火をかきたてながら，老栓は青緑色の包みと，紅白の破れた提灯を，いっしょにかまどに押し込んだ。ぱっと赤黒い火炎が立つと，店じゅうに一種異様な匂いが立ちこめた。)

魯迅はこの小説で，迷信の愚かしさを描いている。例（8）は，息子の肺病を治すため，その両親が迷信を信じて，人の血が塗ってある'人血馒头（人血饅頭）'を手に入れ，それを息子に食べさせようとしている場面である。この例の中の"把"構文のnは'一个碧绿的包，一个红红白白的破灯笼'である。前半'一个碧绿的包（青緑色の包み）'とは，人の血が塗ってある'人血馒头（人血饅頭）'を包みなおした蓮の葉（'一片老荷叶'）のことである。また後半の'一个红红白白的破灯笼（紅白の破れた提灯）'とは，父親が'人血馒头'を手に入れたときにもっていた紅白の提灯のことである。父親は'人血馒头'を手に入れた際，手にもっていた紅白の提灯の紙を破ってそれを包んだ。そして父親はその残った紅白の破れた提灯を家にもって帰ったので，それをまかどで燃やしたのである。この'一个碧绿的包'と'一个红红白白的破灯笼'がこの小説の中で特定のものを指していることは文脈から明白である。しかし両者とも"这个"や"那个"ではなく，"一个"と表現されているのは，この両者が両親にとっては，息子に見せたくない，早く消し去ってしまいたい物であり，特定化したくない物だからである。そのことを表現するために，敢えて作者が意図的に"一个"と表現しているのである。

以上の例から明らかなことは，"把"構文（N＋"把"＋n＋V）の中のnは意味的に，歴史的あるいは文化的背景から，または文脈や一般常識的判断から「抽象性」を取り除くことができ，それらを手がかりとして読み手が「具象化」してイメージすることのできるものである，ということである。

次に述語（V）について見ていく。

2.3.2.2. 述語

'把'構文の述語の意味上の制約についても，従来詳細な分析がなされてきたが，それらの制約が求めているのは，一言で言えば，やはり「具象性」である。つまり動詞のコアの部分だけ，例えば'穿'や'说'や'塞'という情報が与えられても，それは対象に対するどのような行為であるのかということが，あまりにも抽象的すぎる。したがって例（6）の'穿上'，例（7）の'说晕'，例（8）の'塞在灶里'のように，その行為を具象化するための情報が付加されることが求められるのである。従って，その情報が

具象的であるためには，述語（V）はどんなに情報量が多くて長いものであっても許容される。例えば下記の例（9）がそれの例である。

例（9）は1930年代の上海が舞台となっている茅盾の『子夜』からの抜粋である。

例（9）"怎么冰袋还不来！佩瑶，这里暂时不用你邦助；你去亲自打电话请丁医生！——王妈！催冰袋去！"于是他又对二小姐摆手："二妹，不要慌张！爸爸胸口还是热的呢！在这沙发椅上不是办法，我们先抬爸爸到那架长沙发榻上去罢。"这么说着，也不等二小姐的回答，荪甫就把老太爷抱起来，众人都来帮一手。
刚刚把老太爷放在一张蓝绒垫子的长而且阔的沙发榻上，打电话去请医生的吴少奶奶也回来了。
(「どうして氷嚢がまだ届かないんだ！佩瑤，こっちはいいから。お前は丁先生に来てもらうように電話しなさい！——王媽！氷嚢を催促して来い！」そしてまた姉の芙芳に手を振って「姉さん，落ち着いて！父さんの胸はまだ温かいんだから！このソファーじゃ具合が悪いから，まずあっちの長いソファーに寝かせよう。」そう言いながら，姉の返事を待たずに，荪甫は父親を抱きかかえ，みんながそれを助けた。
ちょうど父親を青いビロードの長くて幅の広いソファーに寝かせると，電話をかけ終わった佩瑤(荪甫の妻)が戻ってきた。)

上海から水路百キロ離れた双橋鎮の名門資産家の呉老人は，上海の共同租界の豪邸に住んでいる事業経営者の息子（呉荪甫）に無理やり呼び寄せられた。そして上海の息子の豪邸に着いたとたん，ショックで死んでしまう。例（9）は呉老人が息子の呉荪甫の家に着いて倒れ，みんなが慌てている場面である。この中では'把'構文が2回用いられている。1つ目の例については2.4.5.で触れることにし，ここでは2つ目の例について見ていく。2つ目の"把"構文の述語は'放在一张蓝绒垫子的长而且阔的沙发榻上（青いビロードの長くて幅の広いソファーに寝かせる）'であり，その長さが目に付く。それは，倒れた呉老人をみんなで運んで寝かせたソファーが，最初に寝かせようとしたソファーと違って，この豪邸にふさわしい，いかに豪華なソファーであるかということを詳細に具象化して説明する必要上，ここまでの情報量を提供する必要があったのである。

以上の検証から明らかであるように，"把"構文のもつ「具象性」は"把"で導かれる目的語（n）と述語（V）の意味的具象性という意味上の制約によって支えられているのである

　ここまでは，"把"構文の《説得力》の面について見てきた．次節では，"把"構文の《魅力》の面について，その表現効果を見ていく．

2.4.《魅力》の面での効果

　ここからは，"把"構文の《魅力》の面での効果，つまり芸術的効果が，隠喩，擬人法，対比，反復，リズム・テンポ，引用の各方法によってどのように発揮され，そしてそれによってより一層説得力が増していく状況を見ていく．

2.4.1. 隠喩

　隠喩とは比喩の一種であり，類似点を見つけて別のものに見立てて喩える方法である．中国語では'借喩'という．そして喩えることによって，喩えられる方は具象化されるのである．

　下記の例（10）は，『柳家大院』からの抜粋であり，"把"構文が隠喩に用いられている例である．

　　例（10）他就是这么个人——和"文明"人要是过两句话，替别人吹几句，脸上立刻能红堂堂的，在洋人家里剪草皮的时候，洋人要是跟他过一句半句的话，<u>他能把尾巴摆动三天三夜</u>。他确是有尾巴。可是他摆一辈子的尾巴了，还是他妈的住破大院啃窝窝头，我真不明白！

　　（彼（老王）はこんな人間だ──「ハイカラ」な人と二言三言，言葉を交わしてお世辞を言ったら，すぐに顔を真っ赤にするだろう．外人の家で芝生を刈っているとき，外人がもし彼に一言でも話しかけたら，<u>彼は三日三晩シッポを振っているに違いない</u>．確かに彼にはシッポがある．しかし彼が一生シッポを振っていても，畜生！やはりぼろ長屋に住んでトウモロコシ団子をたべるのだ．私にはほんとうにわからない！）

　ここでは王家の家長である'老王'の行為を"把"構文を用いて'<u>他能把尾巴摆动三天三夜</u>'と表現している．外人に話しかけられたら，三日三

晩シッポを振っている'老王'である。「シッポ」とは,もちろん「犬のシッポ」のことであり,「シッポを振る」という行為は,犬が自分の主人に対してその従順さを表現したり,また主人のご機嫌をとるときの行為である。ここでは'老王'を犬に喩え,犬が主人に対するように外人に対してご機嫌取りをする'老王'の人間性が,'老王'を犬に喩えた"把"構文によって,より具象化されて読者に伝わってくる。

2.4.2. 擬人法

擬人法とは,人間でないものを人間に見立てる方法であり,中国語では'比拟'という。人間でないものを人間に見立てるのであるから,それは人間でないものに人間的な感情が込められるということである。

下記の例 (11) は王蒙の『坚硬的稀粥』からの抜粋であり,"把"構文が擬人法に用いられている例である。

例 (11) 吾儿动情图治, 第二天, 果然, 黄油面包摊生鸡蛋牛奶咖啡。徐姐与奶奶不吃咖啡牛奶,叔叔给她们主意用葱花炝锅,加花椒、桂皮、茴香、生姜皮、胡椒、紫菜、干辣椒,加热冒烟后放广东老抽——虾子酱油,然后用这些涮子加到牛奶咖啡里,压服牛奶咖啡的洋气腥气。我尝了一口,果然易于承受接受多了。我也想加涮子,看到儿子的杀人犯似的眼神,才为子牺牲口味,硬灌洋腥热饮。唉,"四二一"综合症下的中国小皇帝呀！他们会<u>把</u>我国带到哪里去？

(私の息子は,みんなを感動させ,翌日,果たして,バタートースト,卵焼きとミルクコーヒーが置かれていた。徐姐と祖母はコーヒーとミルクを飲まない。そこで叔父が,葱のみじん切りをさっと炒め,そこに山椒,桂皮,茴香,生姜の皮,胡椒,紫のり,干し唐辛子を加え,加熱して煙が出たら広東老抽（えび醤油）を入れ,そのあとこれらのどろどろしたものをミルクコーヒーの中に入れて,ミルクコーヒーのバタ臭さを抑えることを,彼女達に提案した。私がそれを一口飲むと,案の定とても飲みやすかった。私もそのどろどろしたものを入れようと思ったが,息子の人殺しのような目つきを見て,息子のために味を犠牲にして,バタ臭い熱い飲み物を無理や

り流し込んだ。ああ、"四二一"症候群の中国小皇帝よ！彼らはわが祖国をどこへ導いて行くのだろう？）

『堅硬的稀粥』は、1980年代に改革・開放された中国の急激な西洋化を皮肉った小説である。この小説に描かれている家族は'爷爷（88歳），奶奶（84歳），父亲（63歳），母亲（64歳），叔叔（61歳），姊姊（57歳），我（40歳），妻子（40歳），堂妹，妹夫，儿子（16歳）'の11人で、さらにこの家で40年間家事をしている'徐姐（59歳）'が同居している。例（11）では、この家の「古臭い」伝統や習慣を改め、「現代的」な生活様式を取り入れようと、16歳の息子が、中国の伝統的な朝食をバタートーストと生卵とミルクコーヒーに替えたことによって、その他の家族全員が困惑している状況が描かれている。文中の「"四二一"综合症下的中国小皇帝（"四二一"症候群の中国小皇帝）」の「"四二一"」とは、中国が国策として1979年から実施した一人っ子政策によって、各世代が半分の人数となっていくことを表したもので、ここではこのような状況下の一人っ子たちのことを'他们（彼ら）'と言っている。そして彼らの行為を"把"構文で'他们会把我国带到哪里去？（彼らはわが祖国をどこへ導いて行くのだろう？）'と表現し、'我国（わが祖国）'を人間に見立てている。人間に見立てることによって、それはただ単に政治機構としての「国家」ということを意味するだけではなく、そこで生きる人々が長い年月をかけて築いてきた歴史や文化―例えば、例（11）の中で'叔叔'が作った「どろどろしたもの」の素材が示しているような、バターやパンや生卵やミルクやコーヒーではない文化―をも含んだ意味となる。つまり、そこで長い年月をかけて築いてきた歴史や文化を背負っている人々を、どのような文化的価値観へ導いていこうとしているのかという、より具象化された意味になるのである。

もう1つ、擬人法の例を見ることにする。次の例（12）は巴金の『家』からの抜粋である。

例（12） 风玩弄着伞，把它吹得向四面偏倒，有一两次甚至吹得它离开了行人的手。风在空中怒吼，声音凄厉，跟雪地上的脚步声混合在一起，成了一种古怪的音乐，这音乐刺痛行人的耳朵，好像在警告他们：风雪会长久地管治着世界，明媚的春天不会回来了。

（風は傘をもてあそび，吹きまくって傘を四方にひっくり返

し，ひどいときには通行人の手から傘が離れそうになる。風は空中に怒号し，その音は凄まじく，雪の上を歩く足音と一緒になって，奇異な音楽となり，通行人の耳を刺す。まるで，この風雪はずっと長く世界を治め，清らかで美しい春はもう帰ってこないと，彼らに警告しているかのようである。）

巴金の『家』は1931年に書かれ，1919年の五四運動を背景として，四川省の大都市の富豪の大家族の崩壊と，この激動期を生きる人々を描いた作品である。例（12）はこの小説の書き出しからわずか数行のところに描写されている部分である。例（12）では「風」と「傘」について"把"構文を用いて'风玩弄着伞，把它吹得向四面偏倒（風は傘をもてあそび，吹きまくって傘を四方にひっくり返す）'と表現されており，それはまるで「風」が意志を持って「傘」を吹き飛ばそうとしているかのように描写されている。ここで「風」に吹き飛ばされる「傘」は，まさにこの時代の人々そのものである。そして「風」は1919年に起きた五四運動という時代の象徴として描かれると同時に，「傘」をまるで意志を持って吹き飛ばそうとする人間であるかのように描かれている。擬人法は「別のものに見立てて，喩える」と言う点で隠喩の一種であり，隠喩の中の，特に人に見立てるものを言うが，ここの「風」は「五四運動という時代の象徴」という観点からは隠喩であり，「意志をもって傘を吹き飛ばす」という観点からは擬人法である。これによってこの一文は，単に強風が吹いているという情景描写ではなく，それはまるでこの小説の登場人物たちの前途を暗示するかのように読者に伝わってくる。

2.4.3. 対比

対比とは，通常，同型であって意味が対称的あるものをいう。例えば日本語で言えば「売りことばに買いことば」の類である。中国語においても同様であり，例えば"有缺点的战士终竟是战士，完美的苍蝇不过是苍蝇."（魯迅『战士和苍蝇』）の類である。しかしここでは，"把"構文が他の構文と対比して用いられ，それによって意味が対照的に表現されている例を挙げる。下記の例（13）がそれであり，阿城の『棋王』の中からの抜粋である。

例（13）他摇摇头，说："这太是吃的故事了。首先得有饭，才能吃，这

家子一囤一囤的粮食。可光穷吃不行，得记着断顿儿的时候，每顿都要欠一点儿。老话儿说'半饥半饱日子长'嘛。"我想笑但没笑出来，似乎明白了一些什么。为了打消这种异样的感触，就说："呆子，我跟你下棋吧。"他一下高兴起来，紧一手脸，啪啪啪就把棋码好，说："对，说什么吃的故事，还是下棋。下棋最好，何以解不痛快？唯有下象棋。啊？哈哈哈！你先走。"我又是当头炮，他随后把马跳好。我随便动了一个子儿，他很快地把兵移前一格儿。我并不真心下棋，心想他念到中学，大约是读过不少书，就问："你读过曹操的《短歌行》？"

（彼は首を横に振って言った。「これはまさに食うことの話だ。まず先に飯があって，それで初めて食うことができるのであって，この家には山のような食糧があった。だが，食べることばかり考えちゃいけないんだ，食べられない時のことも考えなくちゃいけなくて，毎回食べるときに全部食べちゃわないで残しておくんだ。昔から言うじゃないか，『全部食べちゃわないで残しておけば長く生きていける』ってね。」僕は笑おうと思ったが，何かが少し解ったようで，笑えなかった。この異様な感覚を打ち消すために，僕が「将棋をやろう」と言うと，彼はすぐにうれしそうにパッと顔色を変えて，パンパンパンと将棋の駒をきちんと並べて言った，「そうさ，食う話なんかより，やっぱり将棋だ。将棋は最高さ。何を以って不快を解かん，ただ将棋あるのみ。そうだろ？ハハハ！君からだ。」僕がまた最初に'炮'の駒にすると，彼はすぐに'馬'の駒を跳ねさせた。僕がいい加減に駒を動かすと，彼はすばやく'兵'の駒を前に1つ進めた。僕は本気で将棋を指す気はなく，心の中で，彼は中学まで行っているのだから，多分たくさん本を読んでいるだろうと思い，「君は曹操の《短歌行》を読んだことがあるかい？」と聞いた。）

これは，'我'と'他（王一生）'の2人が，下放先の農村に向かう列車の中で時間を過ごしているときの様子を描いた部分である。最初2人は「食べる」ことについて話をしているが，気分を変えるために'我'が将棋を指すことを提案する。そしてその直後の将棋を指す場面からは，'我'と'他

（王一生）'の2人の行為は，{'他'＝"把"構文}→{'我'＝動詞述語文}→{'他'＝"把"構文}→{'我'＝動詞述語文}→{'他'＝"把"構文}という構成になっており，2つの異なる構文を対比して表現することによって，'我'と'他（王一生）'の将棋を指すということに対する思い入れや心構えの違いを対照的に表現している。

'他'＝"把"構文：他一下高兴起来，紧一手脸，啪啪啪就把棋码好

'我'＝動詞述語文：我又是当头炮

'他'＝"把"構文：他随后把马跳好

'我'＝動詞述語文：我随便动了一个子儿

'他'＝"把"構文：他很快地把兵移前一格儿

つまり'我'がいい加減に将棋を指している様子を単なる動詞述語文で表現しているのに対して，'他（王一生）'が一手一手真剣に駒を動かす行為が，"把"構文で詳細に具象化されて描写されているのである。そしてさらに2つ目の"把"構文（'他随后把马跳好'）では，2.4.1.で見た隠喩の手法が用いられている。'他（王一生）'が将棋の駒の'马（馬）'を勢いよく動かす様子を，将棋の駒の'马'をほんものの「馬」に見立てて'跳好（はねる）'と表現することによって，'他（王一生）'の行為がさらに具象化され，臨場感のある描写となって読者に伝わってくる。

このように例（13）では"把"構文全体を他の構文と対比して用いることで，行為者の意識の違いが対照的に表現されているのである。

2.4.4. 反復

反復とは同じ形を繰り返すものを言う。中国語では'排比'と言うが，中国語の場合，その繰り返しは3回以上でなければならない。

下記の例（14）は『坚硬的稀粥』の中で"把"構文が'排比'に用いられている例である。

例（14）徐姐浑然不觉，反倒露出些踌躇志满的苗头。她开始按照她的意思进行某些变革了。首先把早饭里的两碟腌大头菜改为一碟分两碟装，把卤菜上点香油变成无油，把中午的炸酱由小碗肉丁干炸改为水炸，把平均两天喝一次汤改为七天才喝一次汤，把蛋花汤改为酱油葱花做的最简陋的"高汤"。

（徐姐はそれには全然気づかず，かえって得意満面なきざしも

見えた。彼女は自分の思うとおりに改革し始めた。まず<u>朝食の2皿のかぶらの漬物を1皿分で2皿に分けるように改め，肉のしょう油漬けにかけるゴマ油をなしにし，昼食の炒めたひき肉味噌に水を加えて炒め，平均2日に1回飲んでいたスープを7日に1回に改め，卵入りスープを醬油とネギで作る最も簡単な"高級スープ"に改めた。</u>）

　この家で40年間家事を担当している'徐姐（59歳）'は，この家族の勧めに従って，自分なりの判断でこの家の食事を変えようとした。どのような食事をどのように変えようとしたのか，その内容が具体的に表現されている部分が上記の例（14）である。そしてその具体的な行為は"把"構文を用いて連続5回，同じ型（"把"＋n＋"改为/变成"）で繰り返されている。反復することによってそこにはリズムが生まれる。'徐姐'の行為を同型の"把"構文で連続5回反復させることにより，それはただ単に食事の内容の変化を具象化して読者に示すだけにとどまらず，例（14）の中でも表現されているように，そこからは得意満面（'踌躇志满'）に意気揚々と食事を変革（'变革'）している'徐姐'の姿が臨場感をもって読者に伝わってくるのである。

2.4.5. テンポ・リズム

　"把"構文は，"把"によって行為の対象を述語の前に置いたことにより，述語部分が修辞的にさまざまな効果を発揮できるようになったのである。ここでは文のテンポ・リズムという観点からいくつか例を見ていく。

　まず，先の例（9）について見る。

　例（9）は"把"構文が2回用いられていた。後者の例についてはすでに述べた（2.3.2.2. 参照）ので，ここでは前者の例を取上げる。'苏甫就把老太爷抱起来，众人都来帮一手。'がそれであり，"苏甫"が倒れた"老太爷"を抱える様子が"把"構文を用いて'苏甫就<u>把</u>老太爷<u>抱起来</u>'と表現されている。この"把"構文は述語が「動詞＋方向補語」で終わっており，それによって，次に表現されている行為—'众人都来帮一手（みんながこれに手を貸す）'が，時間的な空白を置かずに引き続き連続して行われている様子が，テンポよく読者にも伝わってくるのである。

　もう1つ，例（15）を見る。例（15）は王蒙の『坚硬的稀粥』からの抜

粋である。

例（15）三天之后, 全家震荡。徐姐患急性中毒性肠胃炎, 住院并疑有并发肠胃癌症。奶奶患非甲非乙型神经性肝硬化。爷爷自吃西餐后便秘, 爸爸与叔叔两位孝子轮流待候, 用竹筷子粉碎捅导, 收效甚微。堂妹患肠梗阻, 腹痛如绞, 紧急外科手术。堂妹夫牙疼烂嘴角。<u>我妻每饭后必呕吐,</u> 把<u>西餐吐光后</u>回娘家偷偷补充稀粥咸菜, 不敢让儿子知道。

（3日後, 我が家を震え上がらせた。徐姐は急性胃腸炎を患い, 入院してさらに合併症性胃腸ガンの疑いがあった。祖母は非甲非乙型肝炎神経性肝硬変にかかった。祖父は洋食を食べてから便秘になり, 父と叔父の2人の孝行息子が毎日交代で対応し, 竹の箸でお尻の穴をつついても, ほとんど効果がない。従妹は腸閉塞になり, お腹に激痛が走り, 緊急外科手術を受けた。その夫は歯痛と口内炎になった。<u>私の妻は毎食後必ず吐き</u>, <u>洋食を吐いたあと実家に帰ってこっそりとお粥と漬物を補充し</u>, 息子に知られないようにした。）

例（15）では, 16歳の息子の西洋料理化改革により, 家族中が体調を崩した様子が描写されている。この中で"把"構文を用いて表現されているのは, この16歳の息子の母親のとった行動である。ここではこの母親の行動が, "把"構文を用いた連動式動詞文で表現され, しかもそれは'把<u>西餐吐光后</u>回娘家偷偷补充稀粥咸菜'というように, この一連の行動が句読点（, ='逗号'）で区切られることなく連続して表現されている。それによって「西洋料理を吐く→実家に帰る→こっそりお粥と漬物を食べる」という母親の一連の行動が, スピード感をもった連続したものとして読者に伝わってくる。

さらに例（16）を見る。例（16）は老舎の『骆驼祥子』からの抜粋であるが, ここでは単に行為がテンポよく伝わってくるというだけでなく, 同じ文字数のリズムの繰り返しが, さらにそれを効果的に伝えている。

例（16）恰巧有辆刚打好的车（定作而没钱取货的）跟他所期待的车差不甚多; 本来值一百多, 可是因为定钱放弃了, 车铺愿意少要一点。祥子的脸通红, 手哆嗦着, 拍出九十六块钱来："我要这辆车！"铺主打算挤到个整数, 说了不知多少话, 把他的车拉

出去又拉进来，支开棚子，又放下，按按喇叭，每一个动作都伴着一大串最好的形容词；…

(運良くちょうどいい車——注文して作ったが，注文主がお金の工面ができなかったので取りに来なくなったもの——があり，大体彼の期待通りであった。もともと百元以上のものだったが，注文主が手付金を払ったので，店のほうでは少しまけると言う。祥子は顔を真っ赤にして，手を震わせながら，96元をぽんと出した。「この車買った！」店の主人はちょうど百元まで出させようとして，あれこれ言い，店から車を出したり入れたり，幌を立てたりおろしたり，ラッパを鳴らしたり，1つ1つの動作に最大級の形容詞がくっついている。)

主人公の車引きの'祥子'が，自分の車を手に入れようと，新車を買う場面である。そこで店の主人が新車を売り込むためにあれこれしてみせるが，その主人の行為が'把'構文で表現されている。'铺主打算挤到个整数，说了不知多少话,把他的车拉出去又拉进来，支开棚子，又放下，按按喇叭'がその部分である。ここでは車を売り込もうとする主人の行為が'拉出去'と'拉进来'，'支开'と'放下'という，文字数が同じである反義語を繰り返すことによってテンポよく表現されている。しかしそれだけではなく，この主人の行為を表現している'把'構文を含んだ連動式動詞文は，「'拉出去'（3文字）—'又拉进来'（4文字）」，「'支开棚子'（4文字）—'又放下'（3文字）」，「'按按喇叭'（4文字）」というように，3文字の動詞句と4文字の動詞句の繰り返しの「3—4, 4—3, 4」というリズムを構成している。そしてそれによって車を売り込もうとしている主人の行為に軽快さが増し，より一層臨場感を伴って読者の心にリズミカルに響いてくる。

2.4.6. 引用

最後に引用が修辞に用いられている例を見る。

例（17）は王蒙の『坚硬的稀粥』からの抜粋であり，ここではその述語部分に四字成語と'歇后语'が引用されている。

例（17）惧的是小子两片嘴皮子一沾就把积弊时弊抨击了个落花流水，赵括谈兵，马谡守亭，言过其实，大而无当，清谈误家，终无实用。积我近半个世纪之经验，凡把严重的大问题说得小

葱拌豆腐一清二白千军万马中取敌将首级如探囊取物易如掌都不用翻者，早就会在亢奋劲儿过去以后患阳痿症的！只此一大耳儿，为传宗接代计，实痿不得也！
(恐れているのは，息子が口を開けば積もり積もった弊害とこの時代の弊害をこてんぱんに非難攻撃することで，それはまるで張括が兵法を語り，馬謖が亭を守るようなもので，話が誇大で，実際とかけ離れ，大きいだけで使いものにならず，清談は家を誤るで，結局は何の役にも立たないのだ。私の半世紀に近い経験から言えば，おおよそ重大な問題を簡単に白黒はっきりさせて話したり，千軍万馬の戦場で敵の将軍の首を簡単に取れると言うような者は，たいてい興奮した後すぐに気を失って陰萎症にかかるのだ。こんなことのせいで，代々子孫を残すために，陰萎症にかかってはいけないよ！)

例(17)は，西洋改革かぶれの16歳の息子の批判振りと，それを心配している父親の心情を描写しており，ここでは2回"把"構文が用いられている。前者の"把"構文（'小子两片嘴皮子一沾就把积弊时弊抨击了个落花流水'）では，息子の中国の伝統的慣習とこの時代の弊害に対する批判振りを，四字成語を引用して'落花流水（こてんぱんに非難攻撃する）'と表現している。そしてこの四字句のリズムを引き継いで，さらに6回四字句を連続させ（赵括谈兵，马谡守亭，言过其实，大而无当，清谈误家，终无实用），息子の無茶苦茶な批判の内容と，それに対する父親の評価を表現している。合計して7回の四字句の連続というのは，先の2.4.4.で見た反復（'排比'）という修辞法でもある。この7回連続の四字句の中で成語となっているのは'落花流水'，'言过其实'，'大而无当'の3句である。残りの'赵括谈兵'，'马谡守亭'，'清谈误家'，'终无实用'の4句は成語になってはいないが，そのうち'赵括谈兵'，'马谡守亭'，'清谈误家'の3句にはそれぞれ出典があり，それを踏まえて作者が創作したかあるいは作り換えたものである。例えば'赵括谈兵'の中の'赵括'とは'纸上谈兵（机上の空論）'という四字成語が作られるもととなった戦国時代の武将のことであり，兵法を談ずるのは得意だが実践はまるでだめという人物のことである。つまり16歳の息子の批判は「机上の空論」であるということを意味している。また'马谡守亭'の中の'马谡'とは，諸葛孔明に可愛が

られた三国時代の武将で，街亭の戦いに勝利できると豪語して敗れたために，若くして処刑された人物である。そしてこの人物に対しては「'马谡用兵'―'言过其实'」という'歇后语'がある。つまり'马谡'が兵を用いるということは，話は大きいが実際とかけ離れているという意味で，作者はこの'歇后语'を踏まえて'马谡守亭'と表現しているのである。そしてこの2句（'赵括谈兵'と'马谡守亭'）は2.4.1.で見た隠喩という修辞法である。つまり16歳の息子の批判振りを四字成語の'落花流水'で「こてんぱんに非難攻撃する」と表現し，それに続く2句の四字句の隠喩によって，息子の批判の内容を'赵括谈兵'＝「趙括が兵法を談ずるようなものだ」と'马谡守亭'＝「馬謖が亭を守るようなものだ」というように具象化して表現しているのである。そしてそれに続く4句（'言过其实'，'大而无当'，'清谈误家'，'终无实用'）では，この息子の批判に対する父親の評価を表現している。その中の'清谈误家'は'清谈误国'という四字成語をもとにして，作者が作り変えたものである。'清谈'とは魏晋南北朝時代の知識人が空論を談じたことを言うが，現在では空理空論を意味している。つまり'清谈误国'とは「空理空論は国を誤る」という意味だが，ここではこの家族のことを言っているので'清谈误家（空理空論は家を誤る）'と言い換えているのである。そしてこの'清谈误家'という四字句もまた隠喩という修辞法である。

　後半の"把"構文は述語部分に'歇后语'が引用されている。'凡把严重的大问题说得小葱拌豆腐一清二白千军万马中取敌将首级如探囊取物易如掌都不用翻'の中の'小葱拌豆腐＝一清二白'がそれである。豆腐に青ネギを混ぜると（'小葱拌豆腐'）白と青の色のコントラストが明確であることから，はっきりとしていること（'一清二白'）を意味する。その続きの部分（'千军万马中取敌将首级如探囊取物易如掌都不用翻'）で言っているのは，「千军万马の戦場で敵の将軍の首を取ること（'千军万马中取敌将首级'）は（通常は容易なことではないが），それは袋の中の物を探って取り出す（'探囊取物'）ように容易なことで，手のひらを返す必要もないほど簡単な事だ（'易如掌都不用翻'）」という内容である。'探囊取物'はきわめて容易であることをたとえる四字成語である。また'易如掌都不用翻'は'易如反掌'という四字成語をもとにして作者が言い換えたもので，'易如反掌（手のひらを返す）'という四字成語は「簡単なことである」と

いう意味であるが，'易如掌都不用翻'とは，「手のひらを返す必要もないほど簡単だ」という意味である。つまりこの"把"構文では，この16歳の息子たちのような若者のことを「重大な問題を簡単な事として言ってしまう（そういう者）」と言っているのだが，それを'歇后语'や四字成語を用いた表現で描写しているのである。そしてこれも隠喩という修辞法であり，それによってこの息子のような若者たちのことが具象化されているのである。

このように，例（17）で示した"把"構文とそれに連動した表現は，四字句の反復（'排比'），四字成語の引用と変形，'歇后语'の引用，そしてさらに隠喩というように，多様な修辞法を複合的に用いることによって具象化が増し，それによって読者にとってより一層の説得力と高い芸術性の両者を感じさせる表現となっているのである。

3. まとめ

以上，"把"構文を修辞学的観点から分析した。太田辰夫の『中国語歴史文法』によれば，"把"は古くは材料・用具をあらわす介詞として用いられ，その例は唐代以後にみえる，とある[7]。下記の例（18）がその例として挙げられている。

例（18）無一人把錢買藥喫。　（だれ一人として錢で藥を買って飲もうとするものがない。）

現在の"把"構文にはこのような用法はない。どのような変遷を辿って，このような用法から現在の"把"構文に変化したのかは，本稿のテーマではないので，これ以上ここでは論じない。しかし，nとVの関係が，「nがVで表現される行為のおよぶ対象」という意味関係となり，さらにnとVがどちらも「具象的である」という意味上の制約をもつことにより，"把"構文は，読者が自分でその行為を追体験できるという具象性に富んだ表現形式となったのである。そしてそのことによって読者の「実感」や「共感」や「臨場感」が惹起され，それゆえに絶大な説得力をもつのである。従って"把"構文におけるさまざまな修辞法は，すべて具象性を増すために用いられており，そしてその修辞によってさらに説得力を増すと同時に，それは芸術性の高い魅力的な表現となるのである。

このように，"把"構文は今後もさらに芸術性の高いさまざまな修辞法に

よって，説得力と魅力に富んだ表現となる可能性をもった表現形式であると言うことができよう。

注
1) 秦旭卿 王希杰 1989.『修辞・语法・文章』湖南教育出版社 p.1
2) 顾问 张志公 周振甫 张寿康 1991.『修辞通鉴』中国青年出版社
3) 佐藤信夫 1981.『レトリック認識』講談社 p.6
4) 瀬戸賢一 2002.『日本語のレトリック』岩波ジュニア新書 p.6-p.7
5) 赵永芬 赵玉之 1999.『中国博物馆旅游指南』中国旅游出版社 p.122
6) 1992 上海新亚 (集団) 联营公司编写『中国名菜谱 (上海风味)』中国財政経済出版社出版 p.20
7) 太田辰夫 1981.『中国語歴史文法』朋友書店 p.258

[言語資料]
阿城『棋王』　　巴金『家』　　　　老舎『柳家大院』　　魯迅『药』
茅盾『子夜』　　王蒙『坚硬的稀粥』　张爱玲『爱』

「例示」を表す動詞重畳について

依藤　醇

0. はじめに

「動詞重畳形」については，その形式，意味，賓語との関連等をめぐってこれまで数多く論じられてきた。しかしながら，その形式についても，意味に関しても，議論が堂堂巡りをしている観があることは否めない。「動詞重畳形」は歴史的な変遷を経て，それぞれ一定の文脈の下での制約を受けながら，現代語の中で使用されている。ここでは，「動詞重畳形」が論じられる際に，一つの典型的なその用例として多くの場合に取り上げられてきながら，その意味が必ずしも明確には示されなかった"…看看书，下下棋…"（…読書をしたり，碁をしたり…）という形式に焦点を当てて考察したい。重畳形式の2種類（3種類以上のこともあるが）の動詞が前後に連用されているので，以下この形式を"V_1V_1…，V_2V_2…"と表すことにする。

1. 「動詞重畳形」の形式と意味

最初に「動詞重畳形」の形式と意味について整理しておきたい。「動詞重畳形」という場合，その形式をめぐって，さまざまな考え方が存在している。"VV"（Vは動詞）のみを「動詞重畳形」とするもの[1]。"VV"と"V了V"のみとするもの。"V一V"や"V了一V"も「動詞重畳形」に加えるもの等さまざまである。本稿は「動詞重畳形」が並列して用いられている"V_1V_1…，V_2V_2…"という形式を主として問題として取り上げるが，この場合は"VV"のみで，一般に他の3形式には置き換えられないので，"VV"のみを対象とすることになる（筆者は現代中国語の「動詞重畳形」は"VV"のみであるという考え方に賛同するが，ここではこの問題について論じることはしない）。

「動詞重畳形」はその意味をめぐってもさまざまな考え方がある。

「現在，動詞重畳形の文法的意味についてのさまざまな解釈の中で，もっ

とも影響力をもっているのは朱徳熙の"动作量"説であろう……」。[2]

　朱によると,「動詞重畳形」は動作の量を表す。つまり,動作の継続時間("时量")が短いか,動作の行われる回数("动量")が少ないかのどちらかを表すのである。いわゆる「動詞重畳形」の意味についてはこれまで数多く論じられてきたが,基本的な意味としては,朱のような「動作の量が少ない」ことであるという考え方が広く支持されている。それに加えて,「試みの気持ち」など派生的ないくつかの意味が取り上げられるのが普通である。

　「動詞重畳形」については,日本の中国語教育の現場では,通常「ちょっと〜する」あるいは「〜してみる」という意味が与えられる。つまり「動作の量が少ない」か,あるいはそこから派生した「試みの気持ち」を表すという解釈である。次に中国の3篇の著作を選んでその説明を記してみよう。

　胡裕樹主編の『今日汉语(第二册)』では,「動作を表す動詞のあるものは重ねると,継続する時間が短いこと,繰り返されること,気楽であること,気ままであること,さらにはこころみの気持ちを表す」[3]と述べられている。

　周一民(1998)は,「動詞重畳形」には"时量短"という文法的意味があるほか,動作の軽やかさ,試み,気ままな感じ,気楽な感じ,語気を和らげるなどの働きがあると述べる[4]。

　李珊(1993)は「動詞重畳形」の意味と言っても,文法的意味と語用的意味は区別しなければならないとし,「動作の量」が文法的意味で,「和らげる」「気楽である」「婉曲的である」などは語用的意味であると述べている[5]。

　「動詞重畳形」の多くの具体例については,上に挙げたいくつかの解釈のいずれかにより一応の理解が得られる。しかし,これらの解釈のいずれによっても説明できないものがある。また時には,具体例の説明をするために,ある解釈が無理に適用されているとしか思えないようなケースも見られる。次に挙げるのはそのような例の一つである。朱徳熙(1982)に,「動作量」ですべてを説明しようとする立場からと思われる以下のような記述がある[6]。

朱は次の二つの例文を挙げ，
  (1) 下午两点去听报告。(午後2時に報告を聞きに行く。)
  (2) 晚上想去看看电视。(夜にはちょっとテレビを見に行きたい。)
「(1) の"听"は"听听"に変えられないが，それは"听听"とは"听一会儿"（ちょっと聞く）の意味であり，テレビはちょっとだけ見ることもできるが，報告は普通ちょっとだけ聞くことはないからである」と述べる。それでは，
  (3) 下午两点去看看电视。(？)（午後2時にちょっとテレビを見に行く。)
は言えるのであろうか。上述の朱の説明に従えば (3) は言えることになってしまう。しかし (3) は何か不自然である。やはり，これも"下午两点去看电视。"というのが普通であろう。こうしてみると，(1) で"听"が"听听"に代えられない理由は，"听报告"の表す意味内容にあるというよりは"下午两点去…"という文脈によると考える方が適切であろう。朱がなぜこのような強引とも思える説明をしたのかということを考えてみると，「動詞重畳形」の意味は「動作量が少ない」ことであるとして，それですべてを説明しようとすることに起因しているのではないかと考えられるのである。

次にいずれの意味の重畳形か理解が難しい例を一つ挙げておきたい。魯迅の「狂人日記」中の"救救孩子…"の例も，「動作量が少ない」あるいは「試みの気持ち」を表すなどということでは到底説明できない例である。実際に「ちょっと子どもを救え」とか「子どもを救ってみたら」などという軽い表現ではありえないであろう[7]。

2. "$V_1V_1\cdots, V_2V_2\cdots$"形式における「動詞重畳形」は動作量を表しているのか

本稿は結論を先に言えば，「動詞重畳形」が論じられる際，しばしば取り上げられる2種類（3種類以上であってもよい）の動詞の「重畳形」が連用された"$V_1V_1\cdots, V_2V_2\cdots$"という文型で用いられている「動詞重畳形」の特徴について考察するとともに，そこには「動作量が少ない」という意味はもはや存在せず，「動詞重畳形」が表すのは動作・行為の例示の働きであることを述べようとするものである。

朱徳熙の『语法讲义』に次の例が挙げられている[8]。

(4) 他退休以后，平常看看书，下下棋，和朋友聊聊天，倒也不寂寞。（彼は退職後、ふだんは本を読んだり、碁を打ったり、友人とおしゃべりをしたりして、寂しいとは思わなかった。）

「動詞重畳形」の部分は，日本語訳で「〜したり，〜したりする」と訳すことができる。この種の文は「動詞重畳形」を用いていながら，「ちょっと〜する」「〜してみる」などと訳せば不自然であり，そのことから見ても「動作量が少ない」「試みの気持ち」という解釈は当てはめにくいのではないかと思われる[9]。

しかし，朱は「動詞重畳形」は「動作の時間量が短いか動作量が少ないことを表す」という考え方に基づいて，(4)の"看看书"や"下下棋"はいずれも時間量が短いことを表し，それぞれ"看会儿书""下会儿棋"の意味であるという（因みに，上の文の"看看书"と"下下棋"の部分を，それぞれ"看会儿书"や"下会儿棋"で置き換えることはできない。＝筆者注）。朱はさらに次のように述べる。

(5) 年纪大了，重活干不了，只能洗洗衣服，铡铡草，喂喂牲口。（年をとって，重労働はできず，洗濯をしたり，馬草を切ったり，家畜に餌をやったりできるだけだ。）

は，動作の時間が長くないことを強調するので重畳形を用いる。これに対して，

(6) 白天到山腰去拾柴，晚上又是洗衣裳，又是铡草，喂牲口，整天操劳。（昼間は山に芝刈りに行き，夜は洗濯をしたり，馬草を切ったり，家畜に餌をやったりして，一日中あくせく働いている。）

は，一日中，洗濯をし，馬草を切り，家畜に餌をやるので重畳形を用いることができない。

先の例と同様に，ここでも「動詞重畳形」が用いられる理由を動作量の視点から論じている。

朱の挙げる(4)と類似の文がそれより20年近く前の王還（1963）の論文にも見られる。王は，

(7) 他退休了以后，平常看看书，下下棋，和老朋友聊聊天，倒也不寂寞。（かれは引退してから，ふだん本を読んだり，将棋をさしたり，旧友とおしゃべりしたりで，さびしくなどない）

(8) 会议已经开完，这几天他看看电影，买买东西，收拾收拾行李，就

等着回家了。(会議はもう終わり,ここ数日彼は映画を見たり,買い物をしたり,荷物を整えたりして帰省を待つだけであった。)
といった例を挙げ,「しばしば起こる動作を表す。"轻松"(気楽である)"悠闲"(のんびりしている)の意味を持ち,あるいはこれらの動作を通して時間があっという間につぶされることをいう」と説明する[10]。

輿水(1985)は(7)の例について,「動作が恒常的に,くりかえし行なわれる場合」とし,「動作が成立しているかどうかと直接に関係なく,その量がかならずしも確認できないので,ふつうは不定量をあらわし,語気を軽やかにするはたらきをすることが多い。そのため,動詞の重ね形を連用して,気ままな感じをだす例も少なくない」と説明する[11]。

刘月华(2001)は(5)(6)に加えて
(9) 打打球,跑跑步,就不会失眠了。(ボール遊びをやったり,かけっこをやったりすれば眠れないなどということはなくなる。)
を挙げ,「動詞重畳形」は恒常的,あるいは特定の時間をもたない動作を表すことができる。その場合,文はしばしば"轻松"(気楽である)"随便"(気ままである)の意味を持ち,多くいくつかの句が連用される」とし,さらに,そのような場合の「動詞重畳形」は「その働きは動作の持続時間が短いこと,あるいは動作の回数が少ないことを表すのではない」と述べる[12]。

丸尾(1996)も動詞の重畳形が連用されている例を挙げる中で,「幾つかの動作が随意に連用されているだけであり,具体的な動作量・時間量は問題となっていない」と述べる[13]。

小川(1998)は(4)の例について「重ね型が直接に表わしているものは,ただ動きがあるというだけの,単純に把握された動作・行為であり,それが不定量の表現に見えるのは,もともと量の表現ではないものを量の表現として解釈した結果にすぎない」と述べる。こうした文における「動詞重畳形」が「気ままな感じ」を与えるという点について,小川はさらに,「(動詞が)連用された場合だけでなく,単独の重ね型動詞でもよく感じられることのあるもので,これは,動作の取り上げ方の単純さから生じる内容の一つである」と述べる。(不定量を含めた)量の表現であることを否定するだけでなく,「気ままな感じ」がこのタイプの文で用いられる「動詞重畳形」に特有のものではないとも述べる[14]。

以上見たように,(4)(5)(7)などにおける「動詞重畳形」に対する,時

間量・動作量という視点からの捉え方は，説得力をもつ十分な根拠を有していているとは思われない。それよりもむしろ，「動詞重畳形」の本来の本質的意味が時間量・動作量であったとしても，現代語のこの形式においては，その「本質」は完全に失われていると考えてよいのではと思われる。

60年代前半の王還の論文に始まり現在に至るまで，「動詞重畳形」を論じる際，多くの文法書や論文が上述の"$V_1V_1\cdots$，$V_2V_2\cdots$"形式の「重畳形」にも触れてきた。"VV"を取り上げるばあいに，「重畳形」の一つの典型的なタイプとみなされたのかもしれない（どちらかと言えば，話しことばで用いられる表現であるということもあり，小説等の書面の資料を見る限りでは使用頻度は必ずしもそれほど高くないようではあるが）。

3. "$V_1V_1\cdots$，$V_2V_2\cdots$"形式における「動詞重畳形」の表す意味

「動詞重畳形」の意味や形式が文脈によってさまざまに変化し，規定されるという側面がある以上，一定の文脈や形式の下で使用される「重畳形」のそれぞれの場合の形式や意味の特徴について個別に検討をしてみることは必要な作業と言えるであろう。"$V_1V_1\cdots$，$V_2V_2\cdots$"形式の「動詞重畳形」についても，「本質的意味」とされる時間量・動作量説が適用できないとなれば，なおさらその必要性が痛感されるのである。

3.1 二種類の"$V_1V_1\cdots$，$V_2V_2\cdots$"

前後二種類（三種類以上でも同じ）の動詞がいずれも重畳形式で用いられており，一見すると違いがないように見えながら，実際には同一視できない二種類の"$V_1V_1\cdots$，$V_2V_2\cdots$"がある。次の2例を比較してみよう。

(10) 周日的下午是安静而平和的，也是孤独的。我一个人看看书，听听音乐，有时也逐一回忆你在东京时星期日咱俩行走的路线。(日曜日の午後は静かで平和で，そして孤独です。僕は一人で本を読んだり音楽を聞いたりしています。君が東京にいた頃の日曜日に二人で歩いた道筋をひとつひとつ思いだしてみることもあります。)[15]

(11) 她会兀自无声地苦笑，摇头，然后披衣起身到月华如水的帐篷前站一站，到伤员病床走一走。看看值班的护士尽不尽心，瞧瞧输液管儿顺畅不顺畅，听听伤员的呼吸均匀不均匀。(彼女はやはり黙って苦笑すると，首を横に振り，服を羽織って起き上がり，月華如水

のテントの前まで来てちょっと立ち止まり，それから負傷者のベッドのそばを見回るのであった。当直の看護婦が仕事をしっかりやっているかどうかを見，点滴がスムーズに流れているかどうかを見，負傷者の呼吸が乱れていないかどうかを確かめた。) 16)

　(10) の"看看书"と"听听音乐"という二つの動作の間には，時間の前後関係とか，前提と結果といった関係は何ら存在しない。ただ二つの動作が列挙されているのみである。これに対し，(11) にはいわゆる「動詞重畳形」が"站一站"，"走一走"，"看看"，"瞧瞧"，"听听"の 5 個用いられており，この五つの動作は看護婦長である"她"が実際に行った動作をその順番に述べていったものである。更に大きな違いは (10) の"看看书"と"听听音乐"が，"看一看书"と"听一听音乐"のように言い換えられないのに対し，(11) の"看看"，"瞧瞧"，"听听"はそれぞれ"看一看"，"瞧一瞧"，"听一听"に言い換えることも可能であることである。

　范方莲 (1964) に，「試みを表す」「気楽でのんびりした気分を表す」「恒常性を表す」の三つの場合には (「動作の量」を述べる場合と異なり—筆者注)，"VV"が普通で，あまり"V—V"の形式はとらないとの記述がある。三者のうち特に後の二つはそうであるという。その理由として，これらの場合には具体的な一回の動作であることが示されないばかりか，むしろ複数回，更には何回もの動作が繰り返されるからであるという 17)。述べられている理由の当否は別として，本稿で論じようとしている (10) のような文は，まさに范方莲のいう「気楽でのんびりした気分を表す」「恒常性を表す」などとしばしば説明されてきたものである。(10) と同類の (4)，(5)，(7)，(8)，(9) などにおける"VV"のいずれについても"V—V"への変更は困難であるようである。

　丸尾(1996)の論文中に趙樹理の『三里湾』から引用された次の例がある：
(12) 白天做做饭，跟妈俩人在院里搓一搓大麻，捶一捶豆角种，拣一拣棉花，晒一晒菜……（昼は食事を作ったり，母さんと 2 人で庭で麻をよったり，豆をたたいたり，綿毛を取り出したり，野菜を干したり…) 18)

　この文は (11) と同様，"VV"と"V—V"の両形式が同一の文の中に現れる。"做做饭"，"搓一搓大麻""捶一捶豆角种""拣一拣棉花""晒一晒菜"の五つの動作は対等の資格で列挙されているようであるが，最初の"做

"做饭"とそれ以下の四つの動作とは性質が異なっている。なぜなら，第一に，"做做饭"は"做一做饭"に代えることができないことから見ても量的な表現とは言いがたい。第二に，二つめ以降の動作についてはいずれも"V一V"形式で「ちょっと〜する」という量的な表現となっているからである。(12) については，"做做饭"の部分については (10) タイプの重畳形，"搓一搓大麻""捶一捶豆角种""拣一拣棉花""晒一晒菜"の部分については (11) タイプの重畳形と考えられる。つまり，文の途中から表現の仕方が変更になったものと考えられる。

3.2 "$V_1V_1\cdots, V_2V_2\cdots$"の使われる環境とその動詞重畳形がもつ意味

李宇明（2000）は
(13) 退休了，打打拳，养养花，看看书，带带孙子。倒也悠闲。(退職したら，太極拳をやったり，花を育てたり，読書をしたり，孫の面倒をみたりするのだが，のんびりしたものだ。)

の例を挙げ，"打打拳"，"养养花"，"看看书"，"带带孙子"などは恒常的な動作・行為であるが，(13) の文は過去にも未来にも（つまり，話し手が既に退職している場合と将来の退職後の予定を述べている場合の両方に）受け取れるという[19]。先に見た例でもそうであるが，確かに，時間について言えば，過去の動作・行為を取り上げていることもあれば，未来の動作・行為をとりあげていることもある。過去のことを振り返って述べる場合はともかく，将来の予定として述べるのであれば，恒常的な動作・行為として捉えるというよりも，思い描くままにいくつかの動作・行為を取り上げていると考えるほうが自然であろう。そこでこのような環境で用いられる「動詞重畳形」のもつ意味を「例示」と表現したい。王志英（2000）はアスペクトの面から動詞重畳形を研究し，このタイプの重畳形について「重ね型は漠然とした時間枠の中で，その部分を表し，いくつかの重ねられた動詞は断片的，非連続的で，ひとまとまりの動作の中のいくつかの固まりを表すという意味を派生することができる」[20] と述べる。しかしながら，王の挙げる例文の中に，原形の動詞や動作量を伴っている動詞と「重ね型」の動詞が 1 文の中に混用されているものがあるが，3 種類の動詞の違いが明確にされているとは必ずしも言えない。

3.3 列挙を表す"啦"との併用

論文に引用された用例や小説中の用例ではあまり目にしないのであるが，"$V_1V_1\cdots$, $V_2V_2\cdots$"が，話しことばの中にあっては，列挙を表す語気詞"啦"としばしば併用されることは注意しておいてよい。以下にインターネットからの引用を2例取り上げておく。

(14) 平时我喜欢打打球啦，听听音乐啦，做做白日梦啦，挺不错的，很有益身心的。(ふだん私はボールを打ったり，音楽を聞いたり，空想に耽ったりするのが好きなんだ。とっても素晴らしいよ。体や精神にも良いし。)

(15) 有钱人家，夫妻们跳跳舞啦、打打牌啦、看看电影电视啦、听听音乐啦、串串门说说闲话啦、烫烫头发做做衣服啦、赏心乐事多得很，而穷苦朋友则只有颠鸾倒凤一条路。(金のあるやつは，夫婦で踊ったり，マージャンをしたり，映画やテレビを見たり，音楽を聞いたり，人を訪ねておしゃべりをしたり，パーマをかけたり，服を作ったり，楽しく愉快なことが多いんだ。ところが貧しいやつときたら，夫婦で楽しいことをやるだけさ。)

いずれも行われている（あるいは，行われる可能性のある）動作・行為を例として示し（例示し），その一つ一つに列挙を表す"啦"が加えられている。(15)のように列挙される項目が多くなればなるほど，「恒常性」という意味はますます感じられなくなるように思われる。「恒常性」というのは，これはやはり文脈によるものではなかろうか。

4. 動詞重畳形"VV"の由来

最初にも触れたが，一般に「動詞の重ね型」とされるものにはいくつかの形式がある。そのうち"VV"と"V一V"の関係についてであるが，その関係についてはこれまでにも日中両国研究者に多くの言及がある。太田辰夫は「AA（Aは動詞―筆者注）型は現代では短時態となって，動作のおこなわれる時間が短いことをあらわすようになった。これはおそらく動詞を重複させその間に《一》を用いるものから出たもので《一》の省略とともに，回数をあらわすことがなくなったものと思う。動詞を重複させ《一》をはさむことは，宋代からみられる。……このような《一》が省略される

ようになったのはおそらく元代かと思われる。宋代のものとして信用できるものには，AA 型の短時態はみえないようである」[21] と述べる。元代に"V—V"から"VV"が生れたことを述べている。"VV"が"V—V"に由来することは，この他にも趙元任など多くの研究者による言及がある。宮田一郎は「「動詞かさね式」には，〔V—V'〕型と〔VV'〕型とがあるが，前者をA型，後者をB型としてあらわすと，一般にA→Bの趨勢にあることがみうけられる。B型のふえてくるのは「西遊記」ころからで，後代になるほどB型が優勢になる」[22] と述べる。范方蓮は，早い時期には"V—V"が"VV"より多く，時代とともに"VV"が"V—V"より多くなってきているのが「大きな発展の方向」であることを述べている。以上のことから，"VV"が"V—V"に由来することは間違いないと言えるのであるが，問題は現代語の中での両者の関係である。

5. 結論

これまで述べてきたことを最後にもう一度整理をしておきたい。歴史的に見て，"VV"は"V—V"の"—"が省略されてできたものである。現代語について見れば，"V—V"は"VV"に比べてより時間量・動作量の意味をはっきり示す傾向にある。"VV"は"V—V"と同様の環境で用いられて時間量・動作量を表すことがあっても，必ずしも時間量・動作量を表すことを義務づけられてはいない。派生的意味と言われる「試み」「気楽」「恒常的」などを表す場合（とりわけ後の二つの場合）に"V—V"の使用が少なく，"VV"が多いと言われることはある意味でそのことを証明するものであろう。本稿が主に問題とした"$V_1V_1\cdots$，$V_2V_2\cdots$"における「動詞重畳形」に限って言えば，"VV"を"V—V"に置き換えることはできず，時間量・動作量という意味は感じられない。なお，この場合の重畳形には，多くの用例において，「恒常性」「気楽」といった意味があるように受け取られてきたが，それは多分に文脈によってもたらされるもので，重畳形自身が持つ意味は「例示」ということではないか。

注
1) 李人鋻（1964），小川文昭（1998）など。
2) 邵敬敏，呉吟（2000）p.40

3) 胡裕树（1986）p.95
4) 周一民（1998）p.76〜p.77　なお，周は「多くの動詞は重畳した後試みの意味を表すが，それは共通語における南方方言からの借用である"VV看"に相当する」と述べ，次の三例を挙げている。
　　①你去打听打听，有没有这么个人。（＝打听打听看）
　　②你靠边儿，让我试试。（＝试试看）
　　③你使使就知道了，特别好。（＝使使看）
5) 李珊（1993）p.23
6) 『语法讲义』p.67
7) 小川（1998）がこの例について言及している。
8) 『语法讲义』p.67
9) 同上書の訳書『文法講義』では「彼は退職後，普段はちょっと本を読んだり，ちょっと将棋を指したり，ちょっと仲間と喋ったりして，意外と寂しさなど感じなかった」となっている。朱の「動詞の重ね型」は「動作の時間量が短いか動作量が少ないことを表す」という説明に合わせて日本語訳を当てたものと思われる。
10) 王还（1963）p.23
11) 輿水(1985) p.174
12) 刘月华等（2001）p.164
13) 丸尾（1996）p.45
14) 小川（1998）p.8
15) 林少华译『挪威的森林』（上海译文出版社，2001）p.236
16) 韩静霆「凯旋在子夜」『小说月报　第二届百花奖获奖作品集』（百花文艺出版社，2001）p.553
17) 范方莲（1964）p.276
18) 丸尾（1996）p.45
19) 李宇明（2000）p.397
20) 王志英（2000）p.33
21) 太田（1958）p.185
22) 宮田（1971）p.40

[参考文献]
太田辰夫　1958.『中国語歴史文法』江南書院
宮田一郎　1971.「「動詞かさね式」と賓語」『漢語文法の研究』（1968年度　科研費関西グループ研究報告集）
輿水　優　1985.『中国語の語法の話―中国語文法概論』光生館
丸尾　誠　1996.「動詞の重ね型について―動作者・話者の表現意図との関連にお

いて―」『中国語学』243号

小川文昭1998.「重ね型動詞について」『明治学院大学外国語教育研究所「紀要」』No.8

王　还1963.「动词重叠」『中国语文』1963. 第1期　中国语文杂志社

李人鉴1964.「关于动词重叠」『中国语文』1964. 第4期　中国语文杂志社

范方莲1964.「试论所谓"动词重叠"」『中国语文』1964. 第4期　中国语文杂志社

朱德熙1982.『语法讲义』商务印书馆

胡裕树（主编）1986.『今日汉语（第二册）』复旦大学出版社

李　珊1993.「双音动词重叠式ABAB功能初探」『语文研究』1963. 第3期　中国语文杂志社

周一民1998.『北京口语语法（词法卷）』语文出版社

邵敬敏，吴吟「动词重叠的核心意义、派生意义和格式意义」『汉语学报』2000. 第1期　湖北教育出版社

李宇明2000.『汉语量范畴研究』华中师范大学出版社

王志英2000.「中国語の動詞の重ね型の意味についての再検討」『中国語研究　第42号』白帝社

刘月华等著2001.『实用现代汉语语法（增订本）』商务印书馆

日本語学

日本語

物語文の時制

―中国語話者による日本語の口頭作話の分析―

稲葉　みどり

1. はじめに

　本稿では、中国語を母語とする日本語学習者（成人）による物語文を分析し、第二言語における物語談話（narrative discourse）の発達の特徴を明らかにする。一般に物語は現在時制、または、過去時制で語られ、物語に一定の時間軸が設定されていることは、統括性（coherency）のある物語文の一つの条件と考えられている[1]。ここでは、物語談話の構成要素の中で、特に、時制、時間軸、時制転換に焦点を絞り、第二言語能力の発達とともに、学習者がどのように統括性のある物語談話を構成していくかを考察する。

　Inaba（2003a）では、日本語を母語とする子どもと大人を対象とし、第一言語における物語談話の発達過程を明らかにした。また、Inaba（2003b）では、英語を母語とする日本語学習者（成人）を対象とし、第二言語における物語談話の特徴や発達過程を提示した。よって、本稿では中国語を母語とする日本語学習者の物語談話を分析し、上記の2つの研究結果と比較することにより、発達過程、言語表現の特徴等を明らかにする。手順は、初級、中級、上級レベルの学習者から口頭作話を収集し、その中で文法的時制（過去・現在）がどのように使用されているかをレベル毎に分析する。

　物語文において、統括性のある談話を生成するためには、意味表象を体系化してまとまりのある文章へと作り上げるための基礎的な言語能力、時間的・因果的な秩序を構成するための言語的な枠組み（言語表現形式）、それに加えて、それを操作するための概念的・認知的基礎が整うことが必要である（内田, 1996）。子どもの場合、これらの能力は年齢とともに発達していくので、物語文の談話構成も年齢とともに精緻化していくことが予測される。

　しかし、大人を対象とした第二言語の談話発達は、子どもの場合とは背

景が異なる。大人は成熟した認知能力を備えているが、第二言語能力という点では、発達過程にあると考えられる。言い換えれば、統括性のある物語を生成するのに必要な知識、内容に関する知識、物語文の筋を生成するための技能等は身につけているが、言語能力は不十分な状態にある。このような条件のもとでの、談話の発達過程の解明がこの研究の中心となる。

2. 先行研究

Inaba（2003a）では、日本語を母語とする3歳から11歳までの子どもと大人を対象とし、文法的時制（過去・現在）が物語談話の中でどのように使われるかを調査し、以下の特徴を提示した。発達初期の物語文では、過去形と現在形が混在し、物語る時制に統一性がない。時制はしばしば文毎に転換され、時間軸が未設定である。物語文は主に現在形を用いた絵描写ストラテジーによって語られている。認知発達や物語構造（統括性）に関する知識の発達に伴い、物語には一定の時間軸が設定されるようになる。そして、時間軸が確立すると、話者は物語をさらに生き生きとした効果的なものにしていく。そして、最終的にはその言語の大人が最も好む物語文のスタイルのへと近づいていく。この発達過程は、子どもが知覚に基づいた時制の選択から、物語文の談話を意識した選択へと変化するというBerman and Slobin（1994）の主張とも一致する。

Inaba（2003b）では、英語を母語とする初級から超上級までの5つのレベルの日本語学習者（成人）を対象として、第二言語における物語談話の発達過程を調査し、以下の結果を得た。第二言語発達の初期には、現在形の使用が優位だが、過去形も混在し、一定の時間軸は設定さていない。第二言語発達とともに、時間軸は過去に設定され、上級レベルになると、物語文全体は過去形で語られる。この傾向は、発達初期には時間軸が未設定だが、言語発達とともに過去軸に統一されていくという点で、第一言語の物語談話の発達と類似している。

一方、Inaba（2000）では、第二言語の物語文の談話処理の過程を第一言語の場合と比較し、両者が異なることを提示した。この他にも第二言語の物語談話の発達を扱った研究には、Bardovi-Harlig（1994）、黒野（1996）、Bardovi-Harlig（1998）、Shibata（2000）等があり、様々な視点から考察が進められている。よって、本稿では、これらの研究を基礎として、更なる知

見を得ることを目指す。また、文レベルを越えた談話レベルの習得研究は、より高い第二言語能力の養成にも示唆を与えると考えられる。

3. 研究の方法

3.1. 被験者

被験者は、中国語を母語とする日本語学習者6名で、調査時、日本の大学の学部生および学部研究生である。発話資料の収集と同時に実施した基本文法テストの得点[2]、学習歴等を参考に、6人の被験者を初級（得点率6割未満）、中級（得点率9割未満）、上級（得点率9割以上）の3つの日本語力のレベルに区分した（表―1）。この基本文法テストは、日本語能力試験3級～2級程度で、主に初級、中級の学習者のレベルを測定する目的で作成されている。よって、このテスト結果では中級と上級の間にあまり大きな得点の差は見られないが、A-a、A-b の 2 名は日本語能力試験の 1 級を合格していることから、上級に区分した。

表―1：被験者のレベル区分

被験者コード	レベル区分	文法テスト 75問中の得点率（%）	出身国
E-a	初　級	59	中　国
E-b	初　級	57	中　国
I-a	中　級	89	中　国
I-b	中　級	89	台　湾
A-a	上　級	93	中　国
A-b	上　級	98	中　国

3.2. 物語文

分析する物語文は、「Frog, Where Are You?（かえるくん、どこにいるの？）(Mayer, 1969)」という文字のない絵本を用いて収集した口頭作話である。この物語は24ページで構成され、主人公の少年と犬がいなくなってしまったペットのカエルを探しに森へ出かけ、途中でいろいろな出来事に遭遇しながら、最後にカエルと見つけるという筋書きである。

物語文の収集は、先ず全頁の絵を見て物語の筋を把握してから、次に最初の頁に戻り、再び絵本を見ながら口頭で物語を語るという手順で行った。

単語が分からなくて作話ができない状況を回避するために、物語に登場する動物名、物などの最低限の語彙リストを付けた[3]。口頭作話は録音し、それを書き起こしたものを分析した。

この絵物語は、最初 Bamberg（1987）によりドイツ語の第一言語発達の研究で用いられ、その後、Berman & Slobin（1995）による5カ国語（英語、ドイツ語、スペイン語、トルコ語、ヘブライ語）を対象とした子どもの言語発達の研究でも使用された。これまでに、世界中で様々な言語による物語文のデータが収集され、第一言語習得、第二言語習得研究が進められている。よって、この絵本を用いて収集した言語資料は、今後も他の言語発達との比較が可能であることを付記しておく。

3.3. 分析方法

分析1では、初級から上級の各レベルにおける過去形と現在形の使用状況を調べ、レベルによる過去・現在の分布の推移、及び、各レベルにおける言語表現の特徴等を分析し、物語談話の発達過程を考察する。

ここでは、テキスト（口頭作話を書き起こしたもの）一文一文が過去で語られているか、現在で語られているかを調べ、各時制の総文中の割合[4]を求める。過去、現在は文末の語形で判断し、タ形を「過去（形）」、ル形を「現在（形）」と定義する。また、それぞれの時制がどのようなアスペクト（相）の形式とともに用いられているかも調べる。タ形は既然（完了）、ル形は未然（未完了）の対立も表すが、本研究では、時制解釈の方を取り上げることにする。

分析2では、中国語話者の物語文における時制を日本人（日本語母語話者）、及び、英語話者と発達的な観点から比較する。ここでは、テキストを、主に用いられている時制で「過去優位（Dominant Past）」、「現在優位（Dominant Present）」、「混用（Mixed Tense）」の3つに分類する。総文の75％以上に用いられている時制が過去の場合は「過去優位」、現在の場合は「現在優位」、これ以外は「混用」と定義する。これはBerman and Slobin（1994）、Inaba（2003a）、Inaba（2003b）で用いられた分類基準であるが、ここでは、中国語話者の結果を他言語の発達と同じ基準で比較するために採用する。そして、「過去優位」「現在優位」「混用」という分類から、中国語話者、英語話者、日本人の場合の特徴を比較分析する。

4. 分析1：物語文のレベル別特徴

4.1. 初級の特徴

まず、初級における過去形と現在形の使用について見てみよう。図―1は、初級2名の各テキストの過去形と現在形の総文中における割合を示している[5]。分布を見ると、両者とも現在形の使用率が6割を越え、過去形の使用率の1.5倍を上回っている。よって、現在形をより多く用いた物語文であることが分かる。

図―1：初級における過去形・現在形の分布

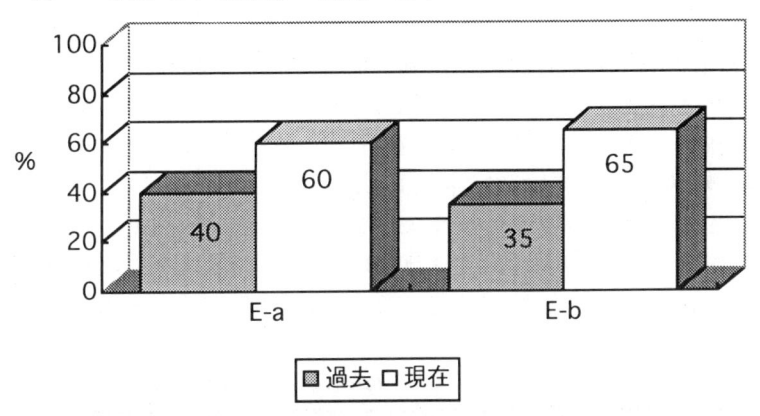

	E-a	E-b
過去	40	35
現在	60	65

テキストを見ると、E-aでは、例1のように過去形と現在形が混在している。物語文の冒頭の部分は現在形、続いて過去形になる[6]。

> 例1　あるいえに男の子と犬とカエル一緒に暮らしている。夜になった。犬と男の子は寝てた。カエルは瓶の中から出ました。[E-a; S1~S2] [7]

次に、主人公の少年と犬が森へカエルを探しに行く場面を見ると、主に現在形で語られ、所々に過去形が用いられている（例2参照）。過去形は「びっくりする、落とす、とぶ、こわれる」などの動詞に見られ、動作の完了を強調しているように思われる。

例2 男の子はと犬一緒に森にカエルを見つける。森はハチいます。男の子は穴の上でカエルを呼んで、その時、犬はハチの巣の下で遊びます。この穴からネズミを出て、男の子びっくりしました。犬は木の下でハチの巣呼んで、ハチの巣は木からとじて、落とした。ハチは全部出て、その時男の子は木の中、大きい穴をカエルを呼んで、でも、この大きい穴の中はフクロウのうちです。フクロウ出て、男の子はびっくりした。男の子は大きい岩に行って、フクロウはとんだ。男の子は大きい岩の上に立って、カエルを呼んで、そのとき、犬はねている。この大きい岩のうら鹿います。[E-a; S8~S15]

以上から、この話者の場合、時制は物語談話に基づく選択[8]というより、個々の動詞によって決定されているように見受けられる。また、物語の冒頭の部分は過去形で語られ、その後現在形に転換するなど、物語文全体の時間軸が設定されてないのが特徴である。

次にE-bの場合を見よう。テキストの65%を占める現在形の大半が、「～ている」「～ある」「～いる」の3種類の言語表現で用いられている。(表—2)はE-bのテキスト中のこれらの言語形式の割合を示している。

表—2：「～ている / ～ある / ～いる」の使用数と総文中の割合（[E-b]）

	現在形	過去形	計	総文数（62）中の割合
～ている	21	3	24	39%
～ある	5	0	5	8%
～いる	12	0	12	19%
計	38	3	41	66%

内訳を見ると、「～ている、～ていた」が約4割を占め、「～ある」「～いる」と合わせると全体の6割を越える。これらの表現がほとんどが現在形であることから、絵描写的な印象を与える物語文となっている。以下、例3、例4は、「～ている」「～ある」「～いる」の例である。

例3 部屋があります。この部屋の中には、男の子と犬とカエルがいます。家具は男の子のベッドがあります。部屋の上に電灯がつ

いています。男の子はすわっています。犬は頭を花瓶の中に入って、花瓶の中のカエルを見ています。男の子と犬はベッドの中に寝ています。[E-b; S8~S15]

例4 フクロウは空をとびています。男の子は岩の前にいます。カエルは木の上にいます。男の子は岩の上に登ってカエルを呼んでいます。急に男の子は岩の後ろの鹿の角の上にいます。鹿はすぐ走っています。男の子は鹿のつの上のいます。犬は鹿のそばに走っています。[E-b; S13~S16]

「～ている」「～ある」「～いる」を頻繁に用いる傾向は、日本人の子どもの発達初期（Inaba, 2003a）、及び、初級の英語話者による日本語の物語文にも見られる（Inaba, 2003b）。中国語話者の場合にも同じような傾向が見られることから、物語談話の発達初期には、第一言語においても、第二言語においても、絵描写ストラテジーを用いることがあるようである。

次に、E-bの過去形の使用を見てみよう。例5～7のように、場面毎にひとまとまりで時制を転換している。場面4（例5）では現在形、場面5、6（例6）では過去形、場面7（例7）では再び現在形が使われている。これは、時間軸が局所的に設定されていることを示している。

例5 男の子と犬は起きて、カエルを探しています。男の子は長靴の中にカエルを探しています。犬は頭を花瓶の中に入れて、カエルを探しています。[E-b; S4]

例6 男の子と犬は部屋の中にカエルを見つけませんでした。男の子は窓を開けて、外でカエルを呼んでいました。男の子は頭を窓の外で、カエルを探していました。犬は頭をかくちに落としました。[E-b; S5~S6]

例7 犬の頭の上の花瓶はブローク。男の子はおこっています。犬は男の子の顔をキスしています。[E-b; S7]

以上、初級の段階では、時制の選択に規則性がなく、物語文に時間軸が未設定であることが分かった。日本人の子どもの場合、3歳では物語る時制に統一性がなく、文毎に時制が転換されるが、4歳になると局所的に時間軸が設定される (Inaba, 2003a)。すなわち、規則性のない時制転換から、局所的な時制転換へと移行する物語談話の発達過程は、第一言語、第二言語で共通の特徴である。したがって、第二言語の場合でも、第二言語能力が不十分な場合、母語（第一言語）発達とよく似た認知の作用が働くのではないだろうか。

4.2. 中級の特徴
　中級について見てみよう。図—2は、中級2名の過去形と現在形の使用率を示している。初級に比べると、両者とも過去形の割合が増加していることが分かる。

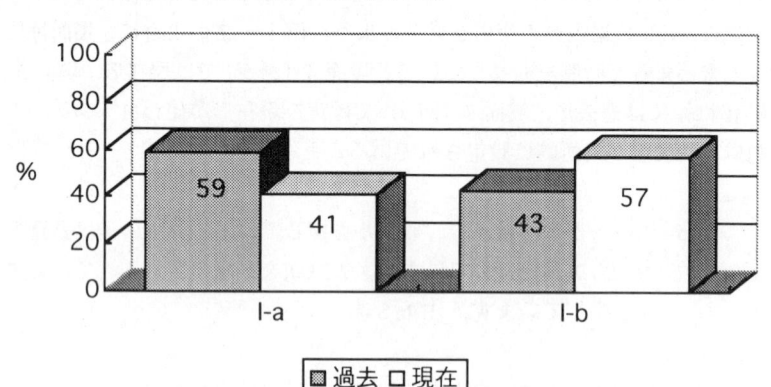

図—2：中級における過去形・現在形の分布

	I-a	I-b
過去	59	43
現在	41	57

　I-aのテキストは、主に過去で語られている。過去形は「落ちる、出る、こわれる、のる」などの動詞に多く使われ、初級の話者と似ている。現在形は「〜ている」形（17か所・30%）、「〜ある」（2か所・4%）等の言語形式で使われている[9]。
　I-bの場合も現在形の大半は「〜ている」形である。「〜ている」形は14か所あり、総文39の36%を占めている。この他、「〜ある」1件、「〜いる」2件が現在形である。

両者とも初級 E-b に見られるような「〜ている」形の多用はなく、初級の半分程度の使用頻度であるが、現在形の大半が「〜ている」形である点は初級と変わらない。「〜ている」形は、例 8、例 9 のように、主人公、犬、登場する動物等の動作に多く使われている。

> 例 8 そして男の子は窓をあけたままで、犬を抱きしめて考えています。カエルはどこにいるの。それから、男の子は犬を連れて、自然に行きました。あっちは森もあるし、ハチの巣もありました。そして、男の子はカエルを呼んでいます。そっちは穴がありますので、男の子は穴の中にずうっと探しています。犬はハチの巣を見ています。ハチの巣は木の上にかけています。[I-a; S7~S9]

> 例 9 そして、男の子はちょっとおこっています。男の子と犬は森の中に行って、カエル君を探しています。森の中にハチの巣があります。ハチは外に出ています。男の子は穴の中にカエルと見つけています。そして、犬はハチの巣に興味を持っています。でも穴の中からネズミが出ていました。犬はハチの巣をずっとずっと見て、ワンワンという声をでています。[I-b; S7~S10]

この他、中級ではアスペクトを表す言語形式「てしまった」が現れる。I-a では 1 カ所、I-b では 3 カ所に見られた。

以上から、中級の話者は、完全ではないが、物語談話に基づいた語り方をし、時間軸が設定されてきていることが伺える。日本人の子どもの場合は、5 歳頃になると物語談話に基づいた時制の選択ができるようになり、時間軸を過去に設定する傾向が見られる（Inaba, 2003a）。幼児の場合、これは虚構の世界と発話時を識別する力が発達したことを示しているのだが、認知能力が発達した大人の第二言語の談話発達においても、類似の過程が見られた。

4.3. 上級の特徴

上級の場合を見てみよう。図—3 は、上級 2 名の過去形と現在形の使用

率を示している。上級になると、過去形が90%以上で、現在形の使用率は激減する。両者ともよく似た傾向を示し、テキストは全体が過去形に統一されている。

図—3：上級における過去形・現在形の分布

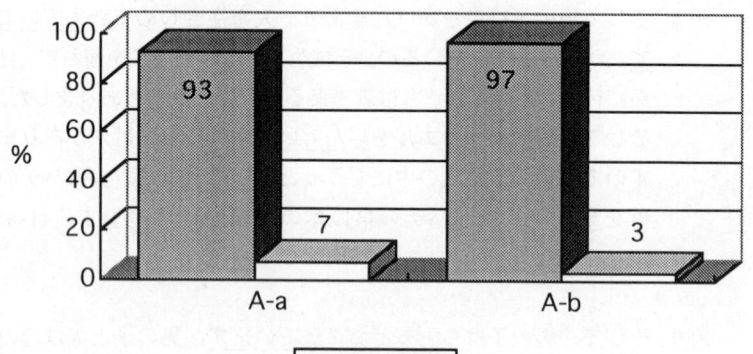

	A-a	A-b
過去	93	97
現在	7	3

A-aのテキストでは、現在形は冒頭の2文「ひとりの男の子と一匹の犬と一匹のカエルと一緒に仲良く暮らしています (S1)」、「カエルはいつもひとつの瓶の中にいます (S1)」、及び、主人公の内面を表す「どこへいったのだろう (S3)」という言葉だけである。A-bのテキストでも、現在形は冒頭「ある夜のことです (S1)」の1文だけで、残りはすべて過去形で語られている（例10参照）。

例10 男の子は急いで窓をあけてカエルを呼びました。犬も瓶の中に首をつっこんで、カエルを呼んでいました。でも何回も何回もカエルを呼んでいましたが。見つかりませんでした。すると瓶の中に首をつっこんでいた犬のせいで瓶が落ちてしまいました。そして、瓶がこわれてしまいました。男の子と犬は急いで森に向かって走って行きました。で、森に向かって男の子も犬もカエルを呼びました。すると、森の中の木の上のハチの巣から、男の子の声が大きかったので、ハチの巣の中のハチが飛び出してしまいました。男の子は木の下に穴があるのを見つけたので、その穴の中を、穴を見つめました。[A-b; S5~S9]

初級、中級のテキストに見られた「～ている」形は、上級ではあまり見られない。A-a の場合、「～ている」形は、最初の文「暮らしている (S1)」の 1 カ所のみである。A-b の場合も 3 カ所（最初の状況の設定で 2 カ所、その他 1 カ所）だけである。ただし、全体が過去軸に設定されているため、例 11、例 12 のように過去形になっている[10]。

> 例 11 部屋の中には男の子と犬がいました。また瓶の中にはカエルがはいっていました。男の子と犬は瓶の中のカエルをじっと見つめていました。[A-b; S1]

> 例 12 向こうには、カエルがないていました。[A-b; S22]

一方、上級では、例 13 ～ 17 のように、アスペクトを表す言語形式「～てしまった」が頻繁に用いられている。A-a の場合は 12 か所、A-b の場合は 12 か所に現れ、下記の例のように、二人ともよく似た場面（例 13 と 14、例 15 と 16、例 17 と 18）で用いている。

> 例 13 ある日、男の子と犬が寝ている間にカエルは瓶の中から飛び降りて、出てしまいました。[A-a; S2]

> 例 14 その時、カエルは瓶の中から飛び出して、どこかに逃げてしまいました。[A-b; S2]

> 例 15 そこで犬が庭に飛び込んだ時に、瓶にぶつかってしまって、瓶は割れてしまいました。[A-a; S6]

> 例 16 すると瓶の中に首をつっこんでいた犬のせいで瓶が落ちてしまいました。そして、瓶がこわれてしまいました。[A-b; S6~S7]

> 例 17 男の子はびっくりしちゃって、木からころんでしまいました。[A-a; S12]

例18　すると、その穴の中からフクロウが飛び出してしまいました。
　　　びっくりした男の子は、木の上から落ちてしまいました。[A-b;
　　　S12]

　また、「～てしまった」は、「出る、逃げる、こわれる、割れる、落ちる、びっくりする、おどろく」等に使われている。これらの大半は、初級、中級の話者が過去形で用いた動詞である。「～てしまった」は動作の完了を強調する表現である。物語文全体を過去で語った結果、動作の完了を強調するために、この形式を用いているのではないかと推察される。
　以上、上級では、物語文全体が過去に統一される傾向があることが分かった。これは、時間軸が過去に設定されたことを示し、第二言語で物語談話を構成する力が発達した証拠と考えられる。
　日本人の子どもの場合、9歳頃になると、物語文全体が過去一色であるテキストが多く見られるようになる (Inaba, 2003a)。また、英語話者の場合も、第二言語の発達とともに物語文の時制を過去に設定する傾向を示し、第一言語においても、第二言語においても、最も一般的な時間軸は過去ではないかと思われる。

5. 分析2：日本人・英語話者との比較

5.1. 中国語話者の時間軸

　ここでは、中国語話者の日本語の物語文を、「過去優位」「現在優位」「混用」という観点から見てみよう。表―3は、被験者6名のテキストをこの3種類に分類したものである。分類は3.3で示した定義に従って、テキスト総文の75%以上に用いられている時制を基準に、「現在優位」、「過去優位」、「混用」と分類した。
　表―3から、初級・中級の話者のテキストはすべて混用に分類され、過去、現在の時制が混在していることが分かる。上級の話者のテキストは、両方とも過去優位に分類され、過去形で統一されている。これは、レベルが上昇するとともに、現在形、過去形の混用した物語文から、時間軸が整った物語文が産出できるようになることを示唆している。

表—3:「過去優位」「現在優位」「混用」の分布

被験者	分類	総文数
E-a	混用	25
E-b	混用	62
I-a	混用	58
I-b	混用	39
A-a	過去優位	42
A-b	過去優位	33

5.2. 過去優位

中国語話者の結果を日本人、及び、英語話者の物語文と比較してみよう。図—4は、中国語話者の過去形の使用率の推移を表している。数字は各レベル2名の話者の過去形使用率の平均値である。これを見ると、レベルの上昇とともに、過去形の使用率が顕著に増加している。

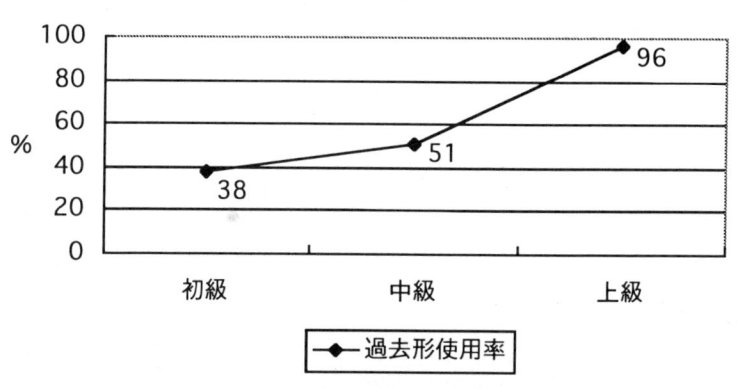

図—4:中国語話者の過去形使用率の推移

(初級: 38, 中級: 51, 上級: 96)

図—5は、日本人、及び、英語話者の過去優位の割合の変化を示している。日本人の数値は、3歳児、4歳児、5歳児、9歳児、及び、成人各10名のテキスト中の過去優位の割合である。また、英語話者の数値は、初級から超上級までの5つのレベル (Level I, II, III, IV, V) 各10名のテキスト中の過去優位の割合である。尚、このデータはInaba (2003b) をもとに再構成したものである[11]。

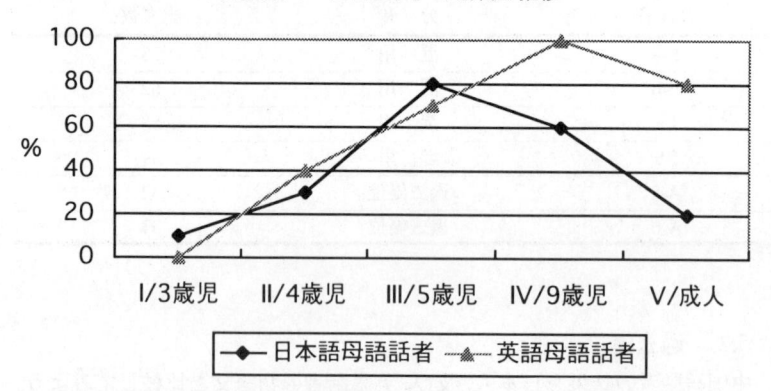

図—5：日本人・英語話者の「過去優位」の割合の推移

──◆── 日本語母語話者 ──▲── 英語母語話者

　グラフを見ると、日本人の場合、過去優位は3歳から5歳にかけて増加する。すなわち、母語発達の初期から中期にかけて、時間軸が過去に設定されていくことが分かる。

　英語話者の場合、過去優位はレベルとともに増加する。レベルIVでは、全員が過去優位である。レベルVでは、多少減少するものの、依然高い割合を示している。上級の中国語話者の場合も過去優位に分類され、よく似た傾向であることが分かる。

　以上から、物語談話の発達では、第一言語、第二言語の両方の場合において先ず過去優位に向かうという結果を得た。

5.3. 混用

　次に、混用について見てみよう。図—6は、日本人、及び、英語話者の混用の割合の変化を示している。データはInaba（2003b）をもとに再構成したものである[12]。

　日本人の場合、3歳児の80%が混用で、時間軸が設定されていないことが分かる。3歳から5歳にかけて混用の割合は減少する。これは、次第に時間軸が過去に設定されてきたためである。

　英語話者の場合も混用は発達初期に多く見られるが、レベルが上がると減少する。これは、中国語話者の場合とも類似している。よって、混用は発達の初期に多く見られると言う点で、第一言語発達、第二言語発達ともに共通した特徴である。

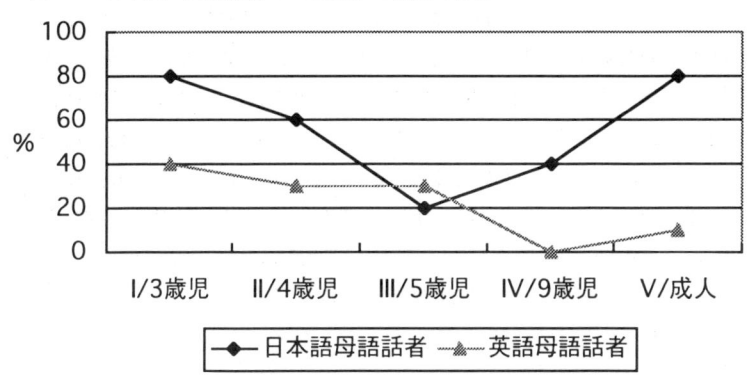

図―6：日本人・英語話者の「混用」の割合の推移

凡例: ―◆― 日本語母語話者　―▲― 英語母語話者

横軸: I/3歳児　II/4歳児　III/5歳児　IV/9歳児　V/成人

 しかし、ここで注目すべき点は、日本人の場合、混用は5歳以降再び増加し、大人の80%を占める。つまり、この絵本を用いた日本人の大人の物語文は、過去形と現在形が混在し、時制の転換が頻繁であるという特徴を持つことが分かる[13]。日本人の大人が、物語文において過去形と現在形をどのように使い分け、どのように時制転換しているかについては、さらに詳しく調査する必要がある。最後に、現在優位は英語話者には見られたが、日本人には、ほとんど見られなかった[14]。

6. まとめ

 以上、2つの分析から、次のようなことが明らかになった。初級の話者による物語文では、過去形と現在形が混在し、一貫した時間軸が設定されていない。過去形と現在形の使用に物語談話に基づいた何らかの規則性も見られない。また、現在形が多く用いられ、その大半が「〜ている」形や「〜ある」「〜いる」などの存在文であることから、絵描写的な印象を与える物語文となっている。
 中級になると、次第に過去形の使用率が上がり、時間軸が局所的ではあるが定まってくる。「〜ている」形や「〜ある」「〜いる」の存在文は減少し、代わりに「〜てしまう」などのアスペクトを表す他の言語表現が使われるようになる。上級になると、物語文全体が過去形で語られ、時間軸が過去に設定された物語文になる。
 これらの結果を日本人、及び、英語話者の物語談話の発達と比較すると、

発達初期の段階では、時間軸が未設定で、過去形・現在形が混在するが、発達が進むにつれて、過去軸に設定されるという点で類似している。

日本語の物語文の場合、大人がもっとも好むスタイルは混用で、頻繁な時制の転換により、物語の生き生きとした物語談話を構成する特徴がある(Inaba 2003a)。しかし、中国語話者の場合も、英語話者（Inaba, 2003b）と同様、上級になっても日本人のような時制転換は見られず、過去統一型の物語文に留まっている。上級の中国語話者の一人は、国では熟練した日本語教師であるが、それでも日本人の大人のような物語談話には至ってない。よって、母語話者のような物語談話を生成することは、第二言語学習者にとってそれほど容易ではないことが示唆される。

7. おわりに

本稿では、中国語話者による日本語の物語談話の発達の特徴を考察してきた。その結果、学習者は第二言語能力の発達とともに、時間軸のある整った談話を構成できるようになることが明らかになった。

子どもの場合、物語談話を構成する能力は、認知能力、言語能力とともに発達する（Berman and Slobin ,1994）。しかし、成人の場合は、すでに認知能力は発達ており、物語に対する成熟した観点を持ち、物語談話の構成能力も備えていると考えられる。もし、本稿の被験者が母語である中国語でこの物語を語ったら、中国語の言語的特徴を生かし、談話構成も整った物語文になるだろう[15]。それにもかかわらず、第二言語で物語を語った場合、発達の初期から中期にかけては、日本人の子どもと同じような特徴や発達過程を示すことは、非常に興味深いと思われる。

本稿での分析は、非常に限られた数の被験者を対象としたもので、得られた特徴が中国語を母語とする日本語学習者の一般的な傾向であるとか、普遍的な特徴であるというような結論を導くことはできないが、中国語を母語とする日本語学習者の物語文の特徴の一端を明らかにすることができたと思う。本稿がこの分野の今後の研究にとって少しでも参考にでもなれば幸いである。

注
1) 日本語の物語文では、適切な時制転換が行われることも熟達した物語文の要素

である（Inaba, 2003a）。
2) 「外国人のための日本語能力認定試行試験」試験BセクションIII、問題1〜5の75問を使用。この試験は、1983年に東南アジア9カ国2地域で実施され、テストの基本統計、各問の難易度、識別度、信頼性等が村上（1989）、林（1991）で分析され、問題とともに公開されている。
3) 語彙リストは名詞のみで、動詞、助動詞などは一切含まない。語彙力の発達を対象とした研究ではないので、影響は少ないと思われる。
4) 主節の時制で判断。文が途中で終わったり、誤りを言い換えたりした部分は、総文数には入れてない。このような箇所はごく僅かである。
5) 各被験者の総文数は表—3参照。
6) このような表現が不適切、または、誤りということではない。時制の転換の例である。
7) [ ] 内は、被験者コード、及び、場面番号（S）を表す。
8) 例えば、前景化・背景化（Hopper, 1979）、ウチ・ソト（牧野, 1996）といった談話に基づいた時制の転換。
9) 「〜いる」はない。
10) 「〜ている」形は、日本語母語話者も用いているが、「〜ていた」形（過去形）は大人の物語文ではほとんど見られない。
11) 原典は英語を母語とする子どもと大人による英語（母語）での物語文のデータを含むが、ここでは省く。
12) 注11に同じ。
13) この点に関してはInaba（2003a）参照。
14) 日本語母語話者のテキスト100件中2件のみである。
15) 調査ではすべての被験者から母語である中国語による口頭作話も同時に収録したが、本稿では分析しない。

[参考文献]

Bamberg, M. 1987. *The acquisition of narratives: Learning to use language.* Berlin: Mouton de Gruyter.

Bardovi-Harlig, K.1994.Anecdote or evidence? Evaluation support for hypotheses concerning the development of tense and aspect. In S. Gass & A. Cohen & E. Tarone（Eds.）, *Research methodology in second language acquisition* （p.41-p.60）. Hillsdale. HJ: Erlbaum.

Bardovi-Harlig, K. 1998. Narrative structure and lexical aspect: conspiring factors in second language acquisition of tense-aspect morphology. *Studies of Second Language Acquisition, 20*（4）, p.471-p.508.

Berman, R. A., & Slobin, D. I. 1994. *Relating events in narrative: A crosslinguistic developmental study*. Hillsdale, New Jersey: Lawrence Erlbaum Associates.

Hopper, P. J. 1979. Aspect and foregrounding in discourse. In G. Talmy（Ed.）, *Syntax and semantics*（Vol. 12: Discourse and syntax, p.213-p.241）: Academic Press.

Inaba, M. 1999. Development of global structure in first-language narratives. *The Bulletin of Aichi University of Education（Humanities/Societies）*, 48, p.103-p.112.

Inaba, M. 2000. Narrative discourse processing in Second-Language Japanese. *The Bulletin of Aichi University of Education（Humanities/Societies）*, 49, p.127-p.136.

Inaba, M. 2003a. Anchor tense in Japanese Narrative. *The Bulletin of Aichi University of Education（Humanities/Societies）*, 52, p.51-p.61.

Inaba, M. 2003b. Dominant tense and tense-shifting in interlangauge narratives. In H. Hisada（Ed.）, *The Kaleidscope of Culture*（p.239-p.267）: The Eihosha.

Mayer, M. 1969. *Frog, where are you?* . New York: Dial Press.

Shibata, M. 2000. *Comparing lexical aspect and narrative discourse in second language learners' tense-aspect morphology: A cross sectional study of Japanese as a second language*. Unpublished doctorial dissertation, The University of Arizona.

黒野敦子 1996.「留学生の独話に見られる時制・アスペクトの体系」尾崎明人編『日本語研修コース修了生追跡調査報告書』2（p.89-p.101）名古屋大学留学生センター

村上隆 1989.「総合評価のための評価の実例」日本語教育学会編『日本語テスト入門』, p.201-p.233

内田伸子 1986.『子どものディスコースの発達-物語産出の基礎過程』風間書房

牧野成一 1996.『ウチとソトの言語文化学―文法を文化で切る』アルク

林大（Ed.）1991.『日本語テストハンドブック』大修館書店

利益・恩恵の意味を表す「お〜する」に関する一考察

―授与補助動詞「〜て差し上げる」との関連について―

王　怡

0. はじめに

目下の人が目上の人のために何かをするということを述べるには、日本語では次のような表現形式を用いることができる。

(1) まだ何も召し上がっていらっしゃらないでしょう。何かお作りしますので、とりあえずお茶でもどうぞ[1]。

(2) まだ何も召し上がっていらっしゃらないでしょう。何か作ってさしあげますので、とりあえずお茶でもどうぞ[2]。

上に示したように、(1)では形式動詞「お〜する」が用いられているのに対し、(2)では授与補助動詞「〜て差し上げる」が用いられている。先行研究では、この二つの表現形式の相違点について論じたものは幾つかあるものの、二者間の関連性について論じたものは極めて少ない。また、中国語話者の日本語学習者の場合、目下の者が目上の人のために何かをするという意味を表す際、謙譲語表現「お〜する」を使わなければならない場合でも授与補助動詞「〜て差し上げる」を用いて表現する誤用が多く見られる。従来、「お〜する」と「〜て差し上げる」は同様に謙譲語表現の形式として扱われてきた。そのため、日本語学習者はどちらかというと「お〜する」よりも「〜て差し上げる」の方を使うべきであるとの印象を持っている。しかし、日本語では利益・恩恵の意味を表す際、果たして「お〜する」を使わないのであろうか。仮に「お〜する」にも利益・恩恵の意味を表す用法があるならば、それはどのような場合に用いられるのか。そして利益・恩恵の意味を表す「お〜する」は「〜て差し上げる」とどのように使い分けられているのか。本稿ではこの点について考察する。

1. 先行研究のとらえ方および本稿の分析方法

「お〜する」と「〜て差し上げる」という二つの表現形式を人間関係の角度から考察した先行研究に宮地1965がある。宮地1965：285は「敬語表現は……，人間関係を行為の授受関係として表現することになるアスペクト表現とも，かかわりが大きい」と指摘している。宮地によると、謙譲語は話題の人物間の上下関係の行為の授受の認定を通して、話し手がその上位者のほうに敬意を示すことが原則である[3]。また、宮地はこのような考え方の特徴について「謙譲語を，AB間の関係規定の把握だけとしてでもなく，Bへの敬意だけとしてでもなく，両者の複合として見ていること，行為者とその行為の方向の概念を持ち込んでいることが，特徴である。」と述べている。この考え方に基づいて、宮地は「A氏がB氏をお訪ねする」という表現については「訪ねる」先方と「お〜する」先方が一致してB氏であり、そして、A氏について「訪ねる」主体と「お〜する」主体とが一致していると説明している[4]。さらに宮地はこの表現の相違点が敬意の度合いとアスペクト表現の利益・恩恵の有無というところにあると述べている。宮地は人間関係において、形式動詞「お〜する」は授与補助動詞「〜て差し上げる」と大きなかかわりがあり、後者のほうが敬意の傾斜度が高いと指摘しているが、前者には後者のもっている利益・恩恵の意味はないとしている。

一方、北條1978は形式動詞「お〜する」に見られる利益・恩恵の意味について、語彙の角度から考察を加えた。北條によると、「「お〜する」の形は「目上の人のために何かをする」というニュアンスをもち、他動詞にはほとんどの場合つくことができるが、自動詞にはつきにくい」としている[5]。また、「聞く、受ける」などのような動詞と結合させている場合、「目上の人のために」というより、「目上の人から」という意味をもつと北條は指摘している。北條は「お〜する」の使用に利益・恩恵の意味が見られるのは動詞の性質が大きくかかわっていることを示唆し、それは本稿の分析に大きなヒントを与えた。しかし、それはあくまで個々の動詞との結合関係の上から見たものであり、言語使用の中で論じたものではない。したがって、本稿は主として言語使用の側面から分析を試みることとする。

先行研究の中で、「お〜する」の使用条件についてもっとも詳しく論じた

のは鶴田 1986 である。鶴田 1986 は「お〜する」の使用条件について分析する際、動作主の行為とその行為によって影響を受ける相手を次のようにそれぞれ類分けしている。

 (3) お客さま (Q) のお買い上げになった商品を、ここでお包みします[6]。
 (4) 先生 (P) のご返事をお待ちした。
 (5) 田中先生 (Q) に代わって鈴木先生 (P) に、あの辞書をお勧めした。

 鶴田 1986 は行為の相手を Q と P に分け、前者は通常「〜のために」あるいは「〜にかわって」によって表すことのできるもので、行為者の行為が「代行行為」である場合のその本来の行為者（例えば表現例 (3) のお客さまと表現例 (5) の田中先生）であるとし、後者は「に」、「を」、「と」、「から」、「のところへ」[7] などのような助詞によって表されるもので、行為者の行為によって巻き込まれるもう一つの行為の行為者（例えば表現例 (4) の先生）であると定義している。このように行為の相手を厳密に定義した上で、鶴田はさらに行為者の行為の種類について Q をもち P をもたない行為（例えば表現例 (3)）と P をもつ行為（例えば表現例 (4) と (5)）の二種類に分類し、それぞれの使用条件について分析を加えた。鶴田 1986 によると、「P をもたない行為の場合、Q が存在し、かつ、Q が敬意の対象であり、Q と行為者との関係からその代行が社会的に当然視されるときにのみ「お〜する」が適格となる」[8]（表現例 (3) がそれである）とされる。表現例 (6) が非文である理由は「わたし」の代行行為が社会的に当然視されないからである。そういう場合は「〜て差し上げる」が適格となる。

 (6) ＊隣の席の方 (Q) が、荷物を包もうとして汗をかいていらしたので、私がお包みした。

それに対して、「P をもち Q をもたない行為の場合、P が敬意の対象であるときのみ、「お〜する」が適格となる」[9]。

 (7) ＊弟に先生の御著書をお貸しする。

また、P と Q が同時に存在する場合について、鶴田 1986 は「P も Q ももつ行為の場合、Q と行為者との関係からその代行が社会的に当然視され、P が敬意の対象であるときのみ「お〜する」が適格となる」（例えば表現例 (5) がそれである）と指摘している[10]。そうでない場合は、表現例 (8) のように「〜て差し上げる」が用いられる[11]。

(8) 奥の席のご婦人 (Q) の切符を車掌 (P) に渡して差し上げました。

鶴田1986は行為者の行為の性質および行為者とその行為に巻き込まれた相手との間の人間関係の角度から「お〜する」の使用条件について詳細に分析した。この分析は、本稿における謙譲語表現「お〜する」の使用に見られる利益・恩恵の意味についての考察に、極めて有効な物差しを提供した。しかし、鶴田のこの分析は会話場面の除外を前提としており、「お〜する」の使用上の利益・恩恵の意味について言及していない。

本稿は鶴田1986の分析を踏まえながら、会話文および会話文以外の文において「お〜する」を使用する際、利益・恩恵の意味がどのように表れるか、それが「〜て差し上げる」とどのようなかかわりをもっているか、鶴田1986が論じた使用条件以外に他の条件が存在しているかどうか、存在しているならばそれは何であるかについて、考察していく予定である。

2. 分析

本稿は利益・恩恵の意味を表す場合に見られる謙譲語表現「お〜する」と授与補助動詞「〜て差し上げる」との関連性について考察するものであるため、分析に入る前に、まず「〜て差し上げる」の意味について見ていく。

新美等1987は授与補助動詞「やる」は「話し手（ウチ側の者）が他の人に対して、その人のためにある行為を行う」ことを意味するものであるとした上で、「ある行為を他の人のために行う時、「恩恵として与える」という意味をもつ動詞「あげる」が付加される」と指摘している。また、新美等1987は「「相手に対して好意をはっきり示す」という有利な意味合いを表すと思われるかもしれないが、実際は反対に「相手に対する好意の強要」と取られて相手に不快感を与えてしまう。」[12]とも指摘している。この指摘は授与補助動詞「〜て差し上げる」にも同様に適用できる。授与動詞のこの特異性は「目下の人が目上の人のために何かをする」という意味を表す場合の「お〜する」とはなんらかのかかわりがあると思われる。このことについては以下の分析を通して明らかにしていく。

2.1. 利益・恩恵の意味を表す「お〜する」について

謙譲語表現「お〜する」の使用にはいろいろな使用条件がある。それによって、利益・恩恵の意味が表される場合と表されない場合がある。この

節では主に利益・恩恵の意味が表される場合の表現例について分析してみる。

2.1.1. 利益・恩恵の種類

謙譲語表現「お〜する」の使用に見られる利益・恩恵の意味について論ずるには、まず表現形式によって異なる利益・恩恵の意味を明確にしなければならない。

利益・恩恵の意味を表す表現形式は授与補助動詞「〜て差し上げる」の他に、(9) のように「〜のために」句によって表されるものもある。

(9) 子供のためにたくさんの参考書を買ってきた。

一般には授受補助動詞によって利益・恩恵の意味が表される場合、話し手の主観性が比較的高く、それに対し、「〜のために」句によって利益・恩恵の意味が表される場合は、話し手が客観的に事実を述べていることが多い。そのため、前者を主観的利益・恩恵の表現とし、後者を客観的利益・恩恵の表現とする。また、客観的利益・恩恵の表現には、表現例 (10) のように、「〜に代わって」という表現形式を用いるものがある。

(10) 裕子の困っている様子を見て、私が彼女に代わってその仕事を引き受けた。

表現例 (10) では、たとえ話者が授与補助動詞「〜て差し上げる」を用いて利益・恩恵の意味を表していなくても、話者の仕事を引き受ける行為によって困っている裕子が助かったという意味を事実として十分感じ取ることができる。本稿は (10) のような表現例で表される利益・恩恵の意味も客観的利益・恩恵の表現とする。ただし、表現例 (11) のような義務あるいは仕事としてやらなければならない代行行為は客観的利益・恩恵の表現とはしない。

(11) 課長が急に出張することになったので、午後の会議は僕が課長に代わって出席しました。

2.1.2. 会話文における利益・恩恵の表れ方

次は会話文において、「お〜する」が使用される際、利益・恩恵の意味がどのように表れるか、また、「お〜する」がどのような条件の下で、「〜て差し上げる」に置き換えられるのかについて見る。

(12) 古参の女子社員 (が係長に向かって):部長に断りにくかったら、

　　　　　私のほうからお断りし（＊断って差し上げ）てもいいですけど。
(13) 社長：この写真が女房に見つかったらきっと騒ぎになるぞ。
　　　秘書：よろしければ、僕がお預かりし（＊預かってさしあげ）ましょう。
(14) 女中さん：あっ、奥様！ご無理なさらないでください。落ちてきたら大変ですから。それは後で私がお取りし（＊取って差し上げ）ます。
(15) 学生：こんなにたくさんの資料は先生お一人で大変ですね。私もお配りし（配って差し上げ）ましょう。
(16) 使用人：奥様、少しお休みになってください。お嬢様は必ず私たちがお捜しし（＊捜してさしあげ）ますので、ご安心ください。

　表現例（12）では古参の女子社員が係長の困っているのを見て、好意的に部長に断るという行為を代行しようとする意味が表されている。表現例（13）、(14)、(15)(16)も表現例（12）と同じように、いずれも話し手が聞き手のために何か手伝おうとする意味が含まれている。しかし、実際にそれらの表現例を見ると、たとえ話し手の意識の中で聞き手のために何かをするという好意をもっていたとしても、その意味を表す「～て差し上げる」を用いて表現することができない。ここで「～て差し上げる」を用いて表現することができないのは、既に先行研究で見てきたように「～て差し上げる」が表す意味の中で話し手（あるいは話し手側の人）の主観的意志が極めて強いからである。換言すれば、話し手が「～て差し上げる」を使うことによって、自分の行為が相手にとって如何にも役立つものであるかのように聞こえる。特に行為の相手である聞き手の前で使用されると、その意味合いは一層強くなり、逆に聞き手に不愉快な思いをさせてしまうことになる。したがって、そのような場合ではたとえ話し手の意識の中で好意をもって相手のために何かをするという考えがあっても、あるいは事実がそうであっても、目上であり、そして行為の相手でもある聞き手の前で「～て差し上げる」を使用するのは適切ではない。この場合は、「～て差し上げる」ではなく、「お～する」を用いて表現しなければならないのである。

　以上の分析から「～て差し上げる」のもっている特異性が「お～する」の使用に大きな影響を与えていることが分かる。さらに、話の内容や、話し

手である動作主の行為に巻き込まれる相手と聞き手との関係によって、「お〜する」を用いなければならない場合もある。

 (17)（代議士の）先生、ゴルフ場の建設費用なら、うちの会社も一部お出しし（＊出して差し上げ）てもかまいませんが、例の件ぜひお力をお貸しくださるようお願いします。

 (18)（女子事務員が先生に向かって）先生がお忙しいようでしたら、私がお嬢さんを動物園へお連れし（＊連れて差し上げ）ましょう。

 表現例（17）では、話し手が聞き手である代議士に頼んで便宜を図ってもらおうとしている。この場合、たとえ話し手の内心では先生のためにと思っていても、あるいは話し手にお金を出してもらうことによって先生が利益を受けるということが事実であっても、結果として最終的に話し手自身が利益を受けることになるので、そのような言わば条件交換の場合は「〜て差し上げる」を使うことができない。表現例（18）は表現例（17）と違って、対人関係によって「〜て差し上げる」の使用が制限されている。表現例（18）では、行為の相手が二人いる。一人は話し手の代行行為の相手である「先生」であり、もう一人は「連れて行く」という話し手の行為の対象である「お嬢さん」である。発話の状況から考えると、この場合は話し手が「お嬢さん」に対して敬意を払っているわけではなく、聞き手である「先生」に対して敬意を表している。したがって、「〜て差し上げる」より「お〜する」を用いるのが適切である。

 しかし、上で述べた「〜て差し上げる」の特異性がすべての場合において成り立つわけではない。対人関係や動詞と「お〜する」の接続関係および動作の性質によって「お〜する」に置き換えられる場合もあれば、「お〜する」より「〜て差し上げる」を用いたほうが適切である場合もある。

 (19) お客さん：すみませんが、メジャーを貸してもらえませんか。ちょっとウエストを測りたいのですが。
   店員さん：よろしければお測りし（測って差し上げ）ましょうか。

 (20) 社長夫人：このスーツケースは小さすぎて荷物が全部入らないわ。
   年配のお手伝いさん：私がお入れし（入れて差し上げ）ましょうか。

 (21)（同じ町内に住む会社の部長夫人に向かって）そのお店の電話番号は私がお調べし（調べて差し上げ）ましょうか。

(22) 使用人：奥様、そんなにお困りにならないでください。これと同じような茶碗なら私がお探しし（探して差し上げ）ますから。
(23) （仲居さんがお客さんに向かって）すごい雨ですね。まあ、お靴はびしょぬれになりましたね。？お乾かしし（乾かして差し上げ）ましょうか。
(24) （ばったり出会った見知らぬお年寄りに向かって）お婆ちゃん、その大きな荷物は私が＊お持ちし（持って差し上げ）ましょうか。

(19)～(24)までの表現例から分かるように、「お～する」の使用される可能性が例文番号の順に下がっている。それに対して、「～て差し上げる」の使用可能性は逆に上がっている。(19)～(22)までの表現例は(23)、(24)の表現例と違って、「お～する」と「～て差し上げる」の交替が可能である。発話の状況から見れば、表現例(19)では、店員さんが自分でウエストの寸法を測ろうとするお客さんに向かって発話している場面であるが、店員さんがお客さんのためにサービスするのは当然である。そのため、通常「お～する」を用いて表現するのは自然である。しかし、この場合における店員さんの「ウエストを測る」という行為はお客さんの手助けをするという好意的なものであり、義務的なものではないために、「～て差し上げる」を用いるのが可能である。これは、お客さんを持ち上げて待遇するというサービス業関係者の独特な考え方によるものと思われる。表現例(20)で「入れて差し上げる」が使えるのも、年配のお手伝いさんと社長夫人との関係およびお手伝いさん自らのある種の配慮によるものである。要するに、お手伝いさんが社長夫人より年上である場合は、年下の社長夫人に向かって「～て差し上げる」を使ってもそれほど押し付けがましい感じはしない。逆に、「～て差し上げる」を用いることによって、社長夫人をもちあげると同時に自分と社長夫人との間の距離を保つという配慮が伺える。表現例(21)と(22)では、「～て差し上げる」が使えるのはものの移動が伴っているためである。つまり、行為とともにものの移動が伴う場合は「お～する」の代わりに「～て差し上げる」を用いることが可能である。表現例(23)では、「お～する」より「～て差し上げる」のほうが自然であるのは、「乾かす」のような動詞が「お～する」と結合して用いられる場合は接続関係としては成立するものの、発音しにくく通常あまり使われないためである。表現例(24)で「お～する」を用いて表現すると文全体が非文に

なってしまう理由は二つある。一つはこの場合の「おばあちゃん」は話し手にとって見知らぬ人であるため、「お〜する」を用いて敬意を表す対象とはならないからである。もう一つは鶴田1986が指摘したように、この場合の話し手の代行行為は社会的に当然視されない、換言すれば、おばあちゃんの代わりに大きな荷物をもつという話し手の行為は単に好意で行われたものであり、義務付けられたものではない。そのため、「〜て差し上げる」を用いて表現しなければならないのである。

2.1.3. 非会話文における利益・恩恵の意味の表れ方

「お〜する」の使用は会話文のみならず、非会話文にも存在している。会話文と区別するために、この節で用いる表現例はすべて日記文とする。

(25) 社長が例の写真は奥様に見つかったらまずいとおっしゃったので、僕がお預かりし（預かって差し上げ）た。
(26) 先生はそのことについてどうもお聞きずらいところがあられるようでしたので、私がお聞きし（聞いて差し上げ）た。
(27) 会長は片方の手が不自由なので、外出される時には私がいつもコートをお着せし（着せて差し上げ）ている。
(28) 奥様は棚の上の花瓶を取ろうとしたが、手が届かないので私がお取りし（取って差し上げ）た。
(29) 旦那さまは十冊を越える本を風呂敷で包もうとされたが、うまく包めなかったので、私がお包みし（包んで差し上げ）た。

(25)〜(29)までの表現例はいずれも「お〜する」と「〜て差し上げる」の両方を用いることの可能なものである。「お〜する」を用いる場合は、利益・恩恵の意味がはっきりと言語形式として表れていないものの、動作主である「私」の代行行為によって相手が利益を受けたことが読み取れる。それに対して「〜て差し上げる」を用いる場合は、動作主である「私」の行為が相手に利益・恩恵を与えたという意味が表されているだけでなく、相手に対する尊敬の度合いおよび距離感をこの「〜て差し上げる」によって表している。このように、「お〜する」と「〜て差し上げる」はそれぞれ異なる使用条件を用いながら、相互に交替して使用できる。これは利益・恩恵の意味が表現全体に含まれているためではなかろうか。これは、利益・恩恵の意味が文中で表されていなければ二者間の交替が成り立たないとも

言うことができよう。このことは次節で分析する。

2.2. 利益・恩恵の意味を表さない「お～する」

「お～する」は通常利益・恩恵の意味を表しているわけではない。例えば、

(30) 山田課長は部長のお誘いをお断りしたようだ。
(31) これから皆様に資料をお配りしますのでご確認願います。
(32) 一万円をお預かりします。少々お待ちください。
(33) A：これどうしたんだ。
　　 B：この間先生に頼まれた原稿で、ミスプリントのところをお直しして今日持って参りました。
(34) 課長：部長、今日は私がお払いしますので……。
　　 部長：悪いね。じゃ次は俺が払うからな。
(35) あの方とはもうお別れした。

(30)～(35)までの表現例は、会話文の場合においても、非会話文においても、いずれも「～て差し上げる」と交替することはできない。表現例(12)は表現例(30)と同じように「断る」という動詞を用いている。しかし、前者には利益・恩恵の意味が含まれているのに対し、後者にはそのような意味が読み取れない。同様のことは表現例(15)と表現例(31)、表現例(13)と表現例(32)においても見られる。(30)、(31)、(32)の表現例に利益・恩恵の意味が見られないのは、動作主の行為が動作の及ぶ相手のために行ったものでもなければ、その相手の行為を代行するものでもないためである。それに対して、表現例(33)ではBという人が先生の代わりに原稿を直したという意味が読み取れるが、しかし、この場合の原稿を直すという行為はBにとってあくまでも先生から頼まれた仕事に過ぎない。表現例(34)も一見して「お金を払う」という課長の行為は部長にとって利益になるもののように思われる。しかし、この場合の「お金を払う」という行為は部長がお金がたりなくて困っているのを助けるために行われたものではない。このことはAとBの会話から明らかである。したがって、表現例(33)と(34)も利益・恩恵の意味を含意するものではない。表現例(35)は他の表現例と違って、「別れる」という消極的な意味を表す動詞が使われている。この場合、「お～する」は動作の対象((35)では「あの方」)

に対する話し手の敬意を表すのみに止まり、利益・恩恵の意味には全くかかわらないものと考えられる。

3. おわりに

本稿は主として「お～する」がどのように利益・恩恵の意味を表すか、その使用条件はどうなのか、また、それは「～て差し上げる」とどういうかかわりをもっているのかについて考察した。本稿の考察によって、次のことが明らかになった。

1) 「お～する」には待遇表現で謙譲を表す用法のほかに利益・恩恵の意味を表す用法もある。それは動作主の動作が相手のために行われた代行行為である場合に多く見られる用法である。
2) 「聞く、預かる」等のような、北條1978の指摘した「目上の人から」という意味をもつ動詞でも、「お～する」と結合して用いられた場合、表現例(13)および表現例(25)と(26)のようにその使用状況によって「目上の人のために」という意味として使われることが可能である。
3) 「お～する」が「目上の人のために」という意味として用いられる場合、もっとも使われやすいのは会話文である。その使用には発話する時の状況(聞き手の前であるかどうか)、話し手と聞き手との関係、話し手である動作主の行為に巻き込まれる相手と聞き手との関係、動作主の行為の性質(好意的な代行行為であるかどうか、ものの移動が伴うかどうか)および話の内容などによって制限がある。そのため、(19)～(24)までの表現例のように「お～する」の使用容認度が次第に降下し、逆に「～て差し上げる」の使用容認度が上昇してくる傾向が見られる。
4) 「お～する」と「～て差し上げる」のように一見して表現形式の異なるもの同士が、利益・恩恵の意味を表す面において相互に比較できるのは両方とも謙譲語表現であるという共通の基盤をもっているからである。この同一の土台の内部に存在している様々な条件によって「お～する」を使用する際、利益・恩恵の意味が全く見られないものから次第にその意味が顕著に表れるものに変わり、さらに「～て差し上げる」と交替して使えるものから、その交替が不可能なものへと変化し

ていくという幾つかの段階に分かれている。このことは「お〜する」と「〜て差し上げる」とが密接な関係をもっていることを示している。日本語教育の現場でこの二つの表現を別々のものとして教えるのは中国語話者を含む外国語を母語とする日本語学習者に混乱をもたらす主な原因であると思われる。

5) すべての「お〜する」表現において、「目上の人のために」という利益・恩恵の意味が表されているわけではない。好意的に相手のために行われた代行行為でなければ利益・恩恵の意味は表れない。この場合の「お〜する」は単に自分の行為に巻き込まれた相手に対する話し手の敬意を表しているに過ぎない。

「お〜する」に見られる利益・恩恵の意味を表す用法については、より多くの言語資料に基づき、より多角的な視点から考察を進める必要があろう。本稿は主として「〜て差し上げる」との関連の上から分析を試みたに過ぎない。残されている問題点は多々あるが、今後の課題としていきたい。

注

1) 当然「お〜いたす／申す／申し上げる」も可能であるが、それは丁寧さのレベルの問題で、本稿で扱う問題の分析に支障がないので、それらの表現形式を「お〜する」と意味的に等価のものとして考える。
2) 表現例 (1)、(2) と同じ意味を表すには「お作りして差し上げる」という表現形式を用いることも可能であるが、これも待遇性の度合いの問題で、本稿における問題の分析には影響がないため今回は扱わないこととする。
3) 宮地 1965、p.284 参照。
4) 宮地 1965、p.282 参照。
5) 北條 1978 は、他動詞でも中には「忘れる、着る、脱ぐ、はく、覚える、買う、始める、使う、比べる」のような「他人のためにする」という意味の少ない動詞にはつくことができないと指摘している。詳しくは北條 1978、P.25 参照。
6) (3)〜(9) の表現例は全て鶴田 1986 からの引用である。それ以外のものは全て作例である。
7) 当然 P と Q に従える助詞類はここで示したもの以外にもあり得る。詳しくは鶴田 1986、p.21-22 参照。
8) 鶴田 1986、p.25 参照。
9) 鶴田 1986、p.25 参照。
10) 鶴田 1986、p.27 参照。

11) 行為者とQとの関係によって「～てあげる／やる」の使用も可能であるが、本稿は主に「～て差し上げる」との比較に重点を置くので、それらについては論じないこととする。
12) 新美 1987、p.62-p.63 等参照。

[参考文献]
鶴田庸子 1986.「謙譲語表現「お～する」の使用条件」『アメリカ・カナダ十一大学連合日本研究センター紀要』9　p.21-p.27
新見和昭・山浦洋一・宇津野登久子 1987. 外国人のための日本語例文・問題シリーズ4『複合動詞』荒竹出版　p.60-p.67
北條淳子 1978.「初級における敬語の問題」『日本語教育』35号　p.25-p.29
宮地裕 1965.「敬語の解釈―主としていわゆる「謙譲語」とその周辺―」『敬語』論集日本語研究9　p.282-p.287

寅太郎の複合名詞生成

―いわゆる和語・漢語・外来語―

奥津　敬一郎

1. はじめに

　奥津（1973）（学位論文、東京都立大学）の第12章、第13章は、和語複合名詞と漢語複合名詞の生成文法的な記述である。奥津（1975）はこの2章を短くまとめたものである。奥津（1974）は学位論文の前半を出版したもので、日本語の文の基本的構造と連体修飾構造（以下連体構造）とを記述したものである。そして複合名詞は、その連体修飾による名詞句（以下連体名詞句）から生成されると考えた。学位論文後半のはじめに複合名詞を置いたのは、そのような意味合いである。つまり連体名詞句と複合名詞は密接に結びつき、一つの体系として記述できると考えた。

　以後30年近く経ったが、その間にも複合語（語構成、語形成などとも呼ばれる）の研究が多数出たので、かつての私の研究をより詳しく世に問うと共に、それを再検討し発展させる必要を感じた。

　たまたま1998年に息子寅太郎が誕生、以後彼の言語習得の過程を語彙と文法について継続的に観察し記録してきた。言語習得について専門的な研究をして、何か理論的な新提案をしようというような野心はないのだが、彼の言語的パーフォーマンスの底にひそむ日本語の文法的能力の習得過程を探ることに興味があった。2003年8月、5歳5ヶ月になる現在、おおかたの文法能力とその一つである複合名詞の生成能力もどうやら獲得したようである。そしてそれが私のかつての複合名詞論の一つの裏付けにもなると思われるので、この小論を書くことにした。

　寅太郎の言語発達の観察・記録に当たっては、いわゆる自然傍受法をとった。すなわち、教えたり、誤用を訂正したり、実験したりせず、自然の発達にまかせて、それを記録した。彼の言語環境はごく普通で、家庭では父親・母親との接触、テレビやビデオ、平日は保育園で保育士や園児と

の接触である。
　ただ 2002 年 3 月から 7 月まで北京に滞在し、人民大学の幼稚園に通うという経験をした。幼稚園では平日の朝から夕方まで中国語の中で過ごし、また英語のクラスもあった。4ヶ月では中国語も英語もものにはならなかったが、大過なく過ごせたようであった。

2. 連体名詞句の習得

　まず 1 歳 9ヶ月で 2 語文が出ている。(以下寅太郎の発話はカタカナで書く。また漢字の音・訓についても音はカタカナ、訓はひらがなで書く)
　　(1)　カーサン　イナイ
ついでだが、うなぎ文も出てきた。
　　(2)　カーサン　トイレダ　ヨ（1 歳 9ヶ月）
連体名詞句は、まずいわゆる連体助詞の「ノ」によるものから始まる。
　　(3)　オトーサンノ　スリッパ（1 歳 10ヶ月）
これは 2 名詞を「ノ」で結ぶ形だが、まもなく 3 名詞のものが出てきた。
　　(4)　トラチャンノ　アンヨノ　ツメ（2 歳 2ヶ月）
　　(5)　ミドリノ　クルマノ　マエデ…（2 歳 7ヶ月）
やがて連体文による名詞句が作られる。
　　(6)　(リュックサックを車の席の)
　　　　　アイテイル　ノ　トコロニ　オイテ（2 歳 4ヶ月）
「〜テイル」のついた動詞文が連体成分になっている。その後に「ノ」を挿入する誤用もおもしろい。中国人の日本語学習者によく見られる誤用で、母語の干渉によるものと考えられたものだが、日本人である寅太郎も同じ誤用をしており、正用と混じりながらかなり後までこの誤用は続く。
　　(7)　オサンポ　イク　マエニ　ウンチ　イカナキャ（2 歳 8ヶ月）
「マエ」は時を表す相対名詞で内の連体に対する外の連体である。
　　(8)　マッタク　ショウガナイ　オシャベリ（3 歳 4ヶ月）
　　(9)　サムイ　カゼダ　カラ…（3 歳 7ヶ月）
(8)(9)は形容詞文による連体である。
　　(10)　オオキイ　アメ　チイサイ　アメ（3 歳 8ヶ月）
　雨の日の発話だが、雨に「オオキイ」「チイサイ」を使うのは変に聞こえるが、複合名詞なら「大雨（おおあめ）」「小雨（こさめ）」が言えるのだか

ら、寅太郎はもう一歩で複合名詞が作れるわけである。

(11) ハガ　ギザギザノ　キョウリュウ（3歳9ヶ月）

この連体文は「ハガ　ギザギザダ」である。擬態語の「ギザギザ」に「ダ」がついてダ形容詞（いわゆる形容動詞）になっている。ただし連体形は「ナ」でなく「ノ」である。「の」も「だ」の連体形になれるのだが、寅太郎はこの文法も習得しているわけである。

(12) キョウハ　ダレト　ホイクエン　イク　ヒ？

父と母が交代で保育園に連れて行くので、どちらかを聞いている。ところで「ダレト　ホイクエンイク」のように「ダレ」などの不定詞が連体文の中に現れるのは面白い文法だが、寅太郎はこれも習得した。

(13) イトウセンセイニ　アゲル　ボクガ　ツクッタ　オスシ（4歳4ヶ月）

「イトウセンセイ」は保育園の担任の先生で、寅太郎は紙で作ったお寿司をあげたいわけである。2つの連体文を使った複雑な構文である。

(14) ウミノ　ナカデ　オヨグ　ノ　フネ（4歳8ヶ月）

誤用の「ノ」がまだときどき出る。テレビで見たゴジラの映画に「潜航艇」が出てきた。さすがに「センコウテイ」は難しかったと見えて、(14)のように表現した。「センコウテイ」という複合名詞を知らなければ、こうやって連体名詞句で表現するのである。一歩進めば複合名詞になる。以上かなり自由に連体名詞句を作ることができるようになった。それにつれて複合名詞もかなり自由に作れるようになってきた。

3. 複合名詞の生成―見るものから作るものへ―

これまでの複合名詞の研究は石井（2002）の言う「既製」の複合名詞の資料を多数集めて、それを分類・分析・記述する形態論レベルのものが殆どだった。もちろん研究の順序としてそれは重要なことであるし、複合名詞の本質に迫るために必要な手順ではある。しかし中には西尾（1961）、野村（1977 その他）、石井（1986）のように形態論的に緻密な分析・記述をするだけでなく、それと統語論との平行性を指摘するものもあった。

そして奥津（1975）は上述のように、複合名詞を統語論の中の副部門として位置づけた。文における連体名詞句の生成から複合名詞の生成へと両者を体系的に結びつけた。一般の国語辞書などに載っている「既製」の複

合名詞も、林（1982）が「臨時一語」と呼んで何か継子扱いされた新聞などによく現れる比較的長い複合名詞も、区別なく生成する規則を求めた。国語辞書に載っている多くの複合名詞も、いつか誰かによって作られたのであり、生成直後はやはり「臨時」なのであり、一方「臨時一語」も長く生き残って辞書にも登録されるかもしれない。更に「既製」でも「臨時一語」でもなく、これから作られるであろう複合名詞をも生成する規則こそが複合名詞の文法なのである。事実以下に述べる寅太郎創作の複合名詞は辞書にも新聞にもでていない。しかし人はそれらをも複合名詞と認めるであろう。影山（1993）も「実在しないが可能な語」（p.10）の存在を認めている。そしてこの「可能な語」を作る規則が複合名詞の文法なのである。

3.1. NN型複合名詞

NN型は「秋風」のように2名詞から成る複合名詞である。その2名詞の間には文の中の格関係が認められる。寅太郎もこの型の複合名詞をいくつか作っている。

母が紙でてるてる坊主を作ったのを見て

（15） カミテレテレボウズ（2歳8ヶ月）

と言った。「紙で作ったてるてる坊主」から作られたと思われるが、「カミ」と「テレテレボウズ」の2つの名詞から成るNN型複合名詞で、辞書にも出ていない寅太郎の創作であろう。そして記録されたはじめての複合名詞である。

前項と後項の名詞の関係は、前項が手段格、後項は対格か主格であろう。「てるてる坊主」を「テレテレボウズ」と言ったのは単なる音声的誤用であろう。

（16） オシッコハナビ（2歳9ヶ月）

朝トイレで盛大に出たおしっこを花火にたとえた。「ハナビノ　ヨウナオシッコ」の意味である。

（17） イルカワニ（4歳7ヶ月）

風呂で鰐のおもちゃを泳がせて「イルカワニ」と言った。もちろんそんな鰐はいないと思うが、これも寅太郎の創作である。「イルカノヨウナワニ」の意味だろう。

（18） テガミブクロ（4歳11ヶ月）

なにやら絵を描いているので
父：それ何？
寅：テガミブクロ

つまり「封筒」のことであるが、「封筒」という漢語は知らないので「テガミブクロ」を作った。「手紙を入れる袋」の意味であろう。前項は対格、後項は着点格とでも言うべきか。ついでながら「テガミフクロ」でなく、連濁もちゃんとしている。

　(19)　ドクミミズ（5歳0ヶ月）

寅太郎が書いた絵の中にサンタクロース・トナカイ・クワガタ・ウサギなどといっしょに出てくる。「毒」は漢語だから重箱読みの混種語である。

　(20)　ヘビゴヤ（5歳0ヶ月）

ブロックおもちゃのLEGOで作った家に同じくLEGOの蛇を入れて「ヘビゴヤ」。前項が主格ないし対格、後項が所格ないし着点格だろう。

　(21)　カメラバコ（5歳1ヶ月）

新しく買ったデジタルカメラ用の水中ケースについて「この中にカメラを入れるんだよ」と説明してやったら、「カメラバコ」と複合名詞を作った。前項が主格ないし対格、後項が所格ないし着点格。メーカーは「防水プロテクト」とこれも複合名詞で呼んでいるが、これは漢語と英語の混種語である。

　(22)　ジュウサンガツ（5歳2ヶ月）

数詞も「イチ」から「ジュウ」へ、さらに「ニジュウ・サンジュウ…」と次第に発達していく。現在のところ「ヒャク」まで到達して、一休みしている。

　五月になって、父がカレンダーをめくったのを見て、寅太郎が「ゴガツ」と言ったので
父：「ゴガツの次は？」
寅：「ロクガツ」

それから「シチガツ・ハチガツ…ジュウイチガツ・ジュウニガツ」と来て、予想通り「ジュウサンガツ」と進んだ。つまり「ロクガツ」以降は寅太郎の創作である。

　数詞は比較的簡単な規則で機械的に生成されるが、時間の概念とその言語的表現はなかなか習得しにくそうである。時計の読み方もあえて教えな

いので、まだできない。
　数詞「ジュウイチ」以上は複合名詞としてよい。ただし統語部門でなく、形態論部門の造語とすべきだろう。
　(23)　アカチャンコエ（5歳3ヶ月）
　　寅：オトウサン（を　保育園の誰かに）チョウカイ　シマス
　　父：「しょうかい（紹介）」だろ？
　　寅：チョウカイハ　ショウカイノ　アカチャンコエ
　「よしよし」が「よちよち」になるような音声的変容が幼児語の特徴であることを寅太郎は自覚して、わざと「チョウカイ」を使ったのだ。複合名詞で「赤ちゃん語」とでも言うべきところだが「コエ」を使ったのは面白い。漢語複合名詞を作るのはまだまだ先のことである。前項が主格、後項が対格とすべきか。つまり「赤ちゃんが話すことば」である。
　さらに次のような3名詞によるものが作られた。
　(24)　リンゴウナギギョーザ（3歳9ヶ月）
　よく紙をちぎったりして料理を作って遊ぶが、(24)は寅太郎の創作料理につけた名前で、三題噺のような3語の複合名詞である。何とも奇妙な料理だが「林檎と鰻で作った餃子」のようである。とすると「リンゴウナギ」は並列の複合名詞（N＆N型と表示する）が主名詞たる「ギョーザ」にかかる構造になる。つまり［[N＆N] N］型である。そしてN＆Nはやはり名詞なので結局はNN型である。これも前項が手段格、後項が対格ないし主格であろう。
　ところで「林檎」は長い歴史がある。白居易の詩にあるそうだから、「漢製漢語」（「和製漢語」に対して中国製の漢語を表す私の造語である）である。『本草和名』に出ており、「リンキン・リンキ・リンゴウ・リュウゴウ」などと呼ばれてきた。そして今は「リンゴ」などとカタカナで書かれることが多い。和語のような外来語のような感じで、漢語という意識は持ちにくい。現代中国語では日本語のリンゴは「苹果」だが「林檎」もあって「花紅」と同義であり、和リンゴのことを言う。第2項の「ウナギ」は言うまでもなく和語である。そして主名詞の「ギョーザ」は外来語となっている。近代以後日本に入った中国語は外来語として扱うことになっていて、外来語辞典にも載っている。こうなってくると外来語とは何かも問題になってくる。とにかく「リンゴウナギギョウザ」は和・漢・外来と3語種の混種

語であるが、寅太郎にはそんな意識は全くない。ただ北京 4 ヶ月滞在の経験から「ジャオズ」と言うと中国語だと答える。「ジャオズ」は彼の好物の一つであった。

もう一つ 3 名詞による複合名詞があった。

（25）テヒトツカニ（3 歳 10 ヶ月）

はさみが一つとれた蟹のおもちゃで、「はさみ」を「テ」と言い、それが一つしかないので「テヒトツカニ」になった。「テガ　ヒトツ　アル　カニ」とパラフレーズでき、主名詞はもちろん「カニ」で、[[NN] N] という構造である。

以上で NN 型の複合名詞を終わる。和語複合名詞が多いが、「リンゴウナギギョーザ」の様な混種語もある。漢字のみの漢語複合名詞はなかった。漢語自体は後述するように理解語・使用語としてかなり出るのだが、自ら漢語複合名詞を作ることはなかったのは面白い。それは何故かも興味ある問題である。

3.2.　AN 型複合名詞

2002 年「おじいさんの古時計」という歌が流行っていて紅白歌合戦でも歌われた。

（26）フルオモチャ（4 歳 8 ヶ月）

寅：フルドケイッテ　ナアニ？

父：古い時計だよ。では古いおもちゃは？

寅：フルオモチャ

それから一人で次々と作る。

「フルイ　クルマハ　フルクルマ」

「フルイ　デンワハ　フルデンワ」

「フルイ　ヒトハ　フルヒト」

「フルイ　タヌキハ　フルタヌキ」

と言う。「フルイクルマ」のような連体名詞句から複合名詞「フルクルマ」を作る過程を寅太郎が見せてくれた。なお「古人（ふるひと）」は辞書にも出ているが古語である。

（27）オオシッパイ・オオサワギ（4 歳 8 ヶ月）

「大失敗」の意味だが「ダイシッパイ」と言わずに「オオシッパイ」と言っ

た。「ダイ」には漢語が続き、「おお」には和語が続くというのが一般的ではあるが、「おおジシン大地震」「おおゾン大損」「おおジダイ大時代」「おおジョタイ大所帯」「おおゼイ大勢」などの湯桶読みもあるから、寅太郎の「オオシッパイ」を誤用とは言えまい。寅太郎には「失敗」が漢語だとか「ダイシッパイ」が一般的な表現だとかの意識はないだろう。

「オオサワギ」も創作で偶然一般の言い方に一致したのだろう。

なお「失敗」は動名詞、「騒ぎ」も和語動詞からのいわゆる転成名詞だから「オオ」を副詞（D）とし、「失敗」「騒ぎ」を動詞（V）とする DV 型の複合名詞と見ることもできる。これについては後述する。

(28) オミズヲ　オオイッパイ　チョウダイ（4 歳 8ヶ月）

も出たが、「イッパイ一杯」も名詞であり、それに「オオ」をつけることもあながち誤用とは言えまい。「イッパイ」を強調するつもりだったのだろう。

なお「ダイ」や「おお」を接頭辞と見る立場もあろうが、私は AN 型の複合名詞としたい。これに関する議論は小論では省略する。

(29) オソバス（4 歳 11ヶ月）

保育園からの帰り、なかなかバスが来ないので、「オソバス」と言った。「オソイバス」のつもりであろう。

(30) クロマン・アカマン・アオマン（5 歳 5ヶ月）

実家のおじいちゃん・おばあちゃんの家から電話で

寅：イマ　マジックデ　クロマント　アカマント　アオマン　カイテル
　　　クロマン　フタツ

私は「肉まん」「あんまん」などからの連想で、「黒まんじゅう・赤まんじゅう・青まんじゅう」を書いているのかと思ったら人間だった。

父：「マン」て何？

寅：スーパーマンノ　マン
　　　クロイマント　アカイマン

寅太郎は子供達のヒーローであるスーパーマンやウルトラマンから「マン」を抽出し、たぶんそれを「人」だと思い、「クロイヒト」などのつもりで AN 型複合名詞を作ったのだろう。そしてこれは和語と英語との混種語ということになる。

なお類別詞はなかなか習得できず、人でも「ひとつ・ふたつ」と言った

り、犬でも「ひとり・ふたり」と言ったり、なかなか安定しない。「クロマン　フタツ」では、私がまんじゅうと思うのも無理はない。

　（31）　ワルモノ（5歳5ヶ月）

「ワルイモノハ　ワルモノ」と言う。これも連体名詞句から複合名詞の生成である。「悪者」は一般の複合名詞だが、寅太郎としては創作である。

3.3.　VN型複合名詞

「たべもの」「のみもの」など、動詞連用形が前項で、後項の名詞を修飾する型である。

　（32）　ヌレネズミ（3歳3ヶ月）

ディズニーの『ダンボー』の中で、ネズミが酒樽の中に落ちてびしょびしょになったのを見て「ヌレネズミ」と言った。「濡れ鼠」は辞書にもあるが、通常は衣類がずぶぬれになった状態または人の比喩表現だろうが、寅太郎はそれを知らないはずだし、こちらは本当に濡れた鼠だから、創作した複合名詞であろう。

「ネズミ」は自動詞「ヌレル」に対する主格と考える。

　（33）　ナヤミゴト（5歳1ヶ月）

父が地図上で或る店の所在を探しあぐねているのを見て

　寅：ナニ　ヤッテンノ　ナヤミゴトガ　アッタラ　ボクニ　マカセテ

「悩みごと」は辞書にはあまり出ていないようだが、日常よく使われるだろう。しかし寅太郎はこのことばは知らないと思うので、創作の複合名詞とした。「或ることを悩む」から来た複合名詞で、「コト」は他動詞の「ナヤム」の対格である。

　（34）　アソビモノ（5歳4ヶ月）

バーベキュー用の炭バサミをおもちゃにして

　寅：コレ　ボクノ　アソビモノ

と言った。主名詞の「モノ」は「そのもので遊ぶ」という自動詞文の手段格であろう。

3.4.　V（N）型複合名詞

「泳ぎ」「動き」「すり掏摸」「はかり秤」「暮れ」「渡し」など動詞連用形が名詞化するいわゆる転成名詞は、奥津（1973）奥津（1975）ではVN型複

合名詞のNが省略されたものと考えた。ただしNは「こと・さま・ひと・もの・とき・ところ」など6個のいわゆる形式名詞とした。つまり「泳ぐこと」「動くさま」「掘るひと」「はかるもの」「暮れるとき」「渡すところ」のようである。そして寅太郎もこの型の複合名詞を作っている。

(35) ハシリ（走り）（4歳6ヶ月）

寅：アトカラ　キタ　キョウリュウノ　ハシリ　オモシロイ

恐竜のテレビを見ていて面白い走り方の恐竜を見たときである。

「走り」は、マラソンのテレビ中継などで解説者が「いい走りをしている」などと言うのをよく耳にする。ただ寅太郎はそれを知っていて使ったのではないようだから、彼の創作と見る。

後項のNが省略されずに明示されると、3.3 VN型になり「ナヤミゴト」があったが、Nが省略されれば同義的な「悩み」になる。

3.5. NV型複合名詞

(36) ホンヨミ（4歳7ヶ月）

本を読みたいとき「ホンヨミヲ　スル」と言った。辞書にある「本読み」は「読書家のこと」「脚本の読み合わせ」などとあり、「本を読むこと」の意味ではないから、寅太郎の創作であろう。そして(35)の「ハシリ」が「走るさま」または「走ること」であるように、「ホンヨミ」も「本を読むこと」である。つまりNV型も、実はNV(N)型の後のNを省略したものと考える。

(37) ジカカリ・エカカリ（4歳11ヶ月）

おじいちゃんとおばあちゃんにもらった誕生日プレゼントのお礼の手紙に絵を描いてから宛名を書くときになって、母に

寅：「オジイチャン　オバアチャン」テ　カイテ

母：自分で書きなさい

寅：ボクハ　エカカリ　オカアサンハ　ジカカリノ　ヒト

絵は保育園でも家でもよく描き、字もひらがなはどうやら書けるようにはなっていたが、この時は字を書くのをいやがった。絵と字を分業でやろうという意味で「絵の係り」を「エカカリ」、「字の係り」を「ジカカリ」と言ったわけである。連濁はしていない。「係り」はもはや動詞のいわゆる転成名詞でなく、はじめから名詞としてもいいほど熟しているとすれば、NN

型になる。

　(38)　フタリグラシ（5歳0ヶ月）
　寅：ボクガ　ムカシ　モノノケヒメト　イッショニ　フタリグラシデ
　　　スンデ　イタトキ

『もののけ姫』は寅太郎の好きなアニメである。寅太郎は現実の世界と非現実の世界をいとも簡単に行き来する。

　さて「独り暮らし」は辞書にも出ているが、「フタリグラシ」はないようだ。しかし一人で暮らせば「独り暮らし」で、二人で暮らせば「フタリグラシ」は理屈に合っているし、さらに「三人暮らし・四人暮らし」など可能で成人でも使うであろう。

　(39)　ミマモリ（身護り）（5歳3ヶ月）
　寅：ダンゴムシハ　マルク　ナッテ　ミヲ　マモル　ンダ　ヨ
　　　ミマモリ　ダ　ヨ

「身を護る→ミマモリ→護身」のように、「身を護る」から「ミマモリ」さらに辞書にも載っている二字漢語の「護身」になると考えられる。寅太郎は漢語の「護身」を知らないから、和語の「ミマモリ」を創作したのである。

3.6.　DV型複合名詞

　副詞を前項とし、動詞を後項とする複合名詞である。現在まで1例のみである。

　(40)　コチョコチョバナシ（5歳5ヶ月）
　寅：オバアチャンノ　オドリノ　センセイガ　ボクニ　コチョコチョバ
　　　ナシヲ　シタ　ノ

　この「コチョコチョバナシ」はもちろん「こちょこちょと話すこと」である。

4.　「既製」の複合名詞

　以上寅太郎は数は少ないが、NN型・AN型・VN型・V（N）型・NV型・DV型など、ほとんどすべての型の複合名詞を生成している。これに対して「既製」の複合名詞と思われるものも理解語・使用語としていろいろと習得した。もちろん寅太郎創作の複合名詞より遙かに多い。そしてただ理

解し使うだけでなく、その複合名詞を統辞論レベルの連体名詞句として解釈し再構成するのである。解釈し再構成するという能力は複合名詞の創作能力と表裏をなすものである。

　語種としては和語・漢語・外来語いろいろある。ただし語種意識はない。その中のいくつかを紹介する。

　（41）　シャドウ（3歳8ヶ月）
「シャドウ車道」という二字漢語を知っていて、
　寅：クルマガ　ハシル　トコロハ　シャドウダ　ヨ
と説明した。
「車」と「道」の音読みがそれぞれ「シャ」と「ドウ」であり、そのふたつが二字漢語になっていることは知らないのだが、その意味は的確に解釈しているわけだ。漢語複合名詞はまだ作れなくても「クルマハシリドコロ」のような和語複合名詞を作る能力はすでに持っているはずだ。

　（42）　ドロマイオザウルス（4歳6ヶ月）
「キョウリュウ」は何と言っても子供たちには大変な人気者である。テレビや絵本などでいろいろな恐竜の名前をよく知っている。外来語である「ドロマエオザウルス」の名前については「ドロヲ　マクカラ　ドロマエオザウルス」などと民間語源的解釈をやっている。和語も外来語も区別がつかないわけで、冗談で言っているのではなく、まじめに解釈しているらしい。

　（43）　トオリミチ・エイヨウ（5歳2ヶ月）
科学の絵本で苺の内部を見せる縦割りの絵を父に見せて
　寅：タネニ　エイヨウ（栄養）ヲ　オクル　トオリミチ
　父：「エイヨウ」って何？
　寅：カラダニ　イイモノ
　父：「トオリミチ」って何？
　寅：トオル　トコロ
二字漢語の「エイヨウ」も、VN型和語の「トオリミチ」もその意味を何とか説明できている。「トオリミチ」という和語複合名詞は或いは創作かもしれない。

　（44）　ゾウヒョウモノガタリ（5歳3ヶ月）
父と母が『雑兵物語』の話をしていたら、寅太郎がそれを聞いて「ゾウ

トヒョウノモノガタリ」と誤釈した。「雑兵」はもちろん寅太郎の語彙にはないが、テレビや絵本などでおなじみの「象」と「豹」ならよく分かる。「ゾウヒョウ」を並列複合名詞と解釈したのである。

　　（45）カイゾクセン（5歳3ヶ月）
　『ひょっこりひょうたん島』に「海賊」と「海賊船」が出てくるので、「カイゾクセン」を覚えた。
　父：海賊船て何？
　寅：カイゾクガ　ノッテル　フネ
とこれは正しく解釈した。

　　（46）ガイコツ・ズガイコツ・ロッコツ　など（5歳4ヶ月）
　保育園でくれる学研『よいこのがくしゅう』4月号に人間の骨格についてのページがある。折り込みの「ほねほねポスター」があって、頭蓋骨・肋骨・背骨などの説明がある。寅太郎は自分の肋骨に手で外から触って、「ロッコツ」は「コノヘンノブブン」とその存在を確認する。
　父：骸骨にはおちんちんがないんだよ。
　寅：ガイコツニ　ナッタラ　オチンチンガ　トレテ　オシッコガ　デナ
　　　クナル
　父：頭蓋骨って何？
　寅：ズガイコツッテ　ノウヲ　マモル　トコロ　ダ　ヨ
　　　（ポスターに「のうをまもっています」という説明あり）
　　　ノウッテ　ノウミソ　ダ　ヨ（ノウミソは本にはない）
　父：「ノウミソ」って何？
　寅：アタマデ　カンガエル　トキニ　ツカワレテル　ノロント　シテイ
　　　ル　モノ　ドロ　ドロドロ
と、なんとかこの難しい科学用語を習得し説明している。「ノウミソ」はいつ覚えたのか、「味噌」のイメージで「ノロン」とか「ドロドロ」とか言ったのであろう。

　　（47）ナガデンワ（5歳4ヶ月）
　寅：（母が）キノウノ　ヨル　ナガデンワデ　オデンワ　シテ　タ
　父：「ナガデンワ」って何？
　寅：デンワデ　ナガク　オハナシ　スル　コト
　以上のような次第で「既製」の複合名詞については、それを解釈し再構

成する能力がついている。特に次第に漢語が増えている。以下に漢語複合名詞をいくつか順不同であげておく。

(48) 名詞：ジドウシャ自動車・ショウボウシャ消防車・キュウキュウシャ救急車・ジテンシャ自転車・カイランバン回覧板・デバン出番・ジョセイ女性・ダンセイ男性・ショクニクキョウリュウ食肉恐竜・ショクニクドウブツ食肉動物・テンサイ天才・ケンコウ健康・ジョウショウキリュウ上昇気流・カンジ感じ　など

　　動名詞（いわゆる漢語サ変動詞）：レンシュウ練習・リョウリ料理・コウゲキ攻撃・バクハツ爆発・チュウシ中止・セワ世話・ハッピョウ発表　など

よく行く公園の池にアヒルやガチョウがいて、そのガチョウが怪我をしたことを聞いて

(49) カノウセイ可能性

寅：ガーチャンガ　オニニ　オッカケラレテ　ギザギザノ　ツメデ　ヒッカカレタ　カノウセイガ　アル

例によって現実の世界と空想の世界とが混在しているが、「可能性」などという高級（？）なことばも出てきた。

しかし漢語複合名詞を創作するまでにはなかなか至らないが、突然四字漢語が作られた。

(50) バクハツキケン（5歳4ヶ月）

寅：バクハツハ　キケンダ　ミジカク　イウト　バクハツキケン

この「ミジカク　イウト」は示唆的である。つまり

　　バクハツスル　キケン→バクハツキケン

のような連体名詞句をよりコンパクトな形にしたものが複合名詞で、それを連体名詞句から生成するという手順を意識しているようである。

5. 形態論的分析

まず「ニンゲン」を覚えた。そして

(51) ニンゲンッテ　イッパイ　モノ　タベテ　ソダッテ　イクンダネ（4歳11ヶ月）

などと「ニンゲン」についての一般的命題を作るようにもなった。

或る日、父に対して

(52)　キンハ　ナニゲン　(4歳2ヶ月)
と質問した。次のような会話である。
　　(53)　寅：「キン菌」テ　ナニゲン？
　　　　　　　オカーサンハ　ニンゲン？
　　　　　父：そうだよ
　　　　　寅：オトーサンモ　ニンゲン？
　　　　　父：そうだよ
　　　　　寅：ジャア　バイキンマンノ「キン」ハ　ナニゲン？
「アンパンマン・ショクパンマン・バイキンマン」などから「キン」を抽出し、更に「ニンゲン」を複合名詞として「ニン」と「ゲン」とに分析した。誤った分析ではあるが、「ゲン」を生物を意味する名詞とでも考えたのか。そして「ニンゲン」その他いろいろな「ゲン」があって、「キンハ　ナニゲン？」という不定詞疑問文になった。
　こうして一語であるものを更に分析するという形態論的分析が始まった。次も同じ頃である。
　　(54)　セッケンノ　セハ　ナニ？　(4歳2ヶ月)
　これも誤った分析だが、語頭の「セ」に何か意味があると考えたのであろう。「セッケン」という物もことばも知っているのだが、それを更に分析的に考えようとしているのだ。
　やがて正しい分析をするようになった。
　　(55)　ホシノコノ　コハ　コドモノ　コダ　ヨ　(4歳7ヶ月)
　ムーミンのビデオを見て。「ホシノコ星の子」の後項から「コ」を取り出し、すでに知っている「コドモ」の前項から「コ」を取り出し、両者を同一の形態素と認識したわけである。
　そしてこのような分析能力があれば、逆に複数の形態素を結びつけて複合名詞も作れるはずだ。このような分析能力を顕示的にことばで表現したのは4歳になってからだが、複合名詞自体はすでに2歳8ヶ月で「カミテレテレボウズ」を作っているのだから、潜在的にはこのような分析能力を持っていたのだろう。また上述のような「既製」の複合語の解釈・再構成もできるのだから、形態論的な分析能力はかなりあると見てよいのではないか。そしてそのように分析した複数の形態素を統語論的に結びつけて、新しい複合名詞も作れるわけである。

その後記録したもう一つの分析例を紹介しておく。
　(56) ニンニクノ　ニンテ　ナニ？（5歳3ヶ月）
　4拍の名詞だから、確かに「ニン」と「ニク」とに分析できそうだが、「ニンニク」は和語やら漢語やら、分析不可能な1語やら、分析可能な複合名詞やら、大人でも答えられまい。「にんにく」の語源には諸説あるようで、「においにくむ」の略という説なら和語であるし、仏教用語の「忍辱」なら漢語ということになる。一般の成人なら「にんにく」は「にんにく」で、どちらでもいい、分析できない一語なのであろうが、それを敢えて分析しようとしたのが寅太郎である。もし「忍辱」であれば2形態素に分析でき、寅太郎は正しく分析したことになる。更に国語辞書の「にんにく」に「大蒜」とあって、すると「にんにく」は熟字訓になるし、「蒜」「葫」などの漢字が当てられている。遠く西域から中国を経て日本に伝来したものだそうで、長い歴史を経れば語種も曖昧になり、現代では「ガーリック」にもなってしまっている。

6. 和語・漢語・外来語

　単純語も含めて和語・漢語・外来語などいわゆる語種の問題は、その出自を問う通時的・歴史的な問題である。日本語と他言語との交流は、広い意味での異文化交流の一つであり、日本と諸外国との国際関係を反映する。日本語と諸外国との語彙交流の歴史的研究は、きわめて興味ありかつ重要な研究領域で、これまで多くの研究がなされてきた。
　しかし私は語種の問題を、通時的観点を一度捨象して、純共時的に考えてみた。詳しくは奥津（1973）奥津（1975）に譲るが、和語・漢語の区別は、漢字を習得し、それに音と訓の区別があることを知ってはじめて認識されるものであるし、外来語（だけではないが）はカタカナを習得して初めて認識されるものである。したがって寅太郎のようにひらがなの読み書きがやっと少しできるような幼児には語種意識はないはずである。そして明治以前の長い歴史で、識字階級が限られていた時代では、一般の成人でも幼児と同じく語種意識は持てなかったであろう。上述した寅太郎の語彙には、和語も漢語も外来語も混種語もあることを指摘したが、寅太郎にとってそれが意識されているわけではない。あらためてそれを調査する必要はないとも思ったが、次のような調査をしてみた。

もちろん寅太郎は5歳4ヶ月のとき「和語」「漢語」「外来語」などのことばを知らない。4ヶ月の北京滞在の経験があり、北京人民大学の幼稚園に通い、そこで英語のクラスもあった。日本でもテレビなどで英語についてはわずかながら知識を持っている。そして「日本語」「中国語」「英語」ということばは知っている。そこで寅太郎の語彙の中から下記のような和語・漢語・外来語を20語ずつ合計60語を拾い出し、順序不同にして、一語一語読みあげ、「日本語？」「中国語？」「英語？」と聞いてみた。

(57) 和　語：くすり・むし・うなぎ・かえる・くじら・さくら・はと・みみ・えび・いぬ…

漢　語：ひこうき・りょうり・けっこん・えいご・せんそう・きりん・うんてん・でんわ・でんき・あいさつ…

外来語：ぎょうざ・にゅうす・けーき・ばたー・かーど・じゃんぷ・ばなな・てれび・ごるふ…

結果は予想どおり「そーせーじ」を除いて全て「ニホンゴ」と答えた。「そーせーじ」はなぜか「エイゴ」であった。「ぎょうざ」も「ニホンゴ」と答えたが、中国語の発音で「ジャオズは？」と聞いたら「チュウゴクゴ」と答えた。わずかに語種意識が芽生えたと言うべきか。

7. 複合名詞の音声的側面

7.1. 連濁の発見

複合名詞にかかわる音声現象として、まず連濁がある。寅太郎の語彙の中で一般に連濁する語はおおむね連濁している。それだけでなく連濁現象の存在を自分で発見している。

テレビの釣り番組で大きな鯛を釣った場面があり「大鯛（おおだい）」と釣り人が言うことばを寅太郎が聞いてのコメントである。

(58) アトニ　クル　モノ（鯛）ハ　テンテン（濁点）ガ　ツク　ンダヨ　(4歳11ヶ月)

つまり和語複合名詞の「大鯛」を「オオ」と「タイ」とに分析し、後項の「タイ」が濁音化することに気がついたのである。

ひらがなの学習は、2歳半ばに知人からひらがなの学習おもちゃをもらって始まった。時間はかかったが少しずつ読むことができるようになり、やがて書くこともできるようになった。その過程で清音のひらがなに濁点

をつけることも学んだ。「濁点」のことを寅太郎は「テンテン」と言う。そしてテレビの釣り番組である。彼は「後項」などという漢語は知らないから「アト（後）ニクル　モノ（項）」と表現した。まさに「後項」である。

7.2. 複合名詞のアクセント

　私の観察と記録は語彙と文法とに興味があったので、残念ながらアクセントは記録しなかった。基本的には複合名詞のアクセントはその文法構造と意味構造とに対応はしないと考えている。複合語が長くなればなるほどそうである。しかし寅太郎の複合名詞は、せいぜい3項目の複合でそれ以上ではないし、和語が主で漢語・外来語はすくない。したがって、前項・後項それぞれもっていたアクセントが、複合名詞になることによって一語化し、一アクセント節をなす。

　複合語のアクセント規則については、秋永（2001）に詳しい。寅太郎はおおむね東京式アクセントを習得し、複合語もそれに従っていると思われる。なお幼児の複合語のアクセントについては白瀬・桐谷（2001）の興味ある研究がある。いずれにしろ寅太郎の場合記録しなかったので具体的なことは何も言えない。

　ただアクセントについて次のようなことがあった。或る日
　　(59)　タイフウノ　アメ（頭高）ト　ナメル　アメ（平板）ハ　チガウ
　　　　ヨ　ネ（3歳7か月）
と言い出した。つまり東京式アクセントの2拍語「雨」と「飴」を正確に区別している。そこでもう一度聞き分けができるか試してみた。
　　(60)　父：「雨は何？」
　　　　　寅：アメ（頭高）ハ　フル
　　　　　父：「飴は？」
　　　　　寅：アメ（平板）ハ　ナメル
と「雨」と「飴」の違いを正しく聞き分けている。

　そこで寅太郎創作の複合名詞も、「既製」の複合名詞も、その他複合名詞でない語も、アクセントは東京式だろうと思われる。以後アクセントにも留意してみようと思っている。

8. おわりに

　以上で寅太郎の複合名詞の記述は終わる。彼の誕生以来、その言語習得の過程の継続的な観察と記録をしてきたが、はじめはそれで何か研究論文を書こうなどとは思っていなかったが、機会があって、すでに二本の論文奥津（2003）奥津（近刊）を書き、今この論文を書き終わろうとしている。

　はじめに述べたように複合名詞については30年ほど前に書いたのだが、寅太郎の複合名詞生成の過程を見て、かつての私の説のひとつの裏付けになったと思う。

　つまり複合名詞の文法は次の諸点を含むものであると考える。

1. 「既製」の複合名詞だけを対象とするのでなく、「臨時一語」的なものを含め、さらにはこれから作られるであろう可能な複合名詞をも生成する規則であること
2. そして複合名詞は、形態論レベルでなく、統語論レベルでの連体名詞句から始めて、ある種の消去の過程を経て形態論レベルの形をとること
3. いわゆる和語・漢語・外来語などの語種の問題は、一度、通時的観点を捨象して、純共時的観点から再記述できること

　以上の諸点は寅太郎から離れて更に一般的な形でしかも具体的に詳述しなければならないのだが、今回はここで筆を止めなければならない。

　奥津（1973）奥津（1975）以後も複合名詞について多くの注目すべき研究がなされている。それらをもふまえて、この問題を再論したいと思っている。

[参考文献]

秋永一枝編 2001.『新明解日本語アクセント辞典』「東京アクセントの習得法則」三省堂

石井正彦 2002.「「既製」の複合動詞と「即席」の複合動詞―小説に見る現代作家の語形成―」佐藤喜代治編『国語論究 第10集』明治書院

奥津敬一郎 1973.『生成日本文法論―ノミナリゼーション―』12章・13章（学位論文　東京都立大学）

─── 1974.『生成日本文法論―名詞句の構造―』大修館

―――― 1975.「複合名詞の生成文法」『国語学』101集
―――― 2003.「寅太郎の言語発達―文法的誤用を中心として―」 劉金才・王亜新・彭広陸・陳力衛編『孫宗光先生喜寿紀念論文集　日本語言与文化』北京大学出版社
―――― 近刊「授受補助動詞文の基本構造―つけたり　寅太郎の授受動詞文―」『日本文化研究』第3号　大連外国語学院
影山太郎 1993.『文法と語形成』ひつじ書房
白瀬彩子・桐谷　滋 2001.「複合名詞のアクセント規則の獲得過程」『音声研究』日本音声学会　p.5-p.2
西尾寅弥 1961.「動詞連用形の名詞化に関する一考察」『国語学』43集
野村雅昭 1977.「造語法」『岩波講座　日本語　9』岩波書店
林　四郎 1982.「臨時一語の構造」『国語学』131集

連体詞「おおきな」「ちいさな」の意味用法

―形容詞「おおきい」「ちいさい」との比較を通して―

許　夏玲

1. はじめに

「おおきい」「おおきな」と「ちいさい」「ちいさな」という形の似たペアの言葉は、日常生活において、話し言葉だけでなく、書き言葉にもしばしば使われる。本稿では、新聞や雑誌の記事、児童絵本、広告、映画のシナリオ及び日常会話から収集した実例(別紙の表1,2,3で示されたように、「おおきな」102例、「ちいさな」53例、「おおきい」4例、「ちいさい」9例、計168例)に基づき、「おおきい」と「ちいさい」との比較を通して、「おおきな」と「ちいさな」の意味用法を分析する。

「おおきい」と「ちいさい」は形容詞であり、「おおきな」と「ちいさな」は連体詞である。両者は、文法的には種類が異なるが、共通点がある。それは、これらの言葉が次に来る名詞を修飾する点にある。意味的には両者を互いに置き換えても変わらない場合がある。たとえば、次の(1)、(2)はその例である。

(1) 歌子：庭先に大きな{大きい}柿の木があって、あの柿の実はとっても甘くておいしいから、一番先に歌子に食べさせるんだって、そう言ってたんだけど(略)(CASTEL-J)

(2) 通訳者：(略)あるいは[え]ちっちゃな{ちっちゃい}カードを作って[え](このコン)[あの]会議の資料の中にいれても(いいではな)いいんではないかと思います。
たとえばその、招待いたしますというふうなことを書いた小さな{小さい}カードを入れてもいいんじゃないかと思ってますが。(ATR)

しかし、次の(3)～(5)の例文では「ちいさな」を「ちいさい」と、あるいは「おおきな」を「おおきい」と置き換えると、落ち着きが悪くなっ

たり、不自然な文になる。
(3) 絶対正義はなかなか手に入らないが、小さな {*ちいさい} 正義ならときどきゲットできる。『AERA』
(4) 「やあ、なんておおきな {?おおきい} たまごだろう。おつきさまぐらいのめだまやきができるぞ」と、ぐりがいいました。『ぐりとぐら』
(5) 寅：でも、酒はもうこのへんでやめにしとけ。
典子：うるさい、大きな {*おおきい} お世話よ。(CASTEL-J)

このように、「おおきい」「おおきな」と「ちいさい」「ちいさな」は一見よく似た意味を表すペアの言葉のように見えるが、それぞれの用法には異なる場合があると考えられる。

2. 先行研究

森田良行（1998：224-225）では、「おおきい」「ちいさい」について以下のような分析がなされている。

1) 標準や比較の対象より体積・面積・高さ・数・程度・規模などが上回る状態。下回れば「ちいさい」。「大きいプール」「小さい紙」（面積）、「大きい男」「小さい木」（高さ）、「大きい値」「小さい声」（程度）など。
2) 「大きい／小さい」はかなり広い範囲に使うことができる。「大きい人」と言えば、背の高い人のことを言うが、同時に、太った人、年の数の多い人、いずれの場合もありうる。
3) 「大きい／小さい」は、標準に対しての判断と、比較の上での判断とがある。「大きい赤ん坊」とは言えるが、「赤ん坊は大きい」とは言えない。
4) 「大きい／小さい」は、ほとんどの場合、視覚的判断である。

また、「おおきい」は具体的なもの（「家、人、町」など）に用いることが多いのに対し、連体詞「おおきな」は抽象的なもの（「事件、成功、責任」など）に用いるのが普通であると指摘している。
しかし、筆者の収集した例文では、「おおきな」の次に来る名詞102例の

うち、具体的なもの（「たまご、とり、柿の木、眼鏡、おなべ」など）が30例も占めている。これに対し、國廣（1982）では、「おおきな」「ちいさな」に修飾される名詞は、単に抽象的なものというのではなく、〈物理的な大小が言えない〉ようなものであると指摘している。その例として次のものが挙げられている。

(6)　「以前札幌のM氏からきいた小さな話を思い出した。」（國廣 1982：142）

(7)　「何日もかかるような『大きな単語』がある。『カダ（行く）』が、いままで最高で、これ一語に十五日かかった。」（國廣 1982：142）

また、次の國廣に挙げられている例文のように、「反響」は抽象名詞であるにも関わらず、森田の言う「肯定的なもの」に多く用いる「大きい」とともに現れるため、森田説には疑問点が残っていることがわかる。

(8)　「『ノンフィクション劇場・ベトナム海兵大戦記・第一部』は、非常に大きい反響をひきおこし、……」（國廣 1982：143）

しかし、連体詞「おおきな」「ちいさな」に修飾される名詞は〈物理的な大小が言えない〉ものであるという國廣の解釈にも不足点があると考えられる。前にも述べられたように、筆者の収集した例文では、「おおきな」の次に来る名詞102例のうち、具体的なもの（「たまご、とり、柿の木、眼鏡、おなべ」など）が30例も占めている。これらの具体的なものを表す名詞は〈物理的な大小が言えない〉ようなものではないと考えられる。それにも関わらず、「おおきな」はなぜ具体的なものにも多く用いられているのかに関しては森田と國廣では触れられていない。

また、筆者の収集した新聞や雑誌の記事、児童絵本、広告、映画のシナリオ及び日常会話（書き言葉も話し言葉も含め）の中の例文を見ると、意味がよく似ていると言っても、日常では「おおきい」「ちいさい」より「おおきな」「ちいさな」のほうが多く用いられていることがわかった。

以上見て来たように、「おおきな」「おおきい」と「ちいさな」「ちいさい」に関して、先行研究（森田、國廣）ではまだ触れられていない部分があり、日常生活で用いられるこの2つのペアの言葉の意味用法を更に考察する必要があると思われる。

3. 意味用法の分析

　連体詞とは「単独で連体修飾語となり、その他の用法をいっさい持たない語である」のことを言う。(森田良行 (1982：140))「おおきな」「ちいさな」という言葉のように、本来活用語であるべきものが連体形のみに用法が固定されてその活用機能を失ってしまったものを連体詞と認めるか否かは学説によって分かれるが、本稿では「おおきな」「ちいさな」の意味用法に着目し、これらの言葉を連体詞と認める。一方、形容詞とは「事物の性質・状態や感情・感覚を表す単語で、形容詞式活用をするもの (『日本語教育事典』(1982：126))」のことを言う。「おおきい」「ちいさい」という言葉のように、形容詞は文の述語として用いられる (「この家が大きい」など) ほかに、名詞の前に位置して連体修飾語 (「大きい家がいい」など) として多く用いられる。また、「大きく書く」のように、「おおきい」は動詞の前に来る場合、「〜く」の形の連用形に変わり、連体修飾語として用いられる。

　前にも述べたように、「おおきい」「おおきな」と「ちいさい」「ちいさな」は一見よく似た意味を表すペアの言葉のように見えるが、それぞれの用法には異なる場合があると考えられる。本稿では、収集した実例に基づいて「おおきい」「おおきな」と「ちいさい」「ちいさな」の意味用法を分析した結果、以下のような4つの用法にまとめられると考える。

3.1. 連体修飾節の述語には現れない

　「おおきな」「おおきい」と「ちいさな」「ちいさい」は次に来る名詞を修飾するという点では同じであり、互いに置き換えることができる場合もある。たとえば、(9a)、(9b) はその例である。

　(9a)　　大きい家がいい。
　(9b)　　大きな家がいい。

　一方、國廣でも指摘されているように、「おおきな」「ちいさな」は連体修飾節の中の述語には現れにくい。國廣によると、次の (10) において、「物理的に小」の意味を表すものは、「花瓶」ではなく、その「口」であるため、(10b) は不自然な文になると言う。しかし、なぜ不自然な文になるのかに関して、國廣ではそれ以上説明がなされていない。

　(10a)　　口がチイサイ花瓶がほしい。

(10b) ?口がチイサナ花瓶がほしい。(國廣 1982：139)

　この点に関しては、上記の國廣で挙げられている例文を次の (11) に書き直すと、分かりやすくなる。

(11a)　[[[[口がチイサイ] 花瓶] が] ほしい]。
(11b)　?[[[[口が] チイサナ花瓶] が] ほしい]。

　文の述語として用いられる形容詞「ちいさい」は連体修飾節の中の述語にも現れ得る。(11a) では、「口がチイサイ」が「花瓶」を修飾することになる。一方、単独で連体修飾語としてしか用いられない連体形「ちいさな」は「花瓶」を修飾することになるが、連体修飾節（「口がφ」）の中の述語がなくなるため、「口が」が「チイサナ花瓶」を修飾するには不自然な感じが生じる。

　國廣で挙げられている以下のようなもう一つの例文を (11) と同様、説明できると思われる。

(12a)　体がＡ君より大きく、Ｃ君よりチイサイＢ君を相手役に選んだ。
(12b)　?体がＡ君より大きく、Ｃ君よりチイサナＢ君を相手役に選んだ。(國廣 1982：140)

(12)を(13)に書き直すと、次のようになる。

(13a)　[[[[体がＡ君より大きく、Ｃ君よりチイサイ] Ｂ君] を] 相手役に選んだ]。
(13b)　?[[[[体がＡ君より大きく、Ｃ君より]チイサナＢ君] を] 相手役に選んだ]。

　(13b)で示されたように、連体詞「チイサナ」は文の述語として用いられないため、連体修飾節（「体がＡ君より大きく、Ｃ君よりφ」）の中の述語が欠けているまま、「チイサナＢ君」を修飾するのは不自然に感じられる。

3.2. 驚き・意外な気持ちを表す

　筆者の収集した例文を調べた結果、計168例のうち、「おおきな」が102例、「ちいさな」が53例、「おおきい」が4例、「ちいさい」が9例を占め、日常生活では、「おおきな」「ちいさな」は「おおきい」「ちいさい」より多く用いられていることがわかった。「おおきな」「ちいさな」は単なるものの「大小」の意味を表すだけでなく、次の例 (14) ～ (16) のように、話者の驚き・意外な気持ちを表す場合もある。

(14)　「やあ、なんておおきな｛？おおきい｝たまごだろう。おつきさまぐらいのめだまやきができるぞ」と、ぐりがいいました。（前掲の例4）『ぐりとぐら』

(15)　「おや、はっぱのうえにちっちゃな｛？ちっちゃい｝たまご。」おつきさまが、そらからみていいました。『はらぺこあおむし』

(16)　あら あすこにちいさな｛？ちいさい｝とりが！『ゆきのひのうさこちゃん』

　例（14）～（16）において、意外な気持ちを表す感嘆詞「やあ」「おや」「あら」とともに現れる場合、「おおきい」より「おおきな」、「ちいさい」より「ちいさな」を用いるほうが自然に感じられる。

　以下の例（17）、（18）では、「ちいさな」「おおきな」は「ちいさい」「おおきい」と置き換えても意味的には変わらないが、ニュアンスが違うと考えられる。「ちいさい」「おおきい」が用いられると、驚きや意外な気持ちが現れてこないのである。

(17)　ひとりぼっちになったしらゆきひめは、どうぶつたちにつれられて、もりのおくへいきました。
　　　すると、そこにちいさな｛ちいさい｝いえがありました。『しらゆきひめ』

(18)　さくら：こんなうわさしているうちに、ヒョッコリ帰って来るんじゃないの
　　　竜造　：ヒゲつけてか
　　　つね　：あん時おかしかったねえ、変なヒゲつけてさ、こんな大きな｛おおきい｝眼鏡かけてさ（CASTEL-J）

　上記の例（14）～（18）で見てきたように、なぜ「おおきな」「ちいさな」が「おおきい」「ちいさい」より驚き・意外な気持ちを表すことができるのかに関して、筆者は次のように考える。「おおきな」「ちいさな」には、それらの修飾する名詞が「抽象的なもの」（森田1998）、「物理的な大小が言えないもの」（國廣1982）を表す用法がある。「抽象的なもの」、「物理的な大小が言えないもの」は本来はっきりとした幅や程度にとらわれず、曖昧性が伴うことがあると考えられる。そこで、驚き・意外な気持ちを伝えようとするときに、「肯定的なもの」（森田1998）、「物理的な大小を表すもの」（國廣1982）の「おおきい」「ちいさい」より「抽象的なもの」、「物理的な

大小が言えないもの」の「おおきな」「ちいさな」を用いるほうが自然に感じられるだろう。

3.3. 大小の程度をぼやかす

　國廣には、「おおきな」「ちいさな」の次に来る名詞は単なる抽象的なものというのではなく、「物理的大小が言えない」ようなものを表していると述べられている。しかし、実例を調べた結果、「おおきな」「ちいさな」とともに現れた名詞には「物理的大小が言える」ようなものもあった。たとえば、(19) 〜 (21) はその例である。

(19) 　メーカーの場所を取らないため、小さな携帯電話にも組み込めたのだ。『AERA p.28 2003.9.29』

(20) 　演奏会の後、国王夫妻が挨拶にお見えになり王妃と握手し、小さな花籠をいただいた。『AERA p.79 2003.9.8』

(21) 　かばは、こまって、おおきなはな（鼻）で、あかちゃんをかわぎしにおしかえしました。「よいしょ、よいしょ。」

『まいごになったぞう』

　上記の例 (19) 〜 (21) の「ちいさな」「おおきな」の次に来る名詞は抽象的なものではなく、それぞれの実物の「大きさ」がほぼ決まっており、「物理的な大小が言えない」ものではないにも関わらず、「ちいさな」「おおきな」が用いられるのはなぜであろうか。これに関して、筆者は次のように考える。標準や比較の対象より体積・面積・高さなどが上回る、又は下回る状態を表す「おおきい」「ちいさい」を用いると、あるものは標準や比較の対象と比べて、それより大きいか、又は小さいかということを断定してしまう。それに対し、(19) では、「ちいさい」携帯電話より大きさが「ちいさい程度／ちいさめ」の携帯電話と言うほうが適切である。また、贈り物のサイズが「ちいさい」と言うのはやや失礼な感じを与えるため、(20) のように、偉い人・王妃からいただいた「ちいさい」花籠と言うより「ちいさな」花籠と言うほうが丁寧であろう。

　また、森田（182：225）によると、「おおきい」「ちいさい」は、ほとんどの場合、視覚的判断であると言う。更に、象を見て象の全体像を把握した上、「大きい動物だね」と言えるが、手さぐりにとらえる部分的理解では「大きい」は使いにくいと言う。(21) の場合、子供向けの絵本の中にか

ばの絵が書いてあるだけで、かばやかばの鼻がどのくらい大きいのかはっきりしていないため、「おおきな」を用いて大きい程度をぼやかしていると考えられる。

3.4. 慣用表現として用いられる

日常、形容詞や連体詞はある言葉とともに慣用表現として用いられる場合がある。たとえば、(22)、(23) はその例である。

(22) 寅：でも、酒はもうこのへんでやめにしとけ
典子：うるさい、大きなお世話よ（CASTEL-J）

(23) ふみ：ちいさいときからあんまりふざけたりせえへんようなこやったけど、そういうとこっておとなになってもかわらへんのねえ（CASTEL-J）

(22)の「大きなお世話」は話し手が相手に世話をしてほしくないのに、相手がよけいな世話をしてくれる場合に用いられる。そこで、相手のやったことをなじる効果も生じる。(22) の場合、「いらない世話」、「よけいな世話」という意味を表している。一方、(23) の「ちいさいとき」は、「ちいさい」が抽象名詞「とき」を修飾しているように見えるが、「子供の頃」という固定の意味を表している。上記の例 (22)、(23) のような表現以外、「おおきな顔をしている」のように、「尊大な態度」という意味を表す慣用的な表現もある。

4. まとめ

形容詞「おおきい」と「ちいさい」、連体詞「おおきな」と「ちいさな」は、文法的には種類が違うが、共通点がある。それは、これらの言葉が次に来る名詞を修飾するという点である。意味的には両者を互いに置き換えても変わらない場合もあるし、変わる場合もある。本稿では、新聞や雑誌の記事、児童絵本、広告、映画のシナリオ及び日常会話から収集した実例（計168例）に基づいて、「おおきい」と「ちいさい」との比較を通して、「おおきな」と「ちいさな」の意味用法を分析した。

「おおきな」と「ちいさな」の意味用法は、「連体修飾節の述語には現れにくい」、「驚き・意外な気持ちを表す」、「大小の程度をぼやかす」、「慣用表現として用いられる」の4つの用法にまとめられる。

日常では、「おおきい」「おおきな」と「ちいさい」「ちいさな」のようなよく似たペアの言葉以外、「おかしい」「おかしな」、「あたたかい」「あたたかな」、「やらわかい」「やわらかな」などのペアの言葉もしばしば用いられる。これらの意味用法に関する分析は今後の研究課題としていきたい。

謝辞：名古屋大学大学院の院生時代及び大学院日本言語文化専攻の助手として勤めている間、平井先生には厳しくかつ暖かいご指導・ご助言をいただき、心から感謝しています。先生の教育への熱意、学生への暖かい支援、物事への積極的な態度等、見習わなければならないことが実に沢山あると実感しています。

表1

ちいさな 共起の語彙	例数	おおきな 共起の語彙	例数
ほし	10	こえ	3
いえ	2	かだん	2
とり（さん）	2	たまご	2
つぼみ	1	みずたまり	2
こえ	1	問題	2
まるいめ	1	かご	1
ぞう	1	しんこきゅう	1
ラッキー	1	おなべ	1
命	1	かわ	1
えだ	1	はな（鼻）	1
あわ	1	とり	1
たまご	1	あくび	1
秋	1	めうしさん	1
正義	1	死角	1
コラム	1	傷	1
花籠	1	変化	1
要求	1	足あと	1
携帯電話	1	くしゃみ	1
あしあと	1	ベッド	1
高画質	1	まち	1
		ボン	1
		話題	1
		ダメージ	1
		ステップアップ	1
		衝撃	1
		にわ	1
		ゆきだるま	1
		書類	1
		ソフト会社	1

例文出典：絵本、新聞記事、雑誌記事、広告

表2

ちいさな 共起の語彙	例数	おおきな 共起の語彙	例数
セッション	7	声	9
グループ	4	お世話	2
カード	2	所（ところ）	3
記事	1	（お）部屋	3
スペース	1	会議場	3
汚い	1	お屋敷	2
ところ	1	記事	2
湾	1	サイズ	2
お子様	1	ホテル	2
山	1	おなら	1
バッグ	1	眼鏡	1
記事	1	学校	1
		船	1
		家	1
		呉服屋	1
		物	1
		虎	1
		荷物	1
		ドライウイン	1
		洗濯板	1
		柿の木	1
		家	1
		マンション	1
		ダイヤ	1
		差	1
		記事	1
		スペース	1
		ソフトウェア	1
		発行部数	1
		抽象的なテーマ	1
		レストラン	1

		問題	1
		人工知能	1
		全体会議	1
		バッグ	1
		駅	1
		勘違い	1
		全体会議	1
		スクリーン	1
		スペース	1
		部屋	1
		関心	1
		変更	1
		自動車	1
		バンケットホール	1
		鐘乳洞	1
		観光ホテル	1
		看板	1

例文出典：CASTEL-J、ATR（会話データ）

表3

おおきい：共起の語彙	例数	ちいさい：共起の語彙	例数
かすてら	1	とき	3
おなべ	1	さんじゃくまめ	1
たまご	1	えりまき	1
姉さん	1	さかな	1
		貨物船	1
		うち	1
		まち	1

[参考文献]

國廣哲弥 編 1982.「チイサイ・チイサナ・オオキイ・オオキナ」『ことばの意味3』
　　平凡社　p.138-p.143
日本語教育学会 編 1982. 『日本語教育事典』　大修館書店
森田良行 1998.『基礎日本語辞典』

[例文出典]
『AERA』2003.9.1　No.36　朝日新聞
『AERA』2003.9.8　No.37　朝日新聞
朝日新聞　2003.8.30　12版
朝日新聞　2003.8.31　12版
朝日新聞　2003.9.7　13版
CASTEL/J CJ-ROM V1,2　1998.　日本語教育支援システム研究会
ATR対話データベース　1990.　ATR自動翻訳電話研究所
(本研究のデータは、名古屋大学大学院国際言語文化研究科日本言語文化専攻に設置されているATRデータベースから採りました。)
『おさるのジョージ　どうぶつえんへいく』1999.　渡辺茂男 訳　岩波書店
『ぐりとぐら』1963.　なかがわりえこ　福音館書店
『しらゆきひめ』1993.　講談社
『14ひきのとんぼいけ』2002.　いわむらかずお　童心社
『そらまめくんとめだかのこ』1999.　なかやみわ　福音館書店
『そらまめくんとながいながいまめ』2003.　なかやみわ　福音館書店
『たろとなーちゃん』1973.　きたむらえり　福音館書店
『たろのえりまき』1973.　きたむらえり　福音館書店
『ちいさなうさこちゃん』1964.　石井桃子 訳　福音館書店
『はらぺこあおむし』1976.　もりひさく 訳　偕成社
『ふうせんクジラ』1989.　わたなべゆういち　偕成社
『まいごになったぞう』1989.　てらむらてるお　偕成社
『ゆきのひのうさこちゃん』1964.　石井桃子 訳　福音館書店
『ゆきみち』1986.　梅田俊作　ほるぷ出版

価値判断のモダリティ形式「ベキダ」と認識系モダリティ形式との承接に関する記述的研究

周　英

0. はじめに

　本稿は、現代日本語の価値判断のモダリティ形式「ベキダ」と、認識系モダリティ形式「ヨウダ」、「ラシイ」、「カモシレナイ」、「ニチガイナイ」との承接について、記述的な研究を行ったものである。益岡（1991）によると、両者はパラディグマティック（範列的）な関係にあると説明されている。しかし、次の例（1）～例（4）に示すように、「ベキダ」と「ヨウダ」、「ラシイ」、「カモシレナイ」、「ニチガイナイ」は一文中に前後して現れてくる。

(1) シューマイはまたもや失敗。蒸し時間をもう少し短くする<u>べきのようだ</u>。　　　　（www2s.biglobe.ne.jp/~yamapy/nobo/diary.html）

(2) トマトの鈴生り！花の段階で摘み取る<u>べきらしい</u>のだが、どうもできなくて、ついにこんなになってしまった。
（pippimama.com/diary/diary2001/01_07.html）

(3) 何も見えない深く眩しい朝霧の中、私は一歩を踏み出す<u>べきかもしれない</u>し、そうではないのかもしれない。
（www.is.hallab.co.jp/~funamusi/bunsyou/sakujo.html）

(4) ?杏ちゃんが好きだ。子どもっぽい独占欲だ、と自分を突き放して視る。本当に好きなら、どうするべきか。その人のためになる、そのために何ができる。負担にしかなれないのなら、離れる<u>べきに違いない</u>のだ。きっとそれが正しい。間違いなく正しいのに。[1)]
（hb6.seikyou.ne.jp/home/mikoma/nfp/hakoniwa/suiyousei02.html）

　このような言語事実のあることから、「ベキダ」と「ヨウダ」、「ラシイ」、「カモシレナイ」、「ニチガイナイ」とは承接関係を持つと考えられる。本稿は、その承接の使用実態を明らかにすることを目的としたものである。

1. データの収集

データの収集にあたっては、インターネットのホームページをコーパスとする実態調査と、日本語母語話者を対象とするアンケートによる意識調査を行った。

1.1. インターネット検索による調査

実例のデータは、インターネットのホームページをコーパスとし、それを検索エンジン「Google」(http://www.google.co.jp/)で検索することによって収集した[2]。その結果を表①に示す。

表① 「ベキダ」と認識系モダリティ形式との承接

ベキ〜	ヒット数	〜ベキダ	ヒット数
ベキノヨウダ	142	ヨウ（ナ）ベキダ	0
ベキラシイ	392	ラシイベキダ	0
ベキカモシレナイ	13,980	カモシレナイベキダ	0
ベキニチガイナイ	15	ニチガイナイベキダ	0

1.2. 日本語母語話者に対するアンケート調査

インターネット検索で多数ヒットしたものは、日本語として自然に使われているものであると考えられる。一方、わずかな実例しか出てこなかったものは、正用である可能性もあるが、誤用である可能性も考えられる。そこで、ヒット数が15件である「ベキニチガイナイ」の例については、日本語母語話者17人を対象にアンケート調査を行い、文法性判断を行った。アンケートでは、正しい文であると判断した場合には「〇」、正しい文でないと判断した場合には「×」、判断に迷う場合には「△」をつけてもらった。(調査対象とした例文は「資料」として論文末に付す)

調査の結果を表②に示す。表②において、A〜Qのアルファベットは17人の日本語母語話者、縦の数字は実例番号、右端の「%」は当該の実例に対して正しいと判断した人の割合[3]を表わす。

表② 「ベキニチガイナイ」の文法性判断についてのアンケート結果

	A	B	C	D	E	F	G	H	I	J	K	L	M	N	O	P	Q	%
1	×	×	○	×	×	×	×	×	×	×	×	×	×	×	△	×	×	9
2	×	×	○	○	×	×	×	×	×	△	○	×	×	○	△	○	△	38
3	×	△	×	○	×	△	○	×	×	×	×	×	×	△	×	×	×	21
4	×	×	○	○	×	○	×	×	×	△	○	×	○	○	○	×	○	32
5	×	×	○	○	×	△	○	×	×	△	○	×	×	○	○	○	×	41
6	×	△	○	○	×	△	○	×	×	×	×	×	×	×	×	○	×	29
7	×	×	×	×	×	×	×	×	×	○	×	×	△	△	○	×	×	18
8	×	×	○	○	×	○	○	×	×	△	○	×	○	○	○	○	○	62
9	△	○	○	○	×	○	○	×	×	△	○	×	×	○	△	○	○	62
10	△	○	○	○	×	○	○	△	△	○	×	○	×	○	△	○	○	62
11	△	×	△	○	○	△	○	×	○	×	×	×	×	×	×	×	○	38
12	×	×	○	○	×	△	○	×	○	×	×	×	×	×	×	○	△	41
13	×	×	△	○	×	○	○	×	×	△	×	×	×	△	×	×	×	26
14	△	○	○	○	×	○	○	×	×	○	×	×	○	×	△	○	△	56
15	△	△	△	△	×	△	○	×	○	×	○	×	○	○	○	×	○	56

本稿では、アンケート調査で日本語母語話者の六割以上が正しいと判断したもの(8、9、10)について、文法的に正しい表現であると認めることにする。これに従って、先の表①における「ベキニチガイナイ」のヒット数を修正すると、15 → 3 になる。

2. 先行研究とその問題点

価値判断のモダリティ形式と認識系モダリティ形式の承接について論じたものに益岡(1991)がある[4]。益岡(1991)は、モダリティを九つのカテゴリー[5]に分類し、このうちの「価値判断のモダリティ」については恒常的に主観性を表現する一次的モダリティ形式(「コトダ」、「モノダ」)と、客観的表現になり得る二次的モダリティ形式(「ベキダ」、「ナケレバナラナイ」、「ホウガヨイ」)があるとした。一方、「真偽判断のモダリティ」については、その体系を次の図①のように整理している。(図①は筆者による)

図①

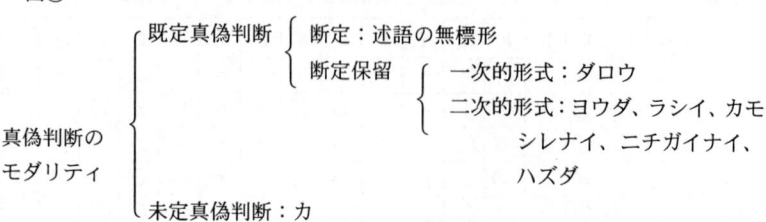

真偽判断の　　既定真偽判断　｛ 断定：述語の無標形
モダリティ　　　　　　　　　　断定保留 ｛ 一次的形式：ダロウ
　　　　　　　　　　　　　　　　　　　　二次的形式：ヨウダ、ラシイ、カモ
　　　　　　　　　　　　　　　　　　　　シレナイ、ニチガイナイ、
　　　　　　　　　　　　　　　　　　　　ハズダ
　　　　　　　未定真偽判断：カ

　本稿の考察対象である「ベキダ」は、価値判断の二次的モダリティ形式に相当し、「ヨウダ」、「ラシイ」、「カモシレナイ」、「ニチガイナイ」は、真偽判断の断定保留の二次的モダリティ形式に相当する。両者の関係について、益岡（1991）は次のように相互排除の関係にあると捉えている。

　　　真偽判断と価値判断は基本的に相互排除の関係にある。一文において、一方を選べば他方は選ばれないということである。これは、二者が蓋然性と当為性という異なる領域に属する事柄を表現することに起因する。このように相互排除の関係にあるということは、両者が範列的な関係（'paradigmatic'な関係）にあるということでもある。これら2つのカテゴリーに共通して「判断」と名を冠する理由はこの点に存するのである。（益岡 1991：54）

たしかに、次の例（5）に示したように、「コトダ」は益岡（1991）の指摘した通り、認識系モダリティ形式とは共起しない。
　（5）a. *あまり不得意な分野に手を出さないことのようだ。
　　　 b. *あまり不得意な分野に手を出さないことらしい。
　　　 c. *あまり不得意な分野に手を出さないことかもしれない。
　　　 d. *あまり不得意な分野に手を出さないことにちがいない。
しかし、例（6）に示すように、「モノダ」の場合は認識系モダリティ形式とシンタグマティックな関係にあると考えられる。
　（6）a. プレゼントはもらった人の前で開けるもののようだ。
　　　 b. プレゼントはもらった人の前で開けるものらしい。
　　　 c. プレゼントはもらった人の前で開けるものかもしれない。
　　　 d. ?プレゼントはもらった人の前で開けるものにちがいない。
　また、価値判断の二次的モダリティの場合も、必ずしも認識系モダリティとシンタグマティックな関係にならないとは言えない。実際、益岡

(1991)はこの部分に関する注において、「価値判断の二次的モダリティの形式に真偽判断の形式が接続することは十分可能である（p.58）」として、次の「〜ベキダロウ」の例をあげている。

　　　(7)　オムレツはできたてを食べる<u>べきだろう</u>。

これについて、益岡（1991）は、この例を一例あげただけで、それ以上の説明はしていない。しかし、杉村（2001）も言っているように、「ベキダ」は「ダロウ」だけでなく、他の認識系モダリティ形式とも共起することができる。

　　　(7)' a. オムレツはできたてを食べる<u>べきのようだ</u>。
　　　　　b. オムレツはできたてを食べる<u>べきらしい</u>。
　　　　　c. オムレツはできたてを食べる<u>べきかもしれない</u>。
　　　　　d. ? オムレツはできたてを食べる<u>べきにちがいない</u>。

このことは、先に1.2の表②に示したように、本稿で行ったインターネット検索の結果からも証明される。

3. 認識系モダリティ形式の用法

「ヨウダ」、「ラシイ」、「カモシレナイ」、「ニチガイナイ」の用法について、グループ・ジャマシイ（1998）の記述をもとに次のように規定する。
・「ヨウダ」：「推量判断」と「婉曲」の用法がある。それぞれ、次の例（8）、
　　　　　例（9）にあたる。
　　　(8)　（お菓子を食べて）このお菓子はどうやら古い<u>ようだ</u>。
　　　(9)　（お菓子を食べて）このお菓子は甘すぎる<u>ようだ</u>。

例（8）は、話者が味覚に基づいて「古い」と推量判断したことを表わしており、実際に「古い」かどうかはわからない。一方、例（9）は、話者の味覚に基づいて実際に「甘すぎる」と感じているが、聞き手への配慮から、「甘すぎる」という話者の断言を避け表現を和らげるために使われている。
・「ラシイ」：「推量判断」と「伝聞」の用法がある。それぞれ、次の例（10）、
　　　　　例（11）にあたる。
　　　(10)　部屋に明かりがついているから、彼は部屋にいる<u>らしい</u>。
　　　(11)　彼の話では、彼は部屋にいる<u>らしい</u>。

例（10）は、話者が「部屋に明かりがついている」という観察可能な事柄を根拠に「彼は部屋にいる」と推量判断したことを表わしており、例（11）

は、話者が「彼の話」という外部から聞いた情報を根拠に「彼は部屋にいる」と推量判断したことを表わしている。
・「カモシレナイ」：「推量判断」と「譲歩」の用法がある。それぞれ、次の例（12）、例（13）にあたる。

（12）　もしかしたら、友達の所に泊めてもらえる<u>かもしれない</u>。
（13）　他地方の方はご存じない<u>かもしれません</u>が、名古屋という街は地上よりも地下街の方が発達しているのです。

(www.icc.aitai.ne.jp/~shara/20010815.html)

例（12）は、話者が「泊めてもらえる」という事態が成立するかどうかについて、成立する可能性と成立しない可能性が共にあると推量判断したことを表わしたものである。つまり、「カモシレナイ」は推量判断を表わす時、命題内容の事態も含めて複数の事態の成立可能性を同時に認めるという性質を持っている。例（13）は、話者が「他地方の方はご存じない」ことをすでに承知しているが、聞き手に対する配慮から、断言を避け表現を和らげるため使われている。

・「ニチガイナイ」：「推量判断」の用法を持つ。

（14）　誰にもこんな経験の一つや二つある<u>にちがいない</u>。

例（14）は、話者が「こんな経験の一つや二つある」という命題内容の事態が成立するかどうかについて、断定には至らないが、間違いなく成立すると確信を持って判断をしたことを表わしている。

4. 認識系モダリティ形式との承接

4.1. 認識系モダリティ形式の前にくる場合

次に、インターネット検索で得られた実例をもとに、価値判断のモダリティ形式「ベキダ」と、認識系モダリティ形式「ヨウダ」、「ラシイ」、「カモシレナイ」、「ニチガイナイ」との承接を分析し、認識系モダリティ各形式の用法について考察する。特に、わずか15例しか出てこなかった「〜ベキニチガイナイ」についてどう考えたらいいか、実例をあげながら分析していきたい。

4.1.1. 「〜ベキノヨウダ」

「〜ベキノヨウダ」についてインターネット検索を行ったところ、142の実例が得られた。この数は、「〜ベキノヨウダ」が文法的であることを意味すると考えられる。次に具体例を見ていく。

(15) 夕方，Nさんに少し肩を押してもらう．どうやら背骨が曲がっているらしい．ゴリゴリしたモノも背中にあるらしい．本気で整体にでも行く<u>べきのようだ</u>．

(homepage1.nifty.com/dewy/diary/0110B.html)

(16) シューマイはまたもや失敗。蒸し時間をもう少し短くする<u>べきのようだ</u>。　　　(www2s.biglobe.ne.jp/~yamapy/nobo/diary.html)

(17) 日本のマスコミは、つい先日も、辻元議員本人の発表も無いのに議員辞職を決意、などと先走り報道したばかり。その勢いで鈴木宗男も叩くかと思ったら、秘書逮捕まで話題にも取上げない。明らかに裏に何かあると見る<u>べきのようだ</u>。

(www.yshimizu.com/itrd/sb/itrd-sb05.html)

例（15）〜例（17）は、それぞれ、話者が自分の触覚、自らの体験、マスコミの取った行動を根拠に、「整体に行く」こと、「蒸し時間をもう少し短くする」こと、「裏に何かあると見る」ことが必要もしくは妥当であると判断したことを表わしている。三つの例における「ヨウダ」はいずれも推量判断を表わしていると考えられる。そして、「ヨウダ」の推量判断の対象には、「整体にでも行くべき」、「蒸し時間をもう少し短くするべき」、「裏に何かあると見るべき」のように、「ベキダ」も入る。推量判断の対象になるという意味で、「ベキダ」は「ヨウダ」より客観的な表現であることがわかる。このことは、仁田（1989）や益岡（1991）のあげている次の三つのテスト、①否定の対象になるかどうか、②疑問の対象になるかどうか、③形式自体が過去になるかどうかのテスト[6]により確認することができる。客観的成分（命題）は話者の認識に先立って実在する客観的な事柄を表わすため、否定や疑問の対象となり、過去の中におさまる。本稿では、この三つのテストを主観性・客観性判定の基準とする。

テスト①：
(18) a. 彼女は試験を受ける<u>べき</u>ではない。
　　 b. *彼女は試験を受ける<u>よう</u>ではない。

テスト②：
(19) a. 彼女は試験を受ける<u>べき</u>ですか。
b. ?彼女は試験を受ける<u>よう</u>ですか。

テスト③：
(20) a. 彼女は試験を受ける<u>べきだった</u>。　　　　（実現済みの事態）
b. 彼女は試験を受ける<u>ようだった</u>。　　　　（未実現の事態）
(21) a. 彼女は試験を受ける<u>べきだ</u>。　　　　　　（未実現の事態）
b. 彼女は試験を受けた<u>ようだ</u>。　　　　　　（実現済みの事態）

例（20a）と例（20b）について考えてみたい。例を見る限り、「ベキダ」も「ヨウダ」もともに過去の形を取るように思われるが、二つの例における「タ」の意味するところは異なる。例（20a）はすでに実現済みの事態に対する判断を表わすもので、「ベキダ」自体が過去の対象に入る。一方、例（20b）は未実現の事態に対する判断を表わすもので、「タ」は「彼女は試験を受ける」と判断した状況がかつてあったことを表わす。

これに対して、「ベキダ」は未実現の事態に対する判断を表わす場合、例（21a）のように「ル」形をとる。一方、「ヨウダ」は実現済みの事態に対する判断を表わす場合、例（21b）のように「タ」形は「ヨウダ」の判断の対象に入る。つまり、「ベキダ」は、判断の対象である事態が未実現のものなのか、実現済みのものなのかによって、それ自体が「ル」形となったり「タ」形となったりするのに対し、「ヨウダ」は、「ヨウダ」の判断の対象の中に「ル」形と「タ」形が入る形を取る。

以上のことから、「ベキダ」は「ヨウダ」より客観的な表現であるため、「ヨウダ」に前接することができると考えられる。

4.1.2.　「～ベキラシイ」

インターネット検索の結果、「～ベキラシイ」は 392 例現れた。これは「～ベキラシイ」が文法的であることを意味すると考えられる。次に具体例を見ていく。

(22) 余裕で就職活動を進めていたと思われた M2 の先輩から、活動記を聞くことができた。不安だけど、やはり自分に自信を持つことから始める<u>べきらしい</u>。

（www.sol.cs.ritsumei.ac.jp/~toyama/diary/199903.html）

(23) 植え替えはしなかったが、芽が出てからはずっと定期的に液肥を与えていた所、今年は蕾の数が多くなった。本では2回程の液肥で十分のような記述だったが、やはり生育段階でも肥料は与える<u>べきらしい</u>。

(isweb45.infoseek.co.jp/photo/cleome/ field/sagiso/sagi.html)

(24) トマトの鈴生り！花の段階で摘み取る<u>べきらしい</u>のだが、どうもできなくて、ついにこんなになってしまった。

(pippimama.com/diary/diary2001/01_07.html)

例（22）は、「自分に自信を持つことから始めるべき」という先輩からの情報を伝聞したことを表わしている。ここの「ラシイ」は伝聞を表わし、伝聞の情報内容には「ベキダ」が入っている。例（23）は、話者が「定期的に液肥を与えていた所、今年は蕾の数が多くなった」ことを根拠に、「肥料を与える」ことが必要であると判断したことを表わしている。ここの「ラシイ」は推量判断を表わし、推量判断の対象には「肥料は与えるべき」のように「ベキダ」が入っている。例（24）は、次の例（24'）と例（24"）のように二通りの意味に捉えられる。

(24)' トマトの鈴生り！<u>本によれば</u>、花の段階で摘み取る<u>べきらしい</u>のだが、どうもできなくて、ついにこんなになってしまった。

(24)" トマトの鈴生り！<u>思うに</u>、花の段階で摘み取る<u>べきらしい</u>のだが、どうもできなくて、ついにこんなになってしまった。

例（24'）は、話者が本の内容に基づいて、「花の段階で摘み取るべき」という情報を伝聞したことを表わしている。一方、例（24"）は、話者がトマトの鈴生りができたことを根拠に、「花の段階で摘み取る」ことが必要であると判断したことを表わしている。いずれの場合にも、「ベキダ」は「〜ラシイ」の対象に入っている。

以上のことから、「ラシイ」が伝聞を表わすにせよ、推量判断を表わすにせよ、「ベキダ」は「ラシイ」の内側に埋め込まれることがわかる。その意味で、「ベキダ」は「ラシイ」より客観的であると考えられる。

4.1.3.「〜ベキカモシレナイ」

インターネット検索で得られた「〜ベキカモシレナイ」の実例数は、13,980例に達している。このことから、「〜ベキカモシレナイ」は文法的で

あると考えられる。これには、次の二つの用法がある。
　第一の「〜ベキカモシレナイ」は、「カモシレナイ」が推量判断を表わす場合で、「〜することが必要・妥当・望ましいと推量判断した」といった意味を表わす。この「ベキダ」は「カモシレナイ」の判断の対象に含まれていると考えられる。次の例（25）〜例（27）を見てみよう。

(25) 面接などの機会が増えてきたら、履歴書を準備しておく<u>べきかもしれない</u>。そこで、履歴書の書き方の注意点をいくつかあげておこう。　　　　　　　　　（www.recruitnavi.com/K2/SCENE/kh19.html）

(26) 伝記とはいいつつも「伝記小説」であるということを認識して読<u>むべきかもしれない</u>。
　　　　　　　　　　（www1.odn.ne.jp/~car56040/kaigun/room/ugakiden.htm）

(27) 何も見えない深く眩しい朝霧の中、私は一歩を踏み出す<u>べきかもしれない</u>し、そうではないのかもしれない。
　　　　　　　　　　（www.is.hallab.co.jp/~funamusi/bunsyou/sakujo.html）

　例（25）〜例（27）は、いずれも話者が何かを根拠に「履歴書を準備しておく」ことが必要であると判断したり、「伝記小説であるということを認識して読む」ことが妥当であると判断したり、「一歩を踏み出す」ことが望ましいと判断したことを表わしており、「ベキダ」が「カモシレナイ」の判断の対象に含まれている。
　ここで特に、このような「〜ベキカモシレナイ」には、「ベキダ」が単独で使われる時には見られない用法があることを指摘したい。一般に、「ベキダ」は、「*〜するべきだ。〜するべきではない。」のように、肯定と否定を並立して表わすことができない。したがって、例（27'）のように言うことはできない。

(27)'＊何も見えない深く眩しい朝霧の中、私は一歩を踏み出す<u>べきだ</u>。一歩を踏み出す<u>べきではない</u>。

しかし、例（27"）のように、後ろに「カモシレナイ」が続くと、「ベキダ」は肯定と否定を並立して言うことができるようになる。

(27)"何も見えない深く眩しい朝霧の中、私は一歩を踏み出す<u>べきかもしれない</u>。一歩を踏み出す<u>べきではないかもしれない</u>。

このことは、「ベキダ」が「カモシレナイ」の判断の対象に含まれることの表れであると考えられる。3.で述べたように、「カモシレナイ」は推量判断

を表わす時、複数の事態の成立可能性を同時に認めるという性質を持っている。そのため、話者が「〜ベキダ」、「〜ベキデハナイ」という二つの事態の成立可能性があると判断した場合には、例 (27'') のように、「ベキダ」が「カモシレナイ」の判断の対象に含まれ、「ああするべきだ」、いや「ああするべきではない」と相反する事態について並列することができるのである。

第二の「〜ベキカモシレナイ」は、「カモシレナイ」が譲歩を表わす場合で、「〜するより〜する方が必要・妥当・望ましい」といった意味を表わす。次の例 (28)、例 (29) は、「言い直すべきかどうか」、「いうべきかどうか」を推量している場面ではなく、すでに「〜と言い直すべきだ」、「〜というべきだ」と考えている場面であり、話者にとって未知のことを推量しているわけではない。ここは、「〜べきだ」と強く断定するのを避けた譲歩の表現であると考えられる[7]。

(28) 放送用語委員会のしごとは本当に楽しい。楽しいなどと言うと叱られてしまうかもしれないので、生きがいを感じると言い直す<u>べきかもしれない</u>。　　　　(www.nhk.or.jp/bunken/NL/n003-w.html)

(29) 日本を離れてすでに3週間が過ぎていた。いやたったの3週間という<u>べきかもしれない</u>。イスタンブルに来てやるべきことの一通りは済ませたと思う。後は余暇をこの風に任せるだけ。
(mihama-w3.n-fukushi.ac.jp/etc/ shokuin/btok/return12.html)

以上のことから、価値判断のモダリティ形式「ベキダ」に、認識系モダリティ形式「カモシレナイ」が接続することは可能であることがわかる。

4.1.4.「〜ベキニチガイナイ」

次に「〜ベキニチガイナイ」の承接について論じる。インターネット検索では、「〜ベキニチガイナイ」は 15 例しか出てこなかった。これは「〜ベキカモシレナイ」が 13,980 例だったのに比べて、極端に数が少ない。これらの15例について日本語母語話者に対するアンケート調査を行った結果は、次の表③のとおりである。表③において、一行目の数字は例文番号(例文は「資料」として論文末に付す)、二行目の数字はそれぞれの例文に対して正しいと判断した人数の割合を示している。

表③ 「～ベキニチガイナイ」のアンケート調査結果

例	1	2	3	4	5	6	7	8	9	10	11	12	13	14	15
%	9	38	21	32	41	29	18	62	62	62	38	41	26	56	56

　表③を見ると、「～ベキニチガイナイ」は許容度の低い表現であることがわかる。まず正しいと判断した人数の割合が9%、18%、21%と、最も低い例1、例7、例3について見てみたい。それぞれ、次の例（30）～例（32）にあたる。

(30) 映画「アメリカン・ビューティー」を見ていて、「これは使えそうなので、憶えておくべきにちがいない」という言いまわしがあったので、ここで紹介しておきます。(9%)

(www.nona.dti.ne.jp/~marble70/ zakki/2001_11/2001_11.html)

(31) 中等教育は学習の段階の中でも、倫理を最初に教えることのできる時期である。中絶、死刑、遺伝工学のような道徳的争点は、中等教育で学ばれる大きな争点で、道徳理論を強調するのではなく、事例を強調することを通して学ばれる。道徳的な学習はそれらの事例についてジョイントディスカッションをすることを通して行われるのである。彼らの日常生活における彼ら自身の道徳も話題になるべきに違いない。(18%)

(www.fine.lett.hiroshima-u.ac.jp/fine2001/Brey_j.html)

(32) 既成の政治が国家の意思を造形できずにいるなら、国民こそが政治を構成する素の粒子として、あくまで自らのためにこの国と、そこに住む自分自身の命運について一人一人考え直すべきに違いない。(21%)

(www.sensenfukoku.net/human/html/japan/democracy.html)

　例（30）～例（32）は、それぞれ、話者が「憶えておく」こと、「彼ら自身の道徳も話題になる」こと、「自分自身の命運について一人一人考え直す」ことが必要であると判断したことを表わしている。この三つの例には一つの共通点が見られる。それは、これら三つの「～ベキニチガイナイ」は他人に対する発話であるという点である。寺村（1984）は「ニチガイナイ」について、「自分の思案、推量を自分に確かめるような独白的な使い方が普通である（p.235）」と指摘しているが、この三つの「～ベキニチガイナイ」

が言いにくく、非文法的であるのは、こうした独白であるという「ニチガイナイ」の性質と矛盾しているからである。

一方、「〜ベキニチガイナイ」の 15 例のうち、正しいと判断した人数の割合が 62% であるものが 3 例あった。なぜこの 3 例の容認度が上がるのかについて、例をあげながら分析してみたい。

(33) 杏ちゃんが好きだ。子どもっぽい独占欲だ、と自分を突き放して視る。本当に好きなら、どうするべきか。その人のためになる、そのために何ができる。負担にしかなれないのなら、離れるべきに違いないのだ。きっとそれが正しい。間違いなく正しいのに。 (62%)

(hb6.seikyou.ne.jp/home/mikoma/nfp/hakoniwa/suiyousei02.html)

(34) さて、先日は FIAT PUNTO にも試乗を。しかし、おもしろそうだが、リッター 7km の燃費では、セカンドカーとしては失格と言わねばならない。しかもタイミングベルトを 20000km 毎に交換しなければならず、どんな消耗っぷりなんだよという気がする。ちなみにこの 20000km、あくまでディーラー推奨なので、実際はもっと頻繁に替えるべきに違いないと睨んでいる。 (62%)

(www.geocities.co.jp/HeartLand/1978/pn0108.html)

(35) 話したところで、マリアがすべてを理解することはあり得ない。それはわかっている。すべてをきちんとマリアに伝えることはできないだろう。もともと話がうまいわけでもない。それでも、マリアが知りたいことは自分が話して伝えてやるべきに違いないのだ。 (62%)　　　　(www1.odn.ne.jp/~cbc48240/samayoi11.html)

例 (33) 〜例 (35) は、それぞれ、話者が「離れる」こと、「もっと頻繁に替える」こと、「自分が話して伝えてやる」ことが必要であると判断したことを表わしている点では、例 (30) 〜例 (32) と変わらない。しかし、例 (33) 〜例 (35) は、いずれも話者が自分の判断を他人に提示しているのではなく、自分に提示しているという点で、例 (30) 〜例 (32) とは異なっている。つまり、「〜ベキニチガイナイ」は自分に対する発話である場合は容認度が上がるのである。そこで、本稿では次のような仮説を立てることにする。

仮説：「〜ベキニチガイナイ」は、他人に対する発話であれば文法的容

認度は下がり、自分に対する発話であれば、文法的容認度は上がる。

上の仮説を検証するために、次のⅠ、Ⅱのような発話場面を設定し、日本語母語話者50人に対してアンケート調査[8]を行った。

発話場面Ⅰ：花子は道で財布を拾ったことを友達の太郎に話した。
そこで、太郎は花子に言いました。
(36)　花子は、拾った財布を交番に届ける<u>べきにちがいない</u>。

発話場面Ⅱ：花子は道で財布を拾った。そこで、花子は言いました。
(36)'　私は、拾った財布を交番に届ける<u>べきにちがいない</u>。

調査の結果、他人に対する発話である例(36)は50のうち8人が正しいと判断したのに対して、ひとり言である例(36')は21人が正しいと判断した。こうした調査からも、本稿の仮説は支持されると考えられる。

以上の考察の結果、認識系モダリティ形式「ヨウダ」、「ラシイ」、「カモシレナイ」、「ニチガイナイ」は、価値判断の形式「ベキダ」に接続することが可能であることが証明された。両者は、益岡(1991)の言うようにパラディグマティックな関係にあるのではなく、シンタグマティックな関係にあると考えられる。

4.2.　認識系モダリティの後ろに付く場合

インターネット検索の結果、価値判断の二次的モダリティ形式「ベキダ」が、認識系モダリティ形式「ヨウダ」、「ラシイ」、「カモシレナイ」、「ニチガイナイ」の後ろに付く例は出現しなかった。この結果からも、「ベキダ」は「ヨウダ」、「ラシイ」、「カモシレナイ」、「ニチガイナイ」より客観的な表現であることが証明される。

5.　終りに

本稿では、「ベキダ」と「ヨウダ」、「ラシイ」、「カモシレナイ」、「ニチガイナイ」との承接について考察した。その結果、「～ベキノヨウダ」、「～ベキラシイ」、「～ベキカモシレナイ」が文法的であることを検証し、「ヨウダ」、「ラシイ」、「カモシレナイ」は「ベキダ」に後続することを確認した。また、「～ベキニチガイナイ」については、他人に対する発話であれば容認度は下がり、自分に対する発話であれば容認度は上がるということがわ

かった。こうした考察に基づいて、本稿では、「ベキダ」と認識系モダリティ形式とは統語的にシンタグマティックな関係にあることを主張する。

しかし、価値判断の二次的モダリティは、「ベキダ」以外に、「ナケレバナラナイ」や「ホウガイイ」などがある。これらと「ヨウダ」、「ラシイ」、「カモシレナイ」、「ニチガイナイ」との承接について、インターネット検索を行った結果は、次の表④のとおりである。

表④ 「ベキダ」、「ナケレバナラナイ」、「ホウガイイ」と認識系モダリティ形式との承接

前件＼後件	ヨウダ	ラシイ	カモシレナイ	ニチガイナイ
ベキ（ノ）	142	392	13,980	15
ナケレバナラナイ	1,804	912	2,245	25
ホウガイイ	3,481	1,805	6,853	368

表④に示したヒット数から、「ヨウダ」、「ラシイ」、「カモシレナイ」、「ニチガイナイ」は、「ナケレバナラナイ」、「ホウガイイ」に後続することが可能であることがわかる。特に「ニチガイナイ」の場合、「～ベキニチガイナイ」は 15 件、「～ナケレバナラナイニチガイナイ」は 25 件であるのに対して、「～ホウガイイニチガイナイ」は 368 件であり、「ニチガイナイ」と「ホウガイイ」と相性のいいことがわかる。この点については今後さらに分析していきたい。

注
1) 本稿では、「～ベキニチガイナイ」は、他人に対する発話であれば容認度は下がり、自分に対する発話であれば容認度は上がると考えるため、「？」をつけた。
2) 検索時期は 2002 年 8 月 15 日～9 月 15 日である。出典の示されていないものは筆者の作例である。検索にあたって次の点に注意した。
  〈1〉表記　表記は平仮名表記と漢字表記のものを検索した。例えば、「カモシレナイ」、「ニチガイナイ」は、それぞれ、「かもしれない、かも知れない」、「にちがいない、に違いない」の二通りの表記を検索した。
  〈2〉活用形　検索の対象とした活用形は、以下のとおりである。「ベキカモシレナイ」、「ベキカモシレマセン」、「ベキニチガイナイ」、「ベキニチガイアリマセン」、「ベキノヨウダ」、「ベキノヨウデス」、「ベキラシイ」、「ベキラシイデ

ス」、「カモシレナイベキダ」、「カモシレナイベキデス」、「ニチガイナイベキダ」、「ニチガイナイベキデス」、「ヨウ（ナ）ベキダ」、「ヨウ（ナ）ベキデス」、「ラシイベキダ」、「ラシイベキデス」

〈3〉ヒット数　検索された例に一つ一つ目を通し、検索対象以外の用法で使われたもの、いわゆる「ゴミ」を除き、検索対象の用法であると認められるものだけをヒット数に数えた。

3）「○」は1人、「△」は0.5人、「×」は0人として計算した。
4）認識系モダリティ形式と価値判断のモダリティ形式との承接についての先行研究には、他に、仁田（2000）、杉村（2001）がある。仁田（2000）は、「ヨウダ」、「ラシイ」、「カモシレナイ」、「ニチガイナイ」を認識のモダリティに属するもの、「ベキダ」を当為評価のモダリティに属するものであるとし、両者の承接について、次のように述べている。

　　すべての認識のモダリティ形式が、当為評価のモダリティと共起するわけではない。当為評価のモダリティへの「ダロウ」の共起は、比較的容易である。特に「ベキ＋ダロウ」は多く観察される。それに対して、「カモシレナイ」の共起はまれである。また、「ニチガイナイ」については、その共起を調査資料の中に見つけることはできなかった。おそらく共起は困難だろう。また、「ヨウダ」「ラシイ」（伝聞的用法を除く）も、当為評価のモダリティへの共起は無理だろう。（仁田2000：87）

　また、杉村（2001）は、次の例をあげ、真偽判断と価値判断がシンタグマティックな関係にあることを指摘した。
　　（i）政府は景気対策をするベキ－カモシレナイ。　　杉村（2001：218）
　　（ii）政府は景気対策をしたホウガイイ－ヨウダ。　　杉村（2001：218）
　本稿では、「〜ベキニチガイナイ」は他人に対する発話であれば非文法的であり、自分に対する発話であれば、文法的容認度が上がると主張する。この点で、「〜ベキニチガイナイ」は非文であるとする杉村（2001）と異なる。

5）詳しくは益岡（1991：47 - 58）を参照されたい。
6）テスト①は仁田（1989）、テスト②③は仁田（1989）と益岡（1991）で用いられている。益岡（1991）はこの他に、客観性の高い「〜こと」の中に現れるかどうかというテストも用いているが、本稿では採用しなかった。その理由は、以下の二つにある。一つは、「ヨウダ」の場合「〜ようなこと」のように、「ヨウダ」は「〜こと」の中に現れるが、この「ヨウダ」は「例示」の意味で使われると考えられ、本稿の考察対象である「ヨウダ」と異なるためである。もう一つは、「ニチガイナイ」の場合「〜ニチガイナイこと」のように、「ニチガイナイ」は「〜こと」の中に現れるが、不自然な表現であるとの指摘（三原（1995）や杉村（1999））があるためである。
7）実際の用例を観察したところ、「〜より〜べきかもしれない」、「あるいは〜べ

きかもしれない」、「むしろ〜べきかもしれない」、「どちらかといえば〜べきかもしれない」等の表現が多かった。
8) 2002年12月9日に、名古屋大学理学部・工学部一年生50名を対象に行った。

[参考文献]
グループ・ジャマシイ 1998.『日本語文型辞典』くろしお出版
周　英 2003.『現代日本語における認識系モダリティ形式の承接に関する研究—「ヨウダ」「ラシイ」「カモシレナイ」「ニチガイナイ」を中心に—』名古屋大学大学院国際言語文化研究科修士学位論文
杉村　泰 1999.「事態の蓋然性と判断の蓋然性」『ことばの科学』12. 名古屋大学言語文化部言語文化研究会 p.171‐p.187
——— 2001.「現代日本語における文末表現の主観性—ヨウダ、ソウダ、ベキダ、ツモリダ、カモシレナイ、ニチガイナイを対象に—」『世界の日本語教育』11. 国際交流基金日本語国際センター p.209‐p.224
寺村秀夫 1984.『日本語のシンタクスと意味Ⅱ』くろしお出版
仁田義雄 2000.「認識のモダリティとその周辺」『日本語の文法3 モダリティ』(第2章) 仁田義雄・益岡隆志・工藤浩著　岩波書店
益岡隆志 1991.『モダリティの文法』くろしお出版
三原健一 1995.「概言のムード表現と連体修飾節」仁田義雄編『複文の研究』(下) くろしお出版 p.285‐p.307
森山卓郎 1997.「日本語における事態選択形式—「義務」「必要」「許可」などのムード形式の意味構造—」『国語学』188. 国語学会 p.110‐p.123

[資料]
（日本語母語話者に対するアンケート調査に使用した例文）
〜ベキニチガイナイ：
1　映画「アメリカン・ビューティー」を見ていて、「これは使えそうなので、憶えておくべきにちがいない」という言いまわしがあったので、ここで紹介しておきます。　　　(www.nona.dti.ne.jp/~marble70/ zakki/2001_11/2001_11.html -45k)
2　目が見えづらくなったり、物忘れがひどくなってきたときに、「老人力がついてきた」「忘却力がついてきた」などとなにやら自慢げに言い切る赤瀬川原平氏の著書がベストセラーになっている。新しい「生」をおおらかに讃えるためにも、「老化と死」はおおらかにとらえられるべきにちがいない。
　　　　　　　　　　　(www.geocities.jp/nekoyoshi/rokatosi.htm - 4k)
3　既成の政治が国家の意思を造形できずにいるなら、国民こそが政治を構成する素の粒子として、あくまで自らのためにこの国と、そこに住む自分自身の命運について一人一人考え直すべきに違いない。

(www.sensenfukoku.net/human/html/japan/democracy.html - 5k)
4 彼女は工場跡地の謎の「差込」に注視し、隊長から聞いた「鍵」こそがそこに填るべきに違いないと結論づけます。
(www.soma.or.jp/~concrete/trpg_m_03.htm - 14k)
5 国家に限らず、企業も含めてすべての組織の衰弱や崩壊は、その組織としての機能が万全に働かなくなることから始まる。組織にとっての機能は、組織が大きくなればなるほど多様なものとなるが、それぞれが互いに隔絶されたものでは決してあり得ない。むしろ巨きな組織になればなるほど、それを運用するための多様な機能は、実は相互に関連し合って駆使されるべきに違いない。
(homepage2.nifty.com/ikaruga/new_page_77.htm - 20k)
6 死者たちの勇気ある者としての栄光と尊厳を、一体誰が金銭をもって計量出来るのだろうか。死者はもうけっして蘇りはしない。なのに、なおまた彼らから一体何を奪おうとするのだろうか。我々はなにゆえに彼らを愛したかを、もう一度自らに問いなおすべきに違いない。死者をやすらかに眠らせるためにも。
(www.usedboat.or.jp/CharterCruise/m-crewcontract.html - 19k)
7 中等教育は学習の段階の中でも、倫理を最初に教えることのできる時期である。中絶、死刑、遺伝工学のような道徳的争点は、中等教育で学ばれる大きな争点で、道徳理論を強調するのではなく、事例を強調することを通して学ばれる。道徳的な学習はそれらの事例についてジョイントディスカッションをすることを通して行われるのである。彼らの日常生活における彼ら自身の道徳も話題になるべきに違いない。　(www.fine.lett.hiroshima-u.ac.jp/fine2001/Brey_j.html - 29k)
8 杏ちゃんが好きだ。子どもっぽい独占欲だ、と自分を突き放して視る。本当に好きなら、どうするべきか。その人のためになる、そのために何ができる。負担にしかなれないのなら、離れるべきに違いないのだ。きっとそれが正しい。間違いなく正しいのに。
(hb6.seikyou.ne.jp/home/mikoma/ nfp/hakoniwa/suiyousei02.html - 6k)
9 さて、先日はFIAT PUNTOにも試乗を。しかし、おもしろそうだが、リッター7kmの燃費では、セカンドカーとしては失格と言わねばならない。しかもタイミングベルトを20000km毎に交換しなければならず、どんな消耗っぷりなんだよという気がする。ちなみにこの20000km、あくまでディーラー推奨なので、実際はもっと頻繁に替えるべきに違いないと睨んでいる。
(www.geocities.co.jp/HeartLand/1978/pn0108.html - 24k)
10 話したところで、彼女がすべてを理解することはあり得ない。それはわかっている。すべてをきちんとマリアに伝えることはできないだろう。もともと話がうまいわけでもない。それでも、マリアが知りたいことは自分が話して伝えてやるべきに違いないのだ。　(www1.odn.ne.jp/~cbc48240/samayoi11.html - 53k)
11 彼らの技は、それが人間にたいする真剣な奉仕である時、価値を持つといえる

が、単に見せ物で終るなら、それは消滅させるべきに違いない。
(www.kanazawa-net.ne.jp/~athome/5-reiryoku.html - 72k)
12 「おぉお〜　乗れた〜」そのころ俺は、車輪上部にしがみつきその直後、飛行機は離陸した。しばらくすると気体の外に出ていた車輪が持ち上がって蓋が閉まった。「蓋が閉まると真っ暗なんだな、ここ」目の前にはさっきまで追いかけていた車輪、俺はそのすぐ後ろにあるちょっとした空間に座っている。ジェットエンジンの音がえらくうるさかった。なんか寒いな…7月なんだけどってあっ！ここに来て俺はやっと冷静になった、こんな所に潜り込んで本当に北海道まで行けるのかと云うことを、もっと真剣に考えるべきに違いない。
(www.ne.jp/asahi/kyuukyokuseibutu/kakuseikai/!SK05.htm - 25k)
13 中国に対しては一貫して厳しい慎太郎知事。産経新聞で連載中の「日本よ」でも、「我々の隣の中国は軍事力を背景にした強引な拡張主義による脅威に加えて、彼等に内在している社会的な歪（ゆが）みのあまりの大きさのゆえに、私たちの生活にじかに関わる日本国内における治安の上でも極めて危険な要因となりつつあるという認識は国民市民として強く持たれるべきに違いない」と警告している。 (www.zakzak.co.jp/top/t-2002_06/2t2002060708.html - 3k)
14 皮肉なことに人間の進化は人間同士の摩擦、ある場合には戦争という極限的な摩擦が、互いに富と英知の総力をぶつけ合うことによってもたらす荒廃の後の、進歩と飛躍としてもたらされてもきた。それは人間の歴史の確かで悲痛な公理でもある。ならばこそ、人間が群れを成してその存在を競い合うことの中での「業」のようなものを、私たちは旨くこなして競い合いの中での新しい理解や連携を試みるべきに違いない。サッカーというある意味では粗野なほど単純で、それ故にも普遍性のあるスポーツを通じての世界的イベントの中での競い合いは、それぞれの国民にさまざまなものを与え教えなおしてくれるに違いない。
(www.ishiharasouri.com/sunbbs2/ - 94k)
15 幼い頃、今よりずっとこの世が狭かった時代に我々を襲った恐怖。日常のそこかしこで地獄が蓋を開けていた時分の恐怖の記憶を、仮に「イデア的恐怖」と名付けます。おそらく我々が今とは違う頭と体で世界をとらえていた時代のあの恐怖体験を、大人は思い出せるだけで再び味わうことはできない。その不可能を可能と信じることから途方もない試みが始まります。
イデア的恐怖の実現を夢見る錬金術師だけが、正しく恐怖作家と呼ばれるべきに違いありません。試みは、途方もなさゆえに挫折を約束されているかもしれない。しかし途方もない志以外に、我々から日常の景色を奪い、安心へのつぶやきを奪い、無防備にあの世と直面する可能性を開くものはないはず。この世の外への欲望を、大人びた諦めが懐柔にかかるとき、恐怖は二度目の死を迎えるのです。 (cat.zero.ad.jp/gips/k028.html - 3k)

「彼女が待ってる新宿（　）、恋する切符5,100円」

―格助詞「に」と「ヘ」のイメージ―

杉村　泰

1. はじめに

次の広告コピーにおいて、括弧内には「に」と「ヘ」のうちどちらの格助詞を入れたほうが適当であると考えられるであろうか。

(1) 彼が待ってる新宿 （　）、5,100円で連れてって！

（名古屋鉄道、高速バス「名古屋－新宿線」）

(2) 彼女が待ってる新宿 （　）、恋する切符、5100円。（同上）

これについて、それぞれ別々の日本語母語話者50人に尋ねたところ、(1)は半数弱の21人 (42%) が「に」、半数強の29人 (58%) が「ヘ」と答えたのに対し、(2) は50人中実に47人 (94%) が「ヘ」と答え、「に」と答えた人はわずか3人 (6%) しかいなかった。

(1) と (2) は元の文ではともに「ヘ」が使われていた。一般に「ヘ」は「に」と置き換え可能であるとされているが、(1)で半数弱の人が「に」を選んだのはこれを裏付ける結果となっている。ところが、(2)では「に」を選んだ人はほとんどいなかった[1]。この違いはどこにあるのであろうか。

そこで両者の違いを考えると、(1) が「連れてって」という述語を伴う表現であるのに対し、(2)はそのような述語を欠いた表現であるということに気づく。本稿では格助詞で終わる広告コピーを利用して、格助詞「に」と「ヘ」のもつイメージの違いについて分析する。

2. 格助詞「に」と「ヘ」

益岡・田窪 (1987) や野田 (1991) の記述にもあるように、一般に格助詞「ヘ」は「に」と置き換えが可能であるとされている。

ヘは人や物が動いていく方向を示すが、目的地を示すニとほとんど区別なく使うことができる。

例(3) こちら{へ／に}おいでの節は、ぜひお立ち寄り下さい。
例(4) やっと故郷{へ／に}帰って来た気がした。

益岡・田窪（1987：56）

だいたい「へ」が使えるときは「に」に置きかえられますが、逆はだめです。図のように、「へ」のほうが狭く「に」のほうが広いということです。

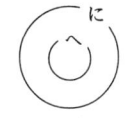

野田（1991：48）

先行研究の記述にもあるとおり、「へ」は「に」に置き換えようと思えば置き換えられるのが普通である。しかし、場合によっては「に」に置き換えにくいこともある。例えば、「～へ出ろ」という表現は「に」で置き換えようと思えば置き換えられるかもしれないが、不自然な感じは残る。実際コロケーション検索システム『茶漉』（一般公開版）[2]によって実例を調べたところ、「へ」が22件出現したのに対し、「に」は1件も出てこなかった。

(3) 前／表／… へ出ろ。(22件)
(4) 前／表／… に出ろ。(0件)

このように格助詞「に」と「へ」には一定の使い分けがあると考えられる。両者の違いは、述語を伴わず格助詞で文を終わる表現において顕著にあらわれる。そこで本稿では次のような調査によって、日本語母語話者のもつ「に」と「へ」の使い分け規則を抽出した。

3. 調査

調査は2003年7月7日から16日にかけ、名古屋大学の学部生200人を対象に実施した。調査に使った資料は、筆者の収集した広告コピー（ポスター、テレビCM、商品パッケージなど）の中から無作為に抽出した。被験者200人を50人ずつ4つのグループに分け、格助詞で終わる広告コピーに関しアンケートによって次のような質問をした。

グループX　述語穴埋めテスト1
　格助詞で終わる広告コピーに適当な述語を入れさせる。（「に」で終わるもの33例、「へ」で終わるもの31例）
　(例) 夢をカタチに（　　　）…（シーアールイー「技術者募集」）

　　　　　いま、表現者の領域へ（　　　）。（コシナ「一眼レフ用レンズ」）
　　グループY　述語穴埋めテスト2
　　元の表現の「に」と「へ」を入れ替え、適当な述語を入れさせる。括弧内の社名、商品名はそのまま付しておく。
　　（例）夢をカタチへ（　　　）…（シーアールイー「技術者募集」）
　　　　　いま、表現者の領域に（　　　）。（コシナ「一眼レフ用レンズ」）
　　グループZ-1　格助詞穴埋めテスト1
　　元の表現の格助詞を隠し、「に」と「へ」のうちどちらか適当だと思う方を一つ選ばせる。（上の64例＋例文(1)）
　　（例）夢をカタチ（　）…（シーアールイー「技術者募集」）
　　　　　いま、表現者の領域（　）。（コシナ「一眼レフ用レンズ」）
　　グループZ-2　格助詞穴埋めテスト2
　　同上のテスト。（上の64例＋例文(2)）

　例文(1)と(2)を別々の被験者に示した理由は、両者を同時に見せることによって回答に影響を与えるのを避けるためである。このようにして「に」で終わる広告コピー33例、「へ」で終わる広告コピー33例、合計66例についてデータを収集した。

4. 格助詞「に」と「へ」の使い分け

　まず格助詞穴埋めテストから見ていく。アンケートでは被験者が他のアンケート項目の影響を受けないように、構文パターンの同じものは散らばるように配置した。このようにして得られたデータを次の順序で整理した。
　1) 全66例について「に」と回答した人と「へ」と回答した人の割合を調べる[3]
　2) 全66例を「に」と回答した人数の多い順に並べる
　その結果、「に」と「へ」は全く自由に置き換え可能なわけではなく、一定の使い分けのあることが明らかとなった。その特徴を次に示す。
　1. 全66例中、上から22例は元の広告コピーでも「に」となっている。しかもこの22例は、アンケートで80％以上の人が「に」を選択している。
　2. 全66例中、下から23例（表1の44以下）は元の広告コピーでも

「へ」となっている。しかもこの 23 例は、アンケートで 70％以上の人が「へ」を選択している。
3. 最初の格助詞が「が」の場合は「A が B に」構文をとる傾向がある。（表 1 で「に」の列に 99 のように示す）
4. 最初の格助詞が「から」の場合は「A から B へ」構文をとる傾向がある。（表 1 で「へ」の列に 97 のように示す）
5. 最初の格助詞が「を」の場合は「A を B に」構文、「A を B へ」構文のどちらをとる可能性もある。（表 1 で「に」、「へ」それぞれの列に 98 のように示す）

以下、格助詞穴埋めテストの結果を表 1 に示す。

表 1　格助詞穴埋めテストの結果

	質問　次の（　）内に「に」と「へ」のうち、より適当だと思う方を一つ入れてください。	回答者数		元の助詞
		に	へ	
1	宮崎駿、初監督作品！！宮崎アニメの原点が[4] ここ（　）！（中京テレビ「未来少年コナン」）	99	1	に
2	指先がマッサージ機（　）！ （日本直販「フィンガーバイブレーター」）	98	2	に
3	強力磁気ベルトが超薄型（　）！ （日本直販「磁気腰ベルト」）	98	2	に
4	チャンスの時に！　ピンチの時（　）！ （モビット（消費者金融））	98	2	に
5	ママをもっとオシャレ（　）。 （松坂屋本店「Mother's Day 5.11」）	98	2	に
6	ジヴェルニーのきらめきが、今ここ（　）── （名古屋市美術館「モネ展　睡蓮の世界」）	97	3	に
7	若者の数だけ夢がある。グループ校 9,000 名の夢が形（　）。（電波学園）	97	3	に
8	2003 年、選び抜かれた究極の傑作が一堂（　）！！ （ワールド・アート・フェスティバル）	97	3	に
9	水虫・たむし（　）（フジサワ「ピロエース W」） （※「を」1）[5]	97	2	に
10	空気の熱と電気で、エネルギーが 3 倍（　）。 （中部電力「エコキュート」〔給湯器〕）	96	4	に

11	できたてが、すぐそこ（　）。 (ガスト〔ファミリーレストラン〕)	96	4	に
12	ファブリックを中心に小物までを一堂（　）。 (三越栄本店「初夏のレースフェア」)　　　(※「無記入」1)	95	4	に
13	自然をこの手（　）(赤穂化成「天塩」〔調理用焼塩〕)	93	7	に
14	デジタルスナップで、思い出を美しい一枚（　）。 (キャノン「Power Shot」)	92	8	に
15	マホーの家「X」プレビュー。夢のような住まいが、もうすぐそこ（　）。(ミサワホーム「マホーの家「X」」)	91	9	に
16	つければ体がマイナスイオン環境（　） (日本直販「マグチタン健康ブレスレット」)	90	10	に
17	心を、かたち（　）。(八重洲ブックセンター)	90	10	に
18	「安全」と「快適」をかたち（　）。 (東海理化「チャイルドシート」)	88	12	に
19	夢をカタチ（　）…(シーアールイー「技術者募集」)	87	13	に
20	社会保障と国民のくらしを予算の主役（　） (日本共産党)	85	15	に
21	心満たされる癒しの森。本格リゾート、ここ（　）。 (株式会社荘川「荘川高原ケベックの森」)	84	16	に
22	やさしさを品質（　）。 (ユニチャーム「ムーニー」〔紙おむつ〕)	82	18	に
23	フレッシュな感覚を食卓（　） (まる玉（スーパーマーケット))	69	31	へ
24	このやさしさを、すべてのクルマ（　）。 (トヨタ自動車「ウェルキャブ」)	68	32	に
25	三ツ星レストランの豊かな香りを食卓（　）。 (松坂屋本店「ヨーロッパフードフェア」)	68	32	に
26	先端を日常（　）—(積水化学)	68	32	へ
27	世界一、愛されている魔法使いが、あなたの家（　）。 (タイム ワーナー エンテーイメント ジャパン「ハリー・ポッターと賢者の石」DVD、ビデオ)　　(※「無記入」1)	66	33	に
28	科学をあなたのポケット（　） (講談社「ブルーバックス」)	59	41	に
29	幸せの、真ん中（　）。(ロッテ「チョコパイ」)	56	44	に
30	すこやかを、あなた（　） (中外製薬「グロンサン」〔栄養ドリンク〕)	56	44	へ

31	インド・スリランカに伝わる自然のチカラを今、日本（　）。（森下仁丹「サラシアダイエット」）	52	48	に
32	図書館をもっと身近に暮らしのなか（　）。（日本図書館協会）	50	50	に
33	おしゃれなママ（　）。（丸栄「婦人シャツ・ブラウス・セーター5万枚提供」）	50	50	に
34	最愛の肌（　）。（資生堂）　　　　　　（※「を」1)	50	49	へ
35	さらに、入れたての味わい（　）。（JT「ルーツ」〔缶コーヒー〕）　　　（※「を」2)	49	49	へ
36	国民を大切にする世間なみのルールをもった国（　）（日本共産党）　　　　　　　　（※「無記入」1)	48	51	に
37	さあ、快便体質（　）。（アサヒフードアンドヘルスケア「新ラクトーンA」〔乳酸菌整腸薬〕）	48	52	へ
38	4WDスポーツのよろこびを、すべての人（　）。（スバル自動車「レガシィB4」）	47	53	へ
39	彼が待ってる新宿（　）、5,100円で連れてって！（名古屋鉄道「高速バス　名古屋－新宿線」）	42	58	へ
40	鏡月、韓国・雪岳山から、あなたのグラス（　）。（サントリー「高級韓国焼酎　鏡月グリ〜ン」）	40	60	へ
41	本当に価値あるものを次世代（　）。（名鉄不動産「新世紀木造住宅 エクセル」）	39	61	へ
42	緑の地球を未来の子供たち（　）… （シム・シメール来日展）	35	65	に
43	今を生きるあなた（　）。（住友生命「LIVE ONE」）	34	66	に
44	世界は□から○（　）。（松下電器「DVDレコーダー ディガ」）	30	70	へ
45	平成15年4月1日、相互会社から株式会社（　）（太陽生命）	28	72	へ
46	J-フォンは、ボーダフォン（　）。（J-フォン）	25	75	へ
47	日々のいのちとくらしを、「夢のある未来」（　）。（AEONジャスコ）　　　　　　（※「を」1)	25	74	へ
48	いま、表現者の領域（　）。（コシナ「一眼レフ用レンズ」）　　　（※「を」1)	22	77	へ
49	「話すだけ」から「いろいろできる」（　）。（NTT DoCoMo）	20	80	へ
50	ひとつオトナの、ケータイ（　）。（NTT DoCoMo）	18	82	へ

51	ゼリーは、アミノ酸入りの方向（　）。 （味の素「アミノバイタルゼリー」）	18	82	へ
52	走りも、一歩先（　）（日産自動車「プリメーラ」（車種））	17	83	へ
53	新たな機能を手に入れた New プリメーラ。さらに、 あなたを一歩先（　）。（日産自動車「プリメーラ」）	16	84	へ
54	フォンテーヌブローからヴェルサイユ（　） （愛知県美術館「大英博物館所蔵フランス素描展」）	15	85	へ
55	行政手続きを電子化し、電子政府実現（　）。（公明党） （※「を」1）	15	84	へ
56	海（　）、山（　）、温泉（　）（JR「ワイドビュー南紀」） （※「へ・へ・に」6、「に・へ・に」1）	12	81	へ
57	知識偏重の教育から、人間性重視の教育（　）。（公明党）	11	89	へ
58	スイレン咲く勧修寺から醍醐寺（　） （名古屋鉄道「2002年春名鉄のハイキング」）	10	90	へ
59	焼畑農業から稲作農業（　）。（コスモ石油）	9	91	へ
60	さあ、写メールワールド（　）（J-PHONE「写メール」）	8	92	へ
61	まごころは、笑顔から笑顔（　）（JTB「JTB ギフト券」） （※「を」1）	8	91	へ
62	未来へ世界（　）（長久手町「EXPO 愛知」） （※「を」1、「無記入」1）	8	90	へ
63	手から手（　）、人から人（　）。（ロレックス専門店 モンデール銀座）　　　　（※「に・へ」6、「へ・に」3）	7	84	へ
64	彼女が待ってる新宿（　）、恋する切符、5,100円。 （名古屋鉄道「高速バス　名古屋－新宿線」）	6	94	へ
65	虹の翼、北（　）南（　）。（日本エアーシステム） （※「に・へ」1）	6	93	へ
66	名古屋から東北・北海道（　）。（太平洋フェリー）	3	97	へ

5. 格助詞「に」と「へ」のもつイメージ

　前節で示したように格助詞「に」と「へ」は単純に置き換え可能なわけではなく、「AがBに」、「AからBへ」のような一定の構文パターンとして現れる。各構文はそれぞれ固有の意味をもち、述語を伴わずともそれ自体が一定の動作や状態を表す。次にこの点について見ていく。

　日本語母語話者のもつ「に」と「へ」に対するイメージの違いは、述語穴埋めテストによって確かめられる。テストでは被験者に格助詞で終わる

広告コピーを与え、後にどのような述語が続くのか、真っ先に思いついたものを答えてもらった。パッと思い浮かぶ述語のなかった場合には、「×」を記入してもらった。以下、「AがBに」構文、「AからBへ」構文、「AをBに」構文、「AをBへ」構文の順に、その意味の違いについて見ていく。

5.1. 「AがBに」構文

今回調査した広告コピーで「AがBに」構文をとるものは11例あった。これらを意味の近いもの同士まとめると、「主体がある場所に存在する、到達する」ことを表すものと、「主体がある状態になる」ことを表すものとに分けられる。これは「AがBに」構文が主体の存在や到達、状態変化を表す表現としてイメージされていることを示している[6]。(表2)

表2 「AがBに」構文

A（主体）がB（場所）に（存在する、到達する）
原点がここに（99）[7]、きらめきが今ここに（97）、傑作が一堂に（97）、できたてがすぐそこに（96）、住まいがもうすぐそこに（91）、魔法使いがあなたの家に（66）
A（主体）がB（状態）に（なる）
強力磁気ベルトが超薄型に（98）、指先がマッサージ機に（98）、夢が形に（97）、エネルギーが3倍に（96）、体がマイナスイオン環境に（90）

一般に「に」は〈着点〉（あるいは〈目的地〉）を表し、「へ」は〈方向〉を表すとされている。しかし、単に〈着点〉、〈方向〉と言っただけではその違いがはっきりとは分からない。これに対し本稿では、「に」は移動や変化の結果に焦点を当てた表現、「へ」は移動や変化の過程に焦点を当てた表現であることを主張する。この違いは述語穴埋めテストの結果にも現れている。次にその典型例を示す。

  (5) a. できたてが、すぐそこに（ ）。(ガスト〔ファミリーレストラン〕)

    ある（42）、×（4）、届く（1）、迫る（1）、あなたのもとへ（1）、寝そべっている（1）

   b. できたてが、すぐそこへ（ ）。(作例)

    やって来る（11）、×（11）、来る（10）、運ばれる（6）、届く（5）、

　　　　　　　出て来る（2）、現れる（1）、出される（1）、運ばれてきている（1）、
　　　　　　　並ぶ（1）、行けばある（1）

　（5）を見ると「に」が存在を表す「ある」と共起しやすいのに対し、「へ」は「やって来る」、「来る」のような移動を表す表現と共起しやすいことが分かる。これは「に」が存在の場所（あるいは着点）に焦点を置いた表現であるのに対し、「へ」は移動経路を含む動きの方向に焦点を置いた表現であると考えると説明がつく。この移動経路を意識しているかどうかという点に「に」と「へ」の大きな違いがあると考えられる。一般に格助詞「に」と「へ」は意味の近似性が指摘されることが多いが、両者は日本語母語話者の頭の中で異なるイメージで捉えられているのである。次に本稿で考える「に」と「へ」のイメージを図示しておく。（図1、図2）

　　　図1「に」のイメージ　　　　　図2「へ」のイメージ

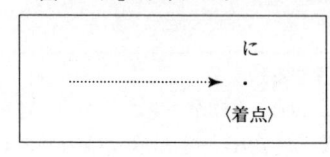

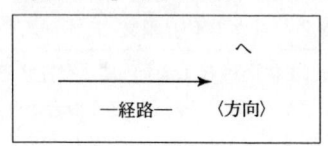

　　　　　　　　　に　　　　　　　　　　　　　　　へ
　　　　┈┈┈┈┈┈▶・　　　　　　　　　　──────▶
　　　　　　　　　〈着点〉　　　　　　　　　──経路──　〈方向〉

　ところで、表1の27「魔法使いがあなたの家に」の例は、格助詞穴埋めテストで「に」を選んだ人の割合が66パーセントと、他に比べて低くなっている。この例ではなぜ多くの人が「へ」を選んだのであろうか。そこで述語穴埋めテストの結果を見ると、この例は「に」の後も「へ」の後も同じように「やって来る」、「来る」のような移動を表す表現が選ばれていることに気づく。

　（6）a. 世界一、愛されている魔法使いが、あなたの家に（　　　）。
　　　　　（タイム ワーナー エンターテイメント ジャパン「ハリー・ポッターと賢者の石」DVD、ビデオ）
　　　　　　　やって来る（24）、来る（11）、いる（8）、やって来た（3）、来た（2）、
　　　　　　　現れる（2）
　　　　b. 世界一、愛されている魔法使いが、あなたの家へ（　　　）。
　　　　　（作例）
　　　　　　　やって来る（29）、来る（10）、×（3）、訪れる（2）、やって来た（1）、
　　　　　　　飛んで来る（1）、来るだろう（1）、来るかも（1）、登場（1）、ホームステイ（1）

「やって来る」、「来る」という表現は、魔法使いが家に到達したあとの場面を思い描くこともできるし、移動途中の場面を思い描くこともできる。この例で3分の1の人が「へ」と回答しているのはそのためであると考えられる。

5.2.「AからBへ」構文

今回調査した広告コピーで「AからBへ」構文をとるものは11例あった。これらを意味の近いもの同士まとめると、「何かがある場所から別の場所へと移動する」ことを表すものと、「何かがある状態から別の状態へと変化する」ことを表すものとに分けられる。(表3)

表3 「AからBへ」構文

A（場所）からB（場所）へ（移動する） 名古屋から東北・北海道へ（97）、笑顔から笑顔へ（91）、勧修寺から醍醐寺へ（90）、フォンテーヌブローからヴェルサイユへ（85）、手から手へ（84）、雪岳山からあなたのグラスへ（60）
A（状態）からB（状態）へ（変化する） 焼畑農業から稲作農業へ（91）、知識偏重の教育から人間性重視の教育へ（89）、「話すだけ」から「いろいろできる」へ（80）、相互会社から株式会社へ（72）、世界は□から○へ（70）

述語穴埋めテストでは、「AからBへ」構文を「AからBに」構文に変えても同じような結果となった。しかし、このような場面では移動や変化の経路も意識されやすいためか、実際には「AからBへ」構文を使うのが普通である。

(7) a. まごころは、笑顔から笑顔に（　　）(作例)
　　　　伝わる(24)、×(6)、届く(3)、移る(3)、変わる(2)、贈られる(2)、伝える(2)、伝わっていく(1)、つながる(1)、つながっていく(1)、渡る(1)、贈ろう(1)、やってくる(1)、伝染する(1)、する(1)

　　b. まごころは、笑顔から笑顔へ（　　）(JTB「JTBギフト券」)
　　　　伝わる(24)、×(12)、伝わるよ(1)、伝わるもの(1)、伝わっていく(1)、伝えます(1)、移る(1)、移す(1)、受け渡す(1)、受け渡そう(1)、届けよう(1)、宅急便(1)、つながる(1)、運ばれ

　　　　　　　　る（1）、変わる（1）、渡り歩く（1）

　ところで、表1の40「雪岳山からあなたのグラスへ」の例は、アンケートで「ヘ」を選んだ人の割合が60パーセントと、他に比べて低くなっている。この場合、「に」を選んだ人はグラスに視点が向かい、焼酎がグラスに注がれている場面を思い描いていると思われる。一方、「へ」を選んだ人は、遠く韓国雪岳山から焼酎がやってくる場面を思い描いていると思われる。後者の場合は特定の述語が想起されにくいようである。

　　（8）a. 鏡月、韓国・雪岳山から、あなたのグラスに（　　）。(作例)
　　　　　　注ぐ（11）、届ける（9）、×（7）、お届けする（4）、お届け（1）、届く（1）、運ぶ（1）、持っていく（1）、入れる（1）、注ぎこむ（1）、注がれる（1）、注入する（1）、飛び込むよ（1）、直行便で（1）、プレゼント（1）、よみがえる（1）、乾杯する（1）、乾杯（1）、する（1）、焼酎を（1）、水を（1）、安らぎを（1）、飛び込む景色（1）
　　　　　b. 鏡月、韓国・雪岳山から、あなたのグラスへ（　　）。(サントリー「高級韓国焼酎　鏡月グリ～ン」)
　　　　　　×（26）、注ぐ（5）、お届けする（3）、送る（2）、注がれる（2）、届ける（1）、届く（1）、運ぶ（1）、直送（1）、移す（1）、つがれる（1）、注ぎこまれる（1）、やって来た（1）、来る（1）、挿入（1）、この一杯（1）、ホールインワン（1）

5.3. 「AをBに」構文

　先に「Aを」の後には「Bに」も「Bへ」も来ることを指摘した。しかしその表す意味を見ると、「AをBに」構文と「AをBへ」構文とでは使い方に違いのあることが分かる。

　今回調査した広告コピーで「AをBに」構文をとるものは15例あった。これらを意味の近いもの同士まとめると、「対象をある場所に存在させる、到達させる」ことを表すものと、「対象をある状態にする」ことを表すものとに分けられる。(表4)

　述語穴埋めテストにおいて、この構文を「AをBへ」構文に変えてみたところ、(9a)では「する」が多く現れたのに対し、(9b)では「変える」が多く現れた。このことからも、「に」は変化の結果に焦点を置いた表現、「へ」は変化の過程に焦点を置いた表現であることが分かる。

表4 「AをBに」構文

A（対象）をB（場所）に（存在させる、到達させる） 小物までを一堂に（95）、自然をこの手に（93）、やさしさをすべてのクルマに（68）、豊かな香りを食卓に（68）、科学をあなたのポケットに（59）、自然のチカラを今日本に（52）、図書館をもっと身近に暮らしのなかに（50）、緑の地球を未来の子供たちに（35）
A（対象）をB（状態）に（する） ママをもっとオシャレに（98）、思い出を美しい一枚に（92）、心をかたちに（90）、「安全」と「快適」をかたちに（88）、夢をカタチに（87）、国民のくらしを予算の主役に（85）、やさしさを品質に（82）

(9) a. 夢をカタチに（　　）…（シーアールイー「技術者募集」）
　　　する（22）、しよう（11）、変える（5）、×（3）、した（2）、しませんか（1）、してみたよ（1）、してみよう（1）、変えよう（1）、移す（1）、直す（1）、表現する（1）

　　b. 夢をカタチへ（　　）…（作例）
　　　変える（20）、×（7）、変えよう（5）、表す（4）、する（3）、変えていく（2）、実現する（2）、実現（1）、変換する（1）、変化させる（1）、変化させよう（1）、移す（1）、したい（1）、形作る（1）

ところで、表1の42「緑の地球を未来の子供たちに」の例は、アンケートで「に」を選んだ人の割合が35パーセントと少なく、むしろ「へ」の方が65パーセントと高くなっている。これは、この例が現在から未来に向かって緑の地球を「残そう」、「伝えよう」と訴える過程重視の表現としてイメージされやすいためである。一般に過程重視の場合、表1の41「本当に価値あるものを次世代へ」のように「AをBへ」構文をとることが多い。そのため、「へ」と回答した人が多くなったものと考えられる。

(10) a. 緑の地球を未来の子供たちに（　　）…（シム・シメール来日展）
　　　残そう（25）、残す（8）、×（3）、伝えよう（2）、あげよう（2）、託す（2）、託そう（1）、渡そう（1）、受け継ごう（1）、与える（1）、渡す（1）、おくる（1）、保障する（1）、残したい（1）

　　b. 緑の地球を未来の子供たちへ（　　）…（作例）
　　　残そう（15）、残す（8）、伝えよう（4）、渡す（3）、×（2）、伝える（2）、伝えよう（1）、伝えたい（1）、与える（1）、与えよう（1）、手渡す（1）、手渡そう（1）、渡そう（1）、あげる（1）、あげたい（1）、

ささげる (1)、ささげよう (1)、つなげよう (1)、受け継ごう (1)、もたらす (1)、贈る (1)、贈りたい (1)

5.4.「AをBへ」構文

今回調査した広告コピーで「AをBへ」構文をとるものは7例あった。これらを意味の近いもの同士まとめると、「対象を次の段階へと進化させる」ことを表すものと、「対象をある人や場所へ伝える、届ける」ことを表すものとに分けられる。ただし、前者は格助詞穴埋めテストで「へ」の選択される率が高かったのに対し、後者は必ずしも「へ」の選択される率が高くはなかった。このことから、「AをBへ」構文の特徴は、対象を次の段階へと進化させることを表す点にあることが分かる。(表5)

表5 「AをBへ」構文

A (対象) を B (次の段階) へ (進化させる)
あなたを一歩先へ (84)、いのちとくらしを「夢のある未来」へ (74)、価値あるものを次世代へ (61)
A (対象) を B (人) へ (伝える、届ける)
よろこびをすべての人へ (53)、すこやかをあなたへ (44)
A (対象) を B (場所) へ (伝える、届ける)
先端を日常へ (32)、フレッシュな感覚を食卓へ (31)

述語穴埋めテストにおいて、この構文を「AをBに」構文に変えてみたところ、(11a) でも (11b) でも同じような述語が現れた。

(11) a. 新たな機能を手に入れたNewプリメーラ。さらに、あなたを一歩先に ( )。(作例)

進める (18)、連れていく (7)、× (6)、導く (4)、いざなう (3)、運ぶ (3)、進ませる (2)、誘う (1)、進化させる (1)、前進させる (1)、追い越す (1)、送る (1)、移す (1)、する (1)

b. 新たな機能を手に入れたNewプリメーラ。さらに、あなたを一歩先へ ( )。(日産自動車「プリメーラ」)

進める (11)、導く (9)、× (9)、進ませる (4)、連れていく (2)、リードする (1)、運ぶ (1)、送る (1)、招待する (1)、前進する (1)、前進させる (1)、行かせる (1)、ご案内 (1)、動かす (1)、飛ばす (1)、伸ばす (1)、進む (1)、あげる (1)、行こう (1)、ぼっきんきん (1)

しかし、対象を次の段階へと進化させることを表す場合、実際には「AからBへ」構文を使うのが普通である。これは到達点に焦点の当たる「に」よりも、過程を重視した「へ」の方が進化してゆく姿が動的に映し出されるためであると考えられる。

ところで、表1の23「フレッシュな感覚を食卓へ」の例は、アンケートで「へ」を選んだ人の割合が31パーセントと少なく、むしろ「に」の方が69パーセントと高くなっている。これは、この例が「対象をある場所に存在させる」というイメージで捉えられやすいためであると考えられる。一般に到達点重視の場合、表1の25「三ツ星レストランの豊かな香りを食卓に」のように「AをBに」構文をとることが多い。そのため、「に」と回答した人が多くなったものと考えられる。

(12) a. フレッシュな感覚を食卓に（　　）（作例）
　　　　　届ける（16）、運ぶ（5）、お届けする（4）、お届け（3）、届けよう（3）、×（3）、並べる（2）、取り入れる（2）、持ち込む（2）、持って来る（2）、持っていく（1）、もたらす（1）、運ぼう（1）、再現しよう（1）、のせる（1）、送る（1）、変える（1）、する（1）
　　 b. フレッシュな感覚を食卓へ（　　）（まる玉（スーパーマーケット））
　　　　　×（12）、届ける（9）、お届けする（6）、送る（6）、運ぶ（5）、どうぞ（2）、伝える（1）、伝えよう（1）、お届け（1）、持っていく（1）、持ち込もう（1）、移そう（1）、並べよう（1）、取り戻す（1）、押し流す（1）、再現する（1）

6. 格助詞「へ」と経路

次に格助詞「へ」の特徴について見る。上で見てきたように、「に」が移動や変化の結果に焦点が当たる傾向があるのに対し、「へ」は移動や変化の過程に焦点が当たる傾向がある。(13)の述語穴埋めテストでは、「に」でも「へ」でも同じように「入る」、「到達する」といった述語が選ばれている。しかしテンスに着目すると、(13a)ではタ形が8人いるのに対し、(13b)ではタ形が1人しかいない。このような点にも「に」が結果重視、「へ」が過程重視であるという違いが現れている。実際、この例は格助詞穴埋めテストでも77パーセントの人が「へ」を入れている。

(13) a. いま、表現者の領域に（　　）。（作例）

× (9)、入る (7)、達する (3)、踏み込んだ (3)、踏み込む (2)、到／至る (2)、達した (2)、入った (2)、到達する (1)、到達した (1)、踏み入れる (2)、到達 (1)、踏み込む (1)、踏み入れよう (1)、踏み込め (1)、侵入する (1)、移る (1)、向かう (1)、行く (1)、進出だ (1)、近付く (1)、革新が起こる (1)、入っている (1)、現れる (1)、見る (1)、いる (1)、する (1)

b. いま、表現者の領域へ（　　）。（コシナ「一眼レフ用レンズ」）

× (16)、入る (8)、飛び込もう (3)、踏み込む (4)、行く (4)、進む (2)、達する (2)、到達する (1)、到達した (1)、到達 (1)、踏み入れる (1)、踏み出そう (1)、向かう (1)、迫る (1)、飛び込む (1)、行こう (1)、コンタクト (1)、エナジー (1)

このほか、「へ」には後に来る述語が想定されにくい場合があるという特徴がある。(14) は格助詞穴埋めテストで「に」と「へ」の割合がちょうど半々となった例であるが、興味深いことに述語穴埋めテストにおいて、「に」の後には述語が想定されるのに対し、「へ」の後には述語が想定されにくいという違いが見られた。このような例の存在から、「へ」にはそれ自体に変化過程を表す機能があると考えられる。

(14) a. さらに、入れたての味わいに（　　）。（作例）

なる (12)、なった (7)、近付く (5)、× (4)、する (3)、した (3)、変わった (2)、進化した (2)、感動する (2)、変化した (1)、変わる (1)、近付いた (1)、近付ける (1)、進化 (1)、出会う (1)、浸ろう (1)、感じよう (1)、興奮する (1)、感激 (1)

b. さらに、入れたての味わいへ（　　）。（JT「ルーツ」〔缶コーヒー〕）

× (29)、変わる (4)、近付く (4)、進化する (3)、なった (2)、変化した (1)、近付いた (1)、進化 (1)、行く (1)、近くなる (1)、こだわる (1)、こだわった (1)、誘い込む (1)

また、「へ」は対象を次の段階へと進化させることを表す広告コピーにおいて、しばしば述語を伴わずに使われる。

(15) シキシマは、Pasco へ。（敷島製パン）

(16) J‐フォンは、ボーダフォンへ。（J‐フォン）

(17) 日本でいちばん開いている銀行へ。（UFJ 銀行）

(18) 呼出し音は、「プルルル…」から「♪♪♪♪…」へ。(NTT Do Co Mo)
(19) きたでも、みなみでも、どこでもつながるテレビ電話へ。(NTT Do Co Mo)
(20) 10.1 新ダイヤ＆品川駅開業　「のぞみ」は1時間最大7本へ　(JR 東海)
(21) 静岡駅始発6：21～品川駅着7：32。近づく渋谷・ラクラク羽田・成田空港へ。(JR 東海「10月1日新ダイヤ＆品川駅開業」)

このように「へ」は過去から現在へ、そして未来へと進化や発展をしてゆくイメージを表す場面で多く使われる[8]。

7. まとめ

以上、本稿では格助詞で終わる広告コピーを対象に、「に」と「へ」のもつイメージの違いについて分析した。その結果、両者に次のような使い分けのあることを指摘した。

「に」：着点重視。移動や変化の結果を表す傾向がある
　　　「AがBに」構文あるいは「AをBに」構文を取りやすい
「へ」：経路重視。移動や変化の過程を表す傾向がある
　　　「AからBへ」構文あるいは「AをBへ」構文を取りやすい

本稿ではあまり考察できなかったが、「AがBへ」構文は「シキシマは、Pascoへ」や「J-フォンは、ボーダフォンへ」のように、「が」が主題化して「は」となることが多い。このような表現を含め、「Aを／がBに」構文と「Aを／がBへ」構文のイメージを図示すると図3、図4のようになる。

図3「Aを／がBに」のイメージ　　図4「Aを／がBへ」のイメージ

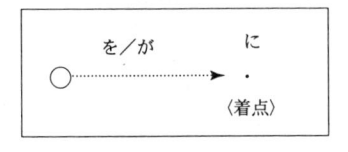

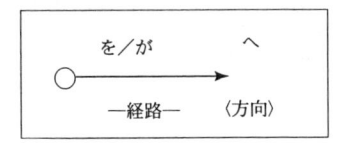

ここではじめの（1）と（2）の違いについて考えたい。

(1) 彼が待ってる新宿（　）、5,100円で連れてって！

　　　　　　…「に」：21 人（42%）、「へ」：29 人（58%）
　（2）　彼女が待ってる新宿（　）、恋する切符、5100 円。
　　　　　　…「に」：3 人（6%）、「へ」：47 人（94%）

　（1）の「連れていく」は移動の過程と結果をともに含んだ表現で、読み手はこの動詞の存在により名古屋を出発し新宿まで到達する一連の動きをイメージすることができる。そのため目的地を表す「に」を使おうと、方向を表す「へ」を使おうとさほど違いは感じられない。ところが、（2）は述語を伴わない表現であるため、目的地を表す「に」を使うのか、方向を表す「へ」を使うのかで読み手の描くイメージは変わってくる。すなわち、「に」を使うとすでに目的地に到達しているというイメージが強くなるのに対し、「へ」を使うと今まだ目的地に向かっているところである、あるいはこれから目的地に向かうところであるというイメージが強くなる。この広告は名古屋にいる読み手が今まさに恋人に会いに新宿へ向かおうとする状況を描いているため、「へ」を選択する人の割合が高くなったと考えられる。（図5、図6）

図5 「彼が待ってる新宿へ」のポスター　　　図6「彼女が待ってる新宿へ」のポスター

（資料提供　名古屋鉄道）

注
1) このアンケート調査とは別に、名古屋大学の学部生の授業（全部で6クラス。いずれも約 30 ～ 50 人出席）で挙手によって答えてもらったところ、(1) はどのクラスでも「に」と「へ」がほぼ半々であったのに対し、(2) はどのクラスでも「へ」が圧倒的に多く「に」は 2 ～ 5 人しかいなかった。
2) インターネットの電子図書館「青空文庫」に収録されている作品のうち、現代日本語の検索に適当でかつ著作権上問題のない 707 作品が収められている。
(http://prairie.lang.nagoya-u.ac.jp/chakoshipub.html)
3) 表 1 の 39、64（例文 (1)、(2)）は 50 人を対象に調査したものである。他の 100 人を対象に調査した項目と比較しやすいように、調査で出た数字を 2 倍して示しておく。
4) 実際のアンケートではゴシック体にはしていない。
5) この「を」1 や、後の「無記入」1 などは、格助詞「を」を記入していたり、無記入であった被験者の割合を百分率で示している。
6) そもそも主体の存在や状態変化は「*～へある」、「*～へなる」という言い方ができないため、「へ」は選択されにくいと考えられる。
7) 表 2 ～表 5 において、括弧内の数字は元の広告コピーと同じ格助詞を入れた被験者の数を示している。
8) 格助詞「へ」は未来志向の場面で使われることが多い。この点については、杉村（2003）で論じる予定である。

（本稿は平成 14-15 年度日本学術振興会科学研究費補助金（若手研究（B））「日本語電子化コーパスの利用による日本語文法教育の研究」（（題番号 14780160）による研究成果の一部である。）

[参考文献]
杉村　泰 2002.「格助詞で終わる文について ──「～を／が～に」構文と「～に～を」構文──」『ことばの科学』15　p.235-p.250　名古屋大学言語文化研究会
─── 2003.「広告コピーに見る格助詞「へ」の用法について ──シキシマはPascoへ、J－フォンはボーダフォンへ──」『言葉と文化』5　名古屋大学大学院国際言語文化研究科日本言語文化専攻（印刷中）
（PDF 版　http://www.lang.nagoya-u.ac.jp/~sugimura/）
野田尚史 1991.『はじめての人の日本語文法』くろしお出版
益岡隆志・田窪行則（1987）『日本語文法セルフ・マスターシリーズ 3　格助詞』くろしお出版
李　欣怡 2002a.『美しい国へ。　─格助詞で終わる広告ヘッドラインの一考察』名古屋大学大学院国際言語文化研究科修士学位論文

――― 2002b.「格助詞で終わる広告ヘッドラインの述べかけ方」『平成14年度日本語教育学会第3回研究集会予稿集』p.93-p.96　日本語教育学会

――― 2002c.「格助詞で終わる広告ヘッドラインに隠されたもの ――文の「述べ方」という視点から――」『ことばの科学』15　p.5-p.22　名古屋大学言語文化研究会

文の主題と談話の主題

砂川　有里子

0. はじめに

　言語による情報伝達では目下の談話が何について語られているのかを伝達できなければその目的が果たせない。何について語られたものであるかがうまく伝わらないときは「何を言っているのか分からない」「何の話か分からない」などと言われることになるが、この場合の「何」の部分には話の内容、話し手の意図などさまざまなものが含まれる。本稿で問題とする「談話の主題」というものを日常レベルの表現で言い表したものがその「何」に当たると言ってよいだろう。このような日常的なレベルでの使い方ならば「何」ひとことでもすむのであるが、談話研究のための概念としてあらためて「談話の主題」を規定しようとすると、次のようなむずかしさに直面する。

　まず、談話の主題というのは、談話の進行に伴って、次々に消滅したり統合したりしながら新たな主題が生み出されていくものである。談話の主題とは刻々と変化しながら、しかも多くの場合はその前後に隣接する談話の主題と統合し、全体を貫くより大きな主題の中に収斂する。尤も、社交的・交感的要素の強い「おしゃべり」では局所的な主題どうしの関連性が求められるだけで、全体を貫く大局的な主題は構築されないことが多い。一方、課題解決のための話し合いや、推敲を重ねて書かれる文章の場合は、全体を貫く主題を念頭に置いて談話が展開されることが少なくない。このような違いはあるが、談話の主題というものが、談話の展開に伴って常に変化し続ける可変的な存在であることに変わりはない。

　このような談話の主題は、談話の進行に伴って話し手や聞き手の頭の中で組み立てられていくものである。それは目に見えない「情報」なのだから、頭の中で談話の主題がどのように構築され記憶されていくかを直接観察することは不可能である。先に述べた可変的存在であるという特徴に加え、談話の主題が組み立てられる過程を直接観察することができないとい

う点も、談話の主題を捉えにくいものとしている一因であると言える。

しかし、言語による情報伝達を可能にしているのは談話の中で使用された言語の表層的な形式、つまり私たちが聞き話す音声や伝達に使用された文字の痕跡である。したがって、談話の主題を捉える手がかりはその種の表層的な言語形式の中に存在するはずである。たとえばプロミネンスは後続の談話で重要な主題となる指示対象を特に目立たせて示すことができる。このような音声的手段のほかにも、語順・文の構造・主題標識・メタ言語的談話標識などのさまざまな表現形式が談話の主題を捉える手がかりを与えてくれる。本稿では、まず日本語の主題標識である「は」に着目して文の主題と談話の主題との関わりを考察し、談話の主題が文の主題の集合や複合といった単純な捉え方では捉えられないものであることを明らかにする。次いで談話の主題に関するいくつかの研究を取り上げ、認知的な立場からの談話の主題に関する考察を整理して示すことにしたい。

1. 文の主題

ある談話の中で用いられた文が、ある指示対象について何かを叙述するという述べ方になっているときに、その指示対象を「文の主題」と呼ぶことにしたい。このような文の主題はランブレヒト (1994) の「トピック」に相当するものである。ランブレヒトは文のトピックを次のように規定する[1]。

> A referent is interpreted as the topic of a proposition if in a given situation the proposition is constructed as being about this referent, i.e. as expressing information which is relevant to and which increases the addressee's knowledge of this referent.
> 当該の状況で、ある指示対象についてのものとして命題が構成されているとき、すなわち、その指示対象に関連をもつ情報として、また、その指示対象についての聞き手の知識を増やす情報として命題が構成されているとき、その指示対象はその命題のトピックであると解釈される。
>
> (Lambrecht 1994, p.131)

すなわちランブレヒトは文のトピックを文の構成要素や文の成分といっ

た表現そのものを指すものではなく、それらの表現が指し示す指示対象であると規定し、トピック（topic）とそれを表す文法的な手段（topic expression）とを区別するのである。本稿での文の主題もランブレヒトと同様に、文がそれについて述べている指示対象を指すものとする。これによって談話の中で語られる指示対象の側面とその指示対象を表す表現形式の側面を分けて論じることが可能となり、文の主題を明示するさまざまな表現形式が談話の中で異なった働きを持つことをより明示的、操作的な方法で記述できると考えるからである。

さて、日本語の助詞の「は」は、名詞句に付いてその名詞句が文の主題であることを示す形式である[2]。このことから「は」は文の主題標識であると言われている。しかしながら、文の主題は必ずしも「は」で表されなければならないというわけではない。「とは」「って」「なら」などの形式も主題を表示するものであるし、「お父さんお元気ですか」のように「は」を伴わずに名詞句だけで文の主題を表すことも可能である。また、文の主題が明示的な形式を取らずに省略されて表現される場合もある。たとえば、次の例の第2文以下では文の主題である「その青年」が表現されていない。つまり、冒頭の文に現れた「その青年」は、冒頭の文だけでなく第2文〜第4文の主題でもあるが、そこでは実体のある形式で示されず、「省略」というゼロ形式で表されているのである。

(1) [1]その青年はひとりで暮らしていた。[2]小さな会社につとめていたが、同僚たちとの仲はあまり親しいものではなかった。[3]仕事においてとくに優秀というわけでなく、重要視されていなかったのだ。[4]早くいえば、みなに軽くあしらわれていた。

(星新一「夜の迷路」)

三上（1960）は、上記の例のように「は」が一文を越えてそれ以降の文の主題として係っていく現象を指摘し、そのような現象を「は」の「ピリオド越え」と名付けている（三上 1960: pp.117-129）。このように文の主題標識「は」は談話の主題展開において何らかの働きを持っていることが予想される。しかしながら、その働きは主題標識「は」が指し示す指示対象と談話の主題を直接関係づけるような単純なものではない。書き言葉においては「は」が指し示す指示対象が談話のなかで比較的高い主題性をもつという報告があるが（砂川 2000）、話し言葉においては「は」が指し示す

指示対象は対比的な指示対象を表すものが多く、大局的に動機づけられた主題の「は」は極めて少ないという報告もなされている（クランシーとダウニング 1987）。このように、文の主題標識である「は」は、談話の主題展開に直接の影響を及ぼすものではない。しかし何らかの関わりがあることは様々な研究によって明らかにされている。たとえば、クランシーとダウニング（1987）は、話し言葉の語りというジャンルで「～は」が局所的な結束性に大きな役割を果たすことを明らかにしている。また、メイナード（1987）は、「～は」と「～が」の使い分けを語りの作者がストーリーを構築する上でのストラテジーとして利用していることを論じている。さらにベケシュ（2001）では、語りにおける「～は」が内容的パラグラフの境界設定と深い繋がりがあることを論じている。また、砂川（2000）は書き言葉の説明文で初出に「は」を伴った指示対象がその談話での包括的な主題となる傾向が高いことを報告している。さらに、「は」と「が」の使い分けを「この」と「その」の使用との関連で記述した庵（1997）の研究もある。

このように「は」と談話の主題展開との関連についてはさまざまなジャンルの談話で考察され、そのジャンルにおける特徴が明らかにされている。しかし、すべてのジャンルに通じる包括的な解明がなされているとは言えない状況で、今後に残された課題は少なくない。

2. 文の主題と談話の主題展開

さて、談話の主題展開を文レベルの主題展開のパターンとして捉えようとしたものとしてプラーグ学派のダネシュ（1974）に触れておくことにしたい。プラーグ学派は文をテーマとレーマの構成体であると考える。ダネシュもその考えを引き継いで、同一の指示対象が持続して文の主題となり、それにあらたな情報が付け加えられてゆく(1)で例示したような談話展開を、「持続的主題による主題展開（TP with a continuous theme）」と呼び、次のように図示している（Daneš 1974, p.118）。

(2) $T_1 \rightarrow R_1$
 $\downarrow$
 $T_1 \rightarrow R_2$
 $\downarrow$
 $T_1 \rightarrow R_3$

それに対してあらたに導入された指示対象がつぎつぎと後続の文の主題となってゆく(3)のような談話展開を「レーマの線状的主題化による主題展開 (TP with linear thematization of rhems)」と呼び、(4)のように示している。

(3) はとが<u>あり</u>を見つけました。
　　　　　↓
　　　<u>あり</u>は<u>木の葉</u>につかまりました。
　　　　　　　　↓
　　　　　<u>木の葉</u>は船になりました。
　　　　　　　　　　　(光村図書出版『こくご三上』)

(4)　T 1 → R 1
　　　　↓
　　　T 2 (= R 1) → R 2
　　　　　　↓
　　　　T 3 (= R 2) → R 3

　ダネシュはこのほかに第3のタイプとして、上位のテーマからいくつかの下位テーマが派生される「派生的なテーマによる主題展開 (TP with derived T's)」というタイプにも言及し、実際の談話ではこれらの3種の型がさまざまな組み合わせで現れると述べている。このようにダネシュは文レベルの主題という概念が談話レベルの主題展開を支える重要なファクターであることを論じている。
　しかし、実際の談話での主題展開は必ずしも主題を持つ文によって行われているわけではなく、次のように主題を持たない無題文が談話の主題の展開で大きな役割を果たす場合もある。

(5)　くまさんが、ふくろをみつけました。
　　　「おや、なにかな。いっぱいはいっている。」
　　　くまさんが、ともだちのりすさんにききにいきました。
　　　くまさんが、ふくろをあけました。なにもありません。
　　　「しまった。あながあいていた。」
　　　あたたかいかぜがふきはじめました。
　　　ながいながいはなのいっぽんみちができました。
　　　　　　　　　　　(光村図書出版『こくご一上』)

　このテキストにおいて「くまさん」が重要な主題となっていることは、誰

もが認めるところだろう。しかしこの中で「くまさん」は一度も文の主題として示されていないのである。ここでは「くまさん」という名詞が主格成分の中で繰り返し用いられ、「くまさん」の行動や思考内容が繰り返し述べられることによって、これら一連の文が「くまさん」に関する物語を構成しているという理解が生まれている。

以上に見た例によって明らかなように、文の主題が談話の中で必ずしも重要な主題の位置を占めるとは限らないし、無題文によって示された指示対象が談話の中での重要な主題となることもあるのである。このことから、談話の主題は、文の主題の集合や複合、あるいは文の主題の拡張といった単純な捉え方では捉えきれないものであることが分かる。

それでは談話の主題とはどのようなものなのだろうか。この問に関しては、談話の過程で意識が向けられる「指示対象」に着目する立場と、談話の所産としての意味表象を表す「命題」に着目する立場を取り上げることにしたい。

3. 談話の主題

ギボンは、トピックがテーマ・レーマ、あるいはトピック・コメントという不連続で分断的な単位として記述されていることを批判し、「トピック性（topicality）」という連続的な概念を提唱した（Givón1983）。そして、ある指示対象のトピック性は、その指示対象の分布状態を前後の文脈の中で調べることによって、客観的・操作的に判定できるとする。そのときに用いられるのは、直前の文脈での同一指示対象までの距離（referential distance: RD）と、他の干渉者の有無（potential interference: PI）、および、後続の談話で同一指示対象の生起する頻度（topic persistence: TP）という三つの尺度である。これらのうちの RD と PI は先行文脈からの予測の可能性を測定するもので、記憶からの衰退や指示対象の検索といった認知活動と関連が深い。一方の TP は後続談話におけるトピックの重要性を測定するもので、注目という認知活動に関連するものである（Givón1989）。

以上三つの尺度によって談話における比較的狭い範囲での主題性を数量化して記述することが可能となり、文法的な表現形式と談話の主題との関わりがより明示的・操作的な手法によって記述されるようになった。また、文法的な表現形式と談話の主題との関連を認知的な観点から説明すること

が可能となり、この方面の研究を大きく進展させることに貢献した。
　一方のチェイフも人間の認知活動という観点から談話の主題を規定する。次の引用に見られるように、チェイフは指示対象に対する認知的な状態のあり方によって談話の主題を捉えようと試みる。

(6) The preceding or following context may consist of nothing more than a single focus of consciousness but more often it involves a focus cluster covering an idea that is too large and complex to be brought within a single focus of fully active consciousness. A larger idea of this kind can only be embraced within semiactive consciousness, and can be said to constitute a discourse topic.

前後の文脈の中には、たったひとつの意識の焦点しか含まれていないということもあるかもしれないが、活性化された一つの焦点では捉えられないような大きくて複雑なアイデアをカバーする焦点の集合体といったものが含まれていることの方が普通である。このような大きなアイデアは半活性化された意識によってしか捉えられない。半活性化されたこのような意識が談話トピックを構成するものと言えるのである。

(Chafe1997, p.42)

　日常の生活を振り返ってみても、私たちの意識がたった一つのことにしか向けられていないというのはむしろ特殊な状況で、普通は同じ時にいろいろなものごとを、意識の様々な濃淡に応じて視野に含めているものである。私たちは、視覚、聴覚、触覚などを通じて多様な刺激を感知し、そこから得られる種々の情報を同時進行的に処理しながら行動している。そのような情報処理のあり方は、言語を媒介したコミュニケーションにおいてもそれほど変わるものではないと思われる。言語のコミュニケーションにおいては、発話に明示されたことがらだけでなく、その背後にある談話のコンテクストの種々雑多な情報を含むあれこれの指示対象に意識が向けられるのである。しかし、そのときの意識の向けられ方は、すべてのものごとに均一なものではないだろうから、それぞれの指示対象に向けられた意識の状態のあり方が問題となってくる。このような意識のあり方としてチェイフ（1987）は次の三つの区別を立てている（Chafe1987, p.25）。

- 活性的な概念（active concept）：現に活性化されている概念。意識の焦点が当てられている。
- 半活性的な概念（semi-active concept）：意識の周辺にある概念。背景的に気づいてはいるが、直接に焦点が当てられてはいない。
- 不活性的な概念（inactive concept）：長期記憶の中にある概念。焦点的にも周辺的にも活性化されていない[3]。

　談話参加者の関心は、談話の展開に沿って絶えず変化し続けるものである。あらたな情報が与えられると新しい指示対象に意識の焦点が結ばれるが、次の瞬間には別の情報が流れ込み、直前まで活性化されていた情報は意識の表面から退いていく。談話の過程においては、このように、一時的な関心を引くだけの指示対象がある一方で、継続的に関心が向けられる指示対象もある。談話の主題を捉えるには、談話の展開過程でかかわってくる複数の指示対象のそれぞれに談話参加者の意識がどの程度の強さでむけられているか、同じ指示対象が談話参加者にどの程度長く意識され続けるかということが重要な問題になるわけである。すなわち、継続的に関心が向けられる指示対象は、より安定した主題であり、広範囲にわたって包括的に談話を結束させる上位の主題として位置づけることができる。談話の構成は、このような上位の主題の下により狭い範囲における下位の主題が存在し、その下にはさらに下位の主題が位置づけられるといった形での階層構造によって特徴づけられるものと考えられる。

　このように、談話のコンテクストに組み込まれた情報は、あらたな情報が処理されるごとに次々と更新され累積されていく。今現に語られていることに関する情報は活性化された状態で意識の表面に浮上しているが、しばらく語られなかったことに関する情報は意識の背後に押しやられ、それに関することがらが再び語り始められるまでは半活性化状態で意識の周辺にとどまるか、不活性な概念として長期記憶に蓄えられることになるのである。この種の処理においては、発話の部分部分の意味、あるいは部分と部分の関係を、談話のコンテクストに照らし合わせて理解する。発話とほぼ同時進行的に行われるこのような情報処理のありかたは、そのときあらたに流れ込んできた情報に対する即時的・局所的な処理であると言える。

　談話の過程では以上のような即時的・局所的な処理が絶えず行われてい

る。しかし、その一方で、私たちは言語活動の所産としてのテキストを解析し、理解するという遡及的・大局的な情報処理も行っているのではないかと思われる。こちらの方は、これまでに理解し得た内容を思い起こし、何がどのように語られていたかを確認する、あるいは全体の内容を大まかに捉え直すといったような大局的なテキスト解析の作業である。このような作業は、会話に一区切りついたときやまとまった量の文章を読み終えたときに意識的に行われることもあるが、多くは過程的・局所的な処理の合間に無意識のうちに行われているものである。とりわけ、込み入った議論をしているときや、難解な書物を読んでいるとき、我々は無意識のうちに、局所的な談話を大局的な処理に基づく情報と結びつけて理解しようとする。この種の大局的な処理は、談話と同時進行的に行われるというよりは、一定の談話の所産を得た上での遡及的な処理である。その点で、ほぼ同時進行的に行われている過程的・局所的な処理とは区別される必要があるのである。

　私たちの談話理解は、局所的な処理の積み重ねが大局的な処理を支える一方で、局所的な処理においても大局的に処理された情報に照らし合わせることによっていっそう深い理解が行われるのである。談話理解とは、このように遡及的・大局的な処理と過程的・局所的な処理とが相互依存的に関わり合うことによって進められるものであると言える (van Dijk & Kintsch 1983, p. 89)。

　このような大局的な処理の側面から談話の主題を規定しようとする立場に、ヴァン・ディック (1977) を挙げることができる。ヴァン・ディックによれば、談話の主題とは命題という形で捉えられ、以下のように規定される。

　　(7)　a proposition entailed by the joint set of propositions expressed by the sequence
　　　　(句の) 連鎖によって表現された命題の結合的集合に内包される命題

(van Dijk 1977, p.136)

ここに見られる「命題の結合的集合」という表現は、談話を構成する一つ一つの文の命題を累積加算したものという意味で用いられているのではない。文の表す個々の意味を階層的に配列し、その情報を削減したり統合

したり組織化したりした上で得られる連鎖全体の包括的な意味表象を表すものである。ヴァン・ディックは談話を命題の集合によって構成されている階層的な構造体と見なし、その階層の上位に位置づけられる命題を談話の主題であると見なすのである。ここには、主題の階層構造に基づくマクロ的な談話の構造が想定されているわけである。

　このようなヴァン・ディックの考え方は、談話が展開してゆくダイナミックな過程を捉えようとするチェイフの立場とは対照的に、談話の所産であるテキストを質的に解釈するという手段によって分析するものである。この点に対して、ブラウンとユール (1983) は厳しい批判を加え、ヴァン・ディックの分析は言語学的な分析ではないとまで断じている。

　ブラウンとユールによれば、さまざまな解釈が可能なはずのテキストに、たった一つの主観的な解釈を加えるところに方法論上の問題がある。さらに、談話の主題という意味表象を命題という形で捉えることにも問題がある。命題というのは意味表象を記憶から呼び起こして言葉で表現しようとしたときに初めて構築されるものなのであって、心の中の意味表象が命題という形を持っているものではないのである。(Brown & Yule 1983, pp.108-116)。

　確かにブラウンとユールが指摘するように、命題という形で意味表象が記憶に蓄えられるわけではないだろうし、テキストにはいくつもの解釈が可能であるからひとつの命題でその内容を表すことなど不可能である。その点に関して彼らの批判は的を射たものであると言える。しかし、談話の所産としてのテキスト分析が言語学的な分析でないとする彼らの批判には問題がある。すでに述べたように、言語の処理には過程的・局所的な処理だけでなく、遡及的・大局的な処理もかかわっている。発話とほぼ同時に進められてゆく談話の処理は過程的・局所的な処理に多くを頼るものであるが、負担の大きい情報を処理しなければならないとき、遡及的・大局的な処理に多くのエネルギーが割かれることもまた事実である。言語の所産としてのテキストのマクロ的な構造を捉えようとするヴァン・ディックの試みは、遡及的・大局的な情報処理を記述しようとする試みとして、その価値を失ってはいないのである。

　以上、きわめておおざっぱであるが、談話の主題に関する二つの立場からの取り組み方、すなわち、談話の過程の中での指示対象に対する意識の

向け方に着目するギボンとチェイフの議論、および、談話の所産としての意味表象を命題として捉えようとするヴァン・ディックの議論を取り上げて、談話の主題の素描を試みた。これらの議論を踏まえた日本語の談話分析の実例としては砂川（2000）やベケシュ（2001）の研究を参照していただきたい。

注
1) ランブレヒト（1994）では文のトピックしか扱わず、談話のトピックは考察の対象でないため、特に断らない限りは「トピック」という用語で文のトピックを指している。
2) 「は」は、「東京へは行かない」「東京へ行きはしない」のように名詞句以外に付くこともある。しかし、本稿では名詞句に付いた場合のみを考察の対象とする。
3) チェイフの「不活性な概念」の中にはそもそも長期記憶の中にも存在しない全く新しい概念というものは含まれていない。つまり「活性」「半活性」「不活性」という三区分では、聞き手がその談話によって初めて意識する全く新しい指示対象を捉えることはできないという問題がある。

[参考文献]
庵功雄 1997.「「は」と「が」の選択に関わる一要因－定情報名詞句のマーカーの選択要因との関係からの考察－」『国語学』188号　p.134-p.124
砂川有里子 2000.「談話主題の階層性と表現形式」筑波大学『文藝言語研究（言語編）』38号　p.117-p.137
ベケシュ・アンドレイ 2001.「日本語にいわゆる「ハの主題」はあるのか－文脈の観点から－」『筑波大学東西言語文化の類型論特別プロジェクト研究成果報告書 平成13年度V』　p.107-p.129
三上章 1960.『象は鼻が長い』くろしお出版
メイナード泉子 1997.『談話分析の可能性』くろしお出版
Brown, G. and G. Yule. 1983. *Discourse Analysis*. Cambridge, Cambridge University Press.
Chafe, W. L. 1987. Cognitive constraints on information flow. In R. Tomlin （Ed.）, *Coherence and Grounding in Discourse*. Amsterdam, John Benjamins. p.21-p.51.
Chafe, W. L. 1997. Polyphonic topic development. In T. Givón （Ed.）, *Conversation: Cognitive, Communicative and Social Perspectives*. Amsterdam, John Benjamins. p.41-p.53.
Clancy, P. and P. Downing. 1987. The use of WA as a cohesion marker in Japanese oral

narratives. In J. Hinds et al. (Eds.), *Perspectives on Topicalization: The Case of Japanese WA*. Amsterdam, John Benjamins. p.3-p.56.

Daneš, F. 1974. Functional sentence perspective and the organization of the text. In F. Daneš (Ed.), *Papers on Functional Sentence Perspective*. Hague/Paris, Mouton. p.106-p.128.

Givón, T. 1983. Topic continuity in discourse: an introduction. In T. Givón (Ed.), *Topic Continuity in Discourse: A Quantitative Cross-Language Study*. Amsterdam, John Benjamins. p.3-p.41.

Givón, T. 1989. *Mind, Code, and Context: Essays in Pragmatics*. Hillsdale, Erlbaum Associates.

Lambrecht, K. 1994. *Information Structure and Sentence Form: Topic, Focus, and the Mental Representations of Discourse Referents*. Cambridge, Cambridge University Press.

van Dijk, T. A. 1977. *Text and Context: Explorations in the Semantics and Pragmatics of Discourse*. London, Longman.

van Dijk, T. A. and W. Kintsch. *Strategies of Discourse Comprehension*. Orlando, Academic Press.

有対自動詞可能文のシンタクスと意味

―結果可能表現の論理とメカニズムをめざして―

張　威

0. はじめに

　日本語動詞の自他についての研究は歴史が古い。須賀・早津1995の統計によれば、17世紀半ば以来、260余りの著書や論文が発表されているという[1]。自他の対応は日本語動詞にみられる大きな特徴であり、形態的な面のみにとどまらず、統語的ならびに意味的な面においても深く関わっており、従来研究者の注目を集めてきた。

　また、対応する自他動詞については、他動詞と比べて自動詞の意味・用法がより複雑であり、多様性を呈している。そのうち、まだ十分に説明されていない事象も少なくない。たとえば、次の2つの例を見てみよう。

(1) いくらさがしても、ここに置いたはずのメガネがみつからない。

(2) いくらさがしても、ここに置いたはずのメガネがみつけられない。

　形式の上からみれば、例(1)は述語の位置に「みつかる」という自動詞が用いられているため、日本語文法では通常自動詞文として扱われている。それに対し、例(2)は〈可能〉の接辞 rare-(ru)が述語動詞に付加されているという理由で、従来可能文とみなされている。勿論、自動詞文とは述語動詞の種類と文法的特徴を基準に定められたものであり、この場合、述語動詞の形態的特徴が重んじられ、文の表現機能もしくは意味的特徴については問われていない。ところが、可能文の場合は、形態的特徴のみならず、意味的特徴も重んじられている。つまり、形態と意味という二つの要素が同時に文を特徴づける際の基準となっているのである。したがって、自動詞文と可能文はそれぞれ異なる概念を指し示すものである。

　ところが、よく観察すれば、例(1)を例(2)に置き換えても文の知的意味が変化しないことに気づく。これは大変興味深い現象である。一般的

に言えば、形式の異なる表現同士が置き換え可能な場合は、伝達機能における何らかの共通点の存在が裏付けられているにほかならない。それでは、例 (1) の自動詞文は、果たして例 (2) の可能文と同様の機能をもっているであろうか。

上で取り上げた例 (1) の自動詞文では、「みつかる」(自) －「みつける」(他) のように対応する他動詞を有する自動詞が用いられている。以下ではこうした特徴を持つ文を「有対自動詞文」[2] と呼ぶこととする。例 (1) のような有対自動詞文が可能文に置き換えられる性質をもっていることに言及したものは先行研究[3] にもみられる。しかし、残念なことに、それらは大抵個別的で断片的な現象の指摘のみにとどまっているにすぎず、系統的な理論研究に踏み入ったものはほとんどみられなかった[4]。

その原因を考えてみると、如何なる研究であろうと、それが進められていくには様々な歴史的・社会的条件が必要であり、そういった条件によって制約されているのである。言語の研究では、個別言語の局限性によって、従来研究者たちに気付かれずに未解明のまま存在していた現象が、その後他の言語と接触し比較されることによって問題点として浮上し、次第に認識されるようになり、ついに研究の対象となるケースもある。例 (1) のような有対自動詞文が無標識で〈可能〉を指し示す現象は、まさにそれに当てはまるものであろう。戦後、日増しに進展してきた日本語教育の国際化、その急激な普及および隆盛により、日本語はますます多くの言語と接触するようになってきた。すると、それまで国語としてはつい見過ごされてしまった様々な現象が非母国語話者を対象とする日本語教育の実践の中で問題点として発覚されるようになる。このような非母国語話者に対する日本語教育のニーズに応えて、それらの問題点が適切に説明されるように、日本語研究が進められてくる。このような歴史的、社会的背景があって、今日では、例 (1) のような有対自動詞文の特異性と伝達機能に現れる問題点が次第に認識されるようになってきた。

張 1998 は、日中対照言語研究の手法により、例 (1) のような有対自動詞文を対象に、可能表現との関わりの上から考察と分析を加えた。そして、文法論の立場からこの類の有対自動詞文の指し示す意味を〈結果可能〉と概念化させた上で、「結果可能を指し示す表現は日本語の可能表現として認められるべきものである」との見解を示した[5]。結果可能表現研究の基本

的立場と問題現象についてのとらえ方については、第2章と第3章で取り上げることとする。

結果可能表現の研究で重要なのは、例(1)のような有対自動詞文が可能文に置き換えられるという現象を個別的で偶然的なものではなく、ネイティブの言語意識を如実に反映し、それに支配されている、規則性と普遍性を有する言語使用として認識しており、また、その言語使用を制御する言語意識の実態とそれに関わる原理とメカニズムを究明することを目的としている、ということである。勿論、この目標を達成するまでの道のりはまだ遠く、この研究を深めていくには、より多くの研究が必要であることは言うまでもない。

拙稿は、結果可能表現研究の立場から、主としてシンタクスの側面から有対自動詞文が無標識で〈可能〉の意味を指し示す規則性を究明し、結果可能の意味形成に関わるメカニズムを検討したい。

1.「語彙的可能」と「シンタクス的可能」

日本語の言語使用において、有対自動詞文は無標識で〈可能〉の意味を指し示す。この現象を分析する際、有対自動詞構文によって特定の条件下で指し示される〈可能〉を有対自動詞のもつ語彙的なレベルでの〈可能〉と区別して扱う必要がある。

有対自動詞が語彙的に指し示す〈可能〉を「語彙的可能」、そして特定の条件下で有対自動詞構文によって指し示される〈可能〉を「シンタクス的可能」とすると、この二類の〈可能〉は異なる意味的性質を呈していることがわかる。

次に、まず「語彙的可能」を指し示す有対自動詞文を見てみよう。

(3) お爺さんはあの事故で目が見えなくなった。
(4) 耳が遠いので、小さい声は聞こえません。
(5) この役は男には勤まらない。
(6) その球場には客がどのくらい入りますか。

例(3)〜(6)はいずれも述語に語彙的なレベルで〈可能〉を指し示す有対自動詞を用いたものである。それらの自動詞で指し示されている〈可能〉は何らかの形の「能力」にまとめられる。たとえば、例(3)の「目が見えない」は「視力の喪失」を意味しているものであり、例(4)の「聞こ

えない」は「聴力が低下している」ことを言っている。また、例 (5) の「勤まらない」は「この役を演じるのに必要な能力は、男の人には備わっていない」ということを指し示し、例 (6) の「入る」は、「球場の収容能力」を示しているものである。

　上の例は、自動詞自身にもとより備わっている語彙的な意味を指し示しているものである。この場合、特定の構文要素の共起や文脈支持などがなくても、有対自動詞が使用されているだけで〈可能〉の意味が成立している。これに対し、次に挙げる (7)、(8) の例は「シンタクス的可能」を指し示すものである。これは、例 (3) 〜 (6) とは異なる性質を呈している。

　(7)　ブレーキをかけても、車は急に止まらない。
　(7)'　ブレーキをかけても、車を急に止めることができない。
　(8)　この薬を飲めば、あなたの偏頭痛は止まる。
　(8)'　この薬を飲めば、(7) あなたの偏頭痛を止めることができる。

　例 (7)、(8) をそれぞれ例 (7)'、(8)' に置換えても文の知的意味は変わらない。このことは、例 (7)、(8) のような自動詞文の場合にも〈可能〉の意味が指し示されていることを示唆している。しかし、この場合の〈可能〉は、自動詞自身に備わっている意味素性によるものではない。

　「止まる」という自動詞は、例 (7) では「動いていたものが動かなくなる」ということを、例 (8) では「続いていたものがそうでなくなる」ということを指し示しており、その意味は「動き、続きが止む」というものにまとめられる。つまり、「止まる」という自動詞は、先ほど例 (3) 〜 (6) の述語動詞で観察されたような〈可能〉を指し示す意味素性は有していないということである。より明確に言えば、例 (7) と例 (8) は語彙的なレベルで〈可能〉の意味を指し示しているわけではない、ということである。

　それでは、例 (7) と例 (8) は一体何故に〈可能〉の意味を指し示し得るであろうか。例 (7) から分析していくことにしよう。

　「車が止まる」は situation free の条件下では、ただ「車が走っている状態から停止する状態に変化する」という状況しか指し示していない。それが「車が止まらない」という否定の形式を取ると、当然「車が走っている状態から停止する状態に変化しない」という意味になる。situation free の条件下で観察すれば、肯定の場合と同様、〈可能〉の意味は感じられない。ところが、これに「ブレーキをかけても」という従属節を付加すると、〈可能〉を

指し示す条件が備わるようになる。一方、例（8）の場合は、「偏頭痛が止まる」は、situation free の条件下では、ただ「偏頭痛が続く状態からそうでない状態に変化する」ということを指し示しているにすぎない。それが「この薬を飲めば」という従属節を付加すると、例（7）の場合と同様、〈可能〉の意味が自ずと感じられる。

　上の分析で明らかなように、例（7）、（8）の指し示す〈可能〉は、自動詞自身の語彙的意味ではなく、それらの自動詞文の構文形式によって生ぜしめられたものである。そのため、この場合の自動詞構文は必然的に文構成と統語の上で一定の制約が課せられており、それは無条件で任意的なものではありえない。したがって、拙稿は例（7）、（8）のような自動詞文の意味を例（3）〜（6）と区別して、「シンタクス的可能」とみなす。結果可能表現の研究は、この「シンタクス的可能」を対象とするとする。そうすると、構文形式や文構造、統語関係などについての分析は、「シンタクス的可能」を指し示す自動詞文を研究していくのに必要不可欠な手段であると考えられる。

2. 〈結果可能〉の概念と有対自動詞可能文の認定基準

2.1. 〈可能〉の本質とは何か

　「はじめに」の部分で言及したように、張1998は、例（1）のような有対自動詞文の意味・用法を対象にして詳しく考察を行った。その考察によって、まず次のような事実が明らかになった。

1) 例（1）で示した自動詞文は「変化」や「状態」など述語動詞の意味素性をそのまま表出するものではなく、伝達の上では〈可能〉の意味を指し示す機能をもっている。
2) その現象は偶然でかつ個別的なものではなく、日本語としての法則性と普遍性を持ち合わせている規範的用法である。それにもかかわらず、日本語文法では、従来しかるべき妥当な解釈がなされておらず、必要な分析もなされていない。
3) 有対自動詞文で〈可能〉の意味を指し示す用法は使用頻度がきわめて高い。しかしそのわりに、ネイティブにはほとんど〈可能〉としては意識されなかった。一方、学習者にとっては、日本語を習得する上できわめて困難な項目である。

これらの事実で明らかなように、有対自動詞文で可能の標識[6]を用いずに〈可能〉の意味を指し示す現象は、日本語として看過してはならない特異性のあるものであり、論理的に説明されねばならぬ重要な研究課題である。しかし、この現象は日本語研究の一つの盲点となっていた。

さて、張 1998 は、例 (1) のような有対自動詞文で指し示されている意味を〈可能〉というカテゴリーの枠組みに属されるものとして認めようとする立場を提起したのだが、その根拠となるものは一体何だろうか。

この問いに答える前に、まず〈可能〉とは何か、その特徴づけられる本質的な要素とは何か、という基本的なことを明らかにしなければならない。

〈可能〉というカテゴリーの種々の性質や、研究者の立場と視点の違いによって、〈可能〉についてのとらえ方と分類の仕方は様々であり、必ずしも一致してはいない。しかし、文が命題とモダリティという二つの部分から構成されるという事実に従えば、〈可能〉の指し示す意味は、まず「命題内部の可能」と「モダリティの可能」に大別することができる。このうち、後者の「モダリティの可能」は、たとえば、

　　(9)　理屈から言えば、そのようなこともありうる。

のように、「ある事態の実現する見込み（についての認識）」を指し示すもの（張 1998 では、その意味的特徴により、「認識可能」と呼ばれている）であり、単なる可能性を問題にしているために、〈可能〉の枠組みの中では周辺的な存在にすぎない。それに対して、〈可能〉の主流的な用法は「命題内部の可能」のほうに集中している。たとえば、

　　(10)　田中さんは英語と中国語のほかに、ベトナム語も話せる。
　　(11)　足にけがをして、歩けなくなった。
　　(12)　大雨が降っているから、帰ろうとしても帰れない。
　　(13)　外部の先生は教授会には出席できない。

例 (10) で示すような「能力」を指し示すもの（張 1998 では「能力可能」と呼ばれている）、例 (11)、(12) で示すような「主観的または客観的条件による動作の実現する可能性」を指し示すもの（張 1998 では「条件可能」と呼ばれている）、それに例 (13) で示すような「情理、規則などによる動作・行為についての許容」を指し示すもの（張 1998 ではこのタイプのものも「条件可能」にまとめられている）などはいずれも「命題内部の可能」に属されるものである。〈可能〉の一般的性質を分析していく場合、この「命

題内部の可能」を中心に考察を進めなければならない。
　これまで述べてきたことを整理すると、日本語の可能表現の枠組みについては、まず、次の（15）で示すような構図にまとめることができる。

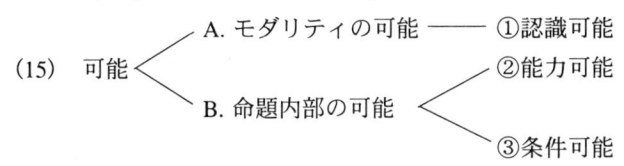

　　　　　　　　　　A. モダリティの可能 ── ①認識可能
（15）　可能 ＜　　　　　　　　　　　　＜ ②能力可能
　　　　　　　　　B. 命題内部の可能　　　＜
　　　　　　　　　　　　　　　　　　　　　③条件可能

　「命題内部の可能」については、「動作主の能力」を指し示す〈能力可能〉であろうと、「主観的または客観的条件による動作の実現する可能性」、あるいは「情理、規則などによる動作・行為についての許容」を指し示す〈条件可能〉であろうと、その意味上にみられる相違は各用法の表象的特徴によるものに外ならず、決して言語の深層に存在する本質的要素とは言えない。〈可能〉の本質的要素は、それぞれの諸用法が共通して持ち合わせている性質でなければならない。例（10）〜（13）で共通してみられる特徴は、次の二つの点にまとめられる。一つは、動作の実現が取り上げられていることであり、今一つは、それらの動作はいずれも動作主の実現しようとしているものだということである。
　それでは、この二つの共通点は〈可能〉というカテゴリーの本質的な要素なのであろうか。
　森田1977は、「〈可能〉は〈希望〉の結論として存在し、"…したい"→"…することができる"と意識的にとらえるところに特色がある」と述べている[7]。そして、藤井1971は日本語の可能表現を四つに分類した上で、そのうちの③については、「有情物の希望がかなえられて、あるいは努力が実って、動作が実現すること」を表わすものと規定した[8]。先行研究にみられるこれらの指摘は、〈可能〉というカテゴリーの本質を認識する上できわめて示唆的である。
　張1998は、先行研究で言及された「〈希望〉→〈可能〉」という基本的立場を継承しながら、〈希望〉という要素を可能表現の基である意志性動作と関連した上で、動作主が何らかの目的（コトガラ）を実現しようとする〈意図〉としてとらえている。〈意図〉と〈希望〉は用語の異なりのみならず、意味の上でも微妙な相違がある。〈意図〉では動作の実現に訴える動作主の努力と意志性が鮮明に指し示されているのに対し、〈希望〉の場合は、ただ

動作主の心理状態を指し示すのみにとどまり、動作の実現に関わる動作主の積極的な意欲は殆ど含意されていない。そこで、張1998は、可能表現の根底には、必ず有情物の意図性が存在しており、動作主の〈意図〉の実現こそ〈可能〉というカテゴリーの本質なのであることを指摘した[9]。

「命題内部の可能」に限って言えば、可能文で取り上げられている動作には必ず動作主の〈意図〉が関わっている。このことについては、次の例（14）～（20）で検証することができる。

(14) 両親に言えないことでも、友だちになら言える。
　　　×→「両親に言いたくない」　　×→「友だちに言いたくない」
(15) どうしてもあの先生の名前が思い出せなくて冷や汗をかいた。
　　　×→「あの先生の名前が思い出したくない」
(16) この本は読み出したら、やめられない。
　　　×→「やめたくない」
(17) あの店では珍しいものが食べられる。
　　　×→「珍しいものを食べたくない」
(18) 辞書は図書館で借り出せないので、暇な時に調べに行くつもりだ。
　　　×→「図書館で辞書を借り出したくない」
(19) この動物園では、子供は無料でイルカのショウが見られる。
　　　×→「イルカのショウが見たくない」
(20) そんなに早くは起きられない。
　　　×→「早く起きたくない」

（×印は、その語句は該当する可能文の前提として成立しないことを示す）

たとえば、例（14）の「両親に言えない」には「たとえ（動作主が）両親に言おうとしても、何らかの原因で、そうすることが不可能だ」という意味が含まれており、例（15）の「あの先生の名前が思い出せない」には、「あの先生の名前が思い出そうとして努力しても、動作主の意図したことは実現できない」という意味が含意されている。そのため、×印で示しているように、この二つの可能文では、それぞれ「両親に言いたくない」、「あの先生の名前が思い出したくない」が前提として成立しない。例（14）、（15）と同様の解釈は、例（16）～（20）についても適用される。

2.2. 有対自動詞文が〈可能〉を指し示す原理

　前節では〈可能〉の本質的特徴について検討した。結果可能表現研究の立場からして、われわれは〈可能〉の本質的特徴を「動作主の〈意図〉の実現」のみに限定している。その理由は、われわれが求めようとしている「本質的特徴」とは、〈可能〉というカテゴリーの主幹である「命題内部の可能」で最も上位の次元で現れている性質的な特徴でなければならないからである。言うまでもなく、日本語文法では従来「動作の実現」も〈可能〉の本質的特徴としてとらえられてきた。このことは、次に挙げる日本語研究者の〈可能〉に関わる定義の仕方からうかがえる。

　　藤井 1971：「有情物（人またはその他の動物）が動詞によって表わされる動作をする可能性を有する」意を表わす[10]。
　　岩淵 1972：「動作の能力・権利・余裕・実現性などのあることを示す。」[11]
　　森田 1977：動作・行為が主体の他力範囲内で、もしくは特別の情況下で（特別な手段や方法、道具、動機、情況などの前提において）実現することを表す言い方である。」[12]
　　青木 1980：「動作主体がある動作を、実現する力を有すること、又ある状態になる見込みがあることである。」[13]
　　金子 1981：「うごきの実現する（可能的なもの（可能性）の実現化）ための能力の、主体における存在、あるいは、その能力にもとづくうごきの実現に関する問題を扱う可能の形式・可能表現を意味的側面からなづけて、ひとまとめに能力可能とよんでおく。」[14]
　　生田 1982：「どうすることができる意を表すとき用いる表現。」[15]
　　寺村 1982：「あるものが、何ごとかをすることができる状態にある、または、そのことをする能力がある、ということを表わす。」[16]
　　渋谷 1986：「有情物・非情物の動作（状態）の実現の（不）可能（性）を表す表現。」[17]

　しかし、このような「動作の実現」のみを重視するとらえ方では、例（1）で示したような有対自動詞文が無標識で〈可能〉の意味を指し示す現象について妥当な説明を与えることができない。ここで、もう一度例（1）と例（2）の意味的な関連性を検討してみよう。

(1) いくらさがしても、ここに置いたはずのメガネがみつからない。
(2) いくらさがしても、ここに置いたはずのメガネがみつけられない。

　例 (1) と例 (2) を比べるとわかるように、有対自動詞文と可能文は「動作主の意図したコトガラが実現できるかできないかを指し示す」という意味素を共有している。つまり、〈可能〉の本質的性格の側面において、両者が共通点を持ち合わせているのだから、例 (1) の有対自動詞文と例 (2) の可能文はこの意味で平行しているということである。一方、相異点は「コトガラ」の中味（内容）に現れている。たとえば、例 (1) では「(ここに置いたはずの) メガネがみつかる」ということの実現が取り上げられているのに対し、例 (2) では「(ここに置いたはずの) メガネをみつける」ということの実現が取り上げられているのである。前者は「ある種の状態変化の実現」、後者は「ある動作、行為の実現」と抽象化することができる。動作のウゴキと動作結果としての状態変化は、いずれも動作の実現されていくプロセスの中にみられる連続的な必須要素であり、別々に独立した存在ではない。

　したがって、動作主の実現しようとしたコトガラ（即ち動作主の意図した目的）が現実的に実現できるかできないかを指し示すことが〈可能〉の本質的な意味であると考えられる。その「コトガラ」は動作主の「動作」である場合もあれば、動作主の動作を通して実現するある種の「状態変化」でもあり得る。従来の日本語可能表現は、「(動作主の) 動作の実現」だけに限られていた。この点は日本語の〈可能〉の意味を規定する際の一つの死角であったと思われる。如何なる動作・行為であろうと、それが為された後は必ず何らかの状態変化をもたらす。この意味では、「動作のウゴキ」と「状態変化」は動作・行為に備わっている二つの側面にすぎない[18]。〈可能〉は動作に関わるカテゴリーである以上、その射程は当然「動作のウゴキ」の側面だけにとどまるものではなく、「状態変化」の側面にも及ぶことになるであろう。実際、他の言語では動作結果としての「状態変化」に関わる〈可能〉を指し示す表現形式が存在する。たとえば、中国語の可能補語という形式は、動作主の意図した「状態変化」の実現を指し示す可能表現の代表的なものである[19]。

　このように、固定した観念に拘らず、自然言語の在り方を尊重し、対照言語学の有効性を生かしながら、例 (1) のような有対自動詞文の意味・用

2.3. 〈結果可能〉とする経緯およびその定義

これまで述べてきたように、例(1)のような有対自動詞文が無標識で指し示す〈可能〉は、動作ならず動作によってもたらされる状態変化が動作主の思い通りに実現できるかできないかを指し示すものである。このタイプの〈可能〉は、今一つ大きな特徴がある。すなわち、動作の結果を重んずるということである。文中で取上げられる状態変化が、動作主が動作を通して実現させようとしたものであるからには、それが実現される手段として動作主の動作が必要になる。動作は状態変化を実現させる手段だけではなく、状態変化の実現する前提でもある。言い換えると、前提としての動作を切り離しては意図した状態変化の実現が考えられない、ということである。動作もしくは動作主の努力がなされた後、動作主の意図した目的、即ち動作主の実現させようとしていた状態変化が思い通りに実現した場合は、可能の意味が生じ、実現しない場合は不可能の意味が生ずる。要するに、可能・不可能の意味が生じるプロセスの中では、「動作主の動作が行われた後」、つまり「動作の結果」という視点が終始貫かれているわけである。これは有対自動詞文で指し示される〈可能〉がその他のタイプの〈可能〉と区別される上での重要な相違点である。張1998では例(1)で示した有対自動詞文が無標識で指し示す〈可能〉の意味を〈結果可能〉と特徴づけた上で、その他の三つの類型と並べて(21)で示すような日本語可能表現の体系を組み立てた[20]。

(21)

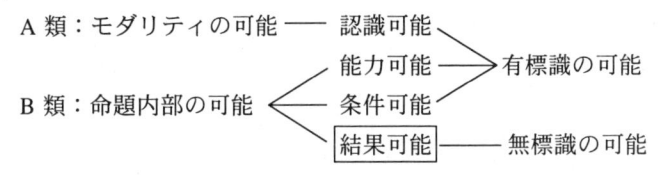

```
A類：モダリティの可能 ── 認識可能
                        能力可能 ──→ 有標識の可能
B類：命題内部の可能 ←── 条件可能
                        結果可能 ── 無標識の可能
```

なお、〈結果可能〉については、(22)のように定義する。

(22) 〈結果可能〉とは、動作主の動作・行為がなされた後、主観的または客観的条件によって、動作主の意図した状態変化がその思い通りに実現することができるかできないかを指し示すものである。

2.4. 結果可能表現を弁別する基準

無標識で〈可能〉を指し示す有対自動詞文(以下、記述の便宜上、これを「有対自動詞可能文」と呼ぶこととする)に可能表現の市民権を与える際は、どのように〈結果可能〉の枠組みを取り決めるべきか、という問題にぶつかる。無標識の可能表現であるからこそ、〈可能〉を指し示さない場合の使い方との見分けがきわめて困難である。それにもかかわらず、結果可能を指し示す有対自動詞文を可能表現として認めようとするためには、結果可能表現(有対自動詞可能文)であるか否かを判断する基準が必要である。

この基準を客観的かつ確かなものにするためには、結果可能の意味的特徴に基づいて取り決めなければならない。この視点からすると、少なくとも次の三つの点を結果可能表現を弁別するものさしとすることができる。

(23) A. 文中で取り扱われているのは動作・作用ではなく、ある種の状態変化もしくは出来事の成立することである。

B. その状態変化は動作によってもたらされたものであり、動作結果でなければならない。

C. それは動作主が動作をする時に意図したものであり、動作主の動作の目的でなければならない。

(23)で示した三つの点は三位一体であって、結果可能の意味を実現する基本条件を構成しているので、そのうちのどれ一つそれに合致しないものがあっても、〈結果可能〉を指し示す表現としては認定されない。

次の例を見てみよう。

(24) 押入れの中をさがしてみましたか。
(25) 窓の外を見たら、雨がすでに上がった。
(26) 押入れの中をさがしてみても、子供のセーターはみつからなかった。

例(24)をみれば明らかなように、文中で取上げられているのは、「さがしてみる」という動作であり、状態変化ではない。そのため、この文は基準Aに違反するということで結果可能表現ではないと判断される。例(24)は、「押入れの中をさがしてみる」という動作を実現したかどうかを尋ねているものである。

例(25)では、「雨が上がる」という状態変化が取上げられている。この

点では、基準Aの条件が満たされている。しかし、「雨が上がる」ことは「窓の外を見る」という動作主の動作によってもたらされた状態変化ではないので、基準Bに違反している。したがって、例 (25) も結果可能表現ではなく、目の前の状況を指し示す普通の自動詞文にすぎない。

例 (26) では、「子供のセーターはみつからなかった」は「子供のセーターがみつかる」ことが実現しなかったと解される。文中で取上げられているのは動作ならぬ状態変化であることは明白である。そのうえ、「子供のセーターがみつかる」ということは「押入れの中をさがしてみる」という動作のもたらす結果であるのみに止まらず、その動作を通して実現させようとする目的でもある。たとえば、例 (26) については、押入れの中をさがす人は最初から子供のセーターをみつけようとしていなかった、というような論理は当てはまらない。このように、基準A、B、Cのいずれも満たされる文しか結果可能を指し示す表現として判断され得ないのである。

3. 結果可能表現のシンタクス的特徴とその論理的仕組み

次に、結果可能を指し示す有対自動詞文の構文的機能を分析することを通して、結果可能の論理について更に吟味してみよう。

3.1. 非過去形用法の場合——「ても」構文と「ば」構文

言語の形式は、その意味的特性によって定められる。有対自動詞可能文について言えば、その意味には、動作主が意図した状態変化を実現するための動作の働きかけが、その状態変化の成立する前提条件になっている、という特性がみられる。

また、結果的に可能・不可能の意味が生じるか否かに関しては、動作主の意図の実現が問題の焦点である。そして、動作主の動作は、その出来事もしくは状態変化が実現していく過程の中で必要不可欠のものである。そこで、動作主の意図と文中で取り上げられた状態変化との同一性、それにその意図を実現させるための動作主の努力（動作）が何らかの形で示される（もしくは示唆される）ことが必要なのである。その構文において、状態変化の実現と関わりをもつ動作を示す条件節を用いることはその方法の一つである。

結果可能表現の条件節についてまず指摘できるのは、「（意志性動詞）ば、

（変化動詞）肯定形」の構文（以下、記述の便宜上、これを「ば」構文と略称する）と「（意志性動詞）ても、（変化動詞）否定形」の構文（以下、記述の便宜上、これを「ても」構文と略称する）は〈結果可能〉の論理を如実に反映している、ということである。

たとえば、

(27) このけがでは、手術をしても助からない。

(28) 毎日練習すれば上手になる。

例（27）では、「手術をしても」という条件節は主文の「(けが人が) 助からない」と呼応して用いられることによって、「手術をする」動作は「(けが人が) 助かる」ことを実現させるための方法・手段であり、「(けが人が) 助かる」ことが「手術をする」動作の目的であるという意味関係が成立している。

例（28）の場合は、「毎日練習する」ことが「上手になる」ことを実現させるための方法・手段であり、「上手になる」ことが「毎日練習する」動作によって実現させようとする目的である。

したがって、例（27）は、たとえば、けが人の身内の人などが「手術をする」という手段を用いてけが人を助けてもらおうとするが、それに対して医者または医療関係者が、たとえ「手術をする」という方法や手段を使ってけが人を助ける努力をしても、そのけがの程度がきわめてひどいために、「(けが人が) 助かる」という動作主の意図した状態変化の実現は不可能であるという判断を下した場合の発話であると想定される。そして、例（28）は、「上手になる」ことを希望している人に、それを実現するために努力の必要性を表明する時に用いられる表現である。この場合は、「毎日練習する」という動作がなされてはじめて「上手になる」という意図された状態変化を実現することができるというように、文中では結果可能の意味が指し示されているとみてよい。

もっとも、結果可能を指し示す有対自動詞文は「ても」構文と「ば」構文の形式しかとれないというわけではない。これら以外にも、たとえば、次のような例がある。

(29) あなたは下手だから、わたしの相手にはならないよ。

(30) ガソリンが切れたので、エンジンがかからない。

(31) 足が大きくて、靴がはいらない。

(32) 下調べができていないと、先生の話がよく分からない。

(29)～(32)の例に示されているように、「～(だ)から、～」、「～ので、～」、「～て、～」、「～と、～」などの構文形式もしばしば見かけられる。これらの構文には動作主の意図した状態変化が実現できない（または実現できる）原因・理由または条件などが取り上げられている。構文の具体的な形式の上からみると、異なるようにはみえるが、これらはいずれも「ても」構文もしくは「ば」構文の派生、あるいは変形である。

たとえば、例 (29)～(31) のような原因・理由を示す従属文をもつ構文の場合は、意味の上では主文の直前に「ても」条件節が基本的に存在しているはずである。ところが、原因・理由を示す従属節が用いられたことによって、主文で取り上げられている状態変化が動作主の意図したものであることは既に暗示されている。そのため、特に動作主の動作を強調して表現する場合でない限り、構文の表層において動作主の動作を示す「ても」条件節を顕在させなくてもよい。言い換えれば、この場合、「ても」条件節は潜在化してしまった、というわけである。

次に、「ても」条件節を例 (29)～(31) に顕在化させるテクストを設定して、上に述べたことを検証してみる。

(33) あなたは下手だから、(わたしと)対局しても、(結局)わたしの相手にはならないよ。

(34) ガソリンが切れたので、いくらアクセルを踏んでも、エンジンがかからない。

(35) 足が大きくて、靴を履こうとしても、(靴が)はいらない。

上で明らかであるように、例 (29)～(31) を例 (33)～(35) のように「ても」条件節を顕在化させたテクストを設定しても、表現の指し示す意味が変わらないばかりでなく、結果可能の意味合いがより濃厚でかつ明確になるようにさえ感じられる。

また、例 (32) では、「～と」によって条件が取り上げられている。これも例 (29)～(31) と同じように、「ても」条件節を顕在化させても、文意は変化しない。

(36) 下調べができていないと、授業に出ても、先生の話がよく解らない。

以上の考察によって、有対自動詞可能文の非過去形用法の構文には、次

に示すような「ても」構文と「ば」構文という二つの基本文型が存在（顕在化している場合もあれば、潜在化している場合もある）していることが想定し得る、との結論が得られた。

(37)

結果可能表現の非過去形用法の基本文形

文　型	統　語　的　特　徴
「ば」構文	（意志性動詞）＋ば、（変化動詞）＋肯定形
「ても」構文	（意志性動詞）＋ても、（変化動詞）＋否定形

(37)で示した有対自動詞可能文の基本的構文形式は、決して結果可能を指し示す有対自動詞文に制限を加えようとするために規定したものではない。言うまでもなく、それはまた有対自動詞可能文の唯一の構文形式でもない。日常の言語行動の中で、この基本的構文形式は多様に変化しているのである。ここで大切なのは、この基本的構文形式は無標識で結果可能の意味を指し示す有対自動詞文であるかどうかを見分けるためのものさしとして用いられる、という事実である。

3.2. 過去形用法の場合――「ので」構文と「が」構文

前節では、「ても」構文と「ば」構文をそれぞれ非過去形用法の有対自動詞可能文の否定形式と肯定形式の表現構造を代表する構文形式として取り上げた。

このように、前件で意志性動詞を要求し、後件で動的述語を要求する条件は、結果可能を指し示す代表的な構文形式に共通して当てはまるものである。何故なら、前件で取り上げる「動作」は意志性がなければ、意図した出来事を実現させることができないし、また、後件で取り上げる「出来事」は動的事象を指し示す述語動詞を中心にして構成されたものでなければ、動詞の基本形であるル形またはそれと対立するタ形は出来事が未実現の状態から実現済みの状態に変わる変化を指し示すことができないからである。

非過去形用法の結果可能表現の代表構文形式として、「ば」構文と「ても」構文を取り上げたが、それに対し、過去形用法の結果可能表現においては、肯定形式の場合は「ので」構文、否定形式の場合は「が」構文がもっとも如実に結果可能の論理と表現構造を指し示すものと考えられる。

まず、「ので」構文を結果可能表現の代表的構文形式とすることの妥当性について検討してみよう。

構文の指し示す意味からみると、「ば」構文は、非過去形用法の肯定表現に用いられ、動作主の意図した出来事を実現させるためには、「ば」条件節で示す動作をすることが必要であることを表現の趣旨としている。

それに対し、過去形用法においては、主文で取り上げられている「出来事」は既に現実において「実現した」あるいは「実現しなかった」ものである。そのため、肯定の場合は、動作主の思い通りに出来事が実現できたのは動作主の動作が行われたためだ、というのが表現の趣旨となる。

たとえば、
(38) 解熱剤を飲んだら、熱が下がった。
(39) 解熱剤を飲むと、熱が下がった。
(40) 解熱剤を飲んだ後、熱が下がった。
(41) 解熱剤を飲んだので、熱が下がった。
(42) 解熱剤を飲むことによって、熱が下がった。

例(41)、(42)では、前件と後件が因果関係にある。ただし、ここの前件と後件は単なる因果関係だけではなく、同時に「手段→目的」の関係も生きている。したがって、この二つの表現は「解熱剤を飲む」という動作が行なわれたことが原因で、その動作が行なわれた甲斐があって、「熱が下がる」という動作主の意図した出来事が思い通りに実現した、という意味を指し示している。

一方、例(38)～(40)はそれぞれ「～たら」、「～と」、「～た後」の形式を用いているが、結果可能の意味を指し示す場合は、例(41)、(42)と同様の説明が当てはまる。つまり、例(38)は「解熱剤を飲んだら、(その甲斐があって)熱が下がった」ことを、例(39)は「解熱剤を飲むと、(その甲斐があって)熱が下がった」ことを、例(40)は「解熱剤を飲んだ後、(その甲斐があって)熱が下がった」ことを指し示している。

また、次のように「その甲斐があって」を用いて例(43)～(46)を検証してみると明らかであるように、結果可能表現でない場合は非文になる。

(43)　a. 終電車に間に合わなかったので、帰りはだいぶ遅くなった。
　　＊b. 終電車に間に合わなかったので、(その甲斐があって)帰りはだいぶ遅くなった。

(44) a. 間違った操作をしたので、実験は失敗した。
　　＊b. 間違った操作をしたので、(その甲斐があって) 実験は失敗した。
(45) a. 傘を忘れて来たので、びしょ濡れになった。
　　＊b. 傘を忘れて来たので、(その甲斐があって) びしょ濡れになった。
(46) a. 長時間ワープロを打って、目が疲れた。
　　＊b. 長時間ワープロを打って、(その甲斐があって) 目が疲れた。

　論理的に考えれば、「動作」と「出来事」を統括している「手段→目的」の関係は同時に「原因→結果」の関係でもある。意図した出来事を実現させようとして、そのために行われる動作を考える際は、「動作」と「出来事」は「手段→目的」の関係であるが、出来事が既に実現した場合は、「目的」は現実化した「結果」に転化してしまい、それによって、「動作」は「結果」を生ぜしめる「原因」としてとらえられるようになる。

　上に述べた理由からみると、結果可能表現の過去形用法の肯定形式では、原因を指し示す接続助詞「ので」を用いた構文が結果可能表現の論理をもっともよく反映しているな構文形式であることがわかる。

　次に「が」構文を結果可能表現の代表的構文形式とすることの妥当性について検討してみる。

　結果可能を指し示す否定表現が過去形で指し示される場合、その表現は、過去の時点において、動作主の実現しようとした出来事が動作主の動作が行なわれた後、現実においては実現しなかったという意味を指し示す。そこで、過去形を用いた結果可能の否定表現は、基本的に「動作主の動作が行なわれた」ことを指し示す前件と「動作主の実現させようとする出来事が実現しなかった」ことを指し示す後件から構成される。そして、前件と後件を結ぶ助詞は、必ず逆接の関係を示すものでなければならない。

　たとえば、
(47) △薬を飲まなかったので、咳は止まらなかった。
(48) △君の言う通りにしたら、こんな失敗はしなかった。
(49) △この地域では、家屋も倒壊しなかったし、けが人も出なかった。
(50) △本人のビザは下りたが、家族のビザは下りなかった。

(51) みんなで力を合わせて車を推してみたが、車輪は動かなかった。（上の△印は日本語の表現としては適格ではあるが、結果可能の意味は指し示されていないということを意味する）

　上に挙げた例のうち、例 (47) 〜 (49) は前件と後件を結ぶ「〜ので」、「〜たら」、「〜し」のような接続助詞は逆接ではなく順接の関係を示すものである。そして、例 (49)、(50) は前件で取り上げられていることは「行なわれた動作」ではなく、「成立した出来事」である。そのため、これらの表現においては、結果可能の意味は成り立っていない。それに対し、例 (51) は、前件と後件でそれぞれ「動作」と「出来事」が取り上げられており、二つの節を結ぶ接続助詞「が」は逆接関係を指し示している。これらの条件はいずれも結果可能の論理に適応しているため、例 (51) は紛れもなく有対自動詞可能文であると考えられる。

　また、前件が「行なわれた動作」、後件が「出来事の不成立」を取り上げる表現においては、逆接関係を示す接続語を用いると、「動作」は通常「出来事」を実現させるための方法・手段としてとらえられるということが観察される。このことは、逆接関係を示す接続語を用いた構文は、結果可能を指し示す否定表現の過去形用法における代表的構文形式であることを裏付けている。

　また、次の例 (52)、(53) で示すように、結果可能を指し示す否定表現の非過去形用法の代表的構文形式とみなされている「ても」構文は、逆接関係を示すものであるので、過去形の場合においても、依然として適用される。

(52) いくらさがしても、車の鍵は見付からなかった。

(53) ブレーキをかけても、車は止まらなかった。

　逆接の関係を示す接続語は「が」、「けれども」、「けれど」、「けど」、「ものの」、「のに」、「にもかかわらず」、「ても」など数多くあるが、このような逆接関係を示す接続語を用いる構文はその他の条件が満たされれば、いずれも結果可能表現の構文形式になることができる。拙稿は逆接関係を示す接辞を「が」で代表させて、結果可能を指し示す逆接関係の構文を「が」構文と略称する。

　このように、過去形用法の結果可能表現の否定文においては、「が」構文が代表的構文形式であり、逆接関係を示す構文でない場合は、明確な文脈

支持がなければ、結果可能を指し示すことができない。そして、明確な文脈支持によって「～が」を用いずに否定的な結果可能の意味を指し示す場合は、「が」構文は、結果可能の表現構造を示す機能を文脈が肩替わりし、表現の深層に潜在化してしまうことになる。このことは、「が」構文を表現に顕在化させても、表現の主旨が変わらないということによって検証される。

結果可能表現の過去形用法の基本文形は、次のような形式で示すことができる。

(54)

結果可能表現の過去形用法の基本文形

文　型	統　語　的　特　徴
「ので」構文	（意志性動詞）＋ので、（変化動詞）＋肯定形
「が」構文	（意志性動詞）＋が、（変化動詞）＋否定形

また、有対自動詞可能文の過去形用法で用いられる「が」構文にはいくつかの制約が課せられている。

まず第一は、前件で取り上げる内容は動作主の意志性動作でなければならないことである。

したがって、次の例 (55)、(56) のような前件では動作が指し示されていない場合は結果可能を指し示すものではない。

(55)　血圧は下がったが、めまいの症状は治らなかった。

(56)　時計は 12 時を打ったが、主人はまだ帰らなかった。

第二に、前件と後件は「手段→目的」の関係でなければならない。

したがって、例 (57)、(58) のような前件と後件が並列の関係にあり、対比的に扱われている表現の場合は、結果可能を指し示すものではない。

(57)　薬を飲んだが、注射はしなかった。

(58)　デパートには行ったが、買物はしなかった。

第三に、「～が」構文が結果可能の意味を指し示す場合、後件で取り上げる「出来事」は言うまでもなく、前件で取り上げる「動作」も既に過去の時点において実施されたものでなければならない。

したがって、次に示す例 (59) a、(60) a は適格性の低い表現となる。

(59)　a. ？応急措置を取るが、けが人は助からなかった。
　　　b. 応急措置を取ったが、けが人は助からなかった。

(60) a. ？あれこれ試してみるが、うまく行かなかった。
　　 b. あれこれ試してみたが、うまく行かなかった。

　例 (59) a、(60) a の適格性が低い理由は、前件と後件が明らかに「方法・手段（意志性動作）→目的・結果（出来事）」の関係にあるので、結果可能の論理は当てはまるはずであるが、しかし、動作主の意図した「出来事」を取り上げる後件が過去形で指し示されているのに対し、「出来事」を実現させるための「動作」を取り上げる前件は非過去形で指し示されているということにある。すなわち、「出来事」は既に動作の結果として生じているにもかかわらず、それに先行しているはずの「動作」はまだ未実現のままであるという非論理性によるものである。このことは (59) b、(60) b で示したように、前件を非過去の事象を指し示すル形から過去の事象を指し示すタ形に換えると、適格な文になるということから裏付けられるであろう。

　以上、結果可能を指し示す有対自動詞文の過去形用法について見て来た。過去形の有対自動詞可能文は、動作主の意図した出来事は動作主の動作が行なわれた後、動作主の思い通りに実現した（もしくは実現しなかった）という意味を指し示すものである。言うまでもなく、上記した意味を指し示すことを表現の趣旨としないものは、結果可能を指し示すものとして認めることができない。

　一般的に言えば、過去形表現は既に過去において実現済みの出来事を取り上げて表現するものであり、そして、基本的には過去に実現した（または実現しなかった）出来事を客観的に指し示すことを表現の趣旨とすることが多い。特に過去形の肯定表現において結果可能の意味が関わっている場合であっても、その意味合いはきわめて稀薄であり、明確な文脈と条件節の支持がなければ、単なる結果を指し示す表現と区別することはきわめて困難である。

4. おわりに

　これまでの考察によって、「ば」構文、「ても」構文と「ので」構文、「が」構文はもっとも如実に結果可能の論理と意味構造を反映し、有対自動詞可能文のシンタクス的特徴を端的に示しているということが解き明かされた。有対自動詞可能文を判定する際、〈結果可能〉を弁別する三つの基準に基づ

くべきであるが、この場合、出来事を実現するための動作を取り上げる前件が顕在しているか、あるいは潜在化していても、それの示唆されていることが重要なポイントとなる。有対自動詞は形態的・意味的・統語的に対応する他動詞と同様の語幹を共有しているので、対応する自動詞で指し示された状態変化を生ぜしめる動作・行為の存在を暗示する機能を所持している。それは有対自動詞文が無標識で結果可能の意味を指し示し得る要因であると考えられよう。

なお、有対自動詞可能文のシンタクスを論じる際、指摘しておかなければならないのは、そのタイプの可能文では、過去形よりも非過去形のほうが、そして肯定形よりも否定形のほうが多用されているという問題である。紙幅上の都合もあるので、これらの問題についての検討は、別の稿に譲りたい。

注
1) 須賀・早津 1995「「動詞の自他」に関する研究文献一覧」、pp.232-246。
2) 形態的、統語的、意味的に対応する他動詞を有する自動詞が述語を担う文を指す。「有対自動詞」の用語は早津恵美子 1987 による。
3) たとえば、森田 1981、ヤコブセン 1989、青木 1997 など。
4) 張 1998 が発表された後、この課題についての研究が注目されるようになった。
5) 詳しくは、張 1998 を参照されたい。
6) たとえば、「れる（られる）」のような可能を表わす助動詞、「読める」「書ける」のような可能動詞、「サ変動詞の語幹＋できる」、「動詞の連体形＋ことができる」、「動詞の連用形＋うる（える）」など。
7) 森田 1977、p.476。
8) 藤井 1971、p.124。
9) 張 1998、p.39 を参照されたい。
10) 藤井 1971、p.124。
11) 岩淵 1972、p.153。
12) 森田 1977、p.478。
13) 青木 1980、p.170。
14) 金子 1981、p.104。
15) 生田 1982、p.199。
16) 寺村 1982、p.255。
17) 渋谷 1986、p.101。
18) これについては、張 1998、pp.66-73 で詳しく説明されている。

19) 中国語可能補語の構造的意味については、張1998、で詳細な分析が加えられている。
20) 詳しくは、張1998、pp.74-79を参照されたい。

[参考文献]
青木伶子1980.「可能表現」『国語学大辞典』東京堂出版
生田目弥寿1982.「可能の表現」『日本語教育辞典』大修館書店
岩淵匡1972.「受身・可能・自発・使役・尊敬の助動詞」『品詞別日本文法講座8 助動詞Ⅱ』明治書院
金子尚一1981.「能力可能と認識可能をめぐって―非情物主語ということ―」『教育国語』65
渋谷勝己1986.「可能表現の発展素描」『大阪大学日本学報』5
須賀一好・早津恵美子1995.『日本語研究資料集〈第1期第8巻〉 動詞の自他』ひつじ書房
張威1998.『日本語研究叢書10 Frontier series 結果可能表現の研究－日本語・中国語対照研究の立場から－』くろしお出版
寺村秀夫1982.『日本語のシンタクスと意味Ⅰ』くろしお出版
寺村秀夫1984.『日本語のシンタクスと意味Ⅱ』くろしお出版
早津恵美子1987.「対応する他動詞のある自動詞の意味的・統語的特徴」『言語学研究』7 京都大学言語学研究会
藤井正1971.「可能」『日本文法大辞典』明治書院
森田良行1977.『基礎日本語Ⅰ』角川書店
森田良行1981.『日本語の発想』冬樹社
Wesley M. Jacobsen 1989.「他動性とポロトタイプ論」『日本語学の新展開』くろしお出版

中国語「単語」を知っていることは
日本語漢字語の発音学習に役立つか？

松下達彦・Marcus Taft・玉岡賀津雄

0. 問題意識

日本語学習における漢字語学習の重要性は言うまでもない。いわゆる常用語彙の約50%は漢語であるし[1]、その約半数が現代中国語と同様の基本的意味・用法を持っている[2] とすれば、その影響は相当に大きく、語彙習得は文法習得や日本語習得の全体にも影響するであろう。

日本語漢字語学習において中国語母語学習者が有利であることは経験的にもよく知られているし、そのような調査報告もある[3]。

ところで、中国語を母語とする日本語学習者は、しばしば文字表記のみを媒介として、音韻的にも語彙習得をするようである。例えば、漢字語の語構成要素である単漢字（「大都市」の「大」、「学生」の「学」）の読み（/dai/、/gaku/）を習得した後に、ある二字漢語（「大学」）を文字として見た場合にその構成要素である単漢字（「大」「学」）の音韻知識も活性化され、その結果、その単漢字を組み合わせた2字漢語（「大学」）の習得も促進されるものと考えられる[4]。

このようなことは中国語母語の日本語学習者が日本で生活をする場合に日常的な言語環境下で生じている認知処理および習得であろう。しかしながら、このような環境が日本語学習者に与える影響、特に、中国語母語学習者の母語知識（すなわち中国語知識）のどのような部分がどの程度活性化されるのか、明らかではない。

例えば、図1のような表示を見た場合、漢字を知っている通常の中国語母語話者であれば、「大学 → /da4xue2/」のように母語の音韻知識が活性化されるかもしれない。同時に、日本語学習者は、「大学 → /daigaku/」のように日本語知識を活性化させるかもしれない。

図1 日本の日常的言語環境下で目にする漢字の例

このような場合、果たして中国語母語話者は発音学習において有利であろうか。中国語母語知識は日本語漢字語の音韻学習のときに、どのような条件下で、どの程度、転移するのであろうか。

漢字語の読みの学習は、文字と発音を結びつけるという一種の対連合学習（paired-associate learning）である。では、その対は、中国語母語学習者の場合、「大学＝/daigaku/」のように語単位であろうか、それとも「大＝/dai/」「学＝/gaku/」のように文字単位であろうか。そしてそれは、中国語と日本語の対応のタイプによって異なるであろうか、同じであろうか。

周知のとおり、日本語漢字語は、中国語と同様の漢字結合[5]でできている語（いわゆる同形語）(a)と、異なる漢字結合でできている語(b)に大別できる。

　　　　　　　　　　（日本語）　　（中国語）
　(a)'大学'　　＝　/daigaku/,　　/da4xue2/
　(b)'生徒'　　＝　/seito/,　　　/sheng1/ + /tu2/

では、母語である中国語知識の転移があるとすれば、その単位は、語(c)であろうか、文字(d)であろうか。

　(c)'大学'　＝　/daigaku/ ← /da4xue2/　　　？
　(d)'大学'　＝　/dai/ ← /da4/　＋　/gaku/ ← /xue2/　　？

以下、その転移の単位を調べるために行なった実験の結果を報告する。

図2　中国語系日本語学習者の心的辞書における書字的表象と音韻的表象の関係

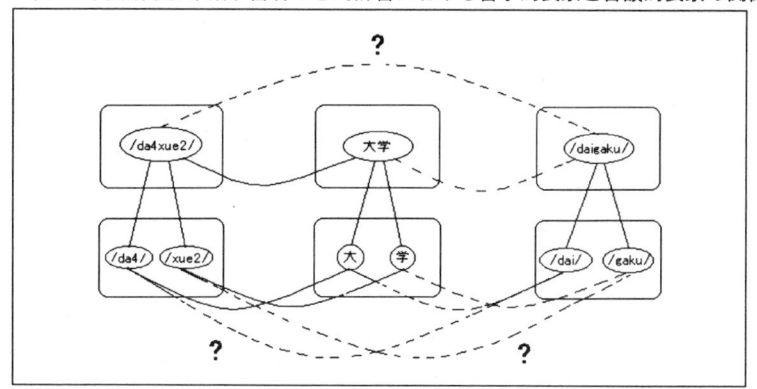

1. 実験方法

中国語母語と非中国語母語の'日本語未習者'に対し、中国語に同様の漢字結合が存在する日本語二字漢語（以下「存在語」）と、同様の漢字結合の存在しない日本語二字漢語（「非存在語」）の発音をランダムに学習してもらい、その直後に、漢字を見ながら発音を再生するという手がかり再生課題（cued recall task）を実施した。二種類の漢字語の正答率のちがいを、被験者グループごとに比較した。

仮説 中国語の音韻知識は文字レベルのみならず語レベルで転移する。すなわち、中国語母語グループのみ、「存在語」の学習成績が「非存在語」の学習成績よりも高くなる。

被験者 オーストラリア、シドニーの大学・大学院に在籍する中国語母語話者16名と非中国語母語話者16名（男性9名、女性23名、18歳〜49歳、平均27歳8カ月、標準偏差7年9カ月）である。すべての被験者が中上級レベル以上の英語運用力を有するが、日本語の学習経験はない。専攻分野は金融・言語・工業管理・財政・デザイン・服飾・法律など、多岐に渡る。

中国語母語グループは、全員が中華人民共和国出身で、湖南省、広東省出身者各1名のほかはすべて標準中国語（普通話）に近い北方方言者で、全員が流暢に標準中国語を使用することができる。

非中国語母語グループは、英語母語話者が10名で、そのほかインドネシア語、ドイツ語、ビザヤ語などを母語とするが、日本語・中国語・朝鮮語・ベトナム語の学習歴をまったく持たない、すなわち漢字や漢字語に関する知識をほとんど持たない。

材料語 すべて日本語二字漢語で、日中両語で共通の漢字結合をもつ語（「存在語」）10語、異なる漢字結合の語（「非存在語」）10語の計20語を使用した。「存在語」と「非存在語」はすべて対を成しているが、そのうち4対（8語）は条件の統制に反する要素を含んでいたと判断されたため分析から除外した（2.2で後述）。したがって、残された6対12語を最終的な分析対象とした（表1）。

一対の「存在語」（例：「部分」）「非存在語」（「部品」）の1文字目（「部」）はすべて共通で、2文字目が異なる。

また、材料語の漢字はすべて日中両語で同じ字体を使用する漢字である[6]。また、音韻構造（子音・母音および撥音・長音といった特殊音素の配列）はすべての対で共通で、画数・中国語における使用頻度[7]について、両グループに有意差はない。

そして、更に重要なのは、日中両語の音韻的類似度について、茅本1995の指標（7点満点）を用いて両グループ間で統制したことである。茅本1996は中国語母語の上級レベル日本語学習者を被験者にして漢字を発音させる実験で、音韻的類似度の高い語群のほうがそうでない語群よりも早く反応できることを報告しているが[8]、本稿の報告する実験では両グループの音韻的類似度には差がない条件なので、主要な差異は二字漢語が中国語に存在するか否か、という一点である。

表1 材料語　＊音韻的類似度は茅本1995による

存在語	日本語音韻	中国語音韻	音韻的類似度1	音韻的類似度2
部分	/bu buN/	/bu4 fen4/	6.73	3.18
土木	/do boku/	/tu3 mu4/	3.27	1.64
生死	/sei shi/	/sheng1 si3/	1.45	3.91
名誉	/mei yo/	/ming2 yu4/	3.27	1.73
配合	/hai goR/	/pei4 he2/	1.73	1.36
外国	/gai koku/	/wai4 guo2/	2.36	2.45
		平均	3.14	2.38
		標準偏差	1.75	0.91

非存在語	日本語音韻	中国語音韻	音韻的類似度1	音韻的類似度2
部品	/bu hiN/	/bu4/ /pin3/	6.73	2.91
土足	/do soku/	/tu3/ /zu2/	3.27	1.36
生徒	/sei to/	/sheng1/ /tu2/	1.45	3.45
名刺	/mei shi/	/ming2/ /ci4/	3.27	2.64
配当	/hai toR/	/pei4/ /dang1/	1.73	1.91
外食	/gai shoku/	/wai4/ /shi2/	2.36	1.55
		平均	3.14	2.30
		標準偏差	1.75	0.75
		材料語全体の平均	3.14	2.34
		材料語全体の標準偏差	1.75	0.84

装置　ニューサウスウェールズ大学の実験室の机に、ノート型のコンピュータ（Panasonic CF-B5R）をセットし、被験者自身が、画面を見やすい位置となるよう各自で椅子を調節した。

手続き　実験は2002年12月から2003年2月にかけて一人ずつ実施した。

被験者がコンピュータ画面の正面に座り、試験者はコンピュータ画面に向かって左側から、コンピュータの方に向いて、手を伸ばせばコンピュータに届くぐらいの位置に座った。試験者は、画面の中央に、材料語を正楷書体で、300ポイントの大きさで、1語につき12秒間ずつランダムに提示

し（図3）、その12秒の間に試験者が2回ずつ材料語を日本語で発音して、被験者は各回とも繰り返し発音して、読み方を学習するように指示された。（筆記など、道具の使用は禁止された。）このようにして材料語20語を学習し終えた後、同じように学習を3回繰り返した（材料語提示の順番は各回とも異なる）。すなわち、被験者は一つの材料語につき、36秒間の間に最低6回、試験者の発音を繰り返して発音の学習をしたことになる。そして、4回目のランダム提示のときに、発音を再生させ、録音した。

図3 材料語の提示
＊この図では72ポイントに縮小

採点、分析にあたっては、音素単位で見て、完全な正答に2点、部分的に学習が進んだと見られる回答に1点、誤答に0点を与えた。中国語母語被験者の回答については、母語の音素との一致で回答できたものには部分点も与えず、誤答とし、母語の音素と異なる音素の学習がされた場合のみ得点を与えた。

再生課題の直後に、被験者が材料語をどれだけ再認できるかを、材料語と非材料語が20語ずつ混ざった中から選ぶ筆記テスト、およびどのように発音を覚えようとしたかについてのインタビューを行なった。

また、このほか、中国語母語の被験者には、材料語が中国語に存在する語（「存在語」）か、存在しない語（「非存在語」）であるかを確認し、さらには標準中国語で材料語すべてを発音してもらい、材料語、被験者の資格に問題がないことを確認している。さらには、「存在語」「非存在語」で学習のしやすさに違いがあると思うかどうかも質問した。

2. 実験結果と考察

2.1. 被験者間の分析

仮説の検証を行なう前に、課題全体の成績を被験者グループの間で比較した。「存在語」「非存在語」ともに中国語母語被験者のほうが非中国語母語被験者よりも成績がよかった（表2）（$p<0.05$）。入門レベルにおいても、

表2　課題全体の成績（x/2）

	中国語母語	非中国語母語
平均	1.070	0.854
標準偏差	0.502	0.414

表3　材料語の再認課題（x/20）

	中国語母語	非中国語母語
平均	18.88	13.50
標準偏差	1.02	3.73

図4　発音再生課題と材料語再認課題の比較

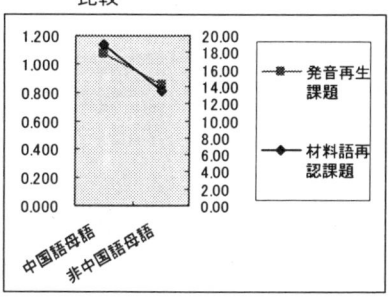

中国語母語学習者は短時間により多くの漢字語の読みの学習ができるということである。これは文字と発音を結びつける対連合学習の一方である文字を初めから知っていることによるもので、当然の結果である。

発音の再生課題実施後に行なった材料語の再認課題の結果は、中国語母語被験者のほうが圧倒的に成績がよい（p<0.001）（表3）。

しかし、発音再生課題全体（書字形態と音韻の対連合学習）の成績の差は材料語の書字形態の再認課題ほど大きくない（図4）。非中国語母語被験者で中国語母語被験者より成績のよいものもいる。これは、少なくとも入門レベルで、中国語母語学習者であっても日本語漢字語の音韻学習が容易でないことを示している。

2.2. 被験者内（項目）の分析

すべての材料語の対の1文字目は共通なので、2文字目の成績を分析対象とした。

分散分析の結果、当初使用した10対20語の項目分析では、中国語母語、非中国語母語の両グループとも「存在語」のほうが成績がよいという予想外の結果となった（中国語母語：「非存在語」1.025,「存在語」1.181、非中国語母語：「非存在語」0.675,「存在語」0.850）。これは、材料語の条件の統制がうまくいかなかったことを示している。インタビュー結果を勘案した結果、以下の二つの要素により結果が左右されたことがうかがわれた。

一つは、非中国語母語話者にとっても字形の認知がしやすい材料語が「存在語」のほうに多く含まれていたことである。「意志」（両文字とも「心」を部首として含む）、「大臣」（上下対称で幾何学的）などがこれにあたる。

もう一つは、書字形態と音韻の関係につながる特殊な連想が非中国語母語話者の学習を助けたことである。「火(→ 'K' ← /ka/)」「体(→ 'T' ← /tai/)」「全（→ Zen temple ← /zen/)」などがこれにあたる。

以上の結果を踏まえ、当初の仮説を検証するため、4対8語（「意志」「意地」「点火」「点呼」「全体」「全快」「大臣」「大根」）を分析対象からはずし、

表4 「存在語」と「非存在語」の成績の比較（2文字目、文字別）

1文字目	中国語母語被験者16人の成績					非中国語母語被験者16人の成績				
	存在語	平均	非存在語	平均	平均の差	存在語	平均	非存在語	平均	平均の差
外	国	1.188	食	0.500	0.688	国	0.688	食	0.188	0.500
配	合	1.375	当	0.875	0.500	合	0.375	当	0.750	-0.375
部	分	1.188	品	0.813	0.375	分	0.938	品	1.438	-0.500
生	死	1.563	徒	1.250	0.313	死	0.250	徒	0.375	-0.125
土	木	0.563	足	0.500	0.063	木	0.375	足	0.438	-0.063
名	誉	1.000	刺	1.375	-0.375	誉	0.375	刺	0.625	-0.250
	平均	1.146		0.885	0.260		0.500		0.635	-0.135
	標準偏差	0.314		0.335	0.341		0.237		0.401	0.320

表5 「存在語」と「非存在語」の成績の比較（2文字目、全体）

	存在語	非存在語
中国語母語	1.146	0.885
非中国語母語	0.500	0.635

図5 「存在語」と「非存在語」の成績（得点の平均）の比較

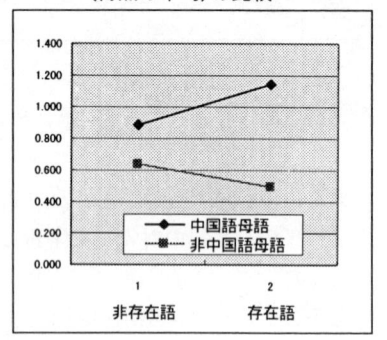

非中国語母語のグループの「存在語」「非存在語」の実験結果を等化（equation）して再び分散分析を行なった。

その結果（表4、表5、図5）、項目分析では、中国語母語被験者グループでのみ「存在語」「非存在語」の差が大きくなったが、5%水準で有意の交互作用を示すには至らなかった。しかしながら、p=0.053という有意傾向を示す結果であり、中国語母語被験者内での単純な比較では「存在語」のほうが有意に「非存在語」よりも成績がよかった（p<0.05）。材料語が少ないこと、母語の音素との一致による回答に部分点を与えなかったことを考慮すれば、語レベルの転移が生じていることを示唆する結果であるといえる。

次に、項目別に詳しく考察するため、存在語の得点から非存在語の得点

表6 「存在語」と「非存在語」の成績の差

	存在語－非存在語（中国語母語）A	存在語－非存在語（非中国語母語）B	A－B
外国・外食	0.688	0.500	0.188
配合・配当	0.500	-0.375	0.875
部分・部品	0.375	-0.500	0.875
生死・生徒	0.313	-0.125	0.438
土木／土足	0.063	-0.063	0.125
名誉・名刺	-0.375	-0.250	-0.125

図6 「存在語」と「非存在語」の成績の差

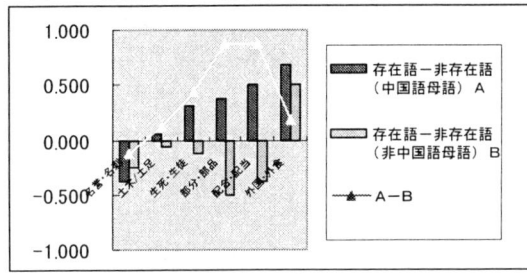

を差し引き、中国語母語被験者について、その差の大きい順に配列した（表6、図6）。

その結果、「外国／外食」「配合／配当」「部分／部品」「生死／生徒」の各対は中国語母語被験者の存在語の学習成績がよく、仮説に合致する結果となっているが、「土木／土足」では、両グループにほとんど差がなく、「名誉／名刺」では、むしろ仮説とは逆の結果となっている。

インタビュー結果や実験中の観察から推測すると、「土木／土足」が1拍と2拍の結合で発音しにくいといった音韻構造的な理由もあるようである。

また、「配合／配当」「外国／外食」の対は、非中国語母語の被験者の非存在語の成績が存在語よりも悪い。仮説のとおりであれば両者に差はないはずであるが、差が出てしまっている。ここにも、何らかの予測外の要素があることが考えられる。

存在語であることが、語によっては、中国語母語学習者の有利に働くことは示唆されるが、同時に、それは決定的な要素ではなく、それ以外の字形の認知のしやすさや、音韻そのものの学習しやすさなどの要素のほうが優先的要素として作用すると考えられる。

2.3. 日中両語の漢字音の音韻的類似度と学習成績の関係

次に音韻的類似度が学習成績にどう関係するか、実験結果から分析してみる。まず、その前提として、1文字目と2文字目では学習成績が異なる

ことが予想されるので、その違いを確認する。

1文字目はすべての対に共通なので、練習の回数が2文字目の2倍の6回ある。その結果、非中国語母語の被験者、および中国語母語被験者を含めた被験者全体の成績については、1文字目の学習成績のほうが有意に高い（p<0.01）。ところが、中国語母語被験者だけについてみると、有意差がない。このことは、中国語母語学習者の場合、練習の回数よりも他の要素のほうが学習への影響が大きいことを示しており、興味深い。

表7　日中両語の音韻的類似度と学習成績の関係

＊文字順1はn=32で、文字順2はn=16

文字順(1/2)	漢字	音韻的類似度(x/7)	得点平均(x/2)*	得点平均(%)	予測式から得られる値 α（%）
1	部	6.73	1.734	86.7	90.0
2	死	3.91	1.563	78.1	64.5
2	徒	3.45	1.250	62.5	60.4
1	土	3.27	1.031	51.6	58.7
1	名	3.27	1.109	55.5	58.7
2	分	3.18	1.188	59.4	57.9
2	品	2.91	0.813	40.6	55.5
2	刺	2.64	1.375	68.8	53.0
2	国	2.45	1.188	59.4	51.3
1	外	2.36	0.828	41.4	50.5
2	当	1.91	0.875	43.8	46.5
2	誉	1.73	1.000	50.0	44.8
1	配	1.73	1.234	61.7	44.8
1	木	1.64	0.563	28.1	44.0
2	食	1.55	0.500	25.0	43.2
1	生	1.45	0.859	43.0	42.3
2	合	1.36	1.375	68.8	41.5
2	足	1.36	0.500	25.0	41.5

中国語母語被験者について、1文字目と2文字目で成績に有意差がないので、以下、1文字目に使用された6字、2文字目に使用された12字の計18字を分析対象とし、茅本1995の音韻的類似性の指標（7点満点）から得点を推定する回帰分析を行なった（表7）。

決定係数 r^2 は0.461で、高くはないが、ある程度の予測ができることを示している。本研究のデータに基づき、日中両語の音韻的類似度に関する茅本1995の指標から得点（%）を予測する予測式を計算すると以下のようになる。

$\alpha = (0.181x + 0.584) / 2 \times 100$　（$0 \leq \alpha \leq 100$、標準誤差13.2）

この値が高いほど、その日本漢字の読み方（音読み）は中国語母語学習者にとって学習しやすいということになる。インタビューでも、16名すべての被験者が、何らかの点で中国語音との類似を学習に利用したと回答している。

ただし、言うまでもなく、現実には使用頻度、語の何文字目に出現することが多いか、音読みの占める割合（音主率）、字のもつ概念など、多様な

要素の影響を受ける。また、存在語で用いられる場合には「意味がわかるものはしっかり覚えられる気がする」(C06) というように、単なる対連合でなく意味概念を含めたネットワークが脳内に形成されることや、学習の動機にも影響されることが考えられる。

2.4. 被験者のタイプと学習成績の関係

次に被験者のタイプを、クラスター分析（ウォード法，平方ユークリッド距離）によって、分析してみた。図7の縦軸が存在語の成績で、横軸が非存在語の成績である。

図7 被験者のタイプ

Cは中国語母語被験者を、NCは非中国語母語被験者を表す

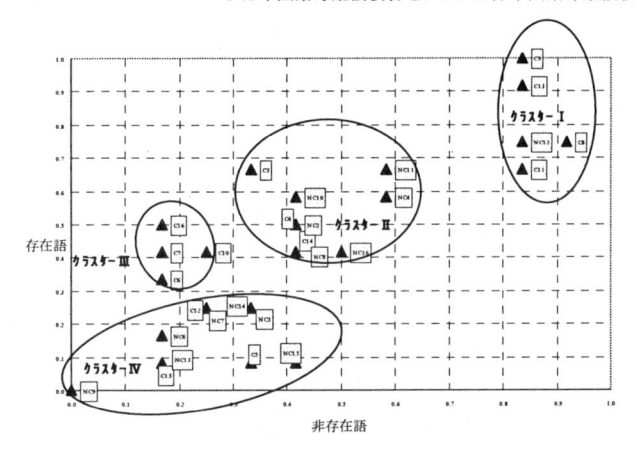

クラスターIは存在語・非存在語の両方で高得点を挙げた被験者である。5人中4人が中国語母語の被験者である。インタビューによると、このタイプの中国語母語被験者は母語知識に頼るだけでなく、さまざまなストラテジーを使用して学習している。例えば「'臣'は'京' jing（中国語音）で、『点火』の'火'は力の音のイメージで、'外'は外に guy がいるという連想で、「土」はドア door の外は「土」という連想で、「食」は short cook で記憶した。」(C11) というように、母語や他言語の単語、さらにはその意味を漢字音と結びつけるというストラテジーを持っている被験者が多い。また、中国語母語被験者16名中5名が、存在語のほうが非存在語よりも覚

えやすいと回答したが、このグループには1名もいない。「母語の中国語音は日本語漢字音と似ている場合のみ意識した」(C13)、「似ているものは干渉の方が大きい気がする。発音は微妙に違うと間違えやすい。」(C11)、「(非存在語のように) 奇妙な漢字結合のほうがむしろ覚えやすい気がする」(C08) というように母語知識に頼らない姿勢が目立つ。

クラスターIIは存在語・非存在語ともに中位の成績を挙げた被験者で、9人中6人が非中国語母語被験者である。これらの被験者は初見の漢字の字形と音韻の連合がある程度までできたグループである。

クラスターIIIは注目に値する。存在語だけはある程度学習したが、非存在語はあまり学習できなかったというグループで、すべて中国語母語被験者である。このグループの学習者は母語知識に頼る傾向があることを示しているといえよう。「類似性の低いものにもやはり類似性はある」(C06)、「'土''外'は中国語音と異なるので覚えにくい」(C07) といったコメントがあった。

クラスターIVは存在語・非存在語ともに成績のよくない被験者で、非中国語母語学習者が多いが、中国語母語学習者も少なくない。このタイプの学習者は初見の漢字語の学習がうまくいかなかったグループで、たとえ中国語母語学習者であっても音韻学習が容易でないケースも少なくないことを示している。クラスターIに中国語母語被験者が多いことや、前節の結果と合わせて考えると、中国語の知識は語単位で転移する場合もあるが、それは決定的な要素ではなく、学習者がそれを有効に用いることができる場合にのみ、有利に作用するということである。

3. まとめ

- 中国語母語の日本語学習者は、入門レベルの漢字の読み方の学習（書字形態と音韻の対連合学習）において、非中国語母語の学習者よりも短時間に多く学習することができる。それは第一に漢字の書字形態に関する中国語の知識の利用により、字形の再認が容易であることによる。
- 限られたデータの分析・考察によるものであるが、中国語母語学習者の場合、母語の漢字の音韻知識の転移は語単位でも生じ得ることが示唆された。しかし、それは決定的要素ではなく、音韻・字形などの字句の特性や、学習者のタイプによって、母語知識が語単位で転移しやすい場合

とそうでない場合がある。特に母語知識に頼る傾向のある学習者ほど、語単位の転移が生じやすいことが示唆された。

なお、上記の結果は実験室の状況における結果なので、現実の学習においてさまざまな要因が複合的に学習に影響することは言うまでもない。しかしながら、それらの要因の一つ一つを明らかにすることには意義があるであろう。

注
1) 国立国語研究所1964は異なり語数の47.5%が、延べ語数の41.5%が漢語であるとしている（p.61）。また、国立国語研究所1984は基本語六千のうち46.9%を漢語と報告している（p.23）。これに混種語の漢語成分を加えれば、日本語の書きことばの語彙使用の50%前後が漢語であると考えられる。
2) 文化庁1978では3分の2を類義としているが、荒川1979、松岡1979、飛田・呂1986で批判されているように、実際には厳密に一致するものは少なく、基本義の一致に限って半分程度と考えるのが妥当であろう。
3) 例えば、茅本1996, Matsunaga1999, 玉岡・宮岡・松下2002など。
4) このような認知処理や習得が起こり得ることは、表意文字を持たない欧米で発達してきた第二言語習得理論においては想定されていないことである。例えば英語話者がフランス語を学習するときにも類似の現象が考えられるが、上述の中国語と日本語の場合、文字表記の類似性が高いにも関わらず、文字表記に音韻情報が乏しいことが表音文字言語の2言語の場合と異なっている。（日本語、中国語、心理学の三つがわかる研究者は非常に少ないために先行研究が極めて乏しい。）
5) ここでは字体の異同は問題にしない。
6) 中国語については、中華人民共和国の標準字体を指す。材料語のうち、「誉（譽）」「国（國）」「当（當）」は、台湾、香港等で用いられる旧字体（いわゆる康熙字典体）と字体が異なる。
7) 北京语言学院语言教学研究所1986を参照。
8) 玉岡・松下1999は、更に日本語に習熟した超上級学習者では、茅本1996と異なり、音韻面で母語の影響がないことを報告している。

[参考文献]　　＊出版年次順
国立国語研究所1964.『現代雑誌90種の用語用字Ⅲ　分析』秀英出版
文化庁（早稲田大学語学教育研究所日本語科）1978.『中国語と対応する漢語』大蔵省印刷局

荒川清秀 1979.「中国語と漢語 －文化庁『中国語と対応する漢語』の評を兼ねて」『愛知大学文学会文学論叢』62　p.361-p.388
松岡栄志 1979.「日本語教育「村」と中国語教育「村」 －文化庁『中国語と対応する漢語』をめぐって－」『中国研究月報』380　p.39-p.44, p.23
国立国語研究所 1984.『日本語教育のための基本語彙調査』秀英出版
飛田良文・呂玉新 1986.「『中国語と対応する漢語』を診断する」『日本語学』6月号　p.72-p.85
北京语言学院语言教学研究所　1986.『现代汉语频率词典』北京语言学院出版社
茅本百合子 1995.「同一漢字における中国語音と日本語の音読みの類似度に関する調査」『広島大学　日本語教育学科　紀要』5　p.67-p.75
茅本百合子 1996.「日本語漢字と中国語漢字の形態的・音韻的差異が中国語母語話者による日本語漢字の読みに及ぼす影響」『広島大学教育学部紀要　第二部』45　p.345-p.352
Matsunaga, Sachiko 1999. The role of Kanji knowledge transfer in acquisition of Japanese as a foreign language、『世界の日本語教育』9　p.87-p.100
玉岡賀津雄・松下達彦 1999.「中国語系日本語学習者による日本語漢字二字熟語の認知処理における母語の影響」第4回国際日本語教育・日本研究シンポジウム「アジア太平洋地域における日本語教育と日本研究：現状と展望」（香港理工大学）配布資料
玉岡賀津雄、宮岡弥生、松下達彦 2002.「日本語学習者の心的辞書（mental lexicon）の構造　―中国語を母語とする超上級日本語学習者の漢字熟語の処理を例に―」『平成14年度 日本語教育学会 第14回研究集会 予稿集』　p.1-p.8

司法通訳[1]の正確性

—司法通訳人に対するグループ・インタビュー調査から—

水野　かほる

1. はじめに

　近年の国際交流の活発化に伴い近隣諸国から入国する外国人[2]が増加し、これにつれて外国人が関わる犯罪が急増している。平成14年度版『犯罪白書』によると、外国人の刑法犯検挙人員は平成4年以降1万人を超える状態が続いており、検挙件数は11年には過去最高の36,382件となっている。また、検挙人員においては平成3年から、検挙件数においては5年から来日外国人がその他の外国人数を超えており、このことから、近年の犯罪の多くが来日外国人に関わるものであることが分かる。これら来日外国人問題に対処する際に遭遇する最大の問題は、言葉の壁である。そのため、捜査・公判を通じ通訳を要する事件が増えており、地裁において有罪の言い渡しを受けた被告人総数のうち通訳翻訳人のついた割合は、平成13年には7,904人で平成4年の約3.5倍となっており、国籍数は77か国であった。通訳言語は中国語のみで全体の約42.3％を占め、それに韓国・朝鮮語、フィリピノ（タガログ）語、タイ語、ペルシャ語、スペイン語、ポルトガル語と続き、通訳言語総数は35言語に及ぶ（法曹会, 2003）。

　日本の刑事手続きは、書面の記載も口頭の陳述も日本語で進められ、殊に日本の裁判所における公式用語は日本語であるとされる（裁判所法74条）。しかし、日本とは言語も文化的社会的背景も異なり、日本の刑事手続きにも不慣れな外国人被疑者・被告人は、第一次的には言葉の壁から自分のおかれた立場や手続き内容を理解することができない。また、司法関係者の側においても、不充分なコミュニケーションによって、適正・効果的な活動が阻害される危険性が存在している。刑事訴訟法175条では、「国語に通じない者に陳述をさせる場合には、通訳人に通訳をさせなければならない。」とし、同法177条は、「国語でない文字又は符号は、これを翻訳さ

せることができる。」と定めている。さらに、捜査段階に関しては、捜査機関は通訳または翻訳の嘱託を行うことができるとする（刑事訴訟法223条1項）が、これら以外に関連する規定はなく、その資質や能力によって自己のおかれた状況や法手続きに対する理解度に相当の格差があり、裁判への不安が極度に高いと思われる外国人被疑者・被告人が、充分な意思疎通と理解による自己の防御活動を確保し、その言語権保障を可能にするという視点からのものとは言えない（三井, 1996 等）。そこで、被疑者・被告人にわが国の刑事手続きの流れを理解させ、彼らの供述を正確、公正に把握し通訳することの意義が問われることになるのである。

特に法廷通訳において重要なことは、通訳が正確に行われることであり、それをなし得る有能な通訳人を確保することである。そして、適切で正確な通訳を遂行するためには、通訳人には、正確な通訳をするための言語能力のみならず、両国の法律用語、刑事手続きに関する知識、また両国の文化・社会などの実情に通じていることが求められる。小論においては、正確で公正な通訳を実現することにおいてどのような問題があり、その現場において通訳人はどのようなことを感じているのかに関して、日本語に不充分な外国人が被疑者・被告人になる事件（要通訳事件）の増加、その多言語化により、複雑化・顕在化してきている通訳を巡る現状や問題点を把握するために実施した司法通訳人に対する調査をもとに報告する。

2. 通訳の正確性について

司法通訳人に対する調査について述べる前に、我が国の刑事訴訟において、通訳の正確性についてどのように扱われてきたかを、幾つかの裁判例から考えてみたい。

捜査段階での通訳の公正さと正確性が問題となった裁判例には以下のようなものがある。

(1) 最高裁昭和 32 年 10 月 29 日外国人犯罪裁判例集 11、刑集 11 巻 10 号
(2) 東京高判昭和 51 年 11 月 24 日外国人犯罪裁判例集 13、高刑集 29 巻 4 号
(3) 浦和地判平成 2 年 10 月 12 日外国人犯罪裁判例集 9、判例時報 1376 号

(4) 大阪高判平成 3 年 11 月 19 日、差戻第一審神戸地判平成 6 年 5 月 12 日外国人犯罪裁判例集 4、判例時報 1436 号、判例タイムズ 879 号
(5) 東京高判平成 4 年 4 月 8 日外国人犯罪裁判例集 2、判例時報 1434 号、判例タイムズ 791 号
(6) 東京高判平成 4 年 7 月 20 日外国人犯罪裁判例集 3、判例時報 1434 号
(7) 大阪地判平成 7 年 11 月 20 日
(8) 東京高判平成 8 年 7 月 16 日高刑集 49 巻 2 号、判例タイムズ 927 号

大越（1998）によると、捜査段階で通訳を介して得られた供述調書[3]の証拠能力の有無が争われたこれらの裁判における論点として、以下の 6 点が挙げられる。

① 通訳人の公正さ（中立性）に問題がある場合に、そこで得られた供述調書の証拠能力の有無。
② 通訳人の正確性に問題がある場合に、そこで得られた供述調書の証拠能力の有無。
③ 母国語の通訳が付けられなかった場合に、そこで得られた供述調書の証拠能力の有無。
④ 取り調べの際の外国人被疑者に対する供述拒否権・弁護人選任権などの告知の仕方に問題がある場合。
⑤ 外国人被疑者に対して日本語で録取された供述調書の読み聞かせを口頭で翻訳して聞かせることで足りるのか。
⑥ 検察官が英語の通訳人を介して外国人被疑者を取り調べ、日本語による供述調書を作成したものの、被疑者が署名を拒否したので、別に英語で作成したものを用意しそれに被疑者が署名した場合、いずれの調書に証拠能力が認められるのか。

①に関しては (4) (6) が、②に関しては (4) (6) (7) (8) が、③に関しては (5) (6) が、④に関しては (3) が、⑤に関しては (2) が、⑥に関しては (1) がそれぞれ関連した裁判例である。

次に、公判段階での通訳の公正さと正確性が問題となった裁判例には以下のようなものがある。

(9) 大阪高判平成 3 年 11 月 19 日判例時報 1436 号
(10) 東京高判平成 6 年 11 月 1 日判例時報 1546 号、判例タイムズ 890 号

公判における通訳の公正さ及び正確性に関わる論点としては、以下の 3

点が挙げられている（大越，1998）。

⑦ 法廷通訳人の公正さに問題がある場合には、その通訳は違法になるのか。

⑧ 法廷通訳人の正確性に問題がある場合には、その通訳は違法になるのか。

⑨ 法廷通訳が被告人に理解できない言語でなされた場合には、その通訳は違法になるのか。

⑦に関しては（9）が、⑧⑨に関しては（10）が関連した裁判例である。

通訳の正確性は、狭義には捜査段階、公判段階の当該通訳自体の正確性を言うが、広義には、少数言語であるなどの理由で当該被告人にとって第二順位の言語で行う通訳も許されるかという論点も含めて良いと解され、この点に関する裁判例は、それだけでは通訳の正確性ひいては当該供述調書の証拠能力を否定していない。さらに、単に言語的な問題だけでなく、尋問、訴訟指揮等の在り方、通訳人の公正性・中立性といった通訳人の在り方も関係しており、通訳の正確性が確保されるためにはその検証・確認手段如何も重要であるとみなされる[4]（植村，1998）。

例えば、(5)は、ペルシャ語を母国語とする被疑者に対する警察官による取り調べ及び供述調書作成が英語の通訳で行われた事件であるが、被疑者が英語を理解するときは、その取り調べはわが国において国内法としての自立執行権を有すると目されている「市民的及び政治的権利に関する国際規約」（いわゆる「B規約」）14条3項(a)・(f)に違反しない。即ちここで要請されているのは、被疑者の理解する言語によって通訳がなされれば良いのであって、必ずしも母国語によることに限定されるものではなく、またこれらの規定は、裁判所による刑事上の罪の決定に関するものであって、公訴提起前の被疑者の取り調べに適用されるものではなく、要は捜査官と被疑者との意志の疎通が図られれば足りるとして、これによって作成された供述調書の証拠能力は否定されないとした（外国人犯罪裁判例集4、判例時報1434号）。また(6)は、捜査段階における通訳人の公正性・的確性が争われた事案である。パキスタンのパンジャブ語圏に属する被告人BCに対しインド人通訳人がヒンディー語を交えたウルドゥー語によって通訳したことについて、地方都市における少数言語の通訳人の確保の困難さを指摘し、被告人がウルドゥー語を理解し得る限りこれを違法不当視する

ことは相当ではないとした。通訳人の原審証言、作成された供述調書の内容から、被告人らに対する刑事手続き上の防禦権の保障がまっとうされているかどうかは、刑事手続きの各段階を通じて全体的に考察すべきであり、捜査段階の取り調べにおける通訳の適否の問題が直ちに訴訟手続きの法令違反を将来するものではないとした。また、公判段階において適正な通訳人が付され、供述調書について通訳の正確性を吟味する機会が十分に与えられ、それに基づいて調書の任意性や信用性についての判断がされたのであれば、訴訟手続きの法令違反の問題は原則として起こり得ないとした（外国人犯罪裁判例集 3、判例時報 1434 号）。

　以上から、司法通訳の正確性に関しては、手続き保障の観点からすれば、通訳言語は母語[5]に限られないが被疑者・被告人が理解できる言語でなければならず、通訳人の公正さは、捜査段階では問題にならないが、公判段階においては通訳の違法の問題になるとされていることが分かる。

　通訳自体の正確性に関しては、刑事手続きにおける通訳の正確性は、旅行ガイド通訳や会議通訳に求められる正確性とは質的に異なり、非常に高度な正確性が要求され、日本語・外国語の両方に精通しているのは勿論、基本的な法律知識が必要となる。そうした正確性が要求される理由として、瀬野（1989）は以下の 3 点を挙げている。

(1) 供述調書は供述者の主観面の録取りに重点が置かれ、主観面の供述はちょっとしたニュアンスの違いから罪体に影響を与える。
　　　例：「私はAを殺してしまったのです」という被疑者の供述は、「殺す」ということが故意行為を意味し、「殺してしまった」ということが、自己の過去の行為に対する後悔の念を表わす表現であると読めば、殺人の故意を認める証拠となる。しかし、「殺してしまった」ということは、過失を意味するものともとれる。

(2) 非法律的な表現が法律上の評価と緊密に結びついている場合がある。
　　　例：「見張り」という言葉は、直接の実行者の実行行為の内容を知りつつ、それが発見されないようにまたは発見された場合には実行者の逃亡を容易にすることを意味するが、原供述者がウルドゥー語で「ニグラニー」という表現を用いた場合は、これは「外の様子を見ていた」点に力点があり、中で何をやっていたかを認識していたかどうかは文脈を見なければ判明しないほど微妙であるので、通訳人は

被疑者に再度確認すべきである。
(3) 法律上の概念そのものの問題がある。
例：ウルドゥー語で「ダッカ」という表現は脅かして金を取るという意味で、強盗のほか恐喝を含む概念である。被疑者が恐喝の意味で「ダッカ」と供述したのに、強盗と訳したら大変なことになる。

従って、本稿においては、司法通訳の正確性に関して、言語的な問題のみではなく、通訳人の公正性・誠実性、その在り方等を含めて考えることにする。

3. 司法通訳の特徴

外国人事件の適正な処理のために不可欠である司法通訳の正確性に関して考察するには、司法通訳の他の通訳とは異なる点を捉えておく必要があろう。灘光（2001）及び田中（1998）によれば、法廷通訳においては、一般的な通訳過程における困難点に加え、以下のような特徴が見られるとされる。

(1) 法廷通訳は、裁判所から選任されて裁判手続きに関与する通訳人の行う通訳であり、被告人の人権を保障し、適正な裁判を保障する上で極めて重要な役割を果たすものである。従って、通訳人は、通訳をするに当たり、良心に従って誠実に通訳する旨の宣誓を行わなければならず、故意に偽りの通訳をすると処罰されることがある。そして、法廷通訳人は、識見、誠実さ、及び信頼性等の観点から適性が認められ、中立的な立場で行動し、公正さを保持できる人物であることを要する。
(2) 法廷における通訳は技術的、専門的な性格を有するため、専門的な法律用語や制度を知っている必要がある。法律用語、難解な表現、法律的意味の違いなどを知っておく必要があり、国によっては法律制度が異なるため文字通り訳すだけでは被告人には理解不可能なこともある。
(3) 制度化されたやりとりがかわされる。法廷では、裁判官の支持のもと、発言は問われた時、許可された時のみ許される。
(4) 法廷における通訳は全訳通訳であり、厳格なまでの正確性が要求される。法廷では、発言された通り、省略や編集を一切施さず、話し手の言語レベルや話し方のスタイルまでそのまま訳すことが求められる。
(5) 文化的勢力格差の構造が存在する。法廷には、「裁く側」と「裁かれる

側」があり、裁く側にいる日本人の規範、倫理観、常識が裁かれる側より優位にある。
(6) 通訳能力自体に大きな比重がかかる通訳である。
(7) 法廷における通訳は、逐次通訳である[6]。逐次通訳では、話し手の発言内容の論理的な構造をしっかりと把握かつ記憶し、その内容を聞き手が十分に理解できるように、正確かつ論理的に分かりやすく伝えなければならない。そのため、メモとり（Note-Taking）が不可欠である。

上記に加えて、本稿では次のような特徴を付け加えておきたい。
(8) 司法通訳は、取り調べや公判などの各場面で、立場の相違する人々の間に立って通訳業務を行う。法廷では、一人何役も〔裁判官・検察官・弁護人・被疑者被告人・証人〕をこなさなければならず、それぞれに対しての語調やニュアンスの違いも問題になる。
(9) 刑事捜査、刑事裁判は全て日本語の音声と文字によってのみ進行され、証拠が形成される。

このように、司法通訳の過程は、文化、言語、法律が複雑に関係して進行する場である。そして、そうした複雑な過程における通訳の正確性を考えるに当たって、上記9項目は手続きのいろいろなプロセスにおいて様々な形で関わってくるものと考えられる。

4. 調査の目的と方法

司法通訳を巡る現状及び問題点を把握するために、司法通訳に携わる通訳人に対してグループ・インタビュー調査を実施した。グループ・インタビューとは、ある特定の話題に対して見解を出すことを要請された少人数のグループに対して、仮説と質問を準備して集団討議を実施することによって、当該話題についての参加者の理解、感情、受け止め方、考え等を引き出すことを目的とする調査方法である。従って、このインタビューは量的な情報を生み出すものではないが、他の調査方法では見落としてしまいがちな、人々の意見や、感情、態度を知るために有効な調査方法であると考えられている（S・ヴォーン／J・S・シューム／J・シナグブ, 1999; Lederman, 1990）。調査は2002年9月に京都[7]と静岡において2グループ、計12名の司法通訳人の協力を得て行った。インタビューに要した時間は各2時間強である。被調査者のプロフィールは以下の通りである。

性別：男3名、女9名

年齢：21～30歳2名、31～40歳8名、41～50歳1名、51～60歳1名

出身国・地域：日本5名、中国2名、台湾2名、韓国1名、ネパール1名、フィリピン1名

母語：日本語5名、中国語4名、韓国語1名、ネパール語1名、フィリピノ語1名

通訳言語：中国語6名、韓国語2名、ネパール語1名、フィリピノ語1名、スペイン語1名、ペルシャ語1名、ウルドゥー語1名、ヒンドゥー語1名、広東語1名、福建語1名

通訳経験年数：～5年6名、6～10年5名、11年～1名

通訳経験件数：～100件 5名、100～200件 1名、200～300件2人、多数1名、記載なし3名

通訳経験場面：裁判所12名、警察8名、検察8名、弁護士との接見10名、その他：NGO、入管、労働基準監督署、刑務所

5. 調査結果と考察

グループ・インタビューにおいて得られたデータはテープ起こしをし、カテゴリー別に情報単位化した。本章においては、グループ・インタビューにおける調査項目の中から、通訳の正確性に関係すると思われる以下の6項目についての調査結果を報告し検討する。

(1) これまでの通訳事例における言語面での問題について。

(2) 正確な通訳ができているか疑問をもったことがあるか。正確性に関して、チェックインタープリターを起用する等の改善をするべきだと思うか。

(3) 被疑者・被告人の背景である文化・社会規範や価値観、思考様式などと日本の文化・社会との相違による問題について。

(4) 通訳人が日本人である場合と外国人（被疑者・被告人と同じ母語の通訳人）である場合の相違点と問題点について。

(5) 法律用語・制度・法廷の特殊性に起因した問題について気がついたことがあるか。

(6) 司法通訳の場において、通訳人はどのような役割を果たしているか。

以下においては、調査結果を記述した後、当該項目についての考察を述べる。

(1) これまでの経験の中で、言葉の面で通訳が難しいと感じたのはどのようなときか。そのときにどのように対処したか。

- 1文が5、6行にも渡ったり、主語が違ったりする、日本人でも分かりにくい文章や日本人でも読めない漢字が出てくる。（地名、名前等）
- ぴったり当てはまる単語がないことがある。
  例： 私のいとこ（日本語）→中国語
  　　 找（中国語）→人をさがす、訪ねる（日本語）：事前の情報がなかったので、どちらの意味を指しているか分からなかった。
- 身体的な動作を形容するときの通訳が難しい。
  例： 羽交い絞め：羽交い絞めでもいろいろな体勢がある。中国語の場合、その状態が分からないと適切な言葉を出せない。
- 日常会話ではあまり使わない語なので、被告人に理解してもらえなかった。
  例：「日本に来たきっかけは何ですか。」と言うときの「きっかけ」を表す中国語はあるが、3人位に使ったが理解してもらえなかったので、言葉のニュアンスは違うが、「日本に来た理由」と言うことにした。
- 訳したものが違っていたと分かったときは、訂正できる部分だったら訂正するが、できない部分だったら、次にその言葉が出たときに、把握した情報から正しく訳して、間違った部分は後で書記官や関係者に説明をする。裁判の進行では、「先程のことをもう一回言いなおすと」というのはできない。
- 英語の"I'm sorry."に当たるスペイン語を謝罪の言葉で出したときに、どの程度の謝罪なのかによって訳が変わる。或いは、"I feel bad."に当たる言葉を言ったときに、どんな状況なのかによって、訳が左右される。
- 言葉に癖がある被告人がいる。その通り訳さないといけないが、そう訳すと、「それは被告人の言葉ですね、それとも通訳人の言葉ですか。」と聞かれる。
- 質問に対してつじつまの合わない答えが返ってくるときが一番困る。そのまま通訳するが、ちゃんと説明したのかと思われる。
- Aの質問に対してA'の答えが返ってこないというのは、しょっちゅういつでもある。そういうときには、Aの質問にBの回答があったときにはBの通り訳す。そのときに、通訳のせいだと思われてもそれは仕様がないかもしれない。検察官、弁護人、裁判官が被告人の理解が間違っていることに気付けば違

う言い方で言い直してくれたりするし、通訳人から確認が必要だと思えば、「通訳人より聞きなおしてもいいですか。」と言ったり、自分の誤訳のせいで通じなかったことが自分で確認できたら、同じところをもう一度訳させてもらうように裁判官に許可を求めて訳しなおすこともある。それで、多少この通訳はどんくさいと思われても、それは仕事の一部だと思っている。

- 日本語では「起訴状」が、フィリピノ語では"papeles ng pagsasakdal"となり、日本語よりも長くなる。弁護人・検察官・裁判官が区切って言ってくれないときは疲れてしまう。
- 逆に、通訳が入ることによって、被告人には理解しやすくなるのではないか。悪文を短い文章に区切って、主語が違っていれば変えて、意訳までしている場合がある。

水野（2001）[8]においては、警察本部通訳センター及び弁護人から正確に通訳することの難しさが、また弁護人から警察・検察における調書作成の際の通訳翻訳の正確性の問題が指摘されている。前述のように、刑事手続きにおける通訳には高度の正確性が要求される。今回の調査においては、通訳の際に適切な語彙や表現が見つからない場合の苦労や、「3．司法通訳の特徴」において挙げた全部通訳の原則、通訳専念義務といった司法通訳人の職業倫理に対して、実際の通訳業務の中で戸惑いを感じつつも誠実に通訳をしようと取り組む通訳人の様子が理解できる。

(2) 正確な通訳ができているか疑問をもったことがあるか。正確性に関して、チェックインタープリターを起用する等の改善をするべきだと思うか。

- 窃盗事件のとき、当該事件に関係する場所的情報がなかったため、被告人たちの位置関係がよく分からなかった。法廷が終わった後、被告人が「さっき通訳さんが、その、通訳間違えました。」結局、最後までどう訳せば良かったのか、本当に自分が間違っていたのか分からなかった。書記官にどうしますかと聞いたら、「録音テープがありますから、あとで裁判官に聞いてみます。たいしたことじゃないからそのままでもいいんじゃないか。」と言われた。
- 疲れてきたとき、自分でも誤訳していることに気がつかなかった場合はある。
- 後になってから「あれで良かったんだろうか。」とか、「こういう単語があった

んだ。」というのに出会ったりすることがある。争いがなければ誤訳の問題なども表面化しないけれど、特に犯意をめぐる質問の応酬とかになると、こちらが当然のように言ったことに「えっ、そういうことなんですか。」と突っ込まれたりすると、今の訳じゃだめだったんだろうかと思うことはある。だから、そのときは誠心誠意、ベストのつもりで訳しているけれど、後になってから、違ったかなとか、傍聴に来ていた同業者からあれは違うだろうと言われたときに、素直に聞けるときと、それは訳しすぎだとこちらから言いたくなるときとかいろいろある。非常に難しい問題。

- 自分が通訳した時点で完璧だ、もう訂正するところは何もないと思えるような通訳がいるとは思えない。
- 自信を持っている人こそ怖い。謙虚な気持ち、勉強する気持ちでなければ、この仕事は務まらない。
- 法廷はある意味で密室であり、外部のチェックもなかなか入らない。従って、法廷は通訳人にとって、厳しいと同時に甘い環境でもあると思う。誤訳をしても表面化せず、重鎮に納まっているベテラン通訳もいると思う。
- 自分の母語でない言語に訳すときに、本当に正確に訳しているんだろうかっていう疑問を持つことはある。
- 例えば、福建省の人で北京語も分かる人に北京語で通訳するときに、相手にとって北京語より福建語の方がよく分かる言語という状態で、北京語で訳したものを本当にこちらの意図した通りに理解していてくれているんだろうかと心配になるときがある。
- 傍聴していて、明らかに誤訳だっていうのが分かったとき、「誤訳なんだけどなあ。でも言えないなあ。」と思ってちょっといらいらする。本当に判決に影響がありそうな誤訳を見つけたら、ただの傍聴人の立場で何かできることがあるんだろうかと思った。
- 傍聴席から通訳がちゃんとやっていないということを弁護士に耳打ちした人がいたために通訳人が交代したことがあった（1994年の話）。
- 勾留質問のときの裁判官で、通訳人が訳している言葉が分からなくて不安になり、発言毎に通訳後に元の言語に反訳させて確認をとる人がいる。
- 接見は弁護人側の通訳で、裁判は裁判所側の通訳だから分けた方が良いっていうのが裁判所側の考えだというけれど、通訳人としては事前の情報が欲しい。純粋に通訳に生かす情報は多いにこしたことはない。

- 通訳の正確性を保つにはチェックを入れた方がいいかもしれないけれど、語学力だけじゃないと思う。経験、手法、いろんなケースをこなせば、それなりに上手になっていく。だから、研修会、セミナーに参加したり、討論、相談したりがプラスになると思う。
- 言語だけでなく、文化、法律、最近の流行語などの情報がないと、正確な通訳を行うのは難しいと思う。
- 外国語ができれば通訳ができるという妄想をユーザー側に捨ててもらわないとだめ。
- （否認事件のときに）被告人が筋の通らない話をしているときに、裁判官など周りの人から、この通訳は正しいのかと疑われているんじゃないかと思う。実際、精神鑑定ギリギリの人がいたが、質問と全然違うことを答える。そうすると、「この質問を正しく伝えていますか。」と確認されたことがある。誰も両方の言語が分かる人がいないので、「正しく伝えています。」と言うしかない。
- このあいだ殺人事件があった。すごく否認していて、被告人が警察に「殺すぞ！」と言ったのをそのまま通訳しなければならなかった。テープをとっていたから良かったが、「本当にそう言ったのか。」と何回も確認された。
- チェックインタープリターがはいったことがあるけれど、すごく嫌だった。その事件は、接見には行かずに法廷だったので不安な気持ちだった。どのような経緯で日本に来たかという話のとき親族関係の語彙が出てきたが、韓国語では日本語と異なる体系を持つこともあり、よく分からなくて冷や汗をかいた。チェックインタープリターは、正確を帰するには良い制度だと思うが、こちら側の精神的負担を考えると、デメリットも多いんじゃないかと思う。
- 正確な通訳を通訳人だけに求めるのはちょっと時代遅れだと思う。ユーザーも研修して、ユーザーから指摘していかないといけない。ユーザーの意識を高めないと、この問題は永遠に解決できないと思う。

ここでのポイントは次の三点になると思われる。一つは、司法通訳のプロセスにおいて絶えず通訳人が抱えていると思われる、正確に通訳ができているかの不安である。二つ目は、特に否認事件で被告人が支離滅裂な発言をしていたりするときに、通訳人が(1)で触れた全部通訳の原則に従うことによって、本当に的確な通訳をしているか疑われることへの不満である。但し、これは司法手続きの場において両言語を理解できるのが通訳人

のみである状況においては当然起こり得る反応でもあろう。第三は、正確な通訳を実現するためには何が必要かという点である。1990年頃から裁判所では通訳人の訳をテープにとり公判調書と一緒に保存するようになったため、これは通訳の正確性の判断の基準になり得るが、より高度な正確性を担保するためには、水野（2001）において弁護人から指摘されたように、取り調べにおいてもそのプロセスを録音して録音テープを保存する必要があろう。

(3) 被疑者・被告人の背景である文化・社会規範や価値観、思考様式などと日本の文化・社会とのギャップが発生した問題はあったか。そのときにどのように対処したか。
- 罪に対する捉え方（量刑に対する意識）が違う。
  例： オーバーステイが罪になるという意識が低い。
      自分は日本に来たがっていた密入国者を船で運んであげただけ。自分より、密入国者の方が罪が重い。
- 日本の法律と比べて中国の法律は厳しい。だから、中国人被告人は、自分は日本で逮捕されて良かったと思っている。しかし、彼らが自分への処罰は大したものにはならないと考えるのは、日本の法律に照らしてというよりは自分を弁護するための詭弁も入っていると思う。
- 被告人が日本に入国する経緯の説明で、なぜ借金をしたかが明らかになった。被告人が事件を起こした背景には、母親の病気を直すための韓国の伝統的な儀式にお金がかかったという事情があったのだが、裁判官たちにはそれが理解できず、理解されていないことが被告人には分かっていなかった。それで、諒解を得た上で通訳人から説明をしたが、このようなときに口をはさむかどうか迷う。
- そういう説明を要するとき、裁判官、弁護士などが通訳に聞いてくれるときがある。逆にその方が楽。
- 母国の司法文化の影響か、被告人が司法取引のようなことを持ちかけてくることがある。
- 性的暴力を伴うドメスティックバイオレンス（DV）のケースで、本人の文化的背景から、言葉にするのに非常に抵抗感を持っていた。

韓国人被告人が母親の病気を直すための韓国の伝統的な儀式にお金をかけて借金をした事情を裁判官が理解できなかったというケースでは、「3. 司法通訳の特徴」の (5) が想起される。被告人が所属する社会文化では当然とされる行為が、日本社会では奇異であるとか厳しく罰せられるべきであると写ることによって、被告人の不利になるという状況が存在するのであれば、考慮しなければならない問題であろう。同様の状況が日本型量刑事情にもあるようである。日本では、本人が反省・悔悟しているかどうかが重視され、それは日本的な反省の意味の共有とそれを表す場合の言動に関する文化的ルールの共有があって初めて信頼できる判断ができるのであるが、外国人事件ではこうした情緒的共有は難しいと思われる(渡辺,1998b)。こうした意識の違いを司法通訳人は認識しておくべきであろう。従って、通訳人には、両国の法律用語・刑事手続きについての知識だけでなく、両国の文化・社会などの実情及び両国の文化的差異や異文化性に通じていることが求められる (堀内, 1998)。両文化を知る通訳者だからこそ、あるメッセージが相手側にどう伝わるか、また何が伝わらないであろうかを的確に予測・判断できると考えられる。一方、通訳人からは、裁判所や弁護人に外国人事件についてもっとよく知って欲しいという要望がある。

(4) 通訳人が日本人である場合と外国人（被疑者・被告人と同じ母語の通訳人）である場合の相違点と問題点は何か。
- 警察の内部養成の講師は方言の聞き分けができなければならないというので、母語話者でないとだめと言われた。
- 被告人の考え方とかどうしてこうなったかなどについては、母国の通訳人の方が理解できる。
- 冒頭陳述、証拠等関係カード、論告・弁論要旨等、日本語を母語に訳すのだから、母語話者の方が有利。
- 母語話者の日本語は、多少文法的に間違っても裁判所の人たちは理解してくれる。しかし、被告人に言葉が通じないのは困る。
- 中国の場合、方言も多く、被告人の教育レベルなどもかなり差があるかもしれない。正しい中国語で言っても通じない場合がある。
- 被告人と同国人が通訳をする場合は、裁判所は被告人におもねる人を警戒すると思う。

- 裁判所の研修のときに一人の弁護士が、日本の裁判制度を理解しており被告人に思い入れないという理由で、日本人の通訳人が望ましいと言った。
- 通訳の作業は「日本語⇔被告人の理解可能言語」の両方あるので、どちらが割りに合う合わないというのはまた別の評価になる。
- それぞれの長所・短所があり、一口では言えない。日本人だと日本語が、母語話者は当該言語が上手。どちらがいいと言うよりは、その人の能力、資質を見るべき。
- 現状は、少数言語は通訳人を見つけるのが難しく、どちらが望ましいと言っている場合ではない。

　水野（2001）における調査では、被告人と同国人の通訳人の場合、被告人からの脅迫の存在、被告人への同情及び同国人が日本で犯罪を犯したことへの反発、同国における物の考え方や宗教・習慣等を踏まえた通訳及びアドバイスができる等の長所がある反面、日本語能力の問題、被疑者・被告人と勝手に話したりアドバイスしてしまうことがあるという意見が聞かれた。弁護人からは、裁判所にとって重要なのは裁判所で被告人が話した日本語が裁判官にどう伝わるかであること、及び外国人の通訳人の場合は日本語のチェックができるという意見が提出されている。通訳人が日本人である場合も外国人である場合もいずれも長短があり、どちらが優れているということではないと思われる。しかし、裁判が日本語で進められ、調書が日本語で記述されるという点がどのように影響するかは、留意すべき事柄であると考えられる。

(5) 法律用語・制度・法廷の特殊性に起因した問題について気がついたことがあるか。そのときどうしたか。
- 法律用語が沢山出てきてかなり難解な用語が多い。被告人の教育レベルによっては理解できないことがある。
- 裁判はフォームが決まっているので、専門用語も数をこなせば割と楽。しかし、否認しているものとか、事案がからまっているものなどは用語も変わってくるので、難しいところがある。
- 日本の制度を誤解していたケースがあった。
　例：①日本で勝手に夫に離婚届を出されてしまったケースで、「日本では外国

人は立場が弱いから、そういうことをされてしまうのは当然だと思っていた。」と誤解していた人がいた。②中国では離婚届は夫婦一緒じゃないと成立しないので、日本でもそうだろうと思って、夫婦喧嘩をしたときに離婚届にサインして相手に渡してしまった。

- 黙秘権を告知したら、被告人が、司法関係者が彼らに圧力をかけて警告をしたと誤解してしまった。
- 執行猶予の制度がなかなか理解できない人が多い。その国にそれがあっても受けた教育によってそれがあることを知らないか、言葉が理解できていないか、分からないと嘘をついているに違いないと言われたことがある。判決後に、裁判官によっては「じゃあ、あなた、今日の判決の中身を繰り返して復唱しなさい。」と被告人に言わせる人もいた。それでも分かっていないときに、私がもう一つ頑張って欲しいのは、もう1回裁判官が説明してくれること。
- 前件において執行猶予になりながら再び犯罪を起こしてしまった人に、なぜ前刑の執行猶予を言い渡されたときに意味がわからなかったのかと聞くと、前回確認されたときには分からなかったと、通訳人のせいにしていた。
- 執行猶予について、詳しく説明する弁護士もいる。説明しない人が多いが、弁護人が言わないとこちらは言えない。
- 執行猶予という言葉をあまり理解していない日本人が結構多いと思う。だから、外国人だから噛み砕いて説明していいのかどうか。その説明を通訳しても良いのかどうかも問題だと思う。
- 裁判官が「執行猶予の説明、後から聞いておいてください。」と言い、後から書記官が「通訳の先生、いつもやっておられるでしょ？やってあげてください。」と言ったが、自分は訳すのが仕事だと言って断った。
- 最高裁のマニュアルの「執行猶予」を読むと、説明的な訳である。
- 裁判所が日本の司法制度を説明したビデオを見せるが、見て分かる人と分からない人がいる。

　黙秘権や執行猶予等の告知に関して、被疑者・被告人がその意味を誤解したり理解できなかった事例が挙げられている。外国人被疑者・被告人に対して、弁護人選任権・黙秘権等の権利の告知が適性に行われているかどうかに関しては、判決を言い渡されて、初めて自分の罪名を知ったという事例が報告されている（大貫, 1990）。また、取り調べの際に、たとえ検察

官や警察官等が「自己の意思に反して供述をする必要がない」と黙秘権について述べたとしても、それが正確に被疑者に伝わらない可能性の根拠として、名和・松田（1991）は以下の 2 点を挙げている。
① 通訳人が黙秘権というものを理解していないために、その通訳を省略してしまったり、正確に通訳しない（できない）場合がある。
② 取調官が黙秘権を告知し、通訳人がそれを正確に通訳しても、被疑者自身がそれを理解しえない場合がある。

これに関しては、権利告知の方法が権利行使を実質的に保障するという観点からは著しく不充分であったとされた事例（浦和地判平成 2 年 10 月 12 日）がある。本件は、不法残留中のパキスタン人被告人が、居候していた同国人のアパートに放火したとして入管法違反及び放火で起訴されたが、放火の点は無罪とされたものである。本事例において、通訳人は黙秘権という言葉は知らないと言いながら、質問されて初めて黙秘権という言葉の意味を理解すると、「いつも通訳する前に被告人に告げています。」と供述しており、裁判所は形式的には黙秘権の告知が行われたと認定している。しかし、「本件で問題とされているのは、…我が国の法律制度はおろか自国の法律制度についてすらほとんど全く知識のない、知的レベルの低い外国人被疑者に対する黙秘権告知の方法なのである。このような被疑者が、前記の程度の形式的な告知を受けただけで、これによって自己に『一切の供述を拒否する権利』があり、供述を拒否しても、そのことだけによって不利益な取扱いを受けることはないという黙秘権の実体を理解し得るとは到底考えられない。」（判例時報 1376 号）として、本件黙秘権告知の方法が同権利行使の機会を実質的に保障するという点から不充分なものであったことを認めている。また、通訳人に関しては、「このように法律的素養に乏しい民間人を通訳人として使用せざるを得ない捜査官としては、まずもって通訳人自身に対し、黙秘権とか弁護人選任権など、憲法及び刑事訴訟法で保障された被疑者の基本的な諸権利の意味を説明し、少なくとも一応の理解を得た上で通訳に当たらせるのでなければ、かかる通訳人に、右各権利の告知を適切に行わせることは到底不可能であると思われる。」（同上）とし、通訳人が法律や刑事手続き上の知識を有していることが必要であることを示している。この事例は、形式的な黙秘権の告知の有無ではなく、実質的に被疑者が理解し得る言葉で分かりやすく告知するという適正な手続

きであったかどうかを問題にしたという点で評価できる。また、本件においては、被告人は、弁護人が自分にとってどのような役割を遂行してくれる者でどのような手続きによって選任することができるか等についても一切知識がなかったと述べており、弁護人選任権についてもその告知による実質的効力がなかったということが報告されている。従って、本件のような事例においては、外国人被疑者のこれらの権利を実質的なものとするために、母語で説明し充分理解できるようにする配慮が必要であろう。ただ、告知を欠いても直ちに憲法違反にはならないとするのが判例であり（三井, 2000）、調査からは、この点について弁護人や裁判官がどれほど認識しているかに関しての意識は決して高いとは言えないことが窺えた。最高裁判所事務総局刑事局監修の『法廷通訳ハンドブック　実践編』では、公判手続きにおける黙秘権の告知を行う際の裁判官の言葉として、次のように記述している。「これから、今朗読された事実についての審理を行いますが、審理に先立ち被告人に注意しておきます。被告人には黙秘権があります。したがって、被告人は答えたくない質問に対しては答えを拒むことができるし、また、初めから終わりまで黙っていることもできます。もちろん質問に対して答えたいときには答えてもよいが、被告人がこの法廷で述べたことは、被告人に有利、不利を問わず証拠として用いられることがあるから、そのことを念頭に置いて答えるようにしてください。」（日本語部分）また、勾留質問手続きにおける弁護人選任権の告知については、「第二に、あなたは自分の費用で弁護人を選任する権利があります。（後半は省略）」とあるのみで、弁護人の役割等の説明はない。調査における通訳人の発言にあるように、日本人でもあまり理解していないと思われる言葉を、外国人だからという理由で説明することの是非の問題も存在するであろう。また裁判官・検察官・弁護人・被告人の言葉を正確に通訳するのが役割である通訳人に執行猶予等の説明を任せるということは本来あってはならないことである。問題は、外国人被疑者・被告人だからということではなく、日本人も含めた被疑者・被告人が刑事手続きにおいて実質的に権利を行使得る援助を受けられるかどうかということであろう。そして、そのために、通訳人には日本の刑事手続きに関する基本的知識を持ち、それを正確に通訳できる能力を身に付けておくことが必要とされる。

(6) 司法通訳の場において、通訳人はどのような役割を果たしているか。
- 日本人と同じような条件・立場で法律の裁きを受けるための手伝いをしている。
- 権利を等しくする、サポートするのが仕事。言葉が通じないことによる差を埋めることによって、あたかも日本人が裁判を受けているかのような状況を作り出すことが仕事だと思う。
- 通訳者として入って、通訳者以上でも以下でもない。通訳者っていうだけ。
- 被告人が外国人であって日本語を解しない訳だから、それによるハンディキャップをなくすことがメインであって、それ以上の利益を与えるべきでもないし、それ以外のサービスでは話にならない。
- 通訳者は人権を保障するという意味合いがあると思う。先日、ＤＶ法の保護命令を出すときに、加害者が外国人であったケースで通訳者がつかなかったことがあった。保護命令の意味が分からないと、加害者にとっての人権が侵害されていることになるし、加害者が理解できないことで被害者に対してもまた危険が及ぶかもしれないので、配慮が必要だと思う。
- 通訳人はあくまで裁判所が雇っている裁判所側の人間である。通訳として、伝達することに専念せざるをえない。被告人が分かっていないようだとか、この言葉の説明が必要じゃないかと言いたいときがある（伝えた方がいいのか）。それが一番苦しいところかとよく思う。かと思うと、執行猶予の説明等を「じゃあ、通訳さん。してあげてください。」と言われる。
- 法廷通訳は他の通訳（司法通訳以外の通訳）と違って、検察官・裁判官等の法廷の立場に立って通訳する。ようするに、被告人の意思を確認するのはあまりしない。
- 裁判所に雇われていても、中立を守る、つまり言葉のやり取りだけに徹するという感じ。
- 法廷の場合は、判断するのは裁判官だけなので、通訳人が判決を引き出すような通訳をしたら絶対いけない。
- 通訳人がその気になれば、裁判を左右することもできるという話を聞いたことがある。通訳人の果たす役割はすごく重要だと思う。
- メルボルン事件[9]で法廷通訳をしたオーストラリア人の通訳者が、弁護団のパンフレットに書いてある「我々は彼らの無罪を信じる」という言葉に対して、それは支援者としては正しいスタンスだけれども通訳者としては正しくないと

- 言った。通訳者が裁判の白黒を心の中で感じることはあっても、それを通訳姿勢に反映させてはならない。
- 通訳人のパフォーマンスや表情等が法曹三者に与える印象を通訳人は知っておかないと、非常に危険な結果を生じ得るので怖い。
- 責任を持ってやらなければいけない。否認事件の場合、被告人尋問などのとき、人の人生に関わっているので怖い。
- 資格化されるかどうかよりも、先に倫理規定を作ろう。
- 否認事件の場合は、被告人の話がチンプンカンプンで素人の目で見てもおかしいと思うが、言うとおりに伝えるしかない。いかに正確に伝えるか、緊張する。被告人がすごく速いスピードで話したり怒ったりするが、そのとき自分も同じ気持ちでそこに身をおかなければならない。

水野（2001）においては、どの立場の被調査者からも、「正確な通訳」こそが通訳人としてまず必要なことだとして挙げられた。さらに、公正中立を保持すること、秘密を守ること、言語能力と日本の刑事手続きの基本的知識を持つこと、信頼関係を築く手助けをする、等が挙げられている。

今回の司法通訳人へのグループ・インタビューにおいては、司法通訳人は被告人が日本語を解しないことによるハンディをなくす、つまり眼の悪い人にとっての眼鏡のような存在であるという意見が出された。司法通訳人のあり方については、しばしば「通訳人＝透明人間、黒子」という譬え方がされる（渡辺，1998a；田中，1998等）。これは、通訳人はできるだけ目立たない存在であるべきで、通訳人の役割はあくまで発言者の供述をそのまま伝達することに尽きるという考えに基づくものと思われる。萩原(1993)は、捜査通訳の法的性質として、取り調べに付随的、補助的、機械的であるとするが、通訳者を、Ａ言語でインプットすれば直ちにＢ言語で訳出を行う自動翻訳機のような存在とする見方が現在でも少なくないのではないであろうか。しかしながら、各言語は字義的な意味を持つだけではなく背後の文化に関連した独自の特質を持つため、効果的に意味を伝えるには各言語の特質を理解し尊重する必要があるし、微妙なニュアンスが意味を持つこともある。適切で正確な通訳とはどのようなものであるかを考えるとき、まず、通訳人によって訳されたメッセージを受容者がどう感じるかと、原語を母語とする人々がそれを聞いたときの感じとを比較対照し

てみることが重要であろう。これは、一体誰にとって正しい通訳と言えるのか、という問いである。通訳の正確さを決める基準は、通訳を受ける側である聞き手が訳されたものをどれだけ正しく理解できるかであり、決して誤解されることのない訳文を目指すべきであると考えられる。但し、例えば話し言葉であっても、社会的・教育的にいろいろ異なったレベルの話し言葉や理解語があって、その受け取られ方も異なる。裁判での例を挙げれば、O'Barr (1982) は、150時間以上の公判の録音と観察をもとにspeech variationの4つのパターン（"powerful" versus "powerless" speech style, narrative versus fragmented testimony, hypercorrection, and simultaneous speech）を選び出し、これらが陪審員に与える印象と評価に違いが見られることを実証した。今回のグループ・インタビュー調査において、ある通訳人が「通訳人のパフォーマンスや表情等が法曹三者に与える印象を通訳人は知っておかないと、非常に危険な結果を生じ得るので怖い。」と述べているが、通訳には通訳人の解釈や判断が当然含まれており、それが法廷にもたらす影響力は決して小さくはないのである。通訳人＝透明人間説に対して、通訳人を裁判の場において重要な役目を担うactive player（裁判の結果に影響を与える重要な位置にいる者）とする視点で見て、文化、言語、法律が複雑に関係して進行する通訳過程を分析することで、通訳人の仕事に対する認識を高めると同時に改善していこうとする姿勢も示されている（灘光, 2001)。この点に関しては、今後、現在進められている司法制度改革によって裁判員制度が導入されれば、通訳人の役割が今以上に重要となってくることは必至であり、法律実務家、通訳人を含んだより活発な議論が必要となってくるであろう。

6. おわりに

司法通訳における正確性に関しては、誤訳があった場合に通訳の正確性の検証ができるシステムが必要であることはもちろんであるが、現在考えられる通訳の正確性を確保する方法として、第二東京弁護士会 (2002) は、弁護人・被告人が通訳人を採点する制度の導入、チェックインタープリターの導入、法廷に複数の通訳人を入れて互いにチェックする機能をもたせる、法廷通訳人についての公的資格制度を新設することを挙げている。そして、これら以前の予防策として、優秀な人材の確保、通訳人の能力を

向上させるための研修実施、通訳翻訳報酬の改善等の身分保証、等によって通訳人の質的向上をはかることが考えられる。本調査においては、これら対応策が未だ実現していなかったり不充分な中で、司法通訳人が日常の通訳過程の中で抱えている問題の一端を明らかにした。

来日外国人事件には日本の刑事司法の問題点が集約的に顕われているとの指摘がある（浅田，1992；瀬野，1989等）。外国人被疑者・被告人は、自己の最も理解する言語で正確かつ公正な通訳を無償で受ける権利を有し、これを手続き面・制度面で保障されるべきであるが、これを保障することは決して外国人だけの問題と考えるべきではないであろう。司法通訳人は、この権利内容を保障するための存在であるはずなのに、実際には裁判進行のための補助的存在になっていたり、司法通訳人の認定制度が存在しない現状において、通訳人の立場の脆弱な状況も存在している。しかし、真に公正で正確な通訳の確保のためには、より詳細で具体的な議論と我が国の司法制度における課題の検討が必要であり、通訳人が安心して通訳に専念できる環境の設定が望まれる。

本研究は、科学研究費補助金（課題番号14510202）の助成の交付を受けて行われた。なお、本稿は、第12回社会言語科学会大会（2003年10月4・5日）において報告したものに、その後大幅に加筆修正を加えたものである。

最後に、調査に協力してくださった司法通訳人の皆様に感謝を申し上げる。

注

1) 本稿において「司法通訳」と言うときには、公判段階における法廷通訳のみならず、勾留質問や警察・検察の捜査官による捜査段階の通訳も含めて考える。
2) 警察庁の統計による定義では、「来日外国人」とは、「わが国にいる外国人のうち、いわゆる定住居住者（永住権を有する者等）、在日米軍関係者及び在留資格不明の者以外の者をいう。」とされている。
3) 日本語を理解しない外国人被疑者の供述調書の作成方法には、4つの方法（①当該外国語のみによる供述調書を作成する方法②前記に併せて日本語による供述調書も作成する方法③日本語による供述調書に当該外国語の訳文を添付する方法④日本語の供述調書のみを作成する方法）があるとされる（松本,1986）が、通常、④の日本語の供述調書のみを作成し、通訳人が調書の内容を口頭で翻訳して被疑者に読み聞かせる方法をとっている。この方法による調書作成は次のようになる。通訳人が供述者の供述を日本語に翻訳して取調官に伝達→調書作成（日本語）→外国語に翻訳して読み聞かせ→内容に誤りのないことを確

認して署名させる（島根，1992）。
4) 検証・確認手段に関する裁判例に、東京高判平成3年5月23日がある。本件では、捜査段階及び原審公判における被告人ら3名の原供述及びこれを通訳した内容そのものが録音テープその他の方法により保存されていないため、原供述が正確に通訳されたか否か、通訳された内容が正確に録取されたか否かについて直接に検証できないとしながらも、同供述が誠実に通訳する旨の宣誓をした通訳人により通訳されている上、その通訳の結果である公判調書の作成手続きや記載内容に同意がなされているため、違法不当な点は存在しないとした（外国人犯罪裁判例集6）。
5) 被疑者・被告人にとって最も理解可能な言語という意味では、「母国語」より「母語」という言い方の方がふさわしいと思われる。
6) 但し、最近は公判廷における日本語での発言のうち、事前に通訳人に書面が交付された手続き部分については、ワイヤレス通訳システムが使われることにより、日本語での発言と同時進行的な通訳が行われることが多い。
7) 京都におけるグループ・インタビューは、日本司法通訳人協会（1992年に発足した、大坂に本部を持つ司法通訳人の団体）の研修会後に参加者のご協力を得て行った。
8) 本研究は、2000年9－11月に司法通訳に関する実態の把握と今後の研究のための予備考察として、静岡県の警察本部通訳センター、地方裁判所、弁護士会に対してインタビュー調査を実施したものである。
9) ヘロインを密輸したとして、オーストラリアを旅行中の日本人観光客5人が有罪判決を受けた事件。この事件の問題点として、捜査・公判段階における通訳の不備が挙げられている（メルボルン事件弁護団ホームページ：http://www.melbosaka.com/contents/jikentoha.html）。

[参考文献]

浅田和茂 1992.「外国人裁判と刑事手続」『ジュリスト』NO.1000　p.237-p.242
第二東京弁護士会刑事弁護委員会刑事手続・外国人部会 2002.『要通訳外国人刑事事件の問題と提言　全国単位弁護士会アンケート実施結果報告　報告書』
萩原昌三郎 1993.「外国人の供述調書」『判例タイムズ』NO.820　p.25-p.32
『判例時報』1376号 1991
『判例時報』1434号 1992
堀内捷三 1998.「外国人犯罪の諸問題」『岩波講座現代の法6　現代社会と刑事法』岩波書店　p.31-p.66
法務省法務総合研究所 2002.『犯罪白書（平成14年版）』
法務省刑事局外国人関係事犯研究会 1994.『外国人犯罪裁判例集』法曹会
法曹会 2003.『法曹時報』第55巻第3号

Lederman,L.C.1990.Assessing educational effectiveness:The focus group interview as a technique for data collection.*Communication education*, 38　p.117-p.127.

松本時夫 1986.「外国語による調書」『別冊ジュリスト NO.89 刑事訴訟法判例百選（第五版）』p.184-p.185

三井誠 1996.「来日外国人の刑事事件と通訳〔1〕」『法学教室』NO.195　p.99-p.104

────2000.「黙秘権の保障と自白」『法学教室』NO.238　p.76-p.80

水野かほる 2001.「外国人事件と司法通訳の問題に関する予備的考察　－静岡県における調査報告－」静岡県立大学国際関係学部『国際関係学双書』18　p.95-p.158

灘光洋子 2001.「法廷通訳人が直面する問題点　－文化的差異をどう捉えるか－」神田外語大学異文化コミュニケーション研究所『異文化コミュニケーション研究』第13号　p.59-p.82

名和鐵郎・松田竹男 1991.「外国人犯罪の現状と刑事手続の諸問題」『静岡大学法経研究』40巻1号　p.23-p.47

O'Barr,W.M.1982.*Linguistic evidence:Language, power, and strategy in the courtroom*.Academic Press.

大越義久 1998.「刑事訴訟における通訳人の公正さと通訳の正確性」芝原邦爾・西田典之・井上正仁編『松尾浩也先生古稀祝賀論文集』有斐閣　p.421-p.437

大貫憲介 1990.「外国人被疑者に適性手続は保障されているのか」『法学セミナー』NO.428　p.44-p.47

S・ヴォーン／J・S・シューム／J・シナグフ（著），井下理（監訳）（1999）『グループ・インタビューの技法』慶應義塾大学出版会株式会社

最高裁判所事務総局刑事局 1998.『法廷通訳ハンドブック実践編〔中国語〕』法曹会

瀬野俊之 1989.「権利に関する一試論」『法と民主主義』NO.242　p.10-p.15

島根悟 1992.「外国人被疑者と捜査手続をめぐる諸問題　－裁判例を素材にして－」『警察學論集』第45巻第10号　p.1-p.23

田中康郎 1998.「外国人事件における正確な法廷通訳の実践と適正な訴訟運営」原田國男・川上拓一・中谷雄二郎（編）『刑事裁判の理論と実務　中山善房判事退官記念』成文堂　p.139-p.191

植村立郎 1998.「通訳を巡る若干の問題」原田國男・川上拓一・中谷雄二郎（編）『刑事裁判の理論と実務　中山善房判事退官記念』成文堂　p.113-p.137

渡辺修 1998a.「東京地裁『法廷物語』」渡辺修・長尾ひろみ（編）『外国人と刑事手続　－適正な通訳のために－』成文堂　p.16-p.28

────1998b.「日本型情状立証の破綻」渡辺修・長尾ひろみ（編）『外国人と刑事手続　－適正な通訳のために－』成文堂　p.3-p.9

古往来における時の表現

—『高山寺本古往来』の場合—

三宅　ちぐさ

0. はじめに

　往来物は、平安時代末期から明治初年に至る長期にわたって編纂された書簡文形式の初等学習用資料だと言われている。しかし、石川謙氏によると、鎌倉時代中期以降は、学ぶべき単語・単文の類を集めた語句集と称した方がふさわしい形態のものや、書簡文例集と語句集とを合せたような形態が現れる。更に、室町時代・江戸時代と時代が降るにつれて、書簡文形式をはなれ、記事文体、美文体、韻文体など種々の文体が自由に使用されたという[1]。

　往来物の本質は、文例による言語表現の学習にあったと考えられるが、単語を集めた語句集、また語句集的部分を含む往来物の場合は、古辞書に通ずる性格をも示していると言えよう。そこで、いずれは、言語学習という観点から古辞書と往来物それぞれの役割・関わりなどを考察したいと考えているが、そのための第一歩として、まず古往来における時の表現について調査する。

　時の表現に注目した理由は、以下のように考えたからである。初等学習用資料の編著者は、種々の場面で広く使用される、基本的で、習得の必要性が高い表現形式や知識を盛り込もうとすることだろう。学習者は、石川謙氏によると、平安時代には中流以下の貴族の子弟、鎌倉時代、吉野時代になると、貴族の子弟と上流武家の子弟であったということだが[2]、学習者の側でも、当然そのような内容を重視したことだろう。日記や記録を残すことが重要であった時代において、時に関する表現は、学ぶべき必要性の高い表現の一つであったに違いない。なお、記録体（『後二条師通記』）における時の表現については、遠藤好英氏の一連の御論文[3]に詳述されているので、比較検討も可能となる。

1. 調査対象とする古往来五種

今回調査対象とする古往来は、平安時代末期（院政期）と鎌倉時代とに編纂された書簡文形式のものである。該当する古往来を、更に、成立年代と書写年代が比較的近く、訓点が多少なりとも施されているという理由から次の五種類に絞った。

① 『高山寺本古往来』 1軸。編者は真言宗系統の僧侶か。成立及び書写年代は平安時代末期か。[4)] 書状数は、56状。構成は、31状までが雑聚的、以後が十二月往来型的になっている。内容は、貴族ならびに僧侶の間で交わされたもので、手本の貸借などの日常的用件から、年中行事、貢納や刑罰の問題にまで及んでいる。

　　高山寺典籍文書綜合調査團　1972.『高山寺本古往来・表白集』（高山寺資料叢書第二冊）　東京大學出版會　所収の翻字本文・影印による。

② 『和泉往来』 1軸。編者は西室。書写は、文治2（1186）年。書状数は、24状。構成は、十二月往来型である。内容は、官途にある者ならびに僧侶の書状であるため、昇進のための推薦依頼や赴任の旅の様子など官吏らしいもの、修行・寺院の行事など僧侶らしいものから贈答に関するものまで多岐に及んでいる。

　　京都大学文学部国語学国文学研究室　1981.『和泉往来　高野山西南院蔵』（京都大学国語学国文学資料叢書二十八）　臨川書院　所収の影印による。同書所収の翻字、また、石川　謙編　1967.『日本教科書大系往来編』第2巻　古往来（二）講談社　所収の翻字本文も参照した。

③ 『釋氏往来』 2軸。撰者は守覚法親王。書写は、正安4（1302）年。書状数は、48状。構成は、十二月往来型である。内容は、高僧間、僧侶と官吏間における問答状で、上級寺院で催される諸行事に関するものが中心となっている。

　　石川　謙編　1967.『日本教科書大系往来編』第2巻　古往来（二）講談社　所収の翻字・校合本文による。最古の写本だが、欠損部分のある国立国会図書館所蔵本の写真も参照した。

④ 『垂髪往来』 一冊。作者は愚宝、書写者は綱厳。成立は建長5

(1253) 年、書写は応安 4 (1371) 年。書状数は、24 状。構成は、十二月往来型である。内容は、僧侶間で交わされたもので、垂髪にかかわる年中行事や教導上の問題が扱われている。

　　　　尊経閣文庫蔵『垂髪往来』の写真による。

⑤　『手習学往来』　一軸。作者は、藤原行能か。成立は鎌倉中期か、書写は室町後期か。書状数は、12 状。構成は、十二月往来型である。内容は、権少僧都祐幸と宮内卿藤原朝臣行能の間で、筆道の基本となる教材選びや学習順序などについて質疑を交わすものである。

　　　　東京大学図書館蔵『手習学往来』の原本による。零本である神奈川県立金沢文庫蔵『手習覚往来』については、同文庫編　1992.『金沢文庫テーマ展図録　秘儀伝授』　に所収の写真を参照した。

2. 古往来五種における時の表現

　まず、古往来五種それぞれにおける時の表現に、どのような語や表現がどのように用いられているかを記す。ただし、本稿では、紙幅等の関係から『高山寺本古往来』に限ることとする。最初に『高山寺本古往来』を取り上げ、用例を列挙するのは、前述のように、古往来五種の中では 56 状と、最も言語量も多く、内容も多岐にわたるものなので、時の表現も多種用いられており、古往来における種々の時の表現を内包している可能性があると考えたからである。

　ここで取り上げる時の表現は、期間などを表わしているものを除き、時間的位置を示すもの、そのうちでも客観的に定められた時法によらない表現とする。そして、該当する表現を示すに当たっては、以下のような分類を原則とする。現在・過去（昨夜及び昨日以前）・未来（明日以後）に分類する。別に、一日という単位内での時間的位置を示す表現の場合は、朝・日中・夕方・夜に分類して示す。また、一年という単位内での時間的位置を示す表現も年の始めから順に別記する。表現する時間的位置が幅を持ち、それに長短がある場合は、厳密ではないが、おおよそ短い時間を表わす表現から順に示す。時間的位置が当該表現だけでは定まらず、指示内容などの説明が必要となるような表現についても最後に取り上げる。

　用例を記すにあたっては、印刷上の便宜のため返り点を省略する。仮名点は、当該漢字表記の後に［　］を付して添える。ただし、仮名点が、付

属語・送り仮名のみの場合、[ ]は付さない。二文字以上の反復を示すくりかえし符号は、横書きであるため、当該文字列に改める。原本の誤写かと考えられる表記には、その後に（ ）を付し訂正案を示した[5]。用例の所在は、張数と行数によって示す。用例には、用例が複数ある場合のみ、表現別に通し番号を付す。

〔注〕の項では、時に関する表現が用いられた文が地の文か引用文（「〜云」で導かれる部分）かの区別、その文の叙述内容、語種、読み、用法、意味、その他について触れる。〔参考〕の項には、辞書その他の資料における関連記事の必要な部分のみを引用する。それらの出典を示すにあたり、以下の略称を用いる。

　　　　前田本『色葉字類抄』　　　　　三・色
　　　　黒川本『色葉字類抄』　　　　　黒・色
　　　　　　　注、黒川本は、前田本の欠損部分を補うためにのみ用いる。
　　　　『日本国語大辞典』第二版　　　日国大
　　　　『大漢和辞典』修訂第二版　　　大漢和

2.1. 一日という単位内での時間的位置を示す表現
2.1.1. 朝
拂曉　3例
1　御入部祈ノ借馬如ク御（仰か）セノ彼日ノ拂曉［フケウ］ニ可ク馳［ハセ］奉ル侍ヘリ　　　　　　　　　　　　　7張125行
　　〔注〕ニ格。「彼日」と併記。連用修飾成分。
2　殊无クハ御障以明日ノ拂［フ］曉ヲ忝枉レハ光臨ヲ尤所望也
　　　　　　　　　　　　　　　　　　　　　　　　18張330行
　　〔注〕ヲ格。「以明日ノ拂曉ヲ」と句として連用修飾成分。
3　雖然リト依テ叵［カタキニ］背キ貴命以明日拂曉ヲ參下［カシテ］執リ亘［ワタサム］万壤（懷か）［ヱヲ］　　23張421行
　　〔注〕ヲ格。「以明日拂曉ヲ」と句として連用修飾成分。
　〔注〕3例共に、地の文。叙述内容は人事。1、2から音読「フケウ」と考えられる。遠藤好英氏によると[6]、和製漢語か。3例中2例が「以明日拂曉」。

〔参考〕黒・色：拂曉　ハラフ　アカツキヲ　晨夜分　布畳字

　　　　　日国大：「フツゲウ」
　　　　　　　　　文明・伊京・明応・天正・饅頭・黒本・易林・日葡
　　　　　大漢和：フツゲウ〔運歩色葉集〕

「～朝」の形式　2種
今朝　2例
　1　而今朝田守［モリノ］童俄［ニワカニ］走［ハシリ］來テ申テ云ハク
　　　　　　　　　　　　　　　　　　　　　　　　　4張67行
　　　〔注〕単独で連用修飾成分。
　2　昨日ノ御書［シヨ］今朝卯剋［トキニ］到［タウ］來　5張85行
　　　〔注〕時刻「卯剋」と併記して連用修飾成分。
　〔注〕2例共に、地の文。叙述内容は人事。漢語。読み無し。「コムテウ」
　　　　「キンテウ」か「けさ」か。遠藤好英氏によると、訓読「けさ」。他
　　　　の日と他の時間を意識させ、他の日・他の時間ではなく「今朝」と
　　　　時間的位置を示す。
　〔参考〕黒・色：今朝ケサ
　　　　　日国大：「コンテウ」文明・易林・日葡・書言など
　　　　　　　　　「キンテウ」日葡
　　　　　　　　　「けさ」　　色葉・名義・易林・日葡・書言など
　　　　　大漢和：コンテウ　〔詩、小雅、白駒〕
　　　　　　　　　　　　　　〔孫楚、征西官屬、送於陟陽侯作詩〕など

一朝　1例
　　爲二充［アテムカ］一朝ノ御齊［サイニ］八木五石并塩梅等謹以獻［ケ
　ン］上　　　　　　　　　　　　　　　　　　　　11張202行
　　〔注〕地の文。叙述内容は人事。漢語。読み無し。音読「イツテウ」か。
　　　　ノ格。連体修飾成分。ある朝の意か、一度の意か。
　〔参考〕三・色：無し
　　　　　日国大：「イツテウ」文明・日葡など
　　　　　大漢和：イツテウ〔孟子、滕文公上〕〔漢書、賈誼傳〕など

2.1.2. 日中
「〜日」の形式　1種
今日　2例
1　是只非［アラス］誠［イマシムルニ］今日ノ所犯［ホムヲ］
　　　　　　　　　　　　　　　　　　　　　　　　5張78行
　　〔注〕ノ格。連体修飾成分。
2　右某月日御教書今日到來　　　　　　　　　　16張282行
　　〔注〕単独で連用修飾成分。
〔注〕2例共に、地の文。叙述内容は人事。漢語。読み無し。「コムニチ」か「けふ」か。遠藤好英氏によると、訓読「けふ」。他の日を意識させる。
〔参考〕黒・色：今日ケフ
　　　　日国大：「コンニチ」文明・易林・日葡・書言など
　　　　　　　　「けふ」　色葉・名義・文明・易林・日葡・書言など
　　　　大漢和：コンジツ・コンニチ〔禮、文王世子〕〔孟子、公孫丑上〕

cf.　一日　2例
1　一日參謁［エツ］之次テニ所ノ聞シ御シ（ミか）フエ附廻［クワイ］李［リニ］及ホシ給ヘ　　　　　　　　　　　　　8張136行
〔注〕地の文。叙述内容は人事。漢語。読み無し。「イチジツ」か「イチニチ」か。単独で動作性名詞を修飾。ある日の意で他の日を意識させているか、月の初めの日の意か。暦法による表現と考えるべきか。
〔参考〕三・色：無し
　　　　日国大：「イチジツ」文明・日葡・書言など
　　　　　　　　「イチニチ」日葡
　　　　大漢和：イツジツ・イチニチ
　　　　　　　　一　朝から晩まで。ひねもす。一日中。一晝夜。
　　　　　　　　　　〔六書故〕〔書、洪範、三曰日、傳〕〔疏〕など
　　　　　　　　三　或る日。某日。〔韓愈、太學生何蕃傳〕
　　　　　　　　五　月の初めの日。朔日。注、用例無し。
2　仍爲ニ施［ホトコサムカ］一日之面目［ホクヲ］不［ス］知後生之業

古往来における時の表現　621

　　　　　　　ノ　　　　　　　　　　　　　　　　13 張 223 行
　〔注〕地の文。叙述内容は人事。漢語。読み無し。之格。連体修飾成分。
　　　短い日時、つまり期間を意味していると考えられる。

白昼　1 例
　　而ヲ白中（昼）ニ亂［ミタレ］入恣［ホシキマヽニ］刈取［カリトル］
　　者［レハ］論スルニ其罪過ヲ……　　　　　　　　5 張 75 行
　〔注〕地の文。叙述内容は人事。漢語。読み無し。音読「ハクチウ」か。
　　　二格。連用修飾成分。
　〔参考〕三・色：白（入）昼（上）ハクチウ
　　　　日国大：「ハクチウ」色葉・文明・易林・日葡・書言など
　　　　大漢和：ハクチウ〔漢書、賈誼傳〕〔注〕など

2.1.3.　夕方
晩景　1 例
　　愚［ク］身晩景［ハンケイニ］早參　　　　　　　10 張 176 行
　〔注〕地の文。叙述内容は人事。漢語。音読。遠藤好英氏によると、漢語
　　　には夕方の意味はないので、和化漢語かという。二格。連用修飾成
　　　分。
　〔参考〕三・色：晩（濁上）景（濁上）ユウカケ　ハムケイ　波畳字
　　　　日国大：「バンゲイ」色葉・文明・饅頭・黒本・易林・日葡・
　　　　　　　書言など
　　　　大漢和：バンケイ
　　　　　　　一　夕暮の景色。ゆふげしき。〔杜甫、秦州雜詩〕など
　　　　　　　二　晩年。老後。〔琵琶記、幾言諌父〕

2.1.4.　夜
「〜夜」の形式　2 種
入夜　1 例
　　入テ夜ニ翫［モテアソヒ］月ヲ彼［レ］是［レ］人ゝ參集之次テニ堪
　　［タエタル］作文［サクフンニ］者［ハ］……　　　8 張 143 行
　〔注〕地の文。叙述内容は人事。句として連用修飾成分。
　　　漢語。訓読「よる／よにいりて」か。遠藤好英氏によると、漢文

由来の普通に用いられた文章語だという。
〔参考〕三・色：無し

夜　ヨル　ヨ　　　　　　　　与天象
入　イ（上）ル（平）　－中　伊辞字
入　ハ（上）ム（平）　　　　波辞字　など

大漢和：熟語としての掲載なし。

今夜　3例

1　左近ノ番［ツカヒノ］長［ヲサ］神部［カムヘノ］吉仁［ヨシタウ／ヒト］今夜伺［ウカヽイ］捕［トラウル］自［カ］妻［メノ］蜜（密か）夫ヲ之間……　　　　　　　　　　　　　　5張80行
〔注〕叙述内容は過去の人事。単独で連用修飾成分。

2　但御館［ミタチノ］内ニ以今夜ヲ犬産［ケンサン］之由［シト］云ゝ
　　　　　　　　　　　　　　　　　　　　　　　　9張157行
〔注〕叙述内容は未来の人事。ヲ格。「以今夜ヲ」と句として動作性名詞を修飾。

3　今夜國分寺［シノ］高名ノ猿［サル］樂傑結土［テクヽツ］蟠舞［ヒキマイ］自然［シンセンニ］來會［ヱシテ］各相挑［イトマ（誤か）ムテ］可シ決［クヱツ］勝負［フヲ］者［レハ］……　10張173行
〔注〕叙述内容は未来の人事。単独で連用修飾成分。

〔注〕3例共に、地の文。漢語。読み無し。遠藤好英氏によると、「コンヤ」。他の日・他の時間を意識させる。今夜既に起こったことについて述べる場合にも、これから起こるであろうことについて述べる場合にも用いる。3例中2例は、今夜これから起こるであろうことについて述べている。

〔参考〕三・色：無し

日国大：「コンヤ」易林・日葡・書言など
大漢和：コンヤ〔庾信、夜聽搗衣詩〕など

修飾語句＋夜　3例

1　……庚申［シンノ］會ノ夜弊息致［マサ／ムネ］明［キラニ］被［レシ］語示［カタラヰシメサ］御馬……　　　　12張212行

〔注〕「庚申ノ會ノ」＋「夜」。
2　仰所執申者爲［シテ］年來恒例之事ト二月第五ノ夜山上ノ諸若僧同心
　　ニ結縁シテ……　　　　　　　　　　　　　　17 張 300 行
〔注〕「二月第五ノ」＋「夜」。
3　但彼夜爲ニ滅セムカ業障ヲ必欲參登セムト　　　　17 張 313 行
〔注〕「彼」＋「夜」。
〔注〕3 例共に、地の文。叙述内容は人事。漢語。読み無し。「よる」か
　　　「よ」か。修飾語句により、どの日の「夜」かを限定している。連
　　　用修飾成分。「夜」単独で用いた例は無い。
〔参考〕三・色：夜　ヨル　ヨ　　　　　　　　　　　与天象
　　　　大漢和：彼　事物を指示する代名詞。助詞「の」を添えて「か
　　　　　　　　の」と訓讀する。あの。〔詩、召南、小星〕など

2.2.　一年という単位内での時間的位置を示す表現
春　3 例
　1　是則去年［ネンノ］春［ハル］募［ツノテ］秋ノ時ノ息利各進［タテ
　　　マツテ］文［ン］契［ケイヲ］申請タル人ゝ之中［ナカニ］……
　　　　　　　　　　　　　　　　　　　　　　　　　6 張 98 行
〔注〕「去年ノ春」と句として連用修飾成分。
　2　春ノ節ニハ可作青イ色柳櫻［ヤナキサクラ］之花ヲ　17 張 304 行
〔注〕ノ格。連体修飾成分。「春ノ節ニハ」と句として連用修飾成分。
〔参考〕三・色　節セチ
　3　仍爲ニ上ケムカ彼山ニ令（今か）怠（忿か）［イソキ］春之程［ホト
　　　ニ］難シ繼シ身命　　　　　　　　　　　　　24 張 431 行
〔注〕之格。連体修飾成分。「春之程ニ」と句として連用修飾成分。
〔注〕3 例共に、地の文。叙述内容は人事。漢語。1 から、訓読「はる」
　　　と考えられる。
〔参考〕三・色：春　ハル　四時之首也　　　　　　　波天象
　　　　日国大：「はる」色葉・名義・下学・和玉・文明・明応・天正・
　　　　　　　　饅頭・易林・日葡・書言など

秋　5例

1　抑秋盡［ツキ］冬始マリテ風氣［キ］如シ刀（刃か）ノ

　　　　　　　　　　　　　　　　　　　　　22張390行

　〔注〕地の文。叙述内容は天候。単独で主語。

2　夏ノ間被［レテ］逼［セメサ］飢謁（渇か）ニ不シテ参入臨テ又秋必
　　可シ仕［ツトム］御館［タチノ］御讀經ヲ　　24張436行

　〔注〕地の文。叙述内容は人事。単独で連用修飾成分。

3　但至［イタテ］于秋ノ時ニ息［ソク］利ハ伍把一倍［ヘ］之間ニ左右
　　隨テ御定ニ可ク弁［ワキマヘ］申侍［ヘリ］　　2張23行

　〔注〕地の文。叙述内容は人事。ノ格。連体修飾成分。「于秋ノ時ニ」と
　　句として連用修飾成分。

4　是則去年［ネンノ］春［ハル］募［ツノテ］秋ノ時ノ息利各進［タテ
　　マツテ］文［ン］契［ケイヲ］申請タル人ゝ之中［ナカニ］…

　　　　　　　　　　　　　　　　　　　　　6張99行

　〔注〕地の文。叙述内容は人事。ノ格。連体修飾成分。「秋ノ時ノ」と
　　句として連体修飾成分。

5　秋ノ節可作紅葉［コウエウ］野草之［ノ］類ヲ　　17張304行

　〔注〕地の文。叙述内容は人事。ノ格。連体修飾成分。「秋ノ節」と句
　　として連用修飾成分。

〔注〕漢語。全て読み無し。訓読「あき」か。5例中3例が「秋ノ時」「秋
　　ノ節」であるのは、読みを特定する働きもあるのか。

〔参考〕三・色：秋（已上同（時トキ））　　　　度天象
　　　　　　　秋（平）シウ　アキ　七由反　　　阿天象
　　　　　　　秋　アキ　仲秋同　阿天象
　　　　　日国大：「あき」色葉・名義・下学・和玉・文明・明応・天正・
　　　　　　饅頭・黒本・易林・日葡・書言など

冬　1例

　　抑秋盡［ツキ］冬始マリテ風氣［キ］如シ刀（刃か）ノ

　　　　　　　　　　　　　　　　　　　　　22張390行

　〔注〕地の文。叙述内容は天候。漢語。読み無し。訓読「ふゆ」か。単独
　　で主語。

〔参考〕黒・色：冬　フユ　都　　　　　　　布天象
　　　　日国大：「ふゆ」色葉・名義・下学・和玉・文明・明応・天正・
　　　　　　　饅頭・黒本・易林・日葡・書言など

月迫　1例

　　月迫［ハク］已ニ至テ不［ス］幾今歳［キムセイ］　　23張418行
〔注〕地の文。叙述内容は、時の推移。和製漢語か。音読「クヱツパク」
　　か。十二月末の意。単独で主語。
〔参考〕黒・色：月迫ツキセマリ　同（時節名）　　　　久畳字
　　　　日国大：「ゲツパク」文明・明応・天正・鰻頭（ママ）・黒本・易林・
　　　　　　　日葡・書言など
　　　　大漢和：ゲツパク　月末。特に十二月にいふ。
　　　　　　　〔庭訓往來、四月〕月迫上分、節季年預。

年暮　1例

　　抑老毛（耄か）年暮［クレテ］難シ期シ明春ヲ　　23張417行
〔注〕地の文。叙述内容は人事。漢語。訓読「（とし）くれて」か。連用
　　修飾成分。
〔参考〕三・色：無し
　　　　日国大：「ネンボ」＊広益熟字典（1874）
　　　　大漢和：ネンボ　年が暮れる。又、年のくれ。歳暮。
　　　　　　　〔宋書、索虜傳〕〔白居易、洛中春遊呈諸親友詩〕

時節　1例

　　……籬［マセノ］菊［キク］漸ク綻［ホコロヒ］雖モ不［スト］知時節
　之至ヲ未［ス］……　　　　　　　　　　　　　21張385行
〔注〕地の文。叙述内容は季節の推移。漢語。音読「ジセツ」か。之格。
　　主語。「時節之至ヲ」と句として、連用修飾成分。
〔参考〕三・色：時節　――（時節）分　　　　　　シ畳字
　　　　日国大：「ジセツ」易林・日葡・書言など
　　　　大漢和：ジセツ〔史記、天官書〕〔國語、晉語八〕など

2.3. 現在

今・「〜今」3種

今（単独で連用修飾成分になっている例）　11例

1	而ルニ今在リ此ノ仰 ［オホセ］	1張 11行
2	而ヲ今爲メニ訪 ［トフラハムカ］ 近親 ［キンシンヲ］ 差 ［サシテ］ 貴國ヲ發向 ［ハンカウ］ 者 ［テエレハ］ ……	3張 46行
3	今今年來テ適 ［タマタマ］ 遇 ［アフテ］ 政理明 ［メイ］ 時之御世ニ弥 ［イヨイヨ］ 爲ニ優 ［イウ］ 助セムカ部内ヲ雖 ［トモ］ 施 ［ホトコス］ 隨分ノ治術 ［シユツヲ］ 彼時之費 ［ツイエ］ 干（于か）今雖（難か）シ補 ［ツクノイ］	8張 131行
4	今又ゝ不 ［セス］ 論多少ヲ	17張 312行
5	今遂 ［トケテ］ 彼ノ本意ヲ以後只今參入シテ執申サム心事ヲ	18張 324行
6	今有リ此命	20張 361行
7	今ニ疋不足也	21張 377行
8	今須 ［スヘカラク／ヘシ］ 自 ［ミ］ 參拜シテ於門下 ［カニ］ 執申ス心事ヲ	22張 398行
9	仍爲ニ上ケムカ彼山ニ今（今か）怠（怠か）［イソキ］ 春之程 ［ホトニ］ 難シ繼シ身命	24張 431行
10	今其ノ經營漸ク畢テ爲ニ表センカ微 ［ヒ］ 志ヲ雖乏少リト所令ル進上也	24張 432行
11	而ル間 ［タ］ 今 ［マニ］ 在リ此ノ命	110張 180行

〔注〕「いまに」と訓読しているが、今になってもの意ではない。

〔注〕以上、11例全て地の文。叙述内容は人事。漢語。11から訓読「いま」と考えられる。同じ「今」でも、表わす時間の幅は、瞬間的な場合から時代的な場合まで多様である。

〔参考〕　三・色：今　イマ　音金　　　　　　　　　　伊天象

　　　　日国大：「いま」和名・色葉・名義・和玉・文明・伊京・天正・饅頭・易林・日葡・書言など

　　　　大漢和：キン・コン　〔説文〕〔集傳〕〔中庸〕など。

「〜今」3種

強調形として、連用修飾成分になっている例　2種7例

只今　5例

1　被［ラルヽ］差［サシ］定京上ノ官米ノ押領［アフリヤウ］使之由［ヨシ］只今從［ヨリ］税［サイ］所ノ判［ハン］官代［タイノ］許［モト］申來レリ　　　　　　　　　　　　　　　2張31行

　　〔注〕単独で連用修飾成分。

2　若以テ有ル只今之由ヲ執申ハ定テ如シ惜［ヲシミ］申カ

　　　　　　　　　　　　　　　　　　　　13張235行

　　〔注〕之格。連体修飾成分。「以テ有ル只今之由ヲ」と句として、連用修飾成分。

3　仰御經營之由［シ］只今承ル之［コレヲ］　17張310行

　　〔注〕単独で連用修飾成分。

4　今遂［トケテ］彼ノ本意ヲ以後只今參入シテ執申サム心事ヲ

　　　　　　　　　　　　　　　　　　　　18張324行

　　〔注〕単独で連用修飾成分。

5　只今參候シテ諸事ヲ執諮［マウサム］　　21張387行

　　〔注〕単独で連用修飾成分。

　　〔注〕5例共に、地の文。叙述内容は人事。漢語。読み無し。訓読「ただいま」か。5例中4例は、単独で連用修飾成分となっている。

　　〔参考〕三・色：無し

　　　　　　日国大：「ただいま（只今）」易林

　　　　　　　　　　「ただいま（向来）」名義・書言

　　　　　　　　　　「ただいま（唯今）」文明

　　　　　　大漢和：只今　シコン〔李白、越中懷古詩〕〔李白、楚臺覽古詩〕

方今　2例

1　方［マサニ］今以先日ノ約束［ヤクソク］之手本ヲ丁寧［テイネイニ］依テ无其ノ召［メシ］山階［シナノ］別當君ノ御弟子等譲渡［ユツリワタスコト］已畢［オハヌ］　　　　　　　　　　1張9行

2　方［マサニ］今以道理ヲ執申者レハ縦云トモ爲［タリト］可キ叶［カナウ］御用ニ馬［マ］專不カラス可［ヘ］奉借シ　14張252行

　　〔注〕2例共に、地の文。叙述内容は人事。単独で連用修飾成分。漢語。

訓読「まさに（いま）」か。

〔参考〕三・色：無し

　　　　大漢和：ハウコン〔戰國、趙策〕〔墨子、尚同中〕など

于今　5例
1　抑年來學文ノ之志［コヽロサシ］雖切［キルト］心肝ヲ難シテ遇［アヒ］師縁于（于か）今［イマニ］不［ス］遂［トケ］其ノ思ヲ
　　　　　　　　　　　　　　　　　　　　　　　　　1張3行
2　于（于か）ニ今［イマ］猶［ナヲ］遲［チゝ］　　　4張64行
3　今今年來テ適［タマタマ］遇［アフテ］政理明［メイ］時之御世ニ弥［イヨイヨ］爲ニ優［イウ］助セムカ部内ヲ雖［トモ］施［ホトコス］隨分ノ治術［シユツヲ］彼時之費［ツイエ］于（于か）今雖（難か）シ補［ツクノイ］　　　　　　　　　　　　　8張131行
4　以去春ヲ所ノ進スル八丈拾疋カ御返抄［シヨ］于（于か）今不［ス］被［ラ］下給　　　　　　　　　　　　　　　16張284行
〔注〕以上4例共に、地の文。叙述内容は人事。「于今」と句として連用修飾成分。1、2、から訓読「いまに」。今になっての意。

〔参考〕三・色：無し

　　　　日国大：「いまに（于今）」文明・伊京・易林・日葡・書言など
　　　　大漢和：熟語としての掲載なし。
5　至マテ于ニ老ノ今ニ（重複か）代［タイゝノ］國宰［サイ］不［ス］免［ユルサレス（重複か）］其［ソノ］役［ヤクヲ］　12張217行
〔注〕地の文。叙述内容は人事。「于老ノ今ニ」と句として連用修飾成分。「于今」の結合度が強くなかったと考えられる。

「今〜」の形式　4種
今月　1例
　　而依テ遲［〇（虫損）クリテ］殖ウルニ出來之期今月ノ朔［ツイチ］比也　　　　　　　　　　　　　　　　　　　　　　24張429行
〔注〕地の文。叙述内容は人事。ノ格。連体修飾成分。「今月ノ朔比也」と句として、述語成分。漢語。音読か。

〔参考〕三・色：無し

日国大：「コンゲツ」書言など
　　　　「コングヮツ」文明・日葡
　　　　「コングヮチ」易林
大漢和：コンゲツ〔隋書、李穆傳〕など

今年　7例
　1　當郡之田今年新［シン］開ノ作田二町也　　　　　4張66行
　　〔注〕単独で動作性名詞を修飾。
cf.　但例［レイ］供給［キウ］之事［ト］今年永［ナカク］以停止［チヤウシ］
　　　　　　　　　　　　　　　　　　　　　　　　　7張120行
　　〔注〕地の文。単独で連用修飾成分。期間と考えるべきか。
　2　今今年來テ適［タマタマ］遇［アフテ］政理明［メイ］時之御世ニ弥［イヨイヨ］爲ニ優［イウ］助セムカ部内ヲ雖［トモ］施［ホトコス］隨分ノ治術［シユツヲ］彼時之費［ツイエ］干（于か）今雖（難か）シ補［ツクノイ］　　　　　　　　　　　　　　　　　8張131行
　　〔注〕単独で主語。
　3　巖［イワ］松丸今年被［ラレタ］差シ充［アテ］太郎君ノ御方ノ細［ホソ］男ニ以先日ヲ雖［トモ］愁［ウレエ］申ト不堪ノ之由ヲ專［モハラ］无シ裁免［メン］　　　　　　　　　　　　　　9張151行
　　〔注〕単独で連用修飾成分。
　4　而今年愚ノ身ニ可シト作ル行事之花ヲ云〻　　　17張302行
　　〔注〕単独で連用修飾成分。
　5　抑今年比睿［エノ］御祭［マツリ］自モ例殊可キ爲タル之由［シ］云〻　　　　　　　　　　　　　　　　　　　　18張326行
　　〔注〕単独で連用修飾成分。
　6　今年賀茂ノ祭［リノ］使［ツカヰ］曲（典か）侍［テンシ］必ス可キ問［トワツ］人ト也　　　　　　　　　　　　　　22張399行
　〔注〕単独で連体修飾成分。
　7　右謹案スルニ事ノ情［コゝロヲ］某／甲　今年所ノ作早田一段也
　　　　　　　　　　　　　　　　　　　　　　　　24張428行
　　〔注〕単独で連用修飾成分。
　〔注〕7例共に、地の文。叙述内容は人事。漢語。読み無し。「ことし」か

「コンネン」か。7例中5例は、単独で連用修飾成分。
〔参考〕三・色：今年コトシ
　　　　日国大：「ことし」　色葉・易林・書言など
　　　　　　　　「コンネン」文明・日葡など
　　　　大漢和：コンネン〔韓愈、祭十二郎文〕〔朱熹、勸學文〕

今歳　1例

月迫〔ハク〕已ニ至テ不〔ス〕幾今歳〔キムセイ〕　　　23張418行
〔注〕地の文。叙述内容は時の推移。漢語。音読、漢音＋漢音。単独で主語。
〔参考〕三・色：無し
　　　　日国大：「ことし」名義
　　　　大漢和：コンサイ〔元稹、賦得數莢詩〕

當年　1例

當年ノ相撲之事〔ト〕寂モ爲ス希有ナリト　　　20張371行
〔注〕地の文。叙述内容は人事。和化漢語か。音読「タウネン」か。ノ格。連体修飾成分。
〔参考〕黒・色：當年　年月分　タウ子ン
　　　　日国大：「タウネン」色葉・文明・易林・書言など
　　　　大漢和：タウネン　三　此のとし。當歳。現今。
　　　　　　　　〔謠曲、鞍馬天狗〕殊に當年は、一段と見事にて候。

今世　1例

寔〔マコトニ〕師壇（檀か）〔タン〕之契〔リ〕非ス今世之約ニ
　　　　　　　　　　　　　　　　　　　　　　23張422行
〔注〕地の文。叙述内容は人事。漢語。音読か。之格。連体修飾成分。
〔参考〕日国大：「キンセイ」→「コンセイ」言海
　　　　大漢和：キンセイ・コンセイ〔中庸〕〔孔子家語、儒行解〕

2.4.　過去

昨夜

夜部　2例
　1　夜部自［ヨリ］或［アル］殿原［ハラ］下給ヘル除［チ］目爲ニ經［ヘ
　　ンカ］御覽ヲ謹以奉入　　　　　　　　　　　　4張61行
　2　夜部或人ノ以之［コノ］由ヲ相語［カタライ］申シ侍［ヘリシカトモ］
　　然而［トモ］依テ荒涼［クワウリヤウナルニ］不［ス］啓［ケイセ］
　　其ノ由ヲ　　　　　　　　　　　　　　　　　10張179行
　〔注〕2例共に、地の文。叙述内容は人事。読み無し。遠藤好英氏による
　　　と、和語「よべ」の漢字表記。単独で連用修飾成分。
　〔参考〕三・色：宿　ヨヘ　ヨ子（已上同（夜ヨル　ヨ））与天象
　　　　　日国大：「よべ（宿）」　色葉・書言
　　　　　　　　　「よべ（昨夕）」書言
　　　　　大漢和：熟語としての掲載なし。

昨日以前
昨日　4例
　1　昨［サク］日適［タマタマ］雖トモ賜［タマフ］拜謁［ハイエツヲ］
　　稠人之間不［ス］能［アタハ］申承［ウケタマハル］　1張1行
　〔注〕単独で連用修飾成分。
　2　而ヲ從來十九日至［マテ］于［ニ］廿一日三箇日ノ間舉［コソンテ］
　　國内之人可キ被［レ］令［シメ］爲［セ］大狩［カリ］由以テ昨日ヲ
　　被［レ］定メ給　　　　　　　　　　　　　　13張222行
　〔注〕ヲ格。「以テ昨日ヲ」と句として連用修飾成分。
　3　昨日ノ御書［シヨ］今朝卯剋［トキニ］到［タウ］來　5張85行
　〔注〕ノ格。連体修飾成分。
　4　柑子色者弊弟ノ男［ヲノコ］不［スシテ］觸［フレ］申サ事ノ由ヲ於
　　［ニ］小僧以去月ノ晦［ツコモリ］許［ハカリヲ］乘リ持［モンテ］罷
　　［マカリ］越［コエンタ］江［カウ］州ニ纔カニ昨日ノ亥時許［カリ
　　ニ］到［タウ］來長旅［タヒニ］參來シテ未［ス］經幾［イクハクノ］
　　日ヲ　　　　　　　　　　　　　　　　　　　14張245行
　〔注〕ノ格。連体修飾成分。「昨日ノ亥時許ニ」と句として連用修飾成
　　　分。
　〔注〕4例共に、地の文。叙述内容は人事。漢語。1から、音読「サクジ

ツ」と考えられる。漢語では昔の意もあるが、4例全て前日の意。「昨」のみの使用例はない。

〔参考〕三・色：昨　キノフ　在各反　　　　　　　木天象
　　　　日国大：「きのふ（昨）」　色葉・名義・和玉・文明
　　　　　　　　「きのふ（昨日）」　文明・明応・天正・黒本・易林・書
　　　　　　　　　　　　　　　　　　言など
　　　　　　　　「きのふ（昔）」　和玉
　　　　　　　　「サクジツ」文明・明応・天正・饅頭・易林・書言など
　　　　大漢和：昨　サク・ザク　一　きのふ。
　　　　　　　　　　　　　　　　　二　さき。さきに。むかし。
　　　　　　　　昨日　サクジツ〔史記、灌夫傳〕〔潘岳、悼亡詩〕など

先日　2例
　1　方［マサニ］今以先日ノ約束［ヤクソク］之手本ヲ丁寧［テイネイニ］
　　　依テ无其ノ召［メシ］山階［シナノ］別當君ノ御弟子等譲渡［ユツリ
　　　ワタスコト］已畢［オハヌ］　　　　　　　　　　　　1張9行
　　〔注〕ノ格。連体修飾成分。
　2　巖［イワ］松丸今年被［ラレタ］差シ充［アテ］太郎君ノ御方ノ細［ホ
　　　ソ］男ニ以先日ヲ雖［トモ］愁［ウレヱ］申ト不堪ノ之由ヲ専［モハ
　　　ラ］无シ裁免［メン］　　　　　　　　　　　　　　9張152行
　　〔注〕ヲ格。「以先日ヲ」と句として連用修飾成分。
　〔注〕地の文。叙述内容は人事。漢語。読み無し。「センニチ」「センジツ」
　　　　か「さきのひ」か。
　〔参考〕三・色：先（去）日（入）サキノヒ　センニチ　世畳字
　　　　　岩手縣中世文書上　鎌倉下知状けんてい（元亨）二・六・二十：
　　　　　　　　　　　　　　　　　　　　　　　　　　せん日のさた
　　　　　日国大：「センニチ」→「センジツ」文明・易林・日葡・書言な
　　　　　　　　　　　　　　　　　　　　　　　　　　ど
　　　　　　　　　「さきのひ」無し
　　　　　大漢和：センジツ〔漢書、鄒陽傳〕

「近〜」の形式　2種

近曾　1例
　　又相違［タカフテ］以近曾［サイトコロヲ］歸ヘリ參スル貴殿ニ之由
　　［シ］殿ノ人ト・大秦［ヲヽハタノ］米［ヨナ］茂［シケ］傳［ツタフ］
　　申ス之上［ウヘニ］未［タ／ス］知彼人之面ヲ　　　　　　3張52行
　〔注〕地の文。叙述内容は人事。和製漢語か。訓読「さいところ」。ヲ格。
　　　　「以近曾ヲ」と句として連用修飾成分。
　〔参考〕観智院本名義抄：近曾サイト／ツコロ
　　　　　三・色：近曽　佐天象、近（去）曽（上）　　　木畳字
　　　　　日国大：「さいつころ」色葉・名義・文明・易林・書言
　　　　　　　　　「さいところ」名義
　　　　　大漢和：熟語としての掲載なし。

近來　1例
　　然ヲ近來白露［ロ］頻［シキリニ］降［クタテ］紅葉［コウエウ］可
　シ翫［モテアソフ］　　　　　　　　　　　　　　21張380行
　〔注〕地の文。叙述内容は季節の推移。漢語。読み無し。「このころ」か
　　　　「キンライ」か。単独で連用修飾成分。
　〔参考〕三・色：近来　同（近日・酒者コノコロ）　　古天象
　　　　　日国大：「このころ（近来）」色葉・文明・伊京・明応・書言
　　　　　　　　　「キンライ」色葉・文明・易林・日葡・書言　など
　　　　　大漢和：キンライ〔賀知章、回郷偶書詩〕
　　　　　　　　　〔白居易、送客之湖南詩〕など

「去〜」の形式　4種
去月　1例
　　柑子色者弊弟ノ男［ヲノコ］不［スシテ］觸［フレ］申サ事ノ由ヲ於
　　［ニ］小僧以去月ノ晦［ツコモリ］許［ハカリヲ］乗リ持［モンテ］罷
　　［マカリ］越［コエンタ］江［カウ］州ニ纔カニ昨日ノ亥時許［カリニ］
　　到［タウ］來長旅［タヒニ］參來シテ未［ス］經幾［イクハクノ］日ヲ
　　　　　　　　　　　　　　　　　　　　　　　　14張244行
　〔注〕地の文。叙述内容は人事。漢語。読み無し。音読「キヨゲツ」か。
　　　　ノ格。連体修飾成分。「以去月ノ晦許ヲ」と句として連用修飾成分。

〔参考〕三・色：去（去）月（入）　同（年月分）　　　木畳字
　　　　　　　　去　イヌ　行也　去年－月出也　　　伊辞字
　　　　　日国大：「キヨゲツ」書言など
　　　　　大漢和：キヨゲツ〔北史、蕭吉傳〕など

去春　1例
　　以去春ヲ所ノ進スル八丈拾疋カ御返抄［シヨ］干（于か）今不［ス］被
　　［ラ］下給　　　　　　　　　　　　　　　　　　16張284行
　〔注〕地の文。叙述内容は人事。漢語。読み無し。「去夏」の例からは「さ
　　ぬるはる」、「去年」1の例からは「さりしはる」の可能性がある。
　　遠藤好英氏によると、「去」には「いぬる」「いにし」と読む可能性
　　もあるという。ヲ格。「以去春ヲ」と句として連用修飾成分。
　〔参考〕三・色：去　イヌ　行也　去年－月出也　　　伊辞字
　　　　　　　　去　サク　丘倨反又サク　　　　　　　佐辞字
　　　　　大漢和：キヨシユン〔白居易、種桃歌〕

去夏　2例
　1　但笛從［ヨリ］去［サヌル］夏［ナツノ］比［コロホヒ］其聲［コエ］
　　劣［ヲトロヘテ］侍ヘリ　　　　　　　　　　　　8張141行
　〔注〕ノ格。連体修飾成分。「去ヌル夏ノ比」と句として連用修飾成分。
　2　抑從去ヌル夏［ナツ］聊［イサヽカニ］爲ニ遂［トケムカ］宿願ヲ隠
　　居［インキヨセムト］思給侍リ　　　　　　　　　10張185行
　〔注〕「從去ヌル夏」と句として連用修飾成分。
　〔注〕2例共に、地の文。叙述内容は人事。漢語か。訓読「さぬるなつ」。
　〔参考〕三・色：去　イヌ　行也　去年－月出也　　　伊辞字
　　　　　　　　去　サク　丘倨反又サク　　　　　　　佐辞字
　　　　　大漢和：熟語としての掲載なし。
　　　　　　　　去春　キヨシユン〔白居易、種桃歌〕
　　　　　　　　去秋　キヨシウ〔邱遅、悼往詩〕

去年　3例
　1　而ニ去［サリシ］年少田有テ耕作［カウサク］之名无シ刈［カリ］納

　　　　［ヲサムル］實无シ　　　　　　　　　　　　　　2張26行
　　　〔注〕訓読「さりし（とし）」か。単独で連用修飾成分。
　2　是則去年［ネンノ］春［ハル］募［ツノテ］秋ノ時ノ息利各進［タテ
　　　マツテ］文［ン］契［ケイヲ］申請タル人〻之中［ナカニ］或逃亡［テ
　　　ウマウ］或死去或貧弊不堪ニシテ有トモ人无シ弁ウルコト
　　　　　　　　　　　　　　　　　　　　　　　　　　6張98行
　　　〔注〕音読「キヨネン」か。ノ格。連体修飾成分。
　3　就［ツクニ］中［ナカ］去年ノ所納［ナウノ］米多［ヲヽク］以テ減
　　　欠［ケムカム］　　　　　　　　　　　　　　　　6張108行
　　　〔注〕読み無し。ノ格。連体修飾成分。
〔注〕3例共に、地の文。叙述内容は人事。漢語。1、2の例から、訓読
　　　「さりし（とし）」・音読「キヨネン」の両形が考えられる。遠藤好
　　　英氏によると、「さりし」という読みの報告はない。
〔参考〕三・色：去年コソ　古天象、去（去）年（平）　年月分　木畳字
　　　　　　　　去イヌ　行也　去年－月出也　　　　　　　　伊辞字
　　　　　　日国大：「キヨネン」易林・日葡・書言など
　　　　　　　　　　「こそ（去年）」色葉・名義・易林など
　　　　　　大漢和：キヨネン〔白居易、對酒勸令公開春遊宴詩〕〔李商隱、
　　　　　　　　　　憶梅詩〕など

先年　1例
　　　以テ先年之比［コロヲヒ］ヲ從リ筑紫［ツクシノ］前〻大貳殿之邊傳
　　　ヘ得テ侍ヘル手本十余卷得テ後チ未タ知ラ一人モ　　1張13行
　　　〔注〕地の文。叙述内容は人事。和製漢語か。読み無し。音読「センネン」
　　　　　か。之格。連体修飾成分。「以テ先年之比ヲ」と句として連用修飾
　　　　　成分。
　　　〔参考〕三・色：先年　　　　　　　　　　　　　　　　世畳字
　　　　　　　日国大：「センネン」文明・易林・書言など
　　　　　　　大漢和：センネン〔太平記、二十九、師直怪異事〕

昔　1例
　　　昔聞［キヽ（シ）］穂［ア（ホか）ン］坂ノ面［ヲモテ］白キ甲斐［カ

ヒ］黒駒［コマ］等ナリ　　　　　　　　　19 張 348 行
　　〔注〕地の文。叙述内容は人事。漢語。読み無し。訓読「むかし」か。単
　　　　独で連用修飾成分。
　　〔参考〕三・色：昔　同（イニシヘ）　　　　　伊天象
　　　　　　　　　　昔（已上同（夜ヨル　ヨ））　与天象
　　　　　　黒・色：昔　ムカシ　舊日　　　　　　無天象
　　　　　　日国大：「むかし（昔）」色葉・名義・和玉・文明・明応・
　　　　　　　　　　天正・饅頭・黒本・易林・日葡・書言など

本　3例
　1　然而［シカレトモ］依テ有［アルニ］自［ヨリ］本［モト］恩顧［コ
　　　之心［ロ］専［モハラ］无シ承諾［シヨウタクスルコト］
　　　　　　　　　　　　　　　　　　　　　　　　　7 張 112 行
　2　自本少僧［ウ］不［ス］事［トセス（重複か）］出身ヲ
　　　　　　　　　　　　　　　　　　　　　　　　11 張 188 行
　3　不［スシテ］思［ヲモワ］自［ヲノカ］物ト而任［マカセテ］意［コヽ
　　　ロニ］恣ニ數日之間書（晝か）夜ヲ不［ス］論セ依テ乗リ用ルニ自［リ］
　　　本［モト］疲［ヒ］極之上ニ尻［シリ］左ノ足ノ内［チ］股［モヽヲ］
　　　突損［ツキソンシタリ］　　　　　　　　　14 張 248 行
　　〔注〕以上 3 例は、共に地の文。叙述内容は人事。訓読「もとより」。「自
　　　　本」と句として連用修飾成分。
　　〔参考〕三・色：自（已上依（ヨリ　ヨル）也）　与辞字
　　　　　　　　　　本　同（下モト）　布忖反　　　毛方角
　　　　　　　　　　本　モト　云見上　　　　　　　毛辞字
　4　適殘［ノコレル］鶴駁ト云馬本ハ是上馬［メ］也　14 張 250 行
　　〔注〕地の文。叙述内容は馬の善し悪し。漢語。読み無し。「もと」か。
　　　　ハ。連用修飾成分。

2.5.　未来
「明〜」の形式　5種
明朝　1例
　　諸事明［ミヤウ］朝ニ参候［コウシテ］將［マサニ］以執申サム

〔注〕地の文。叙述内容は人事。漢語。音読「ミヤウテウ」か。単独で連用修飾成分。

〔参考〕黒・色：明朝　　　　　　　　　　　　　美畳字

　　　　　日国大：「ミヤウテウ」文明・易林・日葡など

　　　　　大漢和：ミヤウテウ〔杜甫、春宿左省詩〕など

明日　4例

1　殊无クハ御障以明日ノ拂［フ］曉ヲ忝枉レハ光臨ヲ尤所望也

　　　　　　　　　　　　　　　　　　　　　　18 張 330 行

　　〔注〕ノ格。連体修飾成分。「以明日払曉ヲ」と句として連用修飾成分。

2　抑明日ノ見物應［ヘシ］暗［クラキニ］通［トウス］　18 張 333 行

　　〔注〕ノ格。連体修飾成分。

3　抑明日依テ宬吉日ナルニ爲ニ解除ノ可シ罷［マカリ］向唐埼［カラサキ］之邊ニ　　　　　　　　　　　　　　　　20 張 354 行

　　〔注〕単独で主語。

4　雖然リト依テ匞［カタキニ］背キ貴命以明日拂曉ヲ參下［カシテ］執リ亘［ワタサム］万壊（懷か）［ヱヲ］　　　　　23 張 420 行

　　〔注〕「以明日拂曉ヲ」と句として連用修飾成分。

〔注〕4例共に、地の文。叙述内容は人事。漢語。読み無し。「あす」か「ミヤウニチ」か。

〔参考〕三・色：明（平）日　アス　　　　　　阿天象

　　　　　日国大：「ミヤウニチ」文明・易林・日葡・書言など

　　　　　　　　　「あす（明日）」色葉・名義・天正など

　　　　　　　　　「あす（翌日）」色葉・名義

　　　　　　　　　「あす（明）」名義・和玉

　　　　　　　　　「あす（明朝）」名義

　　　　　大漢和：ミヤウニチ〔左氏、定四〕〔論語、衞靈公〕など

明後日　2例

1　抑明後日ハ是吉日也　　　　　　　　　　　7 張 117 行

　　〔注〕叙述内容は暦。ハ。主語。

2　御靈會［コリヤウエノ］誠（試か）［シ／コヽロム］樂［カク］從［リ］
　　明後日被［ラルヽ］始［ハシメ］之由シト云ヽ　　　　　9張150行
〔注〕叙述内容は人事。「從明後日」と句として連用修飾成分。
〔注〕2例共に、地の文。読み無し。音読「ミヤウゴニチ」か。
〔参考〕三・黒：明年・明後年・明々年　3語共に、美畳字に所収
　　　　　　　明旦　同（晨夜分）　ミヤウタン　　　　美畳字
　　　　　　　明暁　アクルアカツキ　ミヤウケウ　　　美畳字
　　　　日国大：「ミヤウゴニチ」文明・日葡など
　　　　　　　「あさて（明後日）」書言など
　　　　　　　「あさて（明朝後日）」名義
　　　　大漢和：熟語としての掲載なし。

来月　1例
　　被テ仰云以來月五日ヲ有リ五節之事　　　　　　　15張275行
〔注〕引用文、直接引用と言えるかどうかは疑問。叙述内容は人事。漢語。読み無し。音読か。「云以來月五日ヲ」と句として連用修飾成分。
〔参考〕黒・色：来月　年月分　ライクワツ　　　　　　良畳字
　　　　日国大：「ライガツ」　色葉・文明・日葡など
　　　　　　　「ライグヮチ」易林
　　　　　　　「ライゲツ」　文明・日葡・書言など
　　　　大漢和：ライゲツ〔法書要録〕

明春　1例
　　抑老毛（耄か）年暮［クレテ］難シ期シ明春ヲ　　23張417行
〔注〕地の文。叙述内容は人事。ヲ格。連用修飾成分。読み無し。音読か。
〔参考〕三・黒：明年・明後年・明々年　3語共に、美畳字に所収
　　　　　　　明旦　同（晨夜分）　ミヤウタン　　　　美畳字
　　　　　　　明暁　アクルアカツキ　ミヤウケウ　　　美畳字
　　　　日国大：「ミヤウシユン」ヘボン、菅家文草（900頃）
　　　　大漢和：ミヤウシユン〔先哲叢談、林羅山〕

明年　1例
　　抑明年御前ノ相撲［スマイ］左右ニ以殊可シ被ル撰［セン］定云〻
　　　　　　　　　　　　　　　　　　　　　　20 張 365 行
　〔注〕地の文。叙述内容は人事。漢語。読み無し。音読「ミヤウネン」か。
　　　単独で連体修飾成分か、連用修飾成分か。
　〔参考〕三・黒：明年　　　　　　　　　　　　　美畳字
　　　　　日国大：「ミヤウネン」文明・易林・日葡など
　　　　　　　　　「あくるとし」宇津保（970-999 頃）
　　　　　大漢和：メイネン・ミヤウネン〔左氏、昭、七〕など

近々　1語
　　其期［コ］已ニ近〻也　　　　　　　　　　　　5 張 91 行
　〔注〕地の文。叙述内容は人事。和化漢語か。読み無し。音読「キンキン」
　　　か。「近々也」と句として述部。
　〔参考〕三・色：近々　キンキン　　　　　　　　木重点
　　　　　日国大：「キンキン」色葉・易林・日葡など
　　　　　　　　　「ちかぢか」文明・日葡など
　　　　　大漢和：キンキン　一　近づくべきものを近づけ愛する。
　　　　　　　　　　　　　　　　〔春秋繁露、楚莊王〕
　　　　　　　　　　　　　二　ちかぢか。ちかいうち。近日。
　　　　　　　　　　　　　　　　〔運歩色葉集〕

将来　1例
　　遠［トヲク］爲メ懲メムカ將來ヲ也　　　　　　5 張 79 行
　〔注〕地の文。叙述内容は人事。漢語。読み無し。「シヤウライ」か、「ゆ
　　　くすへ」か。ヲ格。連用修飾成分。将来の所業の意。
　〔参考〕三・色：将（去）来（上）ユクスヘ　シヤウライ　シ畳字
　　　　　日国大：「シヤウライ」色葉など
　　　　　　　　　「ゆくすゑ（将来）」色葉・名義・易林・書言
　　　　　　　　　「ゆくさき（将来）」名義
　　　　　大漢和：シヤウライ〔漢書、匈奴傳下〕〔揚雄、長楊賦〕など

2.6. 時間的位置がその表現だけでは定められない場合

ここでは、時間的位置がその表現だけでは定められない場合、つまり、指示の働きをもった語句を含む表現に注目してみる。この場合は、その指示内容を読み取って、はじめて時間的位置が定まることになる。

2.6.1. 「彼〜」の形式　4種

彼日　7例

1　若彼日可キ被〔ラル〕騎〔キ〕用之馬不侍ラ者〔ハ〕駒〔コマ〕鹿毛〔カケ〕菊額〔キクヒタヒ〕尾駁〔ヲフチ〕等之〔カ〕中ニ被〔レム〕召〔メシ〕用如何　　　　　　　　　　　　9張 165行
〔注〕単独で連用修飾成分。

2　然モ彼日見物ニ欲フ候ハント御設敷之邊ニ　　19張 350行
〔注〕単独で連用修飾成分。

3　所ノ命スル牛車如ク仰ノ彼日奉セム之ヲ　　22張 406行
〔注〕単独で連用修飾成分。

4　弊身同シク以彼〔カノ〕日ヲ欲フ始メムト神〔シン〕拜ヲ借馬未〔ミ／ス〕明〔カナラス（重複か）〕　　　　7張 119行
〔注〕ヲ格。「以彼日ヲ」と句として連用修飾成分。

5　御入部斯ノ借馬如ク御（仰か）セノ彼日ノ拂曉〔フケウ〕ニ可ク馳〔ハセ〕奉ル侍ヘリ　　　　　　　　　　　　7張 125行
〔注〕ノ格。連体修飾成分。「彼日ノ拂曉ニ」と句として連用修飾成分。

6　若適得タラハ勝コトヲ彼日ノ面目以可足〔タンヌ〕　19張 340行
〔注〕ノ格。連体修飾成分。

7　誠（試か）樂之事彼日必定也　　　　　　　　9張 157行
〔注〕単独で主語。

〔注〕7例全て、地の文。叙述内容は人事。1の例から、訓読「かのひ」か。

〔参考〕三・色：彼　カレ　カノ　　　　　　　加辞字
　　　　大漢和：事物を指示する代名詞。助詞「の」を添えて「かの」と訓讀する。あの。〔詩、召南、小星〕など

彼期　2例

1　宜以之［コノ］由ヲ仰遣ス者［レハ］早ク以彼ノ期ヲ可シ被［セラル］
　　　進上　　　　　　　　　　　　　　　　　　15張278行
　　〔注〕ヲ格。「以彼期」と句として連用修飾成分。
　2　被［ルヽ］仰八丈絹并菓子等及テ於彼期ニ可シ令進上
　　　　　　　　　　　　　　　　　　　　　　16張282行
　　〔注〕ニ格。「於彼期」と句として連用修飾成分。
　〔注〕2例共に、地の文。叙述内容は人事。読み無し。「かのご」か。
　〔参考〕三・色：彼　カレ　カノ　　　　　　　加辞字
　　　　　　　　　期　渠之反－信也　コ　　　　古天象
　　　　　　　　　期　コ（濁平）渠之反限也　　古辞字
　　　　　日国大：なし
　　　　　大漢和：期　キ・ギ　慣ゴ〔廣雅、釋言〕〔玉篇〕など

彼時　1例
　　今今年來テ適［タマタマ］遇［アフテ］政理明［メイ］時之御世ニ弥
　［イヨイヨ］爲ニ優［イウ］助セムカ部内ヲ雖［トモ］施［ホトコス］隨
　分ノ治術［シユツヲ］彼時之費［ツイエ］干（于か）今雖（難か）シ補
　［ツクノイ］　　　　　　　　　　　　　　　8張131行
　　〔注〕地の文。叙述内容は人事。読み無し。訓読「かのとき」か。之格。
　　　　連体修飾成分。
　〔参考〕三・色：時　同（今イマ）　　　　　　伊天象
　　　　　　　　　時　トキ　　　　　　　　　　度天象
　　　　　日国大：「かのとき」文明

彼夜　1例
　　但彼夜爲ニ滅セムカ業障ヲ必欲參登セムト　　17張313行
　〔注〕地の文。叙述内容は人事。読み無し。訓読「かのよ」か「かのよる」
　　　か。単独で連体修飾成分。
　〔参考〕三・色：夜　ヨル　ヨ　　　　　　　　与天象
　　　　　日国大：無し

2.6.2. 「其〜」の形式

以下、例文は 1 例ずつ示すにとどめる。

其期［コ］已ニ近ゝ也　　　　　　　　　　　　　　5 張 91 行
〔注〕地の文。叙述内容は人事。主語。

cf. 若臨テ期ニ有ハ便［ヒン］執申サム其之由ヲ　　21 張 373 行
〔注〕地の文。叙述内容は人事。ニ格。連用修飾成分。「期」単独の使用例

2.6.3. 「一〜」の形式

爲ニ充［アテムカ］一朝ノ御齊［サイニ］八木五石并塩梅等謹以獻
［ケン］上　　　　　　　　　　　　　　　　　11 張 202 行
〔注〕地の文。叙述内容は人事。漢語。読み無し。音読「イツテウ」か。ノ格。連体修飾成分。ある朝の意か、一度の意か疑問あり。

2.6.4. 「如此之〜」の形式

如此之比動［トウ］静［セイ］如何　　　　　　　22 張 391 行
〔注〕地の文。叙述内容は人事。連用修飾成分。

2.6.5. その他の修飾語句を伴う時の表現

形式	例	
修飾語句＋時	壯男之時	12 張 217 行
修飾語句＋比	嚴寒之比	23 張 416 行
修飾語句＋際	以件結解并下文令下勘公文所之際	6 張 106 行
修飾語句＋間	企奉仕志間	23 張 418 行
修飾語句＋處	披封之處ニ	18 張 332 行
修飾語句＋後	葉落色變之後	21 張 382 行
修飾語句＋以後	遂彼本意以後	18 張 324 行
修飾語句＋以前	无仰以前ニ	13 張 230 行

3. まとめ

今回は、『高山寺本古往来』に見られる時に関する表現と用例数を、分類

に従い一覧することでまとめとする。

一日単位内	朝		拂曉 3例
		「〜朝」の形式2種	今朝 2例・一朝 1例
	日中	「〜日」の形式2種	今日 2例・一日 1例
			白昼 1例
	夕方		晚景 1例
	夜	「〜夜」の形式2種	入夜 1例・今夜 3例

一年単位内	季節		春3例・秋5例・冬1例
	年末		月迫 1例・年暮 1例
			時節 1例

現在		今 11例
	「〜今」の形式3種	只今 5例・方今 2例・于今 5例
	「今〜」の形式4種	今月1例・今年7例・今歳1例・今世1例
		當年 1例

過去	昨夜		夜部 2例
	昨日以前		昨日 4例
			先日 2例
	「近〜」の形式2種		近曾 1例・近來 1例
	「去〜」の形式4種		去月1例・去春1例・去夏2例・去年3例
	「先〜」の形式1種		先年 1例
			昔 1例
			本 3例

未来	「明〜」の形式5種		明朝1例・明日4例・明後日2例・
			明春1例・明年1例
			来月 1例
			近々 1語
			将来 1例

時間的位置が客観的に定められない表現
　「彼〜」の形式4種　　　彼日7例・彼期2例・彼時1例・彼夜1例
　「其〜」の形式
　「一〜」の形式
　「如此之〜」の形式

修飾語句を伴う時の語　　時・期・比・際・間・處・後・以後・以前

注
1)　石川謙 1968.『日本教科書大系 往来編』第1巻　古往来（一）　講談社　p.3-p.4
2)　石川謙 1968.『日本教科書大系 往来編』第1巻　古往来（一）　講談社　p.2
3)　遠藤好英 1978.「夕方」の語彙の体系――『後二条師通記』の場合――『国語と国文学』第55巻　第5号　東京大学国語国文学会
　　――― 1979. 記録体における「朝」の語彙――『後二条師通記』の場合――国語学研究 19　東北大学文学部国語学研究室内「国語学研究」刊行会
　　――― 1980. 記録体における時の表現――『後二条師通記』の「昨日以前」・「昨夜」の意味の語句――『国語語彙史の研究』1　国語語彙史研究会　和泉書院
　　――― 1980. 記録体における日中に関する時の語彙――『後二条師通記』の場合――『佐藤茂教授退官記念　論集国語学』佐藤茂教授退官記念論文集刊行会編　桜楓社
　　――― 1987. 記録体における時の語彙――『後二条師通記』の夜に関する語について――『訓点語と訓点資料』第77輯　築島裕博士退官記念特輯号
4)　高山寺本古往来の編者・成立などについては、下記の論文に詳しい。
　　築島裕　1972.「高山寺本古往来の文獻學的研究」
　　『高山寺本古往来・表白集』（高山寺資料叢書第二冊）東京大學出版會　所収
5)　訂正案については、小林芳規氏の翻字本文によるところが大きい。1972.『高山寺本古往来・表白集』（高山寺資料叢書第二冊）東京大學出版會　所収
6)　3)に列挙した遠藤好英氏の御論文の当該表現に関する部分によることを意味する。以下同様。

能動文「XがYをVする」と直接受身文の対応

―中国語話者に対する日本語教育の視点から―

村松　由起子

0. はじめに

　日本語の受身表現は大きく2種類に分けられる。すなわち、「直接受身」と「間接受身」と呼ばれるものである。「直接受身」には受身文に対立する能動文が存在するのに対し、「間接受身」にはそのまま対立する能動文はなく、間接的に影響を受ける構成要素が加わって成立する。「直接受身」は「まともな受身」、「間接受身」は「はた迷惑の受身」とも言われる[1]。

　受身は使役、可能などとともにヴォイスに関わる文法上重要な事項であるため、従来から多くの研究者によって研究されてきた。外国語との対照による研究でも様々な相違点が指摘されているが、残念ながらこれらの研究成果が日本語教育の現場で十分に生かされているとは言いがたい。一見、規則的に変換すればよさそうに思われる直接受身にも、日本語学習者にとっては使いこなすにはなかなか難しい問題があり、誤用も多く見られる。例えば、次の〈1〉～〈4〉では能動文は「XがYをVする」の形になるが、〈1〉〈3〉は受身で表現できるのに対して、〈2〉〈4〉は受身にすることができない。能動文が「XがYをVする」という形であればいつでも直接受身文が作れるというわけではないのである。

〈1〉a. 通行人が溺れていた子供を助けた。
　　 b. 溺れていた子供が通行人に助けられた。
〈2〉a. 子供がお腹を減らしている。
　　 b. ＊お腹が子供に減らされている。
〈3〉a. 雪が山を覆っている。
　　 b. 山が雪に覆われている。
〈4〉a. 自転車がほこりをかぶっている。
　　 b. ＊ほこりが自転車にかぶられている。

このように、「XがYをVする」に対応する受身文が成立したりしなかったりするので、日本語学習者にとっては受身文成立の可否を判断するのが難しい場合がある。

そこで、本稿では日本語教育の視点から能動文「XがYをVする」と直接受身文の対応関係に着目し、この対応関係に関わる日本語学習者の誤用の要因を考察することにした。なお、本稿では考察の対象とする日本語学習者を中国人学習者に限定し、日本語と中国語の相違点を考慮しながら論じていく。

1. 日本語の受身表現に関する先行研究

まず、日本語の受身表現に関する先行研究を概観しておく。受身表現に関しては様々な視点から研究がなされており、数も多いので、ここでは本稿と関わる直接受身についての主な先行研究に限って触れておく。

現在論じられている受身問題の基礎となっているのは三上（1953）の「まともな受身」と「はた迷惑の受身」の区別であろう。また、三上は受身の成否によって動詞を二つに分け、受身になる動詞を「能動詞」、受身にならない動詞を「所動詞」と呼び[2]、「能動詞」のうち「まともな受身」になりえるものを「他動詞」としている。

寺村（1982）もこの「能動詞」「所動詞」の考え方を引き継ぎ、「部屋ヲ出ル」「階段ヲ降リル」のようなものについては、「『～ヲ～スル』という形はとっているが、直接受身にならないから他動詞とは認められないということになる」と述べている。

つまり、「XがYをVする」には直接受身になる場合とならない場合があり、なる場合が他動詞ということになる。しかし、他動詞であれば必ず直接受身が作れるかというとそうではない。先の〈2〉「減らす」、〈4〉「かぶる」は他動詞であるが、その直接受身のbは成立しない。さらに、寺村も「同じ動詞でも、場合によって直接受身の自然さが変わることがある」とし、以下のように説明している[3]。

> ところで、直接受身を作る条件を具えながら、実際に受身にすると非常に不自然になる場合に、もう一つ次のようなものがある。
> （102）彼ハ毎朝コーヒーヲ飲ム→＊毎朝コーヒーガ彼ニ飲マレル

上に類する「新聞ヲ読ム」「パンヲ食ベル」「ピアノヲヒク」など、みなそうである。これらの動詞を述語とする文でも、受身にして、

(103) 日本デハブラジル産ノコーヒーガ一番多ク飲マレテイル

のようにいえるから、動詞自体が受動化不可能という特質をもっていると考えることはできない。先のような日常の動作の中でいわれるとき、「コーヒーヲ飲ム」が全体として、一つのまとまった行為として問題になっているので、そういう場合に客体だけに焦点を当てて受身表現にすることが実際あり得ないということが (102) の不自然さの理由であろう。

このような他動詞でありながら直接受身が成立しない場合については、後で例文を見ながら検討したい。

もう一つ、直接受身に関する先行研究で着目したいのは、受身の主語が有情物であるか非情物であるかという点に関する指摘である。後者は「非情の受身」とも呼ばれている。森田 (2002) が「事物主体の非情の受身は、状態性の表現として『ている/てある』を伴って用いられる場合が圧倒的に多い」と述べているように、この受身には状態を述べる表現が多い。

先の⟨3⟩b がこの種の受身文であるが、この場合も⟨3⟩b は成立するのに⟨4⟩b は成立せず、直接受身になる場合とならない場合が存在する。

非情の受身は、村木 (1991) も取り上げており、この種の文では能動文より受身文のほうが自然であると述べている。以下は村木の説明である[4]。

　　ちなみに、(14)(15) のような状態性の文では、主語は「は」をともなって表現されることが普通である。動詞の形態だけを絶対化すると、このような文も受動文ということになるが、これらの文が対応する能動文をもたない (もちにくい) という点は重要である。
　　(14) この城は 濠に かこまれている。
　　(15) この地方は 資源に めぐまれている。
　なお、次にあげる (16a)(17a) の文は、広義の運動をあらわす文に属するであろうが、動作主体は、非人間・無情物であり、典型的な動作主とは考えにくく、状態文に近く、(16b)(17b) のような受動文の方が自然で無標である。

(16) a. 真っ黒な雲が 上空を おおっている。
　　 b. 上空が 真っ黒な雲で おおわれている。
(17) a.?煙雨が あたりを つつんでいる。
　　 b. あたりが（は）煙雨に つつまれている。

　(14)〜(17)の例を見ると、確かに受身文のほうがより自然に感じられるが、能動文のほうの不自然さにはばらつきがあるようである。この不自然さの差は何に起因するのであろうか。非情の受身の中には以下〈5〉のように、自然さにほとんど差が感じられない場合もある。〈5〉abの自然さを日本人学生18名に判定してもらったところ、やや不自然さを感じると回答した人はともに3名で同数であった。
　〈5〉a. 地熱が大気をあたためる。
　　　 b. 大気が地熱にあたためられる。
　村木の例文の中で能動文が最も不自然になるのは(15)であるが、この不自然さは「めぐむ」という動詞の用法にも関わっているようである。「めぐむ」は通常「めぐまれる」という受身の形で用いられる動詞[5]であり、この点で他の動詞「かこむ」「おおう」「つつむ」とは異なっている。
　では、(15)以外の例文はどうかというと、(16)は〈5〉と同様、abにあまり差は感じられず、(17)は通常はbのほうが自然であるが、煙雨に焦点が当たる場合にはaもあり得る。(14)だけが能動文にすると明らかに不自然さを感じるが、この不自然さは、城を特定する「この」があることに起因すると考える。「この」で修飾される城に焦点が当たるため、「この城」を主語にした受身表現のほうが自然になるのである。〈6〉bのようにすると、濠に焦点が当てやすくなるため、不自然さが緩和される。
　〈6〉a.?濠がこの城をかこんでいる。
　　　 b. 深い濠が城をかこんでいる。
　つまり、非情の受身の場合、能動文より受身のほうが自然に感じられるのは、動詞の特性や焦点の当てやすさによると考える。
　以上、直接受身に関する先行研究の指摘を概観してきたが、次章では、ここで紹介した先行研究を踏まえながら、「XがYをVする」と直接受身の対応をまとめてみたい。

2.「XがYをVする」と直接受身の対応

　まず、「XがYをVする」と直接受身の対応を、直接受身が作れない場合と作れる場合とに分ける。次に直接受身が作れる場合において、能動文、受身文の自然さによって下記1)〜4)の場合に分ける。例えば非情の受身のように受身文のほうが自然だという場合は2)に該当する。なお、ここでは「不自然」は「不自然さを感じるが使える」という意味で用いている。

```
                  A. 直接受身が作れない
XがYをVする
                  B. 直接受身が作れる
                     1) 能動文・受身文ともに自然
                     2) 能動文不自然・受身文自然
                     3) 能動文自然・受身文不自然
                     4) 能動文・受身文ともに不自然
```

　では、実際に例文を示しながら、それぞれの場合について見ていくことにする。
　以下のほとんどの例文は、『日本語基本動詞用法辞典』に記載されている動詞の中から、「XがYをVする」の形を持ち且つ直接受身にならないか不自然さを感じるものを抽出して考えたものである。そのため、直接受身にすると不自然さを感じる例文を中心に扱っている。例文の後ろに〈基〉と記してあるものはこの辞典に記載されている例文をそのまま引用している[6]。
　なお、各例文は能動文、受身文の自然さを判断するために、筆者の大学院講義を受講している学生（日本人学生18名、中国人学生5名）に能動文、受身文の自然さを判定してもらい、分類の際の参考にした。今回学生に判定してもらった例文は能動文、受身文各22文ある。ここでは日本人学生の判定結果を各例文の後ろに記載しておく。「自然」は〇、「不自然だが言える」は△、「言えない」は×で示し、数字はそれぞれの判定者数である。

A. 直接受身が作れない場合
　以下は全員または多くの学生が受身文不可と判定した文である。
　①a 自転車がほこりをかぶっている。（〇18）〈基〉（〈4〉に同じ）
　　b ＊ほこりが自転車にかぶられている。（×18）

② a 気温が30度を超える。(○ 18)〈基〉
　　b ＊30度が気温に超えられる。(× 18)
③ a 彼の振舞いは誤解を招いた。(○ 18)〈基〉
　　b ?誤解が彼の振舞いに（よって）[7] 招かれた。(○ 4 △ 8 × 6)
④ a ?塩が湿気をおびている。(○ 8 △ 9 × 1)
　　b ＊湿気が塩におびられている。(△ 1 × 17)
⑤ a 女の子がピアノを練習している。(○ 18)〈基〉
　　b ＊ピアノが女の子に練習されている。(× 18)
⑥ a 子供がお腹を減らしている。(○ 15 △ 2 × 1)〈基〉(〈2〉に同じ)
　　b ＊お腹が子供に減らされている。(× 18)
⑦ a 太郎が涙を浮かべている。(○ 18)
　　b ＊涙が太郎に浮かべられている。(× 18)
⑧ a レストランが営業をやめる。(○ 16 △ 2)〈基〉
　　b ＊営業がレストランにやめられる。(× 18)
⑨ a パンダが人気を集めている。(○ 13 △ 5)
　　b ＊人気がパンダに（よって）集められている。(○ 1 △ 7 × 10)
⑩ a 友達が携帯電話を買った。(○ 18)
　　b ＊携帯電話が友達に買われた。(△ 7 × 11)
⑪ a 車が橋を渡った。(○ 15 △ 2 × 1)
　　b ＊橋が車に渡られた。(○ 1 △ 2 × 15)
⑫ a 学生が教室を出た。(○ 18)
　　b ＊教室が学生に出られた。(× 18)

　①〜⑫の中には自動詞文も他動詞文もあり、自動詞他動詞の区別だけでは受身文成立の可否を判断できないのは明らかである。問題となるのは他動詞文で直接受身が作れない場合であるが、この点については後述する中国人学習者の誤用とも関わっているのでここでは触れないでおく。

B. 直接受身が作れる場合
　1) 能動文・受身文ともに自然な場合
　　　ただし、ここではやや不自然ではあるが言えるものも含める。
⑬ a 地熱が大気をあたためる。(○ 15 △ 3)(〈5〉に同じ)
　　b 大気が地熱にあたためられる。(○ 15 △ 3)

⑭ a 一郎が次郎をたたいた。(○ 18)
　 b 次郎が一郎にたたかれた。(○ 18)
⑮ a 炎が建物を包んでいる。(○ 13 △ 4 × 1)
　 b 建物が炎に包まれている。(○ 18)
⑯ a 雪が山を覆っている。(○ 13 △ 5)(〈3〉に同じ)
　 b 山が雪に覆われている。(○ 17 △ 1)
⑰ a 住民運動が市長を動かした。(○ 17 △ 1)
　 b 市長が住民運動に(よって)動かされた。(○ 16 △ 1 × 1)
⑱ a つなみが家をのみこんだ。(○ 18)
　 b 家がつなみにのみこまれた。(○ 16 △ 1 × 1)
⑲ a 雨が足跡を消した。(○ 14 △ 4)
　 b 足跡が雨に消された。(○ 16 △ 1 × 1)

2) 能動文が不自然で受身文が自然な場合
⑳ a ＊ドアが手を挟んだ。(○ 1 △ 4 × 13)
　 b 手がドアに挟まれた。(○ 16 △ 1 × 1)
㉑ a ＊資源がこの地方をめぐんでいる。
　 b この地方は資源にめぐまれている。〈村木の例文〉

　この2) に該当する動詞には2つのタイプがあり、ひとつは「はさむ」「はさまれる」のように能動、受身両方の動詞の形が存在し、「パトカーが犯人の車をはさんだ」「犯人の車がパトカーにはさまれた」のように場合によっては両方の表現が可能になるタイプ、もうひとつは「めぐまれる」のように通常受身の形でしか使われないタイプである。
　後者のタイプについては、国立国語研究所(1972)に、以下の「うなされる」「気圧される」「囚われる」「ひかされる」「ほだされる」が紹介されており、「うなす」「けおす」「とらう」「ひかす」「ほだす」という動詞の形は、少なくとも現代語では使われないとの説明がある[8]。
　○ 浅い夢魔にうなされて眼を半ばさましたとき、(冬の宿 139)
　○ 伴子は気圧されたやうに顔を赧らめて答へた。(帰郷 172)
　○ 市九郎は、深い悔恨に囚はれて居た。((讐の彼方に 60)
　○ それでも勘次はお品にひかされて、まだ残つて居る蒟蒻を担いで帰つて畢つた。(土・上 39)

○ いちずな朝姫の熱いなさけにほだされたのだ。（出家とその弟子 118）

　3）能動文が自然で受身文が不自然な場合
　　㉒ a 友達がドアを開けた。（○ 18）
　　　 b ? ドアが友達に開けられた。（○ 3 △ 12 × 3）
　これは先の⑩と同種だと思われるが、不可と判定した人が⑩に比べてかなり少ないため、ここに入れておくことにした。⑩bより㉒bのほうに自然さを感じた理由は、㉒bが私にとって迷惑な行為、つまり間接受身の意味に理解されやすいからだと思われる。ただし、自然だとしたのは3名のみであり、やはり不自然さは感じられる。

　4）能動文・受身文ともに不自然な場合
　この種の場合、他に自然に表現できる形式が存在する。㉓のように、言えないことはないが自動詞文などで表現したほうがよい場合がここに該当する。
　　㉓ a ? 雨が洗濯物を濡らした。（○ 9 △ 8 × 1）
　　　 b ? 洗濯物が雨に濡らされた。（○ 10 △ 3 × 5）
　　　 c 洗濯物が雨に濡れた。
　先の⑨aの例も△の判定が5名いたが、これも自動詞文の⑨cで表現されることが多い。
　　⑨ a パンダが人気を集めている。（○ 13 △ 5）
　　　 b ＊人気がパンダに（よって）集められている。（○ 1 △ 7 × 10）
　　　 c パンダに人気が集まっている。

3. 中国人日本語学習者の判定結果

　次に、「XがYをVする」と直接受身の対応を中国人学習者がどのように捉えているかを探っていきたい。
　中国人学生5名にも日本人と同じように判定作業をしてもらったところ、日本人の判定と明らかに差が見られる例文があったので、その違いを検討してみる[9]。

判定に差が見られた例文	日本人	中国人
① a 自転車がほこりをかぶっている	○18	△1 ×4
① b ほこりが自転車にかぶられている	×18	○3 △2
④ b 湿気が塩におびられている	△1 ×17	○2 △2 ×1
⑩ b 携帯電話が友達に買われた	△7 ×11	○3 △1 ×1
⑳ a ドアが手を挟んだ	○1 △4 ×13	○2 △2 ×1

①b④b⑩b は直接受身が作れないのに、直接受身を自然または不自然だと判断している。特に、①b は差が顕著であり、日本人は全員×と判定しているのに対し、中国人で×とした人はいない。では、なぜ①b が言えないかであるが、寺村(1982)に参考にすべき記述がある。寺村は「かぶる」を「受身的意味を持つ動詞」とし、次のように述べている[10]。

 (1) 直孝ハ祖母ニ育テラレタ
 (2) 直孝ハ五歳ノトキ父母ニシナレタ
 (3) 街道ワキノ家々ノ屋根ガ、白イ砂埃ヲカブッテイル
 (4) 虎ハ傷ヲオッタ
 (5) 子ドモタチハ紙芝居ノオジサンカラ棒飴ヲモラウ

などは、いずれも主格に立つ名詞が、他から何らかの動き、作用を受けることを表しているが、(1)(2)は受動態と認められるのに対し、(3)(4)(5)はそうは認められない。それは(1)(2)の述語動詞は、受動態の述語に一般的に認められる形態的特徴を具えているが、(3)(4)(5)のそれらはそうではないからである。それらが「動作・作用を受けること」を表わすのは、それらの動詞固有の意味による。カブル、蒙ル、浴ビル、負ウ、モラウ、アズカル、授カル、等の動詞は、「受動的意味をもつ動詞」とはいえても、「動詞の受身形」ではない。

実際に確かめてみると、「蒙る」「浴びる」「負う」なども直接受身にできないようである。
 〈7〉a 校舎が地震の被害を蒙った。
   b ＊地震の被害が校舎に蒙られた。
 〈8〉a 作業員が放射能を浴びる。
   b ＊放射能が作業員に浴びられる。

④bの「おびる」もこの種の動詞である。この種の動詞が受身形で使われるのは、以下のような被害の受身の場合になる。

〈9〉お店の帽子をお客さんに勝手にかぶられる。
　　（帽子が汚されるなどお店の被害）
〈10〉シャワーを無断で海水浴客に浴びられる。
　　（「海の家」など有料施設の被害）

さらに、「かぶる」については「おおう」との間に特殊な関係が成り立つことがあり、学習者にとっては一層混乱しやすい要因が含まれている。以下は国立国語研究所(1972)の記述である[11]。

　　AがBをxする⇄BがAをyする
　このような公式にあてはまる動詞は、あまり見あたらない。ただ、「かぶる」と「おおう」とのあいだに、特殊なばあい、この関係がなりたつことがある。
〈AがBをかぶる〉
　○ 右手は雪をかぶつた畑で、（雪国 51）
　○ 白いベレ帽をかぶつたやうに白毛を冠つて笑つてゐる童顔に、
　　（帰郷 87）
〈BがAをおおう〉
　○ 北国の黒菅盆地は深い雪におおわれてしまうのである。（落城10）
　○ 頭髪は永く延びて皺だらけの額を掩うて居た。((讐の彼方に 84)

「雪をかぶった畑」とも「雪に覆われた畑」とも言えることが学習者にとって判断しにくい原因になっていると考える。①bの判定差の要因は「かぶる」という動詞が持つ受身的意味と「おおう」との間の特殊な関係にあるのであろう。

なお、⑩b⑳aについては、学習者の母語である中国語と関わりがあると思われるので、次章で日中対照の視点から述べることにする。

4. 中国人学習者に見られる受身表現の問題

4.1. 対照研究の視点からの先行研究

受身の問題については、両言語の相違点に関する先行研究も多く、主な

ものは馮(1999)[12]がわかりやすく要約しているので、以下に本稿で扱っている「XがYをVする」の受身文に関わる点のみ抜粋しておく。馮は相違点を7つにまとめているが、このうち6点が該当する。

1. 中国語では動作の主体が第1人称であるのは自然だが、日本語では不自然である。　例：ご飯は私に食べられた
2. 自然描写の場合、日本語では"染められる"より、自動詞の"染まる"を使ったほうが自然であるが、中国語では逆である。　例：紙はいちごで染められていた
3. 中国語では主語の所有物、主語に属するものを受動文の主語にするのは自然である。　例：私の肩は先生に叩かれた
4. 中国語の受動表現では動作の主体は無生物でもよいが、日本語ではよくない。　例：私の指はナイフに切られた
5. 両言語には相互に直訳できない受動文がある。　例：ドアは王さんに開けられた
6. 能動文を受動文に変換するとき、日本語では能動文の目的語がそのまま受動文の目的語となるが、中国語では受動文の主語となる。
　例：足は扉に挟まれる

これらの相違点は張(2001)[13]の「名詞ランキング」という基準を用いることでさらに簡素化できる。

張は中国語を母語とする学習者に見られる受身文関連の誤用パターンを3つにまとめている。このうち、「XがYをVする」の受身文に関わるのは以下の2つであり、上記1、5は張の1)によって、3、6は張の2)によってまとめることができる。

1) 名詞のランキングによる受動文のねじれ
中国語には日本語における一人称代名詞＞人間名詞＞無生物名詞といった名詞ランキングが基本的に存在しないことから。
　彼は私にからかわれたんだ。
　新しいスカートが恵ちゃんに汚された。
2) 「持ち主＋持ち物」が主語になる受動文の濫用
中国語では「持ち主＋持ち物」が主語になる受動文と「持ち主」だ

けが受動文の主語になり「持ち物」が目的語として残る受動文が同等に使われていることから。

　　　田中さんの財布はすりにすられた。

　残る2は自動詞・他動詞のペアがある場合にどちらを用いたほうが表現として自然かという問題であり、4は日本語では「ナイフ」の類は動作の主体ではなく道具として捉えられるという問題である。4については、受身文だけでなく、対応する能動文も「ナイフが私の指を切った」となって不自然である。

　この張の指摘のうち、1) の名詞ランキングによって、先の ⑩b⑳a で見られた判定の差が説明できる。つまり、携帯電話＜友達、ドア＜手であり、⑩b⑳aは名詞ランキングに反している。そのため、日本人は直接受身不可と判定しているのに対し、中国人にはこの判定が難しいのであろう。また、⑳a については、先のナイフの例と同じ問題もあり、能動文で表現する場合には「わたしはドアで手を挟んだ」となって、主語は「ドア」ではなく「わたし」とするのが自然である。

4.2. 中国人学習者の作文に見られる誤用

　ここまでは「XがYをVする」と直接受身文の対応に関わる問題を探ってきたが、最後に中国人学習者の作文から受身に関する誤用を取り出し、「XがYをVする」と直接受身の対応関係が誤用にどのような影響を与えているかを調べてみたい。作文資料は国立国語研究所（2001）の『日本語学習者による日本語作文と、その母語訳との対訳データベース ver.2』に収められている中国人学習者の作文を利用した。

　このデータベースには中国人学習者87名分の作文が収録されており、作文の課題は「あなたの国の行事について」または「たばこについてのあなたの意見」のいずれかである。日本語学習時間数は学習者によって異なるが、おおよそ500時間から1000時間程度である。

　以下、抽出した誤用を「XがYをVする」の受身文に関するものとそれ以外のものに分けて見ていく。なお、作文中には受身に関する問題以外にも誤っている箇所があるが、その箇所についてもそのまま掲載してある。では、「XがYをVする」の受身文に関する誤用から見ていくことにする。

⟨11⟩ たばこをよく吸う人は、肺がタールに覆っている。
⟨12⟩ 皇帝が環丘壇の最高の層に登ると荘重な音楽が奏され、松の枝が燃やされ、いけにえの小牛が天にささげった。
⟨13⟩ 当日、一年中もっとも盛んな夕べが行う。
⟨14⟩ 国ではレストラン、バスや電車などの公共の場所ではたばこを吸えないよう規制が地区によって作ったので、東京のような国際大都市では公共の場所でたばこを吸えないよう規制をもっと作るべきだと思いました。
⟨15⟩ こうするだけで将来の戦争は有効に防んで、長久の平和を保っています。
⟨16⟩ 中国で結婚式は伝統的な式と西洋風な式に分ける。
⟨17⟩ 冬に大雪が降ったら、屋の上や、町や、樹木や、みんな雪を覆われます。
⟨18⟩ 数年前、ドイツではあのたばこを吸う試合を行われたことがあった。
⟨19⟩ 1994 年から安全のため、北京市の政府令によって、北京市で爆竹を禁止されるようになりました。
⟨20⟩ 1944 年からは北京市などの政府令により、安全のため、もっと環境を保護するために、北京市などの地区では爆竹に禁止されるようになりました。
⟨21⟩ しかし、彼たちはたばこを吸うとき、たくさんの煙霧を出されました。

　87 名の作文中からは受身に関わる誤用が全部で 29 例抽出されたが、そのうち上記 11 例が「X が Y を V する」に対応する受身に関わるものだった。これは直接受身文の多くが能動文の「X が Y を V する」に対応することを考えると妥当な数だと思われる。この 11 例をさらに見てみると、3 つのタイプに分けられる。まず、⟨11⟩〜⟨16⟩のように動詞を受身形にしていないもの、そして⟨17⟩〜⟨20⟩のように動詞は受身形だが X または Y の助詞を誤っているもの、最後は⟨21⟩のように能動形を使うところで受身形を使っているものである[14]。

　次に、その他の誤用について述べる。
　その他の誤用として多かったのは、動詞の受身形、すなわち活用形の誤り

である。

〈22〉〈23〉では「する」動詞の受身形を「される」ではなく「られる」としている。傾向としては、「れる」「られる」の混乱が見られる。

〈22〉 ところで、紀念日は自治州の人民にとって正月よりずっと<u>重視られる</u>。

〈23〉 個人の権利はもし他人の権利を悪く影響したら、<u>禁止られる</u>べきです。

〈24〉 新年は一年中の一番重要なお祭りで中国人に「春節」と言う美しい名前を<u>呼びられて</u>、農歴の二日に春になるとき過こすからです。

〈25〉 会社やレストラン、バスや電車など公共場所ではたばこを吸うと、マナーに違反すると<u>見されている</u>。

〈26〉 もし、わたしの意見を<u>聞かれれば</u>、わたしのこたえは地球上でたばこをけしてほしいというものです。

〈27〉 第一、たばこを吸うことが個人の自由と権利で、他人と関係がないと<u>言わられる</u>。

これらの誤用については、まず活用を正しく覚えることが先決であろう。

次に「自動詞・他動詞」に関わる誤用をあげる。自動詞・他動詞のペアがあることで、動詞の形や助詞についても、より誤りやすくなると思われる。今回の資料では、特に「伝える」「伝わる」の誤用が目立った。

〈28〉 『廟会』は古代から<u>伝えた</u>盛大な民間行事である。

〈29〉 日本でも春節みたい「新年の日」があるが、これは中国から<u>つえた</u>習慣で、多少改えられました。

〈30〉 実はこのお祭りはもともと中国から<u>伝われた</u>んですが、しかし中国ではこのお祭りの形式や内容などが日本に比べてぜんぜん違います。

〈31〉 十月一日は国の独立記念日を<u>定まられました</u>。

最後に、その他の誤用を挙げておく。

〈32〉〈33〉は「含む」「含める」の使い分け及び能動文受動文の選択に関わる問題であり、両方とも「含む」を受身にして「〜が含まれています」とするのが自然である。〈34〉〈35〉は学生が書いた中国語の対訳を見ると「わずかなニコチンでも動物を死なすことができる」「たばこが原因で死ぬ」とい

う内容を表現したかったようである[15]。

〈32〉 今、世界でいくつの億のたばこファンがいます。そのうち、女性と子どもを含めています。
〈33〉 たばこの中にはニコチンなどの数十種の毒を含めています。
〈34〉 少しのニコチンは動物に死なれてしまった。
〈35〉 でも、毎年たばこに死なされる人は何千万人以上です。
〈36〉 しかし、解決するのはそんなに簡単にできないと見えます。
〈37〉 最もよく見えたのは肺がんだそうである。
〈38〉 中国人は新年が春節といわれている。
〈39〉 学校に退学されました。

以上〈11〉～〈39〉の誤用を見ると、今回のデータでは「XがYをVする」と直接受身の対応関係そのものに起因する誤用は観察されなかったが、これは作文が共通テーマで書かれているため、内容が似ており、使われていた動詞が限られていたためであろう。先の中国人学生の例文判定結果から判断すると、やはり直接受身の成立不成立に関わる誤用も起こりえると考える。今回は、受身にする際の助詞の変換や動詞の活用形に関わる基本的な誤用が目立っており、受身に関する誤用の多さを改めて実感する結果となった。

5. まとめ

今回調査した中国人学習者の例文判定の結果を見ると、中国人学習者にとって、動詞の意味、用法に関わる要因によって直接受身が不成立或いは不自然になる場合、その判断が難しいことがわかる。一方、これまでの研究成果によって、直接受身にできないことを規則的に判断できる場合もあるので、これらの成果は日本語教育の現場でも活かしていきたいと考える。

注
1) 工藤の分類方法は若干異なっている。
   工藤(1990)は「間接受身」を「直接受身」に近いタイプである「間接受動文(持ち主受動文)」と、そうでないタイプ「関係者受動文(不利益受動文)」に分け、前者を「直接受身」と同じタイプに分類している。p.51-52
2) 「アル、見エル、聞コエル、(匂ヒガ、音ガ)スル」などが「所動詞」として紹介されている。p.104

3) p.243
4) p.7- p.8
5) 「めぐまれる」については辞書によって扱いが異なっている。
例えば三省堂国語辞典第5版では[恵まれる](自下一)とあり、岩波国語辞典第5版では【恵む・×恤む】〘五他〙「▽現在では、普通、受身の形で使う」と説明されている。
6) より自然な表現にするため、文末表現などに修正を加えて利用した例文もあるが、この種のものは〈基〉を記していない。
7) 「によって」のほうが自然な場合には「よって」を( )書きにした。
8) p.685
9) 5名の日本語学習歴及びレベルが異なること、また、判定者数が5名と少ないことから、日本人との違いが顕著なもののみ取り上げておく。
10) p.212
11) p.695
12) p.53- p.55
13) p.122-p.135
14) 訂正方法が一通りではない例文もあるが、ここでは受身に関わる部分の訂正を優先させた。
15) 中国語訳は以下のようになっている。
〈34〉很少的尼古丁便能致动物于死地
〈35〉但每年死于吸烟的人在几千万以上

[参考文献]
工藤真由美 1990.「現代日本語の受動文」『ことばの科学4』むぎ書房　p.47-p.102
小泉保　船城道雄　本田晶冶　仁田義雄　塚本秀樹編 1989.『日本語基本動詞用法辞典』大修館書店
国立国語研究所 1972.『動詞の意味・用法の記述的研究』秀英出版
国立国語研究所 2001.『日本語学習者による日本語作文と、その母語訳との対訳データベース ver.2』CD-ROM版　国立国語研究所　研究代表者宇佐美洋
張麟声 2001.『日本語教育のための誤用分析中国語話者の母語干渉20例』スリーエーネットワーク
寺村秀夫 1982.『日本語のシンタクスと意味I』くろしお出版
馮富榮 1999.『日本語学習における母語の影響－中国人を対象として―』風間書房
三上章 1953.『現代語法序説』刀江書院　復刊　くろしお出版　1972.
村木新次郎 1991.「ヴォイスのカテゴリーと文構造のレベル」『日本語のヴォイス

と他動性』くろしお出版 p.1-p.30
森田良行 2002. 『日本語文法の発想』ひつじ書房

「パソコンで、21世紀の日本語を。」

—格助詞で終わる広告ヘッドラインから連想される後続述語をめぐって—

李　欣怡

0. はじめに

　従来格助詞に関する研究は様々な角度から分析されてきた。ところが、格助詞で終わる表現を分析対象とした研究はあまり見られない。それは、格助詞で終わる表現は単なる省略として思われてきたからではないかと思われる。しかし、格助詞で終わる表現を観察してみると、単なる省略では説明できない現象のあることが分かった。例えば、1)のような格助詞で終わる広告ヘッドライン[1]がある。

　　1)「美しい国へ。」（JR東海「京都への旅」、1999）

　日本語の広告には、このような述語のないヘッドラインが用いられることが少なくない。1)の表現は「美しい国へ行こう」、「行きます」、「いらっしゃい」など、様々な述語が連想できる。このような表現形式を用いることによって、簡潔で力強く、短い時間で消費者の注目や好奇心を捕らえ、記憶されやすい広告が完成する。例えば、1)を次のように変えてみよう。

　　1a)「美しい国。」（格助詞「へ」をとる。）
　　1b)「美しい国へ行こう。」（述語「行こう」を付け加える。）

　1a)のように、格助詞「へ」のない表現は、京都の美しい風景に詠嘆するだけで、そこへの移動の動作は感じられない。そのため、広告主であるJRにとって肝心の「移動するための手段」という情報が受け手には伝わらないことになる。一方、1b)は連想の可能性が一つに限定されてしまい、広告のインパクトが少なくなる。このように、1)の表現は述語を伴わずとも、逆に様々な述語を連想させることができ、なおかつ広告主であるJRが伝えようとしている「移動」の意味が損なわれず伝えられるのである。

　次に、2)を見てみよう。

「パソコンで、21世紀の日本語を。」 663

 2)「今年、カール・ルイスと。」（Mizuno スニーカー、1988）
 2) も、述語のない表現である。この場合も、聞き手の連想によって、いくつかの述語を補うことが可能である。例えば、次のような述語を補って考えることができるであろう。
 2a)「今年、カール・ルイスと同じスニーカーを履こう。」
 2b)「今年、カール・ルイスと一緒に走ろう。」
 2c)「今年、カール・ルイスと一緒に優れたスニーカーを開発した。」
 この例は、格助詞「と」で表現を終わり、述語を示さないことによって、聞き手の想像力を誘発し、短い表現でありながら、逆に多くの意味を含む表現となり得るのである。
 こうした表現は、次のように日本語の広告ヘッドラインに多数使われている。
 3)「ご利用・ご返済はお近くの提携CD・ATMで！」（プロミス、2003）
 4)「王冠は誰の手に。」（キリンラガーカップ、1998）
 5)「今年もいい肌着で健康な日々を。」（グンゼ、1999）
 6)「その愛を通帳に。」（東海銀行、1999）
 7)「ハリのない毎日は、バリを。」（バリ島観光協会、1999）
 以上のような表現は述語がなくても日本語母語話者にとって理解に支障を招くことはないであろう。このような表現は後続述語が明言されなくても聞き手には「分かる」ので述語が省かれているように思える。例えば3)は「お近くの提携CD・ATMでご利用・ご返済ください」に復元でき、4)は「わたるでしょうか」、5)は「送りましょう」が連想されやすいと考えられる。また、6) では「込めましょう」、「記帳しましょう」、「入れましょう」、「刻みましょう」など複数の後続述語が考えられ、7) でも「歩きましょう」、「満喫しましょう」、「訪れましょう」、「観光しましょう」など様々な述語が想起できる。このように、6)、7) も 3)、5) と同様に、理解に支障を招くことはない。ところが、3)～5) では限られた述語しか想起されないのに対して、6)、7) は意味的に異なる様々な述語が想起される。従って 3)～5) の表現と 6)、7) の表現は同質のものとして扱うことはできないと思われる。本稿ではこうした格助詞で終わる広告ヘッドラインの特徴について考察することにする。

1. 省略について

　格助詞で終わる表現は、一見述語が省略されたもののように見えるため、一般に省略として扱われる。それでは、下の 7) ～ 10) を例に、それぞれ「省略」された述語を補ってみよう。

　　8)　A：明日はどこへ取材に行きますか。（作例）
　　　　B：伊豆方面へ（取材に行きます）。
　　9)「世界を視野に。」（富士通＠ VISION シリーズ、1999）
　　　→「世界を視野に入れよう。」
　　10)「お出掛けは、地下鉄、市バスで。」（名古屋市交通局、2001）
　　　→「地下鉄、市バスでお出掛けください。」
　　　→「お出掛けは、地下鉄、市バスをご利用ください。」
　　7)「ハリのない毎日は、バリを。」（バリ島観光協会、1999）
　　　→「歩こう」
　　　→「満喫しよう」
　　　→「訪れよう」
　　　→「観光しよう」
　　　→「楽しもう」
　　　→「選ぼう」
　　　→　…

　7) ～ 10) は、単純に述語の省略であるとすると、それぞれの元の述語が存在し、文脈によってそれが復元可能なはずである。ところが、果たして 7) ～ 10) の全ての表現に元になる述語があるのであろうか。

　8) は、「取材に行きます」といった要素が話し手にも聞き手にも分かっているため省かれたものであり、「伊豆方面へ取材に行きます。」という一つの決まった文に復元可能である。そのため、純粋に省略文であると考えられる。

　一方、9) では、先行文脈から特定の述語が復元できるわけではない。しかし、「視野に入れる」という連語が想起されやすいため、特定の一つの文に復元しやすい表現となっている。

　これに対し、10) は 9) と違ってある一つの述語が想起されるのではなく、複数の述語が想起される。例えば主題の「お出掛け」を述語の位置に

移動して、「地下鉄、市バスでお出掛けください」のように復元するやり方である。あるいは「お出掛けは、地下鉄、市バスをご利用ください」のように別の動詞を付け加える方法である。9) は 8) と違い、後続述語が一つに特定されず、複数想起できるという点に特徴がある[2]。

さらに 7) の「ハリのない毎日は、バリを」という表現は、「歩こう」、「満喫しよう」、「訪れよう」、「観光しよう」、「楽しもう」、「選ぼう」など、意味的に様々な述語が後続可能である。これは上の 10) に比べ、さらに述語が特定しにくい表現である。

以上の四つの例を見ると、同じ格助詞で終わる表現にも、相対的ではあるが、復元文が特定しやすいものと特定しにくいものとのあることが分かる。つまり、これらの文は、述語のない文という点では同質のものであるが、全体としてその性格は異なるのではないであろうか。

ところで、文学表現における省略について、中村 (1993：11-17) は次のように論じている。

> 「春はあけぼの。」という枕草子の冒頭の一文は、「をかし」が省略されて体言止めの姿を呈したなどと、はたして言えるのだろうか。たしかに、それは「春はあけぼのがをかし。」という文と論理的情報にはっきりとした違いがあるわけではない。が、「あけぼのがおもしろい」、「あけぼのがいい」、「あけぼのが美しい」、「あけぼのが見物だ」「あけぼのが一番だ」、「あけぼのに限る」といった現代語訳もそれぞれに的外れであるとは言えない。つまり、「春はあけぼのがをかし。」の「をかし」を省いて、「春はあけぼの。」と略したというよりも、「春はあけぼのがをかし。」は、いくつかの現代語訳がそうであるように、「春はあけぼの。」のひとつの解釈にすぎないのではあるまいか。
>
> 受け手側から見て、省略されているように見える表現が、すべて意図的な省略操作によって成立したものとは言えない。送り手側にとっては、単にそのように認識したにすぎない場合も少なくないだろう。「春はあけぼの。」という文例も、「やはり春はなんといっても曙だな」というところまでの認識であり、それが「おもしろい」とか「美しい」とか「情趣がある」とかというレベルまで分析的に判断されていない未分化な表現であったように思われる。

上で中村が述べている、受け手側から見ると省略されているように見える表現でも、送り手側にとっては、意図的に何かを省略したというよりは、むしろ述語のない表現が最適であるという考えに注目したい。つまり、広告ヘッドラインに使われる表現にも、このような、一見受け手にとっては省略だと思われるが、送り手はそのままの表現を最適であると考えている表現もあるのではないかと思われる。本稿では、このような格助詞で終わる広告ヘッドラインの分類を、述語の「省略性」という観点から試みる。

2.「省略性」について

格助詞で終わる表現は、復元できる文の数が一つの場合もあれば複数の場合もある。復元可能な文の数が少なければ少ないほど、ある特定の述語を省略した文であるという性質が強くなると考えられる。本稿では、そのような性質を「省略性」と呼ぶことにする。そして、複数の受け手によって復元された述語の一致性が高いほど、省略性が高いとし、その一致性が低いほど省略性が低いとする。

2.1. 省略性の高い表現

まず、省略性が高いと考えられる広告ヘッドラインを見てみよう。
   4)「王冠は誰の手に。」(キリンラガーカップ、1998)
この表現からは、容易に「渡る」という動詞が想起できるであろう。つまり、「王冠は誰の手に渡るのか」、「王冠は誰の手に渡るのだろうか」などの文に復元することができる。「だろう」のようなモダリティ表現がつくかつかないかという違いはあるものの、いずれにしてもこの表現は「渡る」という動詞が想起されやすいという点では一致している。

それでは、次の例にはどのような述語が入ると考えられるであろうか。
   9)「世界を視野に。」(富士通 @VISION シリーズ、1999)
   11)「変革に指針を。」(富士通 Solution Vision、1999)
この場合も、9) は「視野に入れる」という連語が想起しやすいため、復元文が作りやすいと考えられる。同様に、11) も「指針を与える」という連語が想起しやすいため、後続述語が特定しやすいと考えられる。そのため、上の 4) と同じ省略性の高い表現であると考えられる。

さらに、次のような表現も復元文が作りやすいと思われる。

12)「ご自宅はレストラン。メニュー選びはタカシマヤで。」
(タカシマヤ秋のワイン・Fauchon フェア、1999)
→ 12)'「ご自宅はレストラン。メニューはタカシマヤで選んで下さい。」
13)「親孝行は、お近くのミスタードーナツで。」
(ミスタードーナツ、1999)
→ 13)'「親孝行は、お近くのミスタードーナツで実現してください。」

12)、13) は、一見述語が省略されているように見える。しかし、主題である「メニュー選び」、「親孝行」がすでに述語の機能を果しているため、復元文が作りやすいと思われる。

以上をまとめると、省略性が高い表現は、次の表1のようにまとめられる。

表1 省略性の高い表現の種類

格助詞で終わる表現例	省略の種類
「世界を視野に（入れよう）。」 「変革に指針を（与えよう）。」 「今年もいい肌着で健康な日々を（送ろう）。」 「まず、お電話を（してください）。」	連語により、述語の想起しやすい表現
「メニュー選びはタカシマヤで。」 「親孝行は、お近くのミスタードーナツで。」 「お求めは、お近くのネッツへ。」	主題の名詞が述語化できる表現

表1のような例は、連語による連想や、主題の名詞が述語化できる表現であるため、述語が一つに特定されやすい。そのため、述語を省いて文を短くしても情報を損なうことはないと考えられる。例えば小林（1991:67）では広告コピーの効果について、ヘッドラインが短いほど広告の認知率は高くなるとの調査結果が示されている。つまり文を短くすることは広告ヘッドラインの成立にプラスに作用する要因の一つであると考えられる。

2.2. 省略性の低い表現

格助詞で終わるヘッドラインでは、述語を特定しにくい例もある。例えば、次のような例である。

7)「ハリのない毎日は、バリを。」
(バリ島観光協会、バリ島観光、1999)

この表現に後続する述語は何かと考えると、複数の述語が連想され、一つに限定されることはない。例えば、「ハリのない毎日は、バリを選んでください」、「ハリのない毎日は、バリを満喫しよう」などである。7) のような例は、情報の送り手が想定した完全文というものの存在が考えにくい。先に見た省略性の高い表現の場合、述語は明示されなくても受け手によって想起されやすい。これに対して、「ハリのない毎日は、バリを」の場合は、受け手にとって特定の述語を想起しにくいのみならず、また送り手も特定の述語を想定しているわけではないと思われる。つまり 7) のようなヘッドラインは、ある特定の述語が省略された表現ではなく、複数の接続可能な述語が共存する表現であると考えられ、格助詞で文を終えることによって、様々な後続述語を消費者に連想させる効果を出すことができる。そこに広告創作者の狙いがあると考えられる。

同様に、次の 14)、15) も 7) と同じ類型の表現であると考えられる。

14) 「ボーナスは信用組合で。」（信用組合、信用組合、1999)

15) 「パソコンで21世紀の日本語を。」（広辞苑、広辞苑CD-ROM、1999)

これらの表現は、述語を明示しないことによって商品の特長を一つに限定することを避ける効果がある。例えば、筆者が行ったインフォーマントテスト[3]によると、14) は、表 2 のような述語が後続可能である。

表 2 「ボーナスは信用組合で」の後続可能な述語[4]

広告ヘッドライン	後続可能な述語
「ボーナスは信用組合で」	預ける、貯金する、預金する、貯蓄する、入れる (35%)
	お願いする、よろしく (22%)
	活用する、管理する、運用する (12%)
	増やす (10%)
	引き落とす (3%)
	受けとる (3%)
	決める (3%)
	使う (3%)
	守る (3%)

※（ ）内の数字は全回答者に占める当該述語の回答者の割合を示している。

表2では、意味が近い述語を一つのグループにまとめ、合計九つのグループに分けて示してある。これを見ると、14) の表現から消費者は、信用組合で提供されているサービスを複数連想していることが分かる。このよう

に格助詞で終わる表現は、一つの文で複数のサービスを連想させる効果を持っている。

　また、15) では、広辞苑の CD-ROM を使って、21 世紀の日本語を「勉強する」ことも、「調べる」ことも、「検索する」ことも、「珍蔵する」ことも、何でもできることが消費者に伝えられる。このような効果については、インフォーマントテストの結果を踏まえて、次節でさらに詳しく述べることにしたい。

　さらに、次の 16) は特定の後続述語が想起されにくいという点では 14)、15) と共通している。しかし、14)、15) では様々な後続述語が想起されるのに対し、16) は後続述語そのものが思いつきにくい例である。

　16)　「缶ビールのストックと恋の火傷はお近くの冷蔵庫へ。」
　　　　　　　　　　　　　　　　　　　（サントリービール、1981）
　16a) 「缶ビールのストックと恋の火傷はお近くの冷蔵庫へ入れよう。」
　16b) 「缶ビールのストックと恋の火傷はお近くの冷蔵庫へ入れて冷やそう。」
　16c) 「缶ビールのストックと恋の火傷はお近くの冷蔵庫へしまおう。」
　16d) 「缶ビールのストックと恋の火傷はお近くの冷蔵庫へゴー。」

　16a) ～ 16d) は、16) の「冷蔵庫へ」の後に考えられる述語を付け加えた文である。しかし、これらは表現が冗長であり、必要以上のことばが使われているような印象を与えてしまう。しかも、16) は 16a) ～ 16d) のいずれで置き換えても、その意味が限定されてしまい、伝えたい情報量が半減してしまう。そのため、16) は単に 16a) ～ 16d) のいずれか一つの述語が省略された文というのではなく、それらを含む、拡がりを持つ表現であると考えられる。従って、「缶ビールのストックと恋の火傷はお近くの冷蔵庫へ」という広告ヘッドラインは、述語がなくても広告主が伝えようとする情報が十分伝わるのである。

　以上 2 節では、同じ格助詞で終わる広告ヘッドラインの中にも、省略性が高い表現とそうではない表現とのあることを明らかにした。枕草子の冒頭文「春はあけぼの」の表現と同じように、広告では、言い切らずに格助詞で終わる表現を用いてその意味に拡がりを持たせる効果があると考えられる。

3. インフォーマントテスト

格助詞で終わる広告ヘッドラインにはいかなる述語が後続可能であるのかを調査するために、日本語母語話者にインフォーマントテストを行った。被験者に下記の12本の広告ヘッドラインを提示し、それぞれについて、下のような質問をした。まず当該のヘッドラインには何か述語が省略されていると思うか否かを判断してもらい、「はい」と選択した被験者に省略されていると思われる述語を答えてもらった。

質問形式

Q1.「その愛を通帳に。」（東海銀行広告）
　このヘッドラインでは、何かが省略されていると思いますか。
　□ はい。　→　それでは、それは何だと思いますか。下の欄に書いてみてください。（複数回答可）

　□ いいえ。

提示した広告ヘッドライン：
　Q1.「その愛を通帳に。」（東海銀行）
　Q2.「ちょうどいいを、もっと。」（めいてつ百貨店）
　Q3.「生活にイタリアの華を。」（Fiat 自動車）
　Q4.「今年もいい肌着で健康な日々を。」（グンゼ肌着）
　Q5.「王冠は誰の手に。」（キリンラガーカップ）
　Q6.「缶ビールのストックと恋の火傷は、お近くの冷蔵庫へ。」
　　　　　　　　　　　　　　　　　　　　　　（サントリービール）
　Q7.「ボーナスは信用組合で。」（信用組合）
　Q8.「ご贈答、記念品に、21世紀の日本語を。」（名入れ広辞苑）
　Q9.「パソコンで、21世紀の日本語を。」（広辞苑 CD-ROM）
　Q10.「缶ビールの注文とお散歩は、お近くのお店まで。」
　　　　　　　　　　　　　　　　　　　　　　（サントリービール）
　Q11.「お求めは、お近くのネッツ店へ。」（トヨタネッツ自動車）

Q12.「スーツケースは、一足先に関空へ。」(JR関西空港お手軽きっぷ)

　このテストで使った12本の広告ヘッドラインは、あらかじめ省略性の度合にばらつきがあると考えられる例を挙げておいた。このテストの目的は、被験者がどのような述語を回答したのか、その一致性を見て、省略性の高低を検証することにある。回答の一致性が高ければ省略性は高いと考えられ、回答にばらつきがあったり、述語を補うことが困難であるものは省略性の低い表現であると考えられる。

　テストの結果、12本の広告ヘッドラインは、回答の一致性の高低により、① 集中型、② 中間型、③ 分散型の三種類に分けることができた。

① 集中型

　集中型の特徴は、被験者の回答が一つないし二つの動詞に集中し、回答の一致性が非常に高いという点にある。集中型に属するものは以下の図1、図2の2例である。(図の上部の「N＝」は当該問題に述語を入れた回答者の数を示し、円周の数字は動詞別の回答者数を示している。)これらの2例は「日々を送る／過ごす」、「手に渡る」のように特定の述語が連想されやすい。これはこれらの表現が日常よく使われる連語として想起されやすいためである。

図1 「今年もいい肌着で健康な日々を。」

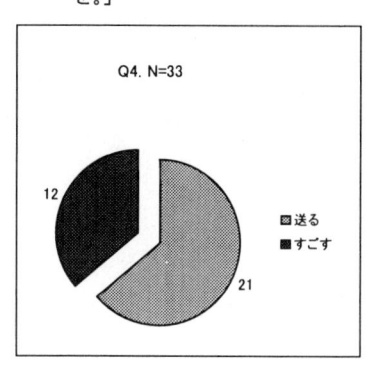

図2 「王冠は誰の手に。」

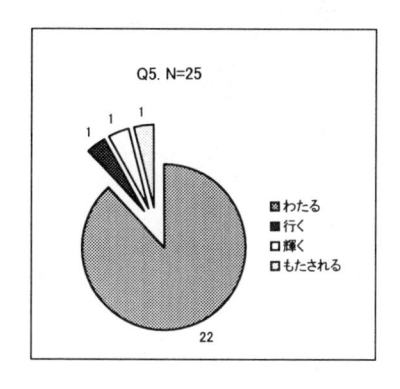

② 中間型

中間型の特徴は、回答の述語にある程度のバリエーションが見られるが、その中の一つ二つの動詞に回答が集中するという点にある。中間型に属するものは以下の図3〜図5の3例である。

図3 「生活にイタリアの華を。」

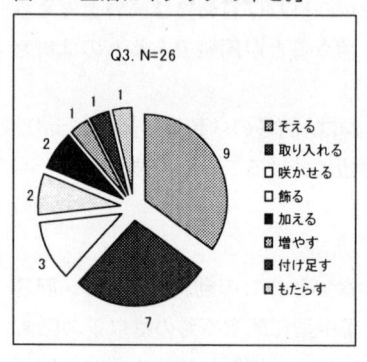

図4 「缶ビールのストックと恋の火傷は、お近くの冷蔵庫へ。」

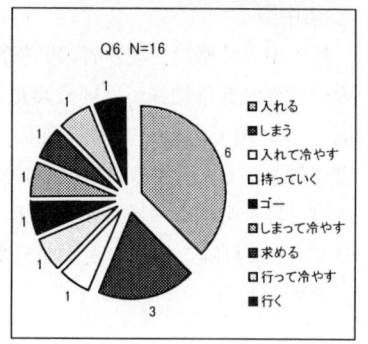

図5 「ご贈答、記念品に、21世紀の日本語を。」

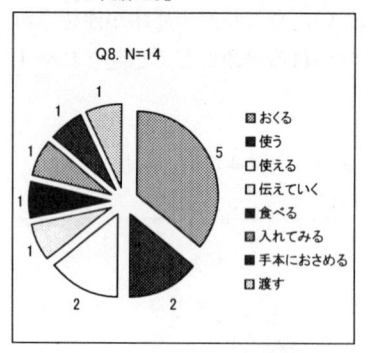

③ 分散型

分散型の特徴は、想起される述語が多様であり、一致性が低く、従って、述語が特定されにくいという点にある。分散型に属するものは以下の図6〜図12の7例である。

「パソコンで、21世紀の日本語を。」 673

図6 「その愛を通帳に。」

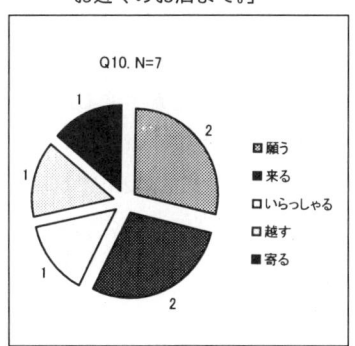

Q1. N=30
- 込める
- 記帳する
- 入れる
- 刻む
- 書き込む
- 記入する
- ためる
- 貯蓄する
- 印す
- あらわす
- 残す
- 分ける
- 書き残す
- 預金する
- 表現する
- たくす
- 振り込む
- たくわえる
- する
- 預ける

図7 「ちょうどいいを、もっと。」

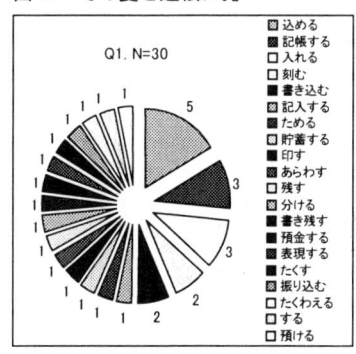

Q2. N=18
- もとめる
- 増やす
- 届ける
- もっといいにする
- 手に入れる
- 変える
- する
- 集める
- 提供する
- 多くする
- あげる
- よくする

図8 「ボーナスは信用組合で。」

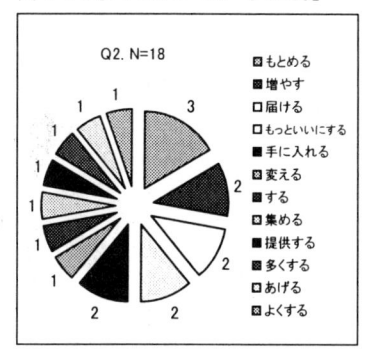

Q7. N=31
- お願いする/よろしく
- 預ける
- 貯金する
- 増やす
- 使う
- 貯蓄(を)する
- 活用する
- 引き落とす
- 決める
- 預金する
- 守る
- 管理する
- 運用する
- 受けとる
- する
- 入れる

図9 「パソコンで、21世紀の日本語を。」

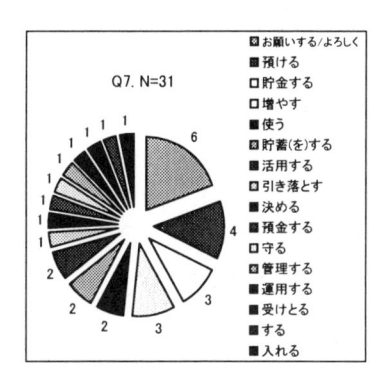

Q9. N=25
- 調べる
- 検索する
- うつ
- 使う
- 使いこなす
- 語る
- 変える
- 学ぶ
- 見つける
- せいふくする
- 開発する
- あやつる
- 実現する
- 勉強する

図10 「缶ビールの注文とお散歩は、お近くのお店まで。」

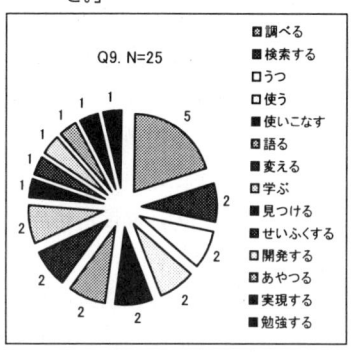

Q10. N=7
- 願う
- 来る
- いらっしゃる
- 越す
- 寄る

図11 「お求めは、お近くのネッツ店へ。」

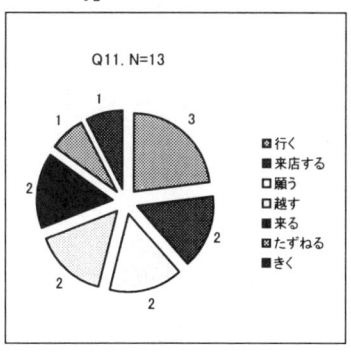

Q11. N=13
- 行く
- 来店する
- 願う
- 越す
- 来る
- たずねる
- きく

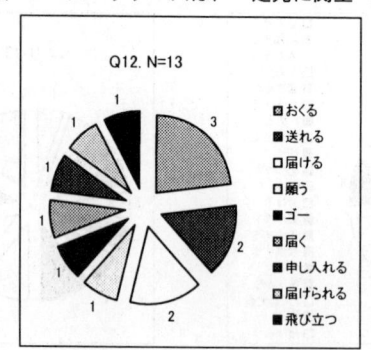

図 12 「スーツケースは、一足先に関空へ。」

Q12. N=13
- おくる 3
- 送れる 2
- 届ける 2
- 願う 1
- ゴー 1
- 届く 1
- 申し入れる
- 届けられる 1
- 飛び立つ 1

　以上のテストの結果、格助詞で終わる広告ヘッドラインには、「分散型」、「中間型」、「集中型」の三種類を認めることができる。次に、省略性が最も低いと考えられる分散型についてさらに詳しく考察していく。
まず、分散型のヘッドラインを見てみよう。
　　Q1.「その愛を通帳に。」（東海銀行）
　　Q2.「ちょうどいいを、もっと。」（めいてつ百貨店）
　　Q7.「ボーナスは信用組合で。」（信用組合）
　　Q9.「パソコンで、21世紀の日本語を。」（広辞苑 CD-ROM）
　　Q10.「缶ビールの注文とお散歩は、お近くのお店まで。」
　　　　　　　　　　　　　　　　　　　　　　（サントリービール）
　　Q11.「お求めは、お近くのネッツ店へ。」（トヨタネッツ自動車）
　　Q12.「スーツケースは、一足先に関空へ。」
　　　　　　　　　　　　　　　　　（JR 関西空港お手軽きっぷ）
　前に述べたように、分散型は多様な述語を補うことができるという点に特徴がある。これは、さらに次の二種類の型に分けることができる。一つはQ1、2、7、9で、これらはインフォーマントテストで省略表現であるとの回答が全体の3分の1を超えたものである。もう一つはQ10、11、12の表現で、これらはインフォーマントテストで省略表現であるとの回答が全体の3分の1に達していなかったものである。この二種類の差異について見てみよう。
　Q1、2、7、9では、被験者によって様々な述語を挙げられているように、後続述語が様々に想起され、一つに限定されない。

Q1.「その愛を通帳に。」(東海銀行)
Q2.「ちょうどいいを、もっと。」(めいてつ百貨店)
Q7.「ボーナスは信用組合で。」(信用組合)
Q9.「パソコンで、21世紀の日本語を。」(広辞苑 CD-ROM)

　これらのヘッドラインに共通する特徴は、受け手である消費者に「色々できるよ」と、拡がりのあるイメージを持たせる効果を持っている点にあると考えられる。Q1の「その愛を通帳に」は、「その愛を通帳に込めましょう」「その愛を通帳に記帳しましょう」「その愛を通帳に貯蓄しましょう」などの文が連想でき、Q7の「ボーナスは信用組合で」は、「ボーナスは信用組合でお願いします」「ボーナスは信用組合で守りましょう」「ボーナスは信用組合で増やしましょう」などの文が連想できる。こうして消費者により多くのことを伝達する可能性を持っているのである。
　同様にQ2の「ちょうどいいを、もっと」は、広告主である百貨店が、一つの文で多様の商品を消費者に提示する効果を持っている。例えば食品なら「召し上がってください」、生活用品なら「ご利用ください」、趣味用品なら「楽しんでください」などである。ちょうどいい何かを、もっとどうするのかということを限定しないことによって、多様なメッセージが伝達可能となる。
　Q9の「パソコンで、21世紀の日本語を」も、「パソコンで、21世紀の日本語を調べましょう」、「パソコンで、21世紀の日本語を学びましょう」、「パソコンで、21世紀の日本語を見つけましょう」などの表現が連想され、この文一つで消費者に拡がりのあるイメージを持たせることを可能にしている。
　ところが、Q10の回答を見てみると、「来る」、「いらっしゃる」、「越す」、「寄る」など移動を表す動詞に集中していることに気付く。同様にQ11も「行く」、「来店する」、「越す」、「来る」、「たずねる」のように移動動詞に回答が集中していることが分かる[5]。
　また、Q12の「スーツケースは一足先に関空へ」も、「届ける」と「届く」、「届けられる」、「送る」、「送れる」、「ゴー」のように「スーツケースが関空へ移動する」という意味を表わす動詞に集中している。
　以上の理由により、Q10、11、12は連想される動詞の数から言えば、一見分散型のように見えるが、意味の近い動詞を一つのグループにまとめる

と、Q1、2、7、9に比べ、相対的に分散度の低い表現であることが分かる。

ところで、Q12は同じ「移動動詞」と言っても、「(スーツケースが)届く」、「(JRが)お届けする」、「(私が)届けてもらう」のように動作の主体が異なる様々な述語が復元可能である。Q12のような文は述語だけではなく、主語も明示されていない。Q12の主語がスーツケース、JR、私など様々に解釈できるのは、述語に付随しているテンス、アスペクト、ヴォイス、モダリティなども述語とともに表されていないためである。ここで重要なのは、述語が限定されていないため、主語を自由に補って解釈できるという点である。最後にこの点について少し述べておきたい。

4. 格助詞で終わる広告ヘッドラインにおける主語の拡がり

格助詞で終わる広告ヘッドラインには、自由に述語を解釈できるもののあることを見た。興味深いことにこのような表現には、主語も自由に補って解釈できるものもある。このような効果は、単なる主語が表されていないためだけではなく、述語も表されていないことによると考えられる。例えばQ12をもう一度見てみよう。

Q12.「スーツケースは、一足先に関空へ。」

(JR 関西空港お手軽きっぷ、1999)

この表現には、「届けます」、「送ります」、「送らせてください」、「お願いします」、「送ってもらいます」、「届きます」、「送れます」などの述語が後続可能である。これらの表現の違いは、次の表3に示すように、広告主視点、消費者視点、対象物視点[6]の三つの異なる視点に立って生まれるものと考えられる。

表3に示したように、Q12は一つの文を三つの異なる視点から捉えることができる表現である。こうした表現が可能となるのは、この文が述語の限定されていない表現であるためである。述語が限定されていないため、主語を自由に補って解釈することができ、逆に述語も様々に解釈できるのである。また、述語を言わないということは、それに付いてくるテンス、アスペクト、ヴォイス、モダリティの表現も限定されないことになる。このことも主語を自由に解釈し、視点を様々に捉えることをしやすくしていると考えられる。この点については李(2002b)も論じているが[7]、さらに詳しく考察を重ねていく必要がある。

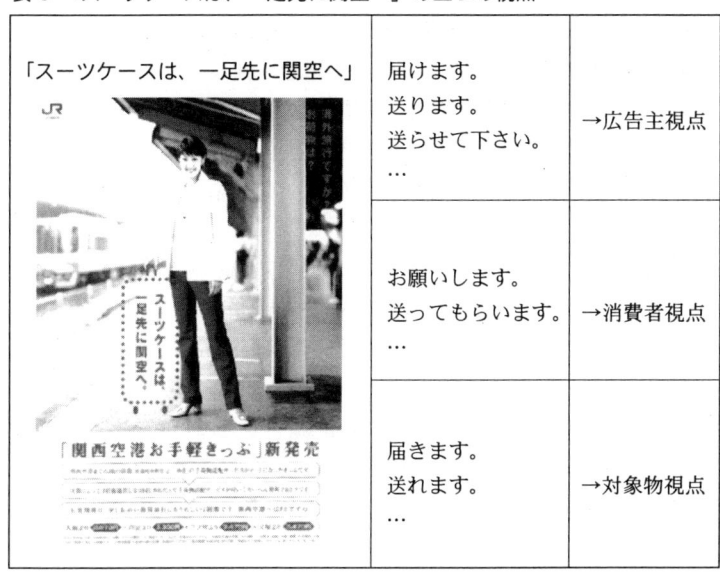

表3 「スーツケースは、一足先に関空へ」の三つの視点

「スーツケースは、一足先に関空へ」	届けます。 送ります。 送らせて下さい。 …	→広告主視点
	お願いします。 送ってもらいます。 …	→消費者視点
	届きます。 送れます。 …	→対象物視点

(資料提供：西日本旅客鉄道株式会社)

5. まとめと今後の課題

　以上、日本語の格助詞で終わるヘッドラインは、単なる述語の省略表現ではなく、述語が限定されず、拡がりを持つ表現であることを明らかにした。また、インフォーマントテストを用いて、格助詞で終わる表現には集中型と中間型、分散型の三つの型に分類できることも考察した。

① 集中型
- 想起される述語の一致性が高い表現
- 省略性が高く、特定の一つの復元文が作りやすい

　例：「王冠は誰の手に」

② 中間型
- 想起される述語にある程度バリエーションが見られるが、その中の一つ二つの動詞に集中して想起されやすい表現
- 省略性は集中型と分散型の中間である

　例：「生活にイタリアの華を」

③ 分散型
- 想起される述語が多様であり、一致性が低い表現
- 省略性が低く、様々な復元文が想起される

例:「パソコンで、21世紀の日本語を」

以上のことから、格助詞で終わる広告ヘッドラインの中には、単なる省略表現ではなく、独自の特徴を持つ、効率的な表現、つまり省略性の低いものも存在することが分かった。

なお、格助詞で終わる表現を観察すると、日本語の格助詞には、後続述語を選別するフィルターのような性質を持っているのではないかと思われてくる。例えば7) を取り上げて考えてみよう。

7)「ハリのない毎日は、バリを。」(バリ島観光協会、1999)

これを 7a)、7b) のように、文末の格助詞を変えると、連想される後続述語は変わってくる。

7a)「ハリのない毎日は、バリへ。」
　　→行きましょう、旅立ちましょう、飛んでいきましょう…

7b)「ハリのない毎日は、バリで。」
　　→解消しましょう、投げ捨てましょう、忘れましょう…

格助詞で終わる表現から連想される後続述語を観察する事によって、格助詞の性質を明らかにすることが可能ではないかと思われる。そのような格助詞の性質については今後の課題とする。

注
1) 亀井(1998:55)はヘッドラインについて次のように説明している。「広告へ注意を引くための言葉のこと、長いものもあるが一般的に短いものが普通。商品の特長を簡潔に表現するものや、広告に関心をもってもらうために意外性、パンチ力を狙った言葉が使われるものなどいろいろある。広告効果を左右する力があるので、極めて重視されており、コピーの中で最もアイデアを必要とする部分である。キャッチフレーズともいう。日本では主にキャッチフレーズを、アメリカでは主にヘッドラインを使っている。」
2) この場合、元の広告ヘッドラインでは「市バスで」と「で」で終わっているのに、復元文では「市バスを」と「を」に置き換わっていることに注意したい。こうした現象については現在考察中である。
3) このインフォーマントテストは、2000年に名古屋大学の学部生(日本語母語話者) 88 人を対象として実施したものである。

4) 表2に挙げられた述語には、文法上容認されにくいものも含まれているが、全てインフォーマントの回答によるものである。なお、（　）内の数字の合計が100％になっていないのは四捨五入による誤差のためである。
5) Q10、11の例は主題が述語の性質を担った例であり、それぞれ次のように述語を復元することができる。
　　Q10.「缶ビールの注文とお散歩は、お近くのお店まで。」
　　　→　「お近くのお店まで缶ビールの注文とお散歩してください。」
　　Q11.「お求めは、お近くのネッツ店へ。」
　　　→　「お近くのネッツ店へお求めください。」
　　この2例はともに表1で挙げた「主題の名詞が述語化できる表現」に属すものである。主題に既に述語の意味が表わされているため、これらの表現には何らかの情報が欠落されているという感じはない。テストでは、これらの文が省略表現であると回答した人の数が、それぞれ7人、13人と少ないが、それはこうした理由によるものではないかと考えられる。
6) 李（2002b）では、広告主側に立った事柄の捉え方を「広告主視点」、消費者側に立った事柄の捉え方を「消費者視点」、対象物に立った事柄の捉え方を「対象物視点」と呼んだ。
7) 一つの広告で、消費者に自分を広告の主人公の立場に置き換えやすくするため、視点を限定しないのも一つの手段として用いられる。例えばQ12の場合に、消費者は広告を見て、自分が海外旅行に行く場面を頭に浮かべ、自分も広告の女性と同様に身軽に空港へ向かうことができると思う。この時点で、消費者が商品やサービスを購入する行動へ一歩近付くことになると考えられる。

［参考文献］

亀井昭宏監修 1998.『新広告用語事典』株式会社電通
小林貞夫 1991.『新しい広告効果測定：理論の変遷と14社の実例』日経広告研究所
杉村泰 1999.「認知イメージに基づく格助詞の指導」『日本語学習者の作文コーパス：電子化による共有資源化』平成8年度～10年度科学研究費補助金（基礎研究（A）(1)）研究成果報告書（研究課題番号　08558020）研究代表者　大曾美恵子　p.103-p.118
　　URL：http://www.lang.nagoya-u.ac.jp/~sugimura/paper/11.html
―――― 2002.「格助詞で終わる文について―「～を/が～に」構文と「～に～を」構文―」『ことばの科学』第15号　名古屋大学言語文化研究会　p.235-p.250
中村明 1993.「省略の文体論―表現におけるジャンル意識をめぐって―」『日本語学』Vol.12　No.10　明治書院
李欣怡 2002a.『美しい国へ。―格助詞で終わる広告ヘッドラインの一考察』平成

12年度名古屋大学大学院修士学位論文
――― 2002b.「格助詞で終わる広告ヘッドラインに隠されたもの ―文の「述べ方」という視点から―」『ことばの科学』第15号　名古屋大学言語文化研究会 p.5-p.22

中古の日記,随筆における文補語標識「こと」の使用について

渡邊　ゆかり

0. はじめに

　現代語における文補語標識[1]「こと」,「の」は,次の(1)のようにいずれも選択可能な場合と,(2),(3)のようにいずれか一方の選択のみ可能な場合とがある。

　　(1) 太郎は,次郎が新しいゲームソフトを買った　ノ／コト　を知っている。
　　(2) 太郎は,魚が泳いでいる　ノ／＊コト　を見ていた。
　　(3) 花子は,水を自由作文の題材にする　＊ノ／コト　を思いついた。

　このような現代語における文補語標識「こと」,「の」の使い分けについては多くの先行研究が存在するが,いずれも共時的観点に基づいて行われており,通時的観点に基づいて行われたものは存在しない。

　しかしながら,現代語における文補語標識としての「こと」,「の」の使い分けの原理は,これらの用法の通時的変遷と深く結びついている。

　従って,本稿においては,現代語における文補語標識の「こと」,「の」の使い分けを通時的に説明するための糸口として,文補語標識の「の」の使用がまだ認められていない中古に遡り,中古語において文補語標識の「こと」がどのように使用されていたのかについて考察を行う[2]。

1. コト止め文補語をとる述語文の意味特徴

1.1 調査方法

　本研究においては,中古において文補語標識として使用された「こと」の使用状況を調査,分析するに際し,以下の日記,随筆から「コト止め主格文補語をとる述語文」,「連体止め主格文補語をとる述語文」,「コト止め対格文補語をとる述語文」,「連体止め対格文補語をとる述語文」の表現例を

収集した[3]。

「枕草子」『日本古典文学大系』19 巻　岩波書店
「紫式部日記」『日本古典文学大系』19 巻　岩波書店
「土左日記」『日本古典文学大系』20 巻　岩波書店
「かげろふ日記」『日本古典文学大系』20 巻　岩波書店
「和泉式部日記」『日本古典文学大系』20 巻　岩波書店
「更級日記」『日本古典文学大系』20 巻　岩波書店

以下，各作品名を（枕），（紫），（土），（蜻），（和），（更）と略称することとする。これらの作品から収集されたコト止め文補語，連体止め文補語をとる述語のうち，使用総数が 5 以上のものは，意味的な特徴により以下の①から⑦に分類することができる。

①存在（存在，不存在）述語
②存在様相（程度，頻度，困難，不可能）述語
③非存在化述語
④発話行為述語
⑤心情述語
⑥知覚述語
⑦認識述語

なお，本稿においては，次の (4) のような，原因に焦点が置かれている分裂文的表現は，考察対象から除外した。

　　(4)　人あまたもなうていでたちたるも, わがこゝろのをこたりにはあれど，（蜻上，初瀬へ旅立つ：p.164, 1.4)

調査の結果，中古語における文補語標識「こと」の使用には，現代語と同様，述語と文補語の意味特徴が大きく関与していることが明らかとなった。

次の 1.2 では，まずコト止め主格文補語をとる述語文の意味特徴を，連体止め主格文補語をとる述語文と比較しながら見ていくこととする。

1.2.　コト止め主格文補語をとる述語文の意味特徴

1.1で示した作品から収集されたコト止め主格文補語をとる述語のうち，使用総数が 5 以上のものと各々の述語の使用総数は，以下の表1の通りである。なお，述語の左に記された数字は，その述語が 1.1 で示した①から

⑦までのいずれのタイプに分類されるかを示している。

表1 コト止め主格文補語をとる述語とその総数

コト止め主格文補語をとる述語（総数5以上）	総数
① あり類（あり；ありげなり；さぶらふ；はべり）（蜻20 枕3 和5 紫2 更2）	32
① なし類（なし；なげなり）（土1 蜻10 枕3 和5 紫3 更1）	23
② かぎりなし（土1 蜻6 枕1 和1 紫2 更4）	15
② かたし（土1 蜻9 紫3）	13
③ たゆ（土1 蜻6）	7
② しげし（蜻5）	5

表1より，コト止め主格文補語をとる述語で使用総数が5以上のものは，①類の存在述語，②類の存在様相述語，③類の非存在化述語のいずれかに分類される自動詞，形容詞，形容動詞といった非他動性述語であることがわかる。いずれも文補語が表す事象の存在性に関する情報を表している。各々の具体例は以下の(5)-(10)の通りである。なお，出典の後に記されている頁数と行数は，『日本古典文学大系』のものを示し，下線は稿者による。

 (5) 文などかよふことありければ，（蜻上，まこもぐさ：p.119, 1.16）
 (6) 物のおぼえはるくることなく，（蜻中，はらからのおとづれ：p.226, 1.16）
 (7) あさましうめづらかなること，かぎりなし。（蜻上，妬たき産屋：p.124, 1.6）
 (8) ふねののぼることいとかたし。（土：p.53, 1.6）
 (9) なかゝこともたえねども（蜻上，二階なるふみ：p.129, 1.16）
 (10) いまさらになにせんにかとおもふことしげければ，（蜻下，臨時の祭の舞人：p.322, 1.15）

一方，連体止め主格文補語をとる述語で，使用総数が5以上のものと各々の使用総数は，以下の表2の通りである。

表2 連体止め主格文補語をとる述語とその総数

連体止め主格文補語をとる述語（総数5以上）	総数
⑤ をかし類（をかし；おかし；をかしきものなり；をかしげなり）（蜻7 枕209 和4 更2）	222
⑤ めでたし類（めでたし；めでたきことなり）（枕45 紫2）	47
⑤ 心的内容副詞的連用句＋おぼゆ（蜻6 枕29 和4 紫1 更4）	44

⑥ 心的内容副詞的連用句＋みゆ（蜻 2 枕 30 和 2 紫 5 更 4）	43
⑤ にくし（蜻 1 枕 31）	32
⑤ あはれなり（蜻 2 枕 22 更 6）	30
⑤ よし（蜻 2 枕 21）	23
⑤ うれし類（うれし；うれしかりしものかな；うれしきことなり；うれしきわざなり）（枕 17 紫 1 更 1）	19
⑤ わびし類（わびし；わびしげなり；ものわびし）（蜻 4 枕 14 和 1）	19
⑤ こころ-□類（こころあくがる；こころうし；こころおとりす；こころことなり；こころすごし；こころづきなし；こころときめく；こころにくし；こころはづかしげなり；こころもとなし）（蜻1枕16更1）	18
⑤ くちをし類（くちをし；くちをしきおぼえなり）（枕 16）	16
⑤ いみじ（蜻 3 枕 8 和 1 更 2）	14
⑤ ねたし類（ねたし；ねたげなり；ねたげなるこころばへなり）（枕 12 和 2）	14
⑤ かなし類（かなし；ものがなし）（土 1 蜻 6 枕 1 更 4）	12
⑤ わろし（枕 11 紫 1）	12
⑤ あやし類（あやし；あやしきことなり）（蜻 3 枕 7 紫 1）	11
⑤ いとほし（蜻 1 枕 9 紫 1）	11
⑤ ことはりなり類（ことはりなり；ことわりなり）（蜻 1 枕 7 紫 2）	10
⑥ 心的内容副詞的連用句＋きこゆ（蜻 2 枕 2 和 2 紫 1）	7
⑤ 連体句＋ここちす（枕 3 和 1 紫 3）	7
⑤ あさまし類（あさまし；あさましきわざなり）（蜻 1 枕 5 和 1）	7
⑤ うつくし（枕 7）	7
⑤ うらやまし（枕 7）	7
⑤ かたはらいたし類（かたはらいたし；かたはらなり）（枕 3 和 2 紫 2）	7
⑤ くるし類（くるし；くるしげなり）（蜻 2 枕 4 和 1）	7
⑤ みぐるし（枕 5 紫 1 更 1）	7
⑤ すさまじ（枕 6）	6
⑤ たのもし類（たのもし；たのもしげなり）（枕 6）	6
⑤ はづかし類（はづかし；はづかしきわざなり）（蜻 1 枕 4 和 1）	6
⑤ めづらし類（めづらし；めづらしきことなり）（枕 6）	6
⑤ おそろし（枕 4 更 1）	5
⑤ かしこし（蜻 1 枕 2 紫 2）	5
⑥ きこゆ（蜻 1 枕 2 紫 2）	5
⑥ みゆ（土 1 蜻 1 枕 2 更 1）	5

　表2より，連体止め主格文補語をとる述語で使用総数が5以上のものは，⑤類の心情述語，⑥類の知覚述語のいずれかに分類される自動詞，形容詞，

形容動詞といった非他動性述語であることがわかる[4]。各々の具体例は以下の通りである。

(11) 雨など降るも<u>をかし</u>。(枕, 一：p.43, l.10)

(12) うちゑみ給へるぞ<u>めでたき</u>。(枕, 三五：p.80, l.10)

(13) 汁にあへしらひて, ゆをしきりて, うちかざしたるぞ, <u>いとおかしうおぼえたる</u>。(蜻中, さくなだに：p.203, l.14)

(14) 馬のあがりさわぐなどもいと<u>おそろしう見ゆれば</u>, (枕, 三：p.45, l.3)

(15) 羽風さへその身のほどにあるこそいと<u>にくけれ</u>。(枕, 二八：p.70, l.15)

(16) みつよつ, ふたつみつなどとびいそぐさへ<u>あはれなり</u>。(枕, 一：p.43, l.12)

(17) 得たるはいと<u>よし</u>, (枕, 三：p.46, l.8)

(18) おもふ人の人にほめらるるは, いみじう<u>うれしき</u> (枕, 一三六：p.191, l.3)

(19) みる人, あやしげに思ひて, さゝめきさはぐぞいと<u>わびしき</u>。(蜻中, 石山詣で：p.200, l.14)

(20) 奥に碁石の笥に入るる音あまたたび聞ゆる, いと<u>心にくし</u>。(枕, 二〇一：p.245, l.6)

(21) また, 月のさし入りたるも<u>くちをし</u>。(枕, 四五：p.93, l.10)

(22) 物をまいれば, いといたく痩せ給をみるなん, いと<u>いみじき</u>。(蜻中, 不淨なるほど：p.225, l.16)

(23) 殿上人, 地下なるも, 陣にたちそひて見るも, いと<u>ねたし</u>。(枕, 八：p.49, l.3)

(24) 額をつきし藥師佛のたち給へるを, 見すてたてまつる<u>悲しくて</u>, (更, かどで：p.480, l.3)

(25) なほこの事, かちまけなくてやませ給はん, いと<u>わろし</u>とて, (枕, 二三：p.62, l.15)

(26) 遣戸をあらくたてあくるもいと<u>あやし</u>。(枕, 二八：p.70, l.11)

(27) あさましうこざりけるが<u>いとほしきこと</u> (蜻下, 隣りの火の事：p.275, l.9)

(28) 御こゑなどかはらせたまふなるは, いと<u>ことはりにはあれど</u>,

(蜻中, 若き兵衞佐：p.236, 1.4)
(29) れいのかみごゑふりいだしたるも, <u>いとおかしうきこえたり</u>。
(蜻中, 唐崎の祓へ：p.193, 1.9)
(30) この濡れたるあぶるこそ, <u>思ふやうなる心地すれ</u>（紫：p.461, 1.1）
(31) おもへば, かうながらこえつゝ, 今日になりにけるも, <u>あさましう</u>。（蜻下, はだら雪：p.327, 1.8）
(32) ちごは, あやしき弓, しもとだちたる物などささげて遊びたる, <u>いとうつくし</u>。（枕, 五九：p.101, 1.11）
(33) うちわらひ, ものなどいひ, 思ふ事なげにてあゆみありく人みるこそ, <u>いみじうらやましけれ</u>。（枕, 一五八：p.210, 1.9）
(34) 人のほめなどしたる由いふも, <u>かたはらいたし</u>。（枕, 九六：p.147, 1.8）
(35) たゞ涙もろなるこそ, <u>いとくるしかりけれ</u>。（蜻中, 不淨なるほど：p.225, 1.4）
(36) かたちよき君たちの, 彈正の弼にておはする, いと<u>見ぐるし</u>。（枕, 四五：p.94, 1.4）
(37) また家のうちなる男君の來ずなりぬる, いと<u>すさまじ</u>。（枕, 二五：p.65, 1.10）
(38) いかなる世にか,「紅葉せん世や」といひたるも<u>たのもし</u>。（枕, 四〇：p.89, 1.8）
(39) 人しもこそあれ, われしもまだしといはんもいと<u>はづかしけれ</u>ば,（蜻下, ほととぎす：p.280, 1.10）
(40) こきもみぢのつやめきて, 思ひもかけぬ靑葉の中よりさし出でたる, <u>めづらし</u>。（枕, 四〇：p.87, 1.10）
(41) いとど奥のかたより, もののひしめき鳴るもいと<u>おそろしくて</u>,（枕, 一二五：p.181, 1.4）
(42) 葉守の神のいますらんも<u>かしこし</u>。（枕, 四〇：p.89, 1.9）
(43)「御車とくさしいれよ」などのゝしるも<u>きこゆる</u>。（蜻中, あまがへる：p.252, 1.7）
(44) 夕暮れは火の燃え立（つ）も<u>見ゆ</u>。（更, 足柄山：p.486, 1.16）

次に, コト止め主格文補語をとる場合と連体止め主格文補語をとる場合の両方を合わせた使用総数が5以上になる述語について, コト止め文補語と

連体止め文補語の出現比率を調べてみた。結果は以下の表3の通りである。

表3 コト止め主格文補語と連体止め主格文補語の出現比率

主格文補語をとる述語（総数5以上）	総数	コト止め文補語数	比率	連体止め文補語数	比率
③ たゆ	7	7(土1 蜻6)	100%	0	0%
② しげし	5	5(蜻5)	100%	0	0%
① あり類（あり；ありげなり；さぶらふ；はべり）	33	32(蜻20 枕3 和5 紫2 更2)	97%	1(枕1)	3%
① なし類（なし；なげなり）	24	23(土1 蜻10 枕3 和5 紫3 更1)	96%	1(枕1)	4%
② かぎりなし	16	15(土1 蜻6 枕1 和1 紫2 更4)	94%	1(枕1)	6%
② かたし	15	13(土1 蜻9 紫3)	87%	2(枕1 更1)	13%
⑤ すさまじ	7	1(枕1)	14%	6(枕6)	86%
⑤ かなし類（かなし；ものがなし）	13	1(更1)	8%	12(土1 蜻6 枕1 更4)	92%
⑤ くちをし類（くちをし；くちをしきおぼえなり）	17	1(枕1)	6%	16(枕16)	94%
⑤ 心的内容副詞の連用句＋おぼゆ	46	2(和1 更1)	4%	44(蜻6 枕29 和4 紫1 更4)	96%
⑤ あはれなり	31	1(更1)	3%	30(蜻2 枕22 更6)	97%
⑤ をかし類（をかし；おかし；をかしきものなり；をかしげなり）	222	0	0%	222(蜻7 枕209 和4 更2)	100%
⑤ めでたし類（めでたし；めでたきことなり）	47	0	0%	47(枕45 紫2)	100%
⑥ 心的内容副詞的連用句＋みゆ	43	0	0%	43(蜻2 枕30 和2 紫5 更4)	100%
⑤ にくし	32	0	0%	32(蜻1 枕31)	100%
⑤ よし	23	0	0%	23(蜻2 枕21)	100%
⑤ うれし類（うれし；うれしかりしものかな；うれしきことなり；うれしきわざなり）	19	0	0%	19(枕17 紫1 更1)	100%
⑤ わびし類（わびし；わびしげなり；ものわびし）	19	0	0%	19(蜻4 枕14 和1)	100%

語	数		%		%
⑤ こころ-□類（こころあくがる；こころうし；こころおとりす；こころことなり；こころすごし；こころづきなし；こころときめく；こころにくし；こころはづかしげなり；こころもとなし）	18	0	0%	18(蜻1 枕16 更1)	100%
⑤ いみじ	14	0	0%	14(蜻3 枕8 和1 更2)	100%
⑤ ねたし類（ねたし；ねたげなり；ねたげなるこころばへなり）	14	0	0%	14(枕12 和2)	100%
⑤ わろし	12	0	0%	12(枕11 紫1)	100%
⑤ あやし類（あやし；あやしきことなり）	11	0	0%	11(蜻3 枕7 紫1)	100%
⑤ いとほし	11	0	0%	11(蜻1 枕9 紫1)	100%
⑤ ことはりなり類（ことはりなり；ことわりなり）	10	0	0%	10(蜻1 枕7 紫2)	100%
⑥ 心的内容副詞的連用句＋きこゆ	7	0	0%	7(蜻2 枕2 和2 紫1)	100%
⑤ 連体句＋ここちす	7	0	0%	7(枕3 和1 紫3)	100%
⑤ あさまし類(あさまし；あさましきわざなり)	7	0	0%	7(蜻1 枕5 和1)	100%
⑤ うつくし	7	0	0%	7 (枕7)	100%
⑤ うらやまし	7	0	0%	7 (枕7)	100%
⑤ くるし類（くるし；くるしげなり）	7	0	0%	7(蜻2 枕4 和1)	100%
⑤ かたはらいたし類（かたはらいたし；かたはらなり）	7	0	0%	7(枕3 和2 紫2)	100%
⑤ みぐるし	7	0	0%	7(枕5 紫1 更1)	100%
⑤ たのもし類(たのもし；たのもしげなり)	6	0	0%	6 (枕6)	100%
⑤ はづかし類(はづかし；					

	はづかしきわざなり)	6	0	0%	6 (蜻 1 枕 4 和 1)	100%
⑤	めづらし類(めづらし; めづらしきことなり)	6	0	0%	6 (枕 6)	100%
⑤	おそろし	5	0	0%	5 (枕 4 更 1)	100%
⑤	かしこし	5	0	0%	5 (蜻 1 枕 2 紫 2)	100%
⑥	きこゆ	5	0	0%	5 (蜻 1 枕 2 紫 2)	100%
⑥	みゆ	5	0	0%	5 (土 1 蜻 1 枕 2 更 1)	100%

　まず，表3より，①類の存在述語，②類の存在様相述語，③類の非存在化述語は，コト止め文補語をとる比率が極めて高いことがわかる。これらのうち①類，②類の述語においては，数例ではあるが，次の (45)-(49) のような連体止め文補語をとる表現例も存在した。

(45) わがしる人にてある人の，はやう見し女のことほめいひ出でなどするも，程へたることなれど，なほにくし。まして，さしあたりたらんこそおもひやらるれ。されど，なかなかさしもあらぬなどもありかし。(枕，二八：p.71, 1.11)

(46) かばかり年ごろになりぬる得意の，うとくてやむはなし。(枕，一三五：p.188, 1.15)

(47) 義懐の中納言の御さま，つねよりもまさりておはするぞかぎりなきや。(枕，三五：p.78, 1.3)

(48) おなじ所に住む人の，かたみに恥ぢかはし，いささかのひまなく用意したりと思ふが，つひに見えぬこそ難けれ。(枕，七五：p.110, 1.3)

(49) ひじりなどすら，前の世のこと夢に見るは，いとかたかなるを，(更，宮仕へ：p.512, 1.6)

　しかし，「あり」が用いられている (45) については，「なかなかさしもあらぬ」は，連体止め文補語ではなく，先行する文に現れる「女」を表す被修飾名詞が省略された内の関係の連体修飾句と見ることもできる。

　また，「なし」が用いられている (46) は，頭中将がなかなか距離の縮まらない自分と清少納言との関係を憂いて発した言葉であり，(46) の「なし」は，コト止め文補語をとる場合とは異なり「つれない」，「あんまりだ」といった心情を表していると見ることもできる。また，(46) の「〜うとくてやむ」は，その後にくる「者」という被修飾名詞が省略された内の関係

の連体修飾句と見ることもできる。
　さらに，(47) の「かぎりなし」も「素晴らしい」，「最高だ」といった心情を表していると見ることが可能であるし，(47) の「かぎりなし」の前に現れる「ぞ」は，文中に現れる係助詞としてではなく，文末に現れる係助詞として見ることも可能である。
　またさらに，(48), (49) の「かたし」についても，「珍しい」といったやや心情述語的な使われ方をしていると見ることができるし，(48) の「〜つひに見えぬ」，(49) の「〜前の世のこと夢に見る」は，その後にくる「者」という被修飾名詞が省略された内の関係の連体修飾句と見ることもできる。
　使用総数が4以下の①類，②類，③類の述語についてはどうであるかも調べてみたところ，使用総数4以下では，②類の程度述語，頻度述語と③類の非存在化述語が存在し，いずれも連体止め文補語ではなく，コト止め文補語をとっていた。述語の具体例は以下の通りである。
　②類の程度述語[5]
　いみじ，いはんかたなし，おほし，かずなし，たぐひなし，ふたつなし，ものこし，ものににず，わりなし
　②類の頻度述語
　たびたびなり，たまさかなり，ひまなし
　③類の非存在化述語
　つく，たえはつ，はつ，やむ
　この他，以下の (50) のような存在化述語や (51)-(53) のような文補語が表す事象が存在化するまでの期間を表す述語も「こと」をとっていた。
　　(50) 御膳まゐるとて髪あぐることをぞするを，(紫：p.456, 1.5)
　　(51) 入らせ給ふべきことも近うなりぬれど，(紫：p.472, 1.10)
　　(52) 琵琶の聲やんで物語せんとすること遅し (枕，八一：p.114, 1.13)
　　(53) うちにも入らせ給（ふ）事いとま遠也。(和：p.444, 1.11)
　従って，これらのことを考慮すると，中古語においては，文補語が表す事象の存在性に関する情報を表す述語は，コト止め文補語をとる傾向にあるということができる。
　次に表3より，⑤類の心情述語，⑥類の知覚述語については，①類，②類，③類の述語とは逆に，連体止め主格文補語の出現比率が極めて高いということがわかる。このうち⑤類の心情述語については，数例ではあるが，

次の (54)-(58) のようなコト止め文補語をとる表現例も存在した。
- (54) こゝをたちなむこともあはれに悲しきに，(更，かどで：p.480, l.7)
- (55) ふるめかしき心なればにや，聞えたえん事のいとあはれにおぼえて。(和：p.424, l.8)
- (56) おさなき心地には，ましてこのやどりを立たむことさへ飽かずおぼゆ。(更，足柄山：p.486, l.4)
- (57) このたびは，またもあるまじければにや，いみじうこそ果てなんことはくちをしけれ。(枕，一四二：p.197, l.15)
- (58) 人目も知らず走られつるを，奥行かんことこそ，いとすさまじけれ (枕，九九：p.152, l.3)

これらに共通する特徴は，いずれも補文末に推量・意志の助動詞「む(ん)」が現れていることと，文補語の表す事象が述語の表す心情発生時において将来における実現が予想される事象を表していることである。

使用総数が4以下の⑤類の述語でコト止め主格文補語をとる表現例についても調べてみたところ，次の (59)-(63) のような表現例が存在した。
- (59) ひさしくしならば，かくだにものせざらんことの，いとむねいたかるべればなむ。(蜻中，遺書をしたたむ：p.179, l.1)
- (60) ものいふこともものの憂く侍る。(紫：p.498, l.4)
- (61) 「そこにて猶三日，候給こと，いとびんなし」(蜻上：椿市の泊りp.166, l.1)
- (62) かく参り來ることびむあしと思（ふ）(和：p.408, l.11)
- (63) まつほどのきのふすぎにし花の枝はけふをることぞかひなかりける (蜻上，桃の花のせち：p.118, l.12)

(59) は，補文末に推量・意志の助動詞「む(ん)」が現れており，文補語は，述語が表す心情発生時において将来における実現が予想される事象を表している。また，(60)-(63) については，補文末に「む(ん)」は現れてはいないが，文補語は述語の表す心情発生時において将来における実現が予想される事象を表している。

従って，ここまでの考察より，ひとまず⑤類の心情述語がとるコト止め主格文補語に共通する意味特徴として「文補語が述語の表す心情発生時において将来における実現が予想される事象を表している」という特徴を取り出すことができる。

次に，このような文補語の意味特徴が，果たして「こと」の選択を余儀なくするものであるのか否かを調べるために，連体止め主格文補語に，このような意味特徴をもつものが存在するか否かを調べてみた。

その結果，(54)-(63)と同様，文補語が述語の表す心情発生時において未実現の事象を表す(39)や次の(64)，(65)のような表現例が存在した。

(64) さもあらんのちには，えほめたてまつらざらむが，くちをしきなり。(枕，一三五：p.189, l.2)

(65) ことばにて聞えさせんもかたはらいたくて，(和：p.400, l.1)

しかしながら，このような表現例における文補語は，述語の表す心情発生時において将来における実現が予想される事象ではなく，述語の表す心情が発生する直前に将来における実現が仮定された事象を表していた。

従って，以上の考察より，中古語においては，主格文補語をとる⑤類の心情述語は，文補語が述語の表す心情発生時において将来における実現が予想される事象を表す場合に，コト止め文補語をとる傾向にあるということができる。

なお，本稿の調査領域は，中古における日記，随筆であるが，参考までに東辻(1997)の第1部「構文着目による『もの』『こと』の語彙史的考察」第1章「『もの』構文『こと』構文と精神作用語彙―源氏物語の場合」第6節「『こと』の被修飾事例について」で挙げられている表現例でコト止め主格文補語が用いられているものについても調べてみた。

その結果，文補語が先のような意味特徴を有しているもの以外に以下の(66)，(67)のような表現例が存在した。

(66) たゞ，おぼえぬ人に，うち解けたりし有様を見えし事ばかりこそ，口惜しけれ。(源氏物語，夕霧『日本古典文学大系』第17巻：p.126, l.6)

(67) 折節の心ばへの，かやうに愛敬なく，用意なき事こそ，にくけれ。
(源氏物語，東屋『日本古典文学大系』第18巻：p.146, l.4)

(66)の文補語は，述語が表す心情発生時よりも距離をおいた過去に実現した事象を表しており，(67)の文補語は，時間的な幅のある反復的事象を表している。このような意味特徴をもつコト止め文補語の表現例は，本稿の調査領域の日記，随筆中には存在しなかった。しかしながら，述語が表す心情発生時よりも距離をおいた過去に実現した事象を表す連体止め文補

語の表現例は存在した。次の（68），（69）はこれにあたる。

(68) そのたびの御返しを，知らずなりにしこそ<u>くちをしけれ。</u>（枕，八七：p.132，l.10）

(69) 頭の中将齊信の君の，「月秋と期して身いづくか」といふことをうちいだし給へりし，はたいみじう<u>めでたし。</u>（枕，一三五：p.188，l.6）

以上のことからいえることは，心情述語は，文補語が述語の表す心情発生時よりも距離をおいた過去に実現した事象を表している場合や，時間的な幅のある反復的事象を表す場合にも，コト止め文補語をとることがあるということである。

しかしながら，今回の調査では，文補語がこのような意味特徴をもつ場合のコト止め文補語と連体止め文補語の使い分けについては明らかにすることはできなかった。このような場合の両者の使い分けには文体的な差異が関与している可能性も存在する。この問題は，今後，調査領域を広げさらなる考察を行うこととする。

1.3. コト止め対格文補語をとる述語文の意味特徴

先の 1.2 では，コト止め主格文補語をとる述語文の意味特徴について見てきたが，ここでは，コト止め対格文補語をとる述語文の意味特徴を，連体止め対格文補語をとる述語文と比較しながら見ていく。

1.1で示した作品から収集されたコト止め対格文補語をとる述語のうち，使用総数が 5 以上のものは，以下の表4に示すように④類の発話行為述語の「いふ類」のみであり，使用総数は，11 であった。

表4　コト止め対格文補語をとる述語とその総数

コト止め対格文補語をとる述語（総数 5 以上）	総数
④ いふ類（いふ；いひいづ；かたらふ；かたる；のたまふ）（土1 蜻3 枕5 紫1 和1）	11

具体例は，次の（70），（71）の通りである。

(70) なほかかる有様のうきことを<u>語らひつつ，</u>（紫：p.476，l.5）

(71) わがおもてをおこしつること，上達部どものみな泣きらうたがりつることなど，かへすがえすもなくなく<u>かたらる。</u>（蜻中，内の賭弓：p.188，l.9）

一方，連体止め対格文補語をとる述語で使用総数が5以上のものと各々の使用総数は，以下の表5の通りである。

表5 連体止め対格文補語をとる述語とその総数

連体止め対格文補語をとる述語（総数5以上）	総数
⑥ みる類（みる；うちまもる；ごらんず；ながむ；のぞく；みあぐる；みいだす；みいる；みつける；みならう；みやる；みわたす；みをくる；めをとどむ）（土7 蜻32 枕33 和6 紫6 更20）	104
⑥ きく類（きく；ききあつむ；ききいづ；ききつける；ききはさむ；ききもつ；つたえきく；ほのきく；みみにとまる）（土3 蜻31 枕41 和2 紫2 更7）	86
⑤ 心的内容副詞的連用句＋おもふ類（おもふ；おもひやる；おぼしいづ；おぼす）（土1 蜻12 枕6 和9 紫3 更5）	36
⑦ しる（土1 蜻1 枕14 紫1 更2）	19
⑤ わらふ（枕14 紫2）	16
⑤ □-がる類（あはれがる；いとほしがる；うつくしがる；ねたがる；めづらしがる；ゆゆしがる）（枕7 更2）	9
⑥ 心的内容副詞的連用句＋きく類（きく；ききいる；ききいれる）（蜻3 枕4 更2）	9
⑥ 心的内容副詞的連用句＋みる類（みる；ごらんず；ながむ；みかわす）（蜻1 枕2 和2 紫1）	6

表5より，連体止め対格文補語をとる述語は，⑤類の心情述語，⑥類の知覚述語，⑦類の認識述語のいずれかに分類される他動詞述語であることがわかる。各々の具体例は以下の通りである。

(72) このやなぎのかげの，かはのそこにうつれるをみてよめるうた，（土：p.56, 1.6）

(73) かくうたふをきゝつゝこぎくるに，（土：p.43, 1.10）

(74) 「梨花一枝，春，雨を帶びたり」などいひたるは，おぼろげならじとおもふに，（枕，三七：p.84, 1.7）

(75) あしひきのやまさへゆくをまつはしらずや（土：p.44, 1.9）

(76) 上の御前，宮の御前出でさせ給へば，おきもあへずまどふを，いみじくわらはせ給ふ。（枕，四九：p.97, 1.12）

(77) 御厨子所の御膳棚に沓おきて，いひののしらるるを，いとほしがりて，（枕，五六：p.100, 1.14）

(78) たゞ水のこゑのいとはげしきをぞ，さななりときく。（蜻中，御

中古の日記，随筆における文補語標識「こと」の使用について　695

　　　堂の一夜：p.246, l.13）
　（79）年ごろ宮のすさまじげにて，ひとところおはしますを，さうざう
　　　しく見奉りしに，（紫：p.506, l.5）
　次に，コト止め対格文補語をとる場合と連体止め対格文補語をとる場合の両方を合わせた使用総数が5以上になる述語について，コト止め文補語と連体止め文補語の出現比率を調べてみた。結果は以下の表6の通りである。

表6　コト止め対格文補語と連体止め対格文補語の出現比率

対格文補語をとる述語 （総数5例以上）	総数	コト止め 文補語数	比率	連体止め 文補語数	比率
④ いふ類（いふ；いひいづ；いひなす；かたらふ；かたる；つぐ；のたまふ）	14	11（土1蜻3枕5和1紫1）	79%	3（蜻1枕2）	21%
⑤ おもふ類（おもひいづ；おもひかへる；おぼしいづ）	7	3（蜻2和1）	43%	4（蜻2和1更1）	57%
⑤ 心的内容副詞的連用句＋おもふ類（おもふ；おもひやる；おぼしいづ；おぼす）	38	2（和1紫1）	5%	36（土1蜻12枕6和9紫3更5）	95%
⑥ きく類（きく；ききあつむ；ききいづ；ききつける；ききはさむ；ききもつ；つたえきく；ほのきく；みみにとまる）	88	2（和1紫1）	2%	86（土3蜻31枕41和2紫2更7）	98%
⑥ みる類（みる；うちまもる；ごらんず；ながむ；のぞく；みあぐる；みいだす；みいる；みつける；みならう；みやる；みわたす；みをくる；めをとどむ）	105	1（枕1）	1%	104（土7蜻32枕33和6紫6更20）	99%
⑦ しる	19	0	0%	19（土1蜻1枕14紫1更2）	100%
⑤ わらふ	16	0	0%	16（枕14紫2）	100%
⑥ 心的内容副詞的連用句＋					

きく類（きく；ききいる；ききいれる）	9	0	0%	9（蜻3 枕4 更2）	100%
⑤ □-がる類（あはれがる；いとほしがる；うつくしがる；ねたがる；めづらしがる；ゆゆしがる）	9	0	0%	9（枕7 更2）	100%
⑥ 心的内容副詞的連用句＋みる類（みる；ごらんず；ながむ；みかわす）	6	0	0%	6（蜻1 枕2 和2 紫1）	100%

　まず，表6より④類の発話行為述語の「いふ類」は，コト止め文補語をとる比率の方が高いことがわかる。「いふ類」には，わずかではあるが次の（80）-（82）のような連体止め文補語をとる例も存在した。

　　（80）里にまかでたるに，殿上人などの来るをも，やすからずぞ人々いひなすなる。（枕，八四：p.123，1.4）

　　（81）めづらしきことありけるを，人つげにきたるも，（蜻下，繪をかく：p.285，1.4）

　　（82）「さのみあらば，さだめなくや」といひしを，またかの君に語りきこえければ，（枕，一六一：p.218，1.2）

　コト止め文補語をとる場合と連体止め文補語をとる場合を比較してみたところ，前者の文補語は発話行為によって伝達される伝達内容を表しているのに対し，後者の文補語は，伝達内容としての性格が希薄であるという相違が見られた。具体的に示すと，（80）の文補語は，伝達内容というよりは「不確実なことをあれこれ言い立てる」という意の「いひなす」という発話行為の題材を表していると見ることができる。さらに（81），（82）の文補語に接続する助詞の「を」は，順接の意味を表す接続助詞として解釈することも可能である。

　従って，このようなことを考慮すれば，発話行為を表す述語は，文補語が伝達内容を表す場合はコト止め文補語をとるが，そうでない場合は連体止め文補語をとるということができる。

　次に表6より，⑤類の心情述語については，「おもふ類」は連体止め文補語の出現比率の方がやや高く，それ以外のものは連体止め文補語の出現比率の方が極めて高いことがわかる。⑤類の述語において存在したコト止め文補語の表現例は，5例で次の（83）-（87）がこれにあたる。

(83) いまはおもなれにたることなどは、いかにもいかにもおもはぬに、(蜻下、ほととぎす：p.279, l.8)
(84) 君はさは名のたつことを思ひけり　(和：p.434, l.7)
(85) かかる世の中の光のいでおはしましたることを、かげにいつしかと思ひしも、(紫：p.455, l.9)
(86) かゝる御歩を人々もせいしきこゆるうちに、内大殿、春宮などの聞しめさんこともかろがろしうおぼしつつむほどに、(和：p.405, l.14)
(87) さてかのびゞしうもてなすとありしことをおもひて、(蜻下、暦の中きらむ：p.315, l.3)

これらのうち、(83)-(86)の文補語は、述語の表す心情発生時において将来における実現が予想される事象を表している。一方、(87)の文補語は、述語の表す心情発生時から距離をおいた過去に実現した事象を表している。

　使用総数が4以下のコト止め対格文補語をとる⑤類の述語についても調べてみたところ、文補語が述語の表す心情発生時において将来における実現が予想される事象を表している次の(88)や、文補語が述語の表す心情発生時から距離をおいた過去に実現した事象を表している(89)が存在した。

(88) 父母のかくれうせて侍るたづねて、都に住まする事をゆるさせ給へ　(枕、二四四：p.267, l.4)
(89) 雪を御覽じて、をりしもまかでたることをなむいみじくにくませ給ふ　(紫：p.475, l.4)

　次に、⑤類の述語がとる連体止め対格文補語の中に、述語の表す心情発生時において将来における実現が予想される事象を表しているものや、述語の表す心情発生時よりも距離をおいた過去に実現した事象を表しているものが存在するか否かを調べてみた。

　その結果、次の(90)-(92)のような、文補語が述語の表す心情発生時よりも距離をおいた過去に実現した事象を表しているものが存在した。

(90) 「あはれ、いかにしたまはんずらん」と、しばしば、息のしたにも、ものせられしを、思ひいづるに、(蜻上、母をさきだつ：p.141, l.16)
(91) 一日おはしましたりしに、「さはることありて聞えさせぬぞ」と

申ししを<u>おぼし出</u>でて（和：p.431, l.10）
(92) 明くればたちわかれわかれしつゝ,まかでしを,<u>思(ひ)出</u>でければ,（更,宮仕へ：p.515, l.13）

　従って,以上の考察より,対格文補語をとる⑤類の心情述語についても,1.2で見た主格文補語をとる⑤類の心情述語と同様,文補語が述語の表す心情発生時において将来における実現が予想される事象を表す場合には,コト止め文補語をとる傾向にあるということができる。また,文補語が述語の表す心情発生時よりも距離をおいた過去に実現した事象を表している場合にもコト止め文補語をとることがあるということができる。しかしながら,今回の調査では,主格文補語をとる⑤類の心情述語の時と同様,後者の場合におけるコト止め文補語と連体止め文補語の使い分けを明らかにすることはできなかった。やはり文体的な要因が関係している可能性があるが,この問題についても今後の研究課題とする。

　次に,表6より,⑥類の知覚述語については,連体止め文補語をとる比率の方が高いことがわかる。⑥類の述語のうち「きく類」,「みる類」については,数例ではあるが,次の(93)-(95)のようなコト止め文補語をとる表現例も存在した。

(93) これはまめやかにのたまはせたれば,思ひたつことさへ<u>ほのきゝつる</u>人もあべかめりつるを,（和：p.433, l.13）
(94) まことにかう讀ませ給ひなどすること,はたかのものいひの内侍は,え<u>聞かざる</u>べし,（紫：p.501, l.10）
(95) 車たつることなどをさへぞ<u>見入れ</u>,（枕,三三：p.74, l.12）

　まず,「きく類」について見ていくと,上記の(93),(94)の述語はいずれも,文補語が表す伝達内容を,聴覚器官を通して受容するという行為を表している。連体止め文補語をとる「きく類」の述語は,そのほとんどが(73)のように,文補語が表す事象を聴覚器官で知覚するという行為を表していたが,次の(96)のように文補語の表す伝達内容を,聴覚器官を通して受容する行為を表しているものも数例存在した。

(96) 猿澤の池は,釆女の身投げたるを<u>きこしめして</u>,（枕,三八：p.85, l.8）

　以上のことから,「きく類」については,述語が文補語の表す事象を聴覚器官で知覚するという行為を表す場合は連体止め文補語をとる傾向にある

が，述語が補文の表す伝達内容を，聴覚器官を通して受容するという行為を表す場合にはコト止め文補語をとることがあるということができる。しかしながら，今回の調査では，後者の場合のコト止め文補語と連体止め文補語の使い分けについては，明らかにすることはできなかった。⑤類の心情述語の場合と同様，文体的な要因が関係している可能性もあるが，この問題についても今後の研究課題とする。

　次に「みる類」について見ていくと，「みる類」の述語でコト止め文補語をとる例は，(95)の1例のみで，出現比率は1％と極めて低かった。(95)以外の連体止め文補語をとる「みる類」の述語の表現例は，104例で，いずれも，述語は文補語の表す事象を視覚器官で知覚するという行為を表しており，文補語は，述語が表す知覚行為遂行時に実現中の事象を表していた。

　コト止め文補語をとる(95)の「見入る」も，連体止め文補語をとる「みる」類の述語と同様，文補語の表す事象を視覚器官で知覚するという行為を表していると解釈することは可能である。しかしながら，(95)の「見入る」は，聖の説教を聞きに来た蔵人がだんだん説教にあきてくるという場面で用いられていることから，だれかが聴聞に訪れることを含意する「車たつる」という事象がそろそろ発生しないかと注意深くまわりを観察するという蔵人の行為を表していると解釈することもできそうである。このような解釈に基づけば，文補語は，述語の表す行為遂行時において実現が予想される事象を表していることになる。しかし，このような解釈の是非についてはさらなる調査が必要となるので，(95)は保留すると，「みる類」については，述語は文補語の表す事象を視覚器官で知覚するという行為を表しており，連体止め文補語をとる傾向にあるということができる。

　最後に，表6より，⑦類の認識述語の「しる」については，コト止め文補語をとるものが全く存在していないことがわかる。使用総数は，19であったが，内18例は「しる」が「～をしらず」，「～もしらず」という否定形で用いられており，このような表現における「を」，「も」の多くは，逆接の接続助詞ともとれるものであった。

　現代語においては「しる」はコト止め文補語をとることもあるが，中古語において「しる」がコト止め文補語をとることがあったのか否かについては，今後さらに調査領域を広げ考察する必要があるであろう。

2. まとめと今後の課題

以上，本稿では，中古の日記，随筆における文補語標識「こと」の使用について考察した。その結果，文補語の表す事象の存在性に関する情報を表す述語，発話行為述語，心情述語，知覚述語においてコト止め文補語をとる例が認められた。各々の述語がコト止め文補語をとる場合の意味的条件は以下の通りである。

- 文補語が表す事象の存在性に関する情報を表す述語は，コト止め文補語をとる傾向にある。
- 発話行為述語は，文補語が伝達内容を表している場合にのみ，コト止め文補語をとる。
- 心情述語は，文補語が主格か対格かにかかわらず，文補語が述語の表す心情発生時において将来における実現が予想される事象を表す場合には，コト止め文補語をとる傾向にある。また，文補語が述語の表す心情発生時よりも距離をおいた過去に実現した事象を表す場合や，時間的な幅のある反復的事象を表す場合にもコト止め文補語をとることがある。
- 知覚述語の「きく類」の述語は，述語が文補語の表す伝達内容を，聴覚器官を通して受容するという行為を表す場合にはコト止め文補語をとることがある。

今回の調査で明らかにすることができなかったことは，1.2, 1.3の各節で言及した。これらの問題については，今後調査領域を広げ考察を行うこととする。また中世以降文補語標識としての「こと」の使用がどのように変化していくのかについても，今後の研究課題とする。

注
1) ここで文補語標識と呼ぶものは，現代語において補文標識と呼ばれているもののうち，補語を形成するものに相当する。
2) 文補語標識としての「こと」の使用はすでに上古から認められるが，文補語標識としての「の」は，吉川（1950：p.30）によれば，江戸時代初頭から使用されるようになったということである。
3) 本稿においては，補文に「こと」が接続した形の補語をコト止め文補語と呼び，連体形で終わる補文のあとに体言的な形式が接続しない形の補語を連体止

め文補語と呼ぶ。なお，これらの表現例の収集に際しては，文部科学省大学共同利用機関国文学研究資料館がインターネット上で試験的に公開している日本古典文学作品データベース（要登録）を部分的に使用した。
4) 知覚自動詞や心情自動詞がとる，知覚，心情の対象を表す格については，これを所動主格，客観的主格とする立場（北原1984：p.83-p.88)，対象語格とする立場（時枝1950：p.277-p.280)，目的格とする立場（久野1973：p.48-p.57)がある。本稿においては，北原の立場にたちこのような格を主格として扱った。
5) ②類の「いみじ」は，(22)のような⑤類の心情述語としての使用されている「いみじ」とは異なるものである。(22)の「いみじ」は，「つらい」といった心情を表しているが，②類の「いみじ」は次の (i) のように文補語の表す事象の程度を表している。
　　　(i) よろづの人の親これを聞きてよろこぶ事いみじかりけり。(枕，二四四：p.267, l.6)

[参考文献]
北原保雄 1984.『日本語文法の焦点』教育出版　p.83-p.88
久野暲 1973.『日本文法研究』大修館書店　p.48-p.57
時枝誠記 1950.『日本文法口語篇』岩波書店　p.277-p.280
東辻保和 1997.『もの語彙こと語彙の國語史的研究』汲古書院　p.106-p.166
吉川泰雄 1950.「形式名詞『の』の成立」『日本文學教室』3 蒼明社　p.29-p.38

关于日语和汉语中的文字和文字列

玉村　文郎

1．国字「畑」をめぐる小さな出来事

　1988年秋、大平学校の発展形態として設置されていた〈日本学研究中心〉に客員教授として赴任していた時のことである。所在地は、北京語言学院（現北京語言文化大学）から北京外国語学院（現北京外国語大学）に移っていた。北京友誼賓館の第4号楼（旧称南工字楼）に滞在中の1日本人教授に宛てた手紙が賓館内の各楼各階を経めぐって、その教授の許に届くまでに10日ほどの日数がかかってしまうということがあった。何人かの服務員が何回も"dà huǒ tián, dà huǒ tián"と大声で呼ばわっているのを耳にした人たちも、少しも気にとめなかった。ある日、親しくなっていた1人の服務員がわたしに「这位，你不知道吗？」と話しかけてきて、1通の航空便を示した。東京発信の封書の表には「大火田康四郎先生」と宛名が記されていた。「他住在六楼」と答えて「4614号房間」とわたしは部屋番号を告げた。

　手書きの「大畑」姓が「大火田」と3字に誤読されていたのである。差出人は大畑先生のゼミの学生であった。

　そのあと同楼4階の部屋に戻ったわたしは、すぐ『新華字典』を開いて「畑」字の掲載の有無を調べた。「畑」は掲載されていて"tián ㄊㄧㄢˊ（外）日本人姓名用字."と記されていた。しかし賓館の服務員はこの「畑」という字を知らなかったのである。実は「畑」は日本人名として『毛泽东选集』に登場するために『新華字典』に掲出されているが、一般の中国人には全くなじみのない漢字なのである。ちなみに、1973年刊の『现代汉语词典（试用本）』（商務印書館）にも「畑」は掲出されていない。

2．漢字の国

　中国は漢字の国である。そして文字面では基本的には漢字だけの国である。「阿Q正传」や「卡拉ＯＫ」などのラテン文字の使用は異例中の異例で

ある。

　漢字を学んだ中国の人は、実によく記録してきた。大事件・皇帝英雄の事績・異国のことだけでなく、花のこと・夢のこと・市井の些事にいたるまで、くまなく文字にし、記録にとどめてきた。路傍の廃屋についても草原の一隅の塚についても可能な限り来歴を調べ、それを誌してきた。これは、漢字を創出し駆使してきた中国の人の、歴史を通じて変わることなきさがであろう。

　その漢字を摂取して、草体・略体を中心とした仮名文字を生み出した日本人は、漢字を正字・真字と考える態度を今もかなり根づよく保持している。しかし、漢字に平仮名・片仮名・アルファベットを加えた4種の文字をかなり自由に、換言すれば「没正書法的に」まぜ用いている現代日本語は、当然のことながら、いくつかの重要な文字・表記上の問題をかかえている。

　その1つは〈非分別書法〉であり、いま1つは文字と音（または語）との対応の不規則性である。小稿においては、前者について〈文字列〉という観点から、中国語と対比しながら若干の考察を試みる。

3. 日本語正書法に見られる漢字文の影響

　現代日本語が印欧諸語のように表音文字のみを使っているのであれば、隣国韓国がしているように自然に分かち書きへの途を歩んでいたはずである。しかし事実は現在見られるように、非分別書法を採っている。これは、文字・書記法の先進国であった中国に習ったものであることは明白である。ところが、中国は上述のごとく昔も今も漢字しか使わない国である。漢字は周知のごとく単語を表し単音節であって、漢字即語という把握が妥当であり、日本における文字と語の複雑多様な関係とは、大いなる懸隔が存するのである。このような懸隔を考えないまま日本人は、中国語と漢字との合理的関係に基づいた非分別書法をそのまま用いて今日に及んでいるわけである。したがって、日本では縦書きであっても横書きであっても、文字の連続が単純でない様相を呈することがきわめて多い。まして手書きの文献・書簡のたぐいになれば、日本語の文字列は誤記が多く、それだけにまた誤読の陥穽に満ちているわけである。しかし、中国とて、常に平明・明快な文字や文字列ばかりではない。『東歸貞女傳』という書名があって、い

ろいろ調べていくうちに、『京師貞女傳』の誤写であったという話をある研究者から聞いたことがある。

　このような誤写あるいは誤読の例は、日本にはなかなか多い。手書きではさらに多くなる。「とろろけ」が実は「とろろ汁」であったり、「お礼」が「お札」であったり、「公」が「ハム」であったりする。寺田寅彦の「粟一粒秋三界を蔵しけり」という句が、長らく「栗一粒」と記され、全集にも「栗」字のまま載っていて、訂正されたのはつい数年前のことであった。

　俳人其角の句「此木戸や錠のさゝれて冬の月」が「柴の戸や」と読まれてそのまま版行されかかったが、芭蕉が気づいて急ぎ「此木戸」に改めさせたという。墨書きの縦書きで、1字1字の大小が自由であったために生じた誤読であった。「1日中山道」という標識を見た旅行者が、しばらく考えて「旧中山道」だったかと気づいたというエピソードを読んだことがある。当人は誤読の方にも説得力があったと書いていた。

　中国の回環詩では蘇軾が秦観に送ったものが有名であるが、これも分節のしかたで複数の詩になるものである。昔、日本で行われた〈笠連判〉は、一揆の中心人物が特定されるのを避けるための円形放射状の連署で、回環詩とは趣も目的も異なるが、特殊な書記方式という点で少々類似する点がある。

4. 政治と文字列

　笠連判は深刻なケースであるが、上に挙げた多くは、生活や趣味・文学の上での例である。しかし、文字列が稀にはきわめて重大な政治的な事件と関わることがある。

　1722年、清の康熙帝が没した時の臨死の詔勅は「朕傳位十四子」と書かれていたが、隆科多（ロンホト）が康熙帝の第四子胤禛と謀って、遺詔中の「十四子」を「于四子」と改めたものとする伝説がある。（近年の史学者にはこの伝説を疑う人が多いが、史実性については一致を見ていない。）原文は「第十四子に皇位を伝える」というものであったが、「皇位を四子に伝える」と変えたものという。第十四子胤禵は賢明英毅であったと伝えられている。第四子は世宗雍正帝で、乾隆帝の父である。史実性とは別に、「十」の字を「于」に改めたこと、かつ改められたことこそ文字研究上看過できないことであると考える。原文にある数詞「十」よりも書き変えられたと

される介詞「于」の方が画数が多く、第3画に鉤（かぎ）が付いているから、「十」から「于」への変更は可能であったが、その逆は不可能であった。当時の詔勅がどのような材質に、どのような筆記具をもって記されたものかは知らないが、文字学上は変更の可否の理由に大いに興味をそそられるところである。

　日本では、1582年5月28日、明智光秀が愛宕山で行った連歌の会での句が大問題になっている。この日光秀が詠んだ「ときは今あめが下しる五月かな」を、のちに光秀を討った秀吉が知って激昂し、光秀の句に続けて句作をした紹巴を呼びつけて糺問した。光秀の本姓は土岐であったので、「とき」に「土岐」が懸けてあり、かつ「あめが下しる」に天下取りの意図がかくされていたわけである。秀吉は「あめが下しると詠んだ時に天下奪取の心が現れていた。汝は知らなかったのか」と厳しく紹巴を責めた。紹巴は「句は〈あめが下なる〉でございました」と答えた。「しからば懐紙を見る」と言って秀吉は愛宕山から懐紙を取り寄せて見ると、「あめが下しる」と書いてあった。紹巴は泪を流しつつ「ごらんください。懐紙を削って〈あめが下しる〉と書き変えた跡が残っています」と答えた。一同がいかにも書き変えられていると認めたので、秀吉は紹巴を許したという。実は、記録者江村鶴松が「あめが下しる」と記していたのを、光秀が討たれたあと、紹巴がひそかに会に同席していた西坊としめし合わせて、懐紙を削って再びもとどおりに「あめが下しる」と書いておいたのだと伝えられている。これは『常山紀談』の記述であるが、懐紙を削ってその上にもう1度字を書くということが可能なのかどうか、わたしにはわからない。何度も漉き重ねて作る上質の和紙だったら可能であるかもしれない。いずれにしても、この連歌の記録は紹巴や西坊には命に関わるゆゆしい文字列であったことは確かである。

　京都市東山区にある方広寺は秀吉が創建した寺であるが、震災でつぶれ、家康の勧めで再建され。金銅仏と大鐘も鋳造された。しかし鐘の銘文中にあった「国家安康」の1句が〈家康〉の名を分断しており、その上それを撞木で撞いて家康を愚弄するものであるとされ、それが大坂の陣の口実とされたと言われる。

　文字列は、このように日常の生活の些事から重大な政変にまで及ぶことがある。小稿では日本と中国の文字上の深いつながりと両国・両言語にお

ける文字のありようの主要点について触れるにとどまった。文字列については下記の文献を参照して頂きたい。

付. おわりに

多年中国語の研究と教育に従事され、在北京の中国日本語研修中心（通称「大平班」）の客員教授として出講もされた平井勝利教授の退休記念の論集に、この小稿をお寄せします。自身は同中心の主任教授を5年務められた佐治圭三先生と親しく、同中心の日方の委員でもありました。平井教授の多大の功績をたたえ、門下生が「桃李満天下」のたとえのごとく多く巣立って行かれたことをおよろこびし、先生のますますのご健康をお祈りいたします。

[参考文献]

玉村文郎 1991.「文字列について」『日本語学』1991年2月号

玉村文郎 1983.「『懸文字』のこと ―文字による重層的表現の考察―」『同志社国語学論集』和泉書院

玉村文郎 1985.『語彙の研究と教育（下）』第9章「語の表記」日本語教育指導参考書13 国立国語研究所

あ と が き

　この冬一番の大寒波が日本に訪れた2004年1月23日、その日は平井先生の最終講義の日でした。その日の名古屋の朝の最低気温は氷点下4度と、その冬一番の冷え込みでしたが、午前10時30分、先生の講義がはじまるころには太陽がまぶしく感じられるほどの日本晴れに変わっていました。講義室へ行くと、学生、院生、教官、事務官、それに卒業生がぎっしりで、立ち見の人たちばかりか、教室に入れない人が外にあふれていました。私はその人々をかき分け、何とか教室にもぐりこみました。

　午前10時30分、いよいよ講義が始まりました。名古屋大学に着任されて27年半、その思いを、先生一流の冗談を交えながら、ユーモアたっぷりに話され始めました。大学における言語教育とはどうあるべきか、中国語教育の不備の現状、学生を指導するとは、大学院生を研究指導するとはどういうことなのか、そしてご自身の学問研究の変遷、さらに大学行政改革への思い。そして最後に「大学の将来構想は夢を実現することであり、それは男のロマンである。しかしそれが実現できたのは自分のみの力ではなく、周囲の御協力、御支援、御指導のたまものである。」と結ばれた先生。先生のお話をお伺いし、これほどまでに大学全体を全体として把握でき、そしてこれほどまでに大学内外の大学関係者から信頼を得ている先生は、名古屋大学においてもそう多くはないであろうと思いました。

　2004年の4月に、先生は名古屋大学を去られます。しかし大学および学問研究の場から去られるわけではありません。先生が新たな教育の場で、より一層光り輝く時間を過ごされることを、私は確信しています。

　このようなスケールの大きな先生が私の学問研究の師であり、また人生の師でもあることは、私にとって大きな誇りです。さらにその恩師の退官記念論文集の編集委員長をさせていただいたことは、私の今後の人生の大きな支えでもあります。

　そして最後にこの退官記念論文集を実現させてくださった40名の論文執筆者の諸先生方に、心より感謝いたします。それとともに、この論文集の

刊行を快くお引き受けくださった株式会社白帝社の佐藤康夫社長、および昨年4月より一緒に編集作業を進めてくださった白帝社の十時真紀さんに、心より感謝の意を表します。

平成 16 年 3 月 14 日

平井勝利教授退官記念論文集編集委員会
代表　村松恵子

執筆者紹介（掲載順）

【中国学】

伊井健一郎	姫路獨協大学外国語学部教授
今井　敬子	静岡大学人文学部教授
王　　亜新	東洋大学社会学部助教授　博士（文学）
勝川　裕子	名古屋大学大学院国際言語文化研究科院生
加納　　光	四日市大学環境情報学部助教授
黄　　當時	佛教大学文学部教授
黄　　名時	名古屋学院大学外国語学部教授
櫻井　龍彦	名古屋大学大学院国際開発研究科教授
佐藤富士雄	中央大学法学部教授
杉村　博文	大阪外国語大学外国語学部教授
高瀬利恵子	名古屋大学大学院国際言語文化研究科助手
高橋弥守彦	大東文化大学外国語学部教授
竹越美奈子	東邦学園大学経営学部専任講師
武田みゆき	名古屋大学大学院国際言語文化研究科院生
辻(川瀬)千春	名古屋大学非常勤講師　博士（学術）
中井　政喜	名古屋大学大学院国際言語文化研究科教授
中島　利郎	岐阜聖徳学園大学外国語学部教授
成戸　浩嗣	愛知学泉大学コミュニティ政策学部助教授
古川　　裕	大阪外国語大学外国語学部助教授
方　　経民	松山大学人文学部教授　文学博士
丸尾　　誠	名古屋大学大学院国際言語文化研究科助教授　博士（文学）
水谷　　誠	創価大学文学部教授
村上　公一	早稲田大学教育学部教授
村松　恵子	名城大学経営学部教授　博士（文学）
依藤　　醇	東京外国語大学外国語学部教授

【日本語学】

稲葉みどり	愛知教育大学教育学部助教授
王　　　怡	(中国)北京第二外国語学院日本語学部講師
奥津敬一郎	東京都立大学名誉教授、大連外国語学院名誉教授　博士(文学)
許　　夏玲	東京学芸大学留学生センター講師　博士(学術)
周　　　英	名古屋大学大学院国際言語文化研究科院生
杉村　　泰	名古屋大学大学院国際言語文化研究科助教授　博士(学術)
砂川有里子	筑波大学文芸・言語学系教授
張　　　威	(中国)清華大学外国語学部助教授　博士(学術)
松下　達彦	桜美林大学国際教育センター助教授
Marcus Taft	ニューサウスウェールズ大学心理学部教授
玉岡賀津雄	広島大学留学生センター教授
水野かほる	静岡県立大学国際関係学部助教授
三宅ちぐさ	就実大学人文科学部教授、就実大学大学院文学研究科教授
村松由起子	豊橋技術科学大学留学生センター講師
李　　欣怡	名古屋大学大学院国際言語文化研究科院生
渡邊ゆかり	広島女学院大学文学部助教授
玉村　文郎	同志社大学名誉教授、(財)新村出記念財団常務理事　博士(文学)

平井勝利教授退官記念
中国学・日本語学論文集
2004年3月31日　初版発行

編　者　記念論文集編集委員会
発行者　佐藤康夫
発行所　白帝社
　　　　〒171-0014　東京都豊島区池袋2-65-1
　　　　電話03-3986-3271　FAX03-3986-3272
　　　　http://www.hakuteisha.co.jp
　　　　E-mail:info@hakuteisha.co.jp

組版　柳葉コーポレーション　　印刷　倉敷印刷　　製本　カナメブックス
Printed in Japan　　　　　　　　　　　　　　ISBN4-89174-654-8